교재
내용
문의

교재 내용 문의는 EBS 중학사이트
(mid.ebs.co.kr)의 교재 Q&A 서비스를
활용하시기 바랍니다.

교재
정오표
공지

발행 이후 발견된 정오 사항을 EBS
중학사이트 정오표 코너에서 알려 드립니다.
교재 검색 ▶ 교재 선택 ▶ 정오표

교재
정정
신청

공지된 정오 내용 외에 발견된 정오 사항이
있다면 EBS 중학사이트를 통해 알려 주세요.
교재 검색 ▶ 교재 선택 ▶ 교재 Q&A

필톡

중학 국어로 수능 잡기

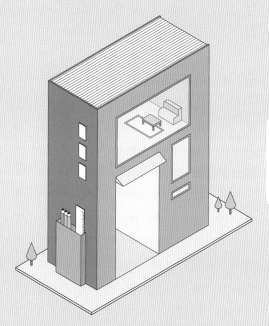

KB213868

중학 국어 | 문법 완성 2000제

• 정답과 해설은 EBS 중학사이트(mid.ebs.co.kr)에서 다운로드 받으실 수 있습니다.

필독

중학 국어로 수능 잡기 시리즈

과목	학년	중학 1학년	중학 2학년	중학 3학년
문학		문학 1	문학 2	문학 3
비문학 독해		비문학 독해 1	비문학 독해 2	비문학 독해 3
문법		문법, 문법 완성 2000제		
문학 작품 읽기		교과서 시, 교과서 소설		

중학 국어로 수능 잡기

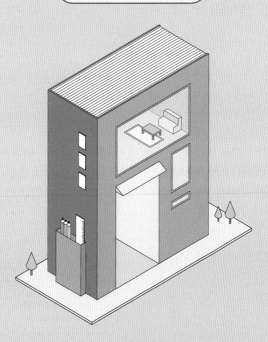

중학 국어 ㅣ 문법 완성 2000제

구성과 특징

2015 개정 교육과정에 제시된 '문법' 영역의 성취 기준을 바탕으로, 꼭 알아야 할 중학 국어 문법을 다양한 문항을 통해 연습할 수 있도록 하였습니다.

하루 30분~1시간씩 28일 동안 꾸준히 공부할 수 있도록 교재를 구성하여 체계적이고 계획적인 학습을 도와줍니다.

'개념'을 학습하고 '확인 문제'와 함께 '내신 대비 문제', '기출문제'까지 모두 풀어 볼 수 있도록 하여 중학 국어 문법은 물론, 수능 국어 영역의 문법까지 한 번에 대비할 수 있습니다.

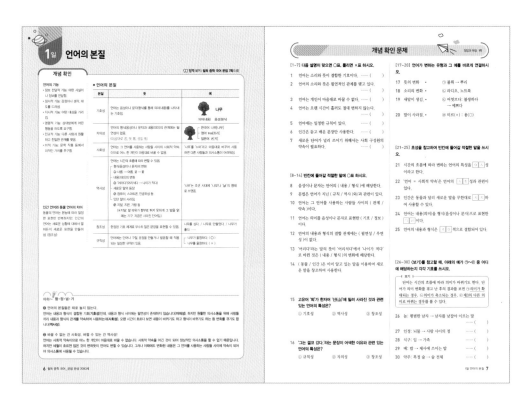

개념 확인

국어의 다양한 문법 이론을 알기 쉽게 설명하였으며, '함정 넘기'를 통해 헷갈리는 문법 내용을 정리하였습니다.

개념 확인 문제

간단한 문제를 통하여 문법 개념을 확인할 수 있도록 하였습니다.

문제로 정복하기

내신을 대비하기 위해 다양한 문제를 풀어 보도록
하였습니다.

수능 도전

전국연합학력평가, 모의평가, 수능에 나왔던 문법 기출
문제(일부 재구성)와 수능형 문항을 풀어 보도록 하였
습니다.

종합 평가

종합 평가 문제를 통해 앞에서 배운 내용을 복습할
수 있도록 하였습니다.

정답과 해설

문제 해설을 통해 학습한 내용을 스스로 점검할 수 있
도록 하였습니다.

이 책의 **차례**

개념 확인

📖 함께 보기 | **필독 중학 국어 문법 7쪽**으로!

언어의 기능
• 정보 전달적 기능: 어떤 사실이나 정보를 전달함.
• 정서적 기능: 감정이나 생각, 태도를 드러냄.
• 지시적 기능: 어떤 대상을 가리킴.
• 명령적 기능: 상대방에게 어떤 행동을 하도록 요구함.
• 친교적 기능: 다른 사람과 원활하고 친밀한 관계를 맺음.
• 미적 기능: 문학 작품 등에서 미적인 가치를 추구함.

인간 언어와 동물 언어의 차이
동물의 언어는 본능에 따라 일정한 표현만 반복하지만, 인간의 언어는 새로운 상황에 대해서 얼마든지 새로운 표현을 만들어 냄. (창조성)

■ 언어의 본질

본질	뜻	예
기호성	언어는 음성이나 문자(형식)를 통해 의미(내용)를 나타내는 기호임.	**나무** 의미(내용) 음성(형식)
자의성	언어의 형식(음성이나 문자)과 내용(의미)의 관계에는 필연성이 없음. (마음대로 恣, 뜻 意, 성질 性)	┌ 한국어: 나무[나무] ├ 영어: tree[트리] └ 일본어: き[키]
사회성	언어는 그 언어를 사용하는 사람들 사이의 사회적 약속이므로 어느 한 개인이 마음대로 바꿀 수 없음.	'나무'를 '누마'라고 마음대로 바꾸어 사용하면 다른 사람들과 의사소통이 어려워짐.
역사성	언어는 시간의 흐름에 따라 변할 수 있음. ┌ 형식(음성이나 문자)의 변화 　예 녀름 → 여름, 곳 → 꽃 ├ 내용(의미)의 변화 　예 '어리다'(어리석다 → 나이가 적다) ├ 새로운 말의 등장 　예 컴퓨터, 스마트폰, 인공위성 등 └ 있던 말이 사라짐. 　예 지달, 즈믄, 가람 등 　（※지달: 말 따위가 함부로 뛰지 못하게 그 발을 얽매는 기구. 지금은 사라진 단어임.)	'나무'는 조선 시대에 '나모'나 '낡'의 형태로 쓰였음.
창조성	한정된 기호 체계로 무수히 많은 문장을 표현할 수 있음.	나무를 심다. / 나무로 만들었다. / 나무가 좋다. ……
규칙성	언어에는 단어나 구절, 문장을 만들거나 발음할 때 적용되는 일정한 규칙이 있음.	┌ 나무가 울창하다. (○) └ 나무를 울창하다. (×)

아하~ 함·정·넘·기

❶ **언어의 본질들은 따로 놀지 않는다.**
언어는 내용과 형식이 결합된 기호(**기호성**)인데, 내용과 형식 사이에는 필연성이 존재하지 않습니다(**자의성**). 하지만 원활한 의사소통을 위해 사람들끼리 내용과 형식의 관계를 약속하여 사용하는데(**사회성**), 오랜 시간이 흐르다 보면 내용이 바뀌기도 하고 형식이 바뀌기도 하는 등 변화를 겪기도 합니다(**역사성**).

❷ **바꿀 수 없는 건 사회성, 바뀔 수 있는 건 역사성!**
언어는 사회적 약속이므로 어느 한 개인이 마음대로 바꿀 수 없습니다. 사회적 약속을 어긴 것이 되어 정상적인 의사소통을 할 수 없기 때문입니다. 하지만 세월이 흐르면 많은 것이 변하듯이 언어도 변할 수 있습니다. 그러나 이때에도 변화된 내용은 그 언어를 사용하는 사람들 사이에 약속이 되어야 의사소통에 사용될 수 있습니다.

[1~7] 다음 설명이 맞으면 ○표, 틀리면 ×표 하시오.

1 언어는 소리와 뜻이 결합한 기호이다. …… (　　)

2 언어의 소리와 뜻은 필연적인 관계를 맺고 있다.
…… (　　)

3 언어는 개인이 마음대로 바꿀 수 없다. …… (　　)

4 언어는 오랜 시간이 흘러도 절대 변하지 않는다.
…… (　　)

5 언어에는 일정한 규칙이 있다. …… (　　)

6 인간은 듣고 배운 문장만 사용한다. …… (　　)

7 새로운 단어가 널리 쓰이기 위해서는 사회 구성원의
약속이 필요하다. …… (　　)

[8~14] 빈칸에 들어갈 적절한 말에 ○표 하시오.

8 음성이나 문자는 언어의 (내용 / 형식)에 해당한다.

9 문법은 언어가 지닌 (규칙 / 역사)와/과 관련이 있다.

10 언어는 그 언어를 사용하는 사람들 사이의 (관계 /
약속)이다.

11 언어는 의미를 음성이나 문자로 표현한 (기호 / 정보)
이다.

12 언어의 내용과 형식의 결합 관계에는 (필연성 / 우연
성)이 없다.

13 '어리다'라는 말의 뜻이 '어리석다'에서 '나이가 적다'
로 바뀐 것은 (내용 / 형식)의 변화에 해당한다.

14 (동물 / 인간)은 이미 알고 있는 말을 이용하여 새로
운 말을 창조하여 사용한다.

15 **고유어 '뫼'가 한자어 '산(山)'에 밀려 사라진 것과 관련
있는 언어의 특성은?**

① 기호성　　　② 역사성　　　③ 창조성

16 **'그는 결코 갔다.'라는 문장이 어색한 이유와 관련 있는
언어의 특성은?**

① 규칙성　　　② 자의성　　　③ 창조성

**[17~20] 언어가 변하는 유형과 그 예를 바르게 연결하시
오.**

17 뜻의 변화　　•　　　ⓐ 불휘 → 뿌리

18 소리의 변화　•　　　ⓑ 라디오, 노트북

19 새말이 생김.　•　　　ⓒ 어엿브다: 불쌍하다
　　　　　　　　　　　　　　→ 예쁘다

20 말이 사라짐.　•　　　ⓓ 미르(×) : 용(○)

**[21~25] 초성을 참고하여 빈칸에 들어갈 적절한 말을 쓰시
오.**

21 시간의 흐름에 따라 변하는 언어의 특성을 ㅇㅅ성
이라고 한다.

22 '언어 = 사회적 약속'은 언어의 ㅅㅎ성과 관련이
있다.

23 인간은 동물과 달리 새로운 말을 무한대로 ㅊㅈ하
여 사용할 수 있다.

24 언어는 내용(의미)을 형식(음성이나 문자)으로 표현한
ㄱㅎ이다.

25 언어의 내용과 형식은 ㅈㅇ적으로 결합되어 있다.

**[26~30] 〈보기〉를 참고할 때, 아래의 예가 ⓐ~ⓒ 중 어디
에 해당하는지 각각 기호를 쓰시오.**

┤ 보기 ├
　단어는 시간의 흐름에 따라 의미가 바뀌기도 한다. 단
어가 의미 변화를 겪고 난 후의 결과를 보면 ⓐ의미가 확
대되는 경우, ⓑ의미가 축소되는 경우, ⓒ제3의 다른 의
미로 바뀌는 경우를 볼 수 있다.

26 놈: 평범한 남자 → 남자를 낮잡아 이르는 말
…… (　　)

27 인정: 뇌물 → 사람 사이의 정 …… (　　)

28 식구: 입 → 가족 …… (　　)

29 메: 밥 → 제사에 쓰이는 밥 …… (　　)

30 약주: 특정 술 → 술 전체 …… (　　)

31

언어의 본질에 대한 설명이 바르게 연결된 것은?

① 창조성: 시간의 흐름에 따라 새로운 단어가 만들어진다.

② 규칙성: 언어에는 문법과 같이 지켜야 할 법칙이 있다.

③ 사회성: 언어는 사회 유지를 위한 정보 전달의 기능을 한다.

④ 역사성: 언어는 일정한 내용을 일정한 형식으로 나타낸 기호이다.

⑤ 자의성: 언어는 사회적 약속으로 개인이 마음대로 바꾸려 해서는 안 된다.

32

〈보기〉의 빈칸에 들어갈 말로 적절한 것은?

┤ 보기 ├

언어를 개인이 마음대로 바꾸는 것은 불가능하다. 언어는 사회적인 약속이기 때문이다. 이러한 특징을 언어의 (   )이라고 한다.

① 기호성   ② 자의성

③ 사회성   ④ 역사성

⑤ 창조성

33

〈보기〉의 이유로 적절한 것은?

┤ 보기 ├

언어의 기호와 규칙은 그 언어를 사용하는 사람들 사이의 약속이기 때문에 어느 한 개인이 함부로 바꿀 수 없다.

① 순우리말이 사라질 수 있기 때문에

② 언어의 변화 속도가 지나치게 빨라지기 때문에

③ 다른 사람들과 의사소통에 문제가 생기기 때문에

④ 새로운 문물이 들어올 때마다 새로운 말이 생기기 때문에

⑤ 같은 대상이라 하더라도 언어마다 다르게 표현하기 때문에

[34~36] 다음 글을 읽고 물음에 답하시오.

우리나라에 컴퓨터가 들어온 초기에 ㉠외국어인 '컴퓨터(computer)'를 순우리말로 바꾸려는 시도가 있었다. 당시 컴퓨터는 주로 계산 기능을 했기 때문에, 셈하는 기계를 뜻하는 '셈틀'이라는 말이 제안되었다. 하지만 ㉡지금 우리는 '셈틀'이라는 말을 쓰지 않고, '컴퓨터'라는 말을 쓰고 있다.

34 고난도

윗글 전체의 내용을 통해 설명하고자 한 언어의 본질로 적절한 것은?

① 기호성   ② 자의성

③ 사회성   ④ 규칙성

⑤ 창조성

35 신유형

㉠과 같은 시도가 가능했던, 언어의 본질로 적절한 것은?

① 언어는 시간의 흐름에 따라 변할 수 있다.

② 언어에는 지켜야 할 일정한 규칙이 존재한다.

③ 언어는 한 개인이 마음대로 바꾸어 쓸 수 없다.

④ 언어의 내용과 형식 사이에는 필연적인 관계가 없다.

⑤ 언어는 의미라는 내용을 소리라는 형식으로 표현한 기호이다.

36 서술형

㉡의 이유를 〈조건〉에 맞게 서술하시오.

┤ 조건 ├

• 언어의 본질과 관련지어 서술할 것.

• 20자 내외의 한 문장으로 서술할 것.

37
〈보기〉의 빈칸에 들어갈 말로 적절한 것은?

┤ 보기 ├
　일반적으로 언어는 형식인 음성과 내용인 의미가 필연적인 관계를 맺지 않는다. 예컨대, 지구의 위성을 우리말에서는 '달'이라는 음성으로 나타내는데, 왜 하필 '달'이라는 형식으로 이 개념을 나타내는지 그 이유를 알기 어렵다. 언어의 이러한 본질을 (　　　)이라고 한다.

① 자의성　　　② 사회성　　　③ 규칙성
④ 역사성　　　⑤ 창조성

38
다음 질문과 밀접한 관련이 있는 언어의 본질은?

　같은 대상을 가리키는데 언어마다 단어가 다른 까닭은 무엇일까?

① 사회성　　　② 역사성　　　③ 창조성
④ 규칙성　　　⑤ 자의성

39
언어의 역사성을 설명하기 위해 활용한 예로 적절하지 않은 것은?

① 소리의 변화: 믈 → 물
② 두 단어 중 하나 선택: 가람/강 → 강
③ 의미의 변화: 어리다(어리석다 → 나이가 적다)
④ 새로운 말의 등장: 감기 → 고뿔
⑤ 있던 말의 소멸: 지달, 어사

40
〈보기〉의 빈칸에 들어갈 말로 적절한 것은?

┤ 보기 ├
　언어는 사회를 이루고 사는 사람들이 의사소통을 하기 위해서 서로 약속한 것이다. 그래서 언어는 어느 한 개인이 마음대로 바꿀 수 없는데, 이러한 특징을 언어의 (　　　)이라고 한다.

① 기호성　　　② 법칙성　　　③ 사회성
④ 창조성　　　⑤ 자의성

41
〈보기〉의 현상과 관련이 깊은 언어의 본질은?

┤ 보기 ├
• 새로운 대상이나 개념이 생기면서 새로운 말이 생긴다.
• 가리키던 대상이나 개념이 없어지면서 있던 말이 사라진다.
• 시간의 흐름에 따라 말의 뜻이 달라지기도 한다.

① 사회성　　　② 역사성　　　③ 창조성
④ 규칙성　　　⑤ 자의성

42
〈보기〉의 내용과 밀접한 관련이 있는 언어의 본질은?

┤ 보기 ├
　자기 마음대로 '음악'이라는 말을 '우리가 먹는 반찬의 한 종류'라는 뜻으로 사용하는 사람과는 언어생활을 함께하기 어려워.

① 기호성　　　② 자의성　　　③ 역사성
④ 사회성　　　⑤ 창조성

43 신유형
〈보기〉의 ㉠과 ㉡에 들어갈 말이 모두 바르게 짝지어진 것은?

┤ 보기 ├
　문명이 발달하면 그에 따라 새로운 사물이 만들어진다. 그리고 그것을 가리키는 새로운 말이 만들어진다. (　㉠　)도 여기에 해당하는 단어이다. 그리고 이러한 언어의 본질을 언어의 (　㉡　)이라고 한다.

	㉠	㉡		㉠	㉡
①	우주선	사회성	②	핸드폰	사회성
③	인터넷	역사성	④	친구	역사성
⑤	무지개	창조성		

44 신유형
〈보기〉를 사례로 들어 설명하기에 적절한 언어의 본질은?

| 보기 |

㉮ '휴대 전화'라는 말은 새로운 사물이나 개념이 생겨 이를 나타낼 말이 필요하여 생겼고, '어사'란 말은 과거에 있던 대상이나 개념이 사라져서 현재는 쓰이지 않고 있다.

㉯ 똑같이 숫자 '1,000'을 뜻했던, 고유어 '즈믄'과 한자어 '천(千)'이 서로 경쟁하다가 '천'이 세력을 얻으며 '즈믄'이 쓰이지 않게 되었다.

① 역사성　　　② 자의성　　　③ 기호성
④ 사회성　　　⑤ 창조성

45
〈보기〉의 빈칸에 들어갈 말로 적절한 것은?

| 보기 |

인간은 말을 할 때 배웠거나 들어 본 적이 있는 문장을 기억해서 그대로 사용하는 것이 아니라, 새로운 문장을 만들어 쓴다. 이렇게 우리가 사용하는 말이 늘 새롭다는 것, 즉 (　　　)을 지니고 있다는 것은 인간의 언어가 다른 동물들이 사용하는 의사소통 수단과 크게 다른 점이다.

① 규칙성　　　② 자의성　　　③ 사회성
④ 창조성　　　⑤ 역사성

46
〈보기〉를 참고할 때, 성격이 나머지와 <u>다른</u> 것은?

| 보기 |

새로운 대상이나 개념이 생기면 그것을 표현하는 말이 필요하여 새로 생기기도 하고, 어떤 대상이나 개념이 없어지면 그것을 표현하는 말도 사라지거나 의미가 변하기도 한다.

① 드론　　　　　② 생원
③ 자전거　　　　④ 아바타
⑤ 인공위성

47
〈보기〉를 통해 알 수 있는 언어의 본질로 적절한 것은?

| 보기 |

앵무새에게 '사랑해'라는 말을 가르쳤을 때 앵무새는 그 말만을 반복한다. 하지만 사람은 그 말을 바탕으로 '나는 당신을 사랑해요.', '미치도록 당신을 사랑해요.', '우리 모두 사랑하는 마음으로 살아갑시다.' 등의 다양한 문장을 만들어 사용할 수 있다.

① 규칙성　　　② 사회성　　　③ 역사성
④ 창조성　　　⑤ 자의성

48
〈보기〉와 관련 있는 언어의 본질로 적절한 것은?

| 보기 |

'뫼(메)'는 옛날에 '밥'의 높임말로 산 사람에게 쓰이던 말이었는데, 지금은 제사 때 조상께 바치는 밥을 이른다.

① 규칙성　　　② 사회성　　　③ 자의성
④ 창조성　　　⑤ 역사성

49
〈보기〉와 관련 있는 언어의 본질로 적절한 것은?

| 보기 |

"꽃을 피었다."라는 표현은 말이 되지 않는데, 이는 법칙에 어긋나기 때문이다. "꽃이 피었다."나 "꽃을 피웠다."라고 해야 바른 표현이 된다.

① 규칙성　　　② 사회성　　　③ 역사성
④ 창조성　　　⑤ 자의성

50 서술형 ✏
㉮를 ㉯와 같이 고쳐서 사용해야 하는 이유를 언어의 본질과 관련지어 서술하시오.

㉮ 물을 소원아 차가운 줘.
→ ㉯ 소원아, 차가운 물을 줘.

[51~53] 다음 글을 읽고 물음에 답하시오.

언어는 내용과 형식이 필연적으로 연결되어 있지 않고, 임의적인 관계를 맺고 있다. '임의적인 관계'란 일정한 기준이나 원칙 없이 되는 대로 맺어진 관계를 뜻한다. 하지만 언어의 내용과 형식이 아무 관련이 없다고 해서, ㉠언어를 사용하는 사람이 어떤 의미를 나타내는 소리를 마음대로 바꾸어 사용해서는 안 된다. 예를 들어, '넓고 길게 흐르는 큰 물줄기'를 '감'이나 '바다'라고 하는 사람과는 대화가 제대로 이루어지기 힘들 것이다. 따라서 의사소통 수단으로서 언어가 제 기능을 하기 위해서는 그 언어를 사용하는 사람들끼리 '넓고 길게 흐르는 큰 물줄기'는 '강'이라고 부르자는 약속을 해야 한다. 이렇게 언어는 사람들 사이의 사회적 약속으로 성립한다.

하지만 이러한 사회적 약속은 시간이 흐르면서 변화하기도 한다. 예를 들어, ㉡'어리다'라는 말이 예전에는 '어리석다'에서 지금은 '나이가 적다'로 뜻이 변하기도 한다. 그리고 예전에는 '곶'으로 쓰던 것을 오늘날에는 '꽃'이라고 쓰는 것처럼 형태가 변하기도 한다.

51 고난도
윗글의 내용을 이해한 것으로 적절하지 <u>않은</u> 것은?

① '강'과 '바다'의 뜻을 구별하여 사용하는 것은 사회적 약속 때문이겠군.
② 오랜 시간이 흐른 미래에 '꽃'의 형태가 다시 바뀔 수도 있겠군.
③ 언어에 변할 수 있다는 특징이 없다면 '강'의 형태는 영원히 '강'이겠군.
④ '강'을 '감'이라고 말하는 사람과는 원활한 의사소통이 어려울 수 있겠군.
⑤ '넓고 길게 흐르는 큰 물줄기'라는 내용과 '강'이라는 형식 사이에는 필연성이 있겠군.

52 서술형 ✎
윗글의 내용을 반영하여 ㉠의 이유를 30자 내외로 서술하시오.

53
언어의 변화 양상이 ㉡과 같은 것은?

① 조선 시대 문헌에 쓰인 '녀름'을 현대어로 표기하면 '여름'이다.
② 식물의 밑동을 뜻하는 말인 '뿌리'를 조선 시대에는 '불휘'라고 썼다.
③ '콧대'를 속되게 이르는 말인 '야코'가 지금은 점차 쓰이지 않고 있다.
④ 예전에 '값이 나가다'를 뜻했던 '싸다'가 지금은 '값이 낮다'를 뜻한다.
⑤ 인간과 비슷한 형태의 기계 장치가 만들어지면서 '로봇'이라는 말도 생겼다.

54
다음 ㉠~㉤의 예로 적절하지 <u>않은</u> 것은?

세상의 모든 것이 다 변하듯이 언어도 변한다. 'ㄱ술'이 '가을'로 변한 것처럼 ㉠소리가 변하기도 하고, '어리다'의 뜻이 '어리석다'에서 '나이가 적다'로 변한 것처럼 ㉡뜻이 변하기도 한다. 또 소리나 뜻만이 아니라, ㉢있던 말이 없어지기도 하고 ㉣새말이 생기기도 한다. 지금은 '즈믄'이란 말이 쓰이지 않고, 조선 시대에는 '인공위성'이란 말이 없었다. 그리고 더러는 ㉤문법도 변한다.

① ㉠: '나무'를 조선 시대에는 '나모'라고 하였다.
② ㉡: '슬카지'라는 단어가 '실컷'으로 바뀌었다.
③ ㉢: 말의 발을 얽매는 기구를 뜻하는 '지달'이 현재는 쓰이지 않는다.
④ ㉣: '컴퓨터'라는 단어가 새로 생겨났다.
⑤ ㉤: 조선 시대에는 주격 조사 '가'가 없었다.

55 서술형 ✎
인간의 언어가 동물들이 사용하는 의사소통 수단과 구별되는 특징이 무엇인지 〈조건〉에 맞게 서술하시오.

┤ 조건 ├
• 언어의 창조성과 관련지어 쓸 것.
• 50자 내외의 한 문장으로 서술할 것.

[56 ~ 58] 다음 글을 읽고 물음에 답하시오.

외국으로부터 새로운 문물이 들어올 때, 그 문물을 가리키는 말도 함께 들어온다. 이때 외국에서 들어온 말을 그대로 사용하기보다는 우리말로 바꾸어 사용하려는 노력이 뒤따르기도 한다. 예를 들어, ⊙일부 사람들은 '볼펜'을 순우리말로 바꾸자고 제안하였다. ⓒ볼펜은 끝의 구슬이 돌돌 굴러가며 잉크가 나오는 것이니까 '돌돌붓'이라고 쓰자고 한 것이다. 그러나 오늘날 이 단어들은 아직 우리 사회에서 거의 쓰이지 않고 있다.

56

윗글을 이해한 내용으로 가장 적절한 것은?

① 언어는 특정인이 바꾸자고 해서 쉽게 바꿀 수 있는 것이 아니군.
② 사회가 발전하면서 우리말보다는 외래어 사용이 더 자연스러워졌군.
③ 원활한 의사소통을 위해서는 외래어보다는 순우리말을 사용해야겠군.
④ 순우리말을 지키기 위해서는 외래 문물을 제한적으로 받아들여야겠군.
⑤ 새로운 문물과 함께 외국에서 들어온 말은 되도록 그대로 사용하는 것이 좋겠군.

57

⊙의 과정에서 〈보기〉의 내용이 지켜지지 않았을 때, 일어날 수 있는 상황으로 적절한 것은?

┤ 보기 ├
언어는 어느 한 개인이 마음대로 바꾸거나 만들 수 없다. 언어는 그 언어를 사용하는 사람들 사이의 약속이기 때문이다.

① 언어가 빠르게 변화하고 발전하게 될 것이다.
② 다른 사람들과의 의사소통이 어려워질 것이다.
③ 전 세계의 언어가 하나로 통일될 수 있을 것이다.
④ 개성적인 언어의 사용으로 문화가 발전하게 될 것이다.
⑤ 다양한 사전이 많이 나와서 언어생활이 윤택해질 것이다.

58

ⓒ과 관련 있는 언어의 본질로 적절한 것은?

① 언어는 시간이 흐름에 따라 변한다.
② 언어는 일정한 법칙에 따라 실현된다.
③ 인간은 새로운 문장을 만들어 사용할 수 있다.
④ 언어는 사회 구성원 사이에서 정해진 약속이다.
⑤ 언어의 의미와 음성 사이에는 필연적인 관계가 없다.

[59 ~ 61] 다음 글을 읽고 물음에 답하시오.

㉮시간의 흐름에 따라 언어도 변한다. 언어가 변하는 원인을 일반적으로 세 가지 꼽는다. 첫째, ⊙새로운 대상이나 개념이 생기면 그것을 나타낼 말이 필요하다. 둘째, ⓒ어떤 대상이나 개념이 없어지거나 변하면 그것을 표현하던 말도 사라지거나 의미가 변한다. 셋째, ⓒ같은 대상을 표현하는 말들이 서로 경쟁하다가 한쪽이 이기면 다른 한쪽의 말은 자연히 사라진다.

59

윗글에서 설명하는 언어의 본질로 적절한 것은?

① 사회성   ② 창조성   ③ 규칙성
④ 역사성   ⑤ 자의성

60

㉮의 예로 적절한 것은?

① 옛말 '불휘'는 '뿌리'로 소리가 변하였다.
② '봄을 왔다.'는 어법에 어긋나는 표현이다.
③ 책상을 반드시 '책상'이라고 할 필요는 없다.
④ '밥'을 '붑'이라고 마음대로 바꾸어 쓸 수 없다.
⑤ 개 짖는 소리를 일본어에서는 '왕왕'이라고 한다.

61

⊙~ⓒ의 사례로 적절하지 않은 것은?

① ⊙: '스마트폰'은 새로운 대상이 생기면서 함께 등장한 말이다.
② ⓒ: '지갑'이나 '바가지'는 가리키는 대상이 없어지면서 함께 사라졌다.
③ ⓒ: '동전'은 구리로 만든 돈을 가리켰으나, 지금은 동그랗게 생긴 돈을 통틀어 가리킨다.
④ ⓒ: 같은 과일을 가리키는 '자두'와 '오얏' 중, '오얏'은 흔적만 남았을 뿐 사라진 말이 되었다.
⑤ ⓒ: 순우리말인 '즈믄'이 한자어 '천(千)'에 밀려 이제는 쓰이지 않게 되었다.

62

〈보기〉에서 설명하는 언어의 본질을 보여 주는 사례로 적절하지 <u>않은</u> 것은?

> **보기**
>
> 시간의 흐름에 따라 세상의 모든 것이 다 변하듯이 언어도 변한다. '믈'이 '물'로 변한 것처럼 소리가 변하기도 하고, 뜻이 변하기도 하며, 있던 말이 없어지기도 하고, 새로운 말이 생기기도 한다.

① 고유어 '가람'은 한자어 '강(江)'이 들어온 후 점차 사용하지 않게 되었다.
② 한국어 '개'를, 영어에서는 'dog[도그]', 중국어에서는 '狗[거우]'라고 한다.
③ '컴퓨터, 스마트폰, 아바타' 등의 말은 과학 기술이 발전하면서 새롭게 생겨난 말들이다.
④ 옛날 관직의 이름 중 하나였던 '어사'는, 오늘날 관직이 사라지면서 이 말도 사라졌다.
⑤ 조선 전기에 '어리석다'를 뜻했던 '어리다'라는 말의 뜻이 오늘날 '나이가 적다'로 바뀌었다.

63

〈보기〉와 관련 있는 언어의 본질로 적절한 것은?

> **보기**
>
> '남을 가르치는 분'이란 뜻을 나타낼 때, 한국어 사용자들 사이에는 '선생님'이란 말을, 영어 사용자들 사이에는 'teacher[티처]'라는 말을 쓰기로 서로 약속이 되어 있다. 이러한 점에서 언어는 사회적 약속이라고 할 수 있다.

① 시간의 흐름에 따라 세상의 모든 것이 변하듯이 언어도 변한다.
② 언어의 형식인 소리와 내용인 의미는 서로 필연적인 관계가 아니다.
③ 인간은 한 번도 들어 본 적이 없는 문장이라도 새롭게 만들어 사용한다.
④ 언어에 있는 일정한 법칙을 따르지 않으면 문장의 의미를 파악하기 어려워질 수 있다.
⑤ 언어는 어느 한 개인이 마음대로 바꾸어 사용하면 정상적인 의사소통이 불가능해질 수 있다.

64

〈보기〉와 밀접한 관련이 있는 언어의 본질로만 짝지어진 것은?

> **보기**
>
> 북한에서는 '아이스크림'이라는 외래어를 우리말로 쓰기 위해 '얼음보숭이'라는 말을 만들었으나 현재 북한의 주민들은 그냥 '아이스크림'이라는 말을 쓴다고 한다. 남한도 축구의 '골키퍼'라는 외래어를 '문지기'라는 우리말로 바꾸려고 했으나 요즘 '문지기'라는 말을 쓰는 사람은 거의 없다.

① 기호성, 역사성
② 자의성, 창조성
③ 사회성, 규칙성
④ 사회성, 역사성
⑤ 자의성, 사회성

65

다음 대화를 통해 언어의 본질을 이해한 내용으로 적절하지 <u>않은</u> 것은?

> 승미: 아주머니, 하늬꽃 주세요.
> 꽃 가게 주인: 응? 무슨 꽃?
> 승미: 하늬꽃이요. 저기 있잖아요.
> 꽃 가게 주인: 저게 무궁화지, 왜 하늬꽃이니?
> 승미: 무궁화라는 이름이 어려워서 어제 제가 하늬꽃이라고 바꿨어요.
> 꽃 가게 주인: 그랬구나. 나는 몰랐지. 어제 주희는 무궁화를 바람꽃이라고 바꿨다고 하던데. 주희에게도 알려 줘야 하나? 그나저나 이런 식으로 꽃의 이름이 바뀌면 대화하기가 어렵겠는걸?

① '무궁화'를 승미는 '하늬꽃', 주희는 '바람꽃'이라고 한 것은 언어의 역사성과 밀접한 관련이 있어.
② '분홍 꽃잎에 꽃술이 하얀 꽃'으로 묘사된 사물이 내용이라면, 그것을 지칭한 '하늬꽃'은 형식이야.
③ 승미가 꽃 이름을 바꿀 수 있었던 것은 언어의 내용과 형식 사이에 필연적 관계가 없기 때문이야.
④ 모든 사람이 '무궁화'를 '하늬꽃'이라고 바꿔 부르면, 시간이 흐른 후 '무궁화'라는 말이 사라질 수도 있어.
⑤ 승미와 꽃 가게 주인 사이에 의사소통이 원활하게 이루어지지 않은 이유는 승미가 사회적 약속을 어겼기 때문이야.

2일 음운의 체계와 특성 1 - 모음

개념 확인

📖 함께 보기 | 필독 중학 국어 문법 15쪽으로!

음절

독립하여 발음할 수 있는 최소의 소리 단위

음절의 형태	예
모음	오, 위
자음+모음	가, 새
모음+자음	운, 옷
자음+모음+자음	길, 춤

※ 모음 앞에 있는 'ㅇ'은 자음 'ㅇ'이 아니며 음가(소릿값)가 없음.

반모음(반절 半 + 母音)

- 모음과 같이 발음하지만 음절을 이루지 못하는 아주 짧은 모음. 'ǐ', 'w'가 있음.
- 단모음 'ㅏ'와 반모음 'ǐ'가 결합하면 이중 모음 'ㅑ'가 됨.
- 단모음 'ㅏ'와 반모음 'w'가 결합하면 이중 모음 'ㅘ'가 됨.

■ 음운

- **뜻:** 말의 뜻을 구별해 주는 소리의 가장 작은 단위
- **종류**

분절 음운	자음과 모음처럼 쉽게 분리되는 음운
비분절 음운	• 소리의 길이, 높낮이, 강세와 같이 쉽게 분리되지 않는 음운 • 국어(표준어)에서는 소리의 길이로 말의 뜻을 구분함. 　예 밤[밤]에 밤[밤ː]을 구워 먹었다.

■ 모음

- **뜻:** 성대(목청)의 진동을 받은 소리가 목, 입, 코를 거쳐 나오면서, 그 통로가 좁아지거나 완전히 막히거나 하는 따위의 장애를 받지 않고 나는 소리
- **종류**

단모음 (10개)	발음하는 도중에 입술 모양이나 혀의 위치가 달라지지 않는 모음 (ㅏ, ㅐ, ㅓ, ㅔ, ㅗ, ㅚ, ㅜ, ㅟ, ㅡ, ㅣ)
이중 모음 (11개)	• 발음하는 동안 입술 모양이나 혀의 위치가 달라지면서 소리가 나오는 모음 (ㅑ, ㅒ, ㅕ, ㅖ, ㅘ, ㅙ, ㅛ, ㅝ, ㅞ, ㅠ, ㅢ) • 단모음과 반모음의 결합으로 이루어짐.

- **국어의 단모음 체계**

혀의 높낮이＼혀의 최고점의 위치／입술 모양	전설 모음		후설 모음	
	평순 모음	원순 모음	평순 모음	원순 모음
고모음	ㅣ	ㅟ	ㅡ	ㅜ
중모음	ㅔ	ㅚ	ㅓ	ㅗ
저모음	ㅐ		ㅏ	

- 전설 모음: 혀의 정점이 입 안의 앞쪽에 위치하여 발음되는 모음 (앞 前, 혀 舌)
- 후설 모음: 혀의 정점이 입 안의 뒤쪽에 위치하여 발음되는 모음 (뒤 後, 혀 舌)
- 평순 모음: 입술을 둥글게 오므리지 않고 발음하는 모음 (평평할 平, 입술 脣)
- 원순 모음: 입술을 둥글게 오므려 발음하는 모음 (둥글 圓, 입술 脣)
- 고모음: 입을 조금 열고, 혀의 위치를 높여서 발음하는 모음 (높을 高)
- 중모음: 입을 보통으로 열고, 혀의 높이를 중간으로 하여 발음하는 모음 (가운데 中)
- 저모음: 입을 크게 벌리고, 혀의 위치를 가장 낮추어서 발음하는 모음 (낮을 低)

아하~ 함·정·넘·기

❶ 'ㅐ, ㅔ, ㅚ, ㅟ'는 단모음

'ㅐ, ㅔ, ㅚ, ㅟ'는 문자의 형태만 보면 두 개의 모음자가 결합된 형태이지만, 발음할 때 입술 모양이나 혀의 위치가 달라지지 않기 때문에 단모음이라고 해야 합니다. '모음'은 소리를 지칭하는 것이고, '모음자'는 글자를 지칭하는 말입니다.

❷ '왕'을 구성하는 음운의 개수가 두 개?

'왕'을 구성하는 음운은 'ㅘ, ㅇ'으로 두 개입니다. 자음자 'ㅇ'은 초성에 쓰일 때는 음가(소릿값)가 없으며, 종성에서만 음가를 지니고 쓰입니다. 즉 모음 앞에 있는 'ㅇ'은 음운에 포함되지 않습니다. 모든 음절은 하나의 모음만 지니고 있습니다. 따라서 'ㅘ'는 하나의 모음이기 때문에 'ㅗ'와 'ㅏ' 둘로 나누면 안 됩니다.

[1~4] 다음 설명이 맞으면 ○표, 틀리면 ×표 하시오.

1 음운은 말의 뜻을 구별해 주는 소리의 가장 작은 단위이다. ······ ( )

2 음절을 이루기 위해서는 반드시 둘 이상의 음운이 있어야 한다. ······ ( )

3 자음은 분절 음운, 모음은 비분절 음운에 해당한다. ······ ( )

4 소리의 길이에 따라 말의 뜻이 달라질 수도 있다. ······ ( )

[5~10] 두 단어의 뜻을 구별해 주는 음운은 무엇인지 각각 쓰시오.

5 말 : 물 ·················· (,)

6 빛 : 빗 ·················· (,)

7 바늘 : 하늘 ·················· (,)

8 사람 : 사랑 ·················· (,)

9 보람 : 바람 ·················· (,)

10 늙다 : 낡다 ·················· (,)

[11~14] 빈칸에 들어갈 내용을 〈보기〉에서 찾아 쓰시오.

┤ 보기 ├
• 9   • 10   • 11
• 입술   • 성대   • 혀

11 모음은 ( )의 진동을 받은 소리가 목, 입, 코를 거쳐 나오면서, 장애를 받지 않고 나는 소리이다.

12 단모음은 발음할 때 (㉠)의 모양이나 (㉡)의 위치가 변하지 않는다.

13 국어의 단모음은 모두 ( )개이다.

14 국어의 이중 모음은 모두 ( )개이다.

15 단모음이 아닌 것은?
① ㅏ   ② ㅑ   ③ ㅜ   ④ ㅣ   ⑤ ㅡ

16 이중 모음에 해당하는 것은?
① ㅟ   ② ㅚ   ③ ㅐ   ④ ㅢ   ⑤ ㅔ

[17~19] 혀의 높낮이에 따라 모음을 나눌 때, 적절한 것끼리 연결하시오.

17 고모음 •   • ㉠ ㅐ, ㅏ

18 중모음 •   • ㉡ ㅣ, ㅟ, ㅡ, ㅜ

19 저모음 •   • ㉢ ㅔ, ㅚ, ㅓ, ㅗ

[20~23] 초성을 참고하여 빈칸에 들어갈 적절한 말을 쓰시오.

20 혀의 정점이 입 안의 앞쪽에 위치하여 발음되는 모음을 ㅈ ㅅ 모음이라고 한다.

21 혀의 정점이 입 안의 뒤쪽에 위치하여 발음되는 모음을 ㅎ ㅅ 모음이라고 한다.

22 ㅇ ㅅ 모음은 입술을 둥글게 오므려 발음하는 모음이다.

23 ㅍ ㅅ 모음은 입술을 둥글게 오므리지 않고 발음하는 모음이다.

[24~26] 다음 문장에 쓰인 모음을 보고, 아래 물음에 답하시오.

너의 소원을 말해 봐.

24 모두 몇 개의 모음이 사용되었는지 쓰시오.

25 이중 모음에 해당하는 모음을 모두 쓰시오.

26 단모음 중, 원순 모음에 해당하는 모음을 모두 쓰시오.

[27~30] 다음 대화에서 괄호 안에 들어갈 적절한 말을 각각 고르시오.

승호: '오이'를 발음하면 혀의 높이가 **27** (올라가고 / 내려가고), 혀의 최고점의 위치가 **28** (앞으로 / 뒤로) 이동해.

희진: '아우'를 발음하면 혀의 높이가 **29** (높아지고 / 낮아지고), 입술의 모양이 **30** (둥글게 / 평평하게) 바뀌지.

31
음운에 대한 설명으로 적절하지 않은 것은?

① 말의 뜻을 구별해 준다.
② 뜻을 가진 가장 작은 단위이다.
③ 소리의 길이도 음운에 포함된다.
④ 자음과 모음은 분절 음운에 해당한다.
⑤ 하나의 음운으로 한 단어를 만들 수도 있다.

32
'물'과 '불'을 다른 단어로 구별해 주는 요소로 적절한 것은?

① ㅁ, ㅜ   ② ㄹ, ㅜ   ③ ㅂ, ㄹ
④ ㅁ, ㄹ   ⑤ ㅁ, ㅂ

33
국어의 모음에 대한 설명으로 적절하지 않은 것은?

① 공기의 흐름이 발음 기관의 방해를 받지 않고 나오는 소리이다.
② 입술의 모양에 따라 평순 모음과 원순 모음으로 나눌 수 있다.
③ 혀의 높이에 따라 고모음, 중모음, 저모음으로 구분할 수 있다.
④ 혀의 최고점 앞뒤 위치에 따라 전설 모음, 후설 모음으로 구분할 수 있다.
⑤ 모든 모음은 발음할 때 입술 모양이나 혀의 위치가 달라지지 않고 고정된다.

34
다음 설명에 해당하지 않는 것은?

> 이 모음은 길게 발음하더라도 입술 모양이나 혀의 위치가 변하지 않는다.

① ㅜ   ② ㅣ   ③ ㅐ
④ ㅚ   ⑤ ㅟ

35 고난도
〈보기〉에서 음운에 대한 이해로 적절한 것만을 모두 고른 것은?

┤ 보기 ├
㉠ '공'과 '강'의 뜻을 구별해 주는 것은 'ㅗ'와 'ㅏ'이다.
㉡ '알'이라는 단어는 1개의 모음과 1개의 자음으로 이루어져 있다.
㉢ '쌓인 눈[눈:] 때문에 눈[눈]이 부시다.'에서 두 '눈'의 뜻을 구별해 주는 것은 소리의 길이이다.

① ㉢   ② ㉠, ㉡   ③ ㉠, ㉢
④ ㉡, ㉢   ⑤ ㉠, ㉡, ㉢

36
〈보기〉의 빈칸에 들어갈 내용으로 가장 적절한 것은?

┤ 보기 ├

분류 기준: ( )	
ㅐ, ㅔ, ㅚ, ㅟ, ㅣ	ㅏ, ㅓ, ㅗ, ㅜ, ㅡ

① 혀의 높이
② 입술의 모양
③ 소리의 세기
④ 소리 나는 위치
⑤ 혀의 최고점의 위치

37
다음 단어에 쓰인 모음이 모두 원순 모음에 해당하는 것은?

① 친구   ② 조회
③ 매점   ④ 봉사
⑤ 공책

38

밑줄 친 부분을 발음할 때, 혀가 가장 낮은 곳에 위치하는 것은?

① 어머니　　　　　② 이웃
③ 으스름　　　　　④ 아기
⑤ 에누리

39

단모음을 다음과 같이 구분할 때, 그 기준이 되는 것으로 가장 적절한 것은?

> ㅏ, ㅐ, ㅓ, ㅔ, ㅡ, ㅣ : ㅗ, ㅚ, ㅜ, ㅟ

① 혀의 높이가 높은가, 낮은가?
② 입술 모양이 둥근가, 둥글지 않은가?
③ 성대가 많이 울리는가, 적게 울리는가?
④ 입이 많이 벌어지는가, 적게 벌어지는가?
⑤ 혀의 최고점의 위치가 앞에 있나, 뒤에 있나?

40

단모음의 체계를 다음과 같이 정리할 때, ㉠~㉢에 들어갈 모음이 모두 적절하게 짝지어진 것은?

혀의 최고점의 위치	전설 모음		후설 모음	
혀의 높낮이　　입술 모양	평순 모음	원순 모음	평순 모음	원순 모음
고모음	㉠			
중모음		㉡		
저모음			㉢	

	㉠	㉡	㉢
①	ㅐ	ㅟ	ㅏ
②	ㅔ	ㅜ	ㅗ
③	ㅔ	ㅚ	ㅓ
④	ㅣ	ㅟ	ㅓ
⑤	ㅣ	ㅚ	ㅏ

41

〈보기〉에서 설명하는 모음에 해당하는 것은?

┤ 보기 ├
• 혀의 최고점의 위치: 뒤쪽
• 입술 모양: 둥글게 오므리지 않고 발음
• 혀의 높낮이: 가장 높음.

① ㅣ　　　　　② ㅓ　　　　　③ ㅗ
④ ㅡ　　　　　⑤ ㅚ

42 고난도

밑줄 친 단어에 쓰인 모음이 모두 원순 모음에 해당하는 것은?

① 내가 쓴 소개서를 검토해 줄 수 있어?
② 그는 언어만 연구하는 외골수 학자이다.
③ 북극에 가면 아름다운 오로라를 볼 수 있대.
④ 비가 그치고 구름 사이로 무지개가 나타났다.
⑤ 그 방에 들어가려면 반드시 위생복을 입어야 해.

43 신유형

〈보기〉의 밑줄 친 말을 참고할 때, 빈칸에 들어가기에 적절한 모음만으로 묶인 것은?

┤ 보기 ├
탐정: 목격자에 의하면 이 사건의 범인은 길게 발음해도 입 모양이나 혀의 위치에 변화가 없다고 해. 여기에 난 흔적을 보니 입술 모양은 둥글지 않은 게 분명해. 그리고 이 사진을 보면 혀의 최고점의 위치가 앞쪽이야. 여기까지 정리해 보면 범인은 바로 (　　　　) 중 하나라고 할 수 있어.

① ㅓ, ㅏ, ㅏ　　　　　② ㅜ, ㅗ, ㅚ
③ ㅐ, ㅏ, ㅗ　　　　　④ ㅣ, ㅔ, ㅐ
⑤ ㅔ, ㅣ, ㅘ

44

〈보기〉의 단어 중 이중 모음이 포함된 단어들만 모두 고른 것은?

┤ 보기 ├
ㄱ 수박   ㄴ 사과   ㄷ 참외
ㄹ 앵두   ㅁ 석류

① ㄱ, ㄴ   ② ㄴ, ㅁ
③ ㄷ, ㄹ   ④ ㄱ, ㄴ, ㄷ
⑤ ㄴ, ㄷ, ㄹ

45

〈보기〉의 조건을 모두 만족시키는 단어로 적절한 것은?

┤ 보기 ├
• 첫째 음절: 혀의 정점이 입 안의 앞쪽에 위치하여 발음 되는 모음이 쓰임.
• 둘째 음절: 발음할 때 입술을 둥글게 오므리지 않는 모음이 쓰임.

① 늑대   ② 노루   ③ 치타
④ 사슴   ⑤ 펭귄

46 신유형

(가)와 (나)의 발음상의 차이점을 설명한 것으로 가장 적절한 것은?

(가) ㅐ, ㅔ, ㅚ, ㅟ, ㅣ
(나) ㅏ, ㅓ, ㅗ, ㅜ, ㅡ

① (가)는 (나)보다 입이 크게 벌어지고, 혀의 높이가 낮아진다.
② (가)는 입술 모양이 변하지 않고, (나)는 입술 모양이 변한다.
③ (가)는 혀의 높이가 높아지고, (나)는 혀의 높이가 낮아진다.
④ (가)는 입술 모양을 둥글게 하지 않고, (나)는 입술 모양을 둥글게 한다.
⑤ (가)는 혀의 최고점이 앞쪽에 있을 때 발음되고, (나)는 뒤쪽에 있을 때 발음된다.

47

〈보기〉에서 단모음만으로 구성된 단어만을 모두 고른 것은?

┤ 보기 ├
ㄱ 가을   ㄴ 여름   ㄷ 봄비
ㄹ 국화   ㅁ 태풍   ㅂ 세월

① ㄱ, ㄴ, ㅁ   ② ㄱ, ㄷ, ㅁ
③ ㄴ, ㄷ, ㅁ   ④ ㄷ, ㄹ, ㅂ
⑤ ㄱ, ㄷ, ㄹ, ㅂ

48 서술형

다음 대화에서 ㉠과 ㉡에 들어갈 적절한 말을 각각 쓰시오

지원: 'ㅣ, ㅔ, ㅐ'를 차례로 발음해 보면 어떤 변화가 일어나는지 알려 줄래?
현우: 입과 혀에 일어난 변화를 의식하면서 정확하게 발음해 보면 알 수 있어. 'ㅣ, ㅔ, ㅐ'를 차례로 발음해 보면, 입을 벌리는 정도가 점점 (㉠), 혀의 높이가 점점 (㉡).

• ㉠: _____   • ㉡: _____

49

〈보기〉의 모음을 순서대로 발음할 때 일어나는 변화에 대한 설명으로 적절한 것은?

┤ 보기 ├
ㅡ → ㅓ → ㅏ

① 입이 점점 작게 벌어진다.
② 혀의 높이가 점점 낮아진다.
③ 평평했던 입술 모양이 동그랗게 오므라든다.
④ 혀의 최고점이 뒤쪽에서 앞쪽으로 이동한다.
⑤ 혀의 위치와 높이가 고정되어 움직이지 않는다.

50 고난도

이중 모음에 대한 이해로 적절하지 <u>않은</u> 것은?

① 'ㅢ'는 단모음 'ㅟ'와 달리 발음하는 동안 혀의 위치에 변화가 생기니까 이중 모음이야.

② 'ㅒ'를 길게 발음하면 단모음인 'ㅔ' 소리를 구분해 낼 수 있으니까 'ㅒ'는 이중 모음이야.

③ 'ㅝ'는 'ㅟ'와 'ㅓ'의 결합이 아니라 반모음 'w'와 단모음 'ㅓ'의 결합으로 이루어진 이중 모음이야.

④ 'ㅘ'를 길게 발음할 때 입술 모양이 점점 평평해지고 입이 벌어지는 걸 보니 'ㅘ'는 이중 모음이야.

⑤ 'ㅣ'와 'ㅓ'를 이어서 발음하면 'ㅕ' 소리가 나는 걸 보니, 'ㅕ'는 반모음 'j'와 단모음 'ㅓ'가 결합된 이중 모음이야.

51 고난도

밑줄 친 단어 중, 〈보기〉의 조건을 모두 만족시키는 모음만 쓰인 것은?

┌─ 보기 ─┐

㉮ 소리를 내는 도중에 입술 모양이나 혀의 위치가 달라지지 않는다.

㉯ 입술을 둥글게 오므려 발음한다.

㉰ 혀의 정점이 입 안의 뒤쪽에 위치하여 발음된다.

└────────┘

① <u>의자</u>가 푹신해서 앉기에 편해.

② 슬퍼하는 친구를 <u>위로</u>해 줬어.

③ 잘 익은 <u>고추</u>를 햇볕에 말리고 있어.

④ 바다에 가서 <u>고래</u>를 직접 보고 싶어.

⑤ 날씨가 추워서 <u>담요</u>를 꺼내서 덮었다.

52

다음 설명에 해당하는 모음이 포함되지 <u>않은</u> 것은?

발음할 때, 입술 모양을 둥그렇게 한 상태에서 발음하는 모음이다.

① 설상가상   ② 천우신조

③ 호가호위   ④ 조삼모사

⑤ 부화뇌동

53

다음 밑줄 친 부분의 모음 중, 발음할 때 혀의 높이가 가장 낮은 것은?

• 가는 말이 고와야 오는 말이 곱다.
  ㉠   ㉡   ㉢

• 낮말은 새가 듣고 밤말은 쥐가 듣는다.
              ㉣   ㉤

① ㉠   ② ㉡   ③ ㉢

④ ㉣   ⑤ ㉤

54 서술형 ✎

다음 대화에서 두 사람의 의사소통이 제대로 이루어지지 않은 까닭을 단모음 체계와 관련지어 서술하시오.

(떡볶이 가게 앞에서)

승미: 오늘은 네[내]가 살 차례지?

준혁: 너 어제도 샀잖아. 또 사 주려고?

승미: 아니, 오늘은 네[내] 차례라고.

준혁: 도대체 무슨 말인지 모르겠다.

55 서술형 ✎

〈보기〉를 참고하여 음절을 이루는 조건과 관련지어 모음과 자음의 차이를 서술하시오.

┌─ 보기 ─┐

음절의 구성	
음절의 형태	예
모음	오, 위
자음 + 모음	가, 새
모음 + 자음	운, 옷
자음 + 모음 + 자음	길, 춤

└────────┘

56
국어의 음운에 대한 설명으로 적절한 것은?

① 뜻을 지니고 있는 가장 작은 말의 단위이다.
② 자음과 모음뿐만 아니라 소리의 길이도 음운에 포함된다.
③ 반드시 두 개 이상의 음운이 모여야 음절을 이룰 수 있다.
④ '항아리'는 'ㅎ, ㅏ, ㅇ, ㅇ, ㅏ, ㄹ, ㅣ'와 같이 7개의 음운으로 이루어졌다.
⑤ 허파에서 나오는 공기의 흐름이 입이나 코에서 장애를 받아 나오는 소리를 모음이라고 한다.

57
〈보기〉의 ㉠과 ㉡에 들어갈 말이 모두 바르게 짝지어진 것은?

┤ 보기 ├
  '종'이라는 단어의 'ㅈ', 'ㅗ', 'ㅇ' 중에서 하나의 소리를 바꾸면 '공', '징', '졸'이라는 다른 뜻의 단어가 된다. 이처럼 단어의 (㉠)를 구별해 주는 소리의 가장 작은 단위를 (㉡)이라고 한다.

	㉠	㉡		㉠	㉡
①	의미	모음	②	의미	음운
③	의미	음절	④	형태	음절
⑤	형태	음운			

58
다음은 '음운'에 대한 학습 활동지 중 일부이다. ㉠에 들어갈 내용으로 적절한 것은?

  '발'의 초성, 중성, 종성을 다른 음운으로 바꾸어 여러 단어를 만들어 보자.
  • 초성을 바꾼 경우 ……… 달, 살
  • 중성을 바꾼 경우 ……… 볼, 불
  • 종성을 바꾼 경우 ……… 밥, 방

↓

  위 내용을 고려할 때 (㉠)는 사실을 알 수 있다.

① 음운은 단어의 뜻을 구별해 준다
② 음운은 일정한 조건에서 변화한다
③ 음운은 그 자체로 뜻을 지니고 있다
④ 음운은 어떤 위치든 나타날 수 있다
⑤ 음운은 감정의 차이를 표현할 수 있다

59
〈보기〉의 단어에 대한 설명으로 적절한 것은?

┤ 보기 ├
  (가) 눈[눈]
    빛의 자극을 받아 물체를 볼 수 있는 감각 기관.
  (나) 눈[눈:]
    대기 중의 수증기가 찬 기운을 만나 얼어서 땅 위로 떨어지는 얼음의 결정체.

① (가)와 (나)는 소리의 길이로 뜻을 구분한다.
② (가)와 (나)는 자음으로 단어의 뜻을 구별한다.
③ (가)와 (나)는 음성의 높낮이로 뜻을 구분한다.
④ (가)와 (나)는 단어의 표기 형태에 차이가 있다.
⑤ (가)와 (나)는 형태가 같아 뜻의 차이를 알 수 없다.

60
다음 괄호 안에 들어갈 대답으로 적절한 것은?

  선생님: 'ㅏ'와 'ㅑ'를 각각 길게 발음하면 어떻게 될까요?
  학생: ( )

① 'ㅏ'와 달리 'ㅑ'는 중간에 혀의 위치가 달라져요.
② 'ㅏ'와 달리 'ㅑ'는 입술의 모양이 처음과 끝이 똑같아요.
③ 'ㅑ'와 달리 'ㅏ'는 혀의 위치가 점점 위로 올라가요.
④ 'ㅏ'와 'ㅑ' 모두 입술 모양이 점점 둥글게 바뀌어요.
⑤ 'ㅏ'와 'ㅑ' 모두 발음할 때 입 안에서 장애를 받아요.

61
㉠에 들어갈 모음으로 적절하지 않은 것은?

  선생님: 최소 대립쌍이란 하나의 음운으로 인해 뜻이 구별되는 단어의 짝을 말해요. 가령 최소 대립쌍 '살'과 '쌀'은 'ㅅ'과 'ㅆ'으로 인해 뜻이 달라지는데, 이때의 'ㅅ', 'ㅆ'은 음운의 자격을 얻게 되죠. 이처럼 최소 대립쌍을 이용해 음운들을 추출할 수 있어요. 그럼 다음 단어들에서 최소 대립쌍들을 찾고, 거기에 쓰인 모음을 추출해 볼까요?

  | 쉬리, 구실, 모래, 소리, 구슬 |

  학생: 최소 대립쌍에서 추출한 모음은 (㉠)입니다.

① ㅟ   ② ㅣ   ③ ㅐ   ④ ㅗ   ⑤ ㅡ

62

〈보기〉의 단모음 체계표를 활용하여, 다음 단어를 발음할 때 나타나는 현상을 설명한 것으로 적절하지 <u>않은</u> 것은?

┤ 보기 ├

국어의 단모음 체계표

혀의 최고점의 위치	전설 모음		후설 모음	
입술 모양 혀의 높낮이	평순 모음	원순 모음	평순 모음	원순 모음
고모음	ㅣ	ㅟ	ㅡ	ㅜ
중모음	ㅔ	ㅚ	ㅓ	ㅗ
저모음	ㅐ		ㅏ	

① 에이: 혀의 높이가 위로 올라간다.

② 오이: 입술의 모양이 점차 평평하게 바뀐다.

③ 아우: 혀의 높이와 입술의 모양이 모두 바뀐다.

④ 아이: 혀의 최고점의 위치가 뒤쪽에서 앞쪽으로 이동한다.

⑤ 우애: 혀의 높이는 변함이 없고 입술의 모양만 바뀐다.

63

〈보기〉의 ㉠, ㉡에 들어갈 내용이 적절하게 짝지어진 것은?

┤ 보기 ├

• 모음 'ㅚ'를 발음하면 'ㅔ'를 발음할 때와 다르게 (㉠).

• 모음 'ㅏ'를 발음하면 'ㅓ'를 발음할 때보다 입이 더 크게 열려서 (㉡).

① ㉠: 입술이 둥근 모양이 된다.
　㉡: 혀의 높이가 더 높아진다.

② ㉠: 입술이 둥근 모양이 된다.
　㉡: 혀의 높이가 더 낮아진다.

③ ㉠: 혀의 최고점이 앞쪽에 있다.
　㉡: 혀의 최고점이 뒤쪽에 있다.

④ ㉠: 혀의 최고점이 앞쪽에 있다.
　㉡: 혀의 높이가 더 낮아진다.

⑤ ㉠: 입술이 둥근 모양이 된다.
　㉡: 입술의 모양이 평평하게 된다.

64

㉠~㉤에 쓰인 모음에 대한 설명으로 적절하지 <u>않은</u> 것은?

㉠개울가에 ㉡올챙이 한 마리
꼬물꼬물 헤엄치다 ~ ♪
㉢앞다리가 쏙 ~ ㉣뒷다리가 쏙 ~
팔딱팔딱 ㉤개구리 됐네

① ㉠은 ㉡에 비해 저모음에 해당하는 모음의 개수가 하나 더 많다.

② ㉡은 ㉢에 비해 전설 모음에 해당하는 모음의 개수가 하나 더 많다.

③ ㉢은 ㉣과 달리 원순 모음이 하나도 쓰이지 않았다.

④ ㉤은 ㉡과 달리 전설 모음에 해당하는 모음만 쓰였다.

⑤ ㉠, ㉡, ㉢, ㉣, ㉤은 모음이 세 번씩 쓰여 3음절을 이루었다는 공통점이 있다.

65

다음 설명을 이해한 것으로 적절하지 <u>않은</u> 것은?

단모음과 달리, 입술 모양이나 혀의 위치가 발음 도중에 변하는 모음은 '이중 모음'이라 하는데, 이중 모음은 홀로 쓰일 수 없는 소리인 '반모음'이 단모음과 결합한 모음이다. 예를 들어 이중 모음인 'ㅑ'의 발음은, 'ㅣ'를 짧게 발음하는 것과 유사한 소리인 반모음 'j' 뒤에서 'ㅏ'가 결합한 소리이다. 'ㅑ'와 마찬가지로 'ㅒ, ㅕ, ㅖ, ㅛ, ㅠ'의 발음은, 각각 반모음 'j'와 단모음 'ㅐ, ㅓ, ㅔ, ㅗ, ㅜ'가 결합한 소리이다. 'ㅗ'나 'ㅜ'를 짧게 발음하는 것과 유사한 반모음 'w'도 있는데 'ㅘ, ㅙ, ㅝ, ㅞ'의 발음은 각각 반모음 'w'와 단모음 'ㅏ, ㅐ, ㅓ, ㅔ'가 결합한 소리이다.

① 'ㅠ'는 발음할 때 입술 모양이나 혀의 위치가 변한다.

② 'ㅒ'는 발음할 때 입술 모양이나 혀의 위치가 변하지 않는다.

③ 'ㅖ'의 발음은 반모음 'j' 뒤에서 단모음 'ㅔ'가 결합한 소리이다.

④ 'ㅘ'의 발음은 단모음 'ㅗ' 뒤에서 반모음 'j'가 결합한 소리이다.

⑤ 반모음 'w'는 홀로 쓰일 수 없고 단모음과 결합하여 이중 모음을 이룬다.

3일 음운의 체계와 특성 2 - 자음

📖 함께 보기│필독 중학 국어 문법 23쪽으로!

개념 확인

구강(입 口, 빈속 腔)
입에서 목구멍에 이르는 빈 곳

예사소리
성대를 편안히 둔 상태에서 발음되는 소리

된소리
성대 근육을 긴장시켜 내는 소리. 단단하고 강한 느낌을 줌.

거센소리
숨이 거세게 나오는 소리. 거칠고 거센 느낌을 줌.

비음(코 鼻, 소리 音)
입 안의 통로를 막고 코로 공기를 내보내면서 내는 소리 = 콧소리

유음(흐를 流, 소리 音)
혀끝을 잇몸에 가볍게 대었다가 떼거나, 잇몸에 댄 채 공기를 혀의 양옆으로 흘려 보내면서 내는 소리 = 흐름소리

■ 국어의 자음

• **자음**: 목, 입, 혀 따위의 발음 기관에 의해 구강 통로가 좁아지거나 완전히 막히는 따위의 장애를 받으며 나는 소리

• 국어의 자음 19개는 소리 나는 위치와 소리 내는 방법에 따라 아래와 같이 분류할 수 있음.

〈국어의 자음 체계〉

소리 내는 방법		소리 나는 위치 →	입술소리	잇몸소리	센입천장소리	여린입천장소리	목청소리
안울림소리	파열음	예사소리	ㅂ	ㄷ		ㄱ	
		된소리	ㅃ	ㄸ		ㄲ	
		거센소리	ㅍ	ㅌ		ㅋ	
	파찰음	예사소리			ㅈ		
		된소리			ㅉ		
		거센소리			ㅊ		
	마찰음	예사소리		ㅅ			ㅎ
		된소리		ㅆ			
울림소리	비음		ㅁ	ㄴ		ㅇ	
	유음			ㄹ			

┌ 울림소리: 발음할 때, 목청이 떨려 울리는 소리

├ 안울림소리: 발음할 때, 목청을 진동시키지 않고 내는 소리

├ 파열음: 입 안의 어떤 위치에서 공기의 흐름을 막았다가 그 막은 자리를 터뜨리면서 소리를 냄. (깨뜨릴 破, 찢을 裂, 소리 音)

├ 파찰음: 공기의 흐름을 막았다가 그 막은 자리를 조금 열고 그 틈 사이로 공기를 내보내어 소리를 냄. (깨뜨릴 破, 비빌 擦, 소리 音)

└ 마찰음: 입 안이나 목청 사이의 통로를 좁히고 그 틈 사이로 공기를 내보내어 마찰을 일으키면서 소리를 냄. (갈 摩, 비빌 擦, 소리 音)

아하~ 함·정·넘·기

❶ 자음 중에도 울림소리가 있다.
자음 중에서도 모음처럼 목청이 떨려 울리는 소리인 울림소리가 있는데, 'ㄴ, ㄹ, ㅇ, ㅁ'이 여기에 해당합니다. 울림소리에 해당하는 네 개의 자음을 쉽게 외우려면 '노란양말'을 떠올려 보세요. 이 중에서 '콧소리(비음)'에 해당하는 자음을 따로 외우고 싶다면 '마녀의 (콧소리)'를 떠올리면 됩니다.

❷ 자음 체계, 이 정도만 외워도 문제 풀이가 쉬워진다.
소리 내는 방법 중 가장 많은 자음이 포함된 '파열음'은 '바다가 (파열)'로 외우세요. '바다가'의 첫소리 'ㅂ(ㅃ, ㅍ), ㄷ(ㄸ, ㅌ), ㄱ(ㄲ, ㅋ)'가 파열음에 해당합니다. 소리 나는 위치 중 가장 많은 자음이 포함된 '잇몸소리'는 '(잇몸) 도시 나라'로 외우세요. 첫소리를 떠올리면 해당되는 자음을 쉽게 떠올릴 수 있습니다.

[1~4] 다음 설명이 맞으면 ○표, 틀리면 ×표 하시오.

1 자음은 음운의 한 종류이다. …… ( )

2 자음은 홀로 소리를 낼 수 있다. …… ( )

3 어떤 낱말에서 자음이 달라지면 뜻이 달라질 수 있다.
…… ( )

4 자음은 반드시 모음과 결합해야 음절을 만들 수 있다.
…… ( )

[5~8] 두 단어의 뜻을 구별해 주는 음운은 무엇인지 각각 쓰시오.

5 말 : 발 ………………………… (,)

6 꿈 : 꿀 ………………………… (,)

7 사랑 : 자랑 ………………………… (,)

8 강아지 : 망아지 ………………………… (,)

[9~11] 괄호 안에 들어가기에 적절한 말에 ○표 하시오.

9 국어의 자음의 개수는 모두 (19 / 20)개이다.

10 자음은 모음과 함께 (분절 / 비분절) 음운에 해당한다.

11 자음은 발음할 때 발음 기관에서 장애를 (받는다 / 받지 않는다).

[12~16] 초성을 참고하여 빈칸에 들어갈 적절한 말을 쓰시오.

12 입 안의 통로를 막고 ⊐ 로 공기를 내보내면서 내는 소리를 비음이라고 한다.

13 혀끝을 잇몸에 댄 채 공기를 그 양옆으로 흘려 보내면서 내는 소리를 ○○ 이라고 한다.

14 폐에서 나오는 공기를 일단 막았다가 그 막은 자리를 터뜨리면서 내는 소리를 ㅍ○○ 이라고 한다.

15 조음 기관이 좁혀진 사이로 공기가 비집고 나오면서 마찰하여 나는 소리를 ㅁㅊ○ 이라고 한다.

16 파열음과 마찰음의 두 가지 성질을 다 가지는 소리를 ㅍㅊ○ 이라고 한다.

17 음절의 첫소리에 올 수 없는 자음은?
① ㅍ ② ㅎ ③ ㅇ ④ ㅁ ⑤ ㅆ

18 강하고 단단한 느낌을 주는 자음에 해당하는 것은?
① ㄱ ② ㅅ ③ ㅈ ④ ㅌ ⑤ ㅃ

[19~30] 다음 자음 체계표를 보고 아래 물음에 답하시오.

소리 나는 위치 / 소리 내는 방법			입술소리	잇몸소리	센입천장소리	여린입천장소리	목청소리
안울림소리	파열음	예사소리	ㅂ	ㄷ		ㄱ	
		된소리	ㅃ	ㄸ		ㄲ	
		거센소리	ㅍ	ㅌ		ㅋ	
	파찰음	예사소리			ㅈ		
		된소리			ㅉ		
		거센소리			ㅊ		
	마찰음	예사소리		ㅅ			ㅎ
		된소리		ㅆ			
울림소리	비음		ㅁ	ㄴ		ㅇ	
	유음			ㄹ			

[19~23] 다음 자음과 소리 나는 위치를 적절하게 연결하시오.

19 ㄱ, ㄲ, ㅋ, ㅇ • • ㉠ 두 입술 사이

20 ㄴ, ㄷ, ㄹ, ㅅ • • ㉡ 혀끝과 윗잇몸

21 ㅁ, ㅂ, ㅃ, ㅍ • • ㉢ 혓바닥과 센입천장

22 ㅈ, ㅉ, ㅊ • • ㉣ 혀 뒷부분과 여린입천장

23 ㅎ • • ㉤ 목청

24 울림소리에 해당하는 자음의 개수는? ( )개

25 목청에서 소리 나는 자음은? ( )

26 입술소리이면서 비음에 해당하는 자음은? ( )

27 '잇몸소리＋마찰음＋예사소리'의 조건을 모두 만족하는 자음은? ( )

28 거센소리에 해당하지 <u>않는</u> 자음은?
① ㅍ ② ㅌ ③ ㅆ ④ ㅊ ⑤ ㅋ

29 자음 'ㄷ'과 소리 나는 위치가 <u>다른</u> 자음은?
① ㄴ ② ㄱ ③ ㅅ ④ ㄹ ⑤ ㅌ

30 울림소리에 해당하지 <u>않는</u> 자음은?
① ㄴ ② ㄹ ③ ㅁ ④ ㅇ ⑤ ㅎ

31
자음과 모음의 차이로 가장 적절한 것은?

① 말할 때 입술의 모양이 바뀌는가, 바뀌지 않는가?
② 말의 뜻을 구별해 주는가, 구별해 주지 못하는가?
③ 말할 때 공기의 흐름이 장애를 받는가, 받지 않는가?
④ 말할 때 혀의 위치가 달라지는가, 달라지지 않는가?
⑤ 말할 때 소리가 입의 앞에서 나는가, 뒤에서 나는가?

32 고난도
자음에 대한 설명으로 적절하지 않은 것은?

① 'ㄴ'은 'ㄷ'과 달리 발음할 때, 목청이 떨린다.
② 'ㅃ'은 'ㅂ'보다 더 강하고 단단한 느낌을 준다.
③ 'ㄹ'은 발음할 때 부드럽게 흘러가는 느낌을 준다.
④ 'ㅅ'은 'ㄱ'과 달리 대응하는 거센소리가 존재하지 않는다.
⑤ 'ㄱ'과 'ㅈ'은 소리 나는 위치는 같지만, 소리 내는 방법은 다르다.

33
소리를 내는 방법이 나머지와 다른 것은?

① ㄱ   ② ㄷ   ③ ㅍ
④ ㅊ   ⑤ ㄲ

34
발음할 때 입 안의 통로를 막고 코로 공기를 내보내면서 내는 콧소리에 해당하는 자음은?

① ㄴ   ② ㄹ   ③ ㄷ
④ ㅎ   ⑤ ㅅ

35
다음 자음의 특성에 대한 설명으로 적절하지 않은 것은?

① ㄴ: 발음할 때 목청이 떨려 울린다.
② ㅍ: 숨이 거세게 나오는 거센소리이다.
③ ㄱ: 혀 뒷부분이 여린입천장에 닿아서 소리가 난다.
④ ㅆ: 발음 기관의 근육을 긴장시켜서 되게 발음하는 소리이다.
⑤ ㅎ: 혀끝을 잇몸에 댄 채 공기를 그 양옆으로 흘려 보내면서 내는 소리이다.

36
〈보기〉의 빈칸에 들어갈 내용으로 가장 적절한 것은?

| 보기 |

분류 기준: ( )	
ㄱ ㄷ ㅂ ㅅ	ㄴ ㄹ ㅁ ㅇ

① 소리 나는 위치가 어디인가?
② 발음할 때 목청이 울리는가?
③ 어떤 방법으로 소리를 내는가?
④ 발음할 때 코로 공기를 내보내는가?
⑤ 폐에서 나온 공기가 입 안에서 장애를 받는가?

37
소리 나는 위치가 같은 자음끼리 짝지은 것은?

① ㄴ, ㄷ, ㅁ, ㅂ   ② ㄹ, ㅁ, ㅇ, ㅎ
③ ㅅ, ㅈ, ㅉ, ㅊ   ④ ㄷ, ㅌ, ㅂ, ㅍ
⑤ ㄱ, ㄲ, ㅋ, ㅇ

38
소리 나는 위치가 같은 자음끼리 이루어진 단어로 적절하지 않은 것은?

① 치자   ② 노래
③ 기호   ④ 마부
⑤ 소리

39 고난도
다음 설명에 해당하는 자음이 가장 많이 쓰인 단어는?

> 혀의 뒷부분과 연구개(입천장 뒤쪽의 연한 부분) 사이에서 나는 소리이다.

① 수영   ② 씨름
③ 택견   ④ 축구
⑤ 양궁

40 신유형
〈보기〉의 밑줄 친 '나'에 해당하는 자음은?

> ┤ 보기 ├
> **나**는 누구일까요? 나는 두 입술 사이에서 소리가 납니다. 그리고 발음할 때 목청이 떨려 울리는 소리에 해당하죠.

① ㅇ   ② ㅁ   ③ ㅂ
④ ㅅ   ⑤ ㅎ

41
〈보기〉의 조건을 모두 만족하는 자음은?

> ┤ 보기 ├
> • 소리 나는 위치: 혀끝과 윗잇몸
> • 소리 내는 방법: 공기를 막았다가 터뜨림.
> • 소리의 세기: 숨이 거세게 나옴.
> • 성대의 진동: 없음.

① ㄱ   ② ㅍ   ③ ㅌ
④ ㄴ   ⑤ ㄸ

42
소리의 성질을 고려할 때, 강하고 단단한 느낌을 주는 것은?

① 팔랑팔랑   ② 튼튼하다
③ 소곤소곤   ④ 딸깍딸깍
⑤ 콩닥콩닥

43
〈보기〉의 ㉮~㉰에 대한 설명으로 가장 적절한 것은?

> ┤ 보기 ├

㉮	㉯	㉰
감감하다	캄캄하다	깜깜하다

① ㉮는 ㉯에 비해 거칠고 거센 느낌을 준다.
② ㉯는 ㉰에 비해 가볍고 상쾌한 느낌을 준다.
③ ㉰는 ㉮에 비해 단단하고 강한 느낌을 준다.
④ ㉯와 달리 ㉮를 발음할 때에는 숨이 거세게 터져 나온다.
⑤ ㉰와 달리 ㉯를 발음할 때에는 성대의 근육이 긴장되고 힘이 많이 들어간다.

44

국어의 자음에 대한 설명으로 가장 적절한 것은?

① '아리랑'에는 모두 4개의 자음이 쓰였다.

② 'ㄲ, ㄸ, ㅃ'은 모두 2개의 음운으로 이루어져 있다.

③ 안울림소리보다 울림소리에 해당하는 자음의 개수가 더 많다.

④ 'ㄱ, ㅂ, ㅅ, ㅈ'은 모두 '예사소리 – 된소리 – 거센소리'의 짝이 있다.

⑤ 'ㄱ, ㄷ, ㅂ'은 모두 공기의 흐름을 막았다가 터뜨리면서 소리를 낸다.

45

자음의 소리 나는 위치를 설명한 것으로 적절하지 않은 것은?

① 'ㅇ'은 목청에서 소리가 납니다.

② 'ㅍ'은 두 입술 사이에서 소리가 납니다.

③ 'ㄹ'은 혀끝과 윗잇몸 사이에서 소리가 납니다.

④ 'ㅊ'은 혓바닥과 센입천장 사이에서 소리가 납니다.

⑤ 'ㄱ'은 여린입천장과 혀의 뒷부분에서 소리가 납니다.

46 고난도

〈보기〉와 같은 방식으로 발음하는 자음만으로 이루어진 단어는?

┤ 보기 ├

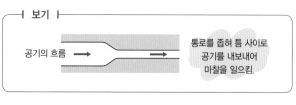

공기의 흐름 ➡

통로를 좁혀 틈 사이로 공기를 내보내어 마찰을 일으킴.

① 바다　　　　　② 시내

③ 강물　　　　　④ 남해

⑤ 호수

47 신유형

〈보기〉의 ㉠에 들어갈 자음으로 적절한 것은?

┤ 보기 ├

질문 1) 발음할 때 목청이 떨리나요?
　　ㄴ, 아니요.
질문 2) 두 입술 사이에서 소리가 나나요?
　　ㄴ, 예.
질문 3) 발음할 때 숨이 거세게 나오나요?
　　ㄴ, 예.
질문 4) 그렇다면 정답은 (　　㉠　　)이죠?
　　ㄴ, 맞아요.

① ㄷ　　　　　② ㅁ　　　　　③ ㅋ

④ ㅍ　　　　　⑤ ㅎ

48

〈보기〉에 대한 설명으로 적절하지 않은 것은?

┤ 보기 ├

빙빙 – 핑핑 – 삥삥

① '삥삥'은 '빙빙'보다 더 강한 느낌을 준다.

② '핑핑'은 '빙빙'보다 더 거센 느낌을 준다.

③ 'ㅂ, ㅍ, ㅃ'은 모두 같은 위치에서 소리가 난다.

④ '삥삥'은 '핑핑'을 발음할 때보다 숨을 거세게 내보낸다.

⑤ '핑핑'과 '삥삥'은 뜻이 유사하지만 어감에서 차이가 난다.

49 서술형 ✏

다음 자음들이 공통으로 지닌 발음상의 특징을 〈조건〉에 맞게 서술하시오.

ㄴ　ㅁ　ㅇ

┤ 조건 ├

• 자음의 일반적인 특징은 제외할 것.

• 두 가지로 나누어 쓸 것.

• 각각 20자 내외의 문장으로 서술할 것.

50
국어의 자음에 대한 설명으로 적절하지 않은 것은?

① 국어에서 자음의 개수는 모두 19개이다.
② 'ㄴ, ㅁ, ㅇ'은 콧소리이고, 모두 울림소리이다.
③ 소리의 길이에 따라 예사소리, 된소리, 거센소리로 나뉜다.
④ 'ㅂ, ㅃ, ㅍ'은 두 입술이 붙었다가 떨어지면서 소리 나는 자음이다.
⑤ 혓바닥과 센입천장 사이에서 나는 소리 중 거센소리는 'ㅊ'이다.

51 고난도
〈보기〉의 조건을 모두 만족하는 자음이 포함된 단어는?

┤ 보기 ├

㉮ 목청이 울리나?
　– 발음할 때 목청이 울린다.
㉯ 소리 나는 위치와 소리 내는 방법은?
　– 혀끝을 윗잇몸에 가볍게 대었다가 떼거나, 혀끝을 윗잇몸에 댄 채 공기를 양옆으로 흘려 보내면서 소리를 낸다.

① 비행기　　　　② 해수욕
③ 바닷가　　　　④ 여객선
⑤ 물놀이

52 신유형
다음 설명을 참고할 때, ㉠의 예로 적절하지 않은 것은?

선생님: 하나의 음운으로 인해 뜻이 구별되는 단어의 짝을 ㉠최소 대립쌍이라고 해요. 예를 들어, '사다'와 '서다'는 'ㅏ'와 'ㅓ'로 인해 뜻이 달라지는 최소 대립쌍이라고 할 수 있어요.

① 날 – 달　　　　② 볼 – 봄
③ 사람 – 사랑　　④ 노을 – 고을
⑤ 고추 – 부추

53
㉠~㉢에 들어갈 자음을 각각 쓰시오. (㉠, ㉡은 예사소리만 쓸 것.)

소리 내는 방법 \ 소리 나는 위치		입술소리	잇몸소리	여린입천장소리
안울림소리	파열음	㉠		
	파찰음			
	마찰음		㉡	
울림소리	비음			㉢
	유음			

㉠: _____, ㉡: _____, ㉢: _____

54 신유형 서술형
다음 대화에서 ㉠에 들어갈 적절한 말을 〈조건〉에 맞게 서술하시오.

준형: 지연아, 너 오늘따라 말이 없다.
지연: 말도 마. 코감기에 걸려서 말하기가 힘들어.
준형: 어? 코감기에 걸린 거랑 말하기 힘든 거랑 무슨 관계가 있어?
지연: 코감기 때문에 코가 막히니까 (　㉠　)
준형: 그렇구나. 국어 시간에 배운 자음의 특징이 여기에 적용될 줄이야.

┤ 조건 ├
• 코와 관련된 자음을 포함하여 서술할 것.
• 20자 내외의 한 문장으로 서술할 것.

55 서술형
〈보기〉의 밑줄 친 말을 바탕으로, 영어와 구별되는 우리말 자음의 특징을 30자 내외로 서술하시오.

┤ 보기 ├
지은: 곰탕 맛이 어때?
피터(미국인): 너무 **차**.
지은: 이제 막 끓여서 따뜻할 텐데……
피터: 소금이 너무 많이 들어간 것 같아.
지은: 아, **짜**다는 말이었구나.

56

국어의 자음에 대한 설명으로 가장 적절한 것은?

① 모든 자음은 발음할 때 목청을 울리면서 소리가 난다.
② 발음할 때 혀의 최고점의 위치에 따라 구분되기도 한다.
③ 비음(콧소리)은 발음할 때 입술의 형태가 동그랗게 변한다.
④ 모든 파열음은 각각 '예사소리 – 된소리 – 거센소리'의 짝을 이룬다.
⑤ 허파에서 나오는 소리가 입 안에서 장애를 받지 않고 나는 소리이다.

57

〈보기〉의 조건에 맞는 음운으로만 이루어진 낱말은?

┤ 보기 ├
- 초성(첫소리): 혀끝에서 소리가 나며, 예사소리로 발음되는 자음
- 중성(가운뎃소리): 혀의 뒤쪽에서 소리 나는 모음으로 혀의 높이가 가장 낮은 모음
- 종성(끝소리): 목청이 울려서 나는 소리로 두 입술을 이용해서 소리를 내고 소리가 코를 통해 나가는 모음

① 꿈   ② 삼   ③ 백
④ 종   ⑤ 풀

58

〈보기〉의 ㉠과 ㉡에 들어갈 말이 모두 바르게 짝지어진 것은?

┤ 보기 ├
혀끝을 잇몸에 가볍게 대었다가 떼거나 혀끝을 윗잇몸에 댄 채 공기를 그 양옆으로 흘려 보내면서 내는 소리를 (㉠)라고 하고, 여기에 해당하는 자음은 (㉡)이다.

	㉠	㉡		㉠	㉡
①	예사소리	ㅁ	②	예사소리	ㅇ
③	울림소리	ㄹ	④	흐름소리	ㄹ
⑤	흐름소리	ㅇ			

59

다음 단어를 발음할 때 일어나는 변화에 대한 설명으로 가장 적절한 것은?

두부

① '두'는 '부'와 달리 발음할 때 입술의 모양이 동그랗게 된다.
② '부'는 '두'와 달리 코로 공기를 내보내면서 소리를 낸다.
③ '두'와 '부'는 모두 공기의 흐름을 막았다가 터뜨리면서 소리를 낸다.
④ '두'를 발음할 때와 '부'를 발음할 때 소리 나는 위치에는 변함이 없다.
⑤ '두'와 '부'를 차례대로 발음하면 혀의 최고점의 위치가 뒤쪽으로 이동한다.

60

〈보기〉의 조건을 모두 만족하는 자음으로 시작하는 단어는?

┤ 보기 ├
- 두 입술 사이에서 소리가 난다.
- 코를 막으면 소리를 내기 힘들다.
- 발음할 때 목청의 울림이 일어난다.

① 나비   ② 마루   ③ 보리
④ 라면   ⑤ 피리

61

다음 대화의 빈칸에 들어가기에 가장 적절한 단어는?

강민: 너 오늘따라 말이 없다.
지은: 코감기가 심해서 코가 꽉 막혔어. 숨쉬기도 불편하고 발음하기도 힘들어.
강민: 코가 막히니까 콧소리를 제대로 발음하지 못해서 그런 거구나.
지은: 그래. 예를 들어 '( )' 같은 단어는 제대로 발음이 안 돼.

① 배추   ② 과자   ③ 체육
④ 망건   ⑤ 식혜

62

〈보기〉의 자음을 대상으로 '질문'과 '정답'을 만든 것으로 적절하지 <u>않은</u> 것은?

보기
ㄱ ㄴ ㄷ ㄹ ㅁ ㅂ ㅅ

	질문	정답
①	마찰음에 해당하는 것은?	ㅅ
②	콧소리(비음)에 해당하는 것은?	ㄴ, ㄹ
③	입술소리에 해당하는 것은?	ㅁ, ㅂ
④	거센소리 짝이 있는 것은?	ㄱ, ㄷ, ㅂ
⑤	울림소리에 해당하는 것은?	ㄴ, ㄹ, ㅁ

63

〈보기〉의 자료를 이해한 내용으로 적절하지 <u>않은</u> 것은?

보기

⑦

소리 나는 위치 소리 내는 방법	센입천장소리
파찰음	ㅈ, ㅉ, ㅊ

ⓒ ┌ 잠: 눈이 감긴 채 의식 활동이 쉬는 상태.
　 ├ 짬: 어떤 일에서 손을 뗄 수 있는 겨를.
　 └ 참: 사실이나 이치에 조금도 어긋남이 없는 것.
ⓓ ┌ 종종: 발걸음을 자주 떼며 빨리 걷는 모양.
　 └ 총총: 발걸음을 매우 재게 떼며 바삐 걷는 모양.
ⓔ 존(미국인): 어제 **참**을 제대로 못 **차서** 피곤해요.
　 현수: **잠**을 제대로 못 **잤다**는 뜻이구나.

① ⑦를 보니, 'ㅈ, ㅉ, ㅊ'은 모두 소리 나는 위치가 같군.
② ⓒ를 보니, 'ㅈ, ㅉ, ㅊ'은 각각 음운의 자격을 갖고 있군.
③ ⓓ를 보니, 유사한 뜻이라 하더라도 'ㅊ'을 사용하면 'ㅈ'을 사용할 때보다 거센 느낌을 주는군.
④ ⓔ를 보니, 영어 사용자는 한국어 사용자와 달리 'ㅈ'과 'ㅊ'을 다른 음운으로 구별하기가 쉽지 않군.
⑤ ⑦와 ⓔ를 보니, 영어에서는 'ㅈ'과 'ㅊ'의 소리 나는 위치가 서로 다르겠군.

64

〈보기〉의 밑줄 친 부분에서 경쾌한 느낌이 드는 이유로 가장 적절한 것은?

보기
살어리 살어리랏다 청산에 살어리랏다 머루랑 다래랑 먹고 청산에 살어리랏다 얄리얄리 얄랑셩 얄라리 얄라

① 원순 모음만을 사용하였기 때문
② 모든 음운이 울림소리에 해당하기 때문
③ 비음(콧소리)이 규칙적으로 나타나기 때문
④ 유음(흐름소리)이 반복적으로 사용되었기 때문
⑤ 예사소리와 된소리가 같은 빈도로 쓰였기 때문

65 2017학년도 9월 고1 전국연합학력평가 14번

다음은 자음 습득에 관한 탐구 자료이다. 이에 대한 이해로 적절하지 <u>않은</u> 것은?

　'엄마'와 '아빠' 중에 어느 단어가 상대적으로 낮은 연령에서 발음하기가 쉬울까? 자음은 발음을 할 때 공기의 흐름이 방해를 받기 때문에 제약이 많아 연령에 따라 습득되는 자음들이 다르다. 연령에 따른 자음의 발달 단계를 살펴보면 우선 두 입술 사이에서 나는 소리가 가장 먼저 발달한다. 그중에서도 코로 공기를 내보내는 비음이자 울림소리인 'ㅁ'이 2세 때 습득된다. 그 후 3세 때에는 파열음이자 안울림소리인 'ㅃ'을 습득하게 된다. 따라서 'ㅁ'을 'ㅃ'보다 먼저 습득하게 되므로 아동들은 부모의 호칭 중 음성학적으로 '아빠'보다 '엄마'를 보다 쉽게 발음할 수 있는 것이다.

① 'ㅁ'은 'ㅃ'보다 강하게 파열되며 나는 소리구나.
② 'ㅁ'은 'ㅃ'과 달리 목청을 울리면서 소리를 내게 되는구나.
③ 'ㅁ'은 'ㅃ'과 달리 코로 공기를 내보내면서 소리를 내게 되는구나.
④ 'ㅁ'과 'ㅃ'은 모두 두 입술 사이에서 나는 소리구나.
⑤ 'ㅁ'과 'ㅃ'은 모두 공기의 흐름이 방해를 받는 소리구나.

1

언어의 본질에 대한 설명으로 적절하지 않은 것은?

① 언어는 내용(의미)을 형식(음성)으로 나타낸 기호이다.

② 언어의 내용과 형식의 결합은 필연적인 관계가 아니다.

③ 언어는 사회적 약속이므로 세월이 흘러도 절대 변하지 않는다.

④ 언어에는 일정한 법칙이 있어서 이를 따르지 않으면 의사소통이 어렵다.

⑤ 가리키는 대상(내용)이 같더라도 언어가 다르면 형식도 다르게 나타날 수 있다.

2

〈보기〉와 밀접한 관련이 있는 언어의 본질은?

┤ 보기 ├

인간은 말을 할 때에 배웠거나 들어 본 적이 있는 문장을 기억해서 그대로 사용하는 것이 아니라, 새로운 문장을 만들어 쓴다.

① 기호성   ② 사회성

③ 역사성   ④ 창조성

⑤ 자의성

3

〈보기〉의 빈칸에 들어갈 말로 가장 적절한 것은?

┤ 보기 ├

과거에 '어리다'라는 말은 '어리석다'라는 뜻이었지만, 지금은 '나이가 적다'라는 뜻으로 바뀌었다. 이와 같이 언어는 시간의 흐름에 따라 변화를 겪게 되는데, 이러한 특징을 언어의 (　　　　)이라고 한다.

① 역사성   ② 사회성

③ 기호성   ④ 창조성

⑤ 자의성

4

〈보기〉의 ⓐ～ⓒ에 들어갈 말이 모두 바르게 짝지어진 것은?

┤ 보기 ├

언어는 그 언어를 사용하는 사람들 사이의 사회적 (　ⓐ　)이다. 이를 지키지 않고 각자가 마음대로 언어를 바꾸어 사용하면 (　ⓑ　)에 문제가 발생한다. 이러한 언어의 본질을 언어의 (　ⓒ　)이라고 한다.

	ⓐ	ⓑ	ⓒ
①	규칙	체제 유지	역사성
②	규칙	의사소통	역사성
③	약속	의사소통	자의성
④	약속	의사소통	사회성
⑤	명예	체제 유지	사회성

5 고난도

〈보기〉의 빈칸에 들어갈 내용으로 가장 적절한 것은?

┤ 보기 ├

선생님: 언어의 변화 양상 중에는 같은 대상을 표현하던 말들이 서로 경쟁하다가 한쪽이 이기면 다른 한쪽의 말은 자연히 사라지거나 덜 쓰이게 되는 경우가 있어요. 여기에 해당하는 예를 찾아볼까요?

학생: (　　　　　　　　　　　　　　)

① '우주선, 인터넷'과 같은 말은 조선 시대에는 쓰이지 않았어요.

② 옛날 관직의 이름 중 하나였던 '어사'가 지금은 관직이 없어지면서 사라졌어요.

③ 고유어 '뫼'가 한자어 '산(山)'과 함께 쓰였는데, 현재는 '산'만 쓰이고 '뫼'는 거의 쓰이지 않아요.

④ '지갑'은 원래 종이로 만들어진 것을 가리켰는데, 지금은 가죽이나 헝겊으로 만들어진 것도 가리켜요.

⑤ '정구지'라는 말은 표준어인 '부추'에 밀려 덜 쓰이지만, 여전히 어떤 지방에서는 널리 쓰이고 있어요.

6
국어의 음운에 대한 설명으로 적절하지 <u>않은</u> 것은?

① 하나의 음운만으로 하나의 음절을 만들 수 있다.
② 말의 뜻을 구별하여 주는 소리의 가장 작은 단위이다.
③ 소리의 길이는 경계를 나누기 어렵지만 음운에 포함된다.
④ 모든 모음은 울림소리, 모든 자음은 안울림소리에 해당한다.
⑤ 자음과 모음 중 어느 하나만 바뀌어도 말의 뜻이 달라질 수 있다.

7
국어의 자음과 모음에 대한 설명으로 적절하지 <u>않은</u> 것은?

① 둘 다 분절 음운에 해당한다.
② 모음의 수가 자음의 수보다 더 많다.
③ 둘 다 말의 뜻을 구별해 주는 기능을 한다.
④ 자음과 달리 모음은 홀로 소리를 낼 수 있다.
⑤ 자음과 달리 모음은 발음할 때 입 안에서 장애를 받는다.

8
(가)와 (나)에 대한 설명으로 적절하지 <u>않은</u> 것은?

(가) ㅏ, ㅐ, ㅓ, ㅔ, ㅗ, ㅚ, ㅜ, ㅟ, ㅡ, ㅣ
(나) ㅑ, ㅒ, ㅕ, ㅖ, ㅘ, ㅙ, ㅛ, ㅝ, ㅞ, ㅠ, ㅢ

① (가)는 소리를 내는 도중에 입술 모양이나 혀의 위치가 달라지지 않는다.
② (나)는 길게 발음하면 나중 소리는 처음과 달라진다.
③ (가)와 (나)는 모두 말의 뜻을 구별해 주는 기능을 한다.
④ (가)의 모음이 반모음 'j'나 'w'와 만나면 (나)의 모음이 된다.
⑤ (가)와 달리 (나)는 발음할 때, 목청이 떨려 울린다.

9
〈보기〉에 대한 설명으로 적절하지 <u>않은</u> 것은?

㉠	㉡	㉢
ㅣ, ㅡ	ㅗ, ㅚ	ㅛ, ㅠ

① ㉠은 ㉡과 달리 발음할 때 입술을 둥글게 오므리지 않는다.
② ㉠은 ㉡과 달리 입을 조금 열고, 혀의 위치를 높여서 발음한다.
③ ㉡, ㉢은 ㉠과 달리 길게 발음하면 입술의 모양이나 혀의 위치가 달라진다.
④ ㉢은 ㉠과 달리 단모음이 반모음과 결합하여 이루어진 모음이다.
⑤ ㉠, ㉡, ㉢은 모두 발음 기관에서 장애를 받지 않고 나오는 소리이다.

10 신유형
〈보기〉의 밑줄 친 말에 쓰인 모음을 각각 ㉠∼㉤이라고 할 때, 이에 대한 설명으로 가장 적절한 것은?

죽는 날까지 하늘을 우러러
㉠   ㉡
한 점 부끄럼이 없기를
㉢
잎새에 이는 바람에도
㉣
나는 괴로워했다.
㉤

— 윤동주, 「서시」에서

① ㉠, ㉡, ㉢은 단모음, ㉣, ㉤은 이중 모음이다.
② 발음할 때 혀의 높이가 가장 높은 것은 ㉡이다.
③ 입술을 둥글게 오므려 발음하는 단모음은 ㉠뿐이다.
④ ㉤은 발음하는 동안 입술의 모양이 달라지지 않는다.
⑤ ㉢과 ㉣은 발음할 때 혀의 최고점의 위치가 뒤에 있다.

11

〈보기〉의 모음을 순서대로 발음할 때 일어나는 변화에 대한 설명으로 적절한 것은?

┤ 보기 ├
ㅣ → ㅔ → ㅐ

① 혀의 높이가 낮아졌다가 다시 올라간다.
② 입술 모양이 점차 동그랗게 오므라든다.
③ 혀의 최고점의 위치가 점점 앞으로 이동한다.
④ 혀의 위치와 높이가 고정되어 움직이지 않는다.
⑤ 입이 점점 크게 벌어지며 혀의 높이가 낮아진다.

12

〈보기〉의 자음에 대한 설명으로 가장 적절한 것은?

┤ 보기 ├
ㄱ ㄴ ㄷ ㄹ ㅁ

① 'ㄱ'과 'ㄷ'은 소리 내는 방법이 같다.
② 'ㄷ'과 'ㅁ'은 소리 나는 위치가 같다.
③ 울림소리에 해당하는 자음은 'ㄴ'뿐이다.
④ 'ㄴ'과 'ㄹ'은 코로 공기를 내보내며 소리를 낸다.
⑤ 'ㄷ'과 'ㄹ'은 소리 내는 방법은 같지만 소리 나는 위치가 다르다.

13

〈보기〉의 조건을 모두 만족하는 단어로 적절한 것은?

┤ 보기 ├
• 첫째 음절의 자음: 입술소리이면서 파열음
• 둘째 음절의 자음: 잇몸소리이면서 마찰음

① 가지   ② 비서
③ 파리   ④ 무쇠
⑤ 지구

14

〈보기〉를 참고할 때, ㉠으로만 이루어진 단어로 적절한 것은?

┤ 보기 ├
학생: 선생님, 공부하다 보니까 ㉠'유성음'이라는 말이 나오던데, 이게 무슨 뜻인가요?
선생님: 지난 시간에 배웠던 '울림소리'와 같은 말이랍니다. 목청이 떨려 울리는 소리를 울림소리 또는 유성음이라고 하죠. 국어의 모든 모음은 울림소리에 속해요. 하지만 자음 가운데에는 일부를 제외하고는 대부분 안울림소리에 속해요. 안울림소리는 한자어로 무성음이라고 해요.

① 머위나물
② 동서남북
③ 남녀노소
④ 해바라기
⑤ 올망졸망

15

㉠에 들어갈 말로 적절한 것은?

분류 기준		해당하는 자음
㉠	예	ㄴ, ㄷ, ㄹ, ㅅ
	아니요	ㄱ, ㅁ, ㅂ, ㅇ, ㅈ, ㅎ

① 소리의 세기가 큰가?
② 발음할 때 목청이 울리는가?
③ 입술의 모양이 동그랗게 되는가?
④ 소리가 혀끝과 윗잇몸 사이에서 나는가?
⑤ 발음할 때 공기의 흐름이 방해를 받는가?

16

〈보기〉의 조건을 모두 만족하는 자음은?

┤ 보기 ├
- 윗잇몸과 혀끝에서 소리가 난다.
- 발음할 때 목청이 울리며, 공기가 혀의 양옆으로 흘러나간다.

① ㄱ   ② ㄴ   ③ ㄷ
④ ㄹ   ⑤ ㅁ

17 고난도

밑줄 친 단어에 쓰인 자음이 모두 〈보기〉와 같은 방식으로 발음되는 것은?

┤ 보기 ├

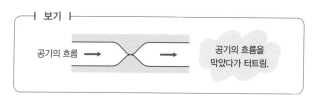

공기의 흐름 →　←　공기의 흐름을 막았다가 터트림.

① 사자를 실제로 보니 무서웠다.
② 그에게는 두 명의 조카가 있다.
③ 갑자기 노루 한 마리가 나타났다.
④ 파도가 높아서 배편이 취소되었다.
⑤ 아버지는 가지를 따러 밭에 가셨다.

18

〈보기〉의 조건을 모두 만족하는 음절로 적절한 것은?

┤ 보기 ├
- 첫소리에 쓰인 자음은 두 입술 사이에서 소리가 난다.
- 가운뎃소리에 쓰인 모음은 혀의 최고점이 뒤쪽에 있으며, 입술의 모양은 동그랗다.

① 무   ② 비   ③ 노
④ 개   ⑤ 파

19

〈보기〉의 설명을 이해한 내용으로 적절하지 않은 것은?

┤ 보기 ├

　파열음과 파찰음은 입 밖으로 나오는 공기의 양이나 성대의 긴장에 따라 예사소리, 된소리, 거센소리로 나뉘고, 마찰음은 예사소리와 된소리로 나뉜다. 된소리는 성대의 근육이 긴장되고 힘이 들어가 단단하고 강한 느낌을 준다. 거센소리는 숨이 거세게 터져 나오므로 크고 거친 느낌을 준다.

① '팡팡'은 '빵빵'보다 거센 느낌을 주겠군.
② '쫄쫄'은 '졸졸'보다 강하고 센 느낌을 주겠군.
③ '캄캄하다'는 '감감하다'보다 더 어두운 느낌을 주겠군.
④ 'ㅅ'은 마찰음이기 때문에 짝이 되는 거센소리가 없겠군.
⑤ '콩콩'은 '꽁꽁'과 달리 성대의 근육이 긴장된 상태에서 발음되겠군.

20

다음 퀴즈의 빈칸에 들어가기에 적절한 말은?

퀴즈: 우리 집 반려견의 이름은 '☐이'입니다. 아래 힌트를 참고하면 이름을 맞힐 수 있습니다.

〈힌트〉
㉮ 첫소리: 혓바닥과 센입천장에서 나는 소리이며, 숨이 거세게 나는 소리임.
㉯ 가운뎃소리: 입술을 둥글게 오므리지 않고 발음하는 소리임.
㉰ 끝소리: 입 안의 통로를 막고 코로 공기를 내보내면서 내는 소리임.

① 짬   ② 진   ③ 촘
④ 청   ⑤ 탕

📖 함께 보기 | 필독 중학 국어 문법 31쪽으로!

개념 확인

표준어
- 한 나라에서 공용어로 쓰는 규범으로서의 언어
- 국어의 경우, 〈표준어 규정〉의 제1항에서 '표준어는 교양 있는 사람들이 두루 쓰는 현대 서울말로 정함을 원칙으로 한다.'라고 정해 놓았음.

표음주의(나타낼 表, 소리 音)
단어를 소리 나는 대로 적어야 한다는 주장

표의주의(나타낼 表, 뜻 意)
단어를 어법에 맞도록 적어야 한다는 주장

장단(길 長, 짧을 短)
소리의 길이로 말의 뜻을 구별하는 기능이 있음.
📝 '낮'의 반대는 [밤]. 밤나무의 열매는 [밤:]

■ 한글 맞춤법
- **뜻**: 한글로써 우리말을 표기하는 법을 체계화한 규정
- **기본 원칙**

> **제1장 총칙**
> 제1항 한글 맞춤법은 표준어를 소리대로 적되, 어법에 맞도록 함을 원칙으로 한다.
> 제2항 문장의 각 단어는 띄어 씀을 원칙으로 한다.

소리대로 적음. (표음주의)	표준어를 적을 때 발음에 따라 적는다는 뜻임. 📝 나무[나무], 달리다[달리다] … 발음(소리)과 표기가 같음.
어법에 맞도록 함. (표의주의)	뜻을 파악하기 쉽도록 각 형태소의 본 모양을 밝혀 적는다는 뜻임. 📝 잎[입], 나뭇잎[나문닙] … 발음(소리)과 표기가 다름.

■ 표준 발음법
- **뜻**: 표준어를 발음할 때 기준이 되는 발음상의 규칙과 규범
- **기본 원칙**

> **제1장 총칙**
> 제1항 표준 발음법은 표준어의 실제 발음을 따르되, 국어의 전통성과 합리성을 고려하여 정함을 원칙으로 한다.

표준어의 실제 발음을 따름.	현대 서울말의 현실 발음을 기반으로 정함. 📝 읽다[익따], 읽지[익찌], 읽고[일꼬] … 겹받침 'ㄹㄱ'의 발음: 'ㄱ' 앞에서 'ㄱ'이 탈락하고, 나머지 경우에는 'ㄹ'이 탈락
국어의 전통성을 고려함.	• 모음의 장단에 대해 세부적으로 규정함. • 'ㅐ'와 'ㅔ'를 항상 다르게 발음하도록 규정함.
국어의 합리성을 고려함.	• 겹받침 뒤에 모음으로 시작하는 조사가 결합할 때 겹받침 중 하나를 연음함. 📝 닭이[달기](O), [다기](×) • '맛있다, 멋있다'의 발음. [마딛따], [머딛따]가 합리적이나 [마싣따], [머싣따]도 허용함.

아하~ 함·정·넘·기

❶ '어법에 맞도록 함'이 무슨 말이지?
한글 맞춤법은 표준어를 소리대로 적는 것이 원칙입니다. 하지만 소리대로 적을 경우 의미 파악이 쉽지 않은 경우가 있습니다. 예를 들어 '꽃이', '꽃만', '꽃도'를 소리대로 적으면 '꼬치', '꼰만', '꼳또'여야 하는데, 이 경우 '꽃'이라는 같은 단어가 여러 가지 형태로 제시되어 의미 파악이 쉽지 않을 수 있습니다. 이러한 이유 때문에 발음과 상관없이 형태를 고정시키는 방법, 즉 어법에 맞도록 한다는 원칙을 추가한 것입니다.

정답과 해설 **6**쪽

[1~10] 다음은 〈한글 맞춤법〉 제1항의 내용이다. 이를 바탕으로 소리대로 적은 것은 '소', 어법에 맞도록 적은 것은 '어'라고 쓰시오.

> 제1항 한글 맞춤법은 표준어를 소리대로 적되, 어법에 맞도록 함을 원칙으로 한다.

1 나무 ……（　　　）　**2** 사랑 ……（　　　）

3 햇빛 ……（　　　）　**4** 과자 ……（　　　）

5 감자 ……（　　　）　**6** 물병 ……（　　　）

7 도라지 ……（　　　）　**8** 한라산 ……（　　　）

9 해돋이 ……（　　　）　**10** 아리랑 ……（　　　）

[11~19] 다음 규정을 고려할 때, 밑줄 친 부분의 띄어쓰기가 바르면 ○표, 바르지 않으면 ×표 하시오.

> 〈한글 맞춤법〉
> 제41항 조사는 그 앞말에 붙여 쓴다.
> 제42항 의존 명사는 띄어 쓴다.
> 제43항 단위를 나타내는 명사는 띄어 쓴다.
>   다만, 순서를 나타내는 경우나 숫자와 어울리어 쓰이는 경우에는 붙여 쓸 수 있다.

11 어제 시장에서 옷 <u>한벌을</u> 샀다. ……（　　　）

12 <u>아는 만큼</u> 보이는 법이야. ……（　　　）

13 나무 <u>세 그루가</u> 서 있었다. ……（　　　）

14 이 버섯은 <u>먹을수</u> 있다. ……（　　　）

15 아기가 <u>천사 처럼</u> 밝게 웃는다. ……（　　　）

16 내 동생은 <u>일학년 삼반이다.</u> ……（　　　）

17 항구에는 배 <u>열세 척이</u> 있었다. ……（　　　）

18 <u>여기에서부터</u> 얼마나 걸리나요? ……（　　　）

19 그 사실은 <u>나밖에</u> 모른다. ……（　　　）

[20~22] 밑줄 친 음절의 올바른 발음을 찾아 연결하시오.

20 <u>꽃</u>다발 ・　　　・ ㉠ 꼰

21 <u>꽃</u>나무 ・　　　・ ㉡ 꼬(ㅊ)

22 <u>꽃</u>으로 ・　　　・ ㉢ 꼳

[23~25] 다음은 〈표준 발음법〉의 기본 원칙이다. 초성을 참고하여 빈칸에 적절한 말을 쓰시오.

> 표준 발음법은 **23** ㅍㅈㅇ 의 실제 발음을 따르되, 국어의 **24** ㅈㅌㅅ 과 **25** ㅎㄹㅅ 을 고려하여 정함을 원칙으로 한다.

[26~30] 다음 규정을 참고하여, 올바른 발음에 해당하는 것에 모두 ○표 하시오.

> 〈표준 발음법〉
> • 'ㅑ ㅒ ㅕ ㅖ ㅘ ㅙ ㅛ ㅝ ㅞ ㅠ ㅢ'는 이중 모음으로 발음한다.
> • 자음을 첫소리로 가지고 있는 음절의 'ㅢ'는 [ㅣ]로 발음한다.
> • 단어의 첫음절 이외의 '의'는 [ㅣ]로, 조사 '의'는 [ㅔ]로 발음함도 허용한다.

26 의문
[의문]（　　　）　[으문]（　　　）　[이문]（　　　）

27 저희
[저희]（　　　）　[저흐]（　　　）　[저히]（　　　）

28 합의
[하븨]（　　　）　[하브]（　　　）　[하비]（　　　）

29 예의
[예의]（　　　）　[에의]（　　　）　[예이]（　　　）

30 의리의
[의:리의]（　　　）　[으:리의]（　　　）　[의:리에]（　　　）

31

〈보기〉의 ㉠과 ㉡의 사례가 모두 바르게 짝지어진 것은?

┤ 보기 ├

제1항 한글 맞춤법은 표준어를 ㉠소리대로 적되, ㉡어법에 맞도록 함을 원칙으로 한다.

	㉠	㉡
①	얼음	기름
②	풀잎	국화
③	먹이	씨앗
④	사랑	꽃말
⑤	손목	얼굴

[32~33] 다음 글을 읽고 물음에 답하시오.

만약 '표준어를 소리대로 적'는다는 원칙만 적용한다면, '꽃'은 '(㉠)'으로, '꽃이'는 '(㉡)'로, '꽃만'은 '(㉢)'으로, '꽃놀이'는 '(㉣)'로, '꽃과'는 '(㉤)'로 적게 되어 '꽃[花]'이라는 하나의 말이 여러 형태로 적히게 된다. 그래서 ㉮'어법에 맞도록 함'이라는 또 다른 원칙을 필요로 한 것이다.

32 고난도

㉮의 이유로 가장 적절한 것은?

① 형태소의 형태를 보다 단순하게 나타내기 위해서
② 형태소를 글로 쓸 때 쓰는 속도를 빠르게 하기 위해서
③ 각 형태소가 지닌 뜻을 분명하게 파악하도록 하기 위해서
④ 각 형태소의 발음을 보다 정확하게 구별하도록 하기 위해서
⑤ 형태소 간의 문법적 관계를 빠르게 파악하도록 하기 위해서

33

㉠~㉤에 들어갈 말로 적절하지 않은 것은?

① ㉠: 꼳
② ㉡: 꼬시
③ ㉢: 꼰만
④ ㉣: 꼰노리
⑤ ㉤: 꼳꽈

34

표기에 적용된 원칙이 나머지와 다른 것은?

① 달리다
② 던지다
③ 남기다
④ 뛰놀다
⑤ 묻히다

[35~37] 〈보기〉를 바탕으로, 아래 물음에 답하시오.

┤ 보기 ├

〈한글 맞춤법〉

제41항 조사는 그 앞말에 붙여 쓴다.
제42항 의존 명사는 띄어 쓴다.
제43항 단위를 나타내는 명사는 띄어 쓴다.
　　　　다만, 순서를 나타내는 경우나 숫자와 어울리어 쓰이는 경우에는 붙여 쓸 수 있다.
제44항 수를 적을 적에는 '만(萬)' 단위로 띄어 쓴다.

35 고난도

밑줄 친 부분의 띄어쓰기로 적절하지 않은 것은?

① 네가 뜻한 바를 알겠다.
② 나는 도저히 이해할 수가 없어.
③ 친구와 두시 삼십분에 만나기로 했어.
④ 아무래도 저녁에는 비가 올것 같구나.
⑤ 이 신발 한 켤레 가격이 얼마인 줄 알아?

36

〈보기〉의 '제44항'에 따라 수를 적은 것으로 적절한 것은?

① 삼십일만오천육백칠십팔
② 삼십일만 오천육백칠십팔
③ 삼십일만 오천 육백칠십팔
④ 삼십일만 오천 육백 칠십팔
⑤ 삼십 일만 오천 육백 칠십 팔

37 서술형

〈보기〉를 바탕으로 다음 문장을 바르게 띄어 쓰시오.

천원으로마땅히살것이없었다.

[38~42] 다음 글을 읽고 물음에 답하시오.

한글 맞춤법 제1장 총칙의 제1항은 '한글 맞춤법은 표준어를 ㉠소리대로 적되, ㉡어법에 맞도록 함을 원칙으로 한다.'이다. 여기서 소리대로 적는다는 것은 '구름'과 같이 표준어를 발음 형태대로 적는 것을 의미한다. 그리고 어법에 맞도록 한다는 것은 한 단어가 다양한 발음 형태로 나타나는 경우에 뜻을 쉽게 파악하기 어려운 점을 고려하여 형태소의 원형을 밝혀 적는 것을 의미한다.

[A]
형태소의 원형을 밝히는 경우를 살펴보자. 단어는 형성 방법에 따라 두 개 이상의 어근*이 결합되는 합성어와 어근의 앞이나 뒤에 파생 접사*가 붙는 파생어가 있다. 이때 합성어와 같이 어근끼리 연결된 경우에는 각 어근의 본래의 뜻이 유지되면 소리대로 적지 않고 본 모양을 밝혀 적는다. 한편 '-이-, -히-, -리-' 등의 접미사들이 붙어서 이루어진 파생어의 경우, 그 어간을 밝혀 적는다.

* 어근: 단어를 분석할 때, 실질적 의미를 나타내는 중심이 되는 부분.
  📖 '덮개'의 '덮-'
* 접사: 어근에 붙어 특정한 의미를 더하거나 품사를 바꾸는 부분.
  📖 '덮개'의 '-개'

38

한글 맞춤법에 대해 이해한 내용으로 적절하지 <u>않은</u> 것은?

① 사투리를 제외한 표준어만을 대상으로 한다.
② 우리말을 한글로 적을 때 지켜야 할 규범이다.
③ 고유어는 대부분 소리대로 적는 것이 원칙이다.
④ 표기를 통한 원활한 의사소통을 위해 필요하다.
⑤ 어법에 맞도록 적으면 뜻을 쉽게 파악할 수 있다.

39

다음 문장에서 ㉠의 예에 해당하는 것만을 있는 대로 고른 것은?

맑고 푸른 하늘 바라보면 기분이 좋아진다.
㉮ ㉯ ㉰   ㉱   ㉲   ㉳

① ㉮, ㉯, ㉱   ② ㉮, ㉲, ㉳
③ ㉯, ㉰, ㉱   ④ ㉮, ㉰, ㉱, ㉳
⑤ ㉯, ㉰, ㉱, ㉲

40

㉡의 적용을 받아 표기한 것은?

① 지붕   ② 거름   ③ 마개
④ 너무   ⑤ 놀이

41 고난도

[A]를 바탕으로 〈보기〉의 ⓐ~ⓔ에 대해 이해한 내용으로 적절하지 <u>않은</u> 것은?

┤ 보기 ├
• 구름이 ⓐ걷히자 ⓑ산봉우리가 ⓒ드러나고 있다.
• 우리로 ⓓ돌아온 염소들이 또다시 ⓔ사라지면 어쩌지?

① ⓐ는 접미사 '-히-'가 붙은 말이어서 어간 '걷-'을 밝혀 적은 것이군.
② ⓑ는 어근의 본래 뜻이 유지되어 소리대로 적은 것이군.
③ ⓒ는 어근이 본래 뜻에서 멀어져 소리대로 적은 것이군.
④ ⓓ는 어근의 본래 뜻이 유지되어 본 모양대로 적은 것이군.
⑤ ⓔ는 어근이 본래 의미에서 멀어져 소리대로 적은 것이군.

42 신유형

〈보기〉는 국어사전에서 검색한 내용이다. 윗글을 고려할 때, 빈칸에 들어갈 말로 적절한 것은?

┤ 보기 ├
• 얽히다[얼키다]
  노끈이나 줄 따위가 이리저리 걸리다.
• "섥히다"에 대한 검색 결과가 없습니다.
• (   )[얼키고설키다]
  가는 것이 이리저리 뒤섞이다.

① 얽히고섥히다   ② 얽히고설키다
③ 얼키고섥히다   ④ 얼키고설키다
⑤ 얽키고섥히다

43 신유형

다음 차림표에서 맞춤법에 맞게 표기한 것만을 있는 대로 고른 것은?

〈차림표〉

ⓐ 떡볶기 ⓑ 덮밥 ⓒ 볶음밥
ⓓ 달걀마리 ⓔ 김치찌게

① ⓐ, ⓑ
② ⓑ, ⓒ
③ ⓐ, ⓑ, ⓓ
④ ⓑ, ⓒ, ⓔ
⑤ ⓐ, ⓒ, ⓓ, ⓔ

44

표준 발음법에 대한 설명으로 적절하지 <u>않은</u> 것은?

① 현대 서울말의 현실 발음을 기반으로 정하였다.
② 하나의 단어에는 하나의 표준 발음만 인정하고 있다.
③ 표준어가 아닌 사투리의 발음에 대해서는 다루지 않는다.
④ 국어의 전통성과 합리성에 어긋나면 표준 발음으로 인정하지 않는다.
⑤ 사람마다 발음이 달라 의사소통에 지장이 생기는 것을 방지해 준다.

45

다음은 자음의 발음에 대한 설명이다. 빈칸에 들어갈 말로 가장 적절한 것은?

국어의 자음은 (   )에 따라서 다양하게 분류할 수 있다. 공기를 막았다가 터뜨리는 파열음, 좁은 틈으로 공기를 마찰하여 내는 마찰음, 공기를 막았다가 마찰하여 내는 파찰음, 코로 공기를 보내어 내는 비음, 공기의 흐름을 거의 방해하지 않으며 내는 유음의 다섯 가지로 구분된다.

① 혀의 높이
② 입술의 모양
③ 소리 나는 위치
④ 소리 내는 방법
⑤ 혀의 최고점의 위치

46

단모음 중, 이중 모음으로 발음할 수 있는 것으로만 묶인 것은?

① ㅚ, ㅟ
② ㅐ, ㅔ
③ ㅑ, ㅕ
④ ㅚ, ㅘ
⑤ ㅗ, ㅜ

[47~49] 다음 규정을 읽고 물음에 답하시오.

〈표준 발음법〉

제5항 'ㅑ ㅒ ㅕ ㅖ ㅘ ㅙ ㅛ ㅝ ㅞ ㅠ ㅢ'는 이중 모음으로 발음한다.
　다만 1. 용언의 활용형에 나타나는 '져, 쪄, 쳐'는 [저, 쩌, 처]로 발음한다.
　다만 2. '예, 례' 이외의 'ㅖ'는 [ㅔ]로도 발음한다.
　다만 3. ⓐ자음을 첫소리로 가지고 있는 음절의 'ㅢ'는 [ㅣ]로 발음한다.
　다만 4. ⓑ단어의 첫음절 이외의 '의'는 [ㅣ]로, ⓒ조사 '의'는 [ㅔ]로 발음함도 허용한다.

47

위 규정을 적용할 때, 발음이 적절하지 <u>않은</u> 것은?

① 의논[의논]
② 사례[사:례]
③ 지쳐[지:처]
④ 계기[게:기]
⑤ 왜가리[왜:가리]

48 고난도

ⓐ~ⓒ에 해당하는 예를 모두 바르게 연결한 것은?

	ⓐ	ⓑ	ⓒ
①	의리	정의	그의 (땅)
②	의도	희귀	집에 (간다)
③	무늬	의미	학교의 (자랑)
④	희곡	부주의	나의 (조국)
⑤	닐리리	주치의	산에 (산다)

49 서술형

윗글을 참고하여, 제시된 말의 올바른 발음을 〈조건〉에 맞게 쓰시오.

민주주의의 의의 [   ]

┤ 조건 ├
• '다만 4'에 해당하는 'ㅢ'는 원칙적인 발음 대신 허용하는 발음을 적용하여 쓸 것.
• 소리의 길이 표시는 생략해도 됨.

[50~55] 다음 규정을 읽고 물음에 답하시오.

〈표준 발음법〉

제6항 ⓐ모음의 장단을 구별하여 발음하되, 단어의 첫 음절에서만 긴소리가 나타나는 것을 원칙으로 한다.

[붙임] 용언의 단음절 어간에 어미 '-아/-어'가 결합되어 한 음절로 축약되는 경우에도 긴소리로 발음한다. 다만, '오아 → 와, 지어 → 져, 찌어 → 쪄, 치어 → 쳐' 등은 긴소리로 발음하지 않는다.

제7항 긴소리를 가진 음절이라도, 다음과 같은 경우에는 짧게 발음한다.

1. 단음절인 용언 어간에 모음으로 시작된 어미가 결합되는 경우
2. 용언 어간에 피동, 사동의 접미사가 결합되는 경우

50 (신유형)

위 규정과 〈보기〉를 참고할 때, 밑줄 친 단어의 발음이 적절하지 않은 것은?

┤ 보기 ├

• 눈[눈:] 대기 중의 수증기가 찬 기운을 만나 얼어서 땅 위로 떨어지는 얼음의 결정체.
• 말[말:] 사람의 생각이나 느낌 따위를 표현하고 전달하는 데 쓰는 음성 기호.

① 눈[눈:]이 많이 쌓여서 걷기가 힘들다.
② 평소에 고운 말[말:]을 쓰기 위해 노력했다.
③ 첫눈[천눈]이라는 말만 들어도 가슴이 설렌다.
④ 눈보라[눈보라]가 그친 후에 출발하기로 했다.
⑤ 그가 한 말이 참말[참말]인지 거짓말인지 모르겠어.

51

밑줄 친 말을 짧게 발음해야 하는 것은?

① 급한 거니까 해 주세요.
② 점심에는 감자를 쪄 먹자.
③ 정신 차리고 나를 똑바로 봐.
④ 중요한 거니까 이거 잘 보관해 둬.
⑤ 네가 그렇게 하면 내 입장은 뭐가 돼?

52

위 규정을 적용한 것으로 적절하지 않은 것은?

① '밟다[밥:따]'와 달리 '짓밟다'에서 '밟-'은 짧게 발음한다.
② '알다[알:다]'의 어간 '알-'에 어미 '-아'가 결합하면 [아라]로 발음한다.
③ '감다[감:따]'의 어간 '감-'에 어미 '-고'가 결합되면 [감꼬]로 발음한다.
④ '신다[신:따]'의 어간 '신-'에 접미사 '-기-'가 결합되면 [신기다]로 발음한다.
⑤ '꼬다[꼬:다]'의 어간 '꼬-'에 접미사 '-이-'가 결합되면 [꼬이다]로 발음한다.

53 (고난도)

위 규정과 〈보기〉를 참고할 때, 밑줄 친 말 중 길게 발음해야 하는 것은?

┤ 보기 ├

돌다[돌:다] 통 물체가 일정한 축을 중심으로 원을 그리면서 움직이다.

① 눈이 돌아 간다.   ② 팽이를 돌리다.
③ 물과 기름이 겉돌다.   ④ 물레방아가 돌았다.
⑤ 바퀴가 도니 성공이다.

54 (서술형 ✍)

〈보기〉를 참고할 때, ⓐ을 규정한 이유를 20자 내외로 서술하시오.

┤ 보기 ├

김[김:] 「명사」 논밭에 난 잡풀.
김[김] 「의존 명사」 어떤 일의 기회나 계기.

55 (서술형 ✍)

위 규정을 참고하여, 다음 빈칸에 들어갈 적절한 말을 20자 내외로 서술하시오.

준기: 먹는 '밤'은 길게 발음해야 한다고 들었어. 그런데, 왜 '알밤'은 [알밤]이라고 짧게 발음하는 거야?
소원: 그건 길게 발음되는 단어라 하더라도 (   )고 했기 때문이야.

[56~59] 다음 글을 읽고 물음에 답하시오.

현대 국어의 표기는 '표준어를 ㉠소리대로 적되, ㉡어법에 맞도록 함을 원칙으로 한다.'라는 한글 맞춤법 규정을 따른다. 표준어를 소리대로 적는다는 것은 표준어를 발음 나는 대로 적는 표음주의를, 어법에 맞도록 한다는 것은 ㉮각 형태소의 본 모양을 밝혀 적는 표의주의를 채택한 것이다. 그런데 일반적인 활용 규칙에서 어긋나는 경우, ㉯합성어나 파생어를 구성함에 있어서 구성 요소가 본뜻에서 멀어진 경우 등에는 표음주의가 채택된다.

56

윗글을 바탕으로 〈보기〉를 이해한 내용으로 적절하지 <u>않은</u> 것은?

┤ 보기 ├─

먹은 후에는 반드시 그릇을 설거지하는 게 좋아.

① '먹은'은 표의주의 방식을 채택하고 있군.
② '반드시'는 소리대로 적는 방식을 따른 것이군.
③ '그릇'은 표음주의 방식을 따르고 있군.
④ '설거지'는 원형을 알 수 없으니 표음주의를 채택하고 있군.
⑤ '좋아'는 기본형 '좋다'와 마찬가지로 형태소의 본 모양을 밝혀 적는군.

57

〈보기〉를 참고할 때, ㉮의 이유로 가장 적절한 것은?

┤ 보기 ├─

ⓐ 밧 바치 반만 바틀
ⓑ 밭 밭이 밭만 밭을

① 단어의 뜻을 파악하는 데 효과적이기 때문
② 적는 속도를 보다 빠르게 할 수 있기 때문
③ 단어의 발음을 하나로 통일할 수 있기 때문
④ 단어의 다양한 형태를 반영할 수 있기 때문
⑤ 소리글자인 한글의 특성을 살릴 수 있기 때문

58

㉯의 예로 가장 적절한 것은?

① 눕히다
② 뛰놀다
③ 갈아입다
④ 드러나다
⑤ 잡아먹다

59

㉠과 ㉡의 예가 모두 바르게 짝지어진 것은?

	㉠	㉡
①	한복	양복
②	반지	목걸이
③	그립다	설레다
④	늦도록	늦었다
⑤	아름답지	아름다운

60 2021학년도 6월 고3 모의평가 15번

〈보기〉의 [A]에 들어갈 말로 적절한 것만을 있는 대로 고른 것은?

┤ 보기 ├─

학생: 선생님, 자기소개서를 써 봤는데, 띄어쓰기가 맞는지 가르쳐 주시겠어요? 헷갈리는 부분을 표시해 왔어요.

양로원에 가서 봉사 활동을 했습니다. 사실 그 시간에 ㉠봉사 보다는 게임을 하고 싶었습니다. 그저 작은 일을 ㉡도울 뿐이었는데 ㉢너 밖에 없다며 행복해하시는 어르신들의 말씀을 들을 ㉣때 만큼은 마음이 뿌듯해졌습니다.

선생님: 한글 맞춤법에 따르면, 문장의 각 단어는 띄어 써야 하지만, 조사는 예외적으로 그 앞말에 붙여 쓴단다.
학생: 아, 그럼 [A] 은/는 앞말에 붙여 써야 하는군요.

① ㉠의 '보다', ㉢의 '밖에'
② ㉡의 '뿐', ㉢의 '밖에'
③ ㉡의 '뿐', ㉣의 '만큼'
④ ㉠의 '보다', ㉡의 '뿐', ㉣의 '만큼'
⑤ ㉠의 '보다', ㉢의 '밖에', ㉣의 '만큼'

61 2021학년도 3월 고1 전국연합학력평가 12번

〈보기〉는 학생들의 대화이다. 〈보기〉의 ㉠, ㉡에 들어갈 내용으로 적절한 것은?

┤ 보기 ├

학생 1: '표준어 규정'에 따르면 'ㅚ'는 단모음으로 발음하는 것이 원칙이지만 이중 모음으로 발음하는 것도 허용하더라고. 그러면 '참외'는 [차뇌]로 발음하는 것이 원칙이지만, (㉠   )로 발음하는 것도 허용한다고 할 수 있겠어.

학생 2: 그래, 맞아. '표준어 규정'에서는 'ㅟ'도 이중 모음으로 발음하는 것을 허용하고 있어. 이에 따른 'ㅟ'의 이중 모음 발음은 'ㅑ, ㅒ, ㅕ, ㅖ, ㅘ, ㅝ, ㅞ, ㅠ, ㅢ'의 발음 중에 (㉡   ).

	㉠	㉡
①	[차뭬]	포함되어 있지 않아
②	[차뭬]	'ㅢ' 소리에 해당해
③	[차뫠]	'ㅟ' 소리에 해당해
④	[차뫠]	포함되어 있지 않아
⑤	[차뫠]	'ㅢ' 소리에 해당해

[62~64] 다음 규정을 읽고 물음에 답하시오.

〈표준 발음법〉

제5항 'ㅑ ㅒ ㅕ ㅖ ㅘ ㅙ ㅛ ㅝ ㅞ ㅠ ㅢ'는 이중 모음으로 발음한다.

다만 1. 용언의 활용형에 나타나는 '져, 쪄, 쳐'는 [저, 쪄, 처]로 발음한다.

다만 2. '예, 례' 이외의 'ㅖ'는 [ㅔ]로도 발음한다.

다만 3. 자음을 첫소리로 가지고 있는 음절의 'ㅢ'는 [ㅣ]로 발음한다.

다만 4. 단어의 첫음절 이외의 '의'는 [ㅣ]로, 조사 '의'는 [ㅔ]로 발음함도 허용한다.

62

위 규정을 적용할 때, 밑줄 친 단어의 발음으로 적절하지 **않은** 것은?

① 외출할 때 우산을 가져가[가저가].

② 어쩐지 예감[예:감]이 좋지 않구나.

③ 다리를 다쳐서[다처서] 뛸 수 없어.

④ 저의 무례[무레]를 용서해 주십시오.

⑤ 선생님은 지금 댁에 계시니[게:시니]?

63

다음 단어의 발음으로 적절하지 **않은** 것은?

① 의사[의사]   ② 협의[혀비]   ③ 귀띔[귀뜸]

④ 희망[히망]   ⑤ 무늬[무니]

64

〈보기〉에서 밑줄 친 음절의 'ㅢ'를 'ㅣ'로 발음할 수 있는 것만 있는 대로 고른 것은?

┤ 보기 ├

㉠ 희열   ㉡ 강의실   ㉢ 검역의
㉣ 의열단   ㉤ 그의 자동차

① ㉠, ㉡   ② ㉡, ㉣   ③ ㉠, ㉡, ㉢
④ ㉡, ㉢, ㉤   ⑤ ㉠, ㉡, ㉣, ㉤

65 2015학년도 9월 고1 전국연합학력평가 13번

다음 대화를 바탕으로 〈보기〉의 밑줄 친 단어에 대해 설명한 것으로 적절하지 **않은** 것은?

학생: 선생님, 한글 맞춤법 제1항에 표준어를 소리대로 적는다고 되어 있는데, 이건 표준어를 발음 형태대로 적는다는 뜻이에요?

선생님: 맞아, 그러면 표기할 때 편하지. 그런데 뜻이 얼른 파악되지 않는 경우도 있어. 그래서 어법에 맞도록 한다는 또 하나의 원칙이 붙어 있어.

학생: 어법에 맞도록 한다는 건 무슨 의미예요?

선생님: 어근의 형태를 파악하기 쉽도록 각 형태소의 본 모양을 밝히어 적는다는 말이야.

┤ 보기 ├

가-1. 지리산은 전라, 충청, 경상도 어름에 있다.

가-2. 썰매를 타고 얼음을 지쳤다.

나-1. 자세를 반듯이 해라.

나-2. 오늘 반드시 다 마치도록 해라.

① 가-1은 소리대로 적어 표기하기에 편리하다.

② 가-2는 의미 파악이 쉽도록 어법에 맞게 적은 것이다.

③ 가-1, 가-2는 발음만으로는 의미를 구분할 수 없다.

④ 나-1처럼 형태소의 본 모양을 적으면 뜻이 쉽게 파악된다.

⑤ 나-2는 어근의 본뜻이 파악되도록 어법에 맞게 적은 것이다.

개념 확인

📖 함께 보기 | **필독 중학 국어 문법 39쪽**으로!

받침의 종류

홑받침	하나의 자음자로 이루어진 받침
쌍받침	같은 자음자가 겹쳐서 된 받침 예 ㄲ, ㅆ
겹받침	서로 다른 두 개의 자음으로 이루어진 받침 예 ㄳ, ㄵ, ㄺ, ㄻ, ㄼ, ㄾ, ㅄ

실질 형태소
구체적인 대상이나 동작, 상태를 표시하는 형태소

형식 형태소
실질 형태소에 붙어 주로 말과 말 사이의 관계를 표시하는 형태소. 조사, 어미, 접사 등
예 집이 새하얗다.
┌ 실질 형태소: 집, 하얗-
└ 형식 형태소: 이, 새-, -다

연음(잇닿을 連, 소리 音)
앞 음절의 끝 자음이 모음으로 시작되는 뒤 음절의 초성으로 이어져 나는 소리
예 봄이[보미], 빛이[비치]

■ 받침의 발음
- 받침소리(음절의 끝소리)로는 'ㄱ, ㄴ, ㄷ, ㄹ, ㅁ, ㅂ, ㅇ'의 7개 자음만 발음함.
- 7개 자음에 해당하지 않는 경우, 받침의 위치나 뒤에 오는 형태소의 성격에 따라 달라짐.

• 단어 끝이나 자음 앞에서

홑받침 쌍받침	• 'ㄱ, ㄴ, ㄷ, ㄹ, ㅁ, ㅂ, ㅇ'인 경우 그대로 발음함. 예 국[국], 돌[돌] • 'ㄲ, ㅋ', 'ㅅ, ㅆ, ㅈ, ㅊ, ㅌ', 'ㅍ'은 각각 대표음 [ㄱ, ㄷ, ㅂ]으로 발음함. 예 닦다[닥따], 부엌[부억], 꽃[꼳], 숲길[숩낄]
겹받침	앞엣것이나 뒤엣것 중 하나만 발음함.(이 경우에도 대표음이 아닌 것은 대표음으로 바꾸어 발음함.) 예 넋[넉], 값[갑], 닭[닥], 삶[삼:]

• 모음으로 시작하는 실질 형태소 앞에서

홑받침	대표음으로 바꾸어서 뒤 음절 첫소리로 옮겨 발음함. 예 겉옷[거돋], 꽃 위[꼬뒤], 헛웃음[허두슴]
겹받침	자음 중 하나 탈락시킨 후, 대표음을 뒤 음절 첫소리로 옮겨 발음함. 예 넋 없다[너겁따], 닭 앞에[다가페], 값어치[가버치]

• 모음으로 시작하는 형식 형태소 앞에서

홑받침 쌍받침	제 음가대로 뒤 음절 첫소리로 옮겨 발음함. 예 옷이[오시], 깊이[기피], 낮아[나자], 묶어[무꺼]
겹받침	뒤엣것만을 뒤 음절 첫소리로 옮겨 발음함. 예 넋이[넉씨], 앉아[안자], 젊어[절머]

아하~ 함·정·넘·기

❶ '꽃을 심었다.'에서 '꽃을'은 [꼬슬]일까, [꼬츨]일까?
홑받침 뒤에 '을'과 같이 모음으로 시작하는 조사(형식 형태소)가 온다면, 받침 'ㅊ'을 제 음가대로 뒤 음절 첫소리로 옮겨 발음해야 합니다. 이를 '연음'이라고 합니다. 따라서 '꽃을'의 올바른 발음은 [꼬츨]입니다.

❷ '닭을 잡았다.'에서 '닭을'은 [다글]일까, [달글]일까?
'닭'을 단독으로 발음하면 위의 규정에 따라 [닥]이라고 발음해야 합니다. 이러다 보니 일상생활에서 '닭을', '닭이'를 각각 [다글], [다기]로 잘못 발음하는 경우가 있습니다. 하지만 '을'이나 '이'는 조사(형식 형태소)이기 때문에 겹받침 'ㄺ'에서 앞 자음은 끝소리로 발음하고, 뒤 자음은 연음하여 발음하는 것이 맞습니다. 따라서 '닭을'과 '닭이'는 각각 [달글], [달기]로 발음해야 합니다.

[1~15] 〈보기〉의 규정을 참고하여, 제시된 단어의 올바른 발음을 쓰시오. (단, 장음 표시는 생략함.)

┤ 보기 ├

〈표준 발음법〉

제8항 받침소리로는 'ㄱ, ㄴ, ㄷ, ㄹ, ㅁ, ㅂ, ㅇ'의 7개 자음만 발음한다.

제9항 받침 'ㄲ, ㅋ', 'ㅅ, ㅆ, ㅈ, ㅊ, ㅌ', 'ㅍ'은 어말 또는 자음 앞에서 각각 대표음 [ㄱ, ㄷ, ㅂ]으로 발음한다.

제23항 받침 'ㄱ(ㄲ, ㅋ, ㄳ, ㄺ), ㄷ(ㅅ, ㅆ, ㅈ, ㅊ, ㅌ), ㅂ(ㅍ, ㄼ, ㄿ, ㅄ)' 뒤에 연결되는 'ㄱ, ㄷ, ㅂ, ㅅ, ㅈ'은 된소리로 발음한다.

1 기억 [   ] 　　2 한복 [   ]

3 응답 [   ] 　　4 국수 [   ]

5 옷 [   ] 　　6 숲 [   ]

7 볶다 [   ] 　　8 찾고 [   ]

9 낮 [   ] 　　10 동녘 [   ]

11 있다 [   ] 　　12 같지 [   ]

13 짚신 [   ] 　　14 밭길 [   ]

15 꽃다발 [   ]

[16~20] 제시된 말의 발음으로 적절한 것을 찾아 □ 안에 V표 하시오.

16 닭이

　　□ [다기] 　　□ [달기]

17 부엌에

　　□ [부어케] 　　□ [부어게]

18 싫어도

　　□ [실허도] 　　□ [시러도]

19 여덟을

　　□ [여더를] 　　□ [여덜블]

20 넓다

　　□ [널따] 　　□ [넙따]

[21~25] 다음 설명이 맞으면 ○표, 틀리면 ×표 하시오.

21 자음 'ㅅ'은 받침소리로 올 수 없다. …… (   )

22 '빗', '빛', '빚'은 모두 [빈]으로 발음된다. …… (   )

23 '히읗'의 올바른 발음은 [히응]이다. …… (   )

24 겹받침은 언제나 앞에 있는 자음만 발음한다. …… (   )

25 'ㄲ, ㅆ'과 같은 쌍받침은 어말 또는 자음 앞에서 각각 'ㄱ, ㄷ'으로 바꾸어 발음한다. …… (   )

[26~28] 다음 받침의 대표음을 찾아 바르게 연결하시오.

26 ㅍ 　　• 　　　　㉠ [ㄱ]

27 ㄲ, ㅋ 　　• 　　　　㉡ [ㄷ]

28 ㅅ, ㅆ, ㅈ, ㅊ, ㅌ • 　　　　㉢ [ㅂ]

[29~30] 〈보기〉의 규정을 참고하여, 발음이 적절하지 않은 것을 고르시오.

┤ 보기 ├

제10항 겹받침 'ㄳ', 'ㄵ', 'ㄼ, ㄽ, ㄾ', 'ㅄ'은 어말 또는 자음 앞에서 각각 [ㄱ, ㄴ, ㄹ, ㅂ]으로 발음한다.

　　다만, '밟-'은 자음 앞에서 [밥]으로 발음하고, '넓-'은 다음과 같은 경우에 [넙]으로 발음한다.

　　넓-죽하다[넙쭈카다] 　　넓-둥글다[넙뚱글다]

29

① 넋[넉] 　　　　② 앉다[안따]

③ 외곬[외곧] 　　④ 훑다[훌따]

30

① 여덟[여덜] 　　　② 떫고[떨:꼬]

③ 넓다[널따] 　　　④ 밟지[발:찌]

31

받침소리로 발음되지 <u>않는</u> 자음은?

① ㄱ   ② ㄴ   ③ ㄷ

④ ㅂ   ⑤ ㅅ

32

〈보기〉를 고려할 때, 발음이 적절하지 <u>않은</u> 것은?

┤ 보기 ├

제9항 받침 'ㄲ, ㅋ', 'ㅅ, ㅆ, ㅈ, ㅊ, ㅌ', 'ㅍ'은 어말 또는 자음 앞에서 각각 대표음 [ㄱ, ㄷ, ㅂ]으로 발음한다.

제23항 받침 'ㄱ(ㄲ, ㅋ, ㄳ, ㄺ), ㄷ(ㅅ, ㅆ, ㅈ, ㅊ, ㅌ), ㅂ(ㅍ, ㄼ, ㄿ, ㅄ)' 뒤에 연결되는 'ㄱ, ㄷ, ㅂ, ㅅ, ㅈ'은 된소리로 발음한다.

① 깎다[각따]   ② 햇살[핻쌀]

③ 풀숲[풀숩]   ④ 한낮[한낟]

⑤ 숯지[숟지]

33 고난도

다음 글에서 ㉠~㉤의 발음으로 적절하지 <u>않은</u> 것은?

비가 그친 후, ㉠밖으로 나오자 길에 떨어진 ㉡벚꽃이 먼저 눈에 띄었다. ㉢흙바닥에 ㉣하얗게 내려앉은 모습을 보니 마음 한편이 아파 ㉤왔다.

① ㉠: [바끄로]   ② ㉡: [벋꼬시]

③ ㉢: [흑빠닥]   ④ ㉣: [하:야케]

⑤ ㉤: [완따]

34

〈보기〉를 참고할 때, 발음이 적절하지 <u>않은</u> 것은?

┤ 보기 ├

제11항 겹받침 'ㄺ, ㄻ, ㄿ'은 어말 또는 자음 앞에서 각각 [ㄱ, ㅁ, ㅂ]으로 발음한다.

다만, 용언의 어간 말음 'ㄺ'은 'ㄱ' 앞에서 [ㄹ]로 발음한다.

① 젊고[점:꼬]   ② 읊지[읍찌]

③ 늙고[늘꼬]   ④ 낡지[낙찌]

⑤ 맑다[막따]

35

〈보기〉의 규정을 적용한 것으로 적절하지 <u>않은</u> 것은?

┤ 보기 ├

제13항 홑받침이나 쌍받침이 모음으로 시작된 조사나 어미, 접미사와 결합되는 경우에는, 제 음가대로 뒤 음절 첫소리로 옮겨 발음한다.

① '빛이 없다.'에서 '빛이'는 [비지]로 발음한다.

② '밭에 갔다.'에서 '밭에'는 [바테]로 발음한다.

③ '낯을 씻다.'에서 '낯을'은 [나츨]로 발음한다.

④ '끝을 모른다.'에서 '끝을'은 [끄츨]로 발음한다.

⑤ '방 안에 있어.'에서 '있어'는 [이써]로 발음한다.

36

〈보기〉의 표준 발음법 규정을 <u>잘못</u> 적용한 것은?

┤ 보기 ├

제14항 겹받침이 모음으로 시작된 조사나 어미, 접미사와 결합되는 경우에는, 뒤엣것만을 뒤 음절 첫소리로 옮겨 발음한다. (이 경우, 'ㅅ'은 된소리로 발음함.)

① 삶아[살마]   ② 앉아[안자]

③ 값이[갑시]   ④ 넋을[넉쓸]

⑤ 훑어[훌터]

37 고난도

〈보기〉를 참고할 때 밑줄 친 말의 발음으로 적절하지 <u>않은</u> 것은?

┤ 보기 ├

제15항 받침 뒤에 모음 'ㅏ, ㅓ, ㅗ, ㅜ, ㅟ'들로 시작되는 실질 형태소가 연결되는 경우에는, 대표음으로 바꾸어서 뒤 음절 첫소리로 옮겨 발음한다.

① 향수를 옷 안에 살짝 뿌렸어. - [오단]

② 날씨가 좋아 낱알이 잘 여물었다. - [나탈]

③ 저 가게는 호떡을 맛있게 굽는다. - [마딛께]

④ 나는 기가 막혀 헛웃음만 지었다. - [허두슴]

⑤ 나비 한 마리가 꽃 위에 앉아 있다. - [꼬뒤]

[38~43] 다음 표준 발음법을 보고 물음에 답하시오.

제12항 받침 'ㅎ'의 발음은 다음과 같다.
1 'ㅎ(ㄶ, ㅀ)' 뒤에 'ㄱ, ㄷ, ㅈ'이 결합되는 경우에는, 뒤 음절 첫소리와 합쳐서 [ㅋ, ㅌ, ㅊ]으로 발음한다.
 [붙임 1] 받침 'ㄱ(ㄺ), ㄷ, ㅂ(ㄼ), ㅈ(ㄵ)'이 뒤 음절 첫 소리 'ㅎ'과 결합되는 경우에도, 역시 두 음을 합쳐서 [ㅋ, ㅌ, ㅍ, ㅊ]으로 발음한다.
 [붙임 2] 규정에 따라 'ㄷ'으로 발음되는 'ㅅ, ㅈ, ㅊ, ㅌ' 의 경우에도 이에 준한다.
2 'ㅎ(ㄶ, ㅀ)' 뒤에 'ㅅ'이 결합되는 경우에는,
 | ㉮ |
3 'ㅎ' 뒤에 'ㄴ'이 결합되는 경우에는, [ㄴ]으로 발음한다.
 [붙임] 'ㄶ, ㅀ' 뒤에 'ㄴ'이 결합되는 경우에는, 'ㅎ'을 발 음하지 않는다.
4 'ㅎ(ㄶ, ㅀ)' 뒤에 모음으로 시작된 어미나 접미사가 결 합되는 경우에는, 'ㅎ'을 발음하지 않는다.

38 고난도
위 규정을 바탕으로 표준 발음을 이해한 내용으로 적절하지 않은 것은?

① '마음을 놓다.'에서 '놓다'는 [논타]로 발음한다.
② '새끼를 낳은'에서 '낳은'은 [나은]으로 발음한다.
③ '물이 끓는다.'의 '끓는다'는 [끌른다]로 발음한다.
④ '책을 쌓아 두다.'에서 '쌓아'는 [싸아]로 발음한다.
⑤ '밥을 먹지 않다.'에서 '않다'는 [안타]로 발음한다.

39
'제12항-1'을 적용한 것으로 적절하지 않은 것은?

① 축하[추카] ② 많고[만:코]
③ 닳지[달찌] ④ 밝히다[발키다]
⑤ 꽂히다[꼬치다]

40
'제12항-3'을 적용한 것으로 적절하지 않은 것은?

① 닿네[단네] ② 쌓나[싼나]
③ 놓는[논는] ④ 않는[안는]
⑤ 뚫네[뚤네 → 뚤레]

41
'제12항-4'를 적용한 것으로 적절하지 않은 것은?

① 좋아[조:아] ② 닳아[다라]
③ 많이[마:니] ④ 않은[아는]
⑤ 싫어도[실허도]

42 서술형 ✎
다음 탐구 내용을 바탕으로, ㉮에 들어갈 내용을 서술하시오.

탐구 주제	받침 'ㅎ'의 발음
탐구 자료	• 'ㅎ(ㄶ, ㅀ)' 받침 단어(닿다, 많다, 싫다) • 'ㅅ'으로 시작하는 어미 '-소'
탐구 내용	'ㅎ(ㄶ, ㅀ)' 받침 뒤에 'ㅅ'으로 시작하는 말이 오면 어떻게 발음될까? • 닿- + -소 → 닿소[다쏘] • 많- + -소 → 많소[만쏘] • 싫- + -소 → 싫소[실쏘] ※ 소리의 길이 표시는 생략함.

43 서술형 ✎ 신유형
위 규정을 참고하여 다음 빈칸에 들어갈 적절한 발음을 쓰 시오.

학생: 선생님, '꽃향기'는 어떻게 발음해야 하나요?
선생님: 표준 발음법 제12항을 함께 볼까요? 제12항의 1 에 딸려 있는 [붙임 1]과 [붙임 2]의 내용을 참고하면 올바른 발음을 알 수 있을 것 같아요.
학생: 아, 그러면 [   ]가 올바른 발음이 되겠군요.

[44~49] 다음 글을 읽고 물음에 답하시오.

앞 음절의 종성에 있던 자음이 모음으로 시작하는 뒤 음절의 초성으로 옮겨 가 그대로 발음되는 현상을 ㉠연음이라고 한다. 홑받침이나 쌍받침으로 끝나는 말 뒤에 모음으로 시작하는 형식 형태소(조사, 어미, 접미사)가 결합하면 받침을 그대로 옮겨 뒤 음절 초성으로 발음하는 연음이 일어난다.

[A] ┌ 겹받침을 가진 말 뒤에 모음으로 시작하는 형식 형태소가 결합하면 겹받침의 앞 자음은 음절의 종성에서 발음되고 겹받침의 뒤 자음은 다음 음절 초성으로 이동하여 발음된다. 받침의 자음 중 하나가 뒤 음절의 초성으로 옮겨 간다는 점에서 연음 현상에 포함된다. 다만 겹받침의 두 번째 자음이 'ㅅ'인 'ㄳ, ㄽ, ㅄ'의 경우 연음이 될 때 'ㅅ' 대신 [ㅆ]으로 발음된다는 점은 └ 주의할 필요가 있다.

앞의 경우와 달리, 받침 뒤에 모음으로 시작되는 실질 형태소가 연결되는 경우에는, 받침을 그대로 연음하는 것이 아니라 대표음으로 바꾸어서 뒤 음절 첫소리로 옮겨 발음해야 한다.

44 고난도
윗글을 바탕으로 단어의 올바른 발음을 탐구한 내용으로 적절하지 <u>않은</u> 것은?

① '닭아'는 [다까]로 발음해야 한다.
② '넓어'는 [널버]로 발음해야 한다.
③ '있으니'는 [이쓰니]로 발음해야 한다.
④ '여덟을'은 [여덜블]로 발음해야 한다.
⑤ '부엌에'는 [부어케]로 발음해야 한다.

45
받침의 발음이 〈보기〉의 밑줄 친 받침과 같은 것은?

┤ 보기 ├
• 땡볕[땡볃] 따갑게 내리쬐는 뜨거운 볕.

① '땡볕을'의 '볕'   ② '땡볕에'의 '볕'
③ '땡볕이'의 '볕'   ④ '땡볕만'의 '볕'
⑤ '땡볕 아래'의 '볕'

46
[A]를 적용한 내용으로 적절하지 <u>않은</u> 것은?

① '앉아'는 '앉'의 겹받침 중 'ㅈ'을 연음하여 [안자]로 발음한다.
② '흙이'는 '흙'의 겹받침 중 'ㄱ'을 연음하여 [흘기]로 발음한다.
③ '없어'는 '없'의 겹받침 중 'ㅅ'을 연음하여 [업:서]로 발음한다.
④ '떫을'은 '떫'의 겹받침 중 'ㅂ'을 연음하여 [떨:블]로 발음한다.
⑤ '젊은'은 '젊'의 겹받침 중 'ㅁ'을 연음하여 [절믄]으로 발음한다.

47
㉠에 해당하지 <u>않는</u> 것은?

① 빛이[비치]   ② 높이[노피]   ③ 끝을[끄틀]
④ 같이[가치]   ⑤ 굳은[구든]

48 고난도
윗글을 참고할 때, 〈보기〉의 ⓐ~ⓓ 중, 발음이 적절한 것만 있는 대로 고른 것은?

┤ 보기 ├
'홑'은 단독으로 발음하면 ⓐ[혿]이다. '홑'이 모음으로 시작하는 조사인 '으로'와 결합하면 ⓑ[호트로]라고 발음하고, 모음으로 시작하는 실질 형태소인 '옷'과 결합하면 ⓒ[호톤]이라고 발음한다. 한편, 자음으로 시작하는 '틀'과 결합하면 ⓓ[혿틀]이라고 발음한다.

① ⓐ, ⓑ   ② ⓑ, ⓒ
③ ⓐ, ⓑ, ⓓ   ④ ⓑ, ⓒ, ⓓ
⑤ ⓐ, ⓑ, ⓒ, ⓓ

49 서술형
윗글을 바탕으로, 〈보기〉의 질문에 대한 답을 30자 내외로 서술하시오.

┤ 보기 ├
'맛없다'는 왜 'ㅅ'을 그대로 연음하여 [마섭따]로 발음하면 안 되고, [마덥따]로 발음해야 하는 걸까?

50 [고난도]

〈보기〉를 참고할 때, 밑줄 친 단어의 발음으로 적절하지 않은 것은?

┤ 보기 ├
- 'ㅎ(ㄶ, ㅀ)' 뒤에 'ㄱ, ㄷ, ㅈ'이 결합되는 경우에는, 뒤 음절 첫소리와 합쳐서 [ㅋ, ㅌ, ㅊ]으로 발음한다.
- 'ㅎ' 뒤에 'ㄴ'이 결합되는 경우에는, [ㄴ]으로 발음한다.
- 'ㅎ(ㄶ, ㅀ)' 뒤에 모음으로 시작된 어미나 접미사가 결합되는 경우에는, 'ㅎ'을 발음하지 않는다.

① 창고에 물건을 쌓아[싸아] 놓았다.
② 안정감 있게 쌓는[싼는] 게 중요해.
③ 물건을 쌓은[싸흔] 사람이 책임자야.
④ 쌓다가[싸타가] 중간에 그만두면 안 돼.
⑤ 물건을 쌓고[싸코] 있는 사람이 누구야?

51

한글 자모의 받침소리를 발음한 것으로 적절하지 않은 것은?

① 기역을[기여글]
② 디귿이[디그디]
③ 비읍에[비으베]
④ 지읒은[지으슨]
⑤ 히읗을[히으슬]

52

〈보기〉를 참고할 때, 발음이 적절하지 않은 것은?

┤ 보기 ├
제11항 겹받침 'ㄺ, ㄻ, ㄿ'은 어말 또는 자음 앞에서 각각 [ㄱ, ㅁ, ㅂ]으로 발음한다.
　　다만, 용언의 어간 말음 'ㄺ'은 'ㄱ' 앞에서 [ㄹ]로 발음한다.
제14항 겹받침이 모음으로 시작된 조사나 어미, 접미사와 결합되는 경우에는, 뒤엣것만을 뒤 음절 첫소리로 옮겨 발음한다.

① 낡다[낙따]
② 낡아[날가]
③ 낡고[낙꼬]
④ 낡게[날께]
⑤ 낡지[낙찌]

53

밑줄 친 음절에 쓰인 겹받침의 대표음이 나머지와 다른 것은?

① 젊고
② 외곬
③ 훑지
④ 넓게
⑤ 맑게

54 (서술형)

다음 탐구 활동에서 빈칸에 들어갈 내용을 30자 내외의 한 문장으로 쓰시오.

탐구 과제	겹받침의 발음 원칙
탐구 내용	㉮ 몫[목], 얹(다)[언(따)], 닭[닥] ㉯ 몫이[목씨], 얹어[언저], 닭이[달기]
탐구 결과	㉮와 ㉯를 비교해 보니, ㉮와 같이 겹받침이 단어의 끝에 오거나 다른 자음 앞에 오면 ㉯의 경우와 달리 _____

55 (서술형) (신유형)

다음은 인터넷 국어사전에서 '읽다'를 검색하여 나온 화면의 일부이다. ㉠~㉣에 들어갈 적절한 발음을 각각 쓰시오.

읽다
발음　[㉠]
활용　읽어[㉡], 읽고[㉢], 읽지[㉣]
「동사」
1【…을】
「1」 글이나 글자를 보고 그 음대로 소리 내어 말로써 나타내다.

㉠: [　　　]　　　　㉡: [　　　]
㉢: [　　　]　　　　㉣: [　　　]

56

〈보기〉의 ㉠~㉤을 발음한 것으로 적절하지 <u>않은</u> 것은?

┤ 보기 ├

내 방 책장에서 ㉠<u>읽지</u> ㉡<u>않은</u> 시집을 발견했다. 차분히 ㉢<u>앉아</u> 마음에 드는 시를 골라 소리 내어 ㉣<u>읊고</u>, 공책에 ㉤<u>옮겨</u> 적었다.

① ㉠: [일찌] 　　　② ㉡: [아는]

③ ㉢: [안자] 　　　④ ㉣: [읍꼬]

⑤ ㉤: [옴겨]

57

〈보기〉의 사례로 적절하지 <u>않은</u> 것은?

┤ 보기 ├

제9항 받침 'ㄲ', 'ㅋ', 'ㅅ, ㅆ, ㅈ, ㅊ, ㅌ', 'ㅍ'은 어말 또는 자음 앞에서 각각 대표음 [ㄱ, ㄷ, ㅂ]으로 발음한다.

① 닦다[닥따] 　　　② 키읔[키윽]

③ 쫓다[쫏따] 　　　④ 코앞[코압]

⑤ 덮다[덥따]

58

다음 빈칸에 들어갈 내용으로 가장 적절한 것은?

탐구 자료	• 않네[안네], 않는[안는] • 뚫네[뚤네 → 뚤레], 뚫는[뚤는 → 뚤른]

↓

탐구 결과	(　　　　　　　　　)

① 'ㅎ' 뒤에 'ㄴ'이 결합되는 경우에는, [ㄴ]으로 발음한다.

② 'ㄶ, ㅀ' 뒤에 'ㄴ'이 결합되는 경우에는, 'ㅎ'을 발음하지 않는다.

③ 'ㄶ, ㅀ' 뒤에 'ㄴ'이 결합되는 경우에는, 'ㄴ'을 [ㄹ]로 발음한다.

④ 'ㄶ, ㅀ' 뒤에 'ㅅ'이 결합되는 경우에는, 'ㅅ'을 [ㅆ]으로 발음한다.

⑤ 'ㄶ, ㅀ' 뒤에 모음으로 시작된 어미가 결합되는 경우에는, 'ㅎ'을 발음하지 않는다.

[59~61] 다음 표준 발음법을 보고 물음에 답하시오.

제10항 겹받침 'ㄳ', 'ㄵ', 'ㄼ, ㄽ, ㄾ', 'ㅄ'은 어말 또는 자음 앞에서 각각 [ㄱ, ㄴ, ㄹ, ㅂ]으로 발음한다. 다만, '밟-'은 자음 앞에서 [밥]으로 발음한다.

제11항 겹받침 'ㄺ, ㄻ, ㄿ'은 어말 또는 자음 앞에서 각각 [ㄱ, ㅁ, ㅂ]으로 발음한다. 다만, 용언의 어간 말음 'ㄺ'은 'ㄱ' 앞에서 [ㄹ]로 발음한다.

제15항 받침 뒤에 모음 'ㅏ, ㅓ, ㅗ, ㅜ, ㅟ'들로 시작되는 실질 형태소가 연결되는 경우에는, 대표음으로 바꾸어서 뒤 음절 첫소리로 옮겨 발음한다.

[붙임] 겹받침의 경우에는 그중 하나만을 옮겨 발음한다.

59

위 규정을 참고할 때, 밑줄 친 말의 발음으로 적절하지 <u>않은</u> 것은?

① 잎 위[이뷔]에는 아무런 흔적이 없었다.

② 아버지는 조금 전에 밭 위[바뒤]로 가셨다.

③ 모이를 주기 위해 닭 앞으로[달가프로] 갔다.

④ 아이는 밥이 맛없다[마덥따]며 투정을 부렸다.

⑤ 그는 무슨 일인지 넋 없이[너겁씨] 앉아 있었다.

60

밑줄 친 단어의 발음으로 적절한 것은?

열에 <u>여덟아홉</u>은 이 일에 찬성할 것이다.

① 여덜바홉 　　　② 여덜라홉

③ 여더바홉 　　　④ 여덥바홉

⑤ 여더라홉

61

발음할 때 제10항과 제15항이 모두 적용된 것은?

① 겉웃음[거두슴] 　　　② 값어치[가버치]

③ 앉아서[안자서] 　　　④ 맛있다[마딛따]

⑤ 몫으로[목쓰로]

[62~64] 다음 표준 발음법을 보고 물음에 답하시오.

> 제10항 겹받침 'ㄳ', 'ㄵ', 'ㄼ, ㄽ, ㄾ', 'ㅄ'은 어말 또는 자음 앞에서 각각 [ㄱ, ㄴ, ㄹ, ㅂ]으로 발음한다. 다만, '밟-'은 자음 앞에서 [밥]으로 발음한다.
>
> 제11항 겹받침 'ㄺ, ㄻ, ㄿ'은 어말 또는 자음 앞에서 각각 [ㄱ, ㅁ, ㅂ]으로 발음한다. 다만, 용언의 어간 말음 'ㄺ'은 'ㄱ' 앞에서 [ㄹ]로 발음한다.
>
> 제14항 겹받침이 모음으로 시작된 조사나 어미, 접미사와 결합되는 경우에는, 뒤엣것만을 뒤 음절 첫소리로 옮겨 발음한다.(이 경우, 'ㅅ'은 된소리로 발음함.)
>
> 제23항 받침 'ㄱ(ㄲ, ㅋ, ㄳ, ㄺ), ㄷ(ㅅ, ㅆ, ㅈ, ㅊ, ㅌ), ㅂ(ㅍ, ㄼ, ㄿ, ㅄ)' 뒤에 연결되는 'ㄱ, ㄷ, ㅂ, ㅅ, ㅈ'은 된소리로 발음한다.

62

위 규정을 이해한 내용으로 적절하지 **않은** 것은?

① '밟고'는 [밥ː꼬]로 발음해야겠군.

② '옮겨'는 [옴겨]로 발음해야겠군.

③ '여덟'은 [여덜]로 발음해야겠군.

④ '읊어'는 [을퍼]로 발음해야겠군.

⑤ '값을'은 [갑슬]로 발음해야겠군.

63

위 규정을 〈보기〉의 ㉠~㉢에 바르게 적용한 것은?

┤ 보기 ├
> ㉠넓고 ㉡넓은 호수에 ㉢밝게 빛나는 태양이 비친다.

① ㉠은 제10항에 의거하여 [넙꼬]로 발음한다.

② ㉠은 제11항에 의거하여 [널꼬]로 발음한다.

③ ㉡은 제14항에 의거하여 [널븐]으로 발음한다.

④ ㉢은 제11항에 의거하여 [박께]로 발음한다.

⑤ ㉢은 제14항에 의거하여 [발께]로 발음한다.

64

〈보기〉의 밑줄 친 말을 바르게 발음하기 위해 적용해야 할 규정만을 있는 대로 고른 것은?

┤ 보기 ├
> 어제 다녀온 봉사 활동은 내 인생에서 무척 값진 경험이 될 거야.

① 제10항, 제14항

② 제10항, 제23항

③ 제11항, 제14항

④ 제11항, 제23항

⑤ 제10항, 제14항, 제23항

65 2020학년도 6월 고1 전국연합학력평가 14번

〈보기〉의 〈표준 발음법〉을 참고할 때, ㉠과 ㉡의 사례가 모두 바르게 짝지어진 것은?

┤ 보기 ├

〈표준 발음법〉

> 제23항 받침 'ㄱ(ㄲ, ㅋ, ㄳ, ㄺ), ㄷ(ㅅ, ㅆ, ㅈ, ㅊ, ㅌ), ㅂ(ㅍ, ㄼ, ㄿ, ㅄ)' 뒤에 연결되는 'ㄱ, ㄷ, ㅂ, ㅅ, ㅈ'은 된소리로 발음한다.

| 국밥[국빱] | 숱전[숟쩐] |
| 옆집[엽찝] | (㉠) |

> 제24항 어간 받침 'ㄴ(ㄵ), ㅁ(ㄻ)' 뒤에 결합되는 어미의 첫소리 'ㄱ, ㄷ, ㅅ, ㅈ'은 된소리로 발음한다.

| 신고[신ː꼬] | 없다[업ː따] |
| 닮고[담ː꼬] | (㉡) |

	㉠	㉡
①	옷고름[온꼬름]	젊고[점ː꼬]
②	문고리[문꼬리]	감고[감ː꼬]
③	갈등[갈뜽]	앉다[안따]
④	덮개[덥깨]	언짢게[언짠케]
⑤	술잔[술짠]	더듬지[더듬찌]

6일 정확한 발음과 표기 3 – 기타 발음과 표기

📖 함께 보기 | 필독 중학 국어 문법 47쪽으로!

개념 확인

같은 음절이나 비슷한 음절이 겹쳐 나는 경우

'쓸쓸하다, 똑똑하다, 씩씩' 등은 같은 음절이 겹쳐 나는 경우이고, '쓱싹, 짭짤하다, 씁쓸하다' 등은 비슷한 음절이 겹쳐 나는 경우임. 이런 경우 된소리로 적음.

두음 법칙(머리 頭, 소리 音)

일부 소리가 단어의 첫머리(두음)에 발음되는 것을 꺼려 나타나지 않거나 다른 소리로 발음되는 일

합성어와 파생어

합성어	어근 + 어근 📍 국밥, 나뭇잎
파생어	어근 + 접사 📍 덮개, 맨입

• 어근: 실질적 의미를 나타내는 중심이 되는 부분
• 접사: 어근에 붙어 새로운 단어를 구성하는 부분

■ 〈한글 맞춤법〉의 주요 규정

• **제5항** 한 단어 안에서 뚜렷한 까닭 없이 나는 된소리는 다음 음절의 첫소리를 된소리로 적는다. 📍 으뜸, 잔뜩, 듬뿍

　　다만, 'ㄱ, ㅂ' 받침 뒤에서 나는 된소리는, 같은 음절이나 비슷한 음절이 겹쳐 나는 경우가 아니면 된소리로 적지 아니한다. 📍 깍두기, 법석, 싹둑

• **제11항** 한자음 '랴, 려, 례, 료, 류, 리'가 단어의 첫머리에 올 적에는, 두음 법칙에 따라 '야, 여, 예, 요, 유, 이'로 적는다. 📍 양심, 역사, 예의

　　[붙임 1] 단어의 첫머리 이외의 경우에는 본음대로 적는다. 📍 강렬, 법률

　　다만, 모음이나 'ㄴ' 받침 뒤에 이어지는 '렬, 률'은 '열, 율'로 적는다. 📍 나열, 선율

• **제51항** 부사의 끝음절이 분명히 '이'로만 나는 것은 '–이'로 적고, '히'로만 나거나 '이'나 '히'로 나는 것은 '–히'로 적는다. 📍 깨끗이, 속히, 상당히

■ 〈표준 발음법〉의 주요 규정

• **제17항** 받침 'ㄷ, ㅌ(ㄾ)'이 조사나 접미사의 모음 'ㅣ'와 결합되는 경우에는, [ㅈ, ㅊ]으로 바꾸어서 뒤 음절 첫소리로 옮겨 발음한다. 📍 굳이[구지], 밭이[바치]

• **제18항** 받침 'ㄱ(ㄲ, ㅋ, ㄳ, ㄺ), ㄷ(ㅅ, ㅆ, ㅈ, ㅊ, ㅌ, ㅎ), ㅂ(ㅍ, ㄼ, ㄿ, ㅄ)'은 'ㄴ, ㅁ' 앞에서 [ㅇ, ㄴ, ㅁ]으로 발음한다. 📍 국물[궁물], 쫓는[쫀는]

• **제19항** 받침 'ㅁ, ㅇ' 뒤에 연결되는 'ㄹ'은 [ㄴ]으로 발음한다. 📍 담력[담:녁]

• **제20항** 'ㄴ'은 'ㄹ'의 앞이나 뒤에서 [ㄹ]로 발음한다. 📍 난로[날:로], 칼날[칼랄]

• **제23항** 받침 'ㄱ(ㄲ, ㅋ, ㄳ, ㄺ), ㄷ(ㅅ, ㅆ, ㅈ, ㅊ, ㅌ), ㅂ(ㅍ, ㄼ, ㄿ, ㅄ)' 뒤에 연결되는 'ㄱ, ㄷ, ㅂ, ㅅ, ㅈ'은 된소리로 발음한다. 📍 국밥[국빱], 닭장[닥짱]

• **제29항** 합성어 및 파생어에서, 앞 단어나 접두사의 끝이 자음이고 뒤 단어나 접미사의 첫 음절이 '이, 야, 여, 요, 유'인 경우에는, 'ㄴ' 음을 첨가하여 [니, 냐, 녀, 뇨, 뉴]로 발음한다. 📍 막일[망닐], 맨입[맨닙], 담요[담:뇨]

아하~ 함·정·넘·기

❶ '되–'와 '돼'를 어떻게 구분하지?

'되–'는 '되다'의 어간이고, '돼'는 어간 '되–'와 어미 '–어'가 결합한 형태입니다. 'ㅚ'와 'ㅙ'를 명확하게 구별하여 발음하지 않다 보니 표기할 때 혼동을 겪는 경우가 많습니다. 둘을 쉽게 구별하기 위해서는 '되–'와 '돼' 자리에 '하–'와 '해'를 넣어 보면 됩니다. '하–'가 자연스러우면 '되–'가 맞고, '해'가 자연스러우면 '돼'가 맞습니다. 예를 들어 '됬어/됐어'의 경우 '핬어/했어'로 바꾸어 보면 '했어'가 자연스럽다는 것을 알 수 있습니다. 따라서 '됐어'가 올바른 표기입니다.

❷ 병이 낳길 바란다고?

결론부터 말하면 '낳길'은 '낫길'로 고쳐 써야 합니다. '낫다'는 '병이나 상처 따위가 고쳐져 본래대로 되다.'를 뜻하고, '낳다'는 '배 속의 아이, 새끼, 알을 몸 밖으로 내놓다.'를 뜻하기 때문입니다. 어간 '낫–'과 '낳–'에 어미 '–아'가 결합하면 각각 '나아', '낳아'가 되는데, 둘 다 [나아]로 발음됩니다. 발음이 같다 보니 표기에서 자주 실수를 하는데, 정확하게 표기해야 원활한 의사소통을 할 수 있습니다.

개념 확인 문제

[1~7] 〈보기〉를 참고하여, 밑줄 친 단어의 표기가 바르면 ○표, 바르지 않으면 ×표 하시오.

> ┤ 보기 ├
>
> 한 단어 안에서 뚜렷한 까닭 없이 나는 된소리는 다음 음절의 첫소리를 된소리로 적는다. 다만, 'ㄱ, ㅂ' 받침 뒤에서 나는 된소리는, 같은 음절이나 비슷한 음절이 겹쳐 나는 경우가 아니면 된소리로 적지 아니한다.

1 일이 <u>잔득</u> 밀렸다. ······ ( )

2 재산을 몽땅 <u>날렸다</u>. ······ ( )

3 강아지가 <u>납짝</u> 엎드렸다. ······ ( )

4 어머니가 <u>깍뚜기</u>를 담갔다. ······ ( )

5 동생이 아침부터 <u>법석</u>을 떨었다. ······ ( )

6 형은 갑자기 <u>쓸슬한</u> 표정을 지었다. ······ ( )

7 <u>짭짤한</u> 된장국이 입맛을 돋운다. ······ ( )

[8~13] '렬/열'과 '률/율'의 표기가 적절한 것을 찾아 □ 안에 V표 하시오.

8 □ 격렬 □ 격열

9 □ 병렬 □ 병열

10 □ 분렬 □ 분열

11 □ 규률 □ 규율

12 □ 확률 □ 확율

13 □ 백분률 □ 백분율

[14~16] 〈보기〉를 참고할 때, 부사의 표기가 적절한 것을 고르시오.

> ┤ 보기 ├
>
> 부사의 끝음절이 분명히 '이'로만 나는 것은 '-이'로 적고, '히'로만 나거나 '이'나 '히'로 나는 것은 '-히'로 적는다.

14 ① 깨끗히 ② 조용이 ③ 정확히

15 ① 반듯이 ② 헛되히 ③ 분명이

16 ① 낱낱히 ② 솔직히 ③ 꼼꼼이

[17~20] 초성을 참고하여 빈칸에 들어갈 적절한 말을 쓰시오.

17 한자음 '랴'가 단어의 첫머리에 오면 ㄷ ㅇ 법칙에 따라 '야'로 적는다.

18 'ㄱ, ㅂ' 받침 뒤에 오는 예사소리는 ㄷ ㅅ ㄹ 로 발음된다.

19 받침 'ㄷ'이 조사나 ㅈ ㅁ ㅅ 의 모음 'ㅣ'와 결합하면 [ㅈ]으로 바뀌어 발음된다.

20 합성어 및 ㅍ ㅅ ㅇ 에서는 조건에 따라 'ㄴ' 음을 첨가하여 발음하기도 한다.

[21~30] 다음 단어의 발음으로 적절한 것을 찾아 □ 안에 V표 하시오.

21 굳이
□ [구디] □ [구지]

22 묻히다
□ [무티다] □ [무치다]

23 닫는
□ [닫는] □ [단는]

24 꽃망울
□ [꼳망울] □ [꼰망울]

25 신라
□ [실라] □ [신나]

26 협력
□ [혐녁] □ [협력]

27 읽는다
□ [잉는다] □ [일른다]

28 난리
□ [날:리] □ [난:니]

29 풀잎
□ [풀립] □ [푸립]

30 솜이불
□ [소:미불] □ [솜:니불]

[31~32] 다음 규정을 보고 물음에 답하시오.

〈한글 맞춤법〉
제5항 한 단어 안에서 뚜렷한 까닭 없이 나는 된소리는 다음 음절의 첫소리를 된소리로 적는다.
1. 두 모음 사이에서 나는 된소리
2. 'ㄴ, ㄹ, ㅁ, ㅇ' 받침 뒤에서 나는 된소리
다만, 'ㄱ, ㅂ' 받침 뒤에서 나는 된소리는, 같은 음절이나 비슷한 음절이 겹쳐 나는 경우가 아니면 된소리로 적지 아니한다.

31
위 규정을 참고할 때, 밑줄 친 단어의 표기로 적절하지 <u>않은</u> 것은?

① 긴 머리를 가위로 <u>싹뚝</u> 잘랐다.
② 국물 맛이 약간 <u>짭짤한</u> 것 같아.
③ 친구는 내 제안에 <u>선뜻</u> 응해 주었다.
④ <u>깔때기</u>를 이용해서 병에 물을 부었다.
⑤ 양념을 <u>듬뿍</u> 넣어야 음식 맛이 좋아져.

32
위 규정을 이해한 것으로 적절하지 <u>않은</u> 것은?

① '[움찔]'은 '제5항-2'에 따라 '움찔'로 적는다.
② '[으뜸]'은 '제5항-1'에 따라 '으뜸'으로 적는다.
③ '[몹:씨]'는 '제5항-다만'에 따라 '몹시'로 적는다.
④ '[뚝딱]'은 '제5항-다만'에 따라 '뚝닥'으로 적는다.
⑤ '[깍뚜기]'는 '제5항-다만'에 따라 '깍두기'로 적는다.

33 고난도
〈보기〉의 빈칸에 들어갈 단어로 적절하지 <u>않은</u> 것은?

보기
선생님: 〈한글 맞춤법〉에서는 명사 뒤에 접미사 '-이'가 붙어서 된 파생어는 그 명사의 원형을 밝혀 적도록 했어요. 하지만 (   )와/과 같이 명사 뒤에 '-이' 이외의 모음으로 시작된 접미사가 붙어서 된 말은 그 명사의 원형을 밝혀 적지 않아요.

① 지붕   ② 무덤   ③ 이파리
④ 바가지   ⑤ 끄트머리

[34~35] 다음 규정을 보고 물음에 답하시오.

제39항 어미 '-지' 뒤에 '않-'이 어울려 '-잖-'이 될 적과 '-하지' 뒤에 '않-'이 어울려 '-찮-'이 될 적에는 준 대로 적는다.
제40항 어간의 끝음절 '하'의 'ㅏ'가 줄고 'ㅎ'이 다음 음절의 첫소리와 어울려 거센소리로 될 적에는 거센소리로 적는다.
[붙임 2] ㉠어간의 끝음절 '하'가 아주 줄 적에는 준 대로 적는다.

34
밑줄 친 단어의 표기가 위 규정에 어긋난 것은?

① 이제부터 열심히 <u>연구토록</u> 해라.
② 형편이 <u>그렇찮은</u> 사람이 어디에 있니?
③ <u>생각건대</u> 그 일을 할 사람이 아무도 없다.
④ 이 물건은 어디서나 <u>간편케</u> 사용할 수 있다.
⑤ 사람이 영 <u>변변찮아서</u> 일을 맡기기가 어렵다.

35
㉠의 예로 적절한 것은?

① 흔하지 → 흔치   ② 실망하게 → 실망케
③ 다정하다 → 다정타   ④ 넉넉하지 → 넉넉지
⑤ 무심하지 → 무심치

[36~37] 다음 글을 읽고 물음에 답하시오.

두음 법칙은 단어의 첫머리에 특정한 소리가 출현하지 못하는 현상을 말한다. 두음 법칙은 단어의 첫머리에 적용되는 현상이기 때문에 단어의 첫머리 이외의 경우에는 본음대로 적는다. 다만, 모음이나 'ㄴ' 받침 뒤에 이어지는 '렬, 률'은 '열, 율'로 적어야 한다.

36
윗글의 사례로 들기에 적절하지 <u>않은</u> 것은?

① 여자(女子), 남녀(男女)   ② 연세(年歲), 내년(來年)
③ 양심(良心), 선량(善良)   ④ 역할(役割), 배역(配役)
⑤ 예의(禮儀), 종례(終禮)

37
단어의 표기로 적절하지 <u>않은</u> 것은?

① 확률   ② 결열   ③ 분열
④ 규율   ⑤ 선열

[38~40] 다음 글을 읽고 물음에 답하시오.

〈한글 맞춤법〉에서는 사이시옷 표기에 대해 다음과 같이 규정하고 있다.

순우리말로 된 합성어나 순우리말과 한자어로 된 합성어로서 앞말이 모음으로 끝난 경우 다음과 같은 조건에서 사이시옷을 표기한다.

㉮ 뒷말의 첫소리가 된소리로 나는 것
㉯ 뒷말의 첫소리 'ㄴ, ㅁ' 앞에서 'ㄴ' 소리가 덧나는 것
㉰ 뒷말의 첫소리 모음 앞에서 'ㄴㄴ' 소리가 덧나는 것

한자어의 경우에는 두 음절로 된 다음 한자어를 제외하고는 사이시옷을 표기하지 않는다.

곳간(庫間)	셋방(貰房)	숫자(數字)
찻간(車間)	툇간(退間)	횟수(回數)

38
위 규정을 이해한 것으로 적절하지 않은 것은?

① '비＋물'은 ㉯에 따라 '빗물'로 적어야 한다.
② '깨＋잎'은 ㉰에 따라 '깻잎'으로 적어야 한다.
③ '바다＋물'은 ㉯에 따라 '바닷물'로 적어야 한다.
④ '나루＋배'는 ㉮에 따라 '나룻배'로 적어야 한다.
⑤ '장마＋비'는 ㉮에 따라 '장맛비'로 적어야 한다.

39 고난도
단어의 표기로 적절하지 않은 것은?

① 최솟값
② 등굣길
③ 혼잣말
④ 빨랫방
⑤ 고갯짓

40
밑줄 친 한자어의 표기로 적절하지 않은 것은?

① 나이는 숫자에 불과하다.
② 문제의 촛점을 흐리지 마라.
③ 이가 아파서 치과에 다녀 왔다.
④ 너무 많아서 개수를 셀 수 없어.
⑤ 그는 힘들게 셋방을 구할 수 있었다.

41
〈보기〉를 참고할 때, 발음이 적절하지 않은 것은?

┤ 보기 ├
• 'ㄱ, ㄷ, ㅂ, ㅅ, ㅈ'으로 시작하는 단어 앞에 사이시옷이 올 때는 이들 자음만을 된소리로 발음하는 것을 원칙으로 하되, 사이시옷을 [ㄷ]으로 발음하는 것도 허용한다.
• 사이시옷 뒤에 'ㄴ, ㅁ'이 결합되는 경우에는 [ㄴ]으로 발음한다.

① 햇살[해쌀]
② 콧날[콘날]
③ 냇가[내ː까]
④ 샛길[새ː낄]
⑤ 툇마루[퇸ː마루]

[42~43] 다음 글을 읽고 물음에 답하시오.

부사의 끝음절이 분명히 [이]로만 나는 것은 '-이'로 적고, [히]로만 나는 것은 '-히'로 적어야 한다. 부사 중에는 끝음절이 [이]나 [히]로 소리 나기도 하는 것이 있는데, 이러한 부사는 '-히'로 적는다.

부사의 끝음절이 [이]로 나는지 [히]로 나는지를 직관적으로 명확히 구별하기는 어려우나, 일반적으로 '-하다'가 붙는 어근 뒤에는 '-히'로 적는다. 단, 이 경우에도 어근이 'ㅅ' 받침이면 예외적으로 '-이'로 적는다.

42
부사의 표기로 적절하지 않은 것은?

① 소홀히
② 헛되이
③ 빠듯이
④ 산뜻이
⑤ 솔직이

43 신유형
〈보기〉의 부사들에서 공통으로 추론할 수 있는 내용으로 적절한 것은?

┤ 보기 ├
곰곰이	더욱이	생긋이
일찍이	히죽이	오뚝이

① 부사 뒤에는 '-이'로 적는다.
② 'ㅅ' 받침 뒤에는 '-이'로 적는다.
③ 겹쳐 쓰인 명사 뒤에는 '-이'로 적는다.
④ 'ㅂ' 불규칙 용언의 어간 뒤에는 '-이'로 적는다.
⑤ '-하다'가 붙지 않는 어간 뒤에는 '-이'로 적는다.

44

〈보기〉의 적용을 받아 음운 변동이 일어난 것은?

┤ 보기 ├

제17항 받침 'ㄷ, ㅌ(ㄾ)'이 조사나 접미사의 모음 'ㅣ'와 결합되는 경우에는, [ㅈ, ㅊ]으로 바꾸어서 뒤 음절 첫소리로 옮겨 발음한다.

[붙임] 'ㄷ' 뒤에 접미사 '히'가 결합되어 '티'를 이루는 것은 [치]로 발음한다.

① 빛이   ② 잔디   ③ 티끌
④ 맏형   ⑤ 묻힌

45

밑줄 친 말을 발음할 때, 〈보기〉의 적용을 받지 않는 것은?

┤ 보기 ├

제18항 받침 'ㄱ(ㄲ, ㅋ, ㄳ, ㄺ), ㄷ(ㅅ, ㅆ, ㅈ, ㅊ, ㅌ, ㅎ), ㅂ(ㅍ, ㄼ, ㄿ, ㅄ)'은 'ㄴ, ㅁ' 앞에서 [ㅇ, ㄴ, ㅁ]으로 발음한다.

제19항 받침 'ㅁ, ㅇ' 뒤에 연결되는 'ㄹ'은 [ㄴ]으로 발음한다.

① 현우는 지금 <u>밥 먹는다</u>.
② 여기에서 <u>키읔만</u> 빼면 돼.
③ 올해에는 <u>대통령</u> 선거가 있다.
④ 주말에 <u>광한루</u>에 놀러 갔었다.
⑤ 우리 집에 <u>값나가는</u> 물건은 없어.

46 (서술형)

〈보기〉의 자료들을 통해 알 수 있는 발음 원칙을 〈조건〉에 맞게 서술하시오.

┤ 보기 ├

㉮ 신림[실림]   천리마[철리마]   한라산[할ː라산]
㉯ 실내[실래]   줄넘기[줄럼끼]   물난리[물랄리]

┤ 조건 ├

• 바뀌는 음운과 조건, 결과가 드러나도록 쓸 것.
• 20자 내외의 한 문장으로 쓸 것.

[47~49] 다음 규정을 보고 물음에 답하시오.

〈표준 발음법〉

제23항 받침 'ㄱ(ㄲ, ㅋ, ㄳ, ㄺ), ㄷ(ㅅ, ㅆ, ㅈ, ㅊ, ㅌ), ㅂ(ㅍ, ㄼ, ㄿ, ㅄ)' 뒤에 연결되는 'ㄱ, ㄷ, ㅂ, ㅅ, ㅈ'은 된소리로 발음한다.

제24항 어간 받침 'ㄴ(ㄵ), ㅁ(ㄻ)' 뒤에 결합되는 어미의 첫소리 'ㄱ, ㄷ, ㅅ, ㅈ'은 된소리로 발음한다.

다만, 피동, 사동의 접미사 '-기-'는 된소리로 발음하지 않는다.

제26항 한자어에서, 'ㄹ' 받침 뒤에 연결되는 'ㄷ, ㅅ, ㅈ'은 된소리로 발음한다.

47

위 규정을 고려할 때, 발음이 적절하지 않은 것은?

① 국밥[국빱]   ② 칡범[칙뺌]
③ 앉고[안꼬]   ④ 서슴지[서슴찌]
⑤ 굵기다[굼끼다]

48 (신유형)

위 규정과 〈보기〉를 고려할 때, 표기가 적절한 것은?

┤ 보기 ├

〈한글 맞춤법〉에 따르면, 한 단어 안에서 뚜렷한 까닭 없이 나는 된소리는 다음 음절의 첫소리를 된소리로 적는다. 다만, 'ㄱ, ㅂ' 받침 뒤에서 나는 된소리는, 같은 음절이나 비슷한 음절이 겹쳐 나는 경우가 아니면 된소리로 적지 않는다.

① 꼴지   ② 딱지   ③ 곱쩔
④ 꽃따발   ⑤ 야단법썩

49 (서술형)

위 규정을 바탕으로 〈보기〉의 질문에 대한 적절한 대답을 서술하시오.

┤ 보기 ├

질문: '출동(出動)'은 된소리되기가 일어나 [출똥]으로 발음하는데, 같은 한자가 쓰인 '출발(出發)'은 왜 [출발]로 발음하는 걸까?

[50~55] 다음을 읽고 물음에 답하시오.

〈표준 발음법〉

제17항 받침 'ㄷ, ㅌ(ㄾ)'이 조사나 접미사의 모음 'ㅣ'와 결합되는 경우에는, [ㅈ, ㅊ]으로 바꾸어서 뒤 음절 첫소리로 옮겨 발음한다.

제18항 받침 'ㄱ(ㄲ, ㅋ, ㄳ, ㄺ), ㄷ(ㅅ, ㅆ, ㅈ, ㅊ, ㅌ, ㅎ), ㅂ(ㅍ, ㄼ, ㄿ, ㅄ)'은 'ㄴ, ㅁ' 앞에서 [ㅇ, ㄴ, ㅁ]으로 발음한다.

제19항 받침 'ㅁ, ㅇ' 뒤에 연결되는 'ㄹ'은 [ㄴ]으로 발음한다.

[붙임] 받침 'ㄱ, ㅂ' 뒤에 연결되는 'ㄹ'도 [ㄴ]으로 발음한다.

제20항 'ㄴ'은 'ㄹ'의 앞이나 뒤에서 [ㄹ]로 발음한다.

[붙임] 첫소리 'ㄴ'이 'ㅀ', 'ㄾ' 뒤에 연결되는 경우에도 이에 준한다.

제29항 합성어 및 파생어에서, 앞 단어나 접두사의 끝이 자음이고 뒤 단어나 접미사의 첫음절이 '이, 야, 여, 요, 유'인 경우에는, 'ㄴ' 음을 첨가하여 [니, 냐, 녀, 뇨, 뉴]로 발음한다.

50

'제17항'의 적용을 받아 발음해야 하는 말에 해당하지 <u>않는</u> 것은?

① 팥이 ② 끝을 ③ 여닫이
④ 물받이 ⑤ 곧이듣다

51 고난도

위 규정을 이해한 내용으로 적절하지 <u>않은</u> 것은?

① '심리'는 'ㄹ'이 'ㅁ'에 동화되므로 [심니]가 표준 발음이다.
② '듣는'은 'ㄷ'이 'ㄴ'에 동화되므로 [든는]이 표준 발음이다.
③ '신문'은 'ㄴ'이 'ㅁ'에 동화되므로 [심문]이 표준 발음이다.
④ '설날'은 'ㄴ'이 'ㄹ'에 동화되므로 [설:랄]이 표준 발음이다.
⑤ '해돋이'는 'ㄷ'이 모음 'ㅣ'에 동화되므로 [해도지]가 표준 발음이다.

52 신유형

〈보기〉를 바탕으로 위 규정을 설명한 것으로 적절한 것은?

보기

소리 나는 위치 소리 내는 방법		입술 소리	잇몸 소리	여린입천장 소리
안울림 소리	파열음	ㅂ, ㅃ, ㅍ	ㄷ, ㄸ, ㅌ	ㄱ, ㄲ, ㅋ
울림 소리	비음	ㅁ	ㄴ	ㅇ
	유음		ㄹ	

① 제19항의 적용을 받는 음운은 소리 나는 위치가 바뀐다.
② 제18항의 적용을 받는 음운은 모두 안울림소리로 바뀐다.
③ 비음이 아닌 자음은 모두 비음을 만나면 비음으로 바뀐다.
④ 제18항~제20항의 적용을 받는 음운은 모두 비음으로 바뀐다.
⑤ 파열음은 모두 'ㄴ, ㅁ' 앞에서 각각 소리 나는 위치가 같은 비음으로 바뀐다.

53

위 규정을 적용할 때, 발음이 적절하지 <u>않은</u> 것은?

① 강릉[강능] ② 쫓는[쫀는] ③ 난로[난:노]
④ 항로[항:노] ⑤ 한여름[한녀름]

54 서술형 🖉

다음은 '학여울역'의 발음 과정을 나타낸 것이다. ⓐ~ⓒ에 들어갈 규정을 순서대로 쓰시오. (각각 '제○항'의 형식으로 적을 것.)

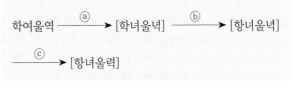

ⓐ: ⓑ: ⓒ:

55 서술형 🖉

〈보기〉에서 (가)와 (나)의 올바른 발음을 적으시오.

보기

(가) 왕릉[   ] (나) 선릉[   ]

[56 ~ 57] 다음 규정을 읽고 물음에 답하시오.

〈한글 맞춤법〉

제15항 용언의 어간과 어미는 구별하여 적는다.
[붙임 1] 두 개의 용언이 어울려 한 개의 용언이 될 적에, 앞말의 본뜻이 유지되고 있는 것은 그 원형을 밝히어 적고, 그 본뜻에서 멀어진 것은 밝히어 적지 아니한다.

제19항 어간에 '-이'나 '-음/-ㅁ'이 붙어서 명사로 된 것과 '-이'나 '-히'가 붙어서 부사로 된 것은 그 어간의 원형을 밝히어 적는다.
다만, ㉠어간에 '-이'나 '-음'이 붙어서 명사로 바뀐 것이라도 그 어간의 뜻과 멀어진 것은 원형을 밝히어 적지 아니한다.

56

위 규정을 바탕으로 탐구한 내용으로 적절하지 <u>않은</u> 것은?

① '쇠부치를 녹였다.'에서 '쇠부치'는 제19항을 적용해 '쇠붙이'로 고쳐야겠군.

② '책이 사라졌다.'에서 '사라졌다'는 본뜻에서 멀어진 것이므로 적절한 표기이군.

③ '고향에 돌아오다'에서 '돌아오다'는 제15항 [붙임 1]을 적용해 '도라오다'로 고쳐야겠군.

④ '얼음이 얼었다.'에서 '얼음'은 어간에 '-음'이 붙어 명사로 된 것이니까 적절한 표기이군.

⑤ '광대뼈가 들어났다.'에서 '들어났다'는 제15항 [붙임 1]을 적용해 '드러났다'로 고쳐야겠군.

57

㉠의 예로 적절한 것은?

① 노름 ② 마중 ③ 지붕
④ 목걸이 ⑤ 미닫이

58

밑줄 친 부분이 한글 맞춤법에 맞게 쓰인 것은?

① 잠시 무엇을 먹어야 할지를 <u>망서렸다.</u>

② 그 일은 생각보다 <u>만만찮은</u> 일이었다.

③ 어제 모처럼 초등학교 때 선생님을 <u>뵜다.</u>

④ 아기가 <u>넓따란</u> 아빠 품에 안겨 잠이 들었다.

⑤ 그녀는 늘 <u>얼룩이</u>가 있는 옷을 입고 있었다.

59

2016학년도 9월 고1 전국연합학력평가 12번

〈보기〉의 한글 맞춤법 규정을 ⓐ~ⓔ와 바르게 연결한 것은?

┤ 보기 ├

ㄱ. 제14항 체언은 조사와 구별하여 적는다.
ㄴ. 제33항 체언과 조사가 어울려 줄어지는 경우에는 준 대로 적는다.

• 너는 ⓐ무얼 좋아하니?
• ⓑ이건 값이 너무 비싸다.
• ⓒ너희 사진은 어디에 있니?
• 나는 항상 ⓓ여기에 있을게.
• ⓔ그게 바로 문제의 핵심이다.

① ⓐ-ㄱ ② ⓑ-ㄱ ③ ⓒ-ㄴ
④ ⓓ-ㄴ ⑤ ⓔ-ㄴ

60

〈보기〉의 빈칸에 들어갈 단어로 적절한 것은?

┤ 보기 ├

선생님: 〈한글 맞춤법〉 제4장(형태에 관한 것)에서는 파생어와 합성어에 대한 표기 규정이 있어요. 먼저, 파생어이면서 어근의 원형을 밝혀 적지 않는 경우를 찾아볼까요?
학생: (   )이/가 여기에 해당해요.

① 길이 ② 마개 ③ 쌀알
④ 며칠 ⑤ 헛웃음

61

〈보기〉를 고려할 때, 발음이 적절하지 <u>않은</u> 것은?

┤ 보기 ├

겹받침이 모음으로 시작된 조사나 어미, 접미사와 결합되는 경우에는, 뒤엣것만을 뒤 음절 첫소리로 옮겨 발음한다. (이 경우, 'ㅅ'은 된소리로 발음함.)

① 몫이[목씨] ② 닭을[달글]
③ 여덟이[여더리] ④ 일없어[이:럽써]
⑤ 외곬으로[외골쓰로]

62 2018학년도 9월 고1 전국연합학력평가 14번

〈보기〉를 참고할 때, 밑줄 친 부분이 한글 맞춤법에 맞게 쓰인 것은?

┤ 보기 ├

〈한글 맞춤법〉

제56항 '─더라, ─던'과 '─든지'는 다음과 같이 적는다.

1. 지난 일을 나타내는 어미는 '─더라, ─던'으로 적는다. (ㄱ을 취하고, ㄴ을 버림.)

ㄱ	ㄴ
깊던 물이 얕아졌다.	깊든 물이 얕아졌다.

2. 물건이나 일의 내용을 가리지 아니하는 뜻을 나타내는 조사와 어미는 '(─)든지'로 적는다. (ㄱ을 취하고, ㄴ을 버림.)

ㄱ	ㄴ
배든지 사과든지 마음대로 먹어라.	배던지 사과던지 마음대로 먹어라.

① 영화나 보러 가던가.
② 그 사람 말 잘하든데!
③ 얼마나 깜짝 놀랐든지 몰라.
④ 어찌하던지 간에 나는 신경 안 써.
⑤ 무엇이든지 주저하지 말고 시작해 봐.

63

〈보기〉의 ⊙과 ⓛ에 해당하는 예가 바르게 짝지어진 것은?

┤ 보기 ├

⊙ 받침 'ㄱ(ㄲ, ㅋ, ㄳ, ㄺ), ㄷ(ㅅ, ㅆ, ㅈ, ㅊ, ㅌ), ㅂ(ㅍ, ㄼ, ㄿ, ㅄ)' 뒤에 연결되는 'ㄱ, ㄷ, ㅂ, ㅅ, ㅈ'은 된소리로 발음한다.

ⓛ 어간 받침 'ㄴ(ㄵ), ㅁ(ㄻ)' 뒤에 결합되는 어미의 첫소리 'ㄱ, ㄷ, ㅅ, ㅈ'은 된소리로 발음한다.

	⊙	ⓛ
①	낮게[낟께]	앉다[안따]
②	짚신[집씬]	갔고[갇꼬]
③	복사[복싸]	낡다[낙따]
④	닦아[다까]	안다[안:따]
⑤	얹다[언따]	품다[품:따]

64

〈보기〉를 고려할 때, 발음이 적절하지 않은 것은?

┤ 보기 ├

제29항 합성어 및 파생어에서, 앞 단어나 접두사의 끝이 자음이고 뒤 단어나 접미사의 첫음절이 '이, 야, 여, 요, 유'인 경우에는, 'ㄴ' 음을 첨가하여 [니, 냐, 녀, 뇨, 뉴]로 발음한다.

① 색연필[새견필]
② 눈요기[눈뇨기]
③ 식용유[시굥뉴]
④ 백분율[백뿐뉼]
⑤ 교육열[교:융녈]

65 2022학년도 대학수학능력시험 언어와 매체 39번

〈보기〉는 준말에 관한 한글 맞춤법의 일부이다. 이를 적용한 내용으로 적절하지 않은 것은?

┤ 보기 ├

제34항 [붙임 1] 'ㅐ, ㅔ' 뒤에 '─어, ─었─'이 어울려 줄 적에는 준 대로 적는다. ┈┈┈┈ ⊙

제35항 모음 'ㅗ, ㅜ'로 끝난 어간에 '─아/─어, ─았─/─었─'이 어울려 'ㅘ/ㅝ, 왔/웠'으로 될 적에는 준 대로 적는다. ┈┈┈┈ ⓛ

제35항 [붙임 2] 'ㅚ' 뒤에 '─어, ─었─'이 어울려 'ㅙ, 쎘'으로 될 적에도 준 대로 적는다. ┈┈┈┈ ⓒ

제36항 'ㅣ' 뒤에 '─어'가 와서 'ㅕ'로 줄 적에는 준 대로 적는다. ┈┈┈┈ ⓔ

제37항 'ㅏ, ㅕ, ㅗ, ㅜ, ㅡ'로 끝난 어간에 '─이─'가 와서 각각 'ㅐ, ㅖ, ㅚ, ㅟ, ㅢ'로 줄 적에는 준 대로 적는다. ┈┈┈┈ ⓜ

① ⊙을 적용하면 '(날이) 개었다'와 '(나무를) 베어'는 각각 '갰다'와 '베'로 적을 수 있다.

② ⓛ을 적용하면 '(다리를) 꼬아'와 '(죽을) 쑤었다'는 각각 '꽈'와 '쒔다'로 적을 수 있다.

③ ⓜ을 적용할 때, 어간 '(발로) 차─'에 '─이─'가 붙은 '(발에) 차이─'에 '─었다'가 붙으면 '채었다'로 적을 수 있다.

④ ⓜ을 적용한 후 ⓒ을 적용할 때, 어간 '(벌이) 쏘─'에 '─이─'가 붙은 '(벌에) 쏘이─'에 '─어'가 붙으면 '쐐'로 적을 수 있다.

⑤ ⓜ을 적용한 후 ⓔ을 적용할 때, 어간 '(오줌을) 누─'에 '─이─'가 붙은 '(오줌을) 누이─'에 '─어'가 붙으면 '뉘여'로 적을 수 있다.

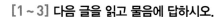

[1~3] 다음 글을 읽고 물음에 답하시오.

한글 맞춤법은 표준어를 소리대로 적되, 어법에 맞도록 함을 원칙으로 하고 있다. 발음과 표기가 일치하도록 소리 나는 대로 적는 것을 ㉠표음주의라고 하는데, 소리대로 적으면 쓰기에 편하지만 의미 파악이 어렵다는 단점이 있다. 어법에 맞도록 적는다는 것은 각 형태소의 본래 모양을 밝혀 쓰는 것을 말하는데 이를 표의주의라고 한다. 본 모양을 밝혀 적으면 (　㉡　), 발음과 표기를 따로 익혀야 한다는 단점이 있다.

1
윗글을 이해한 내용으로 적절하지 않은 것은?

① '날개'는 소리대로 적은 것이군.
② '운동장'은 소리대로 적은 것이군.
③ '벚꽃'은 어법에 맞도록 적은 것이군.
④ '개나리'는 어법에 맞도록 적은 것이군.
⑤ '독수리'는 어법에 맞도록 적은 것이군.

2
㉠에 따라 적은 것으로만 묶인 것은?

① 야구, 축구, 수영, 태권도
② 하늘, 바람, 구름, 무지개
③ 꼬치, 라면, 국수, 떡볶이
④ 국어, 수학, 영어, 한국사
⑤ 의사, 교수, 공무원, 변리사

3
㉡에 들어갈 말로 가장 적절한 것은?

① 빠르게 쓸 수 있지만
② 뜻을 파악하기 쉽지만
③ 쉽게 기억할 수 있지만
④ 발음을 몰라도 괜찮지만
⑤ 음절의 수를 줄일 수 있지만

4
〈보기〉의 ㉠과 ㉡의 예가 모두 바르게 짝지어진 것은?

┤ 보기 ├

제30항　사이시옷은 다음과 같은 경우에 받치어 적는다.
　1. 순우리말로 된 합성어로서 앞말이 모음으로 끝난 경우
　(1) 뒷말의 첫소리가 된소리로 나는 것 ·············· ㉠
　(2) 뒷말의 첫소리 'ㄴ, ㅁ' 앞에서 'ㄴ' 소리가 덧나는 것
　(3) 뒷말의 첫소리 모음 앞에서 'ㄴㄴ' 소리가 덧나는 것
　·· ㉡

	㉠	㉡		㉠	㉡
①	햇볕	잇몸	②	냇물	뒷일
③	나룻배	빗물	④	찻집	나뭇잎
⑤	못질	잣나무			

5
〈보기〉를 바탕으로 탐구한 내용으로 적절하지 않은 것은?

┤ 보기 ├

제18항　다음과 같은 용언들은 어미가 바뀔 경우, 그 어간이나 어미가 원칙에 벗어나면 벗어나는 대로 적는다.
　㉠ 어간의 끝 'ㄷ'이 'ㄹ'로 바뀔 적
　㉡ '하다'의 활용에서 어미 '-아'가 '-여'로 바뀔 적
　㉢ 어간의 끝음절 '르'의 'ㅡ'가 줄고, 그 뒤에 오는 어미 '-아/-어'가 '-라/-러'로 바뀔 적

① '(길을) 걷다'의 어간 '걷-'에 어미 '-어'가 결합하면 ㉠에 따라 '걸어'로 적겠군.
② '(짐을) 싣다'의 어간 '싣-'에 어미 '-으니'가 결합하면 ㉠에 따라 '실으니'로 적겠군.
③ '(밥을) 하다'의 어간 '하-'에 어미 '-아'가 결합하면 ㉡에 따라 '하여'로 적겠군.
④ '일하다'의 어간 '일하-'에 어미 '-아'가 결합하면 ㉡에 따라 '일하여'로 적겠군.
⑤ '(노래를) 부르다'의 어간 '부르-'에 어미 '-어'가 결합하면 ㉢에 따라 '부르러'로 적겠군.

6

밑줄 친 부분이 한글 맞춤법에 맞게 쓰인 것은?

① 그 일은 내가 알아서 <u>할게</u>.
② 난 네가 정말 잘되기를 <u>바랬어</u>.
③ 그는 형편이 그리 <u>넉넉치</u> 않다고 해.
④ 어디에 <u>있던지</u> 건강하게 지냈으면 해.
⑤ 야구를 보러 가는데 비가 와서 <u>어떻해</u>.

7

〈보기〉의 ㉠과 ㉡의 예가 모두 바르게 짝지어진 것은?

┤ 보기 ├
〈한글 맞춤법〉
제19항 어간에 '-이'나 '-음/-ㅁ'이 붙어서 명사로 된
것과 '-이'나 '-히'가 붙어서 부사로 된 것은 그 어간
의 원형을 밝히어 적는다. ·················· ㉠
[붙임] 어간에 '-이'나 '-음' 이외의 모음으로 시작된
접미사가 붙어서 다른 품사로 바뀐 것은 그 어간의
원형을 밝히어 적지 아니한다. ·············· ㉡

	㉠	㉡		㉠	㉡
①	깊이	익히	②	마중	실없이
③	거름	지붕	④	미닫이	웃음
⑤	굳이	마개			

8

〈보기〉를 참고할 때, 띄어쓰기가 적절한 것은?

┤ 보기 ├
〈한글 맞춤법〉
제2항 문장의 각 단어는 띄어 씀을 원칙으로 한다.
제41항 조사는 그 앞말에 붙여 쓴다.
제42항 의존 명사는 띄어 쓴다.
제43항 단위를 나타내는 명사는 띄어 쓴다.

① 아는것이 힘이다.
② 닭 한마리가 사라졌다.
③ 이사 온지 얼마나 됐지?
④ 바닷가에 집 한 채가 있었다.
⑤ 이문제는 내 동생도 풀수 있어.

9

**〈보기〉를 참고할 때, 밑줄 친 부분의 표기가 적절하지 <u>않은</u>
것은?**

┤ 보기 ├
〈한글 맞춤법〉
제5항 한 단어 안에서 뚜렷한 까닭 없이 나는 된소리는
다음 음절의 첫소리를 된소리로 적는다.
1. 두 모음 사이에서 나는 된소리
2. 'ㄴ, ㄹ, ㅁ, ㅇ' 받침 뒤에서 나는 된소리
다만, 'ㄱ, ㅂ' 받침 뒤에서 나는 된소리는, 같은 음절
이나 비슷한 음절이 겹쳐 나는 경우가 아니면 된소리
로 적지 아니한다.

① 친구는 내 제안에 <u>선뜻</u> 응해 주었다.
② 컵이 넘칠 정도로 물을 <u>듬뿍</u> 부었다.
③ 오랜만에 만난 그는 <u>해쓱한</u> 얼굴이었어.
④ 설렁탕은 <u>깍두기</u>와 함께 먹으면 더 맛있어.
⑤ 유명 가수가 나타나자 갑자기 <u>법석</u>이 일었다.

10

**〈보기〉를 참고할 때, 밑줄 친 부분의 표기가 적절하지 <u>않은</u>
것은?**

┤ 보기 ├
〈한글 맞춤법〉
제35항 모음 'ㅗ, ㅜ'로 끝난 어간에 '-아/-어, -았-/
-었-'이 어울려 'ㅘ/ㅝ, 왔/웠'으로 될 적에는 준 대
로 적는다.
[붙임 2] 'ㅚ' 뒤에 '-어, -었-'이 어울려 'ㅙ, 쌨'으
로 될 적에도 준 대로 적는다.

① 죽을 <u>쒀서</u> 남 줄 일 있어?
② 어제 <u>뵀던</u> 분이 찾아왔어요.
③ 그는 밤새도록 새끼줄을 <u>꽜다</u>.
④ 몇 시쯤 <u>돼면</u> 일을 다 마칠까?
⑤ 덕분에 명절을 잘 <u>쇄서</u> 고맙습니다.

[11~12] 다음 규정을 참고하여 물음에 답하시오.

〈표준 발음법〉

第10항 겹받침 'ㄳ', 'ㄵ', 'ㄼ, ㄽ, ㄾ', 'ㅄ'은 어말 또는 자음 앞에서 각각 [ㄱ, ㄴ, ㄹ, ㅂ]으로 발음한다.

　　다만, '밟-'은 자음 앞에서 [밥]으로 발음하고, '넓-'은 다음과 같은 경우에 [넙]으로 발음한다.

第11항 겹받침 'ㄺ', 'ㄻ, ㄿ'은 어말 또는 자음 앞에서 각각 [ㄱ, ㅁ, ㅂ]으로 발음한다.

　　다만, 용언의 어간 말음 'ㄺ'은 'ㄱ' 앞에서 [ㄹ]로 발음한다.

第14항 겹받침이 모음으로 시작된 조사나 어미, 접미사와 결합되는 경우에는, 뒤엣것만을 뒤 음절 첫소리로 옮겨 발음한다. (이 경우, 'ㅅ'은 된소리로 발음함.)

第23항 받침 'ㄱ(ㄲ, ㅋ, ㄳ, ㄺ), ㄷ(ㅅ, ㅆ, ㅈ, ㅊ, ㅌ), ㅂ(ㅍ, ㄼ, ㄿ, ㅄ)' 뒤에 연결되는 'ㄱ, ㄷ, ㅂ, ㅅ, ㅈ'은 된소리로 발음한다.

11

위 규정을 적용한 것으로 적절하지 **않은** 것은?

① '없어'는 제14항에 따라 [업:써]로 발음해야겠군.

② '넋과'는 제10항, 제23항에 따라 [넉꽈]로 발음해야겠군.

③ '값도'는 제10항, 제23항에 따라 [갑또]로 발음해야겠군.

④ '읊다'는 제11항, 제23항에 따라 [읍따]로 발음해야겠군.

⑤ '넓고'는 제10항, 제23항에 따라 [넙꼬]로 발음해야겠군.

12

밑줄 친 단어의 발음으로 적절하지 **않은** 것은?

① 시냇물이 맑디[막띠] 맑구나.

② 팥죽을 묽게[물께] 끓였더니 싱겁다.

③ 맑은[말근] 하늘을 보니 기분이 좋아진다.

④ 그 책을 읽지[일찌] 않은 사람은 없을 거야.

⑤ 이제는 나도 늙어서[늘거서] 예전 같지 않다.

[13~14] 〈보기〉를 참고하여 물음에 답하시오.

┤ 보기 ├

• 'ㅚ, ㅟ'는 이중 모음으로 발음하는 것도 허용하는데, 특히 'ㅚ'를 이중 모음으로 발음하면 [ㅞ]와 같아진다.

• 용언의 활용형에 나타나는 '져, 쪄, 쳐'는 [저, 쩌, 처]로 발음한다.

• '예, 례' 이외의 'ㅖ'는 [ㅔ]로도 발음한다.

• 자음을 첫소리로 가지고 있는 음절의 'ㅢ'는 [ㅣ]로 발음하고, 단어의 첫음절 이외의 '의'는 [ㅣ]로, 조사 '의'는 [ㅔ]로 발음함도 허용한다.

13

〈보기〉를 이해한 내용으로 적절한 것은?

① '금괴'는 [금궤]로만 발음해야 해.

② '예절'은 [에절]이라고 발음해도 돼.

③ '무늬'는 [무늬]와 [무니] 모두 표준 발음이야.

④ '지혜'는 [지혜]와 [지혜] 모두 표준 발음이야.

⑤ '(찌어→) 쪄'는 [쩌]와 [쪄] 모두 표준 발음이야.

14

〈보기〉를 고려할 때, 다음 어구의 발음으로 가장 적절한 것은? (단, 장음은 고려하지 않음.)

유희의 의의

① [유희의 의이]　　② [유희에 의이]

③ [유히에 의이]　　④ [유히에 으이]

⑤ [유히의 으이]

15

〈보기〉를 고려할 때, 발음이 적절하지 **않은** 것은?

┤ 보기 ├

제15항 받침 뒤에 모음 'ㅏ, ㅓ, ㅗ, ㅜ, ㅟ' 들로 시작되는 실질 형태소가 연결되는 경우에는, 대표음으로 바꾸어서 뒤 음절 첫소리로 옮겨 발음한다.

---

① 겉옷[거돋]　　② 늪 앞[느팝]

③ 멋있다[머딛따]　　④ 헛웃음[허두슴]

⑤ 밭 아래[바다래]

[16~17] 다음 규정을 참고하여 물음에 답하시오.

받침 'ㅎ'의 발음에 대한 표준 발음법

㉮ 'ㅎ(ㄶ, ㅀ)' 뒤에 'ㄱ, ㄷ, ㅈ'이 결합되는 경우에는, 뒤 음절 첫소리와 합쳐서 [ㅋ, ㅌ, ㅊ]으로 발음한다. 규정에 따라 'ㄷ'으로 발음되는 'ㅅ, ㅈ, ㅊ, ㅌ'의 경우에도 이에 준한다.

㉯ 'ㅎ(ㄶ, ㅀ)' 뒤에 'ㅅ'이 결합되는 경우에는, 'ㅎ'을 발음하지 않고 'ㅅ'을 [ㅆ]으로 발음한다.

㉰ 'ㅎ' 뒤에 'ㄴ'이 결합되는 경우에는, [ㄴ]으로 발음한다.

㉱ 'ㄶ, ㅀ' 뒤에 'ㄴ'이 결합되는 경우에는, 'ㅎ'을 발음하지 않는다.

㉲ 'ㅎ(ㄶ, ㅀ)' 뒤에 모음으로 시작된 어미나 접미사가 결합되는 경우에는, 'ㅎ'을 발음하지 않는다.

16

밑줄 친 부분의 발음으로 적절하지 않은 것은?

① 일이 생각만큼 쉽지 않다[안따].
② 오늘따라 몸 상태가 좋지 않아[아나].
③ 그는 아무것도 먹지 않고[안코] 나갔다.
④ 이것은 어디에도 해당하지 않는다[안는다].
⑤ 상황이 좋지 않으니[아느니] 오늘은 그냥 가자.

17

위 규정을 바탕으로 〈보기〉의 ㉠~㉤의 발음을 설명한 것으로 적절하지 않은 것은?

┌─ 보기 ├─
사원 1: 여기 ㉠놓인 제품이 왜 ㉡싫다는 거죠?
사원 2: 나는 실용적인 것이 ㉢좋소.
사원 1: 새로 ㉣놓는 것마다 좋아하지 ㉤않는 것 같군요.
└─────

① ㉠은 ㉲를 적용하여 [노인]이라고 발음한다.
② ㉡은 ㉮를 적용하여 [실타]라고 발음한다.
③ ㉢은 ㉯를 적용하여 [존:쏘]라고 발음한다.
④ ㉣은 ㉰를 적용하여 [논는]이라고 발음한다.
⑤ ㉤은 ㉱를 적용하여 [안는]이라고 발음한다.

[18~20] 다음 규정을 참고하여 물음에 답하시오.

〈표준 발음법〉

제17항 받침 'ㄷ, ㅌ(ㄾ)'이 조사나 접미사의 모음 'ㅣ'와 결합되는 경우에는, [ㅈ, ㅊ]으로 바꾸어서 뒤 음절 첫소리로 옮겨 발음한다.

제18항 받침 'ㄱ(ㄲ, ㅋ, ㄳ, ㄺ), ㄷ(ㅅ, ㅆ, ㅈ, ㅊ, ㅌ, ㅎ), ㅂ(ㅍ, ㄼ, ㄿ, ㅄ)'은 'ㄴ, ㅁ' 앞에서 [ㅇ, ㄴ, ㅁ]으로 발음한다.

제19항 받침 'ㅁ, ㅇ' 뒤에 연결되는 'ㄹ'은 [ㄴ]으로 발음한다.
  [붙임] 받침 'ㄱ, ㅂ' 뒤에 연결되는 'ㄹ'도 [ㄴ]으로 발음한다.

제20항 'ㄴ'은 'ㄹ'의 앞이나 뒤에서 [ㄹ]로 발음한다.

제29항 합성어 및 파생어에서, 앞 단어나 접두사의 끝이 자음이고 뒤 단어나 접미사의 첫음절이 '이, 야, 여, 요, 유'인 경우에는, 'ㄴ' 음을 첨가하여 [니, 냐, 녀, 뇨, 뉴]로 발음한다.

18

위 규정을 바탕으로 표준 발음을 이해한 내용으로 적절하지 않은 것은?

① '같이'는 제17항에 따라 [가치]로 발음한다.
② '갑문'은 제18항에 따라 [감문]으로 발음한다.
③ '신랑'은 제20항에 따라 [실랑]으로 발음한다.
④ '맨입'은 제29항에 따라 [맨닙]으로 발음한다.
⑤ '공룡'은 제19항에 따라 [공:용]으로 발음한다.

19

발음할 때 적용되는 규정이 나머지와 다른 것은?

① 영리   ② 심란   ③ 섭리
④ 한류   ⑤ 속리산

20

발음할 때 제29항의 적용을 받지 않는 것은?

① 낮일   ② 큰옷   ③ 색연필
④ 백분율   ⑤ 희생양

📖 함께 보기 | 필독 중학 국어 문법 55쪽으로!

개념 확인

■ **품사의 뜻**
단어를 공통된 성질에 따라 분류한 갈래

■ **품사 분류의 기준(아래의 기준이 순서대로 적용됨.)**

형태	문장에서 쓰일 때 단어의 형태가 바뀌는가, 바뀌지 않는가? ⇒ 가변어 / 불변어
	⇩
기능	단어가 문장에서 어떤 역할을 하는가? ⇒ 체언 / 용언 / 수식언 / 관계언 / 독립언
	⇩
의미	단어가 나타내는 의미가 무엇인가? ⇒ 명사, 대명사, 수사, 동사, 형용사, 관형사, 부사, 조사, 감탄사

가변어(가능할 可, 변할 變, 말씀 語)
• 형태가 변하는 말
• 동사와 형용사, 서술격 조사 '이다'
  예 먹고, 먹어, 먹지, …
    이고, 이며, 이니까, …

불변어(아닐 不, 변할 變, 말씀 語)
• 형태가 변하지 않는 말
• 명사, 대명사, 수사, 관형사, 부사, 조사('이다' 제외), 감탄사

■ **체언(몸 體, 말씀 言)**
• **형태:** 형태의 변화가 없음(불변어).
• **기능:** 문장에서 주어, 목적어, 보어 등의 역할을 함.
• **의미**

명사	• 사람이나 사물의 이름을 나타내는 단어. (이름 名, 단어 詞) • 사용 범위에 따라 ┌ 보통 명사: 같은 종류의 사물에 두루 쓰임. 예 사람, 신발, 차 └ 고유 명사: 특정한 인명, 지명, 기관 등을 나타냄. 예 서울, 한라산 • 자립성 유무에 따라 ┌ 자립 명사: 단독으로 쓰일 수 있음. 예 하늘, 커피, 연필 └ 의존 명사: 관형어의 꾸밈을 받아 쓰임. 예 것, 따름, 뿐, 수
대명사	• 사람, 사물, 장소의 이름을 대신하여 가리키는 단어. (대신할 代 + 명사) ┌ 인칭 대명사: 사람을 가리킴. 예 나, 너, 우리, 당신 └ 지시 대명사: 사물, 장소 등을 가리킴. 예 이것, 그거, 저기
수사	• 수량이나 순서를 나타내는 단어 (셀 數 + 단어 詞) ┌ 양수사: 수량을 나타냄. (헤아릴 量 + 수사) 예 하나, 둘, 십, 백 └ 서수사: 순서를 나타냄. (차례 序 + 수사) 예 첫째, 둘째, 제일, 제이

관형어
체언 앞에서 체언의 뜻을 꾸며 주는 구실을 하는 문장 성분

의존 명사의 띄어쓰기
〈한글 맞춤법〉에서는 문장의 각 단어는 띄어 씀을 원칙으로 하고 있다. 따라서 의존 명사는 앞말과 띄어 써야 함.
예 아는 만큼 보인다.
  할 수 있다.

아하~ 함·정·넘·기

❶ **형태가 같은 수사와 관형사, 명사의 구별 … 이런 방법이?**
'둘째'의 품사는 무엇일까요? 두 번째 태어난 자식을 뜻할 때는 '명사'이고 뒤에 조사가 결합할 수 있습니다. '둘째가 해냈다.'에서 '둘째'는 명사입니다. 차례를 뜻할 때는 '수사'이며, '둘째, 좌우를 살펴라.'와 같이 보통 뒤에 쉼표(,)가 옵니다. 뒤에 오는 체언을 꾸밀 때는 '관형사'이며, 뒤에 절대로 조사가 결합할 수 없고, 뒷말과 띄어 씁니다.

[1~5] 다음 설명이 맞으면 ○표, 틀리면 ×표 하시오.

1 품사는 단어를 일정한 기준에 따라 분류해 놓은 갈래이다. ······ (   )

2 품사를 분류하는 기준의 적용 순서는 '형태→의미→기능'이다. ······ (   )

3 문장에서 쓰일 때 형태가 바뀌는 단어를 불변어라고 한다. ······ (   )

4 단어는 기능에 따라 '체언, 용언, 수식언, 관계언, 독립언'으로 나눌 수 있다. ······ (   )

5 품사 분류 기준에 따라 나눌 때 우리말의 품사는 열 개의 품사로 분류할 수 있다. ······ (   )

[6~9] 초성을 참고하여 빈칸에 들어갈 적절한 말을 쓰시오.

6 문장에서 주어, 목적어, 보어 등의 역할을 하는 단어를 ᄎᄋ 이라고 한다.

7 ᄆᄉ 는 사람이나 사물의 이름을 나타내는 단어이다.

8 ᄃᄆᄉ 는 사람, 사물, 장소의 이름을 대신하여 가리키는 단어이다.

9 ᄉᄉ 는 수량이나 순서를 나타내는 단어이다.

[10~17] 다음 문장에서 체언을 찾아 동그라미를 치고, 괄호 안에 해당하는 품사를 쓰시오.

10 갑자기 비가 내린다. ······ (   )

11 셋이서 함께 가기로 했다. ······ (   )

12 아버지는 언제나 바쁘시다. ······ (   )

13 이따가 거기에서 만나자. ······ (   )

14 배고파서 햄버거를 사 먹었다. ······ (   )

15 이제 하나밖에 남지 않았다. ······ (   )

16 그녀가 어떻게 지내는지 몰라. ······ (   )

17 힘들더라도 정상까지 포기하지 마. ······ (   )

[18~20] 밑줄 친 명사가 보통 명사이면 '보', 고유 명사이면 '고'라고 쓰시오.

18 <u>친구</u>와 함께 <u>한강</u>에 놀러 갔다.
　　(   )　　　　(   )

19 내 <u>이름</u>은 <u>김소원</u>이다.
　　　(   )　(   )

20 <u>목포</u>는 <u>아버지</u>의 <u>고향</u>이다.
　　(   )　　(   )　　(   )

[21~23] 밑줄 친 명사가 자립 명사이면 '자', 의존 명사이면 '의'라고 쓰시오.

21 이 <u>문제</u>를 풀 <u>수</u> 있을까?
　　　(   )　　(   )

22 <u>편의점</u>에 가서 마실 <u>것</u>을 사 왔다.
　　(   )　　　　　　　(   )

23 노력한 <u>만큼</u> <u>대가</u>를 얻었다.
　　　　　(   )(   )

[24~30] 다음 단어의 품사를 찾아 바르게 연결하시오.

24 이것, 저것 •　　　　　　　ㄱ 인칭 대명사

25 첫째, 둘째 •

26 그, 그녀 •　　　　　　　　ㄴ 지시 대명사

27 여기, 거기 •

28 나, 우리 •　　　　　　　　ㄷ 양수사

29 하나, 둘 •

30 일, 이, 삼 •　　　　　　　ㄹ 서수사

31

품사에 대한 설명으로 적절한 것은?

① 의미를 가진 가장 작은 말의 단위이다.

② 의미를 구별하는 소리의 최소 단위이다.

③ 다른 말에 붙어 새로운 단어를 구성하는 부분이다.

④ 단어를 공통된 성질을 지닌 것끼리 묶어 놓은 갈래이다.

⑤ 단어를 분석할 때, 실질적 의미를 나타내는 중심이 되는 부분이다.

32

〈보기〉의 ㉠에 들어갈 내용으로 적절한 것은?

| 보기 |

분류 기준: (㉠)	
예	아니요
많다, 차다, 오르다	공, 신발, 나무

① 수량이나 순서를 나타내는가?

② 문장에서 쓰일 때 형태가 변하는가?

③ 사람이나 사물의 이름을 의미하는가?

④ 두 가지 이상의 의미를 가지고 있는가?

⑤ 다른 단어들을 꾸며 주는 역할을 하는가?

33

다음 단어들의 공통점으로 적절한 것은?

서울   도시   광장   경복궁

① 문장에서 주로 서술어로 쓰인다.

② 사물의 수량이나 순서를 나타낸다.

③ 사물의 동작이나 작용을 나타낸다.

④ 사물, 장소 등의 이름을 대신 나타낸다.

⑤ 문장에서 쓰일 때 형태가 변하지 않는다.

34 (서술형 ✐)

품사를 분류하는 세 가지 기준을 쓰시오.

35

다음 문장에서 형태가 변하는 단어만을 있는 대로 고른 것은?

정든 친구와 헤어지려니 무척 슬펐다.

① 친구, 와, 무척

② 정든, 친구, 무척

③ 친구, 헤어지려니, 슬펐다

④ 정든, 헤어지려니, 슬펐다

⑤ 정든, 와, 헤어지려니, 슬펐다

36

명사가 사용되지 않은 것은?

① 저기 멀리 한라산이 보인다.

② 딴마음 먹지 말고 어서 돌아가라.

③ 그는 나와는 전혀 다른 사람이야.

④ 나보다 그녀가 거기에 먼저 도착했다.

⑤ 최선을 다한 꼴찌에게도 박수를 보낸다.

37 (신유형)

밑줄 친 단어 중, 〈보기〉의 조건을 모두 만족하는 것은?

| 보기 |

• 조건 1: 문장에 쓰일 때 형태가 변하지 않는다.

• 조건 2: 문장에서 주로 주체가 되는 역할을 한다.

• 조건 3: 사람이나 사물의 이름을 나타낸다.

① 화단에 심은 꽃들이 <u>활짝</u> 피었다.

② 갑자기 <u>소나기</u>가 내리기 시작했다.

③ 여기에서 <u>소란</u>을 피우면 안 됩니다.

④ 이 일은 <u>자네</u>밖에 믿을 사람이 없네.

⑤ 그는 <u>부지런한</u> 사람으로 소문이 나 있다.

38

밑줄 친 단어의 품사가 서로 다른 것은?

① ┌ 진호는 <u>공</u>을 차러 나갔어.
　 └ 배가 고파서 <u>라면</u>을 끓여 먹었어.

② ┌ <u>윤희</u>가 노래를 듣고 있어.
　 └ <u>나</u>도 그 노래를 무척 좋아해.

③ ┌ 지수는 <u>영어</u>를 무척 잘한다.
　 └ 주말에 부모님과 <u>바다</u>에 가기로 했어.

④ ┌ <u>여기</u>보다 맛있는 집은 없을 거야.
　 └ <u>저</u> 꽃의 이름은 무엇일까?

⑤ ┌ 작은삼촌은 올해 <u>서른</u>이 되었다.
　 └ <u>아홉</u>에서 하나를 빼면 여덟이 된다.

39

다음 문장에서 체언만을 있는 대로 고른 것은?

> 너는 다섯을 셀 때까지 답을 말해야 해.

① 너, 다섯, 때, 답
② 너, 다섯, 셀, 답
③ 다섯, 답, 말해야
④ 다섯, 때, 답, 말해야
⑤ 너, 다섯, 답, 말해야

40 고난도

〈보기〉의 품사가 쓰인 것은?

┤ 보기 ├
　사람이나 사물의 이름을 대신 나타내는 말. 또는 그런 말들을 지칭하는 품사

① 저 둘 중에 하나를 꼭 선택해야 해.
② 이런 경우엔 어떻게 말해야 하나요?
③ 개는 사람보다 후각이 무척 뛰어나다.
④ 진우는 항상 자기 고집대로만 행동한다.
⑤ 많은 관객들이 그 공연장을 가득 메웠다.

41

〈보기〉의 단어들이 지닌 공통점으로 가장 적절한 것은?

┤ 보기 ├
꽃　풀　이것　거기　다섯　열둘

① 문장에서 쓰일 때 형태가 변한다.
② 사람이나 사물의 이름을 나타낸다.
③ 문장에서 주로 서술어의 역할을 한다.
④ 조사와 결합하여 쓰이거나 홀로 쓰인다.
⑤ 사물, 장소 등의 이름을 대신 나타낸다.

42

수사가 사용되지 않은 것은?

① 오에다가 이를 곱하면 십이 된다.
② 제이의 손흥민이 나오길 기대한다.
③ 첫째도 건강이요, 둘째도 건강이다.
④ 하나에서 열까지 다 챙겨야 하는구나.
⑤ 선착순으로 세 명을 먼저 뽑겠습니다.

43

〈보기〉의 빈칸에 들어갈 수 있는 품사로만 묶인 것은?

┤ 보기 ├
나는 (　　　　　)을/를 좋아한다.

① 부사, 관형사, 조사
② 동사, 형용사, 부사
③ 명사, 관형사, 수사
④ 조사, 관형사, 명사
⑤ 명사, 수사, 대명사

44 고난도
밑줄 친 단어 중, 〈보기〉의 조건을 만족하는 것은?

┤ 보기 ├
- 형태: 문장에 쓰일 때 모습이 바뀌지 않음.
- 기능: 문장에서 주어, 목적어 등의 역할을 함.
- 의미: 사물의 수량이나 순서를 나타냄.

① 하나를 보면 열을 아는 법이야.
② 우리 반이 마지막으로 출발했다.
③ 옆집 아이가 벌써 대학생이 되었대.
④ 이 가게는 매월 둘째 주 화요일에 쉰다.
⑤ 장마가 끝난 후 저수지에 물이 가득했다.

45 신유형
〈보기〉의 ㉠~㉤ 중, 체언에 해당하지 않는 것은?

┤ 보기 ├
아리랑 아리랑 아라리요
아리랑 ㉠고개로 넘어간다.
㉡나를 버리고 가시는 ㉢임은
십 리도 ㉣못 가서 ㉤발병 난다.

① ㉠   ② ㉡   ③ ㉢
④ ㉣   ⑤ ㉤

46
㉠~㉢에 들어갈 단어가 모두 바르게 짝지어진 것은?

사람을 가리키는 대명사를 인칭 대명사라고 한다. 일인칭에 (㉠), 이인칭에 (㉡), 삼인칭에 (㉢) 등이 있다.

	㉠	㉡	㉢
①	나	자네	너희
②	그	너희	저이
③	우리	그대	그분
④	당신	저	그대
⑤	저희	너	자네

47
〈보기〉에 쓰인 ㉠~㉤의 공통된 품사는?

┤ 보기 ├
독립 협회는 1896년 7월에 ㉠서재필, 이상재, 윤치호 등이 ㉡우리나라의 자주독립과 내정 ㉢개혁을 위하여 조직한 정치·사회 단체이다. ≪㉣독립신문≫을 발간하고 ㉤독립문을 건립하였다.

① 명사   ② 수사   ③ 부사
④ 대명사   ⑤ 관형사

48
㉠에 들어갈 단어로 적절한 것은?

선생님: 명사 중에는 의미가 형식적이어서 다른 말의 도움 없이는 문장에서 홀로 쓰일 수 없는 것도 있습니다. 이런 명사를 의존 명사라고 합니다. 다음 문장에서 의존 명사를 찾아볼까요?

그는 나라의 발전에 공헌한 바가 크다.

학생: (㉠)이/가 의존 명사입니다.

① 그   ② 나라   ③ 발전
④ 공헌한   ⑤ 바

49
㉠과 ㉡의 공통점으로 가장 적절한 것은?

㉠그는 ㉡그 이야기를 무척 좋아한다.

① 주로 주어로 쓰인다.
② 형태가 변하지 않는다.
③ 조사와 결합할 수 있다.
④ 사물의 수량을 나타낸다.
⑤ 사람을 가리키는 말이다.

50
다음 밑줄 친 단어에 대한 설명으로 적절하지 않은 것은?

모험을 하다 보면 다칠 <u>수</u> 있다.

① 뒤에 조사가 결합할 수 없다.
② 문장에서 주로 주어 역할을 한다.
③ 앞에 반드시 꾸며 주는 말이 와야 한다.
④ 문장에서 쓰일 때 형태가 바뀌지 않는다.
⑤ 의미가 형식적이어서 다른 말에 기대어 쓰인다.

51 고난도
〈보기〉의 ㉠~㉆에 대한 설명으로 적절한 것은?

┤ 보기 ├
㉠너희 ㉡셋이서 ㉢피자 ㉣다섯 ㉤판을 먹었다는 ㉥것이 ㉆사실이야?

① ㉠과 ㉥은 명사를 대신하는 대명사이다.
② ㉡과 ㉣은 수량을 나타내는 수사이다.
③ ㉢은 ㉆과 달리 고유 명사에 해당한다.
④ ㉤은 ㉣에 기대어 쓰이는 의존 명사이다.
⑤ ㉠~㉆은 기능을 기준으로 분류할 때 모두 체언에 속한다.

52
밑줄 친 단어가 ㉠에 해당하는 것은?

수사는 수량을 나타내는 양수사와 순서를 나타내는 ㉠서수사로 나눌 수 있다.

① 한 사람도 남지 않았다.
② 우리 둘만의 비밀로 하자.
③ 그는 열 번째로 도착했다.
④ 셋이서 그 일을 할 수 없어.
⑤ 첫째, 부모의 말에 순종해라.

53
〈보기〉를 참고할 때, 밑줄 친 부분의 띄어쓰기가 적절하지 않은 것은?

┤ 보기 ├
〈한글 맞춤법〉
제2항 문장의 각 단어는 띄어 씀을 원칙으로 한다.
제41항 조사는 그 앞말에 붙여 쓴다.
제42항 의존 명사는 띄어 쓴다.

① 낡은 <u>것을</u> 정리해서 버렸다.
② 네가 지금 가려는 <u>데가</u> 어디야?
③ 그건 소문으로만 들었을 <u>뿐이야.</u>
④ 어떤 일이든 원칙 <u>대로</u> 하는 게 좋아.
⑤ 합격 소식을 들으니 그저 <u>기쁠 따름이다.</u>

54 서술형 ✎
㉠과 ㉡이 가리키는 대상을 각각 찾아 쓰시오.

몽룡은 방자와 함께 광한루에 갔다. ㉠그들은 ㉡그곳에서 그네를 타는 춘향을 보았다.

• ㉠: _____   • ㉡: _____

55 서술형 ✎
다음 대화에 쓰인 ㉠과 ㉡의 차이점을 서술하시오. (가리키는 사람을 각각 밝힐 것.)

남편: 할아버지께서는 생전에 ㉠당신께서 모으신 이 책들을 소중히 다루셨어요.
아내: 그래서 ㉡당신도 함부로 하지 않는 거군요.

56
다음의 조건을 모두 만족하는 단어는?

- 형태가 변하지 않는다.
- 문장에서 주어, 목적어, 보어 등으로 쓰인다.
- 사람이나 사물의 이름을 나타낸다.

① 시계   ② 저곳   ③ 온갖
④ 설마   ⑤ 셋

57
〈보기〉에서 설명하는 품사가 쓰이지 <u>않은</u> 것은?

┤ 보기 ├

이 품사는 불변어이고, 체언에 속한다. 그리고 사물의 수량이나 순서를 나타낸다.

① 첫째도 조심, 둘째도 조심이다.
② 다섯에서 둘을 빼면 셋이 된다.
③ 아름이는 사과 한 개를 사 왔다.
④ 셋 중 하나는 거짓말을 하고 있다.
⑤ 둘이 먹다가 하나가 죽어도 모르게 맛있다.

58
〈보기〉의 ㉠~㉤에 대한 설명으로 적절하지 <u>않은</u> 것은?

┤ 보기 ├

선생님: 손에 들고 있는 ㉠그거 뭐니?
학생: 할아버지께서는 ㉡제 생일마다 책들을 사 주셨는데, ㉢이것도 ㉣그것 중 하나예요. 해마다 할아버지께서는 ㉤당신 손으로 직접 골라 주신답니다.

① ㉠은 대화 상황에서 눈에 보이는 대상을 가리킨다.
② ㉡은 일인칭 대명사 '저'에 '의'가 결합하여 줄어든 말이다.
③ ㉢은 학생이 들고 있는 책을 가리킨다.
④ ㉣은 할아버지께서 사 주신 책들을 가리킨다.
⑤ ㉤은 대화 상대방인 선생님을 가리킨다.

59
2016학년도 6월 고2 전국연합학력평가 12번

〈보기〉의 [가]를 바탕으로 [나]를 분석한 내용으로 적절하지 <u>않은</u> 것은?

┤ 보기 ├

[가] 품사는 단어를 '형태', '기능', '의미'를 기준으로 분류한 것이다. ㉠'형태'에 따라 불변어, 가변어로, ㉡'기능'에 따라 체언, 용언, 수식언, 관계언, 독립언으로 나뉜다. 그리고 ㉢'의미'에 따라 명사, 대명사, 수사, 동사, 형용사, 관형사, 부사, 조사, 감탄사로 나뉜다.

[나] 열에 아홉은 매우 착실한 학생이다.

① ㉠에 따라 나누면 '착실한'과 '이다'는 가변어이다.
② ㉡에 따라 나누면 '열'과 '학생'은 체언이다.
③ ㉡에 따라 나누면 '은'과 '이다'는 관계언이다.
④ ㉢에 따라 나누면 '아홉'과 '학생'은 같은 품사이다.
⑤ ㉢에 따라 나누면 '매우'와 '착실한'은 다른 품사이다.

60
〈보기〉의 ㉠에 대한 설명으로 적절한 것은?

┤ 보기 ├

요즘은 상품을 큰 ㉠묶음으로 파는 가게가 많다.

① 활용하지 않으며 사물의 이름을 나타낸다.
② 활용하고 사물의 동작이나 작용을 나타낸다.
③ 활용하지 않으며 수량이나 순서를 나타낸다.
④ 활용하지 않으며 뒤에 오는 체언을 수식한다.
⑤ 활용하지 않으며 앞말에 특수한 의미를 덧붙인다.

61
㉠~㉢ 중, 대명사만을 있는 대로 고른 것은?

㉠이 사진을 보니 ㉡너와 함께했던 ㉢그때가 그립다.

① ㉠   ② ㉡   ③ ㉢
④ ㉠, ㉡   ⑤ ㉡, ㉢

62

⊙~⑩의 품사에 대한 설명으로 적절하지 <u>않은</u> 것은?

> ⊙나는 동생과 서점에 가서 책 ⓒ두 권을 샀다. ⓒ동생은 책 대신 볼펜 ⓔ하나를 샀다. 우리는 ⑩거기에서 나와 곧바로 집에 왔다.

① ⊙은 조사와 함께 쓰이며 사람의 이름을 대신 나타낸다.
② ⓒ은 형태가 변하지 않으며 뒤에 오는 명사 '권'을 꾸며 준다.
③ ⓒ은 조사가 결합할 수 있으며 문장에서 주어 역할을 한다.
④ ⓔ은 조사와 결합하여 쓰이며 '볼펜'의 수량을 나타낸다.
⑤ ⑩은 형태가 바뀌지 않으며 '집'을 대신 나타낸다.

63

〈보기〉의 품사 분류 기준에 따라 예문의 단어를 분류해 보았다. 적용한 기준에 따른 분류로 적절한 것은?

┤ 보기 ├
□ 품사 분류 기준
• 형태에 따라: 가변어, 불변어
• 기능에 따라: 체언, 용언, 관계언, 수식언, 독립언
• 의미에 따라: 명사, 대명사, 수사, 동사, 형용사, 관형사, 부사, 감탄사, 조사
□ 예문
• 강의 깊이는 누구도 모른다.

	기준	분류 (※ ┃는 분류의 경계를 표시함.)
①	형태	깊이 ┃ 강, 의, 는, 누구, 도, 모르다
②	기능	모르다 ┃ 강, 깊이 ┃ 누구 ┃ 의 ┃ 는, 도
③	기능	모르다 ┃ 강, 깊이, 누구 ┃ 의, 는, 도
④	의미	깊이 ┃ 모르다 ┃ 강 ┃ 누구 ┃ 의, 는, 도
⑤	의미	깊이 ┃ 모르다 ┃ 강 ┃ 누구 ┃ 의 ┃ 는, 도

64

⊙~⑩에 대한 설명으로 적절하지 <u>않은</u> 것은?

> <u>무엇을</u> <u>선택하든</u> <u>그것은</u> <u>너의</u> <u>자유야</u>.
> ⊙　　　ⓒ　　　　ⓒ　　　ⓔ　　　⑩

① ⊙은 조사 '을'이 붙어 목적어로 쓰였다.
② ⓒ은 문장에서 주로 서술어의 기능을 한다.
③ ⓒ은 앞에 언급된 내용을 가리키는 말이다.
④ ⓔ은 사람의 이름을 대신하여 쓰이는 말이다.
⑤ ⑩은 문장에서 쓰일 때 형태가 바뀐다.

65 2017학년도 11월 고1 전국연합학력평가 11번

다음은 문법 수업의 내용을 정리한 학생의 노트이다. 이를 바탕으로 〈보기〉를 탐구한 내용으로 적절하지 <u>않은</u> 것은?

단어의 분류 기준 ┬ 형태 변화 여부
　　　　　　　├ 문장 안에서 수행하는 기능
　　　　　　　└ 단어가 지닌 의미

┤ 보기 ├
• 우리도 두 팔을 넓게 벌려 원 하나를 이루었다.
• 동생이 나무로 된 탁자에 그린 꽃만 희미하다.

① '도'와 '만'은 형태가 변하지 않는 단어이다.
② '이루었다'와 '그린'은 형태가 변하는 단어이다.
③ '두'와 '하나'는 문장 안에서 수식의 기능을 하는 단어이다.
④ '나무'와 '꽃'은 사물의 이름을 나타내는 단어이다.
⑤ '넓게'와 '희미하다'는 대상의 상태를 나타내는 단어이다.

8일 품사의 종류와 특성 2 - 용언

📖 함께 보기 | 필독 중학 국어 문법 63쪽으로!

개념 확인

활용
용언의 어간에 여러 어미가 번갈아 결합하는 것을 뜻함.

본용언과 보조 용언
- 본용언: 서술의 주된 의미를 나타내는 용언
- 보조 용언: 본용언의 의미를 보충하는 용언
- 예 '공원에 가고 싶다.'에서 '가고'는 본용언, '싶다'는 보조 용언임.

규칙 활용
- 어간과 어미의 형태에 변화가 없는 활용
- 예 먹다: 먹어, 먹지, …
- 'ㄹ' 탈락과 'ㅡ' 탈락은 규칙적으로 나타나기 때문에 규칙 활용에 포함됨.
- 예 놀다: 노니, 노는, …
  쓰다: 써, 써라, …

■ **용언 (쓸 用, 말씀 言)**
- **형태:** 문장에서 쓰일 때 형태가 바뀜. = 활용
  - ┌ 어간: 용언이 문장에서 쓰일 때 변하지 않는 부분 (말씀 語, 줄기 幹)
  - └ 어미: 어간 뒤에 붙어서 변하는 부분 (말씀 語, 꼬리 尾)
  - 예 '먹다, 먹고, 먹지, …'에서 '먹-'이 어간, '-다, -고, -지' 등이 어미
- **기능:** 문장에서 주로 서술어의 역할을 함.
- **의미**

동사	사물의 동작이나 작용을 나타내는 품사 (움직일 動, 단어 詞) ┌ 자동사: 목적어가 필요 없음. 예 영수가 집에 가다. └ 타동사: 목적어가 필요함. 예 영수가 밥을 먹다.
형용사	사물의 성질이나 상태를 나타내는 품사 (형상 形, 꾸밀 容, 단어 詞) ┌ 성상 형용사: 성질이나 상태를 나타냄. 예 빠르다, 곱다 └ 지시 형용사: 성질이나 상태를 지시함. 예 이러하다, 그렇다

※ 용언의 불규칙 활용
용언이 활용할 때 어간 또는 어미의 모습이 달라짐.

어간 변화	'ㅅ' 불규칙	'ㅅ' 탈락 예 짓- + -어 → 지어
	'ㄷ' 불규칙	'ㄷ'이 'ㄹ'로 교체 예 묻- + -어 → 물어
	'ㅂ' 불규칙	'ㅂ'이 '오/우'로 교체 예 줍- + -어 → 주워
	'르' 불규칙	'르'가 'ㄹㄹ'로 교체 예 흐르- + -어 → 흘러
	'우' 불규칙	'우' 탈락 예 푸- + -어 → 퍼
어미 변화	'여' 불규칙	'-아/-어'가 '-여'로 교체 예 하- + -어 → 하여
	'러' 불규칙	'-어'가 '-러'로 교체 예 푸르- + -어 → 푸르러
어간+어미 변화	'ㅎ' 불규칙	'ㅎ' 탈락, '-어/-아'가 '-애'로 교체 예 파랗- + -아 → 파래

아하~ 함·정·넘·기

❶ 동사와 형용사의 구별 … 이런 방법이?
동사와 형용사를 구분할 때는 진행의 의미를 지닌 '-는 중이다'나 현재 시제를 나타내는 '-ㄴ/-는다'를 붙여 보세요. '가는 중이다', '간다'는 가능하므로 '가다'는 동사입니다. '아름답는 중이다', '아름답는다'는 불가능하므로 '아름답다'는 형용사입니다.

❷ '행복하자', '건강하세요'가 틀린 표현이라고?
'행복하다'와 '건강하다'는 형용사입니다. 형용사는 동사와 달리 청유형 어미 '-자'나 '-ㅂ시다', 명령형 어미 '-어라'나 '-어요'와 결합할 수 없습니다. 따라서 '행복하자'나 '행복합시다', '행복해라'나 '행복하세요' 등은 틀린 표현입니다. 이를 바르게 고치면 '행복하게 살자', '건강하게 지내세요'입니다.

[1~5] 다음 설명이 맞으면 ○표, 틀리면 ×표 하시오.

1 모든 용언은 문장에서 쓰일 때 형태가 변한다.
...... (　　　)

2 용언은 문장에서 주로 다른 단어들을 꾸며 주는 역할을 한다.
...... (　　　)

3 용언에 해당하는 품사는 동사와 형용사 2개뿐이다.
...... (　　　)

4 동사와 형용사는 문장에서 서술어로만 쓰인다.
...... (　　　)

5 용언의 형태가 바뀔 때 변하는 부분을 어간이라고 한다.
...... (　　　)

[6~9] 초성을 참고하여 빈칸에 들어갈 적절한 말을 쓰시오.

6 용언의 어간에 여러 어미가 번갈아 결합하는 것을 ㅎㅇ 이라고 한다.

7 사물의 동작이나 작용을 나타내는 단어를 ㄷㅅ 라고 한다.

8 사물의 상태나 성질을 나타내는 단어를 ㅎㅇㅅ 라고 한다.

9 본용언 뒤에 쓰여서 본용언의 의미를 보충하는 용언을 ㅂㅈ 용언이라고 한다.

[10~15] 다음 단어의 어간을 찾아 쓰시오.

10 살다, 살고, 살며, ... ⇒ 어간 (　　　)

11 던지다, 던지고, 던지며, ... ⇒ 어간 (　　　)

12 흔들다, 흔들고, 흔들며, ... ⇒ 어간 (　　　)

13 크다, 크고, 크며, ... ⇒ 어간 (　　　)

14 착하다, 착하고, 착하며, ... ⇒ 어간 (　　　)

15 예쁘다, 예쁘고, 예쁘며, ... ⇒ 어간 (　　　)

[16~22] 밑줄 친 단어가 동사에 해당하면 '동', 형용사에 해당하면 '형'이라고 쓰시오.

16 친구는 밝게 <u>웃었다</u>. ...... (　　　)

17 물이 무척 <u>맑구나</u>. ...... (　　　)

18 공원에서 쓰레기를 <u>주웠다</u>. ...... (　　　)

19 지난겨울은 유난히 <u>추웠다</u>. ...... (　　　)

20 그는 <u>성실한</u> 사람이다. ...... (　　　)

21 <u>떠오르는</u> 태양을 바라보고 있다. ...... (　　　)

22 떡볶이가 <u>매워서</u> 많이 못 먹었어. ...... (　　　)

[23~26] 다음 단어의 품사를 찾아 바르게 연결하시오.

23 (물을) 마시다 •　　　• ㉠ 자동사

24 아름답다 •　　　• ㉡ 타동사

25 이러하다 •　　　• ㉢ 성상 형용사

26 (꽃이) 피다 •　　　• ㉣ 지시 형용사

[27~30] 용언의 불규칙 활용과 그 예를 바르게 연결하시오.

27 'ㅅ' 불규칙 •　　• ㉠ 이르- + -어 → 이르러

28 'ㄷ' 불규칙 •　　• ㉡ 낫- + -아 → 나아

29 '러' 불규칙 •　　• ㉢ 까맣- + -아 → 까매

30 'ㅎ' 불규칙 •　　• ㉣ 듣- + -어 → 들어

31
㉠~㉢에 들어갈 말이 바르게 짝지어진 것은?

> 용언은 문장에서 주로 (㉠)의 기능을 하는 단어를 뜻한다. 그중에서 사물의 동작이나 작용을 나타내는 품사를 (㉡), 사물의 성질이나 상태를 나타내는 품사를 (㉢)라고 한다.

	㉠	㉡	㉢
①	주어	동사	형용사
②	주어	형용사	동사
③	서술어	동사	형용사
④	서술어	형용사	동사
⑤	목적어	동사	형용사

32
㉠~㉤ 중, 문장에서 쓰일 때 형태가 바뀌는 것은?

> 내 친구는 무척 성실한 학생이다.
> ㉠　㉡　　㉢　　㉣　　㉤

① ㉠　　　　② ㉡　　　　③ ㉢
④ ㉣　　　　⑤ ㉤

33
밑줄 친 단어의 품사가 나머지와 다른 것은?

① 아침 일찍 아버지와 뒷산에 올랐다.
② 흐르는 강물에 발을 담그니 참 시원하다.
③ 그는 나를 보자 환하게 웃으면서 인사했다.
④ 정말 좋은 것은 너와 함께 있다는 사실이다.
⑤ 오늘따라 전학 간 친구가 무척이나 그립구나.

34
사물의 동작이나 작용을 나타내는 단어는?

① 지혜롭다　　　　② 느긋하다
③ 좋아하다　　　　④ 잔잔하다
⑤ 나지막하다

35 신유형
〈보기〉의 밑줄 친 단어에 대해 탐구한 내용으로 가장 적절한 것은?

> ── 보기 ──
> ㉠ 건호는 결승선을 향해 힘껏 뛰었다.
> ㉡ 운동장에서 뛰는 학생은 누구야?
> ㉢ 포기하지 말고 우리 함께 뛰자.

① 문장에서 독립적으로 쓰이는군.
② 문장에서 주로 목적어로 쓰이는군.
③ 사람의 상태나 성질을 나타내는군.
④ 문장에서 쓰일 때 형태가 변화하는군.
⑤ 주된 기능은 뒷말을 꾸며 주는 것이군.

36
빈칸에 들어갈 단어의 성질로 적절한 것은?

> 그녀는 무척 ( ).

① 다른 말을 꾸며 준다.
② 사물의 이름을 대신 나타낸다.
③ 항상 다른 말 뒤에 붙어 쓰인다.
④ 문장에서 쓰일 때 형태가 변한다.
⑤ 문장에서 독립적으로 쓰일 수 있다.

37
다음 단어들의 공통점으로 적절한 것은?

> 높다　　기쁘다　　상쾌하다　　따분하다

① 사물의 성질이나 상태를 나타낸다.
② 사람, 사물, 장소 등을 대신 나타낸다.
③ 문장에서 쓰일 때 형태가 변하지 않는다.
④ 문장에서 주로 용언을 꾸며 주는 역할을 한다.
⑤ 문장에서 독립적으로 쓰이고 다른 말과의 관련이 적다.

38
밑줄 친 단어와 같은 품사가 쓰인 것은?

> 나뭇잎이 살랑살랑 춤을 <u>춘다</u>.

① 장미가 참 아름답다.
② 산은 높고 강은 길다.
③ 네 피부는 참 곱구나.
④ 함박눈이 펄펄 내린다.
⑤ 우리는 이 학교의 학생이다.

39
밑줄 친 단어의 품사로 적절하지 않은 것은?

① <u>달면</u> 삼키고 쓰면 뱉는다. … 동사
② 까마귀 날자 배 <u>떨어진다</u>. … 동사
③ 닭 <u>쫓던</u> 개 지붕 쳐다본다. … 형용사
④ 하룻강아지 범 <u>무서운</u> 줄 모른다. … 형용사
⑤ 가지 <u>많은</u> 나무에 바람 잘 날이 없다. … 형용사

40 신유형
〈보기〉를 참고하여, ㉠~㉤의 기본형을 파악한 것으로 적절하지 않은 것은?

┤ 보기 ├
활용하는 단어에서 활용형의 기본이 되는 형태를 기본형이라고 한다. 국어에서는 어간에 어미 '-다'를 붙인다.

> 엄마가 섬 그늘에 굴 ㉠따러 가면 아가가 혼자 ㉡남아 집을 보다가 바다가 ㉢불러 주는 자장노래에 팔 ㉣베고 스르르 잠이 ㉤듭니다.

① ㉠: 따다   ② ㉡: 남다   ③ ㉢: 불다
④ ㉣: 베다   ⑤ ㉤: 들다

41
〈보기〉의 ㉠과 ㉡에 들어갈 품사를 각각 쓰시오.

┤ 보기 ├
있다 [읻따]
① 「 ㉠ 」 사람이나 동물이 어느 곳에서 떠나거나 벗어나지 아니하고 머물다.
② 「 ㉡ 」 사람, 동물, 물체 따위가 실제로 존재하는 상태이다.

• ㉠: _____   • ㉡: _____

42 신유형
밑줄 친 단어 중 〈보기〉의 내용을 모두 충족하는 것은?

┤ 보기 ├
• 형태: 문장에서 쓰일 때 형태가 바뀜.
• 기능: 문장에서 주로 서술어로 쓰임.
• 의미: 사물의 동작이나 작용을 나타냄.

① 우리의 소원은 <u>통일</u>이다.
② 모든 사람은 행복하길 <u>바란다</u>.
③ 이 근처에서는 이 산이 가장 <u>높아</u>.
④ 털실이 머리카락보다 더 <u>가늘구나</u>.
⑤ 밤인데도 조명 때문에 낮처럼 <u>밝아</u>.

43
〈보기〉를 참고할 때, 어간과 어미로 나눈 것으로 적절하지 않은 것은?

┤ 보기 ├
용언이 활용할 때, 변하지 않는 부분을 어간이라고 하고 변하는 부분을 어미라고 한다. 예를 들어, '가고, 가며, 가오, ……'에서 변하지 않는 부분인 '가-'가 어간, 변하는 부분인 '-고', '-며', '-오'가 어미에 해당한다.

① 잡으니: 잡- + -으니
② 높아서: 높- + -아서
③ 아름답지: 아름- + -답지
④ 푸르구나: 푸르- + -구나
⑤ 달립시다: 달리- + -ㅂ시다

44

〈보기〉의 단어와 같이 밑줄 친 말과 자연스럽게 결합할 수 있는 단어는?

┤ 보기 ├
잡다 ⇒ 강에서 고기를 잡자.
　　　 강에서 고기를 잡아라.
　　　 강에서 고기를 잡는 중이다.

① 슬프다　　　　　　② 아름답다
③ 부끄럽다　　　　　④ 달아나다
⑤ 자랑스럽다

45

〈보기〉의 ㉮에 들어갈 말로 적절하지 않은 것은?

┤ 보기 ├
• 고기를 저울에 달다.
• 사과가 무척 달다.

　'달다'가 동사인지 형용사인지 구분하기 위해서는 (㉮)를 붙여 본다.

① 청유형 종결 어미 '-자'
② 명령형 종결 어미 '-아라'
③ 의도를 나타내는 '-려 한다'
④ 진행을 나타내는 '-고 있다'
⑤ 과거 시제를 나타내는 '-았다'

46 〔신유형〕

㉠에 들어갈 단어로 가장 적절한 것은?

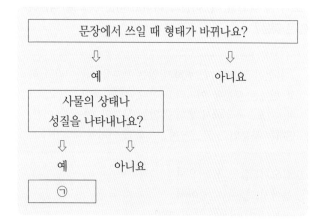

① 선물　　　　② 열넷　　　　③ 이다
④ 반갑다　　　⑤ 축하하다

47

〈보기〉의 특성을 가진 단어가 쓰인 것은?

┤ 보기 ├
• 문장에서 주로 서술어로 쓰인다.
• 쓰임에 따라 형태가 변한다.
• 사물의 성질이나 상태를 나타낸다.

① 내 동생은 자전거를 잘 탄다.
② 초등학교 때 친구들이 그립다.
③ 산이 온통 초록으로 물들었다.
④ 한여름에 먹는 수박 맛은 최고다.
⑤ 헌 옷은 버리지 말고 모아 두거라.

48

밑줄 친 부분이 보조 용언에 해당하는 것은?

① 손을 살짝 잡았다가 놓았다.
② 약속 시간에 늦어서 혼났다.
③ 피곤해서 눈이 자꾸만 감긴다.
④ 동생이 과자를 다 먹어 버렸다.
⑤ 이번 주말에는 마음껏 놀고 싶어.

49 〔서술형 ✏〕

다음은 '젊다'와 '늙다'의 품사를 탐구한 것이다. ㉠~㉢에 적절한 내용을 각각 쓰시오.

자료	• 젊다: 나이가 한창때에 있다. • 늙다: 사람이나 동물, 식물 따위가 나이를 많이 먹다.
의문	'젊다'와 '늙다'는 동사일까, 형용사일까?
결과	'젊다'는 (㉠), '늙다'는 (㉡)이다. 각 어간에 진행을 나타내는 말인 (㉢)을/를 결합하면 '젊다'는 어색하지만, '늙다'는 자연스럽기 때문이다.

50

밑줄 친 단어의 품사를 파악한 것으로 적절하지 않은 것은?

① 시간이 빠르게 흘러간다. … 동사

② 야, 너 거기서 잠깐 기다려. … 동사

③ 동생은 아직 자전거를 못 탄다. … 동사

④ 오늘은 공기가 무척 깨끗하구나. … 형용사

⑤ 나는 아무것도 두려울 것이 없어. … 형용사

51

㉠~㉤ 중, 용언에 해당하지 않는 것은?

어려운 이웃을 도우며 보람을 찾는 이도 있다.
㉠   ㉡   ㉢   ㉣   ㉤

① ㉠   ② ㉡   ③ ㉢

④ ㉣   ⑤ ㉤

52 고난도

〈보기〉의 ㉠~㉣의 예로 적절하지 않은 것은?

┤ 보기 ├

용언의 활용은 용언이 문장 속에서 그 기능에 따라 형태를 달리하는 것을 말한다. 어간과 어미의 형태가 변하지 않거나 형태가 변하더라도 'ㄹ' 탈락이나 '으' 탈락과 같이 보편적 음운 규칙으로 설명할 수 있는 것을 ㉠규칙 활용이라고 한다. 그리고 어간이나 어미의 기본 형태가 변할뿐더러 그 현상을 일정한 규칙으로 설명할 수 없는 것을 불규칙 활용이라고 한다. 불규칙 활용을 하는 용언에는 ㉡어간이 바뀌는 것, ㉢어미가 바뀌는 것, ㉣어간과 어미 모두가 바뀌는 것이 있다.

① ㉠: 놀다   ② ㉡: 낫다

③ ㉡: 낳다   ④ ㉢: 푸르다

⑤ ㉣: 하얗다

53 고난도

〈보기〉를 참고할 때, 어간과 어미를 구분한 것으로 적절하지 않은 것은?

┤ 보기 ├

용언이 활용할 때 불규칙적으로 어간이나 어미의 형태가 바뀔 수 있다. 이런 경우 어간과 어미를 바르게 구분하기 위해서는 단어의 기본형을 떠올리면 된다. 기본형은 어간에 어미 '-다'가 결합한 형태를 말한다. 예를 들어, '놀고, 놀며, 노니, 노는, …'의 기본형은 어간 '놀-'과 어미 '-다'가 결합한 '놀다'이다. 따라서 '노니'는 '놀- + -니'로 구분할 수 있다.

① (답을) 물어: 묻- + -어

② (감기가) 나아: 낫- + -아

③ (상추를) 길러: 기르- + -어

④ (만나서) 반가워: 반가- + -워

⑤ (얼굴이) 까매서: 까맣- + -아서

54

용언의 활용이 적절하지 않은 것은?

① (날씨가) 덥- + -어 → 더워

② (편을) 가르- + -아 → 갈라

③ (하늘을) 날- + -는 → 날으는

④ (창문을) 잠그- + -아 → 잠가

⑤ (번호를) 기억하- + -아 → 기억하여

55 서술형 🖋

〈보기 1〉을 참고하여, 〈보기 2〉에서 부적절한 표현을 찾아 바르게 고쳐 쓰시오.

┤ 보기 1 ├

치르다 「동사」

활용: 치러[치러], 치르니[치르니]

【…을】 무슨 일을 겪어 내다.

┤ 보기 2 ├

시험을 잘 치를 수 있을까 걱정했는데, 네가 잘 치뤘다고 하니 기쁘구나.

56

밑줄 친 단어 중, 품사가 나머지와 다른 것은?

① 이 시계는 5분 정도 빠르다.
② 그는 약속 시간에 항상 늦는다.
③ 텅 빈 방 안이 고요하고 쓸쓸하다.
④ 푸른 하늘을 보면 마음이 편안해진다.
⑤ 너무 놀았더니 이제 노는 것이 지겹다.

57

〈보기〉의 조건을 모두 만족하는 단어는?

┤ 보기 ├
• 문장에서 쓰일 때 형태가 변한다.
• 사물의 성질이나 상태를 나타낸다.

① 돕다
② 예의
③ 어렵다
④ 설레다
⑤ 넘치다

58 2021학년도 대학수학능력시험 13번

ⓐ~ⓔ는 잘못된 표기를 바르게 고친 것이다. 고치는 과정에서 해당 단어에 적용된 용언 활용의 예로 적절하지 않은 것은?

'국물 떡볶이' 만드는 법
• 떡을 물에 (담궈) 둔다. → ⓐ담가
• 멸치를 물에 넣고 끓인 다음 체에 (거러서) 육수를 준비한다. → ⓑ걸러서
• 육수에 고추장, (갈은) 마늘, 불린 떡, 어묵을 넣는다. → ⓒ간
• (하앴던) 떡이 빨갛게 될 때까지 잘 (젓어) 익힌다. → ⓓ하얬던 → ⓔ저어

① ⓐ: 예쁘− + −어도 → 예뻐도
② ⓑ: 푸르− + −어 → 푸르러
③ ⓒ: 살− + −니 → 사니
④ ⓓ: 동그랗− + −아 → 동그래
⑤ ⓔ: 긋− + −은 → 그은

59

㉠~㉢에 쓰인 어미에 대한 설명으로 적절하지 않은 것은?

㉠ 준우가 그 빵을 먹었구나!
㉡ 어제 내가 산 빵 말이지?
㉢ 설마 준우가 그걸 다 먹었겠니?

① ㉠과 ㉢에는 모두 과거 시제를 나타내는 어미 '−었−'이 쓰였다.
② ㉡의 '산'에는 현재 시제를 나타내는 어미 '−ㄴ'이 쓰였다.
③ ㉢에는 추측의 의미를 나타내는 어미 '−겠−'이 쓰였다.
④ ㉠에는 어간 뒤에 세 개의 각각 다른 어미가 쓰였다.
⑤ ㉡과 ㉢에는 각각 의문을 나타내는 어미 '−지'와 '−니'가 쓰였다.

60

㉠과 ㉡의 예가 바르게 짝지어진 것은?

┤ 보기 ├
용언이 활용할 때, 어간과 어미의 형태가 변하지 않거나 일정한 규칙으로 설명할 수 있는 것을 ㉠규칙 활용이라고 한다. 이와 달리 어간이나 어미의 기본 형태가 변하는 현상을 일정한 규칙으로 설명할 수 없는 것을 ㉡불규칙 활용이라고 한다.

	㉠	㉡		㉠	㉡
①	돌다	놀다	②	듣다	얻다
③	줍다	잡다	④	솟다	짓다
⑤	파랗다	노랗다			

61

다음과 같이 활용하는 단어가 아닌 것은?

춥− + −어 → 추워

① 밉다
② 쉽다
③ 뒤집다
④ 그립다
⑤ 향기롭다

62 2021학년도 6월 고1 전국연합학력평가 14번

〈보기〉를 바탕으로 ㉠~㉤을 이해한 내용으로 적절하지 않은 것은?

┤ 보기 ├

'동사'는 동작이나 작용을 나타내는 단어이고, '형용사'는 성질이나 상태를 나타내는 단어이다. 동사와 형용사는 활용하는 양상이 다른데, 일반적으로 동사 어간에는 현재 시제 선어말 어미 '-ㄴ-/-는-', 현재 시제의 관형사형 어미 '-는', 명령형 어미 '-아라/-어라', 청유형 어미 '-자' 등이 붙지만, 형용사 어간에는 붙지 않는다.

㉠ 지훈이가 야구공을 멀리 던졌다.
㉡ 해가 떠오르며 점차 날이 밝는다.
㉢ 그 친구는 아는 게 참 많다.
㉣ 날씨가 더우니 하복을 입어라.
㉤ *올해도 우리 모두 건강하자.

※ '*'는 비문법적인 문장임을 나타냄.

① ㉠의 '던졌다'는 대상의 동작을 나타내므로 동사이다.
② ㉡의 '밝는다'는 대상의 상태를 나타내므로 형용사이다.
③ ㉢의 '아는'은 현재 시제의 관형사형 어미 '-는'이 결합하였으므로 동사이다.
④ ㉣의 '입어라'는 명령형 어미 '-어라'가 결합하였으므로 동사이다.
⑤ ㉤의 '건강하자'의 기본형 '건강하다'는 청유형 어미 '-자'가 결합할 수 없으므로 형용사이다.

63

〈보기〉의 ㉠과 품사가 같은 것은?

┤ 보기 ├

벌써 새벽이 ㉠밝아 온다.

① 흥겨운 노랫소리가 들렸다.
② 비에 젖은 옷이 다 말랐다.
③ 그는 마음이 넓은 사람이다.
④ 너무 놀라워 입을 열지 못했다.
⑤ 이제부터는 행복하게 살고 싶다.

64

〈보기〉는 동사와 형용사를 구별하기 위한 표이다. ㉠과 ㉡에 들어갈 단어가 모두 적절하게 묶인 것은?

┤ 보기 ├

구분 단어	-ㄴ다/-는다 (현재형 어미)	-아라/-어라 (명령형 어미)	-자 (청유형 어미)
㉠	○	○	○
㉡	×	×	×

○ 어미 결합 가능, × 어미 결합 불가능

	㉠	㉡		㉠	㉡
①	붉다	읽다	②	넘다	남다
③	좋다	놓다	④	알다	모르다
⑤	마시다	마렵다			

65 2018학년도 6월 고1 전국연합학력평가 13번

〈보기〉는 '용언의 활용'에 대한 설명이다. ㉠의 예로 적절하지 않은 것은?

┤ 보기 ├

용언이 활용할 때 어간이나 어미의 기본 형태가 바뀌지 않거나 바뀌어도 일반적인 음운 규칙으로 설명할 수 있는 경우를 '규칙 활용'이라고 한다. 반면, 어간이나 어미의 기본 형태가 바뀌는 것을 일반적인 음운 규칙으로 설명할 수 없는 경우를 ㉠'불규칙 활용'이라고 한다.

(가) 그녀가 모자를 벗는다.
　　그녀가 모자를 벗으며 방으로 들어간다.
(나) 그는 시골에 집을 짓고 있다.
　　그는 시골에 집을 지으며 행복해했다.

(가)는 어간 '벗-' 뒤에 어미 '-으며'가 붙었을 때 어간의 형태가 바뀌지 않는 규칙 활용을 하는 반면, (나)는 어간 '짓-' 뒤에 어미 '-으며'가 붙었을 때 어간의 형태가 '지-'로 바뀌는 불규칙 활용을 한다.

① 그는 우물에서 물을 퍼 먹었다.
② 그는 형의 말을 비밀로 묻어 두었다.
③ 그녀는 음악을 들으면서 공부를 한다.
④ 그녀는 어머니를 도와 집안일을 하였다.
⑤ 그녀는 옥상에 올라 하늘을 바라보았다.

9일 품사의 종류와 특성 3 – 수식언

개념 확인

📖 함께 보기 | 필독 중학 국어 문법 71쪽으로!

수식(꾸밀 修, 꾸밀 飾)
'수식'은 '겉모양을 꾸밈.'을 뜻하는 말임. 문법에서는 체언과 용언 등에 말을 덧붙여 뜻을 더욱 분명하게 하는 일을 뜻함.

성상(성질 性, 상태 狀)
사물의 성질과 상태를 아울러 이르는 말
(성상 = 성질과 상태)

수 관형사와 수사 구분
• 수 관형사 뒤에는 조사가 붙을 수 없고 곧바로 체언이 이어짐.
• 수사 뒤에는 조사가 붙을 수 있음.
예 열 사람 – 수 관형사
  열을 세다 – 수사

양태(모양 樣, 모양 態)
'사물이 존재하는 모양이나 형편.'을 뜻하며, 문법에서는 '말하는 이의 주관적 태도를 나타내는 범주.'를 뜻함.

■ **수식언**(꾸밀 修, 꾸밀 飾, 말씀 言)
• **형태:** 문장에서 쓰일 때 형태가 변하지 않음.
• **기능:** 문장에서 다른 단어들을 수식하는 역할을 함.
• **의미**

관형사	• 체언 앞에 놓여서 체언을 꾸며 주는 단어 • 조사나 어미와 결합하지 않음. • 관형사의 종류 ─ 성상 관형사: 사물의 성질이나 상태를 나타내는 관형사 예 새, 헌 ─ 지시 관형사: 특정한 대상을 지시하여 가리키는 관형사 예 이, 어느 ─ 수 관형사: 사물의 수와 양을 나타내는 관형사 예 한, 두, 세
부사	• 용언이나 다른 부사, 관형사, 문장 전체를 꾸며 주는 단어 • 문장 내에서 위치가 비교적 자유로움. • 보조사가 결합하기도 함. 예 빨리도 왔다. / 잘만 먹네. • 부사의 종류

	성분 부사	• 문장의 한 성분만 수식하는 부사 • 성분 부사의 종류 ─ 성상 부사: '어떻게'의 방식으로 수식하는 부사 예 너무, 껄껄 ─ 지시 부사: 방향, 거리, 시간 등을 지시하는 부사 예 이리, 내일 ─ 부정 부사: 용언의 의미를 부정하는 부사 예 안(아니), 못
	문장 부사	• 문장 전체를 수식하는 부사 • 문장 부사의 종류 ─ 양태 부사: 화자의 마음이나 태도를 표시하는 부사 예 설마, 과연 ─ 접속 부사: 단어와 단어, 문장과 문장을 연결해 주는 부사 예 그리고, 그러나, 혹은

아하~ 함·정·넘·기

❶ '그는'의 '그'는 대명사, '그 사람'의 '그'는 관형사!
'그는 그 일을 해내고야 말았다.'에서 '그는'처럼 조사를 붙일 수 있다면 체언인 대명사이고, '그 사람'처럼 조사를 붙일 수 없다면 관형사입니다. 관형사에는 절대 조사를 붙일 수 없습니다.

❷ '다섯'은 수사일까, 관형사일까?
'하나, 둘, 셋, 넷, 다섯, 여섯, …'은 수사이고, '한, 두, 세, 네, 다섯, 여섯, …'은 관형사입니다. 이처럼 '다섯, 여섯'은 수사와 관형사의 형태가 같습니다. 따라서 문장 속에서 쓰임이나 의미를 고려해 품사를 파악해야 합니다. '다섯 아이가'처럼 체언을 꾸며 주면 '관형사', '아이 다섯이'처럼 뒤에 조사가 결합하면 '수사'입니다.

[1~5] 다음 설명이 맞으면 ○표, 틀리면 ×표 하시오.

1 수식언에 해당하는 품사에는 관형사와 부사가 있다.
······ (   )

2 수식언은 문장에서 쓰일 때 형태가 바뀌지 않는다.
······ (   )

3 수식언은 문장에서 다른 단어들을 꾸며 주는 역할을 한다. ······ (   )

4 관형사는 조사나 어미와 자유롭게 결합할 수 있다.
······ (   )

5 부사는 문장에서 용언만 꾸며 주는 역할을 한다.
······ (   )

[6~12] 다음 문장에서 관형사를 찾아 동그라미를 치시오.

6 서점에서 책 두 권을 샀다.

7 그는 어느 쪽으로 뛰어갔나요?

8 우리는 새 기분으로 일을 시작했다.

9 그 마음 절대 변하지 않았으면 해.

10 교실에는 한 명만 남아 있었다.

11 네가 찾던 사람이 저 사람이니?

12 부모는 자식을 위해 온갖 정성을 기울인다.

[13~15] 밑줄 친 단어가 관형사이면 '관', 수사이면 '수'라고 쓰시오.

13 내가 열을 셀 때까지 답을 맞혀야 해.
(   )

14 그곳에 모인 사람은 모두 열 명이다.
(   )

15 책상 여섯이 필요한데, 세 개밖에 없어.
(   )   (   )

[16~20] 다음 관형사를 관형사의 종류와 바르게 연결하시오.

16 저 (학생)•   ㉠ 성상 관형사

17 무슨 (일)•

18 외딴 (섬)•   ㉡ 지시 관형사

19 네 (사람)•

20 헌 (옷) •   ㉢ 수 관형사

[21~25] 다음 부사를 부사의 종류와 바르게 연결하시오.

21 그러나, 또한   •   ㉠ 성상 부사

22 제발, 설마   •   ㉡ 지시 부사

23 못, 안   •   ㉢ 부정 부사

24 그리, 아까   •   ㉣ 양태 부사

25 자주, 빙글빙글 •   ㉤ 접속 부사

[26~30] 빈칸에 들어갈 적절한 부사를 〈보기〉에서 찾아 쓰시오.

┤ 보기 ├
• 설마   • 빨리   • 이리
• 그러나   • 못

26 (   ) 바쁘니 어떻게 하면 좋아?

27 너무 배가 불러서 (   ) 먹었어요.

28 늦었으니 (   ) 일어나라.

29 (   ) 그것이 사실일 리가 없겠지?

30 아이가 넘어졌다. (   ) 울지 않았다.

31
수식언에 해당하는 품사만으로 묶인 것은?

① 부사, 조사
② 부사, 관형사
③ 관형사, 부사, 조사
④ 조사, 감탄사, 부사
⑤ 동사, 형용사, 관형사

32
관형사에 대한 설명으로 적절하지 <u>않은</u> 것은?

① 문장에서 체언 앞에 놓인다.
② 특정한 대상을 가리키는 구실도 한다.
③ 뒤에 조사가 자유롭게 결합할 수 있다.
④ 문장에서 쓰일 때 형태가 변하지 않는다.
⑤ 문장에서 다른 말을 꾸며 주는 역할을 한다.

33
밑줄 친 단어가 관형사에 해당하는 것은?

① <u>너의</u> 친구가 누구냐?
② <u>맑은</u> 물이 졸졸 흐른다.
③ 가을이 <u>가고</u> 겨울이 온다.
④ <u>높은</u> 하늘에 구름이 많다.
⑤ 나는 <u>모든</u> 사람을 사랑한다.

34 고난도
〈보기〉를 참고할 때, 밑줄 친 단어가 수식언에 해당하지 <u>않</u> <u>는</u> 것은?

┤ 보기 ├

　　수식언은 형태가 변하지 않으며, 뒤에 오는 말을 수식 하거나 한정하기 위하여 덧붙이는 단어를 뜻한다.

① <u>저</u> 가방이 마음에 꼭 든다.
② 어둠은 빛을 <u>절대</u> 이길 수 없어.
③ 강아지 목줄을 <u>꼭</u> 붙잡고 있어라.
④ 아직 <u>두</u> 사람이 도착하지 않았다.
⑤ 그는 마침내 <u>위대한</u> 배우가 되었다.

35 신유형
㉠에 들어갈 단어로 가장 적절한 것은?

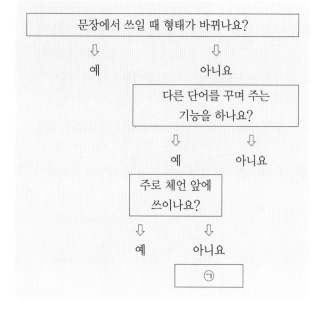

① 온갖
② 홀로
③ 까지
④ 무슨
⑤ 밖에

36
밑줄 친 단어의 품사가 나머지와 다른 것은?

① <u>제발</u> 비가 왔으면 좋겠다.
② 이번 모임에 <u>부디</u> 참석해 주세요.
③ 그가 <u>어느</u> 쪽으로 갔는지 말해다오.
④ 내게 있는 것은 <u>다만</u> 동전 한 닢뿐이다.
⑤ 교통수단이라고는 <u>오로지</u> 나룻배뿐이었다.

37
㉠~㉤ 중, 수식언에 해당하는 것은?

<u>그의</u> <u>이름</u>은 <u>역사</u>에 <u>영원히</u> <u>기록</u>될 것이다.
　㉠　㉡　　㉢　　㉣　　㉤

① ㉠
② ㉡
③ ㉢
④ ㉣
⑤ ㉤

38

밑줄 친 단어들의 공통점으로 적절한 것은?

- 새 우산을 쓰고 학교에 갔다.
- 내일은 일찍 일어나자
- 저 가방은 무척 비싸다.

① 뒤에 오는 단어를 꾸며 준다.
② 문장에서 꼭 필요한 성분이다.
③ 다른 단어를 대신해서 사용된다.
④ 문장에서 쓰일 때 형태가 변한다.
⑤ 앞말에 특별한 의미를 더해 준다.

39

밑줄 친 단어와 같은 품사가 쓰인 것은?

아들이 무사하다는 소식이 전해지자 비로소 어머니의 굳은 얼굴이 환해졌다.

① 그 일은 힘이 세 배나 들었다.
② 피아노의 아름다운 선율이 들려왔다.
③ 아이는 날아오는 공을 재빨리 피했다.
④ 그는 어려운 문제를 간단하게 해결했다.
⑤ 길이 막혀서 약속 장소에 늦게 도착했다.

40 고난도

〈보기〉의 ㉠에 들어갈 내용으로 적절한 것은?

┤ 보기 ├

분류 기준: (㉠)	
예	아니요
한 두 세	하나 둘 셋

① 사물의 수량을 나타내는가?
② 문장에서 쓰일 때 형태가 바뀌는가?
③ 다른 단어를 꾸며 주는 기능을 하는가?
④ 문장에서 주로 서술어의 기능을 하는가?
⑤ 다른 단어와 무관하게 독립적으로 쓰이는가?

41

밑줄 친 단어 중, 〈보기〉의 조건을 모두 만족하는 것은?

┤ 보기 ├

- 조건 1: 문장에 쓰일 때 형태가 변하지 않는다.
- 조건 2: 문장에서 체언을 꾸며 준다.

① 벚꽃이 매우 화려하게 피었다.
② 동생에게 예쁜 인형을 선물했다.
③ 따분한 이야기는 그만 듣고 싶어.
④ 병 속에는 여러 개의 구슬이 들어 있다.
⑤ 나는 잠자코 그녀의 말에 귀를 기울였다.

42

㉠과 ㉡의 공통점으로 가장 적절한 것은?

동짓달 기나긴 밤을 한허리를 베어 내어
춘풍 이불 아래 ㉠서리서리 넣었다가
정든 임 오신 날 밤이거든 ㉡굽이굽이 펴리라

① 문장 전체를 꾸며 주는 기능을 한다.
② 사물의 수량을 짐작할 수 있게 한다.
③ 다른 말의 꾸밈을 받아야 쓰일 수 있다.
④ 작품의 주제를 직접적으로 드러내 준다.
⑤ 뒤에 오는 용언의 뜻을 보다 섬세하게 꾸며 준다.

43

빈칸에 들어갈 말로 적절하지 않은 것은?

야, 너 오늘 ( ) 멋지구나!

① 꽤   ② 매우
③ 정말   ④ 어떤
⑤ 굉장히

44
부사에 대한 설명으로 적절하지 <u>않은</u> 것은?

① 형태가 변하지 않는다.
② 홀로 독립적으로 쓸 수 없다.
③ 문장 전체를 수식하기도 한다.
④ 뒤에 보조사가 결합하기도 한다.
⑤ 문장 내에서 위치가 비교적 자유롭다.

45
〈보기〉의 ㉠, ㉡에 대한 설명으로 적절한 것은?

┤ 보기 ├
　㉠살며시 불어오는 바람에 버드나무 가지가 ㉡산들산들 흔들리기 시작했다.

① ㉠: '불어오는'을 꾸며 주는 관형사이다.
② ㉠: '바람'을 꾸며 주는 부사이다.
③ ㉠: 문장 전체를 꾸며 주는 부사이다.
④ ㉡: '흔들리기'를 꾸며 주는 부사이다.
⑤ ㉡: '시작했다'를 꾸며 주는 부사이다.

46
㉠~㉤이 꾸며 주는 말로 적절하지 <u>않은</u> 것은?

　㉠그런 말을 ㉡아무 곳에서나 ㉢함부로 하면 ㉣절대 ㉤안 돼.

① ㉠: 말
② ㉡: 곳
③ ㉢: 하면
④ ㉣: 안
⑤ ㉤: 돼

47
밑줄 친 단어와 같은 품사가 쓰인 것은?

> 너는 책상 정리를 <u>깨끗이</u> 잘하는구나.

① 새 볼펜을 샀다.
② 한 사람도 오지 않았다.
③ 순기는 말이 빠른 편이야.
④ 휴일인데도 일찍 일어났구나.
⑤ 너는 어떤 색깔을 좋아하니?

48 고난도
〈보기〉에서 설명하는 단어가 쓰인 것은?

┤ 보기 ├
　부사 중에는 특정한 단어가 아니라 뒤에 오는 문장 전체를 꾸미는 부사가 있는데, 이를 문장 부사라고 한다.

① 느릿느릿 걷지 말고 빨리 와라.
② 이번 경기는 기필코 이겨야 해.
③ 그리 가면 위험하니 이리 오너라.
④ 아까 내가 한 말이 아마 맞을 거야.
⑤ 모쪼록 어디에 있든 건강하게 지내라.

49
밑줄 친 단어가 부사에 해당하지 <u>않는</u> 것은?

① 오늘은 바람이 불지 않았다.
② 이 문제는 나에게 <u>너무</u> 어렵다.
③ <u>혹시</u> 여기에 오면 꼭 연락해라.
④ 동우는 우리 반에서 <u>가장</u> 빠르다.
⑤ 그 말을 들으니 기분이 <u>몹시</u> 나쁘다.

62 2022학년도 3월 고1 전국연합학력평가 14번

〈보기 1〉의 밑줄 친 부분에 해당하는 단어를 〈보기 2〉에서 있는 대로 모두 고른 것은?

┤ 보기 1 ├

선생님: 하나의 단어가 수사로 쓰이기도 하고 <u>수 관형사로도 쓰이는 경우</u>가 많습니다. 그런데 <u>수 관형사로만 쓰이는 단어</u>도 있습니다.

┤ 보기 2 ├

• 나는 필통에서 연필 하나를 꺼냈다.
• 그 마트는 매월 둘째 주 화요일에 쉰다.
• 이번 학기에 책 세 권을 읽는 게 내 목표야.
• 여섯 명이나 이 일에 자원해서 정말 기쁘다.

① 하나   ② 세   ③ 하나, 여섯
④ 둘째, 세   ⑤ 둘째, 여섯

63 2016학년도 9월 고2 전국연합학력평가 12번

〈보기〉의 ㉠~㉢에 해당하는 것을 바르게 분류한 것은?

┤ 보기 ├

㉠관형사, ㉡대명사, ㉢부사 중에는 '이, 그, 여기, 이리, 그리' 등과 같이 '지시성'을 지닌 단어들이 있다. 이들은 지시성이라는 공통점 때문에 구별이 쉽지 않으므로 문장 내에서의 기능을 통해 단어의 품사를 파악해야 한다.

ⓐ 이 사과는 맛있게 생겼다.
ⓑ 그 책 좀 나에게 빌려줄 수 있어?
ⓒ 여기가 바로 우리의 고향입니다.
ⓓ 이리 가까이 오게.
ⓔ 그리 물건을 보내겠습니다.

	㉠	㉡	㉢
①	ⓐ	ⓑ, ⓒ	ⓓ, ⓔ
②	ⓐ, ⓑ	ⓒ	ⓓ, ⓔ
③	ⓑ, ⓒ	ⓓ, ⓔ	ⓐ
④	ⓑ, ⓓ	ⓔ	ⓐ, ⓒ
⑤	ⓒ, ⓓ	ⓐ	ⓑ, ⓔ

64 2017학년도 11월 고2 전국연합학력평가 13번

〈보기〉에 대한 설명으로 가장 적절한 것은?

┤ 보기 ├

부사는 수식하는 범위에 따라 문장의 한 성분을 수식하는 성분 부사와 문장 전체를 수식하는 문장 부사로 나뉜다. 이 중 성분 부사는 주로 용언을 수식하지만 때로는 체언을 수식하거나 관형사, 부사를 수식하는 경우도 있다.

ㄱ. 그녀는 <u>매우</u> 빨리 달린다.
ㄴ. <u>설마</u> 나에게 맞는 옷이 없을까?
ㄷ. 우리 학교 <u>바로</u> 옆에 우체국이 있다.
ㄹ. 내 차는 얼마 전까지 <u>아주</u> 새 차였다.
ㅁ. <u>과연</u> 그 아이는 재능이 <u>정말</u> 뛰어나군.

① ㄱ에서 '매우'는 용언을 수식하고 있다.
② ㄴ에서 '설마'는 체언을 수식하고 있다.
③ ㄷ에서 '바로'는 부사를 수식하고 있다.
④ ㄹ에서 '아주'는 관형사를 수식하고 있다.
⑤ ㅁ에서 '과연'과 '정말'은 문장을 수식하고 있다.

65

제시된 탐구 과정을 고려할 때, [A]에 들어갈 ㉠~㉣을 바르게 분류한 것은?

탐구 주제	밑줄 친 말을 품사를 기준으로 분류하시오. • 이것은 ㉠새로운 글이다. • 이것은 ㉡새 글이다. • 그는 ㉢빠르게 달린다. • 그는 ㉣빨리 달린다.
탐구 관련 지식	• 형용사는 관형사나 부사와 달리 활용을 함. • 관형사는 명사를, 부사는 동사를 수식함.
탐구 결과	품사에 따라 ([A])(으)로 분류할 수 있다.

① ㉠, ㉡ / ㉢ / ㉣   ② ㉠, ㉢ / ㉡ / ㉣
③ ㉠, ㉣ / ㉡ / ㉢   ④ ㉡, ㉢ / ㉠ / ㉣
⑤ ㉡, ㉣ / ㉠ / ㉢

10일 품사의 종류와 특성 4 – 관계언, 독립언

📖 함께 보기 | 필독 중학 국어 문법 79쪽으로!

개념 확인

'이다'의 활용
다른 조사는 형태가 바뀌지 않지만 서술격 조사 '이다'는 '이고, 이며, 이지, 이므로, …'와 같이 형태가 바뀜.

'이/가'의 정체
'되다', '아니다' 앞에 쓰이면 보격 조사, 그렇지 않으면 주격 조사
⑩ 그가 회장이 되었다.
　　주격　　보격

'와/과'의 정체
필수적 부사어에 쓰일 때는 부사격 조사
⑩ 나는 영수와 다퉜다. ('영수와'는 문장에 꼭 필요한 필수적 부사어)

두 문장으로 나눌 수 있으면 접속 조사
⑩ 나는 사과와 배를 샀다. ('나는 사과를 샀다.'와 '나는 배를 샀다.'로 나눌 수 있음.)

부르는 말은 감탄사
'이보게', '여보세요', '여보'는 모두 누군가를 부를 때 쓰는 단어임. 이처럼 부르는 말에 해당하는 단어는 감탄사임.

■ 관계언
- **형태:** 서술격 조사 '이다'를 제외하고, 형태가 바뀌지 않음.
- **기능:** 문장에서 다른 단어들을 관계 맺어 주는 역할을 함.
- **의미**

조사		• 다른 단어 뒤에 붙어 그 말과 다른 말과의 문법적인 관계를 나타내거나, 특별한 뜻을 더해 주는 구실을 하는 단어 (도울 助, 단어 詞) • 홀로 쓰일 수 없고 반드시 다른 단어에 붙어 쓰임. • 여러 개가 겹쳐 쓰일 수 있음. ⑩ 그에게도 할 말이 있다. • 조사의 종류
	격 조사	체언 뒤에 붙어 일정한 자격을 갖도록 해 주는 조사 ┌ 주격 조사: 이/가, 께서, 에서(단체 명사 뒤) │　⑩ 그가 말했다. / 우리 학교에서 우승을 차지했다. ├ 서술격 조사: 이다 ⑩ 그는 경찰이다. ├ 목적격 조사: 을/를 ⑩ 그는 법을 잘 안다. ├ 보격 조사: 이/가 ⑩ 그가 서장이 되었다. ├ 관형격 조사: 의 ⑩ 그의 능력을 인정했다. ├ 부사격 조사: 에, 에서, 에게 등 ⑩ 그에게 갔다. └ 호격 조사: 아/야, 여 등 ⑩ 친구야, 축하해.
	접속 조사	단어와 단어를 같은 자격으로 이어 주는 조사: 와/과, 하고, 이랑 ⑩ 나와 친구는 축구를 좋아한다.
	보조사	앞에 있는 단어에 어떤 특별한 뜻을 더해 주는 조사: 만, 뿐, 은/는, 도, 부터, 까지, 든 등 ⑩ 나는 야구도 무척이나 좋아한다.

■ 독립언
- **형태:** 문장에 쓰일 때 형태가 바뀌지 않음.
- **기능:** 문장에서 다른 단어들과 관계없이 독립적인 역할을 함.
- **의미**

감탄사	• 말하는 이의 놀람, 느낌, 부름이나 대답을 나타내는 단어 　⑩ 아차, 어머나, 여보게, 야, 예 등 • 쉼표나 느낌표 등을 사용하여 독립된 요소임을 표현함.

아하~ 함·정·넘·기

❶ '만큼', '대로', '뿐'은 조사인가, 의존 명사인가?
이 단어들은 공통적으로 조사와 의존 명사로 모두 쓰입니다. 앞말에 붙여 쓰면 조사, 띄어 쓰면 의존 명사입니다. 예를 들어, '너만큼 할 수 있다.'에서 '만큼'은 조사, '주는 만큼 받는다.'에서 '만큼'은 의존 명사입니다.

[1~7] 다음 설명이 맞으면 ○표, 틀리면 ×표 하시오.

1 관계언에 해당하는 품사는 조사 하나뿐이다.
…… (　　　)

2 조사는 홀로 쓰일 수 없고 반드시 다른 말에 붙어 쓰인다.
…… (　　　)

3 체언 뒤에 두 개 이상의 조사가 나란히 올 수 없다.
…… (　　　)

4 모든 조사는 문장에 쓰일 때 형태가 바뀌지 않는다.
…… (　　　)

5 감탄사는 문장 내에서 다른 말들과 관계를 맺지 않고 독립적으로 사용된다.
…… (　　　)

6 감탄사는 문장에 쓰일 때 형태가 바뀌지 않는다.
…… (　　　)

7 감탄사는 쉼표나 느낌표 등의 문장 부호와 함께 쓰이기도 한다.
…… (　　　)

[8~12] 다음 문장에서 조사에 해당하는 단어를 모두 찾아 동그라미 하시오.

8 연호가 우리 반의 회장이다.

9 이 책은 내가 어제 산 책이다.

10 아버지가 아이에게 옷을 입히셨다.

11 영수가 빵과 우유를 가방에 넣었다.

12 이 가게는 1시부터 6시까지 엽니다.

[13~16] 초성을 참고하여 빈칸에 들어갈 적절한 말을 쓰시오.

13 체언 뒤에 붙어 주어, 목적어, 서술어 등 일정한 자격을 갖도록 해 주는 조사를 ㄱ 조사라고 한다.

14 단어와 단어를 같은 자격으로 이어 주는 조사를 ㅈㅅ 조사라고 한다.

15 앞에 있는 단어에 대조, 의지, 선택 등 특별한 뜻을 더해 주는 조사를 ㅂ 조사라고 한다.

16 말하는 이의 본능적인 놀람이나 느낌, 부름, 응답 따위를 나타내는 단어를 ㄱㅌㅅ라고 한다.

[17~23] 밑줄 친 격 조사의 유형을 찾아 바르게 연결하시오.

17 나<u>에게</u> 빵을 줘. •

18 나에게 빵<u>을</u> 줘. •

19 그<u>의</u> 가방이야. •

20 영수<u>야</u>, 이리 와. •

21 그<u>가</u> 회장이다. •

22 그가 회장<u>이다</u>. •

23 나는 네<u>가</u> 아니야. •

• ㉠ 주격 조사

• ㉡ 서술격 조사

• ㉢ 목적격 조사

• ㉣ 보격 조사

• ㉤ 관형격 조사

• ㉥ 부사격 조사

• ㉦ 호격 조사

[24~30] 다음 문장에서 감탄사에 해당하는 단어를 찾아 쓰시오. (감탄사가 없으면 '없음'이라고 쓸 것.)

24 아차, 우산을 놓고 왔어. …… (　　　)

25 지원아, 선생님께서 찾으셔. …… (　　　)

26 네, 제가 하겠습니다. …… (　　　)

27 여보세요, 영수네 집이죠? …… (　　　)

28 저, 말씀 중에 죄송합니다. …… (　　　)

29 봄, 듣기만 해도 마음이 따뜻해져. …… (　　　)

30 천만에, 절대 그렇지 않아. …… (　　　)

31
조사에 대한 설명으로 적절한 것은?

① 사람이나 사물의 이름을 나타낸다.
② 사람이나 사물의 움직임을 나타낸다.
③ 단어 사이의 문법적 관계를 표시한다.
④ 사람이나 사물의 성질이나 상태를 나타낸다.
⑤ 모든 조사는 문장에서 쓰일 때 형태가 바뀐다.

32
조사가 쓰이지 않은 문장은?

① 준호가 오늘 청소 당번이다.
② 이야, 그 녀석 참 잘생겼구나.
③ 너도 어제 영화 보러 갔었니?
④ 운동장에 먼저 나가서 기다려.
⑤ 나는 아직 피아노를 잘 못 쳐.

33
㉠~㉤ 중, 실질적인 의미를 가진 단어에 해당하지 않는 것은?

영수가 말도 없이 혼자 학교에 갔다.
　　㉠　 ㉡　 　㉢　 ㉣　 ㉤

① ㉠　　　　　　② ㉡　　　　　　③ ㉢
④ ㉣　　　　　　⑤ ㉤

34
㉠~㉤ 중, 조사가 쓰이지 않은 것은?

㉠내가 ㉡윤아처럼 어려운 ㉢문제도 ㉣쉽게 풀어낼 ㉤수만 있다면 얼마나 좋을까?

① ㉠　　　　　　② ㉡　　　　　　③ ㉢
④ ㉣　　　　　　⑤ ㉤

35 고난도
〈보기〉의 밑줄 친 단어를 바탕으로 보조사에 대해 설명한 것으로 가장 적절한 것은?

┤ 보기 ├
• 철수도 밥을 맛있게 먹었다.
• 철수가 밥도 맛있게 먹었다.

① 보조사는 뒤에 오는 단어를 꾸며 준다.
② 보조사는 특정한 문장 성분에만 쓰인다.
③ 보조사는 앞말에 특별한 뜻을 더해 준다.
④ 보조사는 단어의 형태가 변하지 않도록 해 준다.
⑤ 보조사는 앞말이 문장 안에서 독립적인 역할을 하도록 한다.

36
〈보기〉의 ㉠의 예로 적절한 것은?

┤ 보기 ├
　조사 '이/가'는 '달이 밝다.'의 '달이'와 같이 체언 뒤에 붙어서 체언이 주어임을 나타내는 주격 조사로 쓰인다. 또한 조사 '이/가'는 '되다'와 '아니다' 앞에 쓰여 바뀌게 되는 대상이나 부정하는 대상임을 나타내는 ㉠보격 조사로 쓰이기도 한다.

① 세상은 홀로 살 수가 없다.
② 우리가 정말 원하는 것은 평화다.
③ 회의에서 새로운 법안이 가결되었다.
④ 저 사람은 전혀 다른 사람이 되었다.
⑤ 우리에게 건전한 놀이 문화가 필요하다.

37
밑줄 친 조사 중, 형태가 바뀌는 것은?

① 잠을 깨워서 미안해.
② 우리의 바람은 단순해.
③ 목소리가 작아서 안 들려.
④ 나는 1반이고, 너는 2반이다.
⑤ 10분 후에 도서관에서 만나자.

38
〈보기〉를 참고할 때, 조사가 결합할 수 <u>없는</u> 품사는?

┤ 보기 ├
• 기차가 아직도 그곳에 도착하지 않았다.
• 사과 두의[*] 개 중 하나만을 먹어야 해.

*는 비문 표시임.

① 명사　　　　② 수사　　　　③ 부사
④ 관형사　　　⑤ 대명사

39
다음 자료를 통해 이끌어 낼 수 있는 조사의 특성으로 가장 적절한 것은?

• <u>그것이</u> 좋아요.
• <u>그것</u> 좋아요.
• <u>그것만으로도</u> 좋아요.

① 체언 뒤에만 결합할 수 있다.
② 두 체언을 같은 자격으로 이어 준다.
③ 앞의 체언을 다른 품사로 만들어 준다.
④ 생략하거나 둘 이상 겹쳐 쓰이기도 한다.
⑤ 문장에서 쓰일 때 형태가 변하기도 한다.

40
㉠과 ㉡의 공통점으로 가장 적절한 것은?

• 나㉠와 친구는 놀이공원에 놀러 갔다.
• 서재에 가서 종이㉡하고 펜을 가져오너라.

① 두 체언을 같은 자격으로 이어 준다.
② 앞의 체언이 뒷말을 꾸며 주도록 한다.
③ 앞의 체언이 문장의 주체임을 나타낸다.
④ 놀라움이나 감탄 따위의 감정을 강조한다.
⑤ 어떤 대상이 다른 것과 대조됨을 나타낸다.

41
㉠~㉤ 중, 조사가 쓰이지 <u>않은</u> 것은?

㉠그는 다정한 ㉡눈길로 ㉢어머니를 바라보면서 ㉣조용히 ㉤입을 열었다.

① ㉠　　　　② ㉡　　　　③ ㉢
④ ㉣　　　　⑤ ㉤

42 신유형
㉠~㉤에 대한 설명으로 적절하지 <u>않은</u> 것은?

우리의 삶에서 정작 중요한 것은 빠른 속도가 아니라
　　㉠　　㉡　　　　　　　　　　㉢　　　　㉣
올바른 방향이다.
　　　㉤

① ㉠: '우리'가 '삶'을 수식하는 기능을 하도록 한다.
② ㉡: '삶'과 결합하여 '중요한'을 꾸며 준다.
③ ㉢: 다른 대상과 대조됨을 나타낸다.
④ ㉣: '속도'가 문장 전체의 주체임을 나타낸다.
⑤ ㉤: '방향'과 결합하여 서술어의 기능을 한다.

43 고난도
〈보기〉를 바탕으로 조사 '와/과'에 대해 탐구한 내용으로 적절하지 <u>않은</u> 것은?

┤ 보기 ├
㉠ 점심시간에 친구와 심하게 다투었다.
㉡ 네가 입은 바지 색깔이 교복과 다르구나.
㉢ 동생에게 새 공책과 필기도구를 선물했다.
㉣ 우리는 자유와 평등의 실현을 위해 싸웠다.

① ㉠에서 '와'는 체언과 결합하여 부사어로 쓰였군.
② ㉡에서 '과'가 결합된 '교복과'는 생략할 수 없겠군.
③ ㉢에서 '과' 대신 '하고'나 '이랑'을 써도 되겠군.
④ ㉣의 '와'를 생략하고, 그 자리에 쉼표를 찍어도 되겠군.
⑤ ㉠~㉣을 볼 때, '와/과'가 쓰인 모든 문장은 두 개의 문장으로 나눌 수 있겠군.

44
⊙과 ⓒ의 공통점으로 적절한 것은?

> 나는 집으로 가는 길에 서점에 들렀다.
>   ⊙   ⓒ

① 주격 조사   ② 보격 조사
③ 부사격 조사   ④ 관형격 조사
⑤ 서술격 조사

45
⊙~ⓜ 중, 〈보기〉에서 설명하는 품사로 적절한 것은?

> ┤ 보기 ├
> • 문장에서 쓰일 때 형태가 바뀌지 않고 홀로 쓰일 수 없다.
> • 주로 체언에 붙어서 그 말과 다른 말과의 문법적 관계를 나타내거나 특별한 의미를 더해 준다.

> 아, 잃어버린 그 책을 어디에서 찾지?
> ⊙   ⓒ   ⓒ ㄹ   ⓜ

① ⊙   ② ⓒ   ③ ⓒ
④ ㄹ   ⑤ ⓜ

46 고난도
〈보기〉의 ⊙~ㄹ에 대한 설명으로 적절하지 않은 것은?

> ┤ 보기 ├
> 나는 너와 달리 배가 몹시도 고프구나!
>   ⊙   ⓒ   ⓒ   ㄹ

① ⊙과 ㄹ은 보조사, ⓒ과 ⓒ은 격 조사이다.
② ⊙은 앞말이 다른 대상과 대조됨을 나타낸다.
③ ⓒ은 둘 이상의 대상을 같은 자격으로 이어 준다.
④ ⓒ은 앞에 결합된 말이 주어 역할을 할 수 있도록 한다.
⑤ ㄹ은 ⊙~ⓒ과 다르게 체언이 아닌 부사 뒤에 결합되었다.

47
감탄사에 대한 설명으로 적절하지 않은 것은?

① 형태가 변하지 않는다.
② 조사와 결합할 수 있다.
③ 생략해도 문장이 성립한다.
④ 놀람, 부름이나 대답 등을 나타낸다.
⑤ 다른 단어와 문법적 관계를 맺지 않는다.

48
감탄사가 사용된 문장은?

① 옷을 아주 깨끗이 빨았구나.
② 파란 하늘에 흰 구름이 떠간다.
③ 이봐, 자네도 뭐라고 말 좀 해 봐.
④ 이름 모를 새 한 마리가 날아간다.
⑤ 준호야, 잠깐 나 좀 도와줄 수 있어?

49 신유형
〈보기〉의 ⊙에 들어갈 품사로 가장 적절한 것은?

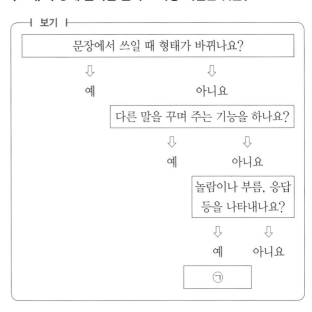

① 조사   ② 수사   ③ 동사
④ 관형사   ⑤ 감탄사

50

밑줄 친 단어의 품사로 적절하지 <u>않은</u> 것은?

① 하루 동안 <u>열</u> 그루의 나무를 심었다.
　　　　　　관형사

② <u>과연</u>, 천재라는 소리를 들을 만하구나.
　감탄사

③ 너<u>마저</u> 지각을 하다니 마음이 좋지 않다.
　　　조사

④ <u>성급한</u> 성격 때문에 자주 일을 망치곤 한다.
　형용사

⑤ <u>모름지기</u> 학생은 공부에 최선을 다해야 한다.
　　부사

51

〈보기〉에서 설명하는 단어가 쓰이지 <u>않은</u> 것은?

┤ 보기 ├

　독립언은 다른 단어와 문법적 관계를 맺지 않고 독립적으로 사용된다.

① 야, 너 이리 와 봐.
② 이봐, 이제 그만 집에 돌아가야지?
③ 에구머니, 심장 떨어지는 줄 알았네.
④ 사랑, 듣기만 해도 가슴 설레는 말이다.
⑤ 아뿔싸, 거기에서 내가 실수를 하고 말았군.

52 신유형

다음은 국어사전의 일부이다. ㉠에 들어갈 품사로 적절한 것은?

여보시오「　㉠　」
가까이 있는 사람을 부를 때 쓰는 말. 하오할 자리에 쓴다.

① 명사　　　　② 부사　　　　③ 감탄사
④ 대명사　　　⑤ 관형사

53

밑줄 친 말이 감탄사에 해당하는 것은?

① <u>솔아</u>, 솔아, 푸르른 솔아
② 가위, <u>아니</u> 주먹을 낼 거야.
③ <u>일찌감치</u> 일을 끝내고 나갔군.
④ <u>이런</u>, 방이 얼음장처럼 차갑군.
⑤ <u>이런</u> 경우엔 뭐라고 말해야 해?

54 서술형 ✍

다음 문장을 구성하는 단어의 품사를 순서대로 쓰시오.

저런, 그 일은 나도 정말 슬프구나.

55 서술형 ✍

〈보기〉를 참고하여, ㉠과 ㉡ 중 띄어쓰기가 부적절한 것을 고르고, 그 이유를 서술하시오.

┤ 보기 ├

〈한글 맞춤법〉
제2항　문장의 각 단어는 띄어 씀을 원칙으로 한다.
제41항　조사는 그 앞말에 붙여 쓴다.
제42항　의존 명사는 띄어 쓴다.

• <u>노력한만큼</u> 대가를 얻다.
　　　㉠

• 나는 <u>너만큼</u> 잘할 자신이 없어.
　　　㉡

56

밑줄 친 단어의 품사로 적절하지 <u>않은</u> 것은?

① 동생을 역<u>까지</u> 바래다주었다. … 조사
② <u>이런</u>, 책상다리가 또 부러졌어. … 감탄사
③ <u>아</u>, 이제 곧 고등학생이 되는구나. … 감탄사
④ 나는 너<u>에게</u> 많은 것을 주고 싶었다. … 조사
⑤ <u>그런</u> 일에 나까지 나설 필요가 있나? … 감탄사

57

밑줄 친 조사 중, 가변어에 해당하는 것은?

① 날씨가 더워서 물<u>을</u> 마셨다.
② 물<u>이</u> 부족하니 아껴서 마셔.
③ 물<u>만</u> 마실 수 있어도 좋겠다.
④ 우리에게 필요한 것은 물<u>이다</u>.
⑤ 일단은 여기 있는 물<u>로</u> 해결하라.

58

〈보기〉를 바탕으로 조사의 특징을 이해한 것으로 적절하지 <u>않은</u> 것은?

┤ 보기 ├
• 진희<u>가</u> 피아노<u>를</u> 친다.
• 이것<u>이</u> 나<u>의</u> 작품<u>이다</u>.

① 주로 체언 뒤에 붙어서 쓰이는군.
② 앞의 체언을 다른 품사로 만들기도 하는군.
③ 앞말이 문장에서 일정한 자격을 갖도록 하는군.
④ 앞말이 서술어의 기능을 하도록 만들기도 하는군.
⑤ 같은 조사라도 앞말의 받침 유무에 따라 형태가 달라지기도 하는군.

59

〈보기〉를 참고할 때, 감탄사의 의미를 연결한 것으로 적절하지 <u>않은</u> 것은?

┤ 보기 ├
감탄사는 말하는 이의 본능적인 놀람이나 느낌, 부름, 응답 따위를 나타내는 단어이다.

① <u>어머</u>, 갑자기 무슨 일이야? … 놀람
② <u>얘</u>, 잠깐 길 좀 물어봐도 돼? … 응답
③ <u>이봐요</u>, 이리 와 앉아 보세요. … 부름
④ <u>이야</u>, 드디어 100점을 받았다. … 느낌
⑤ <u>아니요</u>, 제가 그런 게 아니에요. … 응답

60 2006학년도 9월 고3 모의평가 13번

〈보기〉를 바탕으로 조사에 대해 탐구 학습을 해 보았다. 학습의 결과로 적절하지 <u>않은</u> 것은?

┤ 보기 ├
ㄱ. 할머니<u>께서</u> 집<u>에</u> 오셨다.
ㄴ. 형<u>과</u> 동생<u>이</u> 다시 만났다.
ㄷ. 너<u>와</u> 나<u>만의</u> 추억을 간직하자.

① ㄱ의 '께서, 에'는 앞말이 각각 주어, 부사어의 역할을 하도록 하고 있군.
② ㄱ의 '께서'에는 ㄴ의 '이'와 달리 존대의 의미가 담겨 있군.
③ ㄴ의 '이'는 '동생'이 아니라 '형과 동생'에 결합하는군.
④ ㄴ의 '과'와 ㄷ의 '와'는 앞말의 의미에 의해 선택되는군.
⑤ ㄷ의 '만의'를 보면 조사끼리의 결합도 가능하군.

61 2018학년도 3월 고2 전국연합학력평가 11번

밑줄 친 말 중 ㉠의 예로 적절하지 <u>않은</u> 것은?

┤ 보기 ├
조사는 주로 체언에 붙어서, 그 체언이 문장 중의 다른 단어와 맺는 관계를 나타내거나 특별한 뜻을 더해 주는 단어이다. 조사는 체언이 문장 속에서 다른 말과 맺는 관계를 표현하는 격 조사, 둘 이상의 체언을 같은 자격으로 이어서 하나의 명사구를 형성하는 접속 조사, ㉠앞말에 특별한 뜻을 더해 주는 보조사로 구분된다.

① 오직 새소리<u>만</u> 들렸다.
② 시험<u>까지</u> 한 달도 안 남았다.
③ 나는 개<u>와</u> 고양이를 좋아한다.
④ 할아버지<u>께서는</u> 신문을 보셨다.
⑤ 그는 평생 가족<u>밖에</u> 모르고 살았다.

62 2022학년도 6월 고2 전국연합학력평가 12번

㉠~㉢을 통해 '조사의 중첩'을 이해한 내용으로 적절하지 않은 것은?

> ㉠ 길을 걷다가 철수가를* 만났다.
> ㉡ 그 말을 한 것이 당신만이(당신이만*) 아니다.
> ㉢ 그녀는 전원에서의(전원의에서*) 여유로운 삶을 꿈꾼다.
> ㉣ 모든 관심이 나에게로(나로에게*) 쏠아졌다.
> ㉤ 빵만도* 먹었다.
>
> *는 비문 표시임.

① ㉠에서는 주격 조사와 목적격 조사는 겹쳐 쓸 수 없음을 확인할 수 있군.

② ㉡에서는 보조사와 보격 조사가 결합할 때 보격 조사가 뒤에 쓰였군.

③ ㉢에서는 부사격 조사와 관형격 조사가 결합할 때 관형격 조사가 뒤에 쓰였군.

④ ㉣에서는 부사격 조사와 보조사가 결합할 때 부사격 조사가 보조사 앞에 쓰였군.

⑤ ㉤에서는 유일함을 뜻하는 '만'과 더함을 뜻하는 '도'의 의미가 모순되어 겹쳐 쓰기 어렵군.

63

밑줄 친 조사 중 〈보기〉의 사례로 적절한 것은?

┤ 보기 ├

동일한 형태의 조사가 문장에서 서로 다른 기능을 하기도 한다.

① ┌ 교실이 무척 깨끗하다.
  └ 그의 말은 사실이 아니야.

② ┌ 영수는 힘껏 공을 던졌다.
  └ 사물함 위에 가방을 올려놓아라.

③ ┌ 그는 요란한 소리에 잠을 깼다.
  └ 그까짓 일에 너무 마음 상하지 마라.

④ ┌ 개는 늑대와 비슷하게 생겼다.
  └ 그는 나와 다르니까 조심해야 해.

⑤ ┌ 나는 광화문으로 발길을 돌렸다.
  └ 집으로 가는 길에 서점에 들렀다.

64

다음의 ㉮에 들어갈 말로 가장 적절한 것은?

> 선생님: 지금까지 품사의 개념 및 특성에 대해 공부했죠? 그럼, 다음 자료에서 밑줄 친 말들이 가진 공통점이 무엇인지 한번 찾아보세요.
>
> • 나는 강에 가서 물고기를 잡았다.
> • 나는 중학생이고, 동생은 초등학생이다.
> • 네덜란드의 수도가 어디일까?
>
> 학생: 밑줄 친 말들은 모두 (㉮)

① 앞말이 뒷말을 꾸며 주도록 하고 있습니다.

② 홀로 쓰일 수 없으므로 단어라고 볼 수 없습니다.

③ 문장에 쓰일 때 형태에 변화가 일어나지 않습니다.

④ 단어의 의미를 구별해 주는 가장 작은 소리의 단위입니다.

⑤ 실질적인 뜻이 없고 반드시 다른 말과 결합하여 쓰입니다.

65

다음 문장의 빈칸에 공통으로 들어갈 품사에 대한 설명으로 적절하지 않은 것은?

> • ( ), 꽃이 눈부시게 피었네.
> • ( ), 이건 내가 전혀 예상하지 못했던 상황이야.
> • 기훈아, 숙제는 다했니?
>   ( ), 1시간 전에 다 끝냈어요.

① 조사와 결합하지 않는다.

② 문장에서 독립적으로 쓰인다.

③ 다른 말을 꾸며 주는 기능을 한다.

④ 문장에서 쓰일 때 형태가 변하지 않는다.

⑤ 말하는 이의 놀람, 느낌, 부름, 대답 등을 나타낸다.

1

품사에 대한 설명으로 적절하지 않은 것은?

① 우리말에는 모두 아홉 개의 품사가 있다.
② 품사의 분류 기준은 '형태, 기능, 의미'이다.
③ 하나의 단어는 반드시 하나의 품사로만 쓰인다.
④ 모든 단어는 띄어 쓰나 조사만 앞말에 붙여 쓴다.
⑤ 단어를 성질이 공통된 것끼리 모아 분류한 것이다.

2

밑줄 친 단어의 품사로 적절하지 않은 것은?

① 그 산은 경치가 매우 좋다. … 관형사
② 예쁜 꽃이 뜰에 가득 피었다. … 부사
③ 어머나, 벌써 첫눈이 내렸어요 … 감탄사
④ 여기에서 친구를 만날 예정이다. … 대명사
⑤ 두 학생이 열심히 청소하고 있다. … 수사

3

다음 문장에 쓰인 단어에 대한 설명으로 적절하지 않은 것은?

> 사진을 보니 즐거운 기억 하나가 떠올랐다.

① '사진, 기억'은 형태가 바뀌지 않으며 사물의 이름을 나타낸다.
② '보니, 떠올랐다'는 형태가 바뀌며 사물의 동작이나 작용을 나타낸다.
③ '하나'는 형태가 바뀌지 않으며 수량이나 순서를 나타낸다.
④ '을, 가'는 형태가 바뀌지 않으며 앞말에 붙어 앞말과 다른 말의 문법적 관계를 나타낸다.
⑤ '즐거운'은 형태가 바뀌지 않으며 뒤에 오는 체언을 수식한다.

4

㉠~㉤ 중, 용언에 해당하지 않는 것은?

> 소녀의 ㉠미소같이 사랑스럽고 ㉡어여쁜 5월의 하늘. 나날이 푸르름을 더해 가며, ㉢새로운 놀라움을 가져오는 산과 언덕. 하늘을 ㉣달리고 신록을 스쳐 오는 맑고 ㉤향기로운 바람……. 과연 5월은 계절의 여왕이다.

① ㉠　　　　② ㉡　　　　③ ㉢
④ ㉣　　　　⑤ ㉤

5

〈보기〉는 국어사전의 일부이다. ㉠~㉢에 들어갈 품사가 모두 바르게 연결된 것은?

┤ 보기 ├

첫째[첫째]

① 「　㉠　」 순서가 가장 먼저인 차례.
　¶ 첫째, 마취를 제대로 할 수 있어야 하고
② 「　㉡　」 순서가 가장 먼저인 차례의.
　¶ 시리즈물의 첫째 권.
③ 「　㉢　」 ((주로 '첫째로' 꼴로 쓰여)) 무엇보다도 앞서는 것.
　¶ 신발은 첫째로 발이 편안해야 한다.

	㉠	㉡	㉢
①	수사	관형사	명사
②	수사	명사	관형사
③	관형사	수사	명사
④	관형사	명사	수사
⑤	명사	관형사	수사

6

다음 설명에 해당하는 품사가 사용되지 <u>않은</u> 것은?

> 사람이나 사물의 이름을 대신 나타내는 말. 또는 그런 말들을 지칭하는 품사.

① 너는 무슨 꽃을 좋아하니?
② 내일 아침 여기서 다시 만나자.
③ 당신의 희생을 잊지 않겠습니다.
④ 내가 예전에 즐겨 불렀던 노래야.
⑤ 이 책은 누나가 밤새 찾았던 것이다.

7

㉠~㉤ 중, 품사가 같은 것으로만 모두 묶인 것은?

> ㉠여보게, ㉡자네는 ㉢여기서 잠깐 기다리고 있게.
> ㉣나는 ㉤저 방에 들어가서 자네가 말한 ㉥것을 가지고 나오겠네.

① ㉠, ㉡, ㉣   ② ㉡, ㉢, ㉣
③ ㉠, ㉢, ㉤, ㉥   ④ ㉡, ㉢, ㉣, ㉤
⑤ ㉢, ㉣, ㉤, ㉥

8

㉠~㉤에 대한 설명으로 적절하지 <u>않은</u> 것은?

> 그는 다른 것은 못 먹고 죽만 먹는다.
>   ㉠   ㉡   ㉢ ㉣   ㉤

① ㉠: 사람의 이름을 대신 나타내는 말이다.
② ㉡: 체언의 내용을 자세히 꾸며 주는 기능을 한다.
③ ㉢: 의미가 형식적이어서 다른 말의 꾸밈을 받아 쓰인다.
④ ㉣: 문장에서 쓰이는 환경에 따라 형태가 바뀐다.
⑤ ㉤: 체언 뒤에 붙어서 그것으로 한정한다는 의미를 더해 준다.

9

〈보기〉의 ㉠~㉤에 대한 설명으로 적절하지 <u>않은</u> 것은?

> ┤ 보기 ├
> 지현: ㉠저기 있는 사람이 ㉡누구인지 알아?
> 준영: 우리 ㉢둘째 형이야.
> 지현: 그렇구나. 아까부터 악기점 앞에서 뭔가를 ㉣한참 보고 서 있던데…….
> 준영: 아마 ㉤새 기타를 고르고 있었을 거야.
> 지현: 무척 꼼꼼한 성격인가 보다.

① ㉠은 말하는 이나 듣는 이로부터 멀리 있는 곳을 가리키는 지시 대명사이다.
② ㉡은 모르는 특정 대상을 가리키는 미지칭 대명사이다.
③ ㉢은 순서를 나타내는 역할을 하는 수사이다.
④ ㉣은 용언인 '보고'를 꾸며 주는 기능을 하는 부사이다.
⑤ ㉤은 뒤에 오는 명사 '기타'를 수식하는 관형사이다.

10

㉠~㉤의 품사로 적절하지 <u>않은</u> 것은?

> 동해 물과 ㉠백두산이 ㉡마르고 닳도록
> 하느님㉢이 보우하사 우리나라 만세.
> 무궁화 삼천리 화려 강산
> 대한 사람, 대한으로 ㉣길이 ㉤보전하세.

① ㉠: 명사   ② ㉡: 형용사
③ ㉢: 조사   ④ ㉣: 부사
⑤ ㉤: 동사

11
㉠~㉤의 품사로 적절하지 않은 것은?

> "㉠야, ㉡우리 함께 물놀이나 한번 하고 가자."
> 동우가 ㉢불쑥 이런 말을 했다.
> 영재는 ㉣무슨 영문인지 몰라 ㉤어리둥절한 표정을 지었다.

① ㉠: 감탄사   ② ㉡: 대명사
③ ㉢: 부사   ④ ㉣: 부사
⑤ ㉤: 형용사

12
밑줄 친 단어의 품사로 적절하지 않은 것은?

① 하다 보면 실수할 수도 있지. … 명사
② 앗, 국어책을 안 가지고 왔어. … 감탄사
③ 새 옷을 입으니 기분이 좋구나. … 관형사
④ 너는 여태 무얼 하고 이제 오는 거니? … 부사
⑤ 마을 입구에 팽나무 한 그루가 서 있다. … 수사

13
관형사와 부사에 대한 설명으로 적절하지 않은 것은?

① 부사와 달리 관형사는 조사와 결합할 수 없다.
② 둘 다 뒤에 오는 말을 꾸며 주는 역할을 한다.
③ 문장에서 쓰일 때 둘 다 형태가 변하지 않는다.
④ 관형사는 체언만 수식하고, 부사는 용언만 수식한다.
⑤ 관형사와 달리 부사는 문장 내에서 위치가 비교적 자유롭다.

14
〈보기〉의 ㉠과 ㉡이 모두 쓰인 것은?

> **┤ 보기 ├**
> 문장에서 다른 단어를 꾸며 주는 역할을 하는 단어를 수식언이라고 하며, 수식언에는 관형사와 부사가 있다. ㉠관형사는 체언 앞에서 그 말을 꾸며 주는 단어이다. ㉡부사는 용언이나 다른 부사, 문장 전체 등을 꾸며 주는 단어이다.

① 눈사람이 민우와 무척 닮았네.
② 이번에는 반드시 이겨 낼 거야.
③ 모든 결과에는 원인이 꼭 있어.
④ 내가 원했던 곳은 이곳이 아니다.
⑤ 커다란 눈에서 눈물이 주르륵 흘렀다.

15
밑줄 친 단어가 ㉠에 해당하지 않는 것은?

> 부사는 '어떻게'의 방식으로 용언, 다른 부사, 문장 전체 등을 꾸며 주는 역할을 하는 단어이다. 그런데 부사 중에는 관형사처럼 체언을 꾸며 주는 것도 있는데, 이를 ㉠체언 수식 부사라고 한다.

① 범인은 바로 당신이야.
② 그 사람은 아주 부자이다.
③ 내가 찾은 건 겨우 하나야.
④ 너의 생각이 퍽 궁금하구나.
⑤ 그 약속은 한낱 먼지에 불과했다.

16

밑줄 친 단어의 품사가 나머지와 <u>다른</u> 것은?

① 급한 마음에 문을 <u>쾅쾅</u> 두드렸다.
② <u>휘영청</u> 밝은 달을 보니 마음이 설렌다.
③ 이번 일에는 너의 도움이 <u>절대로</u> 필요해.
④ 한참 울고 나니 마음이 <u>조용히</u> 가라앉았다.
⑤ 그는 <u>온갖</u> 시련을 이겨 내고 마침내 성공했다.

17

조사에 대한 설명으로 적절하지 <u>않은</u> 것은?

① 주로 체언 뒤에 붙어 쓰인다.
② 조사와 조사는 결합할 수 있다.
③ 모든 조사는 형태를 바꿀 수 없다.
④ 홀로 쓰이지 못하지만, 단어로 인정된다.
⑤ 특별한 뜻을 더해 주는 조사를 보조사라고 한다.

18

〈보기〉에서 감탄사의 특성으로 적절한 것만을 있는 대로 고른 것은?

┤ 보기 ├
㉠ 조사와 결합하지 않는다.
㉡ 생략해도 문장이 성립한다.
㉢ 문장에서 독립적으로 사용된다.
㉣ 문장에서 쓰일 때 형태가 변한다.
㉤ 단독으로 문장을 이루는 것이 불가능하다.

① ㉠, ㉡
② ㉠, ㉡, ㉢
③ ㉠, ㉣, ㉤
④ ㉡, ㉢, ㉣
⑤ ㉠, ㉡, ㉢, ㉣

19

〈보기〉의 ㉠이 쓰이지 <u>않은</u> 것은?

┤ 보기 ├
㉠접속 조사는 둘 이상의 단어나 구 등을 같은 자격으로 이어 주는 구실을 한다. 따라서 접속 조사로 연결된 단어나 구 등은 각각의 독립된 문장으로 나뉘어 쓰일 수 있다. 예를 들어 접속 조사 '와'가 사용된 문장인 '나는 사과와 배를 샀다.'의 경우 '나는 사과를 샀다.'와 '나는 배를 샀다.'로 나눌 수 있다.

① 개는 늑대와 비슷하게 생겼다.
② 나는 피자랑 치킨을 좋아한다.
③ 레몬과 귤은 비타민 시가 많다.
④ 그는 나라와 민족을 위해 싸웠다.
⑤ 나하고 민희가 오늘 청소 당번입니다.

20

〈보기〉를 바탕으로 조사에 대해 이해한 내용으로 적절하지 <u>않은</u> 것은?

┤ 보기 ├
ㄱ. 동생<u>이</u> 서점<u>에도</u> 갔다.
ㄴ. 승미<u>는</u> 친구<u>와</u> 다퉜다.
ㄷ. 나<u>도</u> 그 문제<u>는</u> 못 풀었어.

① ㄱ의 '이'는 앞말이 문장의 주체임을 나타내는군.
② ㄱ의 '에도'를 보면 조사끼리의 결합도 가능하군.
③ ㄴ에서 '와'가 결합한 '친구와'를 생략하면 온전한 문장이 되지 않군.
④ ㄱ, ㄷ의 '도'는 더함의 뜻을 나타내는 보조사이군.
⑤ ㄴ, ㄷ의 '는'은 앞말이 주어의 역할을 하도록 하고 있군.

11일 어휘의 체계와 양상

📖 함께 보기 | 필독 중학 국어 문법 87쪽으로!

개념 확인

국어사전에서 확인하기

어떤 단어가 고유어, 한자어, 외래어 중 어디에 속하는지 헷갈릴 때 국어사전을 활용하면 분명하게 알 수 있음.

고유어	한글 표기만 있음. 예 하늘
한자어	한글 표기 뒤에 한자가 제시됨. 예 부모(父母)
외래어	한글 표기 뒤에 외국 글자가 있음. 예 버스(bus) 발음이 많이 바뀐 경우 '어원'이 제시됨. 예 빵<(포르투갈어) pão

※ **외국어**: 외국에서 들어온 말로 아직 국어로 정착되지 않은 단어
예 파이낸싱(financing), 클라우드(cloud)

지역 방언이 생긴 까닭

- 산과 강 등 지리적 장애물이 있어 교류가 어려웠음.
- 과거에는 통신과 교통수단이 발달하지 않았음.

표준어와 지역 방언(사투리)

표준어	전 국민이 공통으로 쓸 수 있는 자격을 부여받은 말
지역 방언	어느 한 지방에서만 쓰는, 표준어가 아닌 말

■ 어휘의 체계

국어의 어휘는 어종(말씀 語, 종류 種)에 따라 고유어, 한자어, 외래어로 나뉨.

고유어 본디 固, 있을 有	• 우리말에 본디부터 있던 말이나 그것에 기초하여 새로 만들어진 말 = 순우리말 　예 하늘, 땅, 아버지, 어머니 • 색깔, 맛, 모양, 소리 등을 생생하게 표현할 수 있는 어휘가 많음. • 의미의 폭이 넓고 하나의 단어가 여러 의미로 쓰이기도 함.
한자어	• 한자에 기초하여 만들어진 말 　예 부모(父母), 천지(天地) • 고유어에 비해 보다 분화된 의미를 지님. • 추상적이고 전문적인 개념을 나타내는 어휘가 많음. • 국어의 어휘 체계에서 가장 많은 비율을 차지함.
외래어 바깥 外, 올 來	• 외국에서 들어온 말 가운데 우리말로 인정되는 말 　예 버스, 피아노 • 외국 문화와의 접촉을 통해 들어와 우리말 어휘를 풍부하게 함.

■ 어휘의 양상

어휘가 분화된 원인에 따라 각각 지역 방언과 사회 방언으로 나뉨.

지역 방언		• 지역에 따라 달라진 말 　예 정구지('부추'의 방언) • 같은 방언을 사용하는 사람들 사이에 유대감을 형성하며, 우리말의 다양성을 보여 줌.
사회 방언		• 세대나 직업, 성별 등 사회적 요인에 따라 다르게 쓰이는 말 • 사용하는 집단의 특성을 반영하며 구성원들 간 의사소통의 효율성을 높이거나 소속감을 강화함.
	전문어	특정한 전문 분야에서 주로 사용하는 말 예 염화나트륨(소금), 좌창(여드름)
	은어 숨을 隱	특정 집단 안에서 그 집단 밖의 사람들은 알아듣지 못하도록 만들어 쓰는 말 예 [독립군 은어] 꿩(친일파), 쥐(총알)
	유행어	비교적 짧은 어느 한 시기에 널리 쓰이는 말 예 엄친아, 영끌
	금기어 금할 禁, 꺼릴 忌	마음에 꺼려서 하지 않거나 피하는 말 예 죽다, 천연두
	완곡어 순할 婉, 굽을 曲	말하기 꺼려지는 말을 부드럽게 돌려 다르게 표현하는 말 예 돌아가다(죽다), 손님(천연두)

아하~ 함·정·넘·기

❶ 표준어도 지역 방언이었다?

〈표준어 규정〉의 제1항은 '표준어는 교양 있는 사람들이 두루 쓰는 현대 서울말로 정함을 원칙으로 한다.'라고 표준어 사정 원칙을 명시하고 있습니다. 즉 서울의 방언을 표준어로 삼았다는 것입니다. 많은 지역 사람들이 모여서 이야기를 나눌 때 각자의 지역 방언을 사용한다면 의사소통이 어려워질 수 있는데, 이를 방지하기 위해 표준어의 조건으로 서울말을 제시한 것입니다.

[1~5] 다음 설명이 맞으면 ○표, 틀리면 ×표 하시오.

1 우리말에 본디부터 있었던 말을 고유어라고 한다.
······ ( )

2 고유어는 한자어에 비해 좀 더 분화된 의미를 지니고 있다. ······ ( )

3 한자어에는 추상적이고 전문적인 개념을 나타내는 어휘가 많다. ······ ( )

4 외래어는 외국의 문물과 함께 들어온 경우가 많다.
······ ( )

5 외래어는 국어로 인정되는 말이지만, 외국어는 국어로 인정되지 않는 말이다. ······ ( )

[6~16] 제시된 단어가 고유어이면 '고', 한자어이면 '한', 외래어이면 '외'라고 쓰시오.

6 바람 ····························· ( )

7 축구 ····························· ( )

8 커피 ····························· ( )

9 컴퓨터 ····························· ( )

10 기러기 ····························· ( )

11 지하철 ····························· ( )

12 바이올린 ····························· ( )

13 동서남북 ····························· ( )

14 해바라기 ····························· ( )

15 시나브로 ····························· ( )

16 아르바이트 ····························· ( )

[17~19] 제시된 단어들 중, 고유어에 해당하지 <u>않는</u> 것을 고르시오.

17 ① 딸 ② 아들 ③ 형 ④ 누나

18 ① 밥 ② 국 ③ 찌개 ④ 반찬

19 ① 붓 ② 볼펜 ③ 벼루 ④ 종이

[20~22] 금기어와 그것을 대신하는 완곡어를 바르게 연결하시오.

20 죽다 •   ㉠ 마마

21 변소 •   ㉡ 돌아가다

22 천연두•   ㉢ 화장실

[23~26] 초성을 참고하여 빈칸에 들어갈 적절한 말을 쓰시오.

23 한 언어에서, 계층적으로 분화되어 직업, 연령, 성별 따위에 따라 특징적으로 쓰는 말을 ㅅㅎ 방언이라고 한다.

24 어떤 계층이나 부류의 사람들이 다른 사람들이 알아듣지 못하도록 자기네 구성원들끼리만 빈번하게 사용하는 말을 ㅇㅇ라고 한다.

25 ㅇㅎㅇ는 비교적 짧은 시기에 걸쳐 여러 사람의 입에 오르내리는 말을 뜻한다.

26 ㅈㅁㅇ란 특정한 전문 분야에서 주로 사용하는 말을 뜻한다.

[27~30] 아래 설명을 참고하여 빈칸을 채우시오.

			27
	28	29	
30			

27 집단의 비밀을 유지하기 위해 집단에 소속된 사람들만 사용하는 말이다.

28 예전부터 사용해 온 우리말로, 다른 말로는 '순우리말'이라고 한다.

29 당시의 사회상을 반영하기도 하며, 대부분 짧은 기간 동안 널리 쓰이다가 사라지는 말이다.

30 각 나라에서 의사소통의 기준(규범)으로 정한 말이다.

31
국어의 어휘 체계에 대한 설명으로 적절하지 않은 것은?

① 어종에 따라 고유어, 한자어, 외래어로 나뉜다.
② 역사적으로 한자어가 고유어보다 더 오래전부터 쓰였다.
③ 외래어는 새로운 문물의 도입과 더불어 쓰인 경우가 많다.
④ 외래어는 외국에서 들어온 말 중 우리말로 자리 잡은 말이다.
⑤ 고유어는 한자어보다 우리 민족의 정서를 표현하기에 적합하다.

32
〈보기〉는 국어사전에 실린 외래어들이다. 이 단어들에 대한 설명으로 적절하지 않은 것은?

┤ 보기 ├
텔레비전(television), 컴퓨터(computer), 컵(cup), 고무, 빵, 가방

① 국어의 어휘를 보완해 주는 역할을 한다.
② 외국 문물을 수용하는 과정에서 쓰이게 되었다.
③ 널리 사용되어 순우리말로 바꾸어 쓰기 어렵다.
④ 국어의 어휘 체계를 구성하는 어휘로 보기 어렵다.
⑤ 이미 사용이 굳어진 외래어는 외국 글자를 따로 제시하지 않고 관습을 존중하여 쓴다.

33
다음 식단표에서 고유어에 해당하지 않는 것은?

1/9 (월)	찹쌀밥, 미역국, 김, 깍두기, …
1/10 (화)	보리밥, 뭇국, 잡채, 무장아찌, …

① 찹쌀밥　　　　② 미역국
③ 깍두기　　　　④ 잡채
⑤ 무장아찌

34
〈보기〉에 제시된 단어들의 공통점으로 가장 적절한 것은?

┤ 보기 ├
무지개　　회오리　　구름　　달무리　　바람

① 전문 분야에서만 쓰인다.
② 우리말에 본디부터 있었다.
③ 한자를 바탕으로 만들어졌다.
④ 특정 지역에서만 널리 쓰인다.
⑤ 특정 시기에 잠깐 쓰이다가 사라진다.

35
〈보기〉의 밑줄 친 한자어와 바꿔 쓸 수 있는 고유어로 가장 적절한 것은?

┤ 보기 ├
특정한 이론에 집착(執着)하는 것보다는 새로운 자료와 방법을 적극적으로 이용하여 다양한 해석을 하고자 하는 열린 자세가 필요하다.

① 쓰이는　　　② 알려지는　　　③ 내세우는
④ 흔들리는　　　⑤ 매달리는

36 고난도
〈보기〉의 ㉮와 ㉯에 대한 설명으로 적절하지 않은 것은?

┤ 보기 ├
㉮의 예: 선수, 운동화, 감독, 우승
㉯의 예: 게임, 테니스, 라켓, 서브

① ㉮는 어종 가운데 우리말에서 차지하는 비율이 가장 높다.
② ㉯는 새롭게 들어온 문물과 관련된 단어들인 경우가 많다.
③ ㉮는 ㉯와 달리 단어를 이루는 글자가 각각의 의미를 지니고 있다.
④ ㉯는 ㉮와 달리 새로운 말이 계속해서 만들어지고 있다.
⑤ ㉮와 ㉯는 모두 우리가 사용할 수 있는 어휘를 풍부하게 해 준다.

[37~38] 〈보기〉를 보고 물음에 답하시오.

┤ 보기 ├
• 홈페이지(homepage) → 누리집
• 네티즌(netizen) → 누리꾼

37

〈보기〉를 이해한 내용으로 가장 적절한 것은?

① 외래어가 어디에서 비롯되었는지 알 수 있어.
② 외래어를 고유어로 바꾸려는 노력의 결실이야.
③ 외래어를 고유어보다 더 많이 사용하면 혼란만 커질 거야.
④ 우리말 체계에서 외래어가 불필요하다는 것을 알 수 있어.
⑤ 외래어가 고유어보다 의미 전달이 더 분명하다는 것을 보여 줘.

38 고난도

〈보기〉에 추가할 수 있는 예로 가장 적절한 것은?

① '네티켓'은 누리꾼들이 온라인상에 지켜야 할 예절을 뜻하는 말이다.
② 야구에서 예전에 '플라이볼'이라고 했던 것을 지금은 '뜬공'이라고 한다.
③ 인터넷 게시판에 써 놓은 글에 아무런 댓글이 없는 것을 '무플'이라고 한다.
④ 올림픽의 태권도 경기에서 '차려', '그쳐' 등의 고유어가 공식 용어로 쓰이고 있다.
⑤ 공사 현장에서는 여전히 '아시바(발판)', '나라시(흙 고르기)' 등의 일본어 잔재가 남아 있다.

39

다음 밑줄 친 고유어를 대신할 수 있는 한자어로 적절하지 않은 것은?

① 더 적극적으로 생각해야 해. → 사고(思考)
② 친구 문제 때문에 생각이 많아. → 고민(苦悶)
③ 내가 도와줄 거라고 생각하지 마. → 사색(思索)
④ 이 음악은 슬픈 느낌을 유발해. → 감정(感情)
⑤ 안 좋은 일이 생길 것 같은 느낌이 들어. → 예감(豫感)

40

밑줄 친 한자어와 바꿔 쓰기에 가장 적절한 것은?

이번 협정을 통해 인류의 평화와 번영을 실현(實現)할 수 있다고 믿는다.

① 만날   ② 이룰   ③ 기다릴
④ 떠올릴   ⑤ 헤아릴

41

〈보기〉의 밑줄 친 단어들을 한 단어로 고칠 때 가장 적절한 것은?

┤ 보기 ├
• 옷을 수선하다.   • 병을 치료하다.
• 차를 수리하다.   • 기록을 정정하다.

① 만들다   ② 남기다   ③ 고치다
④ 바로잡다 ⑤ 보살피다

42 고난도

표준어와 지역 방언에 대한 태도로 가장 적절한 것은?

① 지역 방언은 의사소통에 장애를 일으키므로 어떤 경우에도 사용하지 말아야 한다.
② 지역 방언은 친근감을 느끼게 하므로 공적인 상황에서도 적극적으로 사용해야 한다.
③ 표준어를 사용하기 위해 노력하되, 지역 방언이 지닌 장점도 살려 나가야 한다.
④ 원활한 의사소통을 위해 지역 방언을 버리고 표준어만을 적극적으로 교육해야 한다.
⑤ 표준어에 관심을 갖기보다는 사라져 가는 지역 방언을 되살리는 데 더 큰 노력을 해야 한다.

43

유행어에 대한 설명으로 적절하지 않은 것은?

① 대부분 일정 기간만 쓰이다가 사라진다.
② 오랫동안 쓰이다가 국어사전에 실리기도 한다.
③ 인상적인 표현으로 많은 사람의 입에 오르내린다.
④ 그 말이 쓰이던 당시의 사회상을 반영하기도 한다.
⑤ 공식적 자리에서 사용하면 전문적 지식이 높다는 인상을 줄 수 있다.

[44~46] 다음 글을 읽고 물음에 답하시오.

요즈음 국어 생활에서 반성할 점으로 지적되는 모습들이 많다. 그중에 하나는 은어가 많아지고 있다는 것이다. ⊙은어는 다른 집단의 사람들이 알아들을 수 없게 자기들끼리만 통하는 말을 뜻한다. 은어는 집단 구성원들의 결속력을 높이는 장점이 있지만, 나머지 사람들에게 소외감과 고립감을 느끼게 한다는 단점이 있다.

또, 다른 나라에서 들어온 말이 지나치게 많이 사용되는 것도 우리의 국어 생활에서 반성할 점이다. 물론 ⓛ다른 나라에서 들어온 말 중에는 우리말로 정착하여 널리 쓰이는 말도 있다. 하지만 우리말이 있음에도 불구하고 일부러 외국말을 사용하는 사람들이 많다. 외국어를 사용하면 우리가 이용할 수 있는 단어의 수가 늘어난다는 장점이 있지만, 우리말의 본모습을 잃게 될 수 있다.

44
윗글의 제목으로 가장 적절한 것은?

① 국어의 발전 과정
② 국어와 외국어의 관계
③ 국어에서 은어의 기원
④ 국어에서 사라지는 어휘
⑤ 최근 국어 생활의 문제점

45 고난도
⊙과 지역 방언의 공통점으로 적절한 것은?

① 집단 밖의 사람들에게 소외감을 줄 수 있다.
② 의미가 추상적이어서 다양한 의미로 쓰인다.
③ 다른 사람들을 배제하려고 일부러 만든 말이다.
④ 지리적 요인에 의해 예전부터 자연스럽게 생겨났다.
⑤ 집단 밖의 사람들에게 알려지면 더 이상 쓰이지 않게 된다.

46 서술형 ✎
국어의 어휘 체계 중 ⓛ에 해당하는 것을 쓰고, 그 특징을 〈조건〉에 맞게 서술하시오.

┤ 조건 ├
• 긍정적인 특징을 쓸 것.
• 20자 내외의 한 문장으로 쓸 것.

47
〈보기〉에서 외래어와 외국어의 공통점만을 있는 대로 고른 것은?

┤ 보기 ├
⊙ 다른 나라에서 들어온 말이다.
ⓛ 국어의 어휘 체계에 속하지 않는다.
ⓒ 그 말을 대체할 수 있는 고유어가 없다.
ⓔ 상황에 따라 우리말 어휘를 보충해 준다.
ⓜ 우리말에 기초하여 새로 만들어진 말도 있다.

① ⊙, ⓒ   ② ⊙, ⓔ   ③ ⓛ, ⓔ
④ ⓛ, ⓜ   ⑤ ⊙, ⓒ, ⓜ

48
〈보기〉와 밀접한 관련이 있는 것은?

┤ 보기 ├
○○ 시장의 피복 상인들은 하나에서 열까지를 '야리, 후리, 갓지, 다마, 배부, 미스 오기, 앗다, 아부다이, 이야리'라고 센다고 한다. 그런데 똑같은 셈을 □□ 시장의 상인들은 '건, 차, 여, 정, 인, 교, 백, 태, 욱, 영'이라고 한다.

① 은어   ② 전문어   ③ 유행어
④ 표준어   ⑤ 사투리

49 서술형 ✎
〈보기〉를 통해 알 수 있는 유행어의 특징을 20자 내외의 한 문장으로 서술하시오.

┤ 보기 ├
한때 유행했던 '이태백'이라는 말은 '이십 대 태반이 백수'를 뜻한다. 이 말이 유행하던 당시에 우리 사회에는 청년 실업이 심각한 문제 중 하나였다.

50

어휘의 양상에 대한 설명으로 적절하지 않은 것은?

① 유행어를 살펴보면 당대 사회의 모습을 이해하는 데 도움이 된다.

② 서로 다른 지역 방언을 사용하는 사람들 사이에는 위화감이 생길 수 있다.

③ 유행어는 독특하고 신선한 표현이 많아 사람들에게 퍼지는 속도가 빠르다.

④ 전문어는 의미가 정밀하고 그에 대응하는 일반 어휘가 없는 경우가 많다.

⑤ 은어는 장난기 어린 표현, 반항적인 표현 등을 하고 싶을 때 주로 사용한다.

51 신유형

다음은 국어사전의 일부이다. 빈칸에 들어갈 말로 가장 적절한 것은?

큰집[큰집] 「명사」
Ⅰ 집안의 맏이가 사는 집. ＝맏집.
　　　⋮
④ 죄수들의 ▢▢▢▢로, '교도소'를 이르는 말.

① 은어　　　② 금기어　　　③ 완곡어
④ 유행어　　　⑤ 전문어

52

〈보기〉의 ㉠과 ㉡의 짝으로 적절하지 않은 것은?

┤ 보기 ├
㉠사람들이 직접적으로 표현하기를 꺼리며, 사용할 때는 불편한 감정을 느낄 수 있는 단어가 있다. 그래서 ㉡그 단어를 대체하여 완곡하게 표현하는 다른 단어가 등장하였다.

	㉠	㉡		㉠	㉡
①	죽다	떠나다	②	천연두	손님
③	변소	화장실	④	용변	볼일
⑤	대가리	머리			

53 서술형 🖊

〈보기〉를 통해 알 수 있는 완곡어의 특징을 30자 내외의 한 문장으로 쓰시오.

┤ 보기 ├
우리 조상들은 '호랑이'를 직접 입에 올리는 것을 금기시하였다. '호랑이에게 당하는 화'를 뜻하는 '호환'이라는 말이 있을 정도로 호랑이로 인한 피해가 너무 컸기 때문이다. 그래서 '호랑이'를 '산신령', '산신', '영감' 등으로 불렀다.

54

올바른 국어 생활의 태도에 해당하는 것은?

① 어종별로 그 특성을 고려하여 상황에 맞게 사용한다.

② 어려운 한자어보다는 친숙한 외래어를 주로 사용한다.

③ 다른 나라에서 들어온 외래어는 절대 사용하지 않는다.

④ 세계화 시대를 주도하기 위해 평소 외국어를 자주 사용한다.

⑤ 자신만의 개성을 드러낼 수 있도록 유행어를 많이 사용한다.

55 서술형 🖊

다음 대화에서 엄마가 딸과 아들이 하는 말을 이해하지 못한 이유를 서술하시오.

딸: 친구 생파* 간다며? 생선*은 뭐 샀어?
아들: 그냥 문상* 주려고.
엄마: 생파? 문상? 무슨 말들을 하는 거니?

＊생파: '생일 파티'를 줄인 말.
＊생선: '생일 선물'을 줄인 말.
＊문상: '문화 상품권'을 줄인 말.

56 2015학년도 9월 고1 전국연합학력평가 14번

(가)~(다)에 대한 설명으로 적절하지 <u>않은</u> 것은?

(가)	(나)	(다)
고치다	제도를 고치다	개혁(改革)하다
	병을 고치다	치료(治療)하다
	습관을 고치다	교정(矯正)하다
	내용을 고치다	수정(修正)하다
	옷을 고치다	수선(修繕)하다

① (가)는 상황에 따라 여러 가지 의미로 사용된다.

② (나)의 의미는 목적어에 의해서 제한적으로 해석된다.

③ (다)의 어휘들끼리는 문장에서 서로 바꿔 쓸 수 있다.

④ (다)는 문장에서 (가)로 바꿔 쓸 수 있다.

⑤ (다)는 (가)에 비해 세분화된 의미를 지닌다.

57

〈보기〉를 이해한 내용으로 적절하지 <u>않은</u> 것은?

┤ 보기 ├

축구에서, 수비 측에 의해 코너 아웃된 공을 공격 측이 코너에 놓고 경기장 안으로 차는 일을 '코너킥(corner kick)'이라고 한다. 같은 뜻을 가진 말로 순우리말을 결합해 만든 '구석차기'가 있는데, 이는 외래어를 알기 쉽게 고유어로 순화한 말에 해당한다. '코너킥'과 '구석차기'는 둘 다 국어사전에 실린 우리말인데 사람들은 '구석차기'보다 '코너킥'을 더 많이 사용한다. 그 이유는 사람들에게는 '구석차기'보다 '코너킥'이 익숙하기 때문이다.

① 외국어였던 '코너킥'이 이제는 외래어로 자리 잡았군.

② '구석차기'는 순우리말인 '구석'과 '차기'를 결합하여 새로 만든 단어군.

③ 축구 용어 중 하나인 '페널티 킥'도 '벌칙차기'와 같이 순화할 수 있겠군.

④ 외국어는 그것을 대체할 고유어가 있을 때, 외래어의 지위를 얻게 되는군.

⑤ 외국에서 온 말이라 하더라도 사람들 사이에서 널리 쓰인다면 국어의 체계에 포함될 수 있군.

58

〈보기〉에서 지역 방언의 긍정적인 측면을 말한 것만을 있는 대로 고른 것은?

┤ 보기 ├

㉮ 표준어도 여러 지역 방언 중에서 대표로 정해진 것이다. 따라서 지역 방언이 없으면 표준어의 제정이 무의미하다.

㉯ 지역 방언 속에는 옛말이 많이 남아 있어서, 국어의 역사를 연구하는 데 큰 도움을 준다.

㉰ 지역 방언은 서로 다른 지역에서 사는 사람들끼리 의사소통을 어렵게 하고 위화감을 조성한다.

㉱ 지역 방언은 특정한 지역이나 계층의 사람끼리 사용하므로, 그것을 사용하는 사람들 사이에 친근감을 느끼게 해 준다.

㉲ 지역 방언 속에는 우리 민족의 정서와 사상이 들어 있어서, 민족성과 전통, 풍습을 이해하는 데 도움을 준다.

① ㉮, ㉯, ㉰   ② ㉮, ㉱, ㉲

③ ㉯, ㉰, ㉲   ④ ㉮, ㉯, ㉱, ㉲

⑤ ㉯, ㉰, ㉱, ㉲

59

〈보기〉를 이해한 내용으로 가장 적절한 것은?

┤ 보기 ├

• 나이 – 연세(年歲), 춘추(春秋)

• 집 – 댁(宅)

• 너 – 당신(當身)

① 고유어와 한자어는 일대일로 대응하는 관계이군.

② 고유어와 달리 한자어를 사용하면 뜻이 더욱 분명해지는군.

③ 고유어와 한자어의 뜻이 유사하다면 고유어를 쓰는 게 좋겠군.

④ 높임 표현을 위해 고유어 대신 한자어를 쓰는 경우가 있겠군.

⑤ 같은 뜻을 나타낸다면 고유어와 한자어는 언제든지 서로 바꾸어 쓸 수 있겠군.

60

지역 방언(사투리)이 효과적으로 사용된 경우로 보기 어려운 것은?

① 지역색을 드러내는 개그 프로그램에서
② 특정 지역을 배경으로 한 드라마의 대사에서
③ 같은 지역 출신의 사람들이 만난 동창회에서
④ 태풍과 관련한 기상 정보를 전달하는 뉴스에서
⑤ 향토적 정감을 불러일으키는 소설 속 대사에서

61

방언의 성격이 나머지와 다른 것은?

① (방 안에서) 비가 억수로 옵니더.
② (역 앞에서) 보소, 지금 몇 싱교?
③ (논둑길에서) 시방 밥 먹으러 가유.
④ (공원에서) 아따! 날씨 겁나게 좋아부요.
⑤ (신문사에서) 김 기자! 나 오늘 특종 낚았어.

62

〈보기〉의 밑줄 친 '이것'이 가리키는 말로 가장 적절한 것은?

┤ 보기 ├

　이것은 어느 한 시기에 사람들에 의해 널리 쓰이는 말이다. 당시의 사회상을 반영하기도 하고, 사람들에게 웃음을 줄 수도 있다. 하지만 이것을 지나치게 많이 사용하면 개성이 없고 가벼운 사람이라는 인상을 줄 수 있다.

① 고유어　　② 외래어　　③ 전문어
④ 유행어　　⑤ 지역 방언

63

〈보기〉와 같은 특징을 지닌 단어는?

┤ 보기 ├

• 폐쇄적이고 비밀스러운 성격이 강해서 암호처럼 쓰이기도 한다.
• 집단 밖의 사람들에게도 알려지면 그 본래 기능을 잃을 수 있다.

① 고유어　　② 은어　　③ 유행어
④ 외래어　　⑤ 전문어

64 2015학년도 9월 고1 전국연합학력평가 15번

(가)에서 (나)로 명칭이 변한 이유로 가장 적절한 것은?

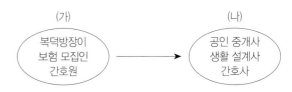

① 언어를 간결하게 사용하고자 했기 때문이다.
② 특정 집단의 비밀을 유지할 수 있기 때문이다.
③ 대상에 대한 친밀감을 표현할 수 있기 때문이다.
④ 직업의 전문성에 대한 의식이 강화되었기 때문이다.
⑤ 새로운 표현을 좋아하는 심리가 반영되었기 때문이다.

65

(가)와 (나)의 밑줄 친 단어들의 공통점으로 가장 적절한 것은?

(가)　의사 1: 종종 **시저**가 발생합니다.
　　　의사 2: **로라제팜**이 필요하겠군요.
　　　보호자: 무슨 말씀인가요?

　　　• 시저: 발작
　　　• 로라제팜: 진정제의 일종

(나)　독립군 1: **꿩** 잡을 때는 늘 조심하게나.
　　　독립군 2: 걱정 말게나. 곧 돌아오겠네.

　　　• 꿩: 친일파

① 짧은 시기 동안만 쓰이다가 곧 사라진다.
② 집단 내의 비밀을 유지하기 위해 만들어졌다.
③ 보다 정확한 의미를 나타내기 위해 사용된다.
④ 다른 집단에 속한 사람들은 이해하기 어렵다.
⑤ 입에 담기 꺼리는 단어를 대체하기 위해 사용된다.

개념 확인

📖 함께 보기 | 필독 중학 국어 문법 95쪽으로!

의미 자질
- 하나의 단어를 이루는 의미적인 구성 요소
- '총각'의 의미 자질은 [인간], [남성], [성숙], [미혼] 등임. '처녀'는 그중에서 [남성]만 [여성]으로 바뀌는 것이므로 '총각'과 '처녀'는 반의 관계가 성립함.

상하 관계
- 어떤 어휘들이 상의어와 하의어의 관계를 이룰 때, 이를 상하 관계라고 함.
- 상하 관계는 상대적인 특성을 지니고 있음. 예를 들어, '동물-포유류-곰'에서 '포유류'는 '동물'의 하의어이지만, '곰'의 상의어임.

■ 어휘의 의미 관계

단어들 사이의 의미 관계에 따라 다음과 같이 나눌 수 있음.

유의어 무리 類, 뜻 義	• 말소리는 다르지만, 의미가 서로 비슷한 말 • 미묘한 차이로 우리의 언어생활을 풍부하게 함. 예 가끔 : 더러 : 이따금 : 때때로 : 간혹
반의어 반대 反, 뜻 義	• 그 의미가 서로 정반대인 관계에 있는 말 • 단 하나의 의미 자질만 다르고 나머지는 공통됨. 예 남자 : 여자, 낮 : 밤, 오다 : 가다
상의어 위 上, 뜻 義	• 한쪽이 의미상 다른 단어를 포함하는 말 • 일반적이고 포괄적인 의미를 지님. 예 <u>예술</u>: <u>음악, 무용, 미술, 문학</u> 등 　상의어　　　　　하의어
하의어 아래 下, 뜻 義	• 한쪽이 의미상 다른 단어에 포함되는 말 • 구체적이고 개별적인 의미를 지님. 예 <u>구기 종목</u>: <u>축구, 배구, 농구, 야구</u> 등 　상의어　　　　　하의어
동음이의어 같을 同, 소리 音 다를 異, 뜻 義	• 소리는 같으나 의미가 다른 단어 예 배: 먹는 과일 배, 물을 건널 때 타는 배, 사람 몸의 배 … • 의미들 사이에 아무런 연관성이 없으며, 국어사전에서 별개의 표제어로 처리됨.
다의어 많을 多, 뜻 義	• 두 가지 이상의 의미를 가진 단어 ┌ 중심 의미: 여러 의미 중 가장 기본적이고 핵심적인 의미 └ 주변 의미: 중심 의미가 문맥에 따라 그 쓰임이 확장되면서 생겨난 의미 예 머리: [중심 의미] 사람이나 동물의 목 위의 부분. 　　　　 [주변 의미] 생각하고 판단하는 능력, 머리에 난 털, 단체의 우두머리 등 • 의미들 사이에 연관성이 있으며, 국어사전에서 하나의 표제어 밑에 여러 의미가 제시됨.

아하~ **함·정·넘·기**

❶ 반의어는 하나가 아니다?
어떤 단어의 반의어는 상황에 따라 달라집니다. 예를 들어 '벗다'의 반의어를 '입다' 또는 '쓰다'라고 단정할 수 없습니다. '옷을 벗다', '모자를 벗다', '신발을 벗다', '배낭을 벗다', '책임을 벗다'에서 '벗다'의 반의어는 각각 '입다', '쓰다', '신다', '메다', '지다'입니다.

❷ 동음이의어와 다의어 구별, 이런 방법이?
어떤 단어가 동음이의어인지, 다의어인지 구별하기 위해서는 의미들 사이의 연관성을 따져 봐야 합니다. 의미들 사이의 연관성을 따져 보기 어렵다면 영어로 바꾸어 보는 것도 한 방법입니다. 사람의 '다리'는 'leg', 강 위의 '다리'는 'bridge'입니다. 즉 둘은 의미상 관련이 없는 동음이의어입니다. 다의어는 의미들 사이에 연관성이 있지만, 동음이의어는 어원이 다른 두 단어가 우연히 소리가 같아진 것입니다.

정답과 해설 21쪽

[1~6] 다음 설명에 해당하는 말을 찾아 바르게 연결하시오.

1 한쪽이 의미상 다른 단어를 포함하는 단어 • • ㉠ 유의어

2 의미상 다른 단어에 포함되는 단어 • • ㉡ 반의어

3 의미가 서로 반대되는 관계에 있는 단어들 • • ㉢ 상의어

4 두 가지 이상의 의미를 가진 단어 • • ㉣ 하의어

5 의미가 서로 비슷한 관계에 있는 단어들 • • ㉤ 동음이의어

6 소리는 같으나 의미가 다른 단어 • • ㉥ 다의어

[7~11] 다음 설명이 맞으면 ○표, 틀리면 ×표 하시오.

7 유의어는 어떤 상황에서든 서로 바꿔 쓸 수 있다. ······ (　　)

8 상의어는 하의어에 비해 의미가 더 포괄적이다. ······ (　　)

9 다의어의 의미 중에서 가장 기본적이고 핵심적인 의미를 중심 의미라고 한다. ······ (　　)

10 동음이의어는 단어들 간의 의미 사이에 연관성이 있다. ······ (　　)

11 의미 관계를 고려하여 단어를 사용하면 풍부한 표현력을 기를 수 있다. ······ (　　)

[12~17] 밑줄 친 단어와 바꿔 쓰기에 가장 적절한 것을 고르시오.

12 건물 속으로 들어갔다.
① 안　　　　② 겉　　　　③ 밖

13 친구와 가끔 영화를 보러 간다.
① 자주　　　② 매일　　　③ 종종

14 자고 일어나서 얼굴을 씻었다.
① 낫　　　　② 낮　　　　③ 낯

15 장사로 이익을 많이 봤다.
① 살폈다　　② 얻었다　　③ 감상했다

16 대패로 통나무를 밀었다.
① 없앴다　　② 덮었다　　③ 깎았다

17 독한 마음을 먹어야 이겨 낼 수 있어.
① 품어야　　② 마셔야　　③ 당해야

[18~25] 다음 제시된 단어의 반의어를 각각 쓰시오.

18 낮 ·························· (　　)

19 오른쪽 ·························· (　　)

20 출발 ·························· (　　)

21 스승 ·························· (　　)

22 (산이) 높다 ·························· (　　)

23 (눈을) 감다 ·························· (　　)

24 (공을) 던지다 ·························· (　　)

25 (값이) 오르다 ·························· (　　)

[26~30] 〈보기〉를 참고하여, 빈칸에 들어갈 적절한 단어를 쓰시오.

┌─ 보기 ┐
운동 : 축구, 농구, 배구, 체조, 수영
└──────────────────┘

26 [　　] : 말, 소, 돼지, 고래, 개구리

27 [　　] : 피아노, 바이올린, 첼로, 트럼펫

28 [　　] : 장미, 무궁화, 채송화, 진달래

29 [　　] : 시, 소설, 수필, 희곡

30 [　　] : 구두, 운동화, 실내화, 슬리퍼

31

밑줄 친 단어의 유의어로 적절하지 <u>않은</u> 것은?

① 몸에 <u>해로운</u> 음식은 먹지 마세요. … 이로운
② 날씨가 좋아 과일이 잘 <u>익었다</u>. … 여물었다
③ 아무래도 누군가 그를 <u>밀고</u> 있다. … 도와주고
④ 그는 시내에 작은 음식점을 <u>벌였다</u>. … 차렸다
⑤ 힘들더라도 끝까지 <u>버티면</u> 성공할 거야. … 견디면

32

다음 밑줄 친 단어와 바꿔 써도 의미에 큰 변화가 <u>없는</u> 것은?

> 그는 자물쇠로 책상 서랍을 <u>잠갔다</u>.

① 끼웠다   ② 풀었다   ③ 묶었다
④ 채웠다   ⑤ 차단했다

33

밑줄 친 두 단어가 반의 관계를 맺고 있지 <u>않은</u> 것은?

① 영어는 좀 <u>알지만</u> 중국어는 전혀 <u>몰라</u>.
② <u>성공</u>과 <u>실패</u> 여부는 너의 노력에 달렸어.
③ 그가 <u>이익</u>을 본 만큼 그녀는 <u>손해</u>를 봤다.
④ 날씨가 풀려서 <u>눈</u> 대신 <u>비</u>가 내리고 있어.
⑤ 한참 전에 <u>출발</u>했다는데 아직 <u>도착</u>을 하지 않았어.

34

밑줄 친 단어의 반의어를 연결한 것으로 적절하지 <u>않은</u> 것은?

① 자리가 많이 <u>비었다</u>. – 찼다
② 학생 수가 <u>늘었다</u>. – 줄었다
③ 네가 한 말이 <u>맞았어</u>. – 틀렸어
④ 옷이 너무 <u>커서</u> 헐렁해. – 작아서
⑤ 실이 머리칼보다 <u>가늘다</u>. – 두껍다

35

밑줄 친 단어의 반의어로 적절하지 <u>않은</u> 것은?

① 냄비 뚜껑을 <u>열어</u> 두지 마. … 덮어
② 환기를 위해 창문을 <u>열었다</u>. … 닫았다
③ 그는 마침내 입을 <u>열었다</u>. … 맞추었다
④ 갑자기 회의를 <u>열게</u> 되었다. … 마치게
⑤ 맨손으로 병마개를 <u>열기</u> 어렵다. … 막기

36 신유형

다음은 '희망'의 유의어를 나타낸 것이다. ㉠에 들어갈 단어를 〈조건〉에 맞게 쓰시오.

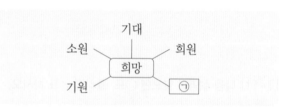

┤ 조건 ├
• '추- + -ㅁ → 춤'과 같이 순우리말 어근과 접사가 결합한 단어일 것.

37 고난도

〈보기〉의 ㉠~㉢의 반의어를 모두 바르게 짝지은 것은?

┤ 보기 ├
• 텃밭에서 배추를 ㉠<u>뽑아</u> 왔다.
• 벽에 있는 못을 다 ㉡<u>뽑아야</u> 해.
• 그의 활약으로 먼저 한 골을 ㉢<u>뽑았다</u>.

	㉠	㉡	㉢
①	심다	박다	내다
②	심다	박다	먹다
③	쓰다	넣다	내다
④	박다	따다	먹다
⑤	빼내다	넣다	올리다

[38 ~ 40] 다음 글을 읽고 물음에 답하시오.

우연히 소리는 같으나 의미가 서로 다른 단어들의 관계를 ㉠동음이의 관계라고 하며, 이러한 관계에 있는 단어들을 동음이의어라고 한다. 동음이의어는 본래부터 다른 단어였기 때문에 의미 사이에 연관성이 없다. 따라서 국어사전에서도 별개의 표제어로 처리한다.

동음이의어가 사용된 문장은 두 가지 이상의 의미로 해석되는 ㉡중의적 문장이 될 수 있다. 예를 들어 '배가 크다.'라는 문장은 '배'라는 동음이의어로 인해 여러 가지 의미로 해석될 수 있다. 따라서 동음이의어가 쓰인 경우에는 문맥이나 상황을 고려해야 문장의 정확한 의미를 파악할 수 있다.

38

윗글을 바탕으로 동음이의어를 이해한 것으로 적절하지 않은 것은?

① 사전에서는 각기 다른 단어로 취급하는군.
② 의미들 사이에 연관성이 있다고 볼 수 없어.
③ 우연히 소리만 같을 뿐 본래부터 다른 단어야.
④ '차가 많다.'라는 문장도 중의적 문장이 되겠군.
⑤ 동음이의어가 쓰인 문장은 정확한 의미를 알 수 없겠군.

39

윗글을 고려할 때, 밑줄 친 두 단어의 관계가 ㉠에 해당하지 않는 것은?

① 눈보라가 쳐서 눈에 눈이 들어갔다.
② 저것이 이 해의 마지막 해가 되겠구나.
③ 맛있는 배를 많이 먹었더니 배가 부르다.
④ 인부로 쓸 사람을 구했으니 너무 신경 쓰지 마.
⑤ 땅속에 묻은 김치를 꺼내느라 옷에 흙이 묻었다.

40

㉡의 예로 들기에 적절한 것은?

① 풀이 많이 모자랄 것 같다.
② 뒷산에 가서 밤을 주워 왔다.
③ 창문에 김이 많이 서려 있다.
④ 지난해 홍수로 다리가 무너졌다.
⑤ 울릉도에 가려면 저 배를 타야 해.

41

〈보기〉의 ㉠~㉢에 대한 설명으로 적절한 것은?

┤ 보기 ├
• 어머니는 항상 ㉠가사로 바쁘시다.
• 이 노래는 특히 ㉡가사가 마음에 들어.
• 이번 시험에 정철의 ㉢가사 작품이 포함되었어.

① ㉠의 의미가 중심 의미에 해당한다.
② ㉡과 ㉢은 의미상 서로 연관성이 있다.
③ ㉠, ㉡은 ㉢과 달리 한 단어로 취급된다.
④ ㉠, ㉡, ㉢은 국어사전에 하나의 표제어로 실린다.
⑤ ㉠, ㉡, ㉢은 소리만 같을 뿐 의미는 서로 관련이 없다.

42

밑줄 친 단어 중 ㉠과 동음이의 관계에 있는 것은?

축구공을 ㉠발로 힘껏 찼다.

① 거기는 위험하니 한 발 뒤로 물러서.
② 사격을 위해 총알 한 발을 장전하였다.
③ 이쪽 장롱의 발이 짧아 균형이 안 맞아.
④ 시험 기간에는 피시방에 발을 끊을 거야.
⑤ 그는 발이 무척 빨라서 같이 걷기 힘들어.

43

의미 관계가 다음 두 단어와 같은 것은?

흉내 : 시늉

① 이륙 : 착륙   ② 접다 : 펴다
③ 포유류 : 고래   ④ 밝다 : 환하다
⑤ 숨기다 : 드러내다

44 신유형

〈보기〉의 빈칸에 들어갈 말로 가장 적절한 것은?

┤ 보기 ├
번지다[번ː지다] 통
말이나 소리 따위가 널리 옮아 [   ].
¶ 나쁜 소문이 마을 곳곳에 번지다.

① 오르다   ② 해지다   ③ 퍼지다
④ 드러나다   ⑤ 움직이다

[45~47] 다음 글을 읽고 물음에 답하시오.

> 다의어는 두 가지 이상의 의미를 가진 단어를 뜻하며, 국어사전에 하나의 표제어로 실린다. 다의어가 가진 의미들 사이에는 연관성이 있으며, 의미들 가운데서 가장 기본적이고 핵심적인 의미를 ㉠'중심 의미'라고 하고, 중심 의미를 제외한 다른 의미를 '주변 의미'라고 한다.

45 (서술형✏️)

〈보기〉는 윗글을 바탕으로 탐구한 내용이다. 괄호 안에서 적절한 단어만을 골라 쓰시오.

> ┤ 보기 ├
> ㉮ 신경을 많이 썼더니 머리가 아프다.
> ㉯ 그는 모임의 머리 노릇을 하고 있다.
> ⇒ ㉮와 ㉯의 '머리'는 의미가 서로 관련이 (있으므로 / 없으므로) (동음이의어 / 다의어)이며, 국어사전에서 (하나의 / 별개의) 낱말로 취급한다.

46

밑줄 친 단어의 의미가 ㉠에 해당하는 것은?

① 다른 사람의 눈을 너무 의식하지 마.
② 그는 눈을 크게 뜨고 나를 쳐다보았다.
③ 형은 안경을 써야 할 정도로 눈이 나쁘다.
④ 검사는 피의자를 의심의 눈으로 바라보았다.
⑤ 경제 변화를 읽는 그의 눈은 언제나 정확하다.

47

밑줄 친 단어의 의미가 ㉠에 해당하는 것은?

① 아이가 겁을 많이 먹었나 봐.
② 김이 습기를 먹어 눅눅해졌어.
③ 점심은 밥 대신 국수를 먹기로 했다.
④ 나이를 먹을수록 더 현명해져야겠지?
⑤ 우리 반이 체육대회에서 우승을 먹었다.

48 고난도

밑줄 친 단어들의 의미 관계가 〈보기〉의 ㉠, ㉡과 같은 것은?

> ┤ 보기 ├
> • 집이 있는 곳을 ㉠손으로 가리켰다.
> • 그 일은 복잡해서 ㉡손이 많이 필요하다.

① ┌ 운동을 많이 했더니 다리가 아파.
　└ 한강을 가로지르는 다리는 몇 개나 될까?
② ┌ 오랜만에 만난 친구와 차를 마셨다.
　└ 퇴근 시간이라 도로에 차가 너무 많다.
③ ┌ 전학 간 친구가 어젯밤 꿈에 보였다.
　└ 어릴 때는 의사가 되고 싶은 꿈을 가졌었다.
④ ┌ 안경알에 김이 서려서 앞이 잘 안 보여.
　└ 아버지는 아침에 김을 매러 밭에 나가셨어.
⑤ ┌ 올해는 날씨가 좋아 사과 농사가 잘됐다.
　└ 그는 자신의 잘못에 대해 사과를 했다.

49

〈보기〉를 참고할 때, 밑줄 친 단어가 중심 의미로 쓰인 것은?

> ┤ 보기 ├
> 작다 통 [작:따]
> ① 길이, 넓이, 부피 따위가 비교 대상이나 보통보다 덜하다.
> ② 정하여진 크기에 모자라서 맞지 아니하다.
> ③ 일의 규모, 범위, 정도, 중요성 따위가 비교 대상이나 보통 수준에 미치지 못하다.
> ④ 사람됨이나 생각 따위가 좁고 보잘것없다.
> ⑤ 소리가 낮거나 약하다.

① 발이 커서 운동화가 작아.
② 도서관이니까 작은 소리로 말해.
③ 그는 큰일을 하기에는 그릇이 작다.
④ 이 문제는 결코 작다고 보기 어려워.
⑤ 그가 찾아간 곳은 작고 조용한 마을이었다.

50
동음이의어와 다의어에 대한 설명으로 적절하지 않은 것은?

① 동음이의어는 우연히 소리만 같을 뿐 의미는 서로 다르다.
② 다의어는 동음이의어와 달리 의미들 사이에 관련성이 없다.
③ 동음이의어는 다의어와 달리 사전에 별개의 단어로 실린다.
④ 다의어의 의미 중에서 중심 의미가 확장되어 달라진 것이 주변 의미이다.
⑤ 동음이의어나 다의어는 상황과 문맥을 고려하여 정확한 의미를 파악해야 한다.

51 고난도
문맥상 ⊙과 의미가 가장 유사한 것은?

┤ 보기 ├
빛이 렌즈를 ⊙지날 때 영상은 중심부가 볼록하고 중심부에서 멀수록 더 휘어지는 현상이 발생한다.

① 상식에 지나는 얘기는 하지 마.
② 그가 떠난 지 벌써 열흘이 지났다.
③ 버스가 막 사거리를 지나고 있었다.
④ 우유의 유통 기한이 지났는지 살펴봐.
⑤ 나는 그의 말을 무심결에 그냥 지나 버렸다.

52
밑줄 친 단어들의 관계가 〈보기〉와 다른 것은?

┤ 보기 ├
타악기 : 드럼

① 내가 가장 좋아하는 계절은 가을이야.
② 남극에 서식하는 대표적인 동물은 펭귄이다.
③ 이번 일은 부장이 아니라 과장이 맡아도 돼.
④ 서울 사람들이 가장 많이 사는 집은 아파트라고 한다.
⑤ 내 동생은 스포츠라면 축구, 야구 가리지 않고 다 좋아해.

53
문맥상 〈보기〉의 ⊙과 의미가 가장 유사한 것은?

┤ 보기 ├
형님 형님 사촌 형님 시집살이 어떱네까.
이애 이애 그 말 마라 시집살이 개집살이
앞밭에는 당초 심고 뒷밭에는 고추 심고
고추 당초 맵다 해도 시집살이 더 ⊙맵더라.

① 겨울바람이 맵고 싸늘하게 불었다.
② 장작 태우는 연기가 무척 맵구나.
③ 매운 훈련은 나를 강하게 만들었다.
④ 일마다 맵게 잘 처리해서 마음에 든다.
⑤ 마라탕이 너무 매워서 많이 먹지 못했어.

54 신유형
다음 자료를 이해한 것으로 적절하지 않은 것은?

현악-기(絃樂器) [허낙끼] 명
『음악』 현을 켜거나 타서 소리를 내는 악기. 가야금, 거문고, 바이올린, 첼로, 비올라 따위이다.
≒ 줄악기, 탄주 악기, 현.

① '현악기'는 '악기'의 하의어에 해당한다.
② '현악기'는 '가야금'의 상의어에 해당한다.
③ '현악기'는 '줄악기'와 유의 관계의 단어이다.
④ '첼로'는 '현악기'에 비해 포괄적인 의미를 지닌다.
⑤ '바이올린'과 '비올라'는 '현을 켜다'라는 공통 의미를 지니고 있다.

55 서술형
다음 대화에서 밑줄 친 단어를 각각 적절한 단어로 고쳐 쓰고, 그렇게 고친 이유를 한 문장으로 서술하시오.

현우: 이 옷은 아까 봤던 거랑 전체적인 디자인은 같아 보이는데, 이 부분이 좀 틀리지?
지원: 어? 옷이 왜 틀려?
현우: 잘 봐. 여기 있는 부분이 틀리잖아.
지원: 그러니까 네 말은 이 부분이 같지 않다는 거지?

56

다음 속담 중 반의어가 사용되지 <u>않은</u> 것은?

① 달면 삼키고 쓰면 뱉는다.
② 가까운 이웃이 먼 친척보다 낫다.
③ 가는 말이 고와야 오는 말이 곱다.
④ 고기는 씹어야 맛이고, 말은 해야 맛이다.
⑤ 열 길 물속은 알아도 한 길 사람 속은 모른다.

57

다음 단어들의 관계를 설명한 것으로 적절한 것은?

> 파랑다 – 푸르다

① 소리는 다르지만, 의미는 똑같다.
② 가지고 있는 의미들의 개수가 일치한다.
③ 한 단어가 다른 단어의 뜻을 모두 포함하고 있다.
④ 하나의 의미 자질만 다르고 나머지는 공통적이다.
⑤ 비슷한 의미를 지니고 있어 문맥에 따라 바꿔 쓸 수 있다.

58

〈보기〉의 유의어에 관하여 탐구한 내용으로 적절하지 <u>않은</u> 것은?

> ┤ 보기 ├
> • 틈 / 사이 / 겨를
> ㉮ 편하게 앉아 있을 [틈/사이/겨를]이/가 없다.
> ㉯ 갈라진 [틈/사이/*겨를](으)로 물이 샌다.
> ㉰ 너희는 [틈/*사이/*겨를]만 나면 싸우는구나.
> ㉱ 나와 동생은 학교 선후배 [*틈/사이/*겨를]이/가 되었다.
> *표시는 부적절한 어휘 사용을 표시한 것임.

① ㉮를 보니 시간적 의미의 문맥에서 '틈'과 '사이', '겨를'은 같은 의미로 쓰이는군.
② ㉯를 보니 공간적 의미를 요구하는 문장에서는 '겨를'을 쓸 수 없군.
③ ㉰를 보니 사람을 대상으로 한 경우에는 '틈'만 쓸 수 있군.
④ ㉱를 보니 '사이'와 유의어로 '관계'를 들 수 있겠군.
⑤ ㉮~㉱를 보니 유의어라고 해서 어떤 상황에서든 자유롭게 바꿔 쓸 수 있는 것은 아니군.

59 2022학년도 6월 고1 전국연합학력평가 20번

문맥상 ㉠과 의미가 가장 유사한 것은?

> 17세기에 이민족이 ㉠세운 청나라가 중국 땅을 차지하였지만, 조선은 청나라를 중화라고 생각하지 않았다.

① 그는 새로운 회사를 세웠다.
② 국가의 기강을 바로 세워야 한다.
③ 집을 지을 구체적인 방안을 세웠다.
④ 두 귀를 쫑긋 세우고 말소리를 들었다.
⑤ 도끼날을 잘 세워야 나무를 쉽게 벨 수 있다.

60

문맥상 ㉠과 바꿔 쓰기에 가장 적절한 것은?

> 이제 너도 나이가 들었으니 남의 도움에 ㉠의지하지 말고 스스로 잘 해내거라.

① 달래지
② 구하지
③ 기대지
④ 만족하지
⑤ 처리하지

61 2017학년도 3월 고1 전국연합학력평가 15번

〈보기〉의 (가), (나)에 들어갈 내용으로 적절한 것은?

> ┤ 보기 ├
> 단어는 문맥에 따라 여러 가지 뜻을 가진다. 그래서 반의어도 여럿이 될 수 있다. 예를 들어 '시계가 서다.'에서 '서다'의 반의어는 '가다'인데, '기강이 서다.'에서 '서다'의 반의어는 '무너지다'가 된다. '벗다'도 문맥에 따라 여러 가지 뜻을 가지기 때문에 반의어가 여럿이다.

단어	예문	반의어
벗다	외투를 벗다.	입다
	(가)	쓰다
	배낭을 벗다.	(나)

	(가)	(나)
①	누명을 벗다.	메다
②	안경을 벗다.	끼다
③	장갑을 벗다.	차다
④	모자를 벗다.	걸다
⑤	허물을 벗다.	들다

[62 ~ 63] 다음은 '사전 활용하기' 학습 활동을 위한 자료이다. 물음에 답하시오.

묻다² 통 〔묻고, 묻어, 묻으니〕

Ⅰ【…에 …을】물건을 흙이나 다른 물건 속에 넣어 보이지 않게 쌓아 덮다.

¶화단에 거름을 묻어 주다.

2【…에 …을】/【…을 …으로】일을 드러내지 아니하고 속 깊이 숨기어 감추다.

¶그는 자신이 한 일을 과거의 일로 묻어 두고 싶어 했다.

3【…에 …을】/【…을 …으로】얼굴을 수그려 손으로 감싸거나 다른 물체에 가리듯 기대다.

¶나는 베개에 얼굴을 묻었다.

묻다³ 통 〔묻고, 물어, 물으니〕

【…에/에게 …을】무엇을 밝히거나 알아내기 위하여 상대편의 대답이나 설명을 요구하는 내용으로 말하다.

¶모르는 문제를 친구에게 물었다.

62

위 내용에 관해 탐구한 내용으로 적절하지 않은 것은?

① '묻다²'와 '묻다³'은 별개의 표제어로 기술된 것을 보니 둘은 동음이의 관계에 있군.

② '묻다²'는 의미가 여러 개인 것을 보니 다의어군.

③ '묻다²'의 여러 의미 중에서 'Ⅰ'에 제시된 의미가 중심 의미에 해당하는군.

④ '묻다³'의 의미를 보니 그 반의어로 '대답하다'를 들 수 있군.

⑤ '묻다³'의 의미를 보니 용례에서 '물었다'는 '요구했다'로 바꾸어 쓸 수 있군.

63

밑줄 친 말 중 '묻다²-2'와 반의 관계인 것은?

① 가방에 있던 책을 모두 꺼냈다.

② 아이는 어렵게 말을 꺼내기 시작했다.

③ 우리 집 강아지는 간식을 너무 밝힌다.

④ 그는 자신이 한 일을 사실대로 밝혔다.

⑤ 상자를 들추다가 우연히 엽서를 발견하였다.

64

문맥상 ㉠과 바꿔 쓰기에 적절하지 않은 것은?

인간과 동물 모두 고통을 느끼는데 인간에게 고통을 ㉠끼치는 실험은 해서는 안 되고 동물에게 고통을 끼치는 실험은 해도 된다고 생각하는 것은 공평하지 않다.

---

① 주는   ② 가하는   ③ 맡기는

④ 안기는   ⑤ 겪게 하는

65 2021학년도 9월 고1 전국연합학력평가 14번

〈보기〉는 '사전 활용하기' 학습 활동을 위한 자료이다. 이에 대한 이해로 적절하지 않은 것은?

┤ 보기 ├

차다¹ 통

Ⅰ.【…에】【…으로】

1. 일정한 공간에 사람, 사물, 냄새 따위가 더 들어갈 수 없이 가득하게 되다.

¶독에 물이 가득 차다. / 버스가 승객으로 가득 차다.

Ⅱ.【…에】

1. 감정이나 기운 따위가 가득하게 되다.

¶기쁨에 찬 얼굴.

차다² 형

1. 몸에 닿은 물체나 대기의 온도가 낮다.

¶겨울 날씨가 매우 차다.

2. 인정이 없고 쌀쌀하다.

¶그는 성격이 차고 매섭다.

① '차다¹-Ⅱ-1'의 용례로 '목소리가 확신에 차다.'를 추가할 수 있다.

② '차다¹'과 '차다²'는 사전에 각각 다른 표제어로 등재되는 동음이의어이다.

③ '차다¹'은 동작이나 작용을 나타내는 말이고, '차다²'는 성질이나 상태를 나타내는 말이다.

④ '차다¹'과 '차다²'는 모두 하나의 단어가 여러 개의 의미를 지니고 있는 다의어이다.

⑤ '차다¹'과 '차다²'는 모두 문장을 만들 때 주어 이외의 다른 문장 성분이 반드시 필요하다.

1

국어의 어휘 체계에 대한 설명으로 적절하지 않은 것은?

① 고유어는 우리말에 본디부터 있던 말이다.

② 고유어끼리 결합하여 새로 만든 말도 고유어에 해당한다.

③ 우리말 체계에서 한자어가 차지하는 비중이 가장 높다.

④ 모든 상황에서 외래어 사용을 자제하고 고유어를 많이 써야 한다.

⑤ 외국에서 들어왔지만 국어처럼 쓰이는 외래어도 국어사전에 실린다.

2

〈보기〉의 밑줄 친 고유어와 바꿔 쓸 수 있는 한자어로 가장 적절한 것은?

┤ 보기 ├

옴팔로스는 '배꼽'을 가리키는 말로 인체의 중심, 나아가 세계의 중심을 뜻한다.

① 의미(意味)하는

② 상징(象徵)하는

③ 비유(譬喻)하는

④ 지적(指摘)하는

⑤ 포함(包含)하는

3

유행어에 대한 설명으로 적절한 것은?

① 특정 집단에서만 빈번하게 쓰인다.

② 전문 분야에서 특별한 의미로 사용된다.

③ 폐쇄적인 성격이 강해 암호처럼 쓰인다.

④ 무분별하게 사용하면 개성 없고 가벼워 보일 수 있다.

⑤ 같은 지역 사람들 사이에서 유대감을 강화하는 역할을 한다.

4 고난도

〈보기〉의 단어들이 공통으로 지닌 특성으로 적절하지 않은 것은?

┤ 보기 ├

| 피아노 | 바이올린 | 첼로 | 트럼펫 |
| 테니스 | 필드하키 | 골프 | 핸드볼 |

① 새말을 만들지 않는 이상 고유어로 바꾸기 어렵다.

② 외국 문화와의 접촉을 통해 들어와 우리말 어휘를 보충해 준다.

③ 다른 나라에서 들어온 말이지만 지금은 우리말로 자리 잡았다.

④ 국어사전에서는 단어 옆에 별도의 외국 글자 표기가 이어진다.

⑤ 유사한 뜻을 지닌 고유어에 비해 좀 더 분화된 의미를 가지고 있다.

5

〈보기〉의 대화에 쓰인 어휘에 대한 이해로 적절하지 않은 것은?

┤ 보기 ├

건축가 1: 천장에는 덕트 레일에 다운라이트를 고정하고, 몰딩은 없애는 쪽으로 진행하죠.

건축가 2: 레이아웃대로 한다면 이쪽 바닥은 에폭시로 마감해야 하겠군.

① 직업별로 그 분야에서 쓰이는 용어가 각각 다를 수 있겠어.

② 일반인들은 전문 분야에서 쓰이는 말들을 이해하지 못할 수 있어.

③ 같은 직종에 있는 사람들에게는 업무의 효율성을 높여 줄 수도 있겠어.

④ 다른 집단의 사람들이 이해하지 못하도록 일부러 암호처럼 만들어 쓰는 말이야.

⑤ 외국에서 들어온 말 중에는 고유어로 바꾸기 어려워서 그대로 쓰이는 말도 있는 것 같아.

6

〈보기〉를 통해 알 수 있는 한자어의 특성으로 가장 적절한 것은?

┤ 보기 ├

좋다 ≒ 근사(近似)하다   상서(祥瑞)롭다
　　　　선량(善良)하다   순조(順調)롭다
　　　　건전(健全)하다

① 우리 민족의 정서를 표현하기에 가장 적합하다.
② 고유어에 비해 더 세부적이고 분화된 의미를 지니고 있다.
③ 의미가 구체적이고 분명하여 갈수록 고유어를 대체하고 있다.
④ 고유어와 달리 상황에 따라 여러 가지 의미로 쓰일 수 있다.
⑤ 고유어와 달리 전문 분야에서 특별한 의미로 쓰이는 경우가 많다.

7

밑줄 친 단어 중 〈보기〉의 ㉠과 다의 관계에 있는 것은?

┤ 보기 ├

지혜로운 지도자는 사람을 잘 ㉠쓸 줄 안다.

① 그는 정성을 들여 글씨를 썼다.
② 매일 일기를 쓰는 습관을 들여라.
③ 나는 시험 볼 때 꼭 이 펜만 쓴다.
④ 시은이는 예쁜 모자를 쓰고 있었다.
⑤ 약이 너무나 써서 도저히 먹을 수 없었다.

8

〈보기〉의 ㉠, ㉡에 해당하는 '열다'의 반의어를 모두 바르게 짝지은 것은?

┤ 보기 ├

열다 [열ː다] 동
㉠ 닫히거나 잠긴 것을 트거나 벗기다.
㉡ 모임이나 회의 따위를 시작하다.

	㉠	㉡		㉠	㉡
①	닫다	끝내다	②	닫다	모이다
③	풀다	마치다	④	잠그다	모이다
⑤	마치다	개최하다			

9

문맥상 ㉠과 가장 가까운 의미로 쓰인 것은?

열심히 연습했더니 이제는 영수도 축구를 잘하는 축에 ㉠든다.

① 노란 봉지에 할머니의 약이 들었다.
② 저녁이 되면 햇빛이 안방까지 든다.
③ 드디어 내가 반에서 5등 안에 들었다.
④ 낫이 잘 안 들어서 풀을 베기가 어렵다.
⑤ 냉동 피자를 익히는 데에는 시간이 좀 든다.

10

〈보기〉의 자료를 이해한 것으로 적절하지 않은 것은?

┤ 보기 ├

㉠ 받치다¹[받치다] 동
　1. 먹은 것이 잘 소화되지 않고 위로 치밀다.
　2. 화 따위의 심리적 작용이 강하게 일어나다.
㉡ 받치다²[받치다] 동
　1. 물건의 밑이나 옆 따위에 다른 물체를 대다.
　2. 어떤 일을 잘할 수 있도록 뒷받침해 주다.
㉢ 밭치다[받치다] 동
　1. '밭다'를 강조하여 이르는 말.
　2. 구멍이 뚫린 물건 위에 국수나 야채 따위를 올려 물기를 빼다.

① ㉠, ㉡, ㉢은 모두 여러 개의 의미를 지니고 있는 다의어이군.
② ㉠-2의 용례로 '그는 설움에 받쳐서 울음을 터뜨렸다.'를 들 수 있겠군.
③ ㉡-2와 유사한 의미를 가진 단어로 '괴다'를 들 수 있겠군.
④ ㉢-1을 보니 접미사 '-치-'는 강조의 의미를 더하는 기능을 하겠군.
⑤ ㉡과 ㉢은 형태와 의미는 달라도 소리는 같기 때문에 동음이의어라고 할 수 있겠군.

13일 문장과 문장 구성의 단위

📖 함께 보기 | 필독 중학 국어 문법 103쪽으로!

개념 확인

구(글귀 句)와 절(마디 節)

구	둘 이상의 단어(어절)가 모여 절이나 문장의 일부분을 이루는 토막
절	'주어-서술어' 관계를 가지고 있고 다른 문장의 한 성분으로 쓰이는 단위

예 [우리 반 친구가 선물한] [책]
　　　　　　절　　　　　　　구

어절(말씀 語 마디 節)
문장을 구성하고 있는 각각의 마디로, 문장 성분의 최소 단위로서 띄어쓰기의 단위가 됨.

판정 의문문과 설명 의문문

판정 의문문	설명 의문문
'예/아니요'의 대답을 요구하는 의문문	구체적인 정보나 설명을 요구하는 의문문
문장 끝에 의문형 어미를 결합	의문 대명사, 의문 부사 등 의문사 사용

수사 의문문
문장의 형식은 물음을 나타내지만 답변을 요구하지 않고, 강한 긍정 진술과 강한 부정 진술을 내포하고 있는 의문문
예 그걸 누가 알겠니?

■ 문장
- 뜻: 생각이나 감정을 완결된 내용으로 표현하는 최소의 언어 형식
- 문장의 기본 짜임

기본 문형 (주어+서술어)	누가/무엇이 어찌하다 동사	누가/무엇이 어떠하다 형용사	누가/무엇이 무엇이다 체언+이다
예	미래가 잔다.	미래가 예쁘다.	미래가 반장이다.

■ 문장의 유형(종결 표현)
- 뜻: 화자(말하는 이)가 자신의 생각이나 느낌을 표현하기 위해 사용하는 문장 형식
- 종류

평서문	• 말하는 이가 듣는 이에게 하고 싶은 말을 단순히 전달하는 문장 • 평서형 종결 어미: '-다', '-네', '-ㅂ니다' 등 예 주원이는 수영을 좋아합니다. / 주원이의 수영복이 멋지다.
의문문	• 말하는 이가 듣는 이에게 질문하여 대답을 요구하는 문장 • 의문형 종결 어미: '-(느)냐', '-니', '-어/아(요)', '-ㅂ니까' 등 예 너는 축구를 좋아하니? / 축구 선수 중 누구를 가장 좋아해?
명령문	• 말하는 이가 듣는 이에게 어떠한 행동을 요구하는 문장 • 명령형 종결 어미: '-어/아라', '-거라' 등 예 그만 놀고 와서 점심 먹어라.
청유문	• 말하는 이가 듣는 이에게 어떠한 행동을 함께 하자고 요청하는 문장 • 청유형 종결 어미: '-자', '-세', '-ㅂ시다' 등 예 주원아, 우리 같이 수영장에 가자.
감탄문	• 말하는 이가 듣는 이를 거의 의식하지 않고 자기의 느낌을 표현하는 문장 • 감탄형 종결 어미: '-구나', '-어/아라' 등 예 주원이는 수영을 정말 좋아하는구나.

아하~ 함·정·넘·기

❶ 왜 '마음이 착한 흥부는 복을 받았다.'의 '마음이 착한'은 절이고, '흥부는 무척 착하다.'의 '무척 착하다'는 구일까?
'마음이 착한'과 '무척 착하다'는 각각 하나의 의미 단위를 이룬다는 점에서는 공통적입니다. 그런데 '마음이 착한'은 '주어(마음이)-서술어(착한)'의 관계를 가지고 있으면서, 독립된 문장으로 사용된 것이 아니라 다른 문장 안에서 '흥부'를 꾸미는 역할을 하고 있으므로 '절'이라 합니다. '무척 착하다'는 '주어-서술어' 관계가 성립하지 않으며, '착하다'를 꾸며 주는 말인 '무척'이 앞에 와서 확장된 '구'입니다.

❷ '아이, 좋아라.'는 명령문일까? 감탄문일까?
'좋아라'에는 종결 어미 '-아라'가 포함되어 있는데, '-아라'는 명령형 종결 어미로 쓰일 때도 있고 감탄형 종결 어미로 쓰일 때도 있습니다. 그런데 명령문은 듣는 이에게 어떤 행동을 요구하는 문장이기 때문에 명령문의 서술어로는 동사만 올 수 있습니다. 그러면 '좋다'가 형용사이므로, '아이, 좋아라.'는 명령문이 아니라 감탄문에 해당하겠지요? 참고로, 명령문뿐 아니라 청유문도 서술어로 동사만 올 수 있어요. 형용사와 '체언+이다'는 명령문과 청유문의 서술어로 쓰일 수 없답니다.

[1~5] 다음 설명이 맞으면 ○표, 틀리면 ×표 하시오.

1 문장은 생각이나 감정을 완결된 내용으로 표현하는 최소의 언어 형식이다. ······ ( )

2 "불이야!"는 문장이 아니다. ······ ( )

3 '내 친구는 집에서 싼 김밥을 좋아한다.'에서 '내 친구'는 구에 해당한다. ······ ( )

4 '내 친구는 집에서 싼 김밥을 좋아한다.'에서 '집에서 싼'은 절에 해당한다. ······ ( )

5 '내 친구는 집에서 싼 김밥을 좋아한다.'는 총 5개의 어절로 이루어진 문장이다. ······ ( )

[6~10] 각 문장 유형에 해당하는 예문을 골라 바르게 연결하시오.

6 평서문 •   • ㉠ 우리 내일 학교에 같이 가자.

7 의문문 •   • ㉡ 아이, 딱하고 가엾어라.

8 명령문 •   • ㉢ 옷을 좀 따뜻하게 입어라.

9 청유문 •   • ㉣ 어제 저녁으로 무얼 드셨나요?

10 감탄문 •   • ㉤ 장미가 활짝 피었다.

[11~15] 빈칸에 들어갈 내용을 〈보기〉에서 찾아 쓰시오.

┌─ 보기 ┐
• 구   • 절   • 어절
• 동사   • 형용사   • 이다
└────────────┘

11 '그 말은 모두 사실이다.'는 '무엇이 무엇+( )'의 짜임으로 이루어진 문장이다.

12 '꽃이 활짝 피었다.'는 서술어가 ( )이다.

13 '달이 휘영청 밝았다.'는 서술어가 ( )이다.

14 명령문과 청유문의 서술어로는 ( )만 올 수 있다.

15 '할아버지 댁은 마당이 참 넓었다.'에서 '할아버지 댁'은 ( )에, '마당이 참 넓었다'는 ( )에 해당한다.

16 의문형 종결 어미가 아닌 것은?

① -니   ② -냐   ③ -어
④ -자   ⑤ -습니까

17 의문사가 아닌 것은?

① 과연   ② 누구   ③ 무엇   ④ 어디   ⑤ 언제

[18~24] 다음 문장을 보고, 아래 물음에 답하시오.

> 키가 큰 성준이가 결승점에 가장 빨리 도착했다.

18 모두 몇 개의 어절로 이루어졌는지 쓰시오.

19 전체 문장의 서술어를 찾고, 그 품사를 쓰시오.

20 '키가 큰'이 구와 절 중 무엇에 해당하는지 쓰시오.

21 '가장 빨리'가 구와 절 중 무엇에 해당하는지 쓰시오.

22 '키가 큰'의 구조가 '무엇이 어찌하다', '무엇이 어떠하다', '무엇이 무엇이다' 중 무엇에 해당하는지 쓰시오.

23 전체 문장의 구조가 '무엇이 어찌하다', '무엇이 어떠하다', '무엇이 무엇이다' 중 무엇에 해당하는지 쓰시오.

24 전체 문장의 유형이 '평서문, 의문문, 명령문, 청유문, 감탄문' 중 무엇에 해당하는지 쓰시오.

[25~27] 초성을 참고하여 빈칸에 들어갈 적절한 말을 쓰시오.

25 말하는 이가 듣는 이를 거의 의식하지 않고 자기의 느낌을 표현하는 문장을 ┌ㄱ┐┌ㅌ┐문이라고 한다.

26 명령문과 달리 ┌ㅊ┐┌ㅇ┐문의 주어에는 말하는 이와 듣는 이가 함께 포함된다.

27 '예/아니요'의 대답을 요구하는 의문문을 ┌ㅍ┐┌ㅈ┐의 문문이라고 한다.

[28~30] 다음 대화에서 괄호 안에 들어갈 적절한 말을 각각 고르시오.

> 윤찬: '저 아이는 눈이 예쁘다.'에서 '저 아이'는 '주어─서술어' 관계가 성립하지 않기 때문에 **28** (구 / 절)에 해당하고, '눈이 예쁘다'는 '주어─서술어' 관계를 가지고 있으므로 **29** (구 / 절)에 해당해.
>
> 동한: '나는 초등학교 1학년이야.'는 '무엇이 **30** (어찌하다 / 어떠하다 / 무엇이다)'의 짜임으로 이루어진 문장이야.

31
생각이나 감정을 완결된 내용으로 표현하는 최소의 언어 형식에 해당하는 것은?

① 형태소 ② 단어 ③ 구 ④ 절 ⑤ 문장

32
국어의 문장에 대한 설명으로 적절하지 <u>않은</u> 것은?

① 절은 주어와 서술어를 갖추고 있는 것으로서 문장 안에 들어가 있다.
② 구는 문장을 구성하는 각각의 마디로 구를 기준으로 띄어쓰기를 한다.
③ 문장은 우리의 생각이나 감정을 완결된 내용으로 표현하는 기본 단위이다.
④ 문장과 절은 주어와 서술어를 갖추고 있다는 점에서 공통점을 지니고 있다.
⑤ 주어나 서술어와 같은 문장 성분을 모두 갖추고 있지는 않아도 문장이 될 수 있다.

33 서술형 ✎
〈보기〉의 문장에서 문법 단위인 '절(節)'을 모두 찾아 쓰시오.

┤ 보기 ├
　도끼를 잃어버린 나무꾼은 눈이 큰 사슴을 따라 소나무 숲 안쪽으로 들어갔다.

34
〈보기〉를 참고할 때, 성격이 나머지와 <u>다른</u> 문장은?

┤ 보기 ├
　문장은 주어와 서술어를 포함하여 구성하는 것이 원칙이다.

① 도둑이야!
② 나 집에 간다.
③ 꽃이 예쁘구나.
④ 바람이 거세게 불었다.
⑤ 나는 내가 좋아하는 사람과 결혼할래.

35
국어의 문장에 대한 설명으로 적절하지 <u>않은</u> 것은?

① 청유문의 서술어는 동사만 올 수 있다.
② 명령문의 주어는 항상 말하는 이가 되어야 한다.
③ 감탄문은 감탄형 어미 '-구나'를 통해 실현될 수 있다.
④ 평서문은 평서형 어미로 실현되며 '-다'가 대표적이다.
⑤ 의문문에는 '예/아니요'의 대답을 요구하는 판정 의문문이 있다.

36
㉠~㉢에 들어갈 문법 단위를 바르게 연결한 것은?

꽃병의 꽃이 아주 예쁘다.				㉠
꽃병의 꽃이		아주 예쁘다.		㉡
꽃병의	꽃이	아주	예쁘다.	㉢

	㉠	㉡	㉢
①	구	절	단어
②	구	절	어절
③	문장	구	어절
④	문장	구	단어
⑤	문장	절	단어

37
〈보기〉의 ㉠~㉢에 대한 설명으로 적절하지 <u>않은</u> 것은?

┤ 보기 ├
㉠ 그거 참 멋지다.
㉡ 가수가 노래를 부르는구나!
㉢ 밥 뭐 먹었니?

① ㉠의 '참'은 한 단어이자 한 어절이다.
② ㉡의 '가수가'는 한 어절이고, '가수'는 한 단어이다.
③ ㉡의 '노래를'은 한 어절이고, 두 단어로 이루어져 있다.
④ ㉢의 '먹었니'는 한 어절이고, 두 단어로 이루어져 있다.
⑤ ㉢의 문장은 어절로는 세 어절, 단어로는 세 단어로 구성되어 있다.

38 신유형
〈보기〉는 문장 종결 표현을 기능에 따라 구분한 것이다. ㉠~㉢에 대한 설명으로 가장 적절한 것은?

┤ 보기 ├
• 말하는 이가 듣는 이에게 요구함이 없음. ·············· ㉠
• 말하는 이가 듣는 이에게 요구함이 있음.
　┌ 말하는 이가 듣는 이에게 대답을 요구 ·············· ㉡
　└ 말하는 이가 듣는 이에게 행동을 요구 ·············· ㉢

① ㉠에는 평서문과 의문문이 해당된다.
② ㉠에는 평서문과 청유문이 해당된다.
③ ㉡에는 평서문과 의문문이 해당된다.
④ ㉡에는 명령문과 의문문이 해당된다.
⑤ ㉢에는 명령문과 청유문이 해당된다.

39

문장에 대한 설명으로 적절하지 <u>않은</u> 것은?

① 하나의 단어가 문장이 될 수도 있다.

② 구는 어절이 모여서 구성되는 문법 단위이다.

③ 절은 주어와 서술어를 갖추고 있는 문법 단위이다.

④ 구와 절이 모두 있어야만 하나의 문장이 성립된다.

⑤ 문장은 문장의 종결을 나타내는 표지가 있고 의미상 완결되어야 한다.

40

〈보기〉의 ㉠~㉤에 대한 설명으로 적절하지 <u>않은</u> 것은?

┤ 보기 ├

㉠ 오늘 날씨 좋지?

㉡ 저 책 재미있어요?

㉢ 원경아, 누구 기다리는 거니?

㉣ 그렇게만 되면 얼마나 좋을까?

㉤ 점심으로 치킨 먹을래, 피자 먹을래?

① ㉠은 자신의 의견에 동의해 줄 것을 요구하는 의문문이다.

② ㉡은 긍정이나 부정의 대답을 요구하는 판정 의문문이다.

③ ㉢은 구체적인 설명을 요구하는 설명 의문문이다.

④ ㉣은 긍정적인 답변을 요구하는 수사 의문문이다.

⑤ ㉤은 둘 이상의 것에서 하나를 골라 대답하기를 요구하는 의문문이다.

41

수사 의문문에 해당하지 <u>않는</u> 것은?

① 아무려면 나만큼 불운한 사람이 또 있으랴?

② 이곳에서 광화문까지 차로 얼마나 걸릴까요?

③ 나에게도 그런 천재성이 있다면 얼마나 좋겠니?

④ 꼬마들도 알 법한 그렇게 쉬운 것을 누가 모르겠니?

⑤ 고작 이런 일이 힘들어 봐야 뭐 얼마나 힘들겠습니까?

42

〈보기〉의 ㉠에 해당하는 예로 가장 적절한 것은?

┤ 보기 ├

문장의 유형은 대개 종결 어미의 형태에 따라 결정되나, 국어의 문장 중에는 ㉠종결 어미의 형태만으로 문장의 유형이 결정되지 않는 경우도 있다.

① 오늘은 교회에 좀 일찍 가요.

② 우리 여기서 잠시 쉬었다 갑시다.

③ 하늘에 무지개가 크게 걸렸습니다.

④ 내가 그동안 너무 게으르게 살았구나.

⑤ 정성껏 만든 것인데 이거 좀 드셔 보시구려.

43 고난도

〈보기〉의 ㉠~㉤에 대해 설명한 내용으로 적절하지 <u>않은</u> 것은?

┤ 보기 ├

㉠ 오늘 회의는 어디에서 합니까?

㉡ 지금 밖에 비 오니?

㉢ 내가 이 빵을 다 못 먹겠니?

㉣ 그 가수를 직접 만난다면 얼마나 좋을까?

㉤ 당장 그만두지 못하겠느냐?

① ㉠은 듣는 이에게 구체적인 설명을, ㉡은 긍정이나 부정의 대답을 요구하고 있다.

② ㉢은 의문문의 형식을 취하고 있으나, '내가 이 빵을 다먹을 수 있다.'라는 평서문과 유사한 의미이다.

③ ㉣은 소망 등 주관적인 감정을 표현하고 있다는 점에서 감탄문과 같은 기능을 한다.

④ ㉤은 듣는 이에게 그만두는 행동을 요구하고 있다는 점에서 명령문과 같은 기능을 한다.

⑤ ㉢은 ㉤과 달리 듣는 이에게 특정한 대답을 요구하고 있다.

44 고난도

〈보기〉를 바탕으로 명령문에 대해 탐구한 내용으로 적절하지 <u>않은</u> 것은?

┤ 보기 ├

㉠ 너는 저기서 기다려라.

㉡ 내가 잘 들을 수 있게 좀 크게 말해라.

＊내가 잘 들을 수 있게 목소리 좀 커라.

㉢ 반찬을 좀 골고루 먹어라.

＊반찬을 좀 골고루 먹었어라.

＊반찬을 좀 골고루 먹겠어라.

㉣ 어머니는 나에게 반찬을 골고루 먹으라고 하셨다.

㉤ 너무 걱정하지 마라.

(＊는 문법적으로 잘못된 것.)

① ㉠을 보니, 명령문의 주어는 2인칭으로 나타나는군.

② ㉡을 보니, 명령문의 서술어로는 형용사가 쓰일 수 없군.

③ ㉢을 보니, 명령문의 서술어에는 '－었－', '－겠－'이 결합할 수 없군.

④ ㉣을 보니, 다른 사람의 말을 인용할 때는 명령문이 쓰이지 않는군.

⑤ ㉤을 보니, 부정 명령을 나타낼 때는 '말다'의 활용형이 쓰이는군.

45

〈보기〉의 짜임으로 이루어진 문장은?

┤ 보기 ├

누가/무엇이 어떠하다.

① 언니는 빵을 좋아한다.
② 들꽃이 참 예쁘게 피었다.
③ 나는 이제 중학생이 아니다.
④ 미래는 우리 학교 학생회장이야.
⑤ 어머니가 아이에게 우유를 주었다.

46

〈보기〉의 ㉠~㉢의 예로 적절하지 **않은** 것은?

┤ 보기 ├

우리말 문장의 기본 짜임은 ㉠'누가/무엇이 어찌하다', ㉡'누가/무엇이 어떠하다', ㉢'누가/무엇이 무엇이다'로 나누어 볼 수 있다. '어찌하다' 자리에는 동사가, '어떠하다' 자리에는 형용사가, '무엇이다' 자리에는 '체언＋이다(서술격 조사)'가 쓰인다.

① ㉠: 나는 그의 말이 전부 사실이라고 믿었다.
② ㉠: 주은이는 국어 공부를 열심히 하더라.
③ ㉡: 내년에는 불황이 닥칠 가능성이 높다.
④ ㉡: 비가 내리자 날씨가 몹시 추워졌다.
⑤ ㉢: 우리 형은 매사에 적극적이야.

47

〈보기〉의 조건을 모두 만족시키는 문장은?

┤ 보기 ├

• 하나 이상의 절을 포함할 것.
• 전체 문장이 '누가/무엇이 무엇이다'의 구조일 것.

① 그건 정말 희소식이네.
② 봄을 기다리는 마음이 간절하다.
③ 나는 약속을 꼭 지키는 사람이다.
④ 그의 매력이 무엇인지 정말 궁금하다.
⑤ 빨간색 티셔츠가 청바지와 아주 잘 어울린다.

48

밑줄 친 부분이 문법 단위인 '구(句)'에 해당하는 것은?

① 백화점에 사람이 <u>많기도</u> 하다.
② 가을비가 <u>소리도 없이</u> 내리고 있었다.
③ 나는 어릴 때 <u>마당이 넓은</u> 집에서 살았다.
④ 담장 위에 <u>활짝 핀</u> 장미가 정말 아름다웠다.
⑤ 그는 <u>오늘내일 중으로</u> 출국할 예정이라고 한다.

49 신유형

〈보기 1〉을 바탕으로 〈보기 2〉의 밑줄 친 ㉠~㉤을 올바르게 분류한 것은?

┤ 보기 1 ├

대명사가 사용된 문장을 설명 의문문과 판정 의문문으로 나누어 볼 수 있다. 대명사는 구체적인 정보나 설명을 요구하는 설명 의문문에도 쓰이지만, 정체나 시점을 묻는 것이 아니라 있는지 없는지의 여부, 할지 말지의 여부를 물어보는 판정 의문문에 쓰이기도 한다.

┤ 보기 2 ├

• 교사: ㉠너는 커서 무엇이 되고 싶니?
  학생: 저는 생명공학자가 되고 싶습니다.
• 친구 1: ㉡요즘 누구 만나나 본데?
  친구 2: 응. 역시 눈치 한번 빠르네.
• 동료 1: ㉢나 뭐 먹지? 이 식당은 처음이라.
  동료 2: 그렇다면 돈가스 정식을 강력히 추천할게.
• 선배: ㉣그 빵 어디에서 샀어? 그거 구하기 힘든데.
  후배: 이거 학교 앞에 새로 생긴 편의점에서 샀어요.
• 동창 1: ㉤우리 언제 한번 봐야지?
  동창 2: 그러자. 나도 만나고 싶네.

	설명 의문문	판정 의문문
①	㉠, ㉡, ㉢	㉣, ㉤
②	㉠, ㉢, ㉣	㉡, ㉤
③	㉡, ㉢, ㉤	㉠, ㉣
④	㉡, ㉢	㉠, ㉣, ㉤
⑤	㉢, ㉣	㉠, ㉡, ㉤

50

다음 문장을 이해한 내용으로 적절하지 **않은** 것은?

누나는 나에게 자기가 직접 짠 목도리를 생일 선물로 주었다.

① 모두 아홉 개의 어절로 이루어진 문장이다.
② 전체 문장의 주어는 '누나는', 서술어는 '주었다'이다.
③ 서술어가 동사이므로, '누가/무엇이 어떠하다'에 해당하는 문장이다.
④ '자기가 직접 짠'은 '주어－서술어' 관계가 성립하므로 절에 해당한다.
⑤ '생일 선물로'는 '주어－서술어' 관계가 성립하지 않으므로 구에 해당한다.

51 고난도

〈보기〉를 바탕으로 문장 종결 표현에 대해 탐구한 내용으로 적절하지 않은 것은?

─┤ 보기 ├─

　문장 종결 표현이란 화자가 자신의 생각이나 느낌을 표현하기 위해 사용하는 특정의 문장 형식을 가리킨다. 국어의 문장 종결 표현은 종결 어미 혹은 문장 끝의 억양에 따라 평서문, 의문문, 명령문, 청유문, 감탄문의 다섯 범주로 나눌 수 있다.

㉠ 나 밥 먹었어. ↘ [평서문]
㉡ 너 밥 먹었어? ↗ [의문문]
㉢ 지금 밥 먹어라. [명령문]
㉣ 우리 지금 밥 먹자. [청유문]
㉤ 지금 밥 먹는구나! [감탄문]

① ㉠과 ㉡으로 보아, 동일한 형태의 종결 어미를 가진 문장이라도 문장 끝의 억양에 따라 종결 표현이 달라질 수 있겠군.
② ㉡은 ㉠과 달리 청자에게 '밥(을) 먹었'는지에 대해서 정보 제공을 요구하고 있군.
③ ㉢과 ㉣에는 공통적으로 청자가 '밥(을) 먹'을 것을 요청하는 태도가 반영되어 있군.
④ ㉢은 ㉣에 비해 화자가 자신의 생각을 청자에게 더 완곡하게 표현하고자 할 때 사용되는군.
⑤ ㉤은 ㉡에 비해 화자가 청자를 별로 의식하지 않는 상태에서 자기의 느낌을 표현하기 위한 것이군.

52

〈보기〉의 짜임으로 이루어진 문장이 아닌 것은?

─┤ 보기 ├─

누가/무엇이 어찌하다.

① 가을 하늘에 기러기가 무리를 지어 난다.
② 나는 하루도 거르지 않고 일기를 적는다.
③ 그녀의 첫인상은 나에게 오래도록 남았다.
④ 나는 사실 마음속으로 무척 걱정이 되었다.
⑤ 이 책은 중학생인 내가 읽기에는 너무 어렵다.

53 서술형 ✎

'문장'이 갖추어야 할 조건을 '의미'와 '형식'으로 나누어 쓰시오.

• 의미: ＿＿＿＿＿＿＿＿＿＿＿＿＿＿＿＿

• 형식: ＿＿＿＿＿＿＿＿＿＿＿＿＿＿＿＿

54 서술형 ✎

〈보기〉를 바탕으로 할 때, ㉠~㉢의 밑줄 친 문장이 어떤 종류의 종결 표현에 해당할지 쓰시오

─┤ 보기 ├─

　동일한 종결 어미가 쓰인 문장은 맥락을 고려하여 억양이나 어조에 따라 그 문장이 어떤 종류의 종결 표현으로 쓰였는지 판단해 볼 수 있다.

㉠ 동생: 형, 숙제 해. ↗ / 형: 보시다시피.
㉡ 후배: 지금 바쁘세요? / 선배: 뭐, 숙제 해. ↘
㉢ 엄마: 아들, 숙제 해. → / 아들: 앗, 깜박했어요.

55 서술형 ✎

㉠~㉢의 빈칸에 들어갈 적절한 문장을 쓰시오. (단, 괄호 안에 있는 단어를 활용할 것.)

• 설명 의문문의 예
미래: ＿＿＿＿＿㉠＿＿＿＿＿(너, 어디, 가다)
희망: 나 학교에 가고 있어.
• 판정 의문문의 예
미래: ＿＿＿＿＿㉡＿＿＿＿＿(너, 밥, 먹다)
희망: 응. 밥 먹었어. / 아니. 아직 안 먹었어.
• 수사 의문문의 예
미래: 그렇게만 된다면 ＿＿＿㉢＿＿＿(얼마나, 좋다)
희망: 꼭 그렇게 될 거야!

56 서술형 ✎

〈보기〉는 수사 의문문의 효과에 대해 설명한 것이다. ㉠, ㉡에 들어갈 말을 각각 한 단어로 쓰시오.

─┤ 보기 ├─

• 해나한테 책 한 권 못 사 줄까?
• 공든 탑이 무너지랴?
　'해나한테 책 한 권 못 사 줄까?'의 '못 사 줄까'는 '사 줄 수 있다'라는 강한 (　㉠　)을/를 나타내며, '공든 탑이 무너지랴?'의 '무너지랴'는 '무너지지 않는다'라는 강한 (　㉡　)을/를 나타낸다.

57 2010학년도 대학수학능력시험 12번

〈보기〉의 ㉠에 해당하는 예로 가장 적절한 것은?

┤ 보기 ├

청유문은 화자가 청자에게 같이 행동할 것을 요청하는 문장이다. 그러나 간혹 청자만 행하기를 바라거나 ㉠화자만 행하려는 행동을 나타낼 때에도 청유문이 쓰이기도 한다.

① (반장이 떠드는 친구들에게) 조용히 좀 하자.
② (엄마가 아이에게 약을 먹일 때) 자, 이리 와서 약 먹자.
③ (다툰 친구에게 화해를 청하면서) 오늘 영화나 같이 보러 가자.
④ (식사를 먼저 마친 사람들이 귀찮게 말을 걸 때) 밥 좀 먹읍시다.
⑤ (학급 회의에서 논의가 길어질 때) 이 문제는 나중에 다시 토의합시다.

58

〈보기〉를 바탕으로 종결 어미에 대해 탐구한 결과로 적절하지 않은 것은?

┤ 보기 ├

㉠ 얘기를 듣습니까? / 얘기를 듣소?
㉡ 의자에 앉아라. / 빨리 밥을 먹어라.
㉢ 날씨가 덥다. / 날씨가 덥지. / 날씨가 덥네.
㉣ 비가 그치겠다. / 비가 그치겠니? / 비가 그치겠구나!
㉤ 그가 똑똑하다고 생각한다. / 누가 가느냐가 문제다.

① ㉠: 듣는 이에 대한 높임의 태도를 나타내는군.
② ㉡: 음운 환경에 따라 모양이 달라지기도 하는군.
③ ㉢: 문장의 시제를 표시하는군.
④ ㉣: 진술, 의문, 감탄 따위를 나타내는군.
⑤ ㉤: 뒤에 조사가 연결될 수도 있군.

59 2004학년도 11월 고1 전국연합학력평가 14번

〈보기〉의 밑줄 친 부분에 해당하는 예로 적절한 것은?

┤ 보기 ├

'누가, 언제, 어디, 무엇, 왜, 무슨, 어떻게' 등의 의문사를 사용한 의문문은 구체적 답변을 요구하는 것이 일반적이나, 때에 따라서는 의문사 본래의 의미로 해석되지 않고 말하는 사람의 특정 감정을 드러내는 기능을 수행하기도 한다.

① 영수야, 혜리는 어디 갔니?
② 야, 네가 나한테 어떻게 그럴 수 있니?
③ 엄마, 학은 왜 한 다리를 들고 서 있지?
④ 여러분, 누가 먼저 이 주제에 대해 발표해 볼까요?
⑤ 집이 이렇게 어수선한데, 오늘 무슨 일이 일어났니?

60 2010학년도 9월 고2 전국연합학력평가 11번

〈보기 1〉의 ㄱ~ㄷ에 해당하는 예를 〈보기 2〉의 a~c에서 찾아 바르게 짝지은 것은?

┤ 보기 1 ├

명령문은 다음과 같이 구분할 수 있다.
ㄱ. 상호 발화 상황에서 청자의 행동을 요구하는 경우로 '-아라/어라'로 실현된다.
ㄴ. 청자가 없는 일방적 발화 상황에서 청자의 행동을 요구하는 경우로 '-(으)라'로 실현된다.
ㄷ. 상호 발화 상황에서 청자에게 경계(警戒)의 의미를 전달하는 경우로 '-(으)ㄹ라'로 실현된다.

┤ 보기 2 ├

a. 청년들이여, 꿈을 찾으라.
b. 철수야, 그러다 넘어질라.
c. 영희야, 이것 좀 먹어 봐라.

	ㄱ	ㄴ	ㄷ			ㄱ	ㄴ	ㄷ
①	a	b	c		②	a	c	b
③	b	a	c		④	c	a	b
⑤	c	b	a					

61 2006학년도 6월 고1 전국연합학력평가 14번

〈보기〉를 참고할 때, 서법에 맞는 문장으로 가장 적절한 것은?

┤ 보기 ├

말하는 사람의 심적 태도를 나타내는 표현법을 '서법'이라고 한다. 명령법의 경우 주어로 일인칭과 삼인칭 대명사가 올 수 없고, 서술어로 형용사가 올 수 없다.

① 너도 예뻐라.
② 조국이여, 영원하라.
③ 선생님, 내내 편안하세요.
④ 애야, 부지런히 공부해라.
⑤ 할아버지, 올해도 건강하십시오.

62 2014학년도 9월 고3 모의평가 A/B형 14번

〈보기 1〉의 ㉠, ㉡에 해당하는 가장 적절한 예를 〈보기 2〉에서 고른 것은?

┤ 보기 1 ├

대답을 요구하는 의문문에는 긍정이나 부정의 대답을 요구하는 것과 ㉠구체적인 설명을 요구하는 것이 있다. 대답을 요구하지 않는 의문문은 구체적인 담화 상황에 따라 화자의 의도를 나타내는데, 서술을 나타내는 경우, 감탄을 나타내는 경우, ㉡명령을 나타내는 경우 등이 있다.

┤ 보기 2 ├

- 학교에서 수업을 하는 상황
  ┌ 선생님: ㉮독서 모둠 활동은 언제, 어디에서 하면 좋겠
  │ 니?
  └ 학생: 3시부터 도서실에서 하면 좋겠어요.
- 늦잠 자는 아들을 깨우는 상황
  ┌ 어머니: 학교 늦겠어! ㉯그만 자고 얼른 일어나지 못하
  │ 겠니?
  └ 아들: 엄마, 제발요. 조금만 더 잘래요.
- 두 학생이 함께 하교하는 상황
  ┌ 학생 A: ㉰나랑 같이 문구점에 갈 수 있니?
  └ 학생 B: 나도 연필 살 게 있었는데, 참 잘됐다.
- 동생이 억울한 일을 겪은 상황
  ┌ 언니: ㉱어쩜 이럴 수 있니?
  └ 동생: 아, 정말 억울해서 못 견디겠어.

	㉠	㉡		㉠	㉡		㉠	㉡
①	㉮	㉯	②	㉮	㉰	③	㉯	㉱
④	㉰	㉯	⑤	㉰	㉱			

63 2008학년도 11월 고2 전국연합학력평가 11번

〈보기 1〉을 〈보기 2〉와 같이 정리하였을 때, 설명이 적절하지 않은 것은?

┤ 보기 1 ├

학생: ㉠선생님, 국화에도 상징적 의미가 담겨 있나요?
교사: ㉡예로부터 국화는 선비 정신을 상징했어. 그리고 향기가 그윽해서 은일화라고 불렸지. ㉢우리 국화 향기 한번 맡아 볼까. 어때, 향이 그윽하지? ㉣내일 아침부터 네가 화분에 물을 주도록 해.
학생: ㉤나도 국화처럼 향기가 그윽한 사람이면 얼마나 좋을까.

┤ 보기 2 ├

화자의 요구	요구의 유형	
없음	…………………………………………………	ⓐ
있음	대답 ……………………………………………	ⓑ
	행동 수행(청자 단독) ……………………	ⓒ
	행동 수행(청자, 화자) ……………………	ⓓ

① ㉠은 청자에게 대답을 요구하고 있으므로 ⓑ에 해당된다.
② ㉡은 화자가 설명을 하고 있으므로 ⓐ에 해당된다.
③ ㉢은 화자가 청자에게 함께 행동할 것을 권유하므로 ⓓ에 해당된다.
④ ㉣은 청자에게 행동을 요구하고 있으므로 ⓒ에 해당된다.
⑤ ㉤은 청자에게 대답을 요구하고 있으므로 ⓑ에 해당된다.

64 2006학년도 3월 고3 전국연합학력평가 43번

〈보기〉를 바탕으로 의문문에 대해 설명한 내용으로 적절하지 않은 것은?

┤ 보기 ├

의문문에는 일정한 설명을 요구하는 설명 의문문, 단순히 긍정이나 부정의 대답을 요구하는 판정 의문문, 굳이 대답을 요구하지 않고 서술이나 명령, 요청 등의 효과를 내는 수사 의문문이 있다.

① (지각한 부하 직원에게) "도대체 지금 몇 시입니까?": 지금 시각에 대한 일정한 설명을 요구하는 설명 의문문이다.
② (신년 경영자 회의에서) "그렇게만 되면 얼마나 좋겠습니까?": 굳이 대답을 요구하지 않는 수사 의문문이다.
③ (밤늦게 들어온 아들에게) "오늘 아무 일 없었니?": 판정 의문문이지만 설명을 요구하는 것으로 해석될 수도 있다.
④ (도서관에서 음악 듣는 사람에게) "소리를 조금만 낮춰 주시면 안 될까요?": 조용히 해 달라는 요청의 뜻을 나타낸다.
⑤ (책 제목으로) "당신의 우리말 실력은?": 대답을 요구하기보다 수신자 자신의 수준을 돌아보게 하는 효과를 지닌다.

65 2016학년도 9월 고3 모의평가 A/B형 15번

밑줄 친 부분이 〈보기〉의 ㉠에 해당하는 예로 적절하지 않은 것은?

┤ 보기 ├

일반적으로 의문문은 화자가 청자에게 질문에 대한 대답을 요청하는 문장인데, 화자가 청자에게 행동을 요청할 때 쓰이기도 한다. 청유문은 화자가 청자에게 함께 행동할 것을 요청하는 문장이다. 그러므로 이 문장 유형들은 ㉠화자가 청자에게 요청을 할 때 쓰이는 것이라는 점에서 공통적이다.

① ┌ A: 괜찮다면, 우리 여기서 잠깐 기다릴래요?
  └ B: 좋아요. 10분만 더 기다려요.
② ┌ A: 다친 곳은 어떤가? 한번 보세.
  └ B: 보시다시피 많이 좋아졌습니다.
③ ┌ A: 저기요. 먼저 좀 내립시다.
  └ B: 아, 예. 저도 여기서 내려요.
④ ┌ A: 저 혹시, 모자를 벗어 주실 수 있을까요?
  └ B: 제가 방해가 되었군요. 미안합니다.
⑤ ┌ A: 어디 보자. 내가 다 챙겼나?
  └ B: 거기서 혼자 뭐 해요. 빨리 나와요.

14일 문장 성분 1 - 주성분

📖 함께 보기 | 필독 중학 국어 문법 111쪽으로!

개념 확인

필수 성분과 수의 성분
주성분은 모두 필수 성분이지만 부속 성분 중에는 필수 성분도 있고 꼭 쓰지 않아도 되는 수의 성분도 있음.

서술어의 자릿수
• 문장에서 필수적으로 쓰여야 하는 성분의 개수와 종류는 서술어의 의미에 따라서 정해짐.
• 예를 들어, '언니가 빵을 먹는다.'에서 서술어 동사 '먹다'가 그 의미를 나타내기 위해서는 최소한 먹는 행위를 하는 주체('언니가'), 먹는 행위의 대상('빵을')이 갖추어져야 함.
→ 이때 행위의 주체와 대상은 '먹다'가 의미적으로 꼭 필요로 하는 요소라고 할 수 있고, 이런 요소의 개수를 '서술어의 자릿수'라고 함. 따라서 '먹다'는 두 자리 서술어임.
┌ 한 자리 서술어: 예 피다
│ 두 자리 서술어: 예 읽다
└ 세 자리 서술어: 예 주다

자동사와 타동사
목적어를 필요로 하는 동사를 '타동사', 목적어 없이 사용되는 동사를 '자동사'라고 함.

■ 문장 성분
• 뜻: 문장 안에서 문장을 구성하면서 일정한 문법적 역할(기능)을 하는 각 부분
• 종류
┌ 주성분: 문장 형성에 필수적으로 참여하는 성분. 주어, 서술어, 목적어, 보어
├ 부속 성분: 주성분을 꾸며 주는 성분. 관형어, 부사어
└ 독립 성분: 문장 내에서 다른 성분들과 직접적인 관계를 맺지 않는 성분. 독립어

■ 주성분

주어	• 문장에서 동작이나 상태, 어떤 성질의 주체를 나타내는 문장 성분 • 기본 문형('무엇이 어찌하다/어떠하다/무엇이다.')에서 '무엇이'에 해당하는 부분 • 체언에 주격 조사('이/가', '께서' 등), 보조사('은/는', '도' 등)가 결합 예 <u>언니가</u> 빵을 먹는다. / <u>동생은</u> 우유를 마신다.
서술어	• 주어의 행위나 상태, 속성을 설명하는 역할을 하는 문장 성분 • 기본 문형('무엇이 어찌하다/어떠하다/무엇이다.')에서 '어찌하다/어떠하다/무엇이다'에 해당하는 부분 • 보통 단일한 용언이나 '체언+이다'로 이루어지지만 두 개 이상의 용언이 모여 하나의 서술어가 되기도 함. 예 언니가 빵을 <u>먹는다</u>. / 이것은 <u>빵이다</u>. / 동생이 빵을 <u>먹어 버렸다</u>.
목적어	• 서술어의 동작이나 행동의 대상이 되는 문장 성분 • 체언이나 체언 구실을 하는 구나 절에 목적격 조사('을/를'), 보조사가 결합함. 예 언니가 <u>빵을</u> 먹는다. / 동생은 아침으로 <u>빵만</u> 먹으려 한다.

보어	• '되다', '아니다'가 필요로 하는 성분 중 주어가 아닌 문장 성분
	  예 동생이 벌써 <u>중학생이</u> 되었다. / 고래는 <u>물고기가</u> 아니다.
	  → 밑줄 친 '중학생이'와 '물고기가'가 없다면 *'동생이 벌써 되었다.', *'고래는 아니다.'와 같이 불완전한 문장이 됨. 따라서 보어는 주어, 서술어, 목적어와 함께 문장을 구성하는 필수 성분임.

아하~ 함·정·넘·기

❶ '오다'는 몇 자리 서술어?
같은 서술어라도 문맥에 따라 서술어가 필수적으로 요구하는 문장 성분이 다를 수 있습니다. 예를 들어, '친구가 집에 왔다.'의 서술어 '왔다'는 주어와 부사어를 필수적으로 요구하는 두 자리 서술어지만, '벌써 추위가 왔다.'의 서술어 '왔다'는 주어 하나만을 필수적으로 요구하는 한 자리 서술어입니다. 이때 부사어 '벌써'는 문장에서 필수적으로 쓰여야 하는 성분이 아니므로 서술어의 자릿수로 칠 수 없습니다.

❷ 보어에 쓰이는 조사는 '이/가'뿐일까?
'내가 선생님은 아니지만, 이 문제를 너에게 알려 줄 수 있어.'에서 '선생님은'은 보조사 '은'이 붙어서 보어가 된 예입니다. 또 '나 욕심쟁이 아니야.'에서 '욕심쟁이'는 아무 조사가 붙지 않고 보어가 실현된 예이지요. 이렇게 때로는 아무 조사가 붙지 않거나 보조사가 붙어서 보어로 쓰이기도 하지만, '물이 얼음으로 되었다.'의 '얼음으로'처럼 다른 격 조사가 붙어 있다면 보어가 아니랍니다.

정답과 해설 25쪽

[1~4] 다음 설명이 맞으면 ○표, 틀리면 ×표 하시오.

1 문장 성분은 주성분과 부속 성분, 독립 성분으로 나눌 수 있다. …… (   )

2 부속 성분은 모두 수의 성분이다. …… (   )

3 세 자리 서술어는 주어 이외에 목적어와 보어를 필요로 하는 서술어이다. …… (   )

4 독립 성분은 문장 내에서 다른 성분들과 직접적인 관계를 맺지 않는 성분이다. …… (   )

[5~12] 밑줄 친 부분이 어떤 문장 성분인지 쓰시오.

• <u>드디어</u> <u>시험이</u> 끝났다.
5 (   ) 6 (   )

• <u>나의</u> 꿈은 <u>과학자가</u> 되는 것이다.
7 (   ) 8 (   )

• <u>오직</u> <u>너만이</u> 그들을 도와줄 수 있다.
9 (   ) 10 (   )

• <u>그림 그리기가</u> 내 취미야.
11 (   )

• 아기가 통 밥을 <u>먹지 않는다.</u>
12 (   )

[13~18] 빈칸에 들어갈 내용을 〈보기〉에서 찾아 쓰시오.

┌─ 보기 ┐
• 주어   • 목적어   • 보어   • 서술어
• 자동사   • 타동사   • 형용사   • 이다
└────────────┘

13 '되다', '아니다'가 필요로 하는 성분 중 (   )가 아닌 문장 성분을 보어라고 한다.

14 문장에서 주어의 행위나 상태, 속성을 설명하는 역할을 하는 문장 성분을 (   )라고 한다.

15 '그 선배는 운동도 정말 잘해.'에서 '운동도'는 (   )이다.

16 '나는 중학생이고, 동생은 아니다.'에서 '중학생이고'는 '체언＋(   )'로 이루어진 서술어이다.

17 자동사나 (   ), '체언＋이다'가 서술어로 쓰일 때는 목적어를 필요로 하지 않는다.

18 (   )가 서술어로 쓰일 때는 목적어를 필요로 한다.

[19~23] 다음 예문에서 밑줄 친 서술어의 자릿수로 적절한 것끼리 연결하시오.

19 먹구름이 검게 <u>피었다.</u>   •   • 한 자리

20 동생은 나에게 책을 <u>줬다.</u>   •

21 나는 이번 주 당번이 <u>아니야.</u> •   • 두 자리

22 그는 손을 호주머니에 <u>넣었다.</u> •

23 그녀는 마음의 평정을 <u>찾았다.</u> •   • 세 자리

[24~26] 다음 문장을 보고, 아래 물음에 답하시오.

> 기선아, 너는 무슨 과일을 제일 좋아해?

24 주성분의 개수를 쓰시오.

25 부속 성분을 모두 찾아 쓰시오.

26 독립 성분을 모두 찾아 쓰시오.

[27~30] 다음 대화에서 괄호 안에 들어갈 적절한 말을 각각 고르시오.

민지: '거미는 곤충이 아니야.'에서 '곤충이'는 **27** (보어 / 목적어)인데, '곤충이'가 없다면 불완전한 문장이 되므로 '곤충이'는 **28** (필수 / 수의) 성분에 해당해.

영서: '간밤에 비가 많이 내렸다.'에서 '내렸다'는 **29** (자동사 / 타동사 / 형용사)로, 주어 하나만을 필요로 하는 서술어에 해당해.

기덕: '그는 다 지난 일을 굳이 문제로 삼았다.'에서 '삼았다'는 주어 이외에 목적어와 필수적 부사어를 필요로 하는 서술어인데, 이때 필수적 부사어에 해당하는 말은 **30** (굳이 / 문제로)야.

31

〈보기〉에서 문장에 관련한 설명으로 적절한 것만을 있는 대로 고른 것은?

┤ 보기 ├
ㄱ. 관형어와 부사어는 부속 성분에 속한다.
ㄴ. 주어, 목적어, 보어, 서술어는 주성분에 속한다.
ㄷ. 독립어는 문장 내에서 주성분을 수식해 주는 성분이다.

① ㄱ   ② ㄴ   ③ ㄷ
④ ㄱ, ㄴ   ⑤ ㄴ, ㄷ

32

문장에 관한 설명으로 적절하지 <u>않은</u> 것은?

① 서술어는 주어와 직접적인 관계를 맺는다.
② 보어는 주어와 달리 문장을 구성하는 필수 성분은 아니다.
③ 타동사는 완전한 문장 구성을 위해 목적어를 필요로 한다.
④ 서술어는 그 성격에 따라 필요한 문장 성분의 개수가 다르다.
⑤ 문장은 일부 성분이 없어도, 의미상으로 완결된 내용을 갖추고 종결 표지가 있으면 성립한다.

33

〈보기〉의 ㉠~㉤의 문장 성분으로 바르게 연결되지 <u>않은</u> 것은?

┤ 보기 ├
• 이번 시험 문제는 ㉠아주 쉽다.
• ㉡그 말은 ㉢사실이 아니다.
• 어느덧 봄이 ㉣되었습니다.
• ㉤그림 그리기가 나의 취미다.

① ㉠: 부사어   ② ㉡: 관형어   ③ ㉢: 목적어
④ ㉣: 서술어   ⑤ ㉤: 주어

34 고난도

〈보기〉에서 밑줄 친 말이 주성분인 것만을 있는 대로 고른 것은?

┤ 보기 ├
㉠ 나 <u>학교에</u> 가야 해.
㉡ 그는 <u>군인이</u> 아니다.
㉢ 나는 <u>독서를</u> 즐기는 편이다.
㉣ 정치, 경제 <u>및</u> 문화가 발달해야 선진국이다.

① ㉠, ㉡   ② ㉡, ㉢   ③ ㉠, ㉡, ㉣
④ ㉡, ㉢, ㉣   ⑤ ㉠, ㉡, ㉢, ㉣

35 서술형 ✏

〈보기〉의 문장에서 밑줄 친 서술어의 자릿수를 쓰시오.

┤ 보기 ├
그녀는 휴가를 <u>얻었다.</u>

36

〈보기〉의 ㉠과 서술어의 자릿수가 같은 것은?

┤ 보기 ├
그녀의 목소리는 언제 들어도 ㉠<u>아름다웠다.</u>

① 가슴이 세차게 <u>뛰었다.</u>
② 나는 점심을 <u>먹고</u> 왔어.
③ 언니는 엄마와 꼭 <u>닮았다.</u>
④ 이것은 그것과는 <u>다른</u> 문제야.
⑤ 내 동생은 초등학교에 <u>다닌다.</u>

37

㉠, ㉡의 서술어의 자릿수가 바르게 짝지어진 것은?

• 물이 얼음이 ㉠<u>되었다.</u>
• 동생이 꽃에 물을 ㉡<u>주었다.</u>

	㉠	㉡		㉠	㉡
①	한 자리	두 자리	②	두 자리	한 자리
③	두 자리	세 자리	④	세 자리	두 자리
⑤	세 자리	세 자리			

38

밑줄 친 서술어의 자릿수가 <u>다른</u> 것은?

① 우정은 반짝이는 보석과 <u>같다.</u>
② 겨울에는 바람이 세차게 <u>분다.</u>
③ 그녀는 눈이 부실 만큼 <u>예뻤다.</u>
④ 폭풍우가 지나가자 파도가 <u>잔다.</u>
⑤ 들판에 아름다운 장미꽃이 <u>피었다.</u>

39

밑줄 친 서술어 중 서술어의 자릿수가 가장 큰 것은?

① 강물이 점점 넓게 <u>퍼진다.</u>
② 거짓말을 한 것이 문제가 <u>아니다.</u>
③ 저 사람은 전혀 다른 사람이 <u>됐다.</u>
④ 가족들은 늦은 저녁을 급하게 <u>먹었다.</u>
⑤ 나는 남자 친구에게서 생일 선물을 <u>받았다.</u>

40 고난도

〈보기 1〉을 바탕으로 〈보기 2〉를 설명한 내용으로 적절하지 않은 것은?

┤ 보기 1 ├

　문장 성분은 문장 속에서 필수적으로 나타나야 하는 필수 성분과 나타나지 않아도 되는 수의 성분으로 나뉜다. 주성분은 모두 필수 성분이다. 부속 성분은 주로 수의 성분이지만 필수 성분인 경우도 있다.

┤ 보기 2 ├

㉠ 큰아버지는 할아버지와 많이 닮았다.
㉡ 어머니는 떡을 참 좋아하신다.
㉢ 그 둘은 무척 친하다.
㉣ 언니는 방에서 음악을 듣고 있었다.
㉤ 나는 가방에 책을 잔뜩 넣었다.

① ㉠에는 수의 성분이 2개 들어 있다.
② ㉡에는 부속 성분이 1개 들어 있다.
③ ㉢에는 필수 성분이 2개 들어 있다.
④ ㉣의 '방에서'는 부속 성분이면서 수의 성분이다.
⑤ ㉤의 '가방에'는 부속 성분이면서 필수 성분이다.

41

〈보기〉를 바탕으로 '목적어'에 대해 탐구한 내용으로 적절하지 않은 것은?

┤ 보기 ├

㉠ 나는 점심으로 빵을 먹었다.
㉡ 나는 점심으로 빵 먹었어.
㉢ 나는 아까 간식으로 빵도 먹었어.
㉣ 나는 보통 아침으로 우유만을 마셔.
㉤ 나는 탄산음료만큼은 잘 마시지 않는다.

① ㉠을 보니, 체언 뒤에 목적격 조사가 붙어 목적어로 쓰일 수 있군.
② ㉡을 보니, 체언 뒤에 목적격 조사가 생략된 채 목적어로 쓰일 수 있군.
③ ㉢을 보니, 체언 뒤에 목적격 조사 대신 다른 격 조사가 붙어 목적어로 쓰일 수 있군.
④ ㉣을 보니, 체언 뒤에 보조사와 목적격 조사가 함께 붙어 목적어로 쓰일 수 있군.
⑤ ㉤을 보니, 체언 뒤에 보조사가 연속으로 붙어 목적어로 쓰일 수 있군.

42

〈보기〉의 ㉠~㉤ 중, 책과 문장 성분이 동일한 것은?

┤ 보기 ├

언니: 보람아, ㉠너 오늘 집에 언제 와?
동생: ㉡친구들과 숙제 같이 하기로 약속했는데, 왜?
언니: ㉢응, 나 책 사러 서점 갈 건데 너랑 ㉣같이 갈까 해서.
동생: 그래? ㉤버스 타고 갈 거야?

① ㉠　　② ㉡　　③ ㉢　　④ ㉣　　⑤ ㉤

43 고난도

〈보기〉를 바탕으로 ㉠~㉤의 밑줄 친 서술어에 대해 설명한 내용으로 적절하지 않은 것은?

┤ 보기 ├

　문장에서 서술어는 그 성격에 따라 필요로 하는 문장 성분의 개수가 다른데, 이를 '서술어의 자릿수'라고 한다. 예를 들어 '장끼가 콩을 먹었다.'에서 '먹다'는 '…이 …을 먹다'와 같은 구조로 사용되어 주어와 목적어를 필요로 하므로 두 자리 서술어라고 한다.

㉠ 옷이 너무 얇지 않니?
㉡ 불길이 하늘 높이 솟는다.
㉢ 형이 동생과 크게 싸웠다.
㉣ 그는 정부에 땅을 팔았다.
㉤ 나는 친구한테서 책을 빌렸다.

① ㉠: '얇지'는 '…이 얇다'의 구조이므로, 한 자리 서술어이다.
② ㉡: '솟는다'는 '…이 …이 솟다'의 구조이므로, 두 자리 서술어이다.
③ ㉢: '싸웠다'는 '…이 …와 싸우다'의 구조이므로, 두 자리 서술어이다.
④ ㉣: '팔았다'는 '…이 …에/에게 …을 팔다'의 구조이므로, 세 자리 서술어이다.
⑤ ㉤: '빌렸다'는 '…이 …에게 …을 빌리다'의 구조이므로, 세 자리 서술어이다.

44

밑줄 친 문장 성분 중, 주어에 해당하는 것은?

① 오늘은 집에서 푹 쉬어라.
② 이걸 할머니께 좀 갖다 드릴래?
③ 나는 어릴 때부터 화가가 되고 싶었다.
④ 그녀는 노래도 잘 부르고 춤도 잘 춘다.
⑤ 그 문제의 정답은 2번이 아니고 4번이다.

45

〈보기〉의 ㉠～㉤에 대한 설명으로 적절하지 않은 것은?

┤ 보기 ├
㉠ 싸움이 일어났다.
㉡ 그는 군인이 되었다.
㉢ 우아, 밖에 눈 오는구나.
㉣ 내 동생은 그림책을 읽고 있다.
㉤ 선생님께서 철없는 학생들을 엄하게 꾸짖으셨다.

① ㉠과 ㉡은 주성분만으로 이루어진 문장이다.
② ㉢은 독립 성분을 포함하고 있는 문장이다.
③ ㉢과 ㉣은 주성분에 해당하는 문장 성분의 개수가 동일하다.
④ ㉣과 ㉤은 주성분에 해당하는 문장 성분의 종류가 동일하다.
⑤ ㉤은 ㉢, ㉣에서 부속 성분으로 사용된 문장 성분을 모두 포함하고 있는 문장이다.

46 (고난도)

〈보기〉의 ㉠의 예로 보기 어려운 것은?

┤ 보기 ├
서술어가 필수적으로 요구하는 문장 성분의 수를 서술어의 자릿수라고 한다. 서술어의 자릿수는 고정된 경우도 있지만, ㉠쓰임에 따라서 서술어의 자릿수가 달라지는 경우도 있다.

① ┌ 새 구두가 반짝인다.
　 └ 아이들이 눈망울을 반짝였다.
② ┌ 추위에 온몸이 떨렸다.
　 └ 목소리가 흥분으로 떨렸다.
③ ┌ 빗방울이 갑자기 그쳤다.
　 └ 두 사람은 싸움을 그쳤다.
④ ┌ 시곗바늘이 조금씩 움직였다.
　 └ 그는 은밀하게 군사를 움직였다.
⑤ ┌ 손님은 점원에게 옷값을 치렀다.
　 └ 나는 졸업 시험을 간신히 치렀다.

47

목적어가 없는 문장은?

① 아기가 공을 굴리고 있다.
② 네 책상이라도 좀 청소해라.
③ 나는 수업에 빠짐없이 출석했다.
④ 어머니는 아들의 손을 꼭 잡으셨다.
⑤ 아침에 일찍 일어나는 습관부터 기르자.

48 (신유형)

〈보기〉는 국어사전 정보를 정리한 것이다. 〈보기〉에 대한 이해로 적절하지 않은 것은?

┤ 보기 ├
돌다 [동]
Ⅰ 물체가 일정한 축을 중심으로 원을 그리면서 움직인다. ¶ 물레방아가 돈다.
Ⅱ 【…에】, 【…에서】 어떤 기운이나 빛이 겉으로 나타나다. ¶ 입안에 군침이 돌다.
Ⅲ 【…으로】 방향을 바꾸다.
　 ¶ 그는 오른쪽으로 돌았다.
Ⅳ 【…을】 무엇의 주위를 원을 그리면서 움직이다.
　 ¶ 달이 지구 주위를 돈다.

① '돌다 Ⅰ, Ⅱ, Ⅲ, Ⅳ'는 모두 주어를 필요로 한다.
② '돌다 Ⅰ'은 '옷이 예쁘다.'의 '예쁘다'와 서술어의 자릿수가 같다.
③ '돌다 Ⅱ'와 '돌다 Ⅲ'은 필요로 하는 문장 성분의 수와 종류가 같다.
④ '돌다 Ⅱ'는 '얼음이 물이 되다.'의 '되다'와 서술어의 자릿수가 같으면서 필요로 하는 문장 성분의 종류가 같다.
⑤ '돌다 Ⅲ'과 '돌다 Ⅳ'는 필요로 하는 문장 성분의 수는 같지만 종류는 다르다.

49

다음 중 필수 성분으로만 이루어진 문장은?

① 이곳은 농사에 적합하다.
② 참았던 불만이 일시에 터졌다.
③ 오늘 입은 옷이 너와 잘 어울려.
④ 멀리 건물 사이로 하늘이 조금씩 보였다.
⑤ 총회에서 만장일치로 그녀가 대표에 선출되었다.

50
⊙, ⓒ에 들어갈 문장 성분이 바르게 짝지어진 것은?

> • 회장은 안건을 (⊙) 부쳤다.
> • 나는 (ⓒ) 되고 싶지도 않았다.

	⊙	ⓒ
①	목적어	부사어
②	목적어	보어
③	부사어	보어
④	부사어	주어
⑤	보어	주어

51
〈보기〉의 ⊙～ⓔ에 대한 설명으로 적절하지 않은 것은?

> ┤ 보기 ├
> ⊙ 어느새 아이가 다섯 살이 되었다.
> ⓒ 진실이 아닌 말은 언젠가 탄로 난다.
> ⓒ 그녀는 아이들을 외국으로 보냈다.
> ⓔ 관중들은 선수들에게 응원을 보냈다.

① ⊙의 '다섯 살이'는 서술어 '되었다'가 요구하는 필수적인 성분이다.
② ⓒ의 '진실이'는 서술어 '아닌'이 요구하는 필수적인 성분이다.
③ ⊙의 '어느새'와 ⓒ의 '언젠가'는 부사어로, 필수 성분이 아니므로 생략할 수 있다.
④ ⓒ의 '외국으로'와 ⓔ의 '선수들에게'는 부사어이지만, 서술어가 필수적으로 요구하는 성분이다.
⑤ ⓒ과 ⓔ에서 서술어 '보냈다'가 요구하는 필수적인 문장 성분의 개수와 종류는 다르다.

52
밑줄 친 부분이 주성분은 아니지만 필수 성분인 것은?

① 서울은 인구가 매우 많다.
② 남편은 아내에게 꽃을 주었다.
③ 이제는 계절이 겨울이 되었다.
④ 모든 국민은 법 앞에 평등하다.
⑤ 하산하는 길에 소나기를 만났다.

53
밑줄 친 부분의 성분이 나머지와 다른 것은?

① 하늘이 파랗다.
② 두더지가 굴을 팠다.
③ 누나는 회사를 다닌다.
④ 고래는 물고기가 아니다.
⑤ 1년 사이에 키가 3cm나 자랐다.

54 〔서술형〕
다음 문장 ⊙～ⓒ에서 주성분을 찾고, 해당되는 문장 성분의 이름을 쓰시오.

> ⊙ 언니는 책을 정말 좋아해.
> ⓒ 우아, 여기는 무척 환하구나.
> ⓒ 나는 열심히 공부해서 과학자가 되었다.

55 〔서술형〕
다음 문장에서 필수 성분을 모두 찾아 쓰시오.

> 그는 순수 우리말을 자유자재로 구사하여 우리에게 많은 걸작을 남겼다.

56 〔서술형〕
다음 문장 ⊙～ⓒ에서 밑줄 친 서술어의 자릿수를 쓰시오.

> ⊙ 벚꽃이 활짝 피었다.
> ⓒ 나는 남자 친구에게 책을 선물했다.
> ⓒ 그녀는 새로 들어온 며느리의 손을 꼭 잡았다.

57 2014학년도 대학수학능력시험 예비 시행 A형 12번

〈보기〉를 바탕으로 '목적어'에 대해 탐구한다고 할 때, 적절하지 않은 것은?

┤ 보기 ├

 ㉠오늘 아침에 나는 빵을 먹었다. 내가 ㉡빵을 먹은 건, 늦잠을 잤기 때문이다. ㉢그런 내 모습을 어머니께서 보시고, "공부하느라 힘들지?" 하면서 냉장고에서 ㉣우유를 꺼내 주셨다. 고맙기도 하고 죄송하기도 해서 같이 드시지 않겠냐고 여쭤보았다. 어머니께서는 "그럼, ㉤우유나 마실까?" 하면서 식탁에 앉으셨다. 어머니께서 환하게 웃으셨는데 ㉥그 모습이 참 고우셨다.

① ㉠과 ㉢을 보니, 목적어는 동작을 나타내는 서술어의 대상으로 쓰이는군.
② ㉠과 ㉡을 비교해 보니, 문장 안에서 목적어의 자리는 고정적이지 않군.
③ ㉠과 ㉤을 비교해 보니, 목적어가 생략될 수도 있군.
④ ㉠과 ㉥을 비교해 보니, 목적어가 필요 없는 문장도 있군.
⑤ ㉡과 ㉣을 보니, 자음 뒤에 '을', 모음 뒤에 '를'이라는 목적격 조사가 쓰이는군.

58 2010학년도 11월 고2 전국연합학력평가 12번

〈보기〉를 바탕으로 목적격 조사에 대해 탐구한 내용으로 적절하지 않은 것은?

┤ 보기 ├

ㄱ. 그는 누굴 더 사랑할까?
ㄴ. 나는 사과는 좋아해. / 나는 사과를 좋아해.
ㄷ. 나는 너만을 좋아해. / 나는 너를 좋아해.
ㄹ. 나는 영수와 만났다. / 나는 영수를 만났다.
ㅁ. 선생님께서 책을 열 권을 주셨다.

① ㄱ: 목적격 조사가 'ㄹ'의 형태로 나타나기도 하는구나.
② ㄴ: 목적격 조사의 자리에 보조사 '는'이 쓰이기도 하는구나.
③ ㄷ: 체언과 목적격 조사 사이에 다른 보조사 '만'이 올 수도 있구나.
④ ㄹ: 부사격 조사 '와'를 목적격 조사로 바꾸어 쓰기도 하는구나.
⑤ ㅁ: 한 문장에서 목적격 조사가 두 번 나오더라도 이를 생략해서는 안 되겠구나.

59 2022학년도 3월 고3 전국연합학력평가 36번

〈보기〉를 모두 충족하는 문장으로 적절한 것은?

┤ 보기 ├

• 서술어의 자릿수가 한 자리인 용언이 포함될 것.
• 관형사절 속에 보어가 포함될 것.

① 화단도 아닌 곳에 진달래꽃이 피었다.
② 대학생이 된 누나가 주인공을 맡았다.
③ 학생이었던 삼촌은 마흔 살이 되었다.
④ 큰언니는 성숙했지만 성인이 아니었다.
⑤ 나무로 된 책상을 나는 그에게 주었다.

60

〈보기〉에 있는 '자료'의 밑줄 친 부분에 ㄱ~ㄷ에 해당하는 예를 찾아 넣으려고 할 때, 적절하지 않은 것은?

┤ 보기 ├

문장에서 목적어는 다음과 같은 형태로 나타난다.
• 체언+목적격 조사 '을/를'
• 체언+특정한 의미를 더해 주는 보조사 ………… ㄱ
• 체언 단독 ………………………………… ㄴ
• 체언+보조사+목적격 조사 ……………… ㄷ

[자료]
그는 _____ 갔어.

① ㄱ의 예: '산책을'
② ㄱ의 예: '이사도'
③ ㄴ의 예: '꽃구경'
④ ㄴ의 예: '배낭여행'
⑤ ㄷ의 예: '한길만을'

61 2021학년도 9월 고3 모의평가 14번

〈학습 활동〉을 수행한 결과로 적절한 것은?

┤ 학습 활동 ├

 품사가 어떻게 문장 성분으로 실현되는지 다음 밑줄 친 부분을 중심으로 알아보자.
 ⓐ 빵은 동생이 간식으로 제일 좋아한다.
 ⓑ 형은 아주 옛 물건만 항상 찾곤 했다.
 ⓒ 나중에 어른 돼서 우리 다시 만나자.
 ⓓ 친구가 내게 준 선물은 장미였다.
 ⓔ 다람쥐 세 마리가 나무를 오른다.

① ⓐ: 명사가 격 조사와 결합해 목적어로 쓰였다.
② ⓑ: 부사가 관형사를 수식하는 부사어로 쓰였다.
③ ⓒ: 명사가 조사와 결합 없이 주어로 쓰였다.
④ ⓓ: 명사가 어미와 직접 결합해 서술어로 쓰였다.
⑤ ⓔ: 수사가 명사를 수식하는 관형어로 쓰였다.

62 2007학년도 9월 고1 전국연합학력평가 12번

〈보기〉를 참조하여 '서술어의 자릿수'를 판단한 것 중, 적절하지 않은 것은?

┤ 보기 ├

　문장 속에서 서술어가 꼭 필요로 하는 성분의 개수를 '서술어의 자릿수'라고 한다. 여기에 해당하는 성분에는 주어, 목적어, 보어, 그리고 필수적 부사어가 있다.

① 아지랑이가 모락모락 <u>피어올랐다</u>. → 한 자리 서술어
② 그 소년이 무지개를 <u>바라보았다</u>. → 두 자리 서술어
③ 내 동생은 거짓말쟁이가 <u>아니다</u>. → 두 자리 서술어
④ 영국의 날씨는 한국과 <u>다르다</u>. → 세 자리 서술어
⑤ 그가 나에게 친절을 <u>베풀었다</u>. → 세 자리 서술어

63 2014학년도 3월 고1 전국연합학력평가 15번

〈보기 1〉을 참고하여, 〈보기 2〉의 문장을 탐구한 내용으로 적절한 것은?

┤ 보기 1 ├

[예문] 윤아는 맑은 하늘을 좋아한다.
　　　　㉠　　㉡　　㉢　　서술어

[탐구 과정]
　⑴ ㉠이 없을 경우: '좋아한다'의 주체(주어)가 빠져서 문장이 성립되지 않는다.
　⑵ ㉡이 없을 경우: '하늘'을 꾸며 주는 말(관형어)이므로, 문장의 성립 여부에 영향을 주지 않는다.
　⑶ ㉢이 없을 경우: '윤아'가 좋아하는 대상(목적어)이 빠져서 문장이 성립되지 않는다.

[탐구 결과]
　'좋아한다'는 주어(㉠)와 목적어(㉢)를 반드시 필요로 하는 두 자리 서술어이다.

┤ 보기 2 ├

ㄱ. 희선이는 맛있는 빵을 먹었다.
ㄴ. 빨간 장미꽃이 활짝 피었다.

① ㄱ은 '희선이는'을 생략해도 문장이 성립한다.
② ㄴ은 '빨간'과 '장미꽃이'를 생략해도 문장이 성립한다.
③ ㄱ의 '먹었다'와 ㄴ의 '피었다'는 모두 목적어를 반드시 필요로 한다.
④ ㄱ의 '맛있는'과 ㄴ의 '활짝'은 서술어가 반드시 필요로 하는 문장 성분이다.
⑤ ㄱ의 '먹었다'는 두 자리 서술어이고, ㄴ의 '피었다'는 한 자리 서술어이다.

64 2019학년도 6월 고1 전국연합학력평가 11번

〈보기〉는 국어사전의 일부이다. ⓐ~ⓓ를 이해한 내용으로 가장 적절한 것은?

┤ 보기 ├

듣다¹ 〔동〕
　1 【…을】 사람이나 동물이 소리를 감각 기관을 통해 알아차리다. ¶ 나는 숲에서 새소리를 ⓐ듣는다.
　2 【…에게 …을】 주로 윗사람에게 꾸지람을 맞거나 칭찬을 듣다. ¶ 그 아이는 누나에게 칭찬을 자주 ⓑ듣는다.
　3 【…을 …으로】 어떤 것을 무엇으로 이해하거나 받아들이다. ¶ 그들은 고지식해서 농담을 진담으로 ⓒ듣는다.

듣다² 〔동〕
　【…에】 눈물, 빗물 따위의 액체가 방울져 떨어지다.
　¶ 차가운 빗방울이 지붕에 ⓓ듣는다.

① ⓐ는 세 자리 서술어이다.
② ⓑ는 주어와 목적어만을 필수적으로 요구하는 서술어이다.
③ ⓒ는 주어 외에 두 개의 문장 성분을 더 필요로 한다.
④ ⓐ와 ⓓ는 필요로 하는 문장 성분이 서로 같다.
⑤ ⓑ와 ⓓ는 의미에 차이가 있지만 서술어 자릿수는 같다.

65 2017학년도 3월 고3 전국연합학력평가 12번

〈보기〉의 ㉠~㉤에 대한 탐구로 적절하지 않은 것은?

┤ 보기 ├

	의미	예문
살다	불 따위가 타거나 비치고 있는 상태에 있다.	바람 때문에 불씨가 다시 ㉠살았다.
	본래 가지고 있던 특징 따위가 그대로 있거나 뚜렷이 나타나다.	이 한 구절로 글이 ㉡살았다.
	어떤 직분이나 신분의 생활을 하다.	그는 조선 시대에 오랫동안 벼슬을 ㉢살았다.
놓다	계속해 오던 일을 그만두고 하지 아니하다.	그는 잠시 일손을 ㉣놓았다.
	잡거나 쥐고 있던 물체를 일정한 곳에 두다.	형은 책을 책상 위에 ㉤놓았다.

① ㉠은 주어만 필수적으로 요구하는 한 자리 서술어이군.
② ㉡은 주어와 부사어를 필수적으로 요구하는 두 자리 서술어이군.
③ ㉢은 주어와 목적어를 필수적으로 요구하는 두 자리 서술어이군.
④ ㉣은 주어와 목적어를 필수적으로 요구하는 두 자리 서술어이군.
⑤ ㉤은 주어, 목적어, 부사어를 필수적으로 요구하는 세 자리 서술어이군.

15일 문장 성분 2 - 부속 성분, 독립 성분

📖 함께 보기 | 필독 중학 국어 문법 119쪽으로!

개념 확인

관형어가 꼭 필요한 경우
의존 명사는 관형어의 수식이 꼭 필요함.
⑩
┌ 마실 것 좀 줘.
└ *것 좀 줘.
┌ 그럴 수도 있지.
└ *수도 있지.

부사어가 꼭 필요한 경우
부사어는 보통 수의적인 성분이지만, 부사어 중에는 서술어가 반드시 필요로 하는 부사어들도 있음.
⑩
• 언니는 엄마와 닮았다.
• 내 나이는 그의 나이와 같다.
• 그는 근면을 신조로 삼고 있다.
→ 밑줄 친 부분이 없으면 문장이 완성되지 않음. 이들을 '필수적 부사어'라고 함.

■ 부속 성분

관형어	• 체언(명사, 대명사, 수사)을 꾸며 주는 문장 성분 • 관형어의 구성 ┌ 관형사 　⑩ 새 옷, 헌 옷, 이 사람 ├ 명사(명사구, 명사절)+관형격 조사 '의' 　⑩ 언니의 옷, 형의 구두 └ 용언 어간+관형사형 어미 '-(으)ㄴ, -는, -(으)ㄹ, -던' 　⑩ 고운 얼굴, 달리는 차, 내가 마실 물, 동생이 먹던 빵
부사어	• 용언(동사, 형용사)을 꾸며 주는 문장 성분 • 관형어나 다른 부사어, 문장 전체를 꾸며 주기도 함. • 부사어의 구성 ┌ 부사 　⑩ 참 예쁘다. / 너무 빨리 결정하지 마. ├ 명사(명사구, 명사절)+부사격 조사 　⑩ 집에서, 집으로, 집에, … └ 용언 어간+부사형 어미 '-게' 등 　⑩ 너 오늘 멋지게 입었네.

■ 독립 성분

독립어	• 문장 내의 다른 성분들과 문법적 관련이 없는 문장 성분 • 놓이는 위치가 자유로운 편임. • 다른 문장 성분들과 직접적인 관계를 맺지 않고도 단독으로 생각이나 감정을 전달함. • 감탄사, 체언+호격 조사, 제시어 등의 형태로 나타남. 　⑩ 우아, 예쁘다. / 보람아, 밥 먹어. / 사랑, 도대체 그게 뭘까?

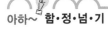

아하~ 함·정·넘·기

❶ 관형사와 관형어는 같다? 다르다?
관형사와 관형어는 그 명칭이 비슷하고 둘 다 체언 앞에 놓여서 체언을 꾸며 주는 역할을 하기 때문에 자주 혼동되죠. 하지만 관형사는 품사, 즉 단어의 부류를 나타내는 것이고 관형어는 문장 성분, 문장 내에서의 기능을 나타내는 것이므로 엄연히 서로 다릅니다. 특히 품사는 문장에서 어떤 역할을 하느냐와 관계없이 변하지 않습니다. '나는 예쁜 옷 한 벌을 샀다.'에서 '예쁜'과 '한'은 체언(옷, 벌)을 수식하고 있으므로 문장 성분은 둘 다 관형어입니다. 하지만 '예쁜'과 '한'의 품사는 다릅니다. 품사를 구분할 때는 단어 자체만 보고 판단해야 합니다. '예쁜(=예쁘-+-ㄴ)'은 '예쁘다'의 활용형으로, 품사는 형용사입니다. '한'은 수를 나타내는 관형사입니다.

❷ '그리고', '그러나'의 문장 성분은?
'봄에는 꽃이 핀다. 그리고 가을에는 단풍이 든다.'의 '그리고'나 '우리는 열심히 손을 흔들었다. 그러나 선수 중 아무도 돌아보는 사람이 없었다.'의 '그러나'는 각각 뒤 문장에 속해 있으면서 앞 문장과 뒤 문장의 의미 관계에 따라 쓰인 접속 부사로, 문장 성분은 부사어에 해당합니다.

[1~6] 다음 설명이 맞으면 ○표, 틀리면 ×표 하시오.

1 부속 성분에는 관형어와 부사어가 있다.

...... (　　)

2 관형어는 다른 부사어나 관형어, 문장 전체를 꾸며 주기도 한다.

...... (　　)

3 서술어가 반드시 필요로 하는 부사어도 있다.

...... (　　)

4 관형격 조사를 생략하면 체언만으로 관형어가 성립할 수 없다.

...... (　　)

5 관형어와 부사어는 보조사와 자유롭게 결합할 수 있다.

...... (　　)

6 독립 성분은 생략해도 문장이 성립한다.

...... (　　)

[7~10] 초성을 참고하여 빈칸에 들어갈 적절한 말을 쓰시오.

7 관형어는 수의적인 성분이지만, ㅇㅈ 명사는 관형어의 수식이 꼭 필요하다.

8 ‘그리고’, ‘그러나’, ‘그러므로’ 등 문장을 연결해 주는 ㅈㅅ 부사의 문장 성분은 부사어이다.

9 ㅅㅅㅇ가 반드시 필요로 하는 부사어들을 ‘필수적 부사어’라 한다.

10 느낌, 부름, 응답 등을 나타내는 말인 ㄱㅌㅅ는 모두 독립어로 쓰인다.

[11~14] 빈칸에 들어갈 내용을 〈보기〉에서 찾아 쓰시오.

┤ 보기 ├
- 관형사
- 부사
- 조사
- 관형어
- 부사어
- 어미

11 (　　　)는 그대로 관형어가 되고, 부사는 그대로 부사어가 된다.

12 체언에 관형격 조사가 붙어 관형어가 될 수 있고, 부사격 조사가 붙어 (　　　)가 될 수 있다.

13 용언 어간에 관형사형 (　　　)가 붙어 관형어가 될 수 있고, 부사형 어미가 붙어 부사어가 될 수 있다.

14 체언에 호격 (　　　)가 붙어 독립어가 될 수 있다.

15 관형사형 어미가 아닌 것은?

① -(으)ㄴ　　② -(으)ㄹ　　③ -게

④ -는　　⑤ -던

16 부사격 조사가 아닌 것은?

① 야　　② 에　　③ 에서

④ 와/과　　⑤ (으)로

[17~21] 다음 예문에서 밑줄 친 부분의 문장 성분으로 적절한 것끼리 연결하시오.

17 오늘은 몸이 안 좋아.　　•　　　　•　관형어

18 새 신을 신고 뛰어 보자.　•

19 정말 잘 될까요, 선생님?　•　　　　•　부사어

20 형은 아빠와 참 많이 닮았어.　•

21 이 코트는 사실 언니 옷이야.　•　　　　•　독립어

[22~24] 다음 대화를 보고, 아래 물음에 답하시오.

유나: 우아, 꽃이다. 주원아, 한 송이만 줄래?
주원: 응. 제일 예쁜 것을 골라서 가져가.
유나: 정말 고마워. 그런데 웬 꽃이야?
주원: 초등학교 친구에게 주려고 꽃집에서 사 왔지.

22 대화에서 독립어를 찾아 모두 쓰시오.

23 ‘유나’의 말에서 부사어를 찾아 모두 쓰시오.

24 ‘주원’의 말에서 관형어를 찾아 모두 쓰시오.

[25~30] 다음 대화에서 괄호 안에 들어갈 적절한 말을 각각 고르시오.

현수: ‘높은 하늘’에서 ‘높은’은 ‘하늘’을 수식하므로 문장 성분은 **25** (관형어 / 부사어)이고, ‘높다’의 활용형이므로 품사는 **26** (형용사 / 관형사)이다.
영훈: ‘꽃이 예쁘게 피었다.’에서 ‘예쁘게’는 ‘피었다’를 수식하므로 문장 성분은 **27** (관형어 / 부사어)이고, ‘예쁘다’의 활용형이므로 품사는 **28** (형용사 / 관형사)이다.
용찬: ‘내 키는 그의 키와 같다.’에서 ‘그의 키와’의 문장 성분은 **29** (관형어 / 부사어)이지만, 없으면 문장이 완성되지 않으므로 **30** (수의 / 필수) 성분이다.

31
밑줄 친 말이 관형어가 아닌 것은?

① 아기가 <u>새</u> 옷을 입었다.
② 소녀는 <u>시골의</u> 풍경을 좋아한다.
③ 우리 학교에는 <u>넓은</u> 운동장이 있다.
④ 옆집에서 나눠 준 김치가 <u>정말</u> 맛있었다.
⑤ 그는 자기 일 밖의 <u>다른</u> 일에는 관심이 없다.

32
밑줄 친 말이 부사어가 아닌 것은?

① 애야, <u>빨리</u> 걸어라.
② 그 사람은 정말 <u>많이</u> 아파 보였어.
③ 나는 그녀의 얼굴을 <u>빤히</u> 바라봤다.
④ 사자는 고기를 먹었다. <u>그리고</u> 낮잠을 잤다.
⑤ <u>설마</u> 너까지 나를 의심하는 것은 아니겠지?

33
밑줄 친 말이 독립언이 아닌 것은?

① <u>야</u>, 너 거기서 뭐 해?
② 우리 오늘 <u>어디로</u> 놀러 갈까?
③ 얼마나 잘하는지, <u>어디</u>, 한번 보자.
④ <u>어머나</u>, 그 사람이 그렇게 유명한 사람이었어?
⑤ <u>아이쿠</u>, 깜박하고 너한테 생일 선물 주는 걸 잊었네.

34
〈보기〉를 바탕으로 관형어의 특성을 설명한 내용으로 적절하지 않은 것은?

┤ 보기 ├
• 소년은 갈 데가 없었다.
• 남편은 <u>도시</u> 야경을 좋아한다.
• 그는 <u>헌</u> 운동화를 꺼내 신었다.
• <u>저 많은 새</u> 옷들은 도대체 언제 입을 거야?

① 의존 명사는 그 앞에 관형어를 동반한다.
② 관형어는 체언 앞에서 뒤따르는 체언을 수식한다.
③ 관형어는 부사어와 마찬가지로 자립해 쓰일 수 있다.
④ 관형어는 관형격 조사 없이 체언이 바로 체언을 수식하는 구조로 쓰일 수 있다.
⑤ 관형어가 겹쳐서 나타날 때는 지시 관형어, 수량 관형어, 성상 관형어의 순서로 나타난다.

35
문장 성분에 대한 설명으로 적절하지 않은 것은?

① 주성분이 누락되면 문장이 성립하지 않는다.
② 부속 성분은 주로 주성분의 내용을 수식한다.
③ 독립어는 문장의 성립에 영향을 미치지 않는다.
④ 서술어가 될 수 있는 것은 '동사', '형용사', '체언 + 서술격 조사'이다
⑤ 관형사는 그대로 관형어가 되지만, 부사는 그대로 부사어가 되지 않는다.

36
밑줄 친 부분이 〈보기〉의 ㉠에 해당하는 것은?

┤ 보기 ├
부사어는 문장 성분 중 부속 성분으로 용언뿐 아니라 관형어나 다른 부사어를 수식하고 문장이나 단어를 이어 주는 역할을 한다. 또한 문장 전체를 꾸며 주기도 한다. 부사어는 문장에서 반드시 필요한 성분은 아니지만, ㉠문장을 구성하는 데 꼭 필요한 부사어도 있다.

① 코스모스가 <u>참으로</u> 예쁘다.
② <u>과연</u> 그 아이는 똑똑하구나.
③ 연이 <u>매우</u> 높이 날고 있구나.
④ 그는 <u>완전히</u> 새 사람이 되었다.
⑤ 부모님께서 <u>나에게</u> 선물을 주셨다.

37
〈보기〉의 ㉠~㉤을 관형어의 형성 방식이 같은 것끼리 묶은 것은?

┤ 보기 ├
㉠어느 날 선생님이 ㉡웬 여학생을 하나 교실로 데리고 오셨다. ㉢흰 옷이 잘 어울리던 ㉣그 아이는 인사를 하라는 선생님 말씀에 얼굴을 붉혔다. 우리는 반갑게 ㉤환영 인사를 하였다.

① ㉠, ㉡, ㉢   ② ㉠, ㉡, ㉣   ③ ㉠, ㉣, ㉤
④ ㉡, ㉢, ㉣   ⑤ ㉢, ㉣, ㉤

38

밑줄 친 부분의 문장 성분이 나머지와 다른 것은?

① 너 <u>어디</u> 가니?

② <u>글쎄</u>, 저도 잘 모르겠는데요.

③ <u>하늘이시여</u>, 우리를 지켜 주소서.

④ <u>쯧쯧</u>, 이것도 보물이라고 모셔 놓은 것이냐?

⑤ <u>야!</u> 드디어 우리들이 기다리던 수학여행이다.

39

부사어에 대한 설명으로 적절하지 않은 것은?

① 성분 부사어는 위치에 상관없이 문장 전체를 수식한다.

② 체언에 부사격 조사를 결합하여 부사어를 만들 수 있다.

③ 용언에 부사형 어미 '-게'를 결합하여 부사어를 만들 수 있다.

④ 부사어도 서술어에 따라 필수적으로 요구되는 경우가 있다.

⑤ 서술어와 맺고 있는 의미 관계에 따라 부사격 조사의 형태가 달라진다.

40

빈칸에 관형어가 들어갈 수 없는 문장은?

① 날씨가 (   ) 덥다.

② 나는 (   ) 옷을 좋아한다.

③ (   ) 말씀이 기억에 생생하다.

④ 우연히 길에서 (   ) 친구를 만났다.

⑤ (   ) 바다를 보니 기분이 상쾌하다.

41

〈보기〉에서 관형어와 부사어에 대한 설명으로 적절한 내용을 모두 고른 것은?

┤ 보기 ├
ㄱ. 관형어와 부사어는 모두 부속 성분이다.
ㄴ. 관형어는 수의적 성분이 아니기도 하나, 부사어는 항상 수의적 성분이다.
ㄷ. 관형어는 주로 체언을 수식하나, 부사어는 용언, 부사, 관형사 등을 수식할 수 있다.
ㄹ. 관형어는 형태가 바뀔 수 있지만 부사어는 형태가 고정되어 하나의 형태로만 쓰인다.

① ㄱ, ㄴ   ② ㄱ, ㄷ   ③ ㄴ, ㄷ

④ ㄴ, ㄹ   ⑤ ㄷ, ㄹ

42 고난도

〈보기〉를 바탕으로 부사어에 대해 탐구한 내용으로 적절하지 않은 것은?

┤ 보기 ├
㉠ 그녀는 <u>퍽이나</u> 상냥했다.
㉡ 그는 해외로 출장을 <u>매우</u> 자주 다닌다.
㉢ 그는 일 년 동안 <u>오직</u> 공부에만 열중했다.
㉣ 그녀는 친구의 딸을 <u>며느리로</u> 삼았다.
㉤ 올바른 환경관을 학교, 가정 <u>및</u> 지역 사회에 뿌리내리게 해야 한다.

① ㉠을 보니 부사에 보조사가 붙어 부사어로 실현되기도 하는군.

② ㉡을 보니 부사어가 또 다른 부사어를 꾸며 주기도 하는군.

③ ㉢을 보니 부사어는 서술어 바로 앞에 위치하지 않아도 서술어를 꾸밀 수 있군.

④ ㉣을 보니 부사어 중에는 문장을 구성하는 데 꼭 필요한 것도 있군.

⑤ ㉤을 보니 부사어는 단어와 단어를 이어 주는 역할을 하기도 하는군.

43

〈보기〉의 ㉠～㉤ 중, 문장 성분이 다른 것은?

┤ 보기 ├
　㉠<u>아마도</u> 그해 12월 초순의 일이었던 걸로 기억된다. 일제 고사를 친 날이었는데, 시험을 ㉡<u>공정하게</u> 보인다는 뜻에서 ㉢<u>이례적으로</u> 자리를 막 뒤섞는 바람에 내 곁에는 박원하라는 공부 잘하는 아이가 앉게 되었다. ㉣<u>여러</u> 과목 중에서도 ㉤<u>특히</u> 산수가 뛰어난 아이로 석대와 가깝기로는 열 손가락 안에 들었다.

① ㉠   ② ㉡   ③ ㉢   ④ ㉣   ⑤ ㉤

44

〈보기〉를 바탕으로 '관형어'에 대해 탐구한 내용으로 적절하지 **않은** 것은?

┤ 보기 ├
ㄱ 언니가 새 옷을 샀다.
ㄴ 언니가 옷을 샀다.
ㄷ 언니는 새로 산 옷을 입었다.
ㄹ 나는 언니의 옷을 빌려 입었다.
ㅁ 나는 언니 옷을 자주 입는다.

① ㄱ과 ㄴ을 보니, 관형어는 문장에서 반드시 필요로 하는 문장 성분은 아니군.
② ㄷ과 ㄹ을 보니, 관형어는 체언 앞에서 체언을 수식하는 기능을 하는군.
③ ㄱ을 보니, 관형사는 그대로 관형어가 될 수 있군.
④ ㄷ을 보니, 용언의 어간에 관형사형 어미가 결합하여 관형어가 되기도 하는군.
⑤ ㄹ과 ㅁ을 보니, 체언에는 반드시 조사가 결합해야 관형어가 될 수 있군.

45

부사어에 대해 예를 들어 설명한 내용으로 적절하지 **않은** 것은?

① '이곳은 참 경치가 좋다.'에서 '참'은 형용사 서술어 '좋다'를 꾸며 주는 부사어이다.
② '아주 오랜 가뭄 끝에 비가 내렸다.'에서 '아주'는 관형사로 된 관형어 '오랜'을 꾸며 주는 부사어이다.
③ '바로 오늘이 내 생일이다.'에서 '바로'는 '체언+이다'로 구성된 서술어 '생일이다'를 꾸며 주는 부사어이다.
④ '그 약이 정말 그렇게 효과가 있니?'에서 '정말'은 형용사의 부사형으로 된 부사어 '그렇게'를 꾸며 주는 부사어이다.
⑤ '우리는 다행히 그의 집을 쉽게 찾았다.'에서 '다행히'는 문장 '우리는 그의 집을 쉽게 찾았다.'를 꾸며 주는 부사어이다.

46 신유형

다음 ㉮, ㉯의 문장 성분이 지닌 공통점을 〈보기〉에서 모두 고른 것은?

• 우리는 ㉮지하철역에서 만나기로 했다.
• ㉯내가 살던 동네에는 작은 호수가 있었다.

┤ 보기 ├
㉠ 다른 말을 꾸며 준다.
㉡ 부속 성분에 해당한다.
㉢ 한 자리 서술어와 쓰일 때는 필수적이지 않다.
㉣ 서술어의 성격에 따라 두 자리 서술어와 쓰일 때는 필수적인 경우도 있다.
㉤ 세 자리 서술어에는 항상 필수적이다.

① ㉠, ㉡, ㉢　　② ㉠, ㉡, ㉣　　③ ㉠, ㉢, ㉤
④ ㉡, ㉣, ㉤　　⑤ ㉢, ㉣, ㉤

47

관형어와 부사어에 대한 설명으로 적절하지 **않은** 것은?

① 관형어와 부사어는 조사를 포함하지 않는다는 점에서 공통적이다.
② 관형어는 체언을 수식하나 부사어는 보다 다양한 성분을 수식한다.
③ 관형어가 부사를 수식하는 경우는 없으나 부사어가 관형어를 수식하는 경우는 있다.
④ 관형어는 바로 뒤의 성분을 수식하나 부사어 중에는 문장 전체를 수식하는 것도 있다.
⑤ 관형어와 부사어는 부속 성분이나 부사어 중에는 문장에서 필수적으로 요구하는 것도 있다.

48

〈보기〉의 ㉠, ㉡이 모두 들어 있는 문장은?

┤ 보기 ├
어떤 성분을 꾸며 주는 부사어를 ㉠성분 부사어라 하고, 문장 전체를 꾸며 주는 부사어를 ㉡문장 부사어라 한다.

① 과연 설악산은 절경이구나.
② 주원이가 정말 많이 먹는다.
③ 그녀는 아주 새 사람이 되었다.
④ 비록 실패하더라도 다시 도전하자.
⑤ 설마 그 사람이 우리를 배신하겠어?

49 고난도
〈보기 1〉을 바탕으로 〈보기 2〉를 이해한 내용으로 적절하지 않은 것은?

┤보기 1├

　형용사 '다르다'는 '비교가 되는 두 대상이 서로 같지 아니하다.'나 '보통의 것보다 두드러진 데가 있다.'의 의미를 나타내며, 용언이므로 서술 기능을 가지고 있다. 관형사 '다른'은 '당장 문제 되거나 해당되는 것 이외의'의 의미를 나타내며, 체언을 수식한다.

┤보기 2├

ⓐ 그는 자기 일 밖의 다른 일에는 관심이 없다.
ⓑ 나는 아버지와 다른 사람이 될 것이다.
ⓒ 고장 난 문을 바로 고치다니 기술자는 역시 다르네.

① ⓐ과 ⓑ의 '다른'은 모두 뒤의 체언을 수식하고 있다.
② ⓒ의 '다르네'는 ⓑ의 '다른'과 달리 서술 기능을 가지고 있다.
③ ⓐ의 '다른'은 '당장 문제 되거나 해당되는 것 이외의'의 의미를 지닌다.
④ ⓑ의 '다른'은 '두 대상이 서로 같지 아니하다.'의 의미를 지닌다.
⑤ ⓒ의 '다르네'는 '보통의 것보다 두드러진 데가 있다.'의 의미를 지닌다.

50
관형어에 대해 예를 들어 설명한 내용으로 적절하지 않은 것은?

① '나무 상자'에서 '나무'는 관형격 조사 없이 명사가 관형어로 쓰인 것이다.
② '교지에 내가 쓴 글이 실렸다.'에서 '내가 쓴'은 절이 관형어로 쓰인 것이다.
③ '무슨 생각을 그렇게 해?'에서 '무슨'은 용언의 활용형이 관형어로 쓰인 것이다.
④ '온갖 정성을 기울이다.'에서 '온갖'은 관형사가 그대로 관형어로 쓰인 것이다.
⑤ '우리의 소원은 통일'에서 '우리의'는 체언에 관형격 조사 '의'가 결합하여 관형어로 쓰인 것이다.

51
독립 성분에 대한 설명으로 적절하지 않은 것은?

① 감탄사는 모두 독립 성분으로 쓰인다.
② 글에서는 독립 성분 뒤에 대개 반점(,)을 찍는다.
③ 다른 문장 성분과 직접적인 관계를 맺고 있지 않다.
④ 문장에서 동작이나 작용, 성질이나 상태의 주체를 나타내는 성분이다.
⑤ 체언에 호격 조사 '아/야', '(이)여'가 결합해 독립 성분으로 쓰이기도 한다.

52
〈보기〉의 ⓐ, ⓑ이 모두 들어 있는 문장은?

┤보기├

　부속 성분은 대개 수의 성분이지만, ⓐ서술어가 꼭 필요로 하는 부사어와 ⓑ명사가 꼭 필요로 하는 관형어는 필수적인 문장 성분이다.

① 그 넓은 방 안이 숨소리가 들릴 만큼 조용했다.
② 어제 나는 어릴 때 친구들과 만나 즐겁게 놀았다.
③ 우리가 만난 지도 벌써 10년이라는 세월이 흘렀다.
④ 선생님께서 나에게 건네주신 것은 한 권의 책이었다.
⑤ 나는 남자 친구에게 생일 선물로 손목시계를 선물했다.

53 서술형 ✎
다음 문장에서 부속 성분을 모두 찾아 쓰시오.

조그만 손수건이라도 팔랑팔랑 날리자.

54 서술형 ✎
다음 문장 ⓐ～ⓒ에서 밑줄 친 부사어가 수식하는 말을 찾고, 이를 통해 부사어의 수식 범위에 대해 설명하시오.

ⓐ 밥을 많이 먹었더니 배가 불러.
ⓑ 이 사람은 과연 훌륭한 예술가로구나.
ⓒ 방금 매우 빨리 비행기가 지나갔어요.

55 서술형 ✎
다음 문장 ⓐ～ⓒ에서 필수적 부사어를 찾아 쓰시오.

ⓐ 아기가 엄마와 많이 닮았다.
ⓑ 나는 늘 정직을 신조로 삼고 있다.
ⓒ 아버지께서는 차에 설탕을 항상 넣으신다.

56 2007학년도 9월 고3 모의평가 14번

문장에서 일부 문장 성분들을 생략하거나 보충하는 활동을 통해 '필요한 문장 성분'에 대해 탐구해 보았다. 〈보기〉를 바탕으로 판단한 내용으로 적절하지 않은 것은?

┤ 보기 ├

ㄱ. 아이가 작은 침대에서 예쁘게 잔다.
ㄴ. 학생들이 식당에서 점심을 먹는다.
ㄷ. 그 아이는 예쁘게 생겼다.
ㄹ. 작은 것이 아름답다.
ㅁ. 우리도 언제 개통될지 모른다.

① ㄱ에는 문장 성분이 여러 개 있지만 필수적인 것은 주어와 서술어야.
② ㄴ에서 필수적인 문장 성분은 네 개야.
③ ㄷ을 보면 부사어도 필수적인 문장 성분이 될 수 있어.
④ 관형어는 일반적으로 생략될 수 있지만 ㄹ처럼 필수적인 경우도 있어.
⑤ ㅁ에는 필수적인 문장 성분이 빠졌으니 서술어 '개통되다'의 주어를 보충해야 해.

57 2013학년도 6월 고3 모의평가 A/B형 11번

〈보기〉의 ㉠의 예로만 짝지은 것은?

┤ 보기 ├

　부사어는 다른 말을 꾸며 주는 성분의 하나이므로 대개 문장을 구성하는 데에 꼭 필요하지는 않다. 그러나 어떤 서술어는 부사어를 반드시 요구하기도 하는데, 이처럼 문장의 성립에 반드시 필요한 부사어를 ㉠'필수적 부사어'라 한다. 해당 문장의 서술어가 무엇이냐에 따라 동일한 '체언＋격 조사' 구성의 부사어라도 필수적 부사어일 수도 있고 아닐 수도 있다

① ┌ 나는 삼촌과 영화를 보았다.
　└ 어제 본 것은 이것과 꽤 비슷하다.
② ┌ 인공위성이 궤도에서 이탈하였습니다.
　└ 우리는 공원에서 선생님을 만났습니다.
③ ┌ 그들은 몽둥이로 멧돼지를 잡았다.
　└ 왕은 그 용감한 기사를 사위로 삼았다.
④ ┌ 이 지역의 기후는 벼농사에 적합하다.
　└ 나는 오후에 할머니 댁을 방문했습니다.
⑤ ┌ 선생님께서 지혜에게 선행상을 주셨다.
　└ 홍길동 씨는 친구에게 5만 원을 빌렸다.

58

〈보기〉의 ㉠~㉢에 대한 설명으로 적절하지 않은 것은?

┤ 보기 ├

ㄱ. 철수는 ㉠고등학생이 되었다.
ㄴ. 소녀의 눈동자가 ㉡초롱초롱 빛난다.
ㄷ. 어머나, 아기가 ㉢우유를 엎질렀구나!

① ㉠은 주어이다.
② ㉡은 부사어이다.
③ ㉢은 목적어이다.
④ ㉠, ㉢은 주성분에 해당한다.
⑤ ㉡은 부속 성분에 해당한다.

59 2008학년도 11월 고1 전국연합학력평가 11번

〈보기〉를 바탕으로 관형격 조사 '의'에 대해 탐구한 것으로 적절하지 않은 것은?

┤ 보기 ├

ㄱ. 집(의) 밖에서 손님이 소리쳤다.
ㄴ. 내 고향, 제 사정, 네 일
ㄷ. 우리도 책임의 일부를 져야 할 것이다.

① '의'를 생략할 때 더 자연스러운 경우가 있군.
② '의'가 생략되더라도 체언의 역할은 달라지지 않는군.
③ '의'가 인칭 대명사 '나, 저, 너'와 결합하면 축약되는군.
④ '의'가 결합한 체언은 문장에서 관형어의 역할을 하는군.
⑤ '의'를 생략할 경우는 앞과 뒤의 체언이 의미상 동격일 때이군.

60 2010학년도 3월 고1 전국연합학력평가 11번

밑줄 친 '의'의 앞말과 뒷말의 의미 관계를 잘못 파악한 것은?

① 어머니의 신발이 많이 낡았다.
　[소유주와 소유물]
② 오늘 나의 짝은 선행상을 받았다.
　[속성과 대상]
③ 이 일은 선생님의 충고를 따라야겠다.
　　[주체와 행위]
④ 졸업한 선배들에게 축하의 박수를 보내자.
　　　[목표와 수단]
⑤ 우리 국민의 절반이 축구 중계방송을 시청했다.
　[전체와 부분]

61 2009학년도 9월 고2 전국연합학력평가 12번

〈보기〉의 ㉠~㉤을 바탕으로 부사어의 특성을 탐구한 내용으로 적절하지 않은 것은?

┤ 보기 ├

　은아가 도착한 곳은 ㉠겨우 열 평 남짓한 간이역이었다. 역사 ㉡바로 옆 노점의 시끌벅적한 소리가 은아를 맞았다. '㉢설마 민우가 이곳에 있지는 않겠지.' 은아는 ㉣부디 민우가 잘 살고 있었으면 하는 생각뿐이었다. 오랫동안 ㉤못 만났지만, 민우는 늘 은아의 마음속에 있었다.

① ㉠: 부사어는 수량을 나타내는 단어 앞에도 올 수 있군.
② ㉡: 부사어는 체언을 꾸며 주어 그 의미를 제한할 수 있군.
③ ㉢: 부정적인 추측을 강조할 때 쓰이는 부사어도 있군.
④ ㉣: 부사어는 문장에서 놓이는 위치가 고정되어 있군.
⑤ ㉤: 용언 앞에서 부정의 뜻을 나타내는 부사어도 있군.

62 2008학년도 9월 고2 전국연합학력평가 11번

〈보기 1〉을 바탕으로 〈보기 2〉를 설명한 내용으로 적절하지 않은 것은?

┤ 보기 1 ├

• 부사어의 역할: 서술어나 관형어, 다른 부사어를 수식하거나 문장과 문장을 연결함.
• 부사어의 종류
　– 서술어에 따라 문장에서 반드시 필요한 '필수적 부사어'와 그렇지 않은 '수의적 부사어'가 있음.
　– 문장 속의 특정한 성분을 꾸미는 '성분 부사어'와 문장 전체를 꾸며 주는 '문장 부사어'가 있음.

┤ 보기 2 ├

ㄱ. **확실히** 삼계탕은 기운을 돋우는 데 **매우** 좋은 음식이다.
ㄴ. 나는 삼계탕을 **매우** 자주 먹는다.
ㄷ. 오늘 먹은 삼계탕은 예전 것과 **아주** 다르다.

① ㄱ의 '매우'는 관형어를, ㄴ의 '매우'는 다른 부사어를 수식한다.
② ㄱ의 '매우'와 ㄴ의 '매우'는 모두 수의적 부사어에 해당한다.
③ ㄱ의 '확실히'는 문장 부사어, ㄷ의 '아주'는 성분 부사어에 해당한다.
④ ㄱ의 '확실히'와 ㄷ의 '아주'는 모두 필수적 부사어에 해당한다.
⑤ ㄴ과 ㄷ의 두 문장은 '그런데'와 같은 부사어로 연결할 수 있다.

63 2019학년도 6월 고1 전국연합학력평가 12번

밑줄 친 부분이 '필수적 부사어'에 해당되지 않는 것은?

① 그 아이는 매우 영리하게 생겼다.
② 승윤이는 통나무로 식탁을 만들었다.
③ 나는 이 일을 친구와 함께 의논하겠다.
④ 오래 서 있는 일은 내게 적합하지 않다.
⑤ 작년에 부모님께서 나에게 큰 선물을 주셨다.

64 2019학년도 3월 고1 전국연합학력평가 13번

〈보기〉를 이해한 것으로 적절하지 않은 것은?

┤ 보기 ├

a. 고향
b. 예쁜
c. 남자의　　　+　　친구가 여기 있다.
d. 옛

① a~d는 모두 체언 '친구'를 꾸며 주는 역할을 한다.
② a는 조사가 없이 체언만으로 관형어가 된 경우이다.
③ b는 용언의 어간 '예쁘-'에 관형사형 어미 '-ㄴ'이 결합된 것이다.
④ c에서 관형격 조사 '의'가 생략되어도 문장의 원래 의미가 달라지지 않는다.
⑤ d는 조사가 결합할 수 없으며 활용이 불가능하다.

65 2007학년도 10월 고3 전국연합학력평가 11번

〈보기〉는 문법 수업의 일부이다. 학생의 답으로 가장 적절한 것은?

┤ 보기 ├

선생님: 부사는 일반적으로 뒤에 오는 용언을 수식합니다. 그런데 '의외로'와 같은 부사는 말하는 사람의 심리적 태도를 나타내고 문장 전체를 수식하며 문장 내의 위치 이동이 자유롭다는 특징이 있습니다. 다음의 예를 참고해서, 이와 같은 특징을 지닌 부사를 찾아 문장을 만들어 볼까요?
　예 의외로 그는 성실하게 일했다.
　　그는 의외로 성실하게 일했다.
　　그는 성실하게 일했다. 의외로.
학생: ＿＿＿＿＿＿＿＿＿＿＿＿＿＿＿＿＿

① 다행히 다친 사람은 없었다.
② 그리고 아무 말도 하지 않았다.
③ 나는 눈밭에서 데굴데굴 굴렀다.
④ 요새는 너무 바빠서 등산을 못 한다.
⑤ 나는 배가 아파 이틀 동안 밥을 못 먹었다.

16일 문장 성분의 올바른 사용

📖 함께 보기 | 필독 중학 국어 문법 127쪽으로!

개념 확인

조사의 사용

• 에게 vs. 에: 사람과 같은 유정
물에는 '에게'를, 사물 등 무정
물에는 '에'를 사용함.
예 ┌ 동생에게 물을 주다.
    └ 꽃에 물을 주다.

• 로서 vs. 로써: 자격을 나타낼
때는 '로서'를, 수단을 나타낼
때는 '로써'를 사용함.
예 ┌ 친구로서 하는 충고
    └ 꿀로써 단맛을 낸다.

**부정을 나타내는 말과 함께 쓰
이는 부사어**

비단, 도무지, 별로, 그다지, 전혀
등
예

• 피해자는 비단 나만이 아니었
다.
• 도무지 말이 안 통한다.
• 할 말이 별로 없다.
• 그다지 달갑지 않다.
• 전혀 쓸모없는 물건

■ 필요한 문장 성분 갖추어 쓰기

주어	앞뒤 문장의 주어가 같지 않은데 뒤 문장의 주어를 생략한 경우 예 공사가 곧 끝나고, 개통된다고 한다. 　→ '개통된다고' 앞에 '도로가' 등의 주어를 추가해야 함.
목적어	서술어가 타동사인데 목적어가 생략된 경우 예 동생은 큰 소리로 불렀다. 　→ '불렀다'는 타동사이므로 '노래를' 등의 목적어를 추가해야 함.
부사어	필수적 부사어를 요구하는 서술어가 쓰였는데 부사어가 생략된 경우 예 언니는 꼭 닮았다. 　→ '닮았다'는 부사어를 반드시 필요로 하므로 '엄마랑', '엄마와' 등의 부사어를 추가해야 함.

■ 문장 성분 간의 호응 살피기

주어와 서술어	주어와 서술어가 제대로 호응하지 못하는 경우 예 내가 하고 싶은 말은 오늘 할 일을 내일로 미루지 말자. 　→ 주어인 '내가 하고 싶은 말은'과 서술어 '미루지 말자'가 호응하지 않음. 　→ '내가 하고 싶은 말은 오늘 할 일을 내일로 미루지 말자는 것이다.' 등으로 수정해야 자연스러운 문장이 됨.
부사어와 서술어	특정 서술어에만 호응하는 부사어가 쓰인 경우 예 그것은 결코 우연한 일이었다. 　→ 부사어 '결코'는 '아니다', '없다', '못하다' 따위의 부정어와 함께 쓰임. 　→ '그것은 결코 우연한 일이 아니었다.' 등으로 수정해야 자연스러운 문장이 됨.
목적어와 서술어	목적어에 대응하는 서술어가 누락된 경우 예 주말에는 보통 음악이나 영화를 본다. 　→ 목적어 '음악'은 서술어 '본다'와 호응하지 않음. 　→ '주말에는 보통 음악을 듣거나 영화를 본다.' 등으로 수정해야 자연스러운 문장이 됨.

아하~ 함·정·넘·기

❶ 미리 예고하다? 과반수 이상?

'미리 예고한 대로 시험을 보겠어요.', '참석자의 과반수 이상이 그 안건에 찬성하였다.'와 같은 문장을 자주 볼 수 있습니다. 그렇지만 '예고'라는 단어
에 '미리'라는 뜻이 포함되어 있어 의미가 중복된 것이고, '과반수'는 '절반이 넘는 수'를 뜻하는데 '이상' 또한 수량이나 정도가 일정한 기준보다 더 많
다는 뜻이므로 의미가 중복된 것입니다. 의미가 중복된 표현은 둘 중 하나를 삭제하거나 표현을 수정해야 합니다. 즉 '예고한 대로 시험을 보겠어요.',
'참석자의 과반수가 그 안건에 찬성하였다.'와 같이 수정해야 자연스러운 문장이 됩니다.

개념 확인 문제

정답과 해설 28쪽

[1~10] 다음 문장이 어법에 맞으면 ○표, 틀리면 ×표 하시오.

1 동한이는 도서관에 가서 책을 읽었다. ‥‥‥ ( )

2 동생이 화분에 물을 주고 있다. ‥‥‥ ( )

3 언니는 아침으로 빵과 우유를 마셨다. ‥‥‥ ( )

4 뜰에 핀 꽃이 여간 탐스럽기도 하다. ‥‥‥ ( )

5 관객들은 연주자에게 기립 박수를 보냈다.
‥‥‥ ( )

6 부디 지금부터 제자로 삼아 주십시오. ‥‥‥ ( )

7 그의 장점은 매사에 철저하다. ‥‥‥ ( )

8 우리의 관계는 전혀 진전이 있었다. ‥‥‥ ( )

9 비록 사소한 것일지라도 부모님과 꼭 의논해서 결정해라. ‥‥‥ ( )

10 그녀는 주방장에게 음식을 조금 싱겁게 만들어 달라고 주문했다. ‥‥‥ ( )

[11~15] 다음 예문에서 누락된 문장 성분을 찾아서 연결하시오.

11 내가 준 선물은 목도리야. • • 주어

12 언제 시작될지 우리도 몰라. •

13 나는 아침으로 맛있게 먹었다. • • 목적어

14 그는 꼬투리로 삼아 나를 탓했다. •

15 동생은 여행 중에 엽서를 보냈다. • • 부사어

[16~19] 빈칸에 들어갈 내용을 〈보기〉에서 찾아 쓰시오.

┤ 보기 ├
• 주어   • 목적어   • 부사어
• 서술어   • 조사   • 어미

16 '비와 바람이 거세게 불었다.'는 ( )와 서술어가 제대로 호응하지 못하는 경우이다.

17 '주중에는 자전거를, 주말에는 산에 오른다.'는 목적어에 대응하는 ( )가 누락된 경우이다.

18 '잠을 깬 사람은 비단 나만이었다.'는 특정한 서술어와 호응하는 ( )가 잘못 쓰인 경우이다.

19 '그는 친구로서는 좋으나, 가장으로서는 부족한 점이 많았다.'는 ( )가 부적절하게 사용된 경우이다.

20 부정어와 함께 쓰이는 부사어가 아닌 것은?
① 결코   ② 도무지   ③ 반드시
④ 별로   ⑤ 전혀

21 의미가 중복된 표현이 아닌 것은?
① 결실을 맺다   ② 미리 다녀온 답사
③ 새로 개발한 신제품   ④ 여러 가지 제반 문제
⑤ 역전 앞

[22~27] 다음 대화에서 괄호 안에 들어갈 적절한 말을 각각 고르시오.

연경: '내 취미는 음악이나 영화를 보는 거야.'는 **22** (목적어 / 부사어)인 '음악'이 '보는'과 호응하지 않는 문장이므로, '음악'에 어울리는 **23** (주어 / 서술어)를 보충해 주어야 해.
유정: '너희가 기억할 것은 성공한 사람들은 모두 노력했다.'는 **24** (주어 / 목적어)인 '너희가 기억할 것은'이 '노력했다'와 호응하지 않는 문장이므로, '노력했다'를 **25** (노력해야 한다. / 노력했다는 점이다.)로 수정해야 해.
승아: '우리 모두 일회용품 사용 줄이기를 동참합시다.'는 서술어인 '동참합시다'가 **26** (목적어 / 부사어)를 필요로 하므로, 조사 '를'을 조사 **27** (에 / 에게)로 바꾸어야 해.

[28~30] 초성을 참고하여 빈칸에 들어갈 적절한 말을 쓰시오.

28 '노래나 춤을 출 사람 없니?'처럼 조사 '(이)나', '와/과' 등으로 연결되는 목적어의 경우, 같은 ㅅㅅㅇ 로 묶일 수 있는지 확인해야 한다.

29 '그 문제는 다시 재론할 필요도 없다.'의 '다시 재론'은 의미가 ㅈㅂ 되는 표현이므로, '그 문제는 재론할 필요도 없다.' 등으로 수정해야 한다.

30 '국경일에는 태극기를 달아야 한다.'는 ㅂㅅㅇ 를 필요로 하는 서술어가 쓰인 문장이므로, '국경일에는 대문에 태극기를 달아야 한다.' 등으로 수정해야 한다.

16일 문장 성분의 올바른 사용 **141**

31
정확한 문장을 구성하기 위한 요건과 거리가 <u>먼</u> 것은?

① 주어를 갖춰 써야 한다.
② 서술어를 다양하게 사용해야 한다.
③ 조사나 어미를 바르게 사용해야 한다.
④ 문장 성분 간의 호응이 올바르게 이루어져야 한다.
⑤ 불필요하게 의미가 중복되는 표현을 쓰지 말아야 한다.

32
〈보기〉를 이해한 내용으로 적절하지 <u>않은</u> 것은?

┤ 보기 ├
　문장의 기본 구조 안에서 호응하는 문장 성분끼리 잘 어울려야 올바른 문장이 된다.
　　㉠ 주어와 서술어의 호응
　　㉡ 수식어와 피수식어의 호응
　　㉢ 부사어와 서술어의 호응

① ㉠: 문장에는 서술어와 호응을 이루는 주어가 필요하나, 문맥상 의미가 통할 때에는 생략되기도 한다.
② ㉠: "사업장은 사업장대로 여간 힘들었다."는 주어와 서술어의 호응이 이루어지지 않은 문장이다.
③ ㉡: 꾸밈을 받는 말과 꾸미는 말 사이의 거리는 가까운 것이 바람직하다.
④ ㉢: 특정 부사어가 특정 서술어와 짝을 이루는 것을 말한다.
⑤ ㉢: "비단 그 일만이 문제가 아니다."는 부사어와 서술어의 호응이 잘 이루어진 문장이다.

33
다음 문장을 고쳐 쓴 것으로 적절하지 <u>않은</u> 것은?

① 열두 시에 역전앞에서 만나자.
　→ 열두 시에 역 앞에서 만나자.
② 나는 오늘 아침 꽃에게 물을 주었다.
　→ 나는 오늘 아침 꽃에 물을 주었다
③ 갈릴레이는 그래도 지구는 돈다라고 말했다.
　→ 갈릴레이는 그래도 지구는 돈다고 말했다.
④ 그 일을 다시 재론해도 다른 결론을 얻기는 어렵다.
　→ 그 일을 재론해도 다른 결론을 얻기는 어렵다.
⑤ 문제는 박물관에 전시된 유물이 낯선 장소로 이동되었다.
　→ 문제는 박물관에 전시된 유물이 낯선 장소로 이동되었다는 문제다.

34
다음 문장과 동일한 유형의 오류를 보이는 것은?

방학 기간 동안 게임을 실컷 했다.

① 어머니께서 사과와 귤 두 개를 주셨다.
② 공기를 자주 환기해야 감기에 안 걸린다.
③ 한결같이 어려운 이웃을 돕는 사람이 많다.
④ 용감한 그의 아버지는 적군을 향해 돌진했다.
⑤ 인간은 환경을 지배하기도 하고, 순응하기도 한다.

35
밑줄 친 부사어와 서술어의 호응이 적절하지 <u>않은</u> 것은?

① <u>모름지기</u> 학생은 매일 공부를 열심히 한다.
② 그가 성공한 것은 <u>결코</u> 우연한 일이 아니었다.
③ <u>만약</u> 내일 비가 온다면 그냥 집에 있으려고 한다.
④ <u>도대체</u> 그 책이 어디서 나왔는지 출처를 알 수 없다.
⑤ 나는 그의 실패를 탓하지 않았는데 <u>왜냐하면</u> 그는 최선을 다했기 때문이다.

36 고난도
밑줄 친 부분이 〈보기〉의 ⓐ에 해당하는 것을 모두 고른 것은?

┤ 보기 ├
　'자리에 착석하다'는 ⓐ의미가 불필요하게 중복된 표현이다. '착석'에 이미 '자리'의 뜻이 포함되어 있기 때문이다. 이런 현상은 흔히 고유어와 한자어를 함께 쓸 때 발생하는데, '착석하다' 또는 '자리에 앉다'와 같이 간결하게 다듬어 쓰는 것이 바람직하다.

㉠ <u>짧은 소견</u>이나마 제가 말씀드려 보겠습니다.
㉡ 성공을 위해서는 <u>어려운 난관</u>도 극복해야 한다.
㉢ 은퇴 후에는 남은 <u>여생</u>을 여행으로 보내고 싶다.
㉣ 고속 도로 지하화는 이 지역의 <u>오랜 숙원</u> 사업이다.
㉤ 수학여행을 가기 전에 여행지로 <u>미리 답사</u>를 떠났다.

① ㉠, ㉡, ㉢　　② ㉠, ㉣, ㉤　　③ ㉡, ㉢, ㉣
④ ㉡, ㉢, ㉤　　⑤ ㉢, ㉣, ㉤

37

〈보기〉의 예로 볼 수 <u>없는</u> 것은?

┤ 보기 ├

부사어 중에는 부정어하고만 호응하는 것들이 있다.

① 그는 좀처럼 화를 내지 않는다.
② 이런 일은 비단 어제오늘의 일이 아니다.
③ 나는 부끄러워 차마 얼굴을 들 수가 없었다.
④ 우리는 그의 잘못을 도저히 용서하지 못하겠다.
⑤ 이런 음식을 먹을 바에야 차라리 안 먹는 게 낫다.

38

다음 문장을 고쳐 쓴 것으로 적절하지 <u>않은</u> 것은?

① 내 말은 식사를 거르지 말자.
　→ 내 말은 식사를 거르지 말자는 것이다.
② 오죽 좋으면 그렇게 큰 소리로 노래를 불렀다.
　→ 오죽 좋으면 그렇게 큰 소리로 노래를 불렀을까?
③ 문제는 아무도 상황의 심각성을 인지하지 못하고 있다는 점이 문제이다.
　→ 문제는 아무도 상황의 심각성을 인지하지 못하고 있다는 점이다.
④ 우리 동아리에 가입하기 위해서는 절대로 직접 그린 작품을 제출해야 합니다.
　→ 우리 동아리에 가입하기 위해서는 절대로 직접 그린 그림을 제출해야 하는 것입니다.
⑤ 잡음이나 화면이 멈칫거리는 일이 없다면 그 전자 제품은 별 이상이 없는 것입니다.
　→ 잡음이 생기거나 화면이 멈칫거리지 않는다면 그 전자 제품은 별 이상이 없는 것입니다.

39

다음 중 어법에 맞고 자연스러운 문장이 <u>아닌</u> 것은?

① 우리에게는 이번 위기를 어떻게 극복하느냐가 당면 과제이다.
② 행복을 느끼는 정도는 사람의 주관적인 판단에 따라 달라진다.
③ 나는 그가 내 곁에 함께 있다는 사실이 아직도 믿기지 않는다.
④ 그 외국인들은 서울의 아름다운 경치를 보고서 입을 다물지 못했다.
⑤ 힘들게 키운 자식의 대학 합격 소식은 부모님에게 여간한 기쁨이었다.

40

다음 제시된 문장과 동일한 문제점을 지닌 문장을 〈보기〉에서 모두 고른 것은?

공원 내의 취사나 모닥불은
정해진 구역에서만 해야 합니다.

┤ 보기 ├

㉠ 내일은 눈과 바람이 심하게 불겠습니다.
㉡ 똑똑한 너의 친구를 나에게 빨리 소개해 줘.
㉢ 이 기계는 유해 가스와 에너지 효율을 높여 준다.

① ㉠　　　　② ㉡　　　　③ ㉠, ㉡
④ ㉠, ㉢　　　⑤ ㉡, ㉢

41

〈보기〉의 ㉠~㉤의 예로 적절하지 <u>않은</u> 것은?

┤ 보기 ├

문장 성분을 제대로 갖추지 않으면 어법에 어긋난 문장이 된다. 대표적으로 ㉠서술어가 부적절하게 누락된 경우, ㉡서술어와 호응하는 문장 성분이 부적절하게 누락된 경우, ㉢주어와 서술어가 호응하지 않는 경우, ㉣부사어와 서술어가 호응하지 않는 경우, ㉤불필요하게 의미가 중복되는 성분이 사용된 경우 등을 들 수 있다.

① ㉠: 지금은 학습 계획과 중간고사를 잘 치르는 게 최우선이다.
② ㉡: 우리는 가끔 가까운 친구를 실망시키기도 하고, 또 실망하기도 한다.
③ ㉢: 동생은 집에 들어오자마자 빵과 우유를 마셨다.
④ ㉣: 비록 가난하면서 흥부 부부는 화목하게 지냈다.
⑤ ㉤: 나는 오늘 우리 반의 참된 진가를 발견했다.

42

㉠, ㉡을 올바른 문장으로 고쳐 쓰기 위해 공통적으로 고려해야 할 사항으로 적절한 것은?

㉠ 그런 문제는 부부끼리 서로 상의해서 정해야 한다.
㉡ 새로 신축한 건물이 지진에 취약하다는 보도가 나왔다.

① 문장 성분을 과도하게 생략해서는 안 된다.
② 주어와 서술어의 호응이 잘 이루어져야 한다.
③ 동일한 의미가 중복되게 표현해서는 안 된다.
④ 부사어와 연결 어미의 호응이 잘 이루어져야 한다.
⑤ 문장을 이어 줄 때는 적절한 접속 표현을 써야 한다.

43

다음은 어법에 어긋난 문장의 유형을 정리한 것이다. ㉠~㉤의 예로 적절하지 <u>않은</u> 것은?

㉠	서술어의 자릿수를 채우지 못한 경우
㉡	생략하면 안 되는 문장 성분을 누락한 경우
㉢	문장 성분 간의 호응이 이루어지지 않은 경우
㉣	두 문장을 이어 주는 접속 표현이 어색한 경우
㉤	불필요하게 피동 표현이 중복되어 사용된 경우

① ㉠: 나는 어릴 때부터 닮았다는 이야기를 사람들에게 많이 들었다.
② ㉡: 사람이 살다 보면 남을 도와주기도 하고 도움을 받기도 한다.
③ ㉢: 이 집의 장점은 여름에 시원하고 겨울에 따뜻하다.
④ ㉣: 결코 직업이 다르다고 사람의 귀천이 있는 것이다.
⑤ ㉤: 이 책은 수많은 사람들에게 읽혀져 온 불후의 명작이다.

44 신유형

〈보기〉를 참고하여 다음과 같이 문장을 수정하였다. (가), (나)에 들어갈 내용을 〈보기〉에서 바르게 고른 것은?

┤ 보기 ├

자연스러운 문장을 구성하기 위해서는 문장을 형성하는 규칙인 문법을 잘 지켜야 한다. ㉠주어, 목적어, 필수적 부사어 등 서술어가 필요로 하는 문장 성분이 빠져 있는 경우, ㉡주어와 서술어, 부사어와 서술어 등 문장 성분 간의 호응이 지켜지지 않는 경우, ㉢조사나 어미를 잘못 사용한 경우에는 어법에 어긋나 자연스럽지 않은 문장이 된다.

원래의 문장 → 수정한 문장	고려한 사항
• 지진이 일어난 뒤에는 절대로 해일이 일어난다. → 지진이 일어난 뒤에는 반드시 해일이 일어난다.	(가)
• 나들이를 하기에 알맞는 날씨. → 나들이를 하기에 알맞은 날씨.	(나)

　　(가)　　(나)
① 　㉠　　　㉡
② 　㉠　　　㉢
③ 　㉡　　　㉢
④ 　㉡　　　㉢
⑤ 　㉢　　　㉡

45

㉠~㉤을 수정할 때 고려한 사항으로 적절하지 <u>않은</u> 것은?

	잘못된 문장 → 수정한 문장
㉠	그녀는 들으며 차를 마셨다. → 그녀는 음악을 들으며 차를 마셨다.
㉡	그 일로 많은 사람들이 상처와 피해를 당했다. → 그 일로 많은 사람들이 상처를 받고 피해를 당했다.
㉢	나의 생각은 많은 사람들이 서로를 배려해야 한다. → 나의 생각은 많은 사람들이 서로를 배려해야 한다는 것이다.
㉣	아마 그녀는 집에 늦게 들어온다. → 아마 그녀는 집에 늦게 들어올 것이다.
㉤	우리 반에는 정성껏 힘들어 하는 친구를 돕는 학생이 있다. → 우리 반에는 힘들어 하는 친구를 정성껏 돕는 학생이 있다.

① ㉠: 서술어인 '들으며'의 동작 대상인 목적어가 있어야 한다.
② ㉡: 목적어의 하나인 '상처'와 호응하는 서술어가 있어야 한다.
③ ㉢: '나의 생각은'과 호응하는 서술어가 있어야 한다.
④ ㉣: 부사어 '아마'와 호응하는 서술어가 있어야 한다.
⑤ ㉤: 서술어 '돕는'이 필수적으로 요구하는 문장 성분을 갖추어야 한다.

46 신유형

㉮의 예에 해당하는 것을 〈보기〉에서 모두 고른 것은?

우리의 언어생활을 돌아보면 ㉮조사를 잘못 사용하여 속담을 잘못 표기하는 경우가 많다.

┤ 보기 ├

㉠ 매우 적은 분량을 비유적으로 이르는 말을 '새 발의 피'라고 표기한다.
㉡ 나무랄 데 없이 훌륭하거나 좋은 것에 있는 사소한 흠을 이르는 말을 '옥의 티'라고 표기한다.
㉢ 무엇을 얻거나 성취하기가 매우 어려운 경우를 비유적으로 이르는 말을 '하늘의 별 따기'라고 표기한다.
㉣ 따돌림을 받아서 여럿의 축에 끼지 못하는 사람을 비유적으로 이르는 말을 '개밥의 도토리'라고 표기한다.

① ㉠, ㉡　　　② ㉠, ㉢　　　③ ㉡, ㉢
④ ㉡, ㉣　　　⑤ ㉢, ㉣

47

다음 문장을 고쳐 쓴 것으로 적절하지 <u>않은</u> 것은?

① 나는 그에게 속기도 하고, 속이기도 했다.
　→ 나는 그에게 속기도 하고, 그를 속이기도 했다.
② 생선의 신선도는 눈보다 아가미를 보아야 한다.
　→ 생선의 신선도는 눈보다 아가미를 보아야 알 수 있다.
③ 대표는 과연 독단으로 일을 처리해서는 안 된다.
　→ 대표는 반드시 독단으로 일을 처리해서는 안 된다.
④ 그녀의 아름다움에 대한 관심은 집착에 가까웠다.
　→ 아름다움에 대한 그녀의 관심은 집착에 가까웠다.
⑤ 이 배는 사람이나 짐을 싣고 하루에 두 번씩 운항한다.
　→ 이 배는 사람을 태우거나 짐을 싣고 하루에 두 번씩
　　운항한다.

48

〈보기〉의 예에 해당하는 문장으로 가장 적절한 것은?

┌─ 보기 ├─
　문장에서 반드시 필요한 성분을 생략하면 문장 성분 간의 호응이 잘 이루어지지 않아 문장의 의미 전달에 지장을 주게 된다.
└───────

① 우리는 자유와 평화를 사랑하는 민족이다.
② 언니는 그림을 그리고, 동생은 음악을 듣는다.
③ 나는 쉬는 날에 책을 읽기도 하고 TV를 보기도 한다.
④ 인간은 자연에 복종하기도 하고 지배하기도 하면서 살아간다.
⑤ 비록 지금은 만날 수 없지만, 내가 그분을 알게 된 것은 행운이었다.

49

〈보기〉의 ㉠~㉣ 중 잘못된 문장을 고쳐 쓴 결과가 적절한 것을 모두 고른 것은?

┌─ 보기 ├─
• 우리나라는 예로부터 멋을 아는 민족이었다.
　→ 우리는 예로부터 멋을 아는 민족이었다. ········· ㉠
• 뒤늦게 약속 장소에 가 보았지만 떠나 버리고 없었다.
　→ 뒤늦게 약속 장소에 가 보았지만 그녀는 떠나 버리고 없었다. ··················· ㉡
• 기억해야 할 점은 우리가 36년간 그들의 통치를 받았다.
　→ 기억해야 할 점은 우리가 36년간 그들의 통치를 받았기 때문이다. ·················· ㉢
• 그렇게 많은 일을 모두 끝낸다는 것은 여간 어렵다.
　→ 그렇게 많은 일을 모두 끝낸다는 것은 여간 어려운 일이다. ····················· ㉣
└───────

① ㉠, ㉡　② ㉠, ㉢　③ ㉡, ㉢　④ ㉡, ㉣　⑤ ㉢, ㉣

50

다음 중 어법에 맞고 자연스러운 문장은?

① 그 당시 글씨에는 한석봉이 유명하였다.
② 무슨 일이 일어날런지를 그 누가 알았겠니?
③ 자신의 생각이나 느낌을 그림으로 그려 봅시다.
④ 그는 고향에 가기 위해 기차표를 미리 예매했다.
⑤ 나는 주말에는 가족과 함께 여가와 문화생활을 하려고 노력한다.

✎ 서술형

[51 ~ 57] 다음 문장을 바르게 고쳐 쓰시오.

51

내가 그곳에 가기 싫어한 이유는 그곳에는 자유가 없다.

→ _____

52

신은 인간을 사랑하지만 시련을 주기도 한다.

→ _____

53

비록 그가 우리를 떠나면 우리는 잘 해낼 수 있을 것이다.

→ _____

54

저번에 관리 당국한테 항의한 게 효과가 있었다.

→ _____

55

(망치가 없는 상황) 그녀는 벽에 못을 직접 박기 위해 이웃에게 빌렸다.

→ _____

56

이 장면은 연출된 것이니 반드시 따라 하지 마세요.

→ _____

57

예의가 바른 사람은 오만하게 대하지 않는다.

→ _____

58 2016학년도 대학수학능력시험 A/B형 15번

다음 중 문법적으로 가장 정확한 문장은?

① 그는 자기가 창안한 사회 이론을 더욱 발전해 사회 문제의 해결에 기여하고자 하였다.

② 참관인 자격으로 회의에 참석한 두 사람은 눈짓을 주고받은 후 조용히 회의장을 빠져나갔다.

③ 유럽은 18세기 후반부터 약 100년 동안 생산 기술의 발달과 그에 따라 사회 조직의 큰 변화를 겪었다.

④ 이 책의 저자가 독자에게 말하려는 요점은 모름지기 사람은 남을 위하여 자기를 희생할 줄도 알아야 한다.

⑤ 그의 작품들은 엇비슷해서 학생들이 작품 이름의 혼동이나 각 작품의 이야기 줄거리를 잘 기억하지 못했다.

59 2016학년도 9월 고3 모의평가 A/B형 14번

〈자료〉와 같이 문장을 수정할 때 고려한 사항을 〈보기〉의 ㉠~㉣에서 고른 것은?

┤ 보기 ├

㉠ 주어와 서술어의 호응
• 너희가 기억할 것은 좋은 지도자는 실패하더라도 좌절하지 않는다.
  → 너희가 기억할 것은 좋은 지도자는 실패하더라도 좌절하지 않는다는 점이다.

㉡ 부사어와 연결 어미의 호응
• 그는 아무리 돈이 많아서 그것을 쓸 줄 모른다.
  → 그는 아무리 돈이 많아도 그것을 쓸 줄 모른다.

㉢ 목적어의 누락
• 상대방의 함정에 빠진 그들은 머리를 모아 궁리하기 시작했다.
  → 상대방의 함정에 빠진 그들은 머리를 모아 탈출 방법을 궁리하기 시작했다.

㉣ 피동의 중복
• 그것은 오래전에 불려지던 노래이다.
  → 그것은 오래전에 불리던 노래이다.

┤ 자료 ├

• 그 프로그램을 쓰면 비록 초보자일수록 누구나 쉽게 표와 그래프 등을 그려서 작성할 수 있다.
→ 그 프로그램을 쓰면 비록 초보자일지라도 누구나 쉽게 표와 그래프 등을 그려서 문서를 작성할 수 있다.

① ㉠, ㉡   ② ㉠, ㉢   ③ ㉡, ㉢
④ ㉡, ㉣   ⑤ ㉢, ㉣

60 2016학년도 6월 고3 모의평가 A/B형 14번

〈보기 1〉의 ㉠~㉣ 중 〈보기 2〉와 같이 문장을 수정하는 데에 반영된 것만을 있는 대로 고른 것은?

┤ 보기 1 ├

문장을 수정할 때는 아래와 같은 사항을 점검해야 한다.
㉠ 문장의 필수 성분이 다 갖추어져 있는가?
㉡ 조사가 적절하게 사용되었는가?
㉢ 어미가 적절하게 사용되었는가?
㉣ 불필요한 의미 중복 표현이 사용되지는 않았는가?

┤ 보기 2 ├

수정 전	지난여름 청소년 문화 교류단에 참여하려는 학생들은 각 지역에 청소년들과 소통하고 답사함으로써 즐거운 추억을 만들 수 있었다.
⇩	
수정 후	지난여름 청소년 문화 교류단에 참여한 학생들은 각 지역의 청소년들과 소통하고 유적지를 답사함으로써 즐거운 추억을 만들 수 있었다.

① ㉠, ㉢   ② ㉠, ㉣   ③ ㉡, ㉣
④ ㉠, ㉡, ㉢   ⑤ ㉡, ㉢, ㉣

61 2015학년도 대학수학능력시험 A형 15번

〈보기〉의 내용을 근거로 하여 잘못된 문장을 수정한 예로 적절하지 않은 것은?

┤ 보기 ├

서술어가 요구하는 문장 성분이 빠져 있으면 문법적으로 정확하지 못한 문장이 되므로 그 성분을 보충하여야 한다.

① 그들은 양식이 다 떨어지자 식량 공급을 요청했다.
  → 그들은 양식이 다 떨어지자 정부에 식량 공급을 요청했다.

② 문제는 우리가 예의를 지키지 못하는 경우가 많다.
  → 문제는 우리가 예의를 지키지 못하는 경우가 많다는 사실이다.

③ 나는 오늘 점심을 먹으면서 내 친구를 소개하였다.
  → 나는 오늘 점심을 먹으면서 내 친구를 누나에게 소개하였다.

④ 우리는 전화위복의 계기로 삼아 지금보다 강해질 것이다.
  → 우리는 그 일을 전화위복의 계기로 삼아 지금보다 강해질 것이다.

⑤ 형은 이곳에 온 지 얼마 되지 않아 어두울 수밖에 없다.
  → 형은 이곳에 온 지 얼마 되지 않아 동네 지리에 어두울 수밖에 없다.

62 2015학년도 9월 고3 모의평가 A/B형 15번

㉠~㉤의 잘못된 문장을 수정할 때 고려한 문법적 기준으로 적절하지 않은 것은?

	잘못된 문장		수정한 문장
㉠	그는 양말을 벗고 바위에 앉아서 발을 넣었다.	→	그는 양말을 벗고 바위에 앉아서 물에 발을 넣었다.
㉡	내가 주장하는 바는 문화 회관 건설로 주민 생활이 개선된다.	→	내가 주장하는 바는 문화 회관 건설로 주민 생활이 개선된다는 것이다.
㉢	이번 일로 우리는 불편과 피해를 입었다.	→	이번 일로 우리는 불편을 겪고 피해를 입었다.
㉣	우리 모두 쓰레기 줄이기 운동을 동참합시다.	→	우리 모두 쓰레기 줄이기 운동에 동참합시다.
㉤	이 사람에게 그 일은 여간 기쁜 일이다.	→	이 사람에게 그 일은 여간 기쁜 일이 아니다.

① ㉠: 목적어인 '발을'을 수식하는 관형어가 있어야 한다.
② ㉡: '내가 주장하는 바는'과 호응하는 서술어가 있어야 한다.
③ ㉢: 목적어의 하나인 '불편'과 호응하는 서술어가 있어야 한다.
④ ㉣: 서술어인 '동참합시다'가 요구하는 부사어에 정확한 조사를 사용해야 한다.
⑤ ㉤: 부사 '여간'은 부정의 의미를 나타내는 말과 호응해야 한다.

63 2014학년도 대학수학능력시험 B형 13번

주어와 서술어 사이에 호응이 이루어지지 않은 문장의 예로 가장 적절한 것은?

① 회원들은 상품 구매를 싸게 구입할 수 있다.
② 이 글의 특징은 길이가 짧지만 인상은 강하다.
③ 새 기계는 유해 물질과 연료 효율을 높여 주었다.
④ 아들의 성공 소식은 부모님께 여간한 기쁨이었다.
⑤ 그는 자신의 행복한 마음을 형언할 방법을 찾았다.

64 2015학년도 6월 고3 모의평가 B형 12번

다음 중 수정 이유에 따라 고쳐 쓴 문장으로 가장 적절한 것은?

학습 활동 정확한 문장 표현 익히기

사례 1 사람들은 쾌적한 환경을 위한 조치에 찬성하는 경향이다.
이유 주어와 서술어의 호응이 맞지 않다.
→ 사람들은 쾌적한 환경을 위한 조치에 찬성하는 경향인 것이다. ⋯⋯⋯⋯⋯⋯⋯⋯⋯ ①

사례 2 동생은 평소에 건강을 위해 야구나 공을 찬다.
이유 목적어와 서술어의 호응이 맞지 않다.
→ 동생은 평소에 건강을 위해 공이나 야구를 한다.⋯ ②

사례 3 동물은 사람을 경계하기도 하고 기대기도 한다.
이유 서술어가 필요로 하는 부사어가 없다.
→ 동물은 사람을 경계하기도 하고 사람에게 기대기도 한다. ⋯⋯⋯⋯⋯⋯⋯⋯⋯⋯⋯⋯ ③

사례 4 사람을 좋아하는 친구의 고양이가 새끼를 낳았다.
이유 문장의 의미가 중의적이다.
→ 사람을 좋아하는 친구의 고양이가, 새끼를 낳았다. ⋯⋯⋯⋯⋯⋯⋯⋯⋯⋯⋯⋯⋯⋯⋯⋯ ④

사례 5 누구나 자기의 처한 현실에 직시해야 한다.
이유 조사가 잘못 사용되었다.
→ 누구도 자기의 처한 현실에 직시해야 한다. ⋯⋯ ⑤

65 2015학년도 3월 고3 전국연합학력평가 B형 13번

㉠~㉤의 사례로 적절하지 않은 것은?

┤ 보기 ├
　문장을 어법에 어긋나거나 부자연스럽게 사용한 대표적 유형으로는, ㉠주어와 서술어가 호응하지 않는 경우, ㉡부사어와 서술어가 호응하지 않는 경우, ㉢서술어가 요구하는 문장 성분이 부적절하게 생략된 경우, ㉣서술어가 부적절하게 생략된 경우, ㉤불필요하게 의미가 중복되는 경우 등이 있다.

① ㉠: 내가 하고 싶은 말은 다른 사람을 배려해서 행동하자.
② ㉡: 새벽에 잠을 깬 사람은 비단 나뿐이었다.
③ ㉢: 나는 집에 오자마자 들고 있던 가방을 두었다.
④ ㉣: 새로 산 자동차에 짐과 동생을 태우고 여행을 떠났다.
⑤ ㉤: 착한 너의 후배를 나한테 빨리 소개해 주었으면 좋겠다.

1

〈보기〉의 ㉠, ㉡에 대한 설명으로 적절하지 <u>않은</u> 것은?

| 보기 |

㉠ 나는 멋진 사진을 찍었다.
㉡ 언니는 올해 대학생이 되었다.

① ㉠과 ㉡에 사용된 주성분의 종류는 각각 3개이다.
② ㉠과 ㉡에 있는 부속 성분의 종류는 서로 다르다.
③ ㉠에는 목적어가 있지만 ㉡에는 목적어가 없다.
④ ㉠의 '찍었다'는 '나'의 동작을 풀이하는 서술어이다.
⑤ ㉡의 '대학생이'는 주성분은 아니지만 필수 성분이다.

2

〈보기〉의 문장에 대한 설명으로 적절하지 <u>않은</u> 것은?

| 보기 |

우아, 그 애가 정말 배우가 되었구나.
　㉠　 ㉡　 ㉢　 ㉣　　 ㉤

① ㉠은 다른 문장 성분과 직접적인 관계를 맺지 않고 독립적으로 쓰인다.
② ㉡은 '주어 – 서술어' 관계가 성립하지 않으므로 구에 해당한다.
③ ㉢은 부사가 그대로 부사어가 된 것으로, 용언을 꾸미고 있다.
④ ㉣은 서술어 '되었구나'의 주체를 나타내는 문장 성분이다.
⑤ ㉤은 종결 어미 ' – 구나'를 통해 감탄의 뜻을 표현하고 있다.

3

〈보기〉의 ㉠, ㉡에 대한 설명으로 가장 적절한 것은?

| 보기 |

㉠ 나는 색종이로 친구에게 줄 선물을 포장했다.
㉡ 그녀는 오랜 친구의 딸을 며느리로 삼았다.

① ㉠의 '포장했다'는 주어의 상태를, ㉡의 '삼았다'는 주어의 성질을 풀이하는 기능을 한다.
② ㉠의 '선물을'과 ㉡의 '오랜 친구의 딸'은 서술어가 표현하는 행위의 대상으로 기능한다.
③ ㉠의 '색종이로'와 ㉡의 '며느리로'는 서술어를 수식하는 성분으로, 둘 다 생략할 수 있다.
④ ㉠의 '줄'은 주어와 부사어를 필요로 하는 두 자리 서술어이다.
⑤ ㉡의 '오랜'과 '친구의'는 둘 다 '딸'을 수식한다.

4

〈보기〉의 문장을 문장 성분으로 분석한 결과로 가장 적절한 것은?

| 보기 |

해원아, 음식을 골고루 먹어야 나중에 아빠처럼 멋진 어른이 되지.

	주성분	부속 성분	독립 성분
①	음식을, 먹어야, 어른이, 되지	골고루, 아빠처럼, 멋진	해원아, 나중에
②	골고루, 아빠처럼, 되지	음식을, 먹어야, 멋진, 어른이	해원아, 나중에
③	음식을, 골고루, 먹어야, 되지	나중에, 아빠처럼, 멋진, 어른이	해원아
④	음식을, 먹어야, 어른이, 되지	골고루, 나중에, 아빠처럼, 멋진	해원아
⑤	골고루, 아빠처럼, 멋진	음식을, 먹어야, 어른이, 되지	해원아, 나중에

5

〈보기〉의 ㉠~㉤을 서술어의 자릿수를 중심으로 분석한 내용으로 적절하지 <u>않은</u> 것은?

| 보기 |

㉠ 배가 너무 부르다.
㉡ 은행잎이 노랗게 물들었다.
㉢ 너는 이제 어린애가 아니야.
㉣ 그녀는 항상 새 것만 찾는다.
㉤ 그는 유학 간 아들에게 학비를 부쳤다.

① ㉠의 서술어 '부르다'는 주어만을 필요로 하는 한 자리 서술어이다.
② ㉡의 서술어 '물들었다'는 주어와 부사어를 필요로 하는 두 자리 서술어이다.
③ ㉢의 서술어 '아니야'는 주어와 보어를 필요로 하는 두 자리 서술어이다.
④ ㉣의 서술어 '찾는다'는 주어와 관형어, 목적어를 필요로 하는 세 자리 서술어이다.
⑤ ㉤의 서술어 '부쳤다'는 주어와 부사어, 목적어를 필요로 하는 세 자리 서술어이다.

6

밑줄 친 말이 〈보기〉의 ⊙에 해당하는 예로 가장 적절한 것은?

┤ 보기 ├

서술어의 자릿수에 의한 서술어의 종류에는 주어만을 요구하는 한 자리 서술어, 주어 이외에도 목적어, 보어, 부사어 중에서 한 성분을 필수적으로 요구하는 두 자리 서술어, 주어, 목적어, 부사어 세 가지 성분을 모두 요구하는 ⊙세 자리 서술어가 있다.

① 이제는 계절이 봄이 되었다.
② 그의 말은 사실이 절대 아니다.
③ 그녀는 이름을 순우리말로 고쳤다.
④ 큰아버지는 할아버지와 많이 닮았다.
⑤ 장미의 붉은 꽃잎들이 흐드러지게 피었다.

7

〈보기 1〉을 바탕으로 〈보기 2〉의 ⊙~㉣을 설명한 내용으로 적절하지 않은 것은?

┤ 보기 1 ├

서술어는 그 성격에 따라 필요로 하는 문장 성분의 개수가 다른데 이를 서술어의 자릿수라고 한다. 그런데 같은 형태의 서술어라도 필요로 하는 문장 성분의 개수가 다른 경우가 있는데, 문장 성분을 생략해 봄으로써 이를 파악할 수 있다.

┤ 보기 2 ├

⊙ 나는 그 이야기를 소설로 만들었다.
㉡ 나는 볶음밥을 맛있게 만들었다.
㉢ 어머니는 내 손을 꼭 잡으셨다.
㉣ 경찰이 범행 현장을 잡았다.

① ⊙과 ㉡에서 '나는'은 만드는 행위를 하는 주체이므로 서술어가 꼭 필요로 하는 문장 성분에 해당한다.
② ⊙의 '그 이야기를'과 ㉡의 '볶음밥을'은 만드는 행위의 대상이므로 서술어가 꼭 필요로 하는 문장 성분에 해당한다.
③ ⊙의 '소설로'는 ㉡의 '맛있게'와 달리 서술어가 꼭 필요로 하는 문장 성분이다.
④ ㉢의 '꼭'은 '내'와 달리 생략할 수 없는 문장 성분이므로 '잡으셨다'는 세 자리 서술어에 해당한다.
⑤ ㉣의 '범행 현장을'을 생략해 보면 문장이 성립되지 않으므로 '잡았다'는 두 자리 서술어에 해당한다.

8

〈보기〉에서 서술어의 자릿수가 같은 것끼리만 골라 묶은 것은?

┤ 보기 ├

⊙ 네 답이 맞는다.
㉡ 모임의 분위기가 밝다.
㉢ 나는 주말마다 산에 간다.
㉣ 서운한 감정이 봄눈처럼 녹았다.
㉤ 그녀는 오직 책에서 기쁨을 얻었다.

① ⊙, ㉣　　　② ㉡, ㉢　　　③ ⊙, ㉡, ㉣
④ ⊙, ㉢, ㉤　　　⑤ ㉡, ㉢, ㉤

9

〈보기〉의 [탐구 과제]를 바르게 수행한 것은?

┤ 보기 ├

관형어와 관형사, 부사어와 부사는 자주 혼동되지만 관형어와 부사어는 문장 성분, 즉 문장 내에서의 기능을 나타내는 것이고 관형사와 부사는 품사, 즉 단어의 부류를 나타내는 것이므로 엄연히 서로 다르다. 또 형용사의 관형사형이 관형어로 많이 쓰임에 유의해야 한다.

[탐구 과제]

⊙~㉣을 [A]문장 성분에 따라, 그리고 [B]품사에 따라 분류해 보자.
• 그건 ⊙새로운 소식이네.
• 그건 ㉡새 소식이네.
• 세월이 ㉢빠르게 흐른다.
• 세월이 ㉣빨리 흐른다.

	[A]	[B]
①	⊙, ㉡ / ㉢, ㉣	⊙, ㉡ / ㉢ / ㉣
②	⊙, ㉡ / ㉢, ㉣	⊙, ㉢ / ㉡ / ㉣
③	⊙, ㉡ / ㉢, ㉣	⊙ / ㉡ / ㉢ / ㉣
④	⊙, ㉢ / ㉡, ㉣	⊙, ㉡ / ㉢, ㉣
⑤	⊙, ㉢ / ㉡, ㉣	⊙, ㉢ / ㉡, ㉣

10

밑줄 친 말이 〈보기〉의 ⊙, ⓒ의 예로 적절하지 <u>않은</u> 것은?

┌ 보기 ┐

　부사어에는 성분 부사어와 문장 부사어가 있다. ⊙성분 부사어는 서술어, 관형어, 부사어 등 문장 성분을 수식하고 ⓒ문장 부사어는 문장 전체를 수식하거나 문장이나 단어를 이어 준다.

① ⊙: 오늘 날씨가 정말 좋다.
② ⊙: 그녀는 출장을 매우 자주 다닌다.
③ ⊙: 설마 너까지 나를 의심하는 것은 아니겠지?
④ ⓒ: 우리는 다행히 그 집을 쉽게 찾을 수 있었다.
⑤ ⓒ: 과학 연구는 모름지기 실험에 의하여야 한다.

11

〈보기〉를 바탕으로 관형어에 대해 탐구한 내용으로 적절하지 <u>않은</u> 것은?

┌ 보기 ┐

⊙ 헌 집 줄게, 새 집 다오.
ⓒ 그는 어찌할 바를 몰랐다.
ⓒ 나의 친구는 이제 도시 생활에 적응했다.
ⓔ 오늘은 그가 나에게 권한 책을 읽을 계획이다.

① ⊙을 보니, 관형어는 체언의 의미 범위를 한정하고 있군.
② ⓒ을 보니, 서술어에 따라 관형어를 꼭 써야 하는 경우도 있군.
③ ⓒ을 보니, 관형격 조사를 생략해도 관형어가 성립할 수 있군.
④ ⓔ을 보니, 관형사형 어미를 통해 시제를 나타낼 수 있군.
⑤ ⓔ을 보니, 절 전체가 체언을 꾸미는 관형어의 기능을 할 수 있군.

12 〔서술형✎〕

〈보기〉의 ⊙과 ⓒ의 문장 성분과 품사를 각각 쓰시오.

┌ 보기 ┐

그녀의 <u>웃는</u> 얼굴은 <u>눈부시게</u> 아름다웠다.
　　　　　⊙　　　　　　　　ⓒ

⊙: _____

ⓒ: _____

13

〈보기〉의 ⊙~ⓜ에 대한 설명으로 적절하지 <u>않은</u> 것은?

┌ 보기 ┐

⊙ 꽃이 참 예쁘다.
ⓒ 바로 오늘이 내 생일이다.
ⓒ 그는 너무 빨리 결정을 내린다.
ⓔ 이번 모임에 부디 참석하여 주십시오.
ⓜ 이 차는 얼마 전까진 아주 새 차였었어.

① ⊙에서 '참'은 용언을 수식하고 있다.
② ⓒ에서 '바로'는 '체언＋이다'를 수식하고 있다.
③ ⓒ에서 '너무'는 부사를 수식하고 있다.
④ ⓔ에서 '부디'는 문장 전체를 수식하고 있다.
⑤ ⓜ에서 '아주'는 관형사를 수식하고 있다.

14

밑줄 친 말이 〈보기〉의 ⊙에 해당하는 예로 적절한 것은?

┌ 보기 ┐

　부사어는 문장 내에서 다른 성분을 꾸며 주는 부속 성분이므로 생략할 수 있다. 그러나 부사어 중에는 문장을 구성하는 데 꼭 필요한 부사어도 있는데 이를 ⊙'필수적 부사어'라고 한다.

① 그해 여름은 <u>참으로</u> 무덥고 길었다.
② 나는 <u>주말마다</u> 할머니 댁을 방문한다.
③ <u>마침내</u> 그 두 사람은 헤어지고 말았다.
④ 엄마는 무와 쇠고기를 <u>국에</u> 넣고 끓였다.
⑤ 남편은 아내에게 <u>선물로</u> 꽃다발을 주었다.

15

문장의 유형에 대한 설명으로 적절하지 <u>않은</u> 것은?

① 서술어의 종결 어미를 선택함으로써 말하는 이의 생각이나 느낌을 표현할 수 있다.
② 종결 어미의 형태가 동일하더라도 문장 끝의 억양에 따라 문장의 유형이 달라지는 경우도 있다.
③ 판정 의문문은 듣는 이에게 긍정이나 부정의 대답을, 설명 의문문은 구체적인 설명을 요구한다.
④ 청유문과 달리 명령문의 주어는 말하는 이와 듣는 이를 모두 포함한다.
⑤ 명령문과 청유문은 동사만 서술어가 될 수 있다.

16 서술형 ✎

〈보기〉의 ㉠, ㉡에 들어갈 말을 각각 한 단어로 쓰시오.

┤ 보기 ├

[예문] 아이, 딱하고 가엾어라.

위 문장은 종결 어미로 '-어라'가 쓰여서 오해하기 쉬
우나, 명령문이 아니라 (㉠)이다. 명령문의 서
술어는 동사만 올 수 있는데, '가엾다'는 동사가 아니라
(㉡)이다. 따라서 위 문장에서 '-어라'는 명령
형 종결 어미가 아님을 알 수 있다.

17

다음은 어법에 어긋난 문장을 수정한 것이다. 수정한 이유
가 적절하지 않은 것은?

어법에 어긋난 문장		수정한 문장	
재해 지역 선포를 당국에게 요구했다.	⇨	재해 지역 선포를 당국에 요구했다.	㉠
그는 하루도 쉬지 않고 열심히 하고 있다.	⇨	그는 하루도 쉬지 않고 운동을 열심히 하고 있다.	㉡
언니는 정말 많이 닮았다.	⇨	언니는 엄마와 정말 많이 닮았다.	㉢
내 취미는 음악이나 영화를 보는 것이다.	⇨	내 취미는 음악을 듣거나 영화를 보는 것이다.	㉣
정든 친구와 헤어지려니 여간 슬펐다.	⇨	정든 친구와 헤어지려니 여간 슬프지 않았다.	㉤

① ㉠: 부사격 조사를 잘못 사용해서
② ㉡: 서술어가 타동사인데 목적어가 누락되어서
③ ㉢: 서술어가 필요로 하는 부사어가 누락되어서
④ ㉣: 주어와 서술어 간 호응이 이루어지지 않아서
⑤ ㉤: 부사어와 서술어 간 호응이 이루어지지 않아서

18

다음 문장과 동일한 유형의 오류를 보이는 것은?

이 옷은 참 잘 어울린다.

① 대화로서 갈등을 풀 수 있을까?
② 이모는 얼굴이 정말 똑같이 닮았다.
③ 절 앞뜰에 핀 꽃이 여간 탐스러웠다.
④ 이 옷의 장점은 예쁘고 또 따뜻하다.
⑤ 그들은 미리 예고도 없이 들이닥쳤다.

19

다음 문장을 고쳐 쓴 것으로 적절하지 않은 것은?

① 할아버지께서 세뱃돈을 주셨다.
→ 할아버지께서 우리에게 세뱃돈을 주셨다.
② 그의 말은 정말 믿겨지지 않았다.
→ 그의 말은 정말 믿겨지지 않는 말이었다.
③ 그는 공연장에서 춤과 노래를 불렀다.
→ 그는 공연장에서 춤을 추고 노래를 불렀다.
④ 남편은 "내가 요리를 잘한다."고 말했다.
→ 남편은 "내가 요리를 잘한다."라고 말했다.
⑤ 주변 사람들에게 따뜻한 온정을 베풀어야 한다.
→ 주변 사람들에게 온정을 베풀어야 한다.

20

〈보기〉의 ㉠~㉤을 수정하기 위한 의견으로 적절하지 않은
것은?

┤ 보기 ├

㉠ 나는 춤추는 것을 전혀 싫어한다.
㉡ 이곳의 풍부한 일조량은 키우기에 적합하다.
㉢ 만약 내일 비가 와서 소풍은 자동으로 취소된다.
㉣ 인간은 운명에 순응하기도 하고 거부하기도 한다.
㉤ (친구가 똑똑함) 똑똑한 너의 친구는 어디 있니?

① ㉠의 부사어 '전혀'는 부정 서술어와 호응하므로, '싫어
한다'를 '싫어하지 않는다'로 바꾼다.
② ㉡의 '키우기'가 필요로 하는 목적어가 누락되어 있으므
로, '키우기에' 앞에 '농작물을'을 넣어 준다.
③ ㉢의 부사어 '만약'은 연결 어미 '-서'와 호응이 잘 이루
어지지 않으므로, '와서'를 '오면'으로 바꾼다.
④ ㉣의 주어 '인간은'과 서술어 '한다'의 호응이 잘 이루어
지지 않으므로, '한다'를 '하는 존재다'로 바꾼다.
⑤ ㉤의 관형어 '똑똑한'이 수식하는 대상이 불분명하므로,
'똑똑한'을 '친구는'의 앞으로 옮긴다.

개념 확인

📖 함께 보기 | 필독 중학 국어 문법 135쪽으로!

■ 문장 구조의 분석

• [1단계] 문장을 주어부와 서술부로 나눔.

주어부	서술부
📖 아까 본 하늘이	정말 푸르더라.
📖 귀여운 아기가	우유를 맛있게 마셨다.
📖 동생은	우리 학교 학생이 아니다.
주어 하나만으로 이루어진 경우와 주어와 주어를 꾸며 주는 말이 결합되어 이루어진 경우가 있음.	서술어 하나만으로 이루어진 경우, 서술어와 서술어를 꾸며 주는 말이 결합되어 이루어진 경우, 목적어와 서술어로, 보어와 서술어로 이루어지는 경우가 있음.

• [2단계] 주어부는 주어와 주어를 꾸미는 부분으로, 서술부는 서술어와 서술어를 꾸미는 부분으로 나눔.

📖 (주어부) 아까 본 하늘이 / (서술부) 정말 푸르더라.
　　　 꾸미는 부분+ 주어　　　 꾸미는 부분+ 서술어

• [3단계] 주어나 서술어를 꾸미는 부분에 수식 관계가 있을 경우, 이를 꾸미는 말과 꾸밈을 받은 말로 나눔.

📖 (주어를 꾸미는 부분) 아까 본
　　　　　 꾸미는 말+꾸밈을 받은 말

단문과 복문

홑문장을 '단문', 겹문장을 '복문'이라고 부르기도 함.

■ 문장의 종류

홑문장	하나의 절로 이루어진 문장 📖 비가 내린다. (= 주어와 서술어의 관계가 한 번만 이루어지는 문장)
겹문장	• 둘 이상의 절로 이루어진 문장 　(= 주어와 서술어의 관계가 두 번 이상 이루어지는 문장) • 겹문장은 홑문장보다 복잡한 생각을 효과적으로 표현할 수 있는 장점이 있음. ┌ 이어진문장: 홑문장들이 대등하거나 종속적으로 연결된 겹문장 　📖 비가 내리고, 바람이 분다. (대등하게 이어진 문장) 　　 비가 내리면 차가 막힌다. (종속적으로 이어진 문장) └ 안은문장: 어떤 문장이 다른 문장 속의 한 문장 성분이 되는 겹문장 　📖 비가 내리는 날에는 차가 막힌다.

아하~ 함·정·넘·기

❶ 홑문장은 짧고 겹문장은 길까?

문장을 홑문장과 겹문장으로 구별하는 것은 문장의 길이에 따라 정해지는 것이 아닙니다. '인생은 짧고 예술은 길다.'와 '우리 집 막내가 하루 종일 방에서 숙제를 하고 있다.'를 비교해 볼까요? '우리 집 막내가 하루 종일 방에서 숙제를 하고 있다.'는 '주어(우리 집 막내가) – 서술어(하고 있다)' 관계가 한 번만 나타나므로 홑문장입니다. 그러나 '인생은 짧고 예술은 길다.'는 두 개의 절 '인생은 짧고'와 '예술은 길다'가 이어져 있는 문장이므로 겹문장입니다.

❷ '나는 어제 친구와 싸웠다.'는 홑문장? 겹문장?

'친구와'는 '싸웠다'라는 서술어가 요구하는 성분인 부사어이므로, '나는 어제 친구와 싸웠다.'는 주어 '나는'과 서술어 '싸웠다'의 관계가 한 번만 이루어진 홑문장입니다.

정답과 해설 31쪽

[1~5] 다음 설명이 맞으면 ○표, 틀리면 ×표 하시오.

1 '언니는 아침으로 항상 빵을 먹는다.'에서 주어부는 '언니는'이다. ...... (   )

2 '나는 국어 선생님이 되었다.'에서 서술부는 '되었다' 이다. ...... (   )

3 '이 책은 국어 공부에 아주 유용하다.'는 홑문장이다. ...... (   )

4 '나는 국어를 잘하고, 동생은 수학을 잘한다.'는 이어 진문장이다. ...... (   )

5 '나는 동생에게 국어를 가르쳐 주었다.'는 안은문장이 다. ...... (   )

[6~12] 다음 예시를 참조하여, 아래 문장을 주어부와 서술 부로 바르게 나누시오.

> 한글은 / 세종 대왕이 창제한 문자이다.

6 내가 좋아하던 친구가 전학을 갔다.

7 한 무리의 철새가 북쪽으로 날아갔다.

8 아까 밖으로 도망간 사람이 분명 범인이야.

9 덩굴장미의 붉은 꽃잎들이 흐드러지게 피었더라.

10 이 책은 중학생인 내가 이해하기에 너무 어려웠다.

11 입학 원서를 쓰는 아이들의 심정은 매우 착잡했다.

12 내가 태어난 2002년은 우리나라에서 월드컵이 열렸 던 해이다.

[13~16] 빈칸에 들어갈 내용을 〈보기〉에서 찾아 쓰시오.

> ┤ 보기 ├
> • 한   • 두   • 세
> • 대등하게   • 종속적으로

13 '봄이 오고 꽃이 피었다.'는 (   ) 이어진 문장이다.

14 '나는 계절 중에 여름을 가장 좋아한다.'는 주어와 서 술어의 관계가 (   ) 번 이루어지는 문장이다.

15 '어느새 가을이 왔는지 바람이 제법 불었다.'는 (   ) 이어진 문장이다.

16 '그해 겨울은 강물이 얼 정도로 추웠다.'는 주어와 서 술어의 관계가 (   ) 번 이루어지는 문장이다.

[17~22] 초성을 참고하여 빈칸에 들어갈 적절한 말을 쓰시 오.

17 주어를 ㅅㅅ하는 부분은 주어부에 속한다.

18 서술부는 하나의 문장 속에서 ㅈㅇㅂ를 설명하는 부분이다.

19 하나의 절로 이루어진 문장을 홑문장 또는 ㄷㅁ이 라고 한다.

20 두 개 이상의 절로 이루어진 문장을 겹문장 또는 ㅂㅁ이라고 한다.

21 홑문장들이 대등하거나 종속적으로 연결된 겹문장을 ㅇㅇㅈ문장이라고 한다.

22 하나의 홑문장이 ㅈ의 형식으로 바뀌어 다른 문장 속의 한 성분이 된 겹문장을 안은문장이라고 한다.

[23~26] 다음 문장을 보고, 아래 물음에 답하시오.

> 윤찬이가 그린 풍경화가 미술 대회에서 최우수작으로 뽑혔다.

23 전체 문장의 구조가 '무엇이 어찌하다', '무엇이 어떠 하다', '무엇이 무엇이다' 중 무엇에 해당하는지 쓰시오.

24 전체 문장을 주어부와 서술부로 바르게 나누시오.

25 전체 문장 속의 관형어가 된 절을 찾아서 쓰시오.

26 전체 문장의 서술어가 요구하는 필수적 부사어를 찾 아서 모두 쓰시오.

[27~30] 다음 대화에서 괄호 안에 들어갈 적절한 말을 각 각 고르시오.

> 수민: '나는 친구와 화해하고 싶었다.'에서 '친구와'는 **27** (부사격 조사 / 접속 조사)가 결합한 말이므로, 전 체 문장은 **28** (홑문장 / 겹문장)이야.
> 진아: 문장의 서술부는 서술어 하나만으로 이루어진 경 우, 서술어와 서술어를 꾸며 주는 말이 결합되어 이루 어진 경우, **29** (목적어 / 부사어)와 서술어로 이루어 지는 경우, **30** (보어 / 독립어)와 서술어로 이루어진 경우가 있어.

31

문장에 대한 설명으로 적절하지 <u>않은</u> 것은?

① 안은문장과 이어진문장은 모두 겹문장이다.
② 안긴문장은 안은문장 속에서 하나의 성분처럼 쓰인다.
③ 홑문장과 겹문장은 문장의 길이를 기준으로 분류한다.
④ 안긴문장은 문장 속에서의 기능에 따라 다섯 가지로 나뉜다.
⑤ 이어진문장은 대등하게 이어진 문장과 종속적으로 이어진 문장으로 나뉜다.

32

겹문장에 해당하는 것은?

① 나는 학교에 다닌다.
② 인간만이 언어를 사용한다.
③ 이 비만 그치면 나는 떠날 거야.
④ 친구 집에서 오늘 생일잔치가 있어.
⑤ 우리 집 화분에 드디어 꽃이 피었어.

33

홑문장에 해당하는 것은?

① 나는 눈이 크다.
② 나는 급히 집으로 갔다.
③ 나는 그를 만난 기억이 없다.
④ 나는 노래를 들으며 책상 정리를 했다.
⑤ 나는 어느덧 겨울이 왔다는 사실을 알았다.

34

안은문장에 해당하는 것은?

① 아침을 먹고 학교에 갔다.
② 음악을 들으며 점심을 빨리 먹었다.
③ 시험 종료를 알리는 종소리가 들렸다.
④ 수업 시간에 잠을 자다가 선생님께 혼났다.
⑤ 친구들은 집에 가지만 나는 교실 청소를 해야 한다.

35

홑문장과 겹문장에 해당하는 예를 바르게 연결한 것은?

	홑문장	겹문장
①	산이 고운 단풍으로 가득하다.	그는 자기를 도와준 사람을 끝내 몰랐다.
②	농부는 비가 오기만을 기다렸다.	우리 집 정원에 드디어 장미꽃이 피었어.
③	우리 학교의 역사는 아주 오래되었다.	이 안개만 걷히면 비행기가 출발한다.
④	지금은 영화를 보기에 늦은 시간이다.	그는 부드럽게 나의 손을 잡았다.
⑤	여러분의 따뜻한 마음을 안고 떠납니다.	이 책은 내가 읽었던 책이다.

36

겹문장이 <u>아닌</u> 것은?

① 소매가 1인치가 짧다.
② 나는 할 수 없이 집을 나섰다.
③ 그 여자는 손이 참 예쁘게 생겼다.
④ 그는 부모님께 자기 포부를 밝혔다.
⑤ 그녀는 그가 철없는 아이임을 깨닫고 한숨을 쉬었다.

37

〈보기〉의 ㉠~㉤의 짜임새를 분석한 내용으로 적절하지 <u>않은</u> 것은?

> ┤ 보기 ├
> ㉠ 가자.
> ㉡ 가을이 오자 하늘이 높아졌다.
> ㉢ 누가 그런 말을 했다고 그래?
> ㉣ 우리 담임 선생님은 키가 크시다.
> ㉤ 나는 어머니의 어깨를 주물러 드렸다.

① ㉠은 주어가 생략된 문장이다.
② ㉡은 서술어가 '오자', '높아졌다'의 두 개이므로 겹문장이다.
③ ㉢은 '말'을 꾸미고 있는 '그런'이 안긴문장이므로 겹문장이다.
④ ㉣은 서술어로 기능하는 '키가 크시다'가 안긴문장이므로 겹문장이다.
⑤ ㉤은 서술어가 '주물러 드렸다'의 한 개이므로 홑문장이다.

38 [고난도]

〈보기〉의 두 문장 [1], [2]의 구조를 분석한 내용으로 적절하지 <u>않은</u> 것은?

┤ 보기 ├

[1] 토끼는 앞발이 짧다.
→ 주어 + (주어 + 서술어)
　　　　　　⌒
　　　　　　㉠

[2] 나는 그녀가 교사이자 시인이라는 사실에 놀랐다.
→ 주어 + [(주어 + 서술어) + 서술어] + 부사어 + 서술어
　　　　　　㉡　　　　　　㉢
　　　　　　　　　ⓐ

① [1]은 서술어가 한 개이므로 홑문장에 해당한다.
② [1]의 안긴문장 ㉠은 전체 문장에서 서술어의 역할을 하고 있다.
③ [2]의 ㉢의 생략된 주어는 ㉡의 주어와 같다.
④ [2]의 ㉡과 ㉢은 대등하게 연결되어 있다.
⑤ [2]의 안긴문장 ⓐ는 전체 문장에서 관형어의 역할을 하고 있다.

39

〈보기〉의 ㉠~㉢의 짜임새를 분석한 내용으로 적절하지 <u>않</u>은 것은?

┤ 보기 ├

㉠ 나는 선생님께서 내 주신 숙제를 하루 종일 했다.
㉡ 명절날 아침에는 온 가족이 함께 식사를 한다.
㉢ 눈이 내리지만 날씨는 봄과 같이 포근했다.

① ㉠은 주어와 서술어의 관계가 두 번 나타나므로 겹문장이다.
② ㉠의 '선생님께서 내 주신'은 '숙제'를 꾸며 주는 역할을 하고 있다.
③ ㉡의 '함께'를 '모여'로 바꾸면 ㉡은 겹문장이 된다.
④ ㉢의 '봄과 같이'는 전체 문장에서 서술어의 역할을 하고 있다.
⑤ ㉢은 '눈이 내리지만'과 '날씨는 봄과 같이 포근했다'가 이어진 구조로 되어 있다.

40

〈보기〉에서 홑문장만을 있는 대로 고른 것은?

┤ 보기 ├

㉠ 코끼리는 코가 길다.
㉡ 비가 소리도 없이 내렸다.
㉢ 그는 자기가 학생이라고 말했다.
㉣ 나는 피자 한 판을 혼자 다 먹었다.
㉤ 벌써 개나리가 꽃망울을 터트리고 있었다.

① ㉠, ㉣　　　　② ㉡, ㉢　　　　③ ㉣, ㉤
④ ㉠, ㉡, ㉤　　⑤ ㉠, ㉢, ㉣

41

〈보기〉의 ㉠~㉣에 대한 설명으로 적절하지 <u>않은</u> 것은?

┤ 보기 ├

㉠ 할아버지께서는 인정이 많으시다.
㉡ 언니는 거실에서 책을 읽고 있다.
㉢ 학교에 가려고 동생이 집을 나섰다.
㉣ 그가 착한 사람임을 모르는 사람은 없다.

① ㉠에서 '인정이 많으시다'는 서술어의 역할을 한다.
② ㉡은 주어와 서술어의 관계가 한 번만 나타나는 홑문장이다.
③ ㉢은 두 개의 앞뒤 절이 대등하게 이어진 문장이다.
④ ㉣에서 '그가 착한 사람임'은 목적어의 역할을 한다.
⑤ ㉣에서 '그가 착한 사람임을 모르는'은 관형어의 역할을 한다.

42

〈보기〉의 ㉠~㉤에 대한 설명으로 적절하지 <u>않은</u> 것은?

┤ 보기 ├

우리 형은 　내가 　어릴 때부터 의지한 　사람이다.
　㉠　　　　㉡　　　　　　　　　　　㉤
　　　　　㉢　　　　　　㉣

① ㉠은 대명사가 관형어로 쓰인 것이다.
② ㉡은 안긴문장의 서술어 '의지한'의 주어이다.
③ ㉢은 보조사가 결합하여 전체 문장의 주어로 쓰였다.
④ ㉣은 전체 문장의 서술어 '사람이다'를 꾸미는 부사어이다.
⑤ ㉤은 체언에 '이다'가 결합하여 전체 문장의 서술어로 쓰였다.

43

〈보기〉의 ㉠~㉤을 홑문장, 이어진문장, 안은문장으로 분류하여 올바르게 짝지은 것은?

━┤ 보기 ├━
㉠ 웅변은 은이고 침묵은 금이다.
㉡ 할머니 댁은 마당이 아주 넓다.
㉢ 친구가 그 책을 빌려주겠다고 했다.
㉣ 저 사람은 이번 사건의 범인이 아니다.
㉤ 올해는 우리 학교가 우승할 것으로 예상된다.

	홑문장	이어진문장	안은문장
①	㉠, ㉡	㉢	㉣, ㉤
②	㉡, ㉣	㉢	㉠, ㉤
③	㉣	㉠	㉡, ㉢, ㉤
④	㉣, ㉤	㉠	㉡, ㉢
⑤	㉤	㉠, ㉢	㉡, ㉣

44 고난도

〈보기〉의 ㉠~㉣에 대한 설명으로 적절하지 않은 것은?

━┤ 보기 ├━
㉠ 형은 아주 용감한 군인이 되었다.
㉡ 내 동생은 블록 쌓기를 제일 좋아한다.
㉢ 나는 그 친구가 학급 회장이 되기를 바랐다.
㉣ 남편은 피아노를 치고 아내는 노래를 불렀다.

① ㉠과 ㉡은 둘 다 겹문장이다.
② ㉢은 안은문장이고 ㉣은 이어진문장이다.
③ ㉢에는 목적어가 없고, ㉣에는 목적어가 두 개 있다.
④ ㉠과 ㉢에는 보어가 있고, ㉡과 ㉣에는 보어가 없다.
⑤ ㉠과 ㉡에는 부사어가 있고, ㉢과 ㉣에는 부사어가 없다.

45

〈보기〉의 문장을 분석한 내용으로 적절하지 않은 것은?

━┤ 보기 ├━
이 책은 나도 아직 안 읽은 것이다.

① 문장의 기본 구조는 '무엇이 무엇이다'이다.
② 주어부에 해당하는 부분은 '이 책은 나도'이다.
③ '이'와 '나도 아직 안 읽은'은 모두 관형어이다.
④ '읽은'은 주어와 목적어를 요구하는 두 자리 서술어이다.
⑤ 주어와 서술어의 관계가 두 번 이루어지는 겹문장이다.

46

다음 문장을 주어부와 서술부로 나누었을 때, 적절하지 않은 것은?

① 저 학생은 우리 학교 학생이 / 아니다.
② 산의 기온은 / 높이 올라갈수록 떨어진다.
③ 우리 반 반장은 / 언제나 공부를 열심히 한다.
④ 저 감나무는 / 할아버지가 직접 심으신 것이다.
⑤ 우리가 살고 있는 세상은 / 빠르게 변하고 있다.

47

〈보기〉의 ㉠~㉤에 대한 설명으로 적절하지 않은 것은?

━┤ 보기 ├━
㉠ 그는 처마 밑에서 비가 그치기를 기다렸다.
㉡ 어머니께서는 얼음으로 빙수를 만드셨다.
㉢ 여기는 길이 좁아서 차가 못 지나간다.
㉣ 쇠가 너무 강하면 부러진다.
㉤ 우리 형은 마음이 넓다.

① ㉠: 목적어 역할을 하는 절을 안고 있다.
② ㉡: 주어와 서술어의 관계가 한 번 나타나 있다.
③ ㉢: 앞 절이 뒤 절에 종속적인 의미 관계를 이루고 있다.
④ ㉣: 앞 절이 뒤 절과 대등한 의미 관계를 이루고 있다.
⑤ ㉤: 주어와 서술어로 이루어진 절이 전체 문장의 서술어 역할을 하고 있다.

48

다음 속담 중 홑문장에 해당하는 것은?

① 핑계 없는 무덤 없다.
② 발 없는 말이 천 리 간다.
③ 세 살 버릇이 여든까지 간다.
④ 가는 말이 고와야 오는 말이 곱다.
⑤ 원숭이도 나무에서 떨어질 때가 있다.

49

〈보기〉의 두 문장 ①, ②의 구조를 분석한 내용으로 적절하지 <u>않은</u> 것은?

┤ 보기 ├

① 낙엽이 소리 없이 떨어진다.
→ 주어 + (주어 + 서술어) + 서술어
⎯⎯⎯⎯⎯⎯
㉠

② 엄마는 내일 날씨가 맑으면 소풍을 가자고 약속했다.
→ 주어 + [(주어 + 서술어) + (주어 + 서술어) + 서술어
⎯⎯⎯⎯⎯⎯⎯⎯ ⎯⎯⎯⎯⎯⎯⎯⎯
㉡ ㉢
⎯⎯⎯⎯⎯⎯⎯⎯⎯⎯⎯⎯⎯⎯⎯⎯
ⓐ

① ①에는 총 2개의 절이, ②에는 총 3개의 절이 있다.
② ①의 ㉠은 '떨어진다'를 수식하는 역할을 한다.
③ ②의 ㉡과 ㉢은 대등하게 연결되어 있다.
④ ②의 ㉢에는 주어가 생략되어 있다.
⑤ ②의 ⓐ는 안긴문장에 해당한다.

50

〈보기〉의 ㉠~㉤을 [1] 대등하게 이어진 문장, [2] 종속적으로 이어진 문장, [3] 안은문장으로 분류하여 올바르게 짝지은 것은?

┤ 보기 ├

㉠ 제비는 겨울이 오기 전에 떠난다.
㉡ 그는 종일 하늘에 떠가는 구름만 보고 있다.
㉢ 여름에는 비가 내리고 겨울에는 눈이 내린다.
㉣ 아내는 나더러 낙엽 밟는 소리가 좋으냐고 물었다.
㉤ 어머니께서 그 모습을 보셨다면 정말 좋아하셨겠지.

	[1]	[2]	[3]
①	㉠, ㉤	㉢, ㉣	㉡
②	㉤	㉢, ㉣	㉠, ㉡
③	㉣, ㉤	㉠, ㉢	㉡
④	㉢	㉣, ㉤	㉠, ㉡
⑤	㉢	㉤	㉠, ㉡, ㉣

51

안은문장에 해당하는 것은?

① 미래는 국어를 잘하는 학생이다.
② 우리 학교 운동장에 무궁화가 피었다.
③ 도훈이가 도서관에서 소설책을 읽고 있다.
④ 그 화가는 떠났지만 그의 예술은 살아 있다.
⑤ 바람이 계속 불고 장대비가 하루 종일 내렸다.

52

〈보기〉의 ㉠의 예로 적절하지 <u>않은</u> 것은?

┤ 보기 ├

문장은 주어와 서술어의 관계가 몇 번 나타나는가에 따라 홑문장과 ㉠겹문장으로 나눌 수 있다.

① 저기 꽃이 곱게 피었다.
② 학생들이 점심 식사를 했다.
③ 나는 해가 뜨기만을 기다렸다.
④ 나는 마음씨가 고운 사람을 좋아한다.
⑤ 아가씨는 내게 저 별들의 이름을 다 아느냐고 물었다.

53

〈보기〉의 문장을 분석한 내용으로 적절하지 <u>않은</u> 것은?

┤ 보기 ├

그 사람은 신문 기자로 사회생활을 시작하였다.

① 문장의 기본 구조는 '누가 어찌하다'이다.
② 주어부에 해당하는 부분은 '그 사람은'이다.
③ 서술부는 관형어와 서술어로 이루어져 있다.
④ '신문 기자로'는 부속 성분이면서 필수 성분이다.
⑤ 주어와 서술어의 관계가 한 번 이루어지는 홑문장이다.

〔서술형〕✎

[54 ~ 56] 다음 문장이 홑문장인지 겹문장인지 판단하고, 그렇게 판단한 근거를 서술하시오.

54

나는 따뜻한 봄을 좋아한다.

→ _____

55

우리 가족은 사계절 중에 봄을 가장 좋아한다.

→ _____

56

화장실 청소 당번은 일주일에 한 번씩 돌아온다.

→ _____

57 2021학년도 3월 고1 전국연합학력평가 13번

㉠~㉤에 대한 설명으로 적절하지 않은 것은?

┤ 보기 ├

㉠ 그는 우리와 함께 일하기를 거부했다.

㉡ 개는 사람보다 후각이 훨씬 예민하다.

㉢ 나는 그가 우리를 도와 준 일을 잊지 않았다.

㉣ 날이 추워지면 방한 용품이 필요하다.

㉤ 수만 명의 관객들이 공연장을 가득 메웠다.

① ㉠: '우리와 함께 일하기를'이 안은문장에서 목적어의 역할을 하고 있군.

② ㉡: '후각이 훨씬 예민하다'가 안은문장에서 서술어의 역할을 하고 있군.

③ ㉢: '그가 우리를 도와 준'이 안은문장에서 관형어의 역할을 하고 있군.

④ ㉣: '날이 추워지다.'와 '방한 용품이 필요하다.'가 대등하게 이어진 문장이군.

⑤ ㉤: '관객들이'가 주어이고 '메웠다'가 서술어인 홑문장이군.

58 2020학년도 9월 고3 모의평가 15번

〈보기〉의 ㉠~㉤에 해당하는 문장으로 적절하지 않은 것은?

┤ 보기 ├

[학습 활동]

겹문장은 홑문장보다 복잡한 생각을 효과적으로 표현할 수 있는 장점이 있다. 〈자료〉에 제시된 홑문장을 활용하여 〈조건〉에 해당하는 겹문장을 만들어 보자.

〈자료〉	〈조건〉
• 날씨가 춥다.	㉠ 명사절을 안은 문장
• 형은 물만 마셨다.	㉡ 관형사절을 안은 문장
• 동생은 얼음을 먹었다.	㉢ 부사절을 안은 문장
• 동생은 추위와 상관없다.	㉣ 인용절을 안은 문장
• 형은 동생에게 불평을 했다.	㉤ 대등하게 이어진 문장

① ㉠: 동생은 추운 날씨에도 얼음을 먹었다.

② ㉡: 형은 얼음을 먹는 동생에게 불평을 했다.

③ ㉢: 동생은 추위와 상관없이 얼음을 먹었다.

④ ㉣: 형은 동생에게 날씨가 춥다고 불평을 했다.

⑤ ㉤: 형은 물을 마셨지만 동생은 얼음을 먹었다.

59 2009학년도 9월 고1 전국연합학력평가 12번

〈보기 1〉을 바탕으로 〈보기 2〉의 문장을 분석한 결과로 적절하지 않은 것은?

┤ 보기 1 ├

문장은 그 짜임새에 따라 내용의 논리성, 집약성, 명확성 등에 차이가 있다.

┤ 보기 2 ├

(가) ㉠ 나는 첫차를 탔다. 나는 새벽에 일어났다.

　　 ㉡ 나는 첫차를 탔다. 첫차는 4시 30분에 출발한다.

(나) ㉠′ 나는 첫차를 타려고, 새벽에 일어났다.

　　 ㉡′ 나는 4시 30분에 출발하는 첫차를 탔다.

① (가)는 주어와 서술어의 관계가 한 번씩만 나타나는 홑문장들이군.

② (나)의 ㉠′는 홑문장과 홑문장이 '의도'의 관계에 의해 종속적으로 이어진 문장이군.

③ (나)의 ㉡′는 부사어의 역할을 하는 홑문장을 안은문장이군.

④ (나)의 ㉠′는 (가)의 ㉠보다 내용의 논리적 관계가 보다 명확하게 드러나는 문장이군.

⑤ (나)의 ㉡′는 (가)의 ㉡보다 전달하려는 내용을 집약적으로 표현한 문장이군.

60 2017학년도 9월 고3 모의평가 12번

〈보기〉의 ㉠~㉤을 주어부와 서술부로 분석한 것으로 옳지 않은 것은?

┤ 보기 ├

㉠ 지희는 목소리가 곱다.

㉡ 소포가 도착했다고 들었다.

㉢ 동수가 미애에게 선물을 주었다.

㉣ 그가 익명의 기부자임이 밝혀졌다.

㉤ 인생은 짧고 예술은 길다는 말은 명언이다.

① ㉠은 '지희는'과 '목소리가 곱다'로 분석되겠군.

② ㉡은 '소포가'와 '도착했다고 들었다'로 분석되겠군.

③ ㉢은 '동수가'와 '미애에게 선물을 주었다'로 분석되겠군.

④ ㉣은 '그가 익명의 기부자임이'와 '밝혀졌다'로 분석되겠군.

⑤ ㉤은 '인생은 짧고 예술은 길다는 말은'과 '명언이다'로 분석되겠군.

61 2017학년도 9월 고2 전국연합학력평가 12번

〈보기〉의 ㄱ~ㅁ에 대해 탐구한 것으로 적절하지 <u>않은</u> 것은?

┤ 보기 ├

ㄱ. 누나는 마음이 넓다.

ㄴ. 그 배는 섬으로 갔다.

ㄷ. 나는 형이 준 책을 읽었다.

ㄹ. 우리는 그가 학생임을 알았다.

ㅁ. 바람도 잠잠하고, 하늘도 푸르다.

① ㄱ에서 안은문장의 주어와 안긴문장의 주어는 동일하다.

② ㄴ은 주어와 서술어의 관계가 한 번 나타나므로 홑문장이다.

③ ㄷ에서 안긴문장의 목적어는 안은문장의 목적어와 중복되므로 생략되었다.

④ ㄷ에는 관형어의 기능을 하는 안긴문장이 있고, ㄹ에는 목적어의 기능을 하는 안긴문장이 있다.

⑤ ㅁ은 앞 절과 뒤 절이 '나열'의 의미 관계를 가지는, 대등하게 이어진 문장이다.

62 2019학년도 3월 고2 전국연합학력평가 14번

〈보기〉의 ㉠에 해당하는 예로 적절하지 <u>않은</u> 것은?

┤ 보기 ├

학생: '나는 따뜻한 차를 마셨다.'라는 문장은 왜 겹문장인가요?

선생님: '나는 따뜻한 차를 마셨다.'라는 문장은 관형사절을 안은 문장이야. 관형사절 '따뜻한'의 주어가 관형사절이 수식하는 명사 '차'와 중복되어 생략된 것이지. 이처럼 ㉠한 문장이 다른 문장 속에 관형사절로 안길 때 두 문장에 중복된 단어가 있으면, 관형사절에서 그 단어가 포함된 문장 성분이 생략되기도 한단다.

① 그녀는 그가 여행을 간 사실을 몰랐다.

② 내가 사는 마을은 무척이나 아름답다.

③ 그는 책장에 있던 소설책을 꺼냈다.

④ 나는 동생이 먹을 딸기를 씻었다.

⑤ 골짜기에 흐르는 물이 깨끗하다.

63 2013학년도 3월 고1 전국연합학력평가 12번

〈보기〉는 '안은문장'에 대한 학습 자료이다. ㉠에 들어갈 예문으로 적절한 것은?

┤ 보기 ├

• 안은문장: 다른 문장 속에 들어가 하나의 성분처럼 쓰이는 홑문장을 포함하고 있는 문장

  예 (㉠   )

① 민수는 성격이 좋은 학생이다.

② 우리 집 정원에 장미꽃이 피었다.

③ 다예가 교실에서 소설책을 읽었다.

④ 그는 갔으나 그의 예술은 살아 있다.

⑤ 바람이 세차게 불고, 비가 억수같이 내린다.

64 2018학년도 6월 고2 전국연합학력평가 14번

〈보기〉의 (가)~(다)에 대한 설명으로 적절하지 <u>않은</u> 것은?

┤ 보기 ├

(가) <u>봄이 오면</u> <u>꽃이 핀다.</u>
      ㉠   ㉡

(나) <u>눈이 내린</u> <u>마을은 고요했다.</u>
      ㉢   ㉣

(다) 나는 <u>그가 왔음을</u> 몰랐다.
           ㉤

① (가)에서 ㉠과 ㉡의 위치를 바꾸면 의미가 달라진다.

② (나)에서 ㉢은 ㉣의 주어를 꾸며 주는 역할을 한다.

③ (다)의 ㉤을 생략하면 전체 문장의 의미가 불완전해진다.

④ (나)와 달리 (다)는 절이 전체 문장의 한 성분으로 안겨 있다.

⑤ (가), (나), (다)는 모두 '주어＋서술어' 관계가 두 번 나타난다.

65 2016학년도 11월 고2 전국연합학력평가 12번

〈보기〉의 ㄱ~ㄹ을 활용하여 만든 겹문장을 이해한 내용으로 적절하지 <u>않은</u> 것은?

┤ 보기 ├

ㄱ. 바람이 분다.   ㄴ. 바람이 차갑다.

ㄷ. 단풍잎이 빨갛다.   ㄹ. 단풍잎이 흔들린다.

① '바람이 불어서 단풍잎이 흔들린다.'는 ㄱ과 ㄹ이 종속적으로 이어진 문장이다.

② '차가운 바람이 분다.'는 ㄴ이 ㄱ에 안기면서 ㄴ의 주어가 생략된 문장이다.

③ '바람이 차갑고 단풍잎이 빨갛다.'는 ㄴ과 ㄷ이 대등하게 이어진 문장이다.

④ '단풍잎이 바람이 불면 흔들린다.'는 ㄹ이 관형사절로 바뀐 ㄱ을 안고 있는 문장이다.

⑤ '흔들리는 단풍잎이 빨갛다.'는 ㄹ이 관형사절의 형태로 ㄷ에 안겨 있는 문장이다.

18일 문장의 짜임 1 - 이어진문장

개념 확인

📖 함께 보기 | 필독 중학 국어 문법 143쪽으로!

연결 어미

- 두 절이 연결될 때 두 절 사이를 잇는 어미
- 연결하는 두 절 중 앞의 절의 끝에 결합하여 나타남.
  - 대등적 연결 어미: -고
  - 종속적 연결 어미: -면
  - 보조적 연결 어미: -어
- 예 겨울이 가고 봄이 왔다.
  봄이 오면 꽃이 핀다.
  벚꽃이 피어 있었다.

주절과 종속절

종속적으로 이어진 문장에서 앞절과 뒤 절 중 의미의 중심을 이루는 절을 '주절'이라 하고 주절의 의미를 제한하는 절을 '종속절'이라 한다.
예 밥을 먹어서 배가 부르다.
      종속절   주절

■ 이어진문장

- **뜻**: 두 개 이상의 문장이 연결 어미에 의해 결합된 겹문장

대등하게 이어진 문장	• 앞 절과 뒤 절이 동등한 자격으로 이어진 문장 • 대등적 연결 어미: 앞 절과 뒤 절이 '나열'의 의미를 지닐 때는 '-고', '-며', '대조'의 의미를 지닐 때는 '-나', '-지만' 등을 주로 사용함. ※ 같은 자격으로 묶을 때는 접속 조사 '와/과'를 사용함. 예 눈이 내리고, 바람도 강하게 분다. (나열) 몸은 비록 늙었지만 마음은 젊다. (대조)

종속적으로 이어진 문장	• 하나의 절이 다른 절에 의미상 종속되어 있는 문장
	• 종속적 연결 어미: 앞 절이 뒤 절의 원인일 때는 '-(아)서', 조건일 때는 '-(으)면', 의도일 때는 '-(으)려고', 배경일 때는 '-는데', 양보일 때는 '-(으)ㄹ지라도' 등을 주로 사용함.
	예 눈이 와서 길이 미끄럽다. (원인)
	    눈이 오면 스키장에 놀러 가자. (조건)
	    그는 일출을 보려고 새벽에 일어났다. (의도)
	    내가 집에 가는데, 저쪽에서 누군가 다가왔다. (배경)
	    우리가 경기에 질지라도 정정당당하게 싸워야 한다. (양보)

- **대등하게 이어진 문장과 종속적으로 이어진 문장의 구분**

  ① 대등하게 이어진 문장은 앞 절과 뒤 절의 위치를 바꾸어도 의미상의 차이가 없지만, 종속적으로 이어진 문장은 의미가 바뀌거나 비문이 됨.

  예 비가 내리고 바람이 분다. = 바람이 불고 비가 내린다.
      비가 와서 기온이 내려갔다. ≠ 기온이 내려가서 비가 온다.

  ② 대등하게 이어진 문장에서는 앞 절을 뒤 절 속으로 이동할 수 없지만, 종속적으로 이어진 문장에서는 앞 절이 뒤 절의 중간에 들어갈 수 있음.

  예 비가 내리고 바람이 분다. → *바람이 비가 내리고 분다.
      비가 와서 기온이 내려갔다. → 기온이 비가 와서 내려갔다.

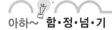

아하~ 함·정·넘·기

❶ '와/과'가 쓰인 문장은 홑문장? 겹문장?

조사 '와/과'는 부사격 조사로도 쓰이고, 접속 조사로도 쓰입니다. '와/과'가 부사격 조사로 쓰이면 홑문장이지만, 접속 조사로 쓰이면 겹문장이 됩니다. 이때 '와/과'가 부사격 조사인지 접속 조사인지 구분하는 가장 좋은 방법은 두 개의 문장으로 나눌 수 있는지를 따져 보는 것입니다. 두 개의 문장으로 나눌 수 있으면 접속 조사, 나눌 수 없으면 부사격 조사입니다. '경민이는 엄마와 닮았다.'는 '경민이는 닮았다.', '엄마는 닮았다.'로 나눌 수 없습니다. 따라서 이때 '와'는 부사격 조사이고, 이 문장은 홑문장입니다. 반면에 '경민이와 엄마는 카페에 갔다.'는 '경민이는 카페에 갔다. 엄마는 카페에 갔다.'로 나눌 수 있습니다. 이때 '와'는 접속 조사이고, 이 문장은 겹문장입니다.

정답과 해설 33쪽

[1~6] 다음 설명이 맞으면 ○표, 틀리면 ×표 하시오.

1 이어진문장은 두 개 이상의 문장이 연결 어미에 의해 결합된 겹문장이다. ······ (　　)

2 대등하게 이어진 문장은 일반적으로 앞 절과 뒤 절의 순서를 바꿀 수 있다. ······ (　　)

3 종속적으로 이어진 문장은 일반적으로 앞 절을 뒤 절 속으로 이동할 수 있다. ······ (　　)

4 '레몬과 귤은 비타민 C가 많다.'는 이어진문장이다. ······ (　　)

5 '길이 험하니 조심히 운전해라.'는 대등하게 이어진 문장이다. ······ (　　)

6 '비가 많이 와서 추수 직전의 농가들이 막대한 피해를 입었다.'는 종속적으로 이어진 문장이다. ······ (　　)

[7~15] 다음 예문을 보고, 이어진문장의 유형에 ○표 하시오.

	예문	대등	종속
7	신랑은 턱시도를 입었고 신부는 웨딩드레스를 입었다.		
8	내 동생은 대식가이지만 살이 잘 찌지 않는 체질이다.		
9	얘들아, 너희는 지금 집에 가도 되고 여기 남아도 돼.		
10	기다리던 소풍날이어서 아침 일찍 눈이 저절로 떠졌다.		
11	아침부터 눈이 계속 내리고 있으나 별로 쌓이지는 않았다.		
12	차가 고장이 나면 저희 정비소로 바로 연락해 주십시오.		
13	내가 텔레비전을 보고 있는데 전화벨이 요란하게 울렸다.		
14	시험에 낙방할지라도 절대 부정행위를 하지는 않겠다.		
15	밥을 다 먹고 보니 배가 너무 불렀다.		

16 대등적 연결 어미가 아닌 것은?

① -고　② -나　③ -며　④ -면　⑤ -지만

17 종속적 연결 어미가 아닌 것은?

① -거나　② -는데　③ -도록
④ -라도　⑤ -자

[18~21] 초성을 참고하여 빈칸에 들어갈 적절한 말을 쓰시오.

18 연결 어미는 두 절이 연결될 때 두 절 사이를 잇는 어미로, 연결하는 두 절 중 ㅇ 의 절의 끝에 결합하여 나타난다.

19 종속적으로 이어진 문장에서 앞 절과 뒤 절 중 의미의 중심을 이루는 절을 ㅈㅈ 이라고 한다.

20 종속적으로 이어진 문장에서 주절의 의미를 제한하는 절을 ㅈㅅㅈ 이라고 한다.

21 대등하게 이어진 문장에서는 앞 절과 뒤 절의 서술어가 동일할 때 앞 절의 서술어가 ㅅㄹ 되기도 한다.

[22~30] 빈칸에 들어갈 내용을 〈보기〉에서 찾아 쓰시오.

┤ 보기 ├

• 나열　• 대조　• 배경　• 양보
• 원인　• 의도　• 조건

22 '이것은 감이며 저것은 사과이다.'는 앞 절과 뒤 절이 (　　　)의 의미 관계를 갖는다.

23 '누구나 부지런히 일하면 성공한다.'는 앞 절과 뒤 절이 (　　　)의 의미 관계를 갖는다.

24 '그 선수는 키는 크나 힘은 약하다.'는 앞 절과 뒤 절이 (　　　)의 의미 관계를 갖는다.

25 '자그마한 초가집이지만 참 아름답구나.'는 앞 절과 뒤 절이 (　　　)의 의미 관계를 갖는다.

26 '강이 깊어서 아이가 건너기는 어렵다.'는 앞 절과 뒤 절이 (　　　)의 의미 관계를 갖는다.

27 '경기에 질지라도 정당하게 싸워야 한다.'는 앞 절과 뒤 절이 (　　　)의 의미 관계를 갖는다.

28 '나는 집을 마련하려고 저축을 꾸준히 한다.'는 앞 절과 뒤 절이 (　　　)의 의미 관계를 갖는다.

29 '아침에 집을 나서는데 갑자기 배가 아팠다.'는 앞 절과 뒤 절이 (　　　)의 의미 관계를 갖는다.

30 '여름에는 비가 내리고 겨울에는 눈이 내린다.'는 앞 절과 뒤 절이 (　　　)의 의미 관계를 갖는다.

31

이어진문장의 종류가 나머지와 다른 것은?

① 미래는 배가 아파서 약국에 갔다.
② 미래는 야구 중계를 보려고 텔레비전을 켰다.
③ 미래가 텔레비전을 보고 있는데 전화벨이 울렸다.
④ 언니는 열심히 공부하지만 미래는 온종일 놀고 있다.
⑤ 미래가 성적을 올리려면 좀 더 열심히 공부해야 한다.

32

다음 속담 중 종속적으로 이어진 문장에 해당하는 것은?

① 가는 말이 고와야 오는 말이 곱다.
② 그물에 든 고기요 쏘아 놓은 범이라.
③ 낮말은 새가 듣고 밤말은 쥐가 듣는다.
④ 콩 심은 데 콩 나고 팥 심은 데 팥 난다.
⑤ 외손뼉이 못 울고 한 다리로 가지 못한다.

33

대등하게 이어진 문장에 해당하지 않는 것은?

① 눈이 내리나 쌓이지는 않는다.
② 이것은 감이며 저것은 사과이다.
③ 나는 떡도 먹었고 고기도 실컷 먹었다.
④ 이 금속은 가볍지마는 쇠보다도 단단하다.
⑤ 우리는 일찍 떠나려고 미리 준비를 해 두었다.

34

종속적으로 이어진 문장의 의미 관계로 적절하지 않은 것은?

① 학생이 없으면 학교도 없다. – 조건
② 시간이 없어서 회의에 불참했다. – 원인
③ 어린아이일수록 단백질이 많이 필요하다. – 의도
④ 우리가 막 출발하려는데 그녀가 찾아왔다. – 배경
⑤ 무슨 일이 있어도 오늘 안으로 일을 마쳐야 한다. – 양보

35

〈보기〉에서 이어진문장의 종류가 같은 것끼리만 묶은 것은?

┤ 보기 ├
㉠ 봄이 오니 날씨가 좋다.
㉡ 여름은 덥고 겨울은 춥다.
㉢ 눈이 오는데 차를 몰고 나가도 될까?
㉣ 경기에 질지라도 정당하게 싸워야 한다.
㉤ 그 선수는 키는 크나 힘은 약한 편이다.

① ㉠, ㉡   ② ㉡, ㉢   ③ ㉠, ㉢, ㉣
④ ㉡, ㉣, ㉤   ⑤ ㉠, ㉡, ㉢, ㉤

36 고난도

〈보기〉의 ㉠~㉢에 대한 설명으로 적절하지 않은 것은?

┤ 보기 ├
㉠ 인생은 짧고 예술은 길다.
㉡ 날씨가 맑아서 기분이 좋았다.
㉢ 유경이가 학교에 가려고 집을 나섰다.

① ㉠은 앞 절과 뒤 절의 자리를 바꾸어도 의미상 큰 차이가 없다.
② ㉠은 앞 절이 뒤 절의 안으로 이동해도 의미상 큰 차이가 생기지 않는다.
③ ㉡은 앞 절과 뒤 절의 주격 조사 '이/가' 대신에 보조사 '은/는'을 쓰면 어색한 문장이 된다.
④ ㉡과 ㉢은 앞 절과 뒤 절의 순서를 바꾸면 의미상 큰 차이가 생기거나 비문이 된다.
⑤ ㉢은 동일한 주어가 앞 절과 뒤 절에 모두 나타날 경우 어색한 문장이 된다.

37

〈보기〉의 ㉠~㉤의 예로 적절하지 않은 것은?

┤ 보기 ├
이어진문장은 연결 어미에 따라 앞 절과 뒤 절이 ㉠나열, ㉡대조, ㉢원인, ㉣조건, ㉤양보 등의 의미 관계를 가질 수 있다.

① ㉠: 비가 오고 바람도 분다.
② ㉡: 비가 오자 그는 차를 놓고 갔다.
③ ㉢: 비가 와서 교통 체증이 발생했다.
④ ㉣: 비가 오면 빨리 산에서 내려와야 한다.
⑤ ㉤: 비가 와도 우리는 예정대로 갈 것이다.

38 고난도

앞 절과 뒤 절의 의미 관계가 〈보기〉의 ㉠과 ㉡의 의미 관계와 가장 유사한 문장은?

┤ 보기 ├
집에 가니까 어제 주문한 물건이 도착해 있었다.
  ㉠   ㉡

① 나는 음악을 들으면서 공부를 했다.
② 밥을 먹고 있었는데 손님이 찾아왔다.
③ 너무 급하게 식사를 하면 체하기 쉽다.
④ 우리는 그분의 이야기를 듣고자 이곳에 왔다.
⑤ 화가 치밀어 올라서 더 이상 참을 수가 없었다.

39

이어진문장에 대한 설명으로 적절하지 <u>않은</u> 것은?

① 두 개 이상의 절이 연결 어미에 의해 결합된 문장이다.

② 이어지는 방식에 따라 대등하게 이어진 문장과 종속적으로 이어진 문장으로 나뉜다.

③ 대등하게 이어진 문장에서 앞 절은 뒤 절과 조건, 의도, 배경, 양보 등의 의미 관계를 가진다.

④ 앞 절과 뒤 절에 동일한 표현이 중복되어 쓰인 경우에는 그것을 다른 표현으로 교체할 수도 있다.

⑤ 종속적으로 이어진 문장은 하나의 절이 다른 절에 의미상 종속되어 있다.

40 고난도

〈보기〉를 바탕으로 연결 어미에 대해 탐구한 내용으로 적절하지 <u>않은</u> 것은?

┤ 보기 ├

㉠ 볼 것은 많은데 시간이 없다.
　버스가 출발하는데 잡을 수가 없다.
㉡ 밥을 많이 먹어서 배가 너무 불렀다.
　창문을 닫아서 방 안이 훨씬 따뜻하다.
㉢ 밥을 다 먹으니 배가 부르다.
　그녀에게 편지를 받아서 기뻤다.
　그는 모범 학생이었으므로 늘 칭찬을 받았다.
㉣ 사과는 빨갛고 참외는 노랗다.
　그는 착하지만 그녀는 착하지 않다.
㉤ 첫눈이 오면 기분이 좋을 텐데.
　무슨 일이 있더라도 이 일은 포기할 수 없다.

① ㉠을 보니 어간이 형용사인지 동사인지에 따라 연결 어미의 형태가 달라질 수 있군.

② ㉡을 보니 어간의 모음이 양성 모음인지 음성 모음인지에 따라 연결 어미의 형태가 달라질 수 있군.

③ ㉢을 보니 이유나 원인이라는 유사한 의미를 나타내는 연결 어미도 여러 가지가 있다고 볼 수 있군.

④ ㉣을 보니 문장과 문장을 대등하게 연결하는 역할을 할 수 있군.

⑤ ㉤을 보니 용언의 어간에 붙어 용언이 다른 품사의 기능을 수행하게 할 수 있군.

41

종속적으로 이어진 문장에 해당하지 <u>않는</u> 것은?

① 이 옷이 좋으면 네가 가져도 돼.

② 어부는 고기를 잡으러 바다로 나갔다.

③ 그녀는 첼로를 전공하려고 음대에 진학했다.

④ 비가 억수같이 퍼붓고 바람이 심하게 불었다.

⑤ 남편이 일찍 귀가하자 아내는 몹시 기뻐했다.

42

〈보기〉를 바탕으로 종속적으로 이어진 문장의 의미 관계를 분석한 내용으로 적절하지 <u>않은</u> 것은?

┤ 보기 ├

대등하게 이어진 문장이 주로 나열, 대조, 선택 등 제한된 의미를 가지는 데 비해, 종속적으로 이어진 문장에서 앞의 절은 뒤의 절에 대해 동시 사건 표현, 선행 사건 표현, 사건의 전환, 이유·원인, 조건·가정, 양보·인정, 목적·의도, 배경·상황 설명 등의 더욱 다양한 의미를 가진다.

① 알람이 울리거든 나를 꼭 깨워 줘. – 조건·가정

② 새벽까지 일을 하느라고 늦잠을 잤다. – 이유·원인

③ 그는 커피를 마시면서 그녀와 대화를 했다. – 동시 사건 표현

④ 음식을 다 차려 놓자 그때서야 그가 나타났다. – 양보·인정

⑤ 이렇게 바람이 많이 부는데 밖에 나가도 될까? – 배경·상황 설명

43 신유형

〈보기〉를 참고할 때, 문장의 종류가 나머지와 <u>다른</u> 것은?

┤ 보기 ├

'와/과'가 쓰인 문장 중, 어떤 것은 두 개 이상의 문장으로 나누어지기도 하고 어떤 것은 나누어지지 않기도 한다. 나눌 수 있으면 '와/과'가 접속 조사로 쓰인 것이므로 대등하게 이어진 문장에, 나눌 수 없으면 부사격 조사로 쓰인 것이므로 홑문장에 해당한다.

① 주원이와 윤우는 친하다.

② 주원이와 윤우가 싸웠다.

③ 주원이와 윤우는 헤어졌다.

④ 주원이와 윤우가 마주쳤다.

⑤ 주원이와 윤우는 자고 있다.

44

이어진문장에 해당하는 것은?

① 서쪽 하늘에 큰 무지개가 떴다.
② 저 분은 우리 학교 국어 선생님이시다.
③ 누나가 선물한 화분의 꽃이 활짝 피었다.
④ 그는 자신의 꿈이 이루어질 것을 믿고 있었다.
⑤ 남편은 잠들었지만 아내는 뜬눈으로 밤을 새웠다.

45

〈보기〉의 문장에 대한 설명으로 적절하지 않은 것은?

┤ 보기 ├
어제 운동을 많이 해서 나는 오늘 무척 피곤했다.

① 대등하게 이어진 문장이다.
② 앞 절과 뒤 절의 주어가 동일하다.
③ 홑문장 두 개가 결합된 겹문장이다.
④ 연결 어미로 '-어서'를 사용한 이어진문장이다.
⑤ 앞 절은 뒤 절에 대해 이유·근거의 의미 관계를 가진다.

46

이어진문장이 아닌 것은?

① 기차를 타려면 서둘러야 한다.
② 인내는 쓰지만 그 열매는 달다.
③ 강이 깊어서 아이가 건너기는 어렵다.
④ 나의 행동은 고의라기보다는 실수였다.
⑤ 남편은 물냉면을 먹고 아내는 비빔냉면을 먹었다.

47

다음 문장의 앞 절과 뒤 절의 의미 관계로 적절하지 않은 것은?

① 동생은 친절하며 형은 인정이 많다. - 나열
② 밥을 먹거나 일찍 자거나 해야겠다. - 대조
③ 내일 날씨가 좋으면 산책을 가야겠다. - 조건
④ 골목으로 돌아서는데 고양이가 뛰어나왔다. - 배경
⑤ 그것이 비록 꾸며 낸 이야기일지라도 아이들에게 교훈이 될 것이다. - 양보

48

이어진문장의 종류와 의미 관계를 파악한 것으로 적절하지 않은 것은?

① 이 옷이 작아지면 동생에게 주자.
→ 종속적으로 이어진 문장, 조건
② 음식은 먹어 보아야 맛을 알 수 있지.
→ 대등하게 이어진 문장, 대조
③ 그는 딸에게 줄 선물을 사려고 백화점에 갔다.
→ 종속적으로 이어진 문장, 의도
④ 나는 주말에 책을 읽거나 영화를 보거나 한다.
→ 대등하게 이어진 문장, 선택
⑤ 시험에 떨어지더라도 부정행위는 하면 안 된다.
→ 종속적으로 이어진 문장, 양보

49

〈보기〉에서 대등하게 이어진 문장을 모두 고른 것은?

┤ 보기 ├
㉠ 윗물이 맑으면 아랫물도 맑다.
㉡ 마음이 맞아야 함께 일을 하지.
㉢ 진눈깨비가 내리나 쌓이지는 않는다.
㉣ 그 아이가 형이겠고 이 아이가 동생이겠다.
㉤ 오늘은 어머니가 오시거나 아버지가 오신다.

① ㉠, ㉡, ㉢ ② ㉠, ㉡, ㉤ ③ ㉡, ㉢, ㉤
④ ㉡, ㉣, ㉤ ⑤ ㉢, ㉣, ㉤

50

다음은 두 개의 홑문장을 겹문장으로 바꾼 것이다. 이어진 문장의 연결이 자연스럽지 않은 것은?

① 봄이 되었다. 날씨가 따뜻해졌다.
→ 봄이 되자 날씨가 따뜻해졌다.
② 나는 어제 밤을 샜다. 나는 매우 졸렸다.
→ 나는 어제 밤을 샜을지라도 매우 졸렸다.
③ 형은 학원에 갔다. 동생은 도서관에 갔다.
→ 형은 학원에 가고 동생은 도서관에 갔다.
④ 나는 카페에 갔다. 나는 음료를 주문했다.
→ 나는 카페에 가서 음료를 주문했다.
⑤ 나는 친구를 만났다. 우리는 함께 서점에 갔다.
→ 나는 친구를 만나 함께 서점에 갔다.

51 신유형

〈보기〉의 문장을 분석한 내용으로 적절하지 <u>않은</u> 것은?

┤ 보기 ├

물이 너무 맑으면 고기가 없고
　　　　ⓐ　　　　　ⓑ

사람이 너무 살피면 따르는 이가 없다.
　　　　ⓒ　　　　　ⓓ

① ⓐ과 ⓑ, ⓒ과 ⓓ은 각각 종속적으로 이어져 있다.
② 'ⓐ+ⓑ'과 'ⓒ+ⓓ'은 나열의 의미 관계로 대등하게 이어져 있다.
③ ⓐ의 '맑으면'과 ⓑ의 '없고'는 모두 한 자리 서술어이다.
④ ⓒ과 달리 ⓓ은 주어와 서술어의 관계가 두 번 나타난다.
⑤ 'ⓐ+ⓑ+ⓒ+ⓓ'에는 주어와 서술어의 관계가 총 네 번 나타나 있다.

52 고난도

〈보기 1〉을 바탕으로 〈보기 2〉의 ㉠～㉤을 설명한 내용으로 적절하지 <u>않은</u> 것은?

┤ 보기 1 ├

　종속적으로 이어진 문장에서 앞 절과 뒤 절에 동일한 표현이 있는 경우, 다른 표현으로 교체되거나 생략될 수도 있다.

┤ 보기 2 ├

㉠ 나는 빵을 좋아해서 자주 먹는다.
㉡ 나는 해돋이를 보려고 이곳을 종종 찾는다.
㉢ 나는 후배들을 자주 만나서 그들을 격려한다.
㉣ 나는 회를 먹고 배탈이 난 적이 있어서 그 후로는 잘 먹지 않는다.
㉤ 어제 친구 집에 갔었는데 아무래도 거기에 우산을 놓고 온 것 같다.

① ㉠: 앞 절과 동일한 표현인 '빵을'이 뒤 절에서 생략되었다.
② ㉡: 앞 절과 동일한 표현인 '해돋이를'이 뒤 절에서 '이곳을'로 교체되었다.
③ ㉢: 앞 절과 동일한 표현인 '후배들을'이 뒤 절에서 '그들을'로 교체되었다.
④ ㉣: 앞 절과 동일한 표현인 '회를'이 뒤 절에서 생략되었다.
⑤ ㉤: 앞 절과 동일한 표현인 '친구 집에'가 뒤 절에서 '거기에'로 교체되었다.

53 서술형

〈보기〉의 문장이 대등하게 이어진 문장인지 종속적으로 이어진 문장인지 판단하고, 그렇게 판단한 근거를 서술하시오.

┤ 보기 ├

아내는 여행을 좋아하지만 남편은 그렇지 않았다.

54 서술형

〈보기〉의 두 문장을 활용하여 〈조건〉에 맞게 한 문장으로 고쳐 쓰시오.

┤ 보기 ├

1 언니는 다이어트를 한다.
2 언니는 간식을 잘 안 먹는다.

┤ 조건 ├

• 앞 절이 뒤 절에 대한 원인의 의미를 갖도록 할 것.
• 앞 절과 뒤 절에 동일한 표현이 있으면 다른 표현으로 교체하거나 생략할 것.

서술형

[55～57] 다음 문장의 앞 절과 뒤 절을 연결하는 어미를 찾고, 그 의미를 〈보기〉에서 골라 쓰시오.

┤ 보기 ├

나열, 대조, 원인, 조건, 의도, 배경, 양보

55

꼬리가 길면 잡힌다.

56

그는 힘은 약할지라도 기술이 좋다.

57

벽에 못을 박다가 손을 다쳤다.

58 2016학년도 3월 고1 전국연합학력평가 13번

〈보기 1〉을 바탕으로 〈보기 2〉를 탐구한 결과로 적절하지 않은 것은?

┤ 보기 1 ├

이어진문장

둘 이상의 홑문장이 이어져 있는 문장으로, 주어가 같은 홑문장이 이어질 때는 주어를 하나만 사용할 수도 있음.

• 대등하게 이어진 문장

둘 이상의 홑문장이 동등한 자격으로 이어진 문장으로, 앞 절과 뒤 절이 '나열, 대조, 선택' 등의 의미 관계를 가짐.

• 종속적으로 이어진 문장

앞 홑문장과 뒤 홑문장의 의미가 독립적이지 못하고 종속적으로 이어진 문장으로, 앞 절과 뒤 절이 '원인, 조건, 의도' 등의 의미 관계를 가짐.

┤ 보기 2 ├

ㄱ. 암벽 등반은 힘들고 재미있다.

ㄴ. 암벽 등반은 힘들어서 재미있다.

ㄷ. 암벽 등반은 힘들지만 재미있다.

① ㄱ, ㄴ, ㄷ은 '암벽 등반은 힘들다.'와 '암벽 등반은 재미있다.'라는 두 홑문장이 이어진 문장이군.

② ㄱ, ㄴ, ㄷ은 앞 절과 뒤 절의 순서를 바꾸어도 의미에 변화가 생기지 않는 이어진문장이군.

③ ㄱ, ㄴ, ㄷ에서 뒤 절의 주어가 없는 것은 앞 절과 주어가 같기 때문이군.

④ ㄱ, ㄷ은 두 홑문장이 각각 나열, 대조의 의미를 갖는 어미 '고'와 '지만'으로 연결된 대등하게 이어진 문장이군.

⑤ ㄴ은 두 홑문장이 원인의 의미를 갖는 어미 '어서'로 연결된 종속적으로 이어진 문장이군.

59 2016학년도 9월 고3 모의평가 A형 12번

밑줄 친 부분이 〈보기〉의 ㉠에 해당하지 않는 것은?

┤ 보기 ├

동사의 어간에 연결 어미 '-(으)며'가 결합할 때, ㉠앞 문장과 뒤 문장의 주어가 서로 같고, '-(으)며'를 연결 어미 '-(으)면서'로 바꾸어 쓸 수 있는 경우에 '-(으)며'는 앞뒤 문장의 동작이 동시에 일어남을 나타낸다.

① 우리는 함께 걸으며 희망에 대해 이야기했다.

② 모두들 음정에 주의하며 노래를 제대로 부르자.

③ 아는 사람 하나가 미소를 지으며 내게 다가왔다.

④ 마라톤 선수가 가쁜 숨을 몰아쉬며 결승선을 통과했다.

⑤ 출근할 때, 일부는 버스를 이용하며 일부는 지하철을 이용한다.

60 2016학년도 3월 고2 전국연합학력평가 13번

〈보기〉의 사례를 통해 '의도'의 의미를 나타내는 연결 어미 '-(으)려고'의 쓰임에 대해 탐구한 내용으로 적절하지 않은 것은?

┤ 보기 ├

ㄱ. 도서관에 가려고 철호가 집을 나섰다.
　　*영희가 도서관에 가려고 철호가 집을 나섰다.

ㄴ. 철호가 도서관에 가려고 집을 나섰다.
　　도서관에 가려고 철호가 집을 나섰다.

ㄷ. 철호야, 공부하려고 도서관에 가니?/*가라./*가자.

ㄹ. 할머니께서는 병원에 가시려고/*가셨으려고/*가시겠으려고 버스를 타셨다.

ㅁ. 할머니께서는 운동을 하려고 공원에 가셨다.
　　할머니께서는 *건강하려고 공원에 가셨다.

(*는 문법적으로 잘못된 것.)

① ㄱ을 보니, '-(으)려고'로 연결된 문장은 앞 절과 뒤 절의 주어가 다르면 문법적으로 잘못된 문장이 되는 경우가 있군.

② ㄴ을 보니, '-(으)려고'가 포함된 절은 문장에서의 위치 이동이 가능하군.

③ ㄷ을 보니, '-(으)려고'는 명령형이나 청유형이 이어지면 문법적으로 잘못된 문장이 될 수 있군.

④ ㄹ을 보니, '-(으)려고'는 선어말 어미와 결합하지 못하는군.

⑤ ㅁ을 보니, '-(으)려고'는 동사 어간과는 결합하지만 형용사 어간과는 결합하지 않는군.

61 2016학년도 3월 고3 전국연합학력평가 13번

〈보기〉를 참고할 때, 다음 중 '이어진문장'에 해당하지 않는 것은?

┤ 보기 ├

'우리는 자유와 평화를 원한다.'라는 문장은 서술어가 하나뿐이어서 홑문장처럼 보이지만, 실제로는 '우리는 자유를 원한다.'와 '우리는 평화를 원한다.'라는 두 홑문장이 결합된 이어진문장이다. 이때의 '와/과'는 접속 조사로, '자유'와 '평화'를 같은 자격으로 이어 준다. 한편, '와/과'는 '빠르기가 번개와 같다.'나 '그는 당당히 적과 맞섰다.'처럼 비교의 대상이나 행위의 상대임을 나타내는 격 조사로도 쓰이는데, 이때는 서술어가 하나이면 홑문장이 된다.

① 나는 시와 소설을 좋아한다.
② 그녀는 집과 도서관에서 공부했다.
③ 고향의 산과 하늘은 예전 그대로였다.
④ 성난 군중이 앞문과 뒷문으로 들이닥쳤다.
⑤ 그 사람과 나는 오래전부터 서로 사귀어 왔다.

62 2012학년도 대학수학능력시험 12번

〈보기〉를 바탕으로 '동시'의 의미를 나타내는 연결 어미 '-(으)면서'와 '-자'에 대해 탐구한 내용으로 적절하지 않은 것은?

┤ 보기 ├

ㄱ. 동수는 피아노를 치면서/*쳤으면서 노래를 불렀다.
ㄴ. 동수가 집을 나서자/*나섰자 비가 쏟아지기 시작했다.
ㄷ. *동수가 집을 막 나서자 (동수는) 학교에 갔다.
ㄹ. 동수는 상냥하면서/*상냥하자 차분하다.
ㅁ. 동수야, 빵 먹으면서/*먹자 공부해라. / 공부하자. / 공부할래?
ㅂ. 동수는 뉴스를 보지 않으면서 텔레비전을 켜 놓았다.

(*는 문법적으로 잘못된 것.)

① ㄱ과 ㄴ을 보니, '-(으)면서'와 '-자'는 과거 시제를 나타내는 어미와 함께 쓰일 수 없군.
② ㄱ, ㄴ과 ㅁ을 보니, '-(으)면서'는 '-자'와 달리 다양한 문장 유형과 어울릴 수 없군.
③ ㄴ과 ㄷ을 보니, '-자'로 연결된 문장은 앞뒤 주어가 달라야 하는군.
④ ㄹ을 보니, '-(으)면서'는 '-자'와 달리 형용사와 어울릴 수 있군.
⑤ ㅂ을 보니, '-(으)면서'가 부정 표현과 어울리면 '동시'의 의미를 나타내기보다는 그 행위를 하지 않음을 강조하는군.

63 2021학년도 6월 고1 전국연합학력평가 13번

이어진문장을 구분한 내용으로 적절한 것은?

예문	종류	의미 관계
① 무쇠도 갈면 바늘이 된다.	종속	목적
② 하늘도 맑고, 바람도 잠잠하다.	대등	대조
③ 나는 시험공부를 하러 학교에 간다.	종속	조건
④ 함박눈이 내렸지만 날씨가 따뜻하다.	대등	나열
⑤ 갑자기 문이 열려서 사람들이 놀랐다.	종속	원인

64 2016학년도 6월 고2 전국연합학력평가 13번

〈보기〉의 ㉠에 해당하는 문장으로 적절한 것은?

┤ 보기 ├

'종속적으로 이어진 문장'은 두 개 이상의 문장이 연결 어미로 이어져 있다. 이때 앞의 절과 뒤의 절은 인과, ㉠조건, 의도, 양보, 배경 등의 의미 관계를 나타낸다.

① 책을 많이 읽으면 생각이 깊어진다.
② 책을 읽으려고 학교 도서관으로 갔다.
③ 책을 아무리 읽어도 이해가 되지 않는다.
④ 책을 읽고 있는데 친구가 나를 자꾸 불렀다.
⑤ 책을 다양하게 읽어서 그는 지식이 풍부하다.

65 2009학년도 9월 고3 모의평가 11번

〈보기〉를 바탕으로 어미의 선택 기준에 대해 탐구한 결과로 옳지 않은 것은?

┤ 보기 ├

ㄱ. 동수는 책을 빌리{러/려고/고자} 도서관에 갔다.
ㄴ. 신간 도서를 빌리{러/*려고/*고자} 도서관에 가자.
ㄷ. 동수는 책을 빌리{*러/려고/고자} 도서관에 예약을 했다.
ㄹ. 영희는 그를 안 만나{*러/려고/고자} 집으로 돌아갔다.
ㅁ. 지금 공원에 가서 그 사람을 만나{*러/려고/*고자}?

(*는 문법적으로 잘못된 것.)

① ㄱ과 ㄴ을 보니 해당 어미 뒤가 어떤 종류의 문장인지를 고려해야 해.
② ㄱ과 ㄷ을 보니 해당 어미 뒤에 오는 서술어에 '이동'의 뜻이 있는지를 고려해야 해.
③ ㄱ과 ㄹ을 보니 해당 어미 앞이 부정문인지를 고려해야 해.
④ ㄱ과 ㅁ을 보니 해당 어미가 종결 어미로도 쓰일 수 있는지를 고려해야 해.
⑤ ㄷ과 ㄹ을 보니 해당 어미 앞뒤 절의 주어가 같은지를 고려해야 해.

개념 확인

📖 **함께 보기** | **필독 중학 국어 문법 151쪽으로!**

관형사형 어미

• 관형사형 어미는 결합 어간이 동사인지 형용사인지에 따라 동사에서는 현재를 나타내기 위해 '–는'을 쓰지만 형용사에서는 '–(으)ㄴ'을 씀.
　예 {큰, 작은} 책상
　　 내가 먹는 빵
• 시제에 따라 관형사형 어미가 구별되어 쓰임.
　예 이것은 내가 {읽은, 읽는, 읽을} 책이다.

관형사절과 관형절

'관형사절'은 줄여서 '관형절'이라고도 함.

서술절을 안은 문장

'[주원이는 [눈이 크다.]]'에서 문장 전체의 주어는 '주원이는'이고, 서술어는 '눈이 크다.'라는 절임.

■ 안은문장과 안긴문장

안은문장	• 다른 문장을 하나의 문장 성분처럼 포함한 문장
안긴문장	• 다른 문장 속에 들어가 하나의 문장 성분처럼 쓰이는 문장 • 안은문장에 안기는 안긴문장을 '절'이라고 함.

■ 안은문장의 종류

명사절을 안은 문장	• 명사절: 절이 명사화되어 문장 성분의 일부로서 쓰이게 된 절을 '명사절'이라고 부름. • 명사절은 명사형 어미 '–(으)ㅁ', '–기'가 결합되어 이루어짐. 　예 우리는 그의 말이 옳았음을 깨달았다. 　　　제갈공명은 바람이 불기를 기다렸다.
관형사절을 안은 문장	• 관형사절: 절이 관형사화되어 관형어로서 쓰이게 되면 그 절을 '관형사절'이라고 부름. • 관형사절은 관형사형 어미 '–(으)ㄴ', '–는', '–(으)ㄹ', '–던'에 의해 만들어짐. 　예 친구는 내가 어제 준 펜을 잃어버렸다.
부사절을 안은 문장	• 부사절: 절이 부사화되어 부사어로서 쓰이게 되면 그 절을 '부사절'이라고 부름. • 부사절은 부사형 어미 '–이, –게, –도록, –듯(이)'에 의해 만들어짐. 　예 그가 소리도 없이 다가왔다. / 꽃이 아름답게 피었다.
서술절을 안은 문장	• 서술절: 절 전체가 서술어의 기능을 하면 그 절을 '서술절'이라고 부름. • 서술절은 절 표지가 따로 없으며, 서술절을 안은 문장은 주어가 둘 이상 있는 듯이 보임. 　예 주원이는 눈이 크다.
인용절을 안은 문장	• 인용절: 어떤 문장이 남의 말이나 글, 생각을 따오듯이 표현하는 방식으로 안긴 절을 '인용절'이라고 부름. • 인용절은 조사 '(이)라고' 등이 붙어서 만들어짐. 　예 누나가 "내 책 좀 가져다 줘."라고 말했다.

아하~ **함·정·넘·기**

❶ 직접 인용? 간접 인용?
'영희 어머니께서는 "네 동생은 착해."라고 말씀하셨다.'는 영희 어머니의 발화를 그대로 옮긴 직접 인용이고, '영희 어머니께서는 내 동생이 착하다고 말씀하셨다.'는 영희 어머니의 발화를 풀어 쓴 간접 인용입니다. '직접 인용절을 안은 문장'을 만들 때는 큰따옴표를 사용하고, '(이)라고'를 붙여야 합니다. '간접 인용절을 안은 문장'을 만들 때는 큰따옴표는 사용하지 않고, '고' 등이 붙지요.

[1~6] 다음 설명이 맞으면 ○표, 틀리면 ×표 하시오.

1 안긴문장은 다른 문장 속에 들어가 하나의 문장 성분처럼 쓰이는 문장이다. …… ( )

2 명사형 어미에는 '−(으)ㅁ'과 '−기'가 있다. …… ( )

3 관형사형 어미 '−(으)ㄴ'은 동사에, '−는'은 형용사에 결합한다. …… ( )

4 부사형 어미는 시제에 따라 구별해 쓴다. …… ( )

5 '코끼리는 코가 길다.'에서 전체 문장의 서술어는 '코가 길다.'이다. …… ( )

6 '코끼리는 코가 길다.'에서 서술절 속의 서술어는 '길다'이다. …… ( )

[7~19] 밑줄 친 안긴문장의 종류를 쓰시오.

7 이 옷은 <u>소매가 좀 짧다</u>.
…… ( )을 안은 문장

8 <u>젊을</u> 적에 열심히 노력하여야 한다.
…… ( )을 안은 문장

9 군고구마가 <u>군침이 돌게</u> 잘 구워졌다.
…… ( )을 안은 문장

10 우리 할아버지는 <u>마음이 아주 넓으셨다</u>.
…… ( )을 안은 문장

11 그는 <u>나무가 잘 자라도록</u> 거름을 주었다.
…… ( )을 안은 문장

12 <u>청바지를 입은</u> 남자가 내 앞을 지나갔다.
…… ( )을 안은 문장

13 나도 <u>그가 노력하고 있음을</u> 잘 알고 있다.
…… ( )을 안은 문장

14 지금은 <u>영화를 보기</u>에 너무 늦은 시간이다.
…… ( )을 안은 문장

15 형은 <u>먹던</u> 사과를 버리고 새 사과를 먹었다.
…… ( )을 안은 문장

16 주인은 손님에게 <u>"많이 드세요."</u>라고 권했다.
…… ( )을 안은 문장

17 그 사람은 <u>아는 것도 별로 없이</u> 잘난 척을 한다.
…… ( )을 안은 문장

18 학생들은 <u>선생님이 계시는</u> 줄도 모르고 떠들었다.
…… ( )을 안은 문장

19 그 사람은 <u>자기는 절대 범인이 아니라고</u> 주장했다.
…… ( )을 안은 문장

[20~25] 초성을 참고하여 빈칸에 들어갈 적절한 말을 쓰시오.

20 다른 문장을 하나의 문장 성분처럼 포함한 문장을 ㅇ ㅇ 문장이라고 한다.

21 안은문장에 안기는 ㅇ ㄱ 문장을 '절'이라고 한다.

22 명사절은 조사와 결합하여 문장에서 ㅈ ㅇ , 목적어, 보어, 부사어 등 다양한 기능을 한다.

23 관형사절은 관형사형 ㅇ ㅁ '−(으)ㄴ', '−는', '−(으)ㄹ', '−던'에 의해 만들어진다.

24 ㅅ ㅅ ㅈ 은 명사형, 관형사형, 부사형 어미나 인용 조사 같은 절 표지가 따로 없다.

25 인용절은 주어진 문장을 그대로 인용하는 ㅈ ㅈ 인용절과 말하는 사람의 표현으로 바꾸어서 간접 인용하는 간접 인용절로 구분된다.

[26~30] 다음 문장을 보고, 아래 물음에 답하시오.

> 대학을 졸업한 동주는 유학을 가기로 결심했다.

26 전체 문장의 구조가 '무엇이 어찌하다', '무엇이 어떠하다', '무엇이 무엇이다' 중 무엇에 해당하는지 쓰시오.

27 전체 문장을 주어부와 서술부로 바르게 나누시오.

28 안긴문장을 모두 찾아 쓰시오.

29 전체 문장에서 명사절이 어떤 문장 성분의 역할을 하는지 쓰시오.

30 전체 문장에서 관형사절이 어떤 문장 성분의 역할을 하는지 쓰시오.

31

안은문장과 안긴문장에 대한 설명으로 가장 적절한 것은?

① 안은문장은 안긴문장을 포함하고 있는 문장이다.
② 안은문장은 다른 문장을 구의 형식으로 안고 있다.
③ 안은문장과 안긴문장은 동등한 자격으로 이어져 있다.
④ 안은문장은 주어와 서술어를 갖추고 있지만 안긴문장은 그렇지 않다.
⑤ 안긴문장의 종류에는 명사절, 관형사절, 동사절, 형용사절, 부사절이 있다.

32

안은문장에 해당하지 않는 것은?

① 봄이 오면 산에 꽃이 핀다.
② 저 의자는 다리가 세 개 있다.
③ 그는 다음 주에 가겠다고 하던데요.
④ 그녀는 자기가 아는 사실을 잘 설명한다.
⑤ 우리는 나무가 잘 자라도록 거름을 주었다.

33

안긴문장에 대한 설명으로 적절하지 않은 것은?

① 부사절은 서술어를 수식하는 기능을 한다.
② 서술절은 절을 나타내 주는 표지가 따로 없다.
③ 관형사절은 시제에 따라 관형사형 어미가 구별되어 쓰인다.
④ 인용절은 인용하는 방법에 따라 조사를 다르게 사용한다.
⑤ 명사절은 명사 파생 접미사 '-(으)ㅁ', '-기'가 결합되어 이루어진다.

34

문장의 종류가 잘못 연결된 것은?

① 선이는 눈이 매우 예쁘다. → 서술절을 안은 문장
② 이것은 내가 읽던 책이다. → 관형사절을 안은 문장
③ 그는 내일 비가 온다고 말했다. → 부사절을 안은 문장
④ 그는 우리가 돌아온 사실을 모른다. → 관형사절을 안은 문장
⑤ 그녀는 "집이 참 멋져요."라고 칭찬했다. → 인용절을 안은 문장

35

〈보기〉의 문장에서 밑줄 친 절의 종류로 적절한 것은?

> ┤ 보기 ├
>
> <u>지나가는</u> 사람들이 그를 힐끔힐끔 쳐다보았다.

① 명사절   ② 관형사절   ③ 부사절
④ 서술절   ⑤ 인용절

36

다음은 두 개의 홑문장을 겹문장으로 바꾼 것이다. 안은문장의 연결이 자연스럽지 않은 것은?

① 그가 가 버렸다. 소리도 없다.
  → 그가 소리도 없이 가 버렸다.
② 이것은 신발이다. 이것은 내가 신었었다.
  → 이것은 내가 신었던 신발이다.
③ 그가 말했다. "하늘이 정말 아름다워."
  → 그는 하늘이 정말 아름답다라고 말했다.
④ 갈릴레이가 외쳤다. "그래도 지구는 돈다."
  → 갈릴레이는 그래도 지구는 돈다고 외쳤다.
⑤ 동생이 울었다. 언니가 동생을 달래 주었다.
  → 언니가 우는 동생을 달래 주었다.

37

안긴문장의 종류가 나머지와 다른 것은?

① 나는 발에 땀이 나도록 뛰었다.
② 그는 아는 것도 없이 잘난 척을 한다.
③ 나는 그가 착한 사람이라는 생각이 들었다.
④ 군고구마가 군침이 돌게 아주 잘 구워졌다.
⑤ 사람마다 생김새가 다르듯이 생각도 다르다.

38

〈보기〉의 ㉠의 예로 적절하지 않은 것은?

> ┤ 보기 ├
>
> 절 전체가 서술어의 기능을 하면 그 절을 '서술절'이라고 부른다. 서술절은 다른 절들과 달리 절의 표지가 없고, ㉠서술절을 안은 문장은 주어가 둘 이상 있는 듯이 보인다.

① 코끼리가 코가 길다.
② 그 집은 마당이 넓다.
③ 내 연필은 길이가 짧다.
④ 이 책은 글씨가 너무 작다.
⑤ 저 사람의 아들이 성악가이다.

39

다음 밑줄 친 부분 중 〈보기〉의 안긴문장과 종류가 다른 것은?

| 보기 |

오늘은 밖에 나가기가 싫다.

① 우리는 <u>그가 범인임</u>을 밝혀냈다.
② 지금은 <u>학교에 가기</u>에 이른 시간이다.
③ 아무도 <u>그가 착하다는</u> 사실을 몰라주었다.
④ 올해도 <u>너의 일이 모두 잘 되기</u>를 바란다.
⑤ <u>집안일을 동생에게 부탁하기</u>가 조금 미안했다.

40

〈보기〉의 문장에 대한 설명으로 적절하지 <u>않은</u> 것은?

| 보기 |

나는 매일 장미꽃이 피기를 기다린다.

① 문장 전체의 주어부는 '나는'이다.
② 문장 전체의 서술어 '기다린다'는 두 자리 서술어이다.
③ '장미꽃이'는 안긴문장의 주어이고, '피기'는 안긴문장의 서술어이다.
④ '매일'은 뒤에 있는 체언 '장미꽃'을 수식하는 관형어의 역할을 한다.
⑤ '장미꽃이 피기를'은 명사절에 조사가 결합하여 전체 문장에서 목적어의 역할을 한다.

41

〈보기〉에서 부사절이 포함되어 있는 문장을 모두 고른 것은?

| 보기 |

㉠ 싫은 소리 한다고 기분 나쁘게 여기지 마.
㉡ 그 일은 중학생인 우리가 하기는 어려웠다.
㉢ 나는 그녀가 지나가도록 길을 비켜 주었다.
㉣ 우리 할아버지는 인정이 참 많으신 분이시다.

① ㉠, ㉡   ② ㉠, ㉢   ③ ㉡, ㉢
④ ㉡, ㉣   ⑤ ㉢, ㉣

42

〈보기〉를 고려할 때 적절하지 <u>않은</u> 문장은?

| 보기 |

인용절은 주어진 문장에 조사 '라고'와 '고'가 붙어서 만들어진다. 직접 인용할 때에는 '라고'가 붙고, 간접 인용할 때에는 '고'가 붙는다.

① 나는 인간이 존귀하다고 믿는다.
② 그녀는 곧장 신고하자고 주장했다.
③ 그는 자기가 음대생이라고 계속 말했다.
④ 주인이 손님에게 "많이 드세요."고 권했다.
⑤ 선생님께서 내게 꿈이 무엇이냐고 물어보셨다.

43

안긴문장의 기능에 대한 설명으로 적절하지 <u>않은</u> 것은?

① 명사절은 그 뒤에 조사가 결합하여 문장에서 주어, 목적어, 부사어 등 다양한 기능을 한다.
② 관형사절은 뒤에 오는 명사를 수식하는 관형어의 기능을 한다.
③ 부사절은 절 전체가 서술어를 수식하는 부사어의 기능을 한다.
④ 서술절은 절 전체가 서술어의 기능을 한다.
⑤ 인용절은 문장에서 독립어의 기능을 한다.

44 고난도

〈보기〉의 ㉠~㉤에 대한 설명으로 적절하지 <u>않은</u> 것은?

| 보기 |

• 나는 ㉠그가 노력했음을 잘 알고 있다.
• 나는 ㉡그가 곧 온다는 소식을 들었다.
• 반장은 선생님께 ㉢"질문이 있습니다."라고 했다.
• 그녀는 ㉣동생과 달리 노래를 잘한다.
• 토끼는 ㉤앞발이 짧다.

① ㉠은 문장에서 목적어 역할을 하고 있다.
② ㉡은 그 뒤의 명사를 수식하는 관형어 역할을 하고 있다.
③ ㉢을 간접 인용절로 바꾸어도 결합하는 조사는 달라지지 않는다.
④ ㉣은 생략하여도 문장이 성립한다.
⑤ ㉤은 문장에서 주어에 대한 서술어 역할을 하고 있다.

45

<보기>를 바탕으로 ⓒ이 형성되는 과정을 설명한 내용으로 가장 적절한 것은?

┤ 보기 ├

　　두 개 이상의 홑문장을 하나의 겹문장으로 만드는 경우에 홑문장 중 특정 성분이 생략되기도 한다.
　　　　㉠ 아기가 울음을 터뜨렸다.
　＋ ㉡ 엄마가 아기를 달랬다.
　→ ⓒ 엄마가 울음을 터뜨린 아기를 달랬다.

① ㉠이 ㉡에 관형사절로 안기는 과정에서 ㉠의 주어가 생략되었다.
② ㉠이 ㉡에 관형사절로 안기는 과정에서 ㉡의 주어가 생략되었다.
③ ㉠이 ㉡에 명사절로 안기는 과정에서 ㉠의 목적어가 생략되었다.
④ ㉠이 ㉡에 명사절로 안기는 과정에서 ㉠의 주어가 생략되었다.
⑤ ㉠이 ㉡에 부사절로 안기는 과정에서 ㉡의 주어가 생략되었다.

46

부사절을 안은 문장에 해당하는 것은?

① 나는 가을 꽃 중에서 코스모스가 제일 좋다.
② 그녀는 우산도 없이 빗속을 걷고 있었다.
③ 그는 열심히 공부하여 과학자가 되었다.
④ 세상에 이런 법이 어디 있단 말이오?
⑤ 이제 너도 한집안의 가장이다.

47

<보기>의 ㉠의 예로 적절하지 않은 것은?

┤ 보기 ├

　　안긴문장은 ㉠절의 기능을 하게 하는 어미가 결합되어 만들어지는 경우가 많다.

① 이것은 내가 어제 읽은 책이다.
② 비가 오니까 밖에 나가기가 싫다.
③ 나는 그의 말이 맞았음을 깨달았다.
④ 우리는 밤이 새도록 토론을 이어 갔다.
⑤ 그는 그녀에게 눈이 참 예쁘다고 말했다.

48

<보기>의 ㉠~㉤에 대한 설명으로 적절하지 않은 것은?

┤ 보기 ├

㉠ 우리는 지구가 깨끗해지기를 바란다.
㉡ 그녀는 털이 긴 고양이를 키운다.
ⓒ 가을바람이 소리도 없이 불어온다.
㉣ 어머니께서 "환기를 좀 해."라고 말씀하셨다.
㉤ 그 선행의 주인공이 수지였음이 드러났다.

① ㉠: '지구가 깨끗해지기'가 명사절로 안겨 있다.
② ㉡: '털이 긴'이 관형사절로 안겨 있다.
③ ⓒ: '소리도 없이'가 부사절로 안겨 있다.
④ ㉣: '"환기를 좀 해."'가 인용절로 안겨 있다.
⑤ ㉤: '수지였음이 드러났다.'가 서술절로 안겨 있다.

49 　고난도

<보기>의 ㉠, ㉡에 대한 설명으로 적절하지 않은 것은?

┤ 보기 ├

㉠ 그녀는 내가 자기를 좋아한다는 사실을 안다.
㉡ 내가 어제 본 영화는 참 재미있었다.

① ㉠과 ㉡에는 모두 관형사절이 안겨 있다.
② ㉠의 안긴문장은 현재를, ㉡의 안긴문장은 과거를 표현한다.
③ ㉠과 ㉡ 모두 안긴문장이 안은문장의 명사를 수식하고 있다.
④ ㉠과 ㉡에서 안긴문장의 수식을 받는 명사는 안긴문장에 원래 있던 문장 성분에 해당한다.
⑤ ㉠의 안긴문장에는 생략된 문장 성분이 없지만, ㉡의 안긴문장에는 생략된 문장 성분이 있다.

50 고난도
〈보기〉의 ㉠~㉤에 대한 설명으로 적절하지 **않은** 것은?

┤ 보기 ├
㉠ 이 식당은 불고기가 맛있다.
㉡ 이 식당은 불고기가 맛있기로 유명하다.
㉢ 내가 좋아하는 이 식당은 불고기가 맛있다.
㉣ 친구가 이 식당은 불고기가 맛있다고 말했다.
㉤ 이 식당의 불고기가 맛있다는 소문이 자자하다.

① ㉠: '이 식당은'은 안은문장의 주어이고, '불고기가'는 서술절 속의 주어이다.
② ㉡: '불고기가 맛있기'는 명사절로 조사 '로'와 결합하여 부사어로 쓰였다.
③ ㉢: '내가 좋아하는'은 관형사절로 '이 식당'을 수식하는 기능을 한다.
④ ㉣: '친구가'는 인용절의 주어이고, '이 식당은'은 서술절 속의 주어이다.
⑤ ㉤: '소문'은 관형사절 속에 생략된 문장 성분에 해당하지 않는다.

51
〈보기〉의 ㉠~㉢의 예로 적절하지 **않은** 것은?

┤ 보기 ├
명사절은 그 뒤에 '이/가', '을/를', '에', '(으)로' 등 조사가 결합하여 문장에서 ㉠주어, ㉡목적어, ㉢부사어 등 다양한 기능을 한다.

① ㉠: 그가 범인임이 드디어 밝혀졌다.
② ㉠: 이 사건을 해결하기가 만만치 않다.
③ ㉡: 모두 그 일이 잘 되기를 바라고 있다.
④ ㉡: 오늘은 공부에 전념하기로 마음을 먹었다.
⑤ ㉢: 지금은 밖에서 영화를 보기에 늦은 시간이다.

서술형 ✐
[52~54] 다음 문장에서 안긴문장을 찾고, 그 안긴문장의 종류를 쓰시오.

52

나는 아침이 오기를 기다렸다.

→ _____

53

이것은 내가 좋아하는 음식이다.

→ _____

54

아버지께서는 재주가 많으시다.

→ _____

55 서술형 ✐
〈보기〉의 두 문장을 연결하여 (1) 직접 인용절을 안은 문장과 (2) 간접 인용절을 안은 문장을 만드시오.

┤ 보기 ├
• 날씨가 좋다.
• 누나가 나에게 말했다.

(1) _____

(2) _____

56 2022학년도 6월 고1 전국연합학력평가 14번

ⓐ~ⓒ의 밑줄 친 안긴문장에 대해 이해한 것으로 적절한 것은?

┤ 보기 ├
ⓐ 그가 소리도 없이 밖으로 나갔다.
ⓑ 나는 그가 이 사건의 범인임을 깨달았다.
ⓒ 어머니께서 시장에서 산 수박은 매우 달았다.

① ⓐ의 안긴문장에는 주어가 생략되어 있다.
② ⓑ의 안긴문장은 조사와 결합하여 부사어의 기능을 한다.
③ ⓒ의 안긴문장에는 체언을 수식하는 관형어가 있다.
④ ⓐ의 안긴문장은 용언을 수식하고, ⓒ의 안긴문장은 체언을 수식한다.
⑤ ⓑ의 안긴문장에는 목적어가 있고, ⓒ의 안긴문장에는 목적어가 생략되어 있다.

57 2021학년도 6월 고1 전국연합학력평가 12번

〈보기〉의 ㉠~㉤을 탐구한 내용으로 적절하지 않은 것은?

┤ 보기 ├
㉠오랫동안 여행을 떠났던 친구가 ㉡자신이 돌아왔음을 알리며 ㉢곧장 나를 만나러 오겠다고 ㉣기분 좋게 약속해서 나는 ㉤마음이 설렜다.

① ㉠은 뒤에 오는 명사 '친구'를 수식하므로 관형사절로 안긴문장으로 볼 수 있군.
② ㉡은 서술어 '알리며'의 부사어 역할을 하므로 명사절로 안긴문장으로 볼 수 있군.
③ ㉢은 '고'를 사용하여 친구의 말을 인용하고 있으므로 인용절로 안긴문장으로 볼 수 있군.
④ ㉣은 서술어 '약속해서'를 수식하고 있으므로 부사절로 안긴문장으로 볼 수 있군.
⑤ ㉤은 주어 '나'의 상태를 서술하는 역할을 하므로 서술절로 안긴문장으로 볼 수 있군.

58 2018학년도 3월 고2 전국연합학력평가 14번

명사절이 동일한 문장 성분으로 사용된 것끼리 묶인 것은?

┤ 보기 ├
㉠ 농부들은 비가 오기를 기다린다.
㉡ 지금은 집에 가기에 이른 시간이다.
㉢ 그는 1년 후에 돌아가기로 결심했다.
㉣ 어린아이들은 병원에 가기 싫어한다.

① ㉠, ㉡ / ㉢, ㉣　　　② ㉠, ㉢ / ㉡, ㉣
③ ㉠, ㉣ / ㉡, ㉢　　　④ ㉠ / ㉡, ㉢, ㉣
⑤ ㉠ / ㉡, ㉢ / ㉣

59 2016학년도 6월 고1 전국연합학력평가 13번

〈보기〉의 ㉠에 해당하는 예로 적절한 것은?

┤ 보기 ├
• 재희는 봉사 활동에 아무도 모르게 참여한다.

　위 문장에서 '아무도 모르게'는 단어가 아니라 주어인 '아무도'와 서술어인 '모르다'로 이루어진 문장이다. 이 문장은 '재희는 봉사 활동에 참여한다.'라는 문장에서 서술어 '참여한다'를 수식하여 '어떻게'라는 의미를 더해 주면서 수식하고 있다. 이런 역할을 하면서 안겨 있는 문장을 ㉠부사절이라 한다.

① 이 일은 하기가 쉽지 않다.
② 빙수는 이가 시리도록 차가웠다.
③ 은기는 꼭 꿈을 이루겠다고 말했다.
④ 승희는 마음이 따뜻한 사람을 좋아한다.
⑤ 민우는 우리가 어제 돌아온 사실을 모른다.

60 2018학년도 9월 고2 전국연합학력평가 13번

다음은 '문장의 짜임'에 대해 활동한 것이다. ㉠에 들어갈 내용으로 적절한 것은?

목표	안긴문장의 특징을 이해한 후 주어진 자료를 바탕으로 겹문장을 만들 수 있다.
내용	※ 다음의 [자료]를 안긴문장으로 활용하여 〈조건〉을 충족하는 문장을 만드시오. [자료] • 꽃이 봄에 활짝 피다. • 봄이 오다. 〈조건〉 • 명사절과 관형사절이 있는 겹문장을 만들 것
결과	㉠

① 봄이 오면 꽃이 활짝 핀다.
② 꽃이 활짝 피는 봄이 온다.
③ 나는 봄이 오고 꽃이 활짝 피기를 바란다.
④ 나는 꽃이 활짝 핀 봄이 오기를 기다린다.
⑤ 나는 봄이 와서 꽃이 활짝 피기를 소망한다.

61 2019학년도 9월 고3 모의평가 15번

〈보기〉의 자료를 탐구한 결과로 적절한 것은?

┤ 보기 ├

• 탐구 과제

　하나의 문장이 안긴문장으로 다른 문장에 안길 때, 원래 있던 문장 성분이 생략되는 경우가 있다. 아래의 각 문장에서 안긴문장을 파악한 후, 생략된 문장 성분이 있다면 무엇인지 확인해 보자.

• 자료

　㉠ 부모님은 자식이 건강하기를 바란다.
　㉡ 그 친구는 연락도 없이 그곳에 안 왔다.
　㉢ 동생은 자신의 판단이 옳았음을 깨달았다.
　㉣ 그는 내가 늘 쉬던 공원에서 산책을 했다.
　㉤ 그 사람들은 아주 어려운 과제를 금방 끝냈다.

		안긴문장의 종류	생략된 문장 성분
①	㉠	부사절	없음
②	㉡	명사절	없음
③	㉢	명사절	주어
④	㉣	관형사절	부사어
⑤	㉤	관형사절	목적어

62 2018학년도 6월 고3 모의평가 14번

㉠~㉣의 문장 성분과 문장 구조에 대한 설명으로 적절하지 않은 것은?

┤ 보기 ├

　㉠ 그녀는 따뜻한 봄이 빨리 오기를 기다린다.
　㉡ 내가 만난 친구는 마음이 정말 착하다.
　㉢ 피곤해하던 동생이 엄마가 모르게 잔다.
　㉣ 그가 시장에서 산 배추는 값이 비싸다.

① ㉠과 ㉡은 체언을 수식하는 안긴문장이 있다.
② ㉢과 ㉣은 서술어의 기능을 하는 안긴문장이 있다.
③ ㉠은 명사절 속에 부사어가 있고, ㉡은 서술절 속에 부사어가 있다.
④ ㉠은 주어가 생략된 안긴문장이 있고, ㉣은 목적어가 생략된 안긴문장이 있다.
⑤ ㉢은 부사어의 기능을 하는 안긴문장이 있고, ㉣은 관형어의 기능을 하는 안긴문장이 있다.

63 2019학년도 3월 고3 전국연합학력평가 15번

〈보기〉의 ㉮~㉰에 대한 설명으로 적절하지 않은 것은?

┤ 보기 ├

　㉮ 그 사람이 범인임이 확실히 밝혀졌다.
　㉯ 부상을 당한 선수는 장애물 달리기를 포기하였다.
　㉰ 학생들은 성적이 많이 오르기를 마음속으로 빌었다.

① ㉮는 명사절 속에 관형어가 한 개 있다.
② ㉮에는 주어의 기능을 하는 안긴문장이 있다.
③ ㉯에는 주어가 생략된 안긴문장이 있다.
④ ㉰는 ㉮와 달리 안긴문장 속에 부사어가 있다.
⑤ ㉯와 ㉰에는 목적어의 기능을 하는 안긴문장이 있다.

64 2019학년도 대학수학능력시험 14번

〈보기〉의 ⓐ~ⓒ를 이해한 내용으로 적절하지 않은 것은?

┤ 보기 ├

　ⓐ 그는 위기를 좋은 기회로 삼았다.
　ⓑ 바다가 눈이 부시게 파랗다.
　ⓒ 동주는 반짝이는 별을 응시했다.

① ⓐ의 '삼았다'는 주어 이외에도 두 개의 문장 성분을 필수적으로 요구하는군.
② ⓑ의 '바다가'와 '눈이'는 각각 다른 서술어의 주어이군.
③ ⓒ의 '별을'은 안긴문장의 목적어이면서 안은문장의 목적어이군.
④ ⓐ의 '좋은'과 ⓒ의 '반짝이는'은 안긴문장의 서술어이군.
⑤ ⓑ의 '눈이 부시게'와 ⓒ의 '반짝이는'은 수식의 기능을 하는군.

65 2015학년도 6월 고2 전국연합학력평가 13번

〈보기〉의 ㉠~㉤에 대한 설명으로 적절하지 않은 것은?

┤ 보기 ├

　㉠ 영수는 키가 매우 크다.
　㉡ 영수는 꽃이 핀 사실을 몰랐다.
　㉢ 영수는 말도 없이 학교로 가 버렸다.
　㉣ 영수는 공원을 산책하기를 좋아한다.
　㉤ 영수는 영희에게 빨리 오라고 외쳤다.

① ㉠의 안긴문장은 안은문장의 서술어 기능을 한다.
② ㉡의 안긴문장은 체언의 뜻을 제한하는 기능을 한다.
③ ㉢의 안긴문장은 안은문장의 부사어를 수식한다.
④ ㉣의 안긴문장의 주어는 안은문장의 주어와 동일하다.
⑤ ㉤의 안긴문장은 안은문장의 주어가 한 말을 인용한 것이다.

1

〈보기〉의 문장을 분석한 내용으로 적절하지 <u>않은</u> 것은?

┤ 보기 ├
그가 내게 보낸 선물이 집에 도착했다고 들었다.

① 문장의 기본 구조는 '누가/무엇이 어찌하다'이다.
② 주어와 서술어의 관계가 세 번 이루어지는 겹문장이다.
③ 주어부에 해당하는 부분은 '그가 내게 보낸 선물이'이다.
④ '보낸'은 주어와 목적어, 부사어를 필요로 하는 세 자리 서술어이다.
⑤ '그가 내게 보낸'은 '선물'을 수식하고, '집에'는 '도착했다'를 수식한다.

2

겹문장에 해당하는 것은?

① 우리 이제부터는 꽃길만 걷자.
② 그 부부는 무척이나 행복해 보였다.
③ 소년은 이웃집 누나에게 사랑을 고백했다.
④ 그를 만날 생각에 벌써부터 마음이 설렌다.
⑤ 지금의 남편은 학창 시절 나의 첫사랑이었다.

3 (서술형 ✎)

〈보기〉에 제시된 문장이 홑문장인지 겹문장인지 쓰고, 그렇게 판단한 근거를 쓰시오.

┤ 보기 ├
윗물이 맑아야 아랫물도 맑다.

4 (서술형 ✎)

〈보기〉의 ㉠과 ㉡을 주어부와 서술부로 나누시오. (단, [예문]과 같은 형식으로 쓸 것.)

┤ 보기 ├
[예문] 나는 / 매일 학교에 간다.
㉠ 우리 어머니께서는 다방면에 재주가 많으시다.
㉡ 추운 겨울은 여행을 가기에 적합한 때가 아니다.

5

〈보기〉는 겹문장의 구조를 주어와 서술어의 관계를 중심으로 분석한 것이다. ①, ②의 구조에 대한 설명으로 적절하지 <u>않은</u> 것은?

┤ 보기 ├
① 계절은 벚꽃이 피어나는 봄입니다.
→ 주어 + (주어 + 서술어) + 서술어
            ㉠

② 아내는 나더러 꽃 피는 계절을 좋아하냐고 물었다.
→ 주어 + [(주어 + 서술어) + 서술어] + 서술어
            ㉡   ㉢
            ㉣

① ①에는 총 2개의 절이, ②에는 총 3개의 절이 있다.
② ①의 안긴문장 ㉠은 '봄'을 수식하고 있다.
③ ②의 안긴문장 ㉡은 '계절'을 수식하고 있다.
④ ②의 ㉢의 생략된 주어는 ㉡의 주어와 같다.
⑤ ②의 안긴문장 ㉣는 전체 문장에서 부사어의 역할을 하고 있다.

6

〈보기〉의 ㉠과 ㉡의 문장 성분과 문장 구조에 대한 설명으로 적절하지 <u>않은</u> 것은?

┤ 보기 ├
㉠ 나는 아이스크림을 혼자 다 먹었다.
㉡ 그가 좋은 사람임을 모르는 사람은 없다.

① ㉠은 홑문장이고, ㉡은 겹문장이다.
② ㉠에는 부사어가 두 개 있고, ㉡에는 관형어가 두 개 있다.
③ ㉠은 주어부가 하나의 어절로 되어 있고, ㉡은 서술부가 하나의 어절로 되어 있다.
④ ㉠의 문장 기본 구조는 '누가 어찌하다'이고, ㉡의 문장 기본 구조는 '누가 어떠하다'이다.
⑤ ㉠의 문장 전체의 서술어는 두 자리 서술어이고, ㉡의 문장 전체의 서술어는 세 자리 서술어이다.

7

〈보기〉의 ㉠~㉤을 홑문장, 이어진문장, 안은문장으로 분류
하여 올바르게 짝지은 것은?

┤ 보기 ├
㉠ 그녀는 누구보다도 친절하다.
㉡ 비가 오려는지 하늘이 잔뜩 흐리다.
㉢ 나는 혼자 집에 남아 있기가 싫었다.
㉣ 그는 자꾸 자기가 연예인이라고 주장한다.
㉤ 형은 그 여자한테 첫눈에 반해 버리고 말았다.

	홑문장	이어진문장	안은문장
①	㉠, ㉢	㉤	㉡, ㉣
②	㉠, ㉤	㉡, ㉣	㉢
③	㉠, ㉤	㉡	㉢, ㉣
④	㉢, ㉣	㉡	㉠, ㉤
⑤	㉢, ㉣	㉤	㉠, ㉡

8

〈보기〉는 '말'에 관한 속담을 수집한 것이다. ㉠~㉤ 중 홑
문장에 해당하는 것만을 모두 고른 것은?

┤ 보기 ├
㉠ 말이 씨가 된다.
㉡ 말은 보태고 떡은 뗀다.
㉢ 발 없는 말이 천 리 간다.
㉣ 말 한 마디에 천 냥 빚도 갚는다.
㉤ 낮말은 새가 듣고 밤말은 쥐가 듣는다.

① ㉠, ㉣   ② ㉡, ㉢   ③ ㉣, ㉤
④ ㉠, ㉡, ㉤   ⑤ ㉠, ㉢, ㉤

9

다음은 두 개의 홑문장을 연결하여 이어진문장을 만든 것이
다. 두 문장의 연결이 적절하지 않은 것은?

① 이것은 송편이다. 저것은 약과이다.
　→ 이것은 송편이며 저것은 약과이다.
② 에어컨을 켰다. 방 안이 시원해졌다.
　→ 에어컨을 켜자 방 안이 시원해졌다.
③ 아이는 공부를 한다. 아이는 잠이 들었다.
　→ 아이는 공부를 하다가 잠이 들었다.
④ 밥을 남김없이 먹었다. 배가 너무 불렀다.
　→ 밥을 남김없이 먹으니 배가 너무 불렀다.
⑤ 그는 어렵게 산다. 그는 얼굴에 그늘이 없다.
　→ 그는 어렵게 살아서 얼굴에 그늘이 없다.

10

이어진문장의 종류가 나머지와 다른 것은?

① 나는 책을 사려고 서점에 갔다.
② 책을 읽고 있는데 전화벨이 울렸다.
③ 그는 워낙 책을 많이 읽어서 박학다식하다.
④ 이 책은 아무리 읽어도 이해가 되지 않는다.
⑤ 그 책은 어렵기는 하나 내용이 매우 유익하다.

11

〈보기〉의 ㉠과 ㉡의 예로 적절하지 않은 것은?

┤ 보기 ├
　이어진문장에서 앞 절과 뒤 절에 동일한 표현이 있는
경우, ㉠다른 표현으로 교체되거나 생략될 수도 있다. 앞
절과 뒤 절의 주어가 같은 경우에는 보통 뒤 절의 주어가
생략되며, 서술어가 같은 경우에는 ㉡앞 절의 서술어가
생략되는 경우가 많다.

① ㉠: 선우와 만난 지 오래되었지만 아직 그에 대해 모르
　는 것이 많다.
② ㉠: 지하철에서 급히 내리다가 거기에 우산을 놓고 온
　것 같다.
③ ㉠: 그는 명절이면 고향에 가는데 그때마다 선산을 찾
　았다.
④ ㉡: 키가 작은 언니는 구두를, 키가 큰 동생은 운동화를
　신고 있다.
⑤ ㉡: 나는 고기는 잘 먹지만, 생선회는 못 먹는다.

12

〈보기〉에서 대등하게 이어진 문장을 모두 고른 것은?

┤ 보기 ├

ⓐ 광화문에 도착하니 저녁 일곱 시였다.
ⓑ 나는 과일은 좋아하나 야채는 싫어한다.
ⓒ 신랑은 양복을 입었지만 신부는 한복을 입었다.
ⓓ 떨어지는 꽃잎을 잡으면 첫사랑이 이루어진단다.
ⓔ 엄마 친구의 아들은 공부도 잘하고 운동도 잘한다더라.

① ㉠, ㉡, ㉢   ② ㉠, ㉡, ㉺   ③ ㉡, ㉢, ㉺
④ ㉡, ㉣, ㉺   ⑤ ㉢, ㉣, ㉺

13

〈보기〉의 ㉠~㉺의 예로 적절하지 않은 것은?

┤ 보기 ├

 이어진문장은 대등하게 이어진 문장과 종속적으로 이어진 문장으로 나눌 수 있다. 대등하게 이어진 문장은 앞 절과 뒤 절이 나열, ㉠대조, 선택 등의 의미 관계를 가진다. 종속적으로 이어진 문장은 앞 절과 뒤 절이 ㉡조건·가정, ㉢이유·원인, ㉣목적·의도, ㉺양보·인정 등의 다양한 의미 관계를 가진다.

① ㉠: 굿이나 보고 떡이나 먹자.
② ㉡: 전화벨이 울리면 바로 받아라.
③ ㉢: 비가 와서 평소보다 길이 많이 막혔다.
④ ㉣: 나는 교사가 되려고 사범대에 진학했다.
⑤ ㉺: 마음에 걱정이 있을지라도 내색하지 마라.

14

다음은 두 개의 홑문장을 연결하여 안은문장을 만든 것이다. 두 문장의 연결이 적절하지 않은 것은?

① 나는 새벽길을 달렸다. 땀이 났다.
   → 나는 땀이 나도록 새벽길을 달렸다.
② 나는 친구에게 말했다. "손부터 씻어."
   → 나는 친구에게 손부터 씻으라고 말했다.
③ 나는 그를 싫어한다. 그는 그 사실을 모른다.
   → 그는 내가 자기를 싫어한다는 사실을 모른다.
④ 나는 중학생이다. 이 책은 내가 읽기에 어려웠다.
   → 이 책은 중학생인 내가 읽기에 어려웠다.
⑤ 나는 어제 피자를 먹다 남겼다. 이것은 피자이다.
   → 이것은 내가 먹는 피자이다.

15

〈보기〉의 ㉠~㉺에 대한 설명으로 적절하지 않은 것은?

┤ 보기 ├

㉠ 선생님은 마음이 넓으시다.
㉡ 나는 취미로 화초를 기르고 있다.
㉢ 아이들은 엄마가 구운 빵을 맛있게 먹었다.
㉣ 나는 그가 정말 가수라는 사실에 깜짝 놀랐다.
㉺ 여름에는 습도가 올라가고 가을에는 내려간다.

① ㉠에서 안은문장의 주어와 안긴문장의 주어는 동일하다.
② ㉡은 주어와 서술어의 관계가 한 번 나타나므로 홑문장이다.
③ ㉢에서 안긴문장의 생략된 목적어는 안은문장의 목적어와 동일하다.
④ ㉣의 안긴문장과 안은문장에는 모두 부사어가 있다.
⑤ ㉺은 앞 절과 뒤 절이 나열의 의미 관계를 가지는, 대등하게 이어진 문장이다.

16

다음 밑줄 친 부분 중, 〈보기〉의 안긴문장의 종류와 그 문장 성분이 모두 같은 것은?

┤ 보기 ├

제비는 겨울이 오기 전에 떠난다.

① 가을비가 소리도 없이 내린다.
② 아직 집에 가기에 좀 이르지 않니?
③ 우리는 그가 노력했음도 잘 알고 있다.
④ 그는 우리가 돌아온 사실을 아직 모른다.
⑤ 나는 대학에 가기 전에 전국 일주를 할 거다.

17

〈보기〉의 ㉠의 예로 적절하지 않은 것은?

┤ 보기 ├

㉠하나의 문장이 관형사절로 다른 문장에 안길 때, 원래 있던 문장 성분이 생략되는 경우가 있다. 예를 들어, '동생이 땀을 흘린다.'라는 문장이 '형이 동생에게 물을 주었다.'라는 문장에 관형사절로 안길 때, 중복되는 '동생'이 생략되어 안은문장은 '형이 땀을 흘리는 동생에게 물을 주었다.'와 같이 나타난다.

① 그녀는 대학생이 된 딸과 여행을 했다.
② 그는 아주 어려운 과제도 금방 끝냈다.
③ 아버지가 음악을 듣는 아들을 부르셨다.
④ 남편은 아내가 늘 쉬던 공원에서 산책을 했다.
⑤ 나는 도훈이와 아인이가 남매라는 사실을 몰랐다.

18

〈보기〉의 문장에 대한 설명으로 적절하지 않은 것은?

┤ 보기 ├

친구들은 내가 노래를 부르기를 계속 기다렸다.

① 안긴문장의 주어는 '내가'이고, 안은문장의 주어는 '친구들은'이다.
② 안긴문장의 서술어와 안은문장의 서술어는 둘 다 두 자리 서술어이다.
③ '내가 노래를 부르기'는 조사와 결합하여 안은문장에서 목적어의 기능을 한다.
④ 안은문장과 달리 안긴문장에는 부사어가 있다.
⑤ 안긴문장에는 생략된 문장 성분이 없다.

19

〈보기 1〉을 바탕으로 〈보기 2〉를 이해한 내용으로 적절하지 않은 것은?

┤ 보기 1 ├

어미는 어말 어미와 선어말 어미로 나뉜다. 어말 어미는 문장을 끝맺어 주는 기능을 하는 ㉠종결 어미, 두 문장을 연결해 주는 기능을 하는 ㉡연결 어미, 용언을 명사, 관형사, 부사처럼 기능하게 하는 ㉢전성 어미로 분류할 수 있다. 그리고 선어말 어미에는 ㉣시제를 나타내는 선어말 어미와 ㉤높임을 나타내는 선어말 어미가 있다.

┤ 보기 2 ├

(유명 작가의 비서와 기자가 통화하는 상황)
기자: 다음 작품은 언제 나올까요?
비서: 작가님께서는 당분간 별장에 머물면서 작품을 새롭게 구상할 예정이십니다.

① '나올까요'의 '-ㄹ까'는 ㉠에 해당한다.
② '머물면서'의 '-면서'는 ㉡에 해당한다.
③ '새롭게'의 '-게'는 ㉢에 해당한다.
④ '구상할'의 '-ㄹ'은 ㉣에 해당한다.
⑤ '예정이십니다'의 '-시-'는 ㉤에 해당한다.

20 (서술형 🖉)

〈보기〉의 ㉠~㉢에 들어갈 말을 쓰시오.

┤ 보기 ├

직접 인용을 간접 인용으로 바꿀 때나 간접 인용을 직접 인용으로 바꿀 때는 인용절 속의 어미, 인용 조사, 대명사, 지시 표현, 높임 표현 등에 변화가 생길 수 있다.

[직접 인용]
국어 선생님께서 "너희가 몇 반이냐?"라고 물으셨다.
[간접 인용]
국어 선생님께서 (㉠)이/가 몇 반이냐고 물으셨다.

[직접 인용]
언니는 어제 나한테 "내일은 집에 있자."라고 했어.
[간접 인용]
언니는 어제 나한테 (㉡)은/는 집에 (㉢) 했어.

㉠: _____   ㉡: _____   ㉢: _____

📖 함께 보기 | 필독 중학 국어 문법 159쪽으로!

개념 확인

직접 발화와 간접 발화
• 직접 발화: 문장의 종결 표현과 화자의 의도가 일치
• 간접 발화: 문장의 종결 표현과 화자의 의도가 일치하지 않음.
 예 (창문을 닫아 달라는 의도로) 어디서 이렇게 바람이 계속 들어오지?

준언어적 표현과 비언어적 표현
• 준언어적 표현: 언어 표현에 직접적으로 매개되어 의미 작용을 하는 고저, 어조, 속도, 크기 등
• 비언어적 표현: 언어 표현과는 독립적으로 의미 작용을 할 수 있는 자세, 손동작, 몸동작, 얼굴 표정, 눈 맞춤 등

접속 표현
• 구절과 구절, 문장과 문장을 연결하기 위해 사용하는 요소
• 역접 관계에는 '그러나', 전환 관계에는 '그런데', 병렬 관계에는 '그리고', 인과 관계에는 '그러므로', 보충·상술 관계에는 '예컨대' 등을 사용함.

대용 표현
문장 안에서 반복되는 어휘를 다른 말로 바꾸어 표현한 것으로, 언어 형식의 반복을 피하기 위해 다른 표현을 쓴 것
 예 이러하다, 그러하다 등

■ 담화
• 뜻: 하나 이상의 발화나 문장이 연속되어 이루어지는 의사소통의 단위로 말하는 이(화자), 듣는 이(청자), 내용(발화), 맥락(장면)으로 구성됨.

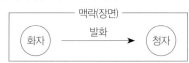

• 유형: 말하는 이의 의도에 따라 ① 정보 제공 담화(강의, 뉴스, 보고서 등), ② 호소 담화(광고, 연설, 신문 사설 등), ③ 약속 담화(선서 등), ④ 사교 담화(잡담, 인사말 등), ⑤ 선언 담화(개회 선언, 주례사 등)로 나눔.

■ 담화의 표현

지시 표현	가리킴(지시)의 기능을 하는 표현으로, 말하는 이와 듣는 이의 거리에 따라 선택됨. — 이것: 말하는 이에게 좀 더 가까운 대상을 가리킬 때 — 그것: 말하는 이에게는 멀지만 듣는 이에게는 가까운 대상을 가리킬 때, 말하는 이와 듣는 이의 기억 속에 있는 어떤 것을 가리킬 때 — 저것: 말하는 이와 듣는 이 모두에게 멀리 떨어져 있는 대상을 가리킬 때
높임 표현	말하는 이와 듣는 이의 상하 관계와 친소 관계에 따라 구별하여 씀. 예 어디 가십니까? / 어디 가니? → '가십니까'는 듣는 이를 높이지만, '가니'는 그렇지 않음.
심리적 태도	용언의 어미를 통해 화자의 심리적 태도를 드러내기도 함. 예 선우는 책을 읽고 있다. / 있니? / 있구나! / 있겠어. → '있다'는 단정, '있니'는 의문, '있구나'는 감탄, '있겠어'는 추측의 태도를 드러냄.

■ 담화의 통일성과 응집성

통일성	담화를 구성하는 요소들이 내용상 한 주제 아래 유기적인 관계를 맺고 있는 것으로서, 주제적 일관성을 가리킴.
응집성	담화를 이루는 발화들이 형식상 특정한 장치에 의해 연결되는 것으로서, 지시, 접속, 생략, 반복, 대용 등에 의해 드러남.

아하~ 함·정·넘·기

❶ 글의 통일성과 응집성을 확인하는 방법은?
글에서 문장과 문장, 문단과 문단의 내용이 서로 긴밀하게 연결되어 있는지, 각 문장과 문단의 내용이 주제와 긴밀하게 연결되어 있는지를 평가하면 글의 통일성을 확인할 수 있습니다. 그리고 문장의 연결이 어색하거나 문단의 연결이 긴밀하지 못하면 응집성이 떨어진다고 평가할 수 있어요. 이때는 특히 접속어나 지시어의 사용이 적절한지를 잘 따져 보아야 합니다.

[1~9] 다음 설명이 맞으면 ○표, 틀리면 ×표 하시오.

1 담화는 하나 이상의 문장이 연속되어 이루어지는 의사소통의 단위이다. ……( )

2 맥락은 담화의 구성 요소에 해당한다. ……( )

3 두 사람 이상이 대화를 나누는 것은 담화에 해당하지 않는다. ……( )

4 '내일은 전국적으로 비가 내리겠습니다.'는 선언 담화에 해당한다. ……( )

5 연설문은 상대방을 설득하고자 하는 의도로 생산된 담화이므로 호소 담화에 해당한다. ……( )

6 국기에 대한 맹세, 증인 선서 등은 약속 담화에 해당한다. ……( )

7 뉴스는 상대방에게 정보를 전달하기 위한 담화이므로 정보 제공 담화에 해당한다. ……( )

8 발화에 담긴 내용을 수행하겠다는 다짐의 의도를 담은 담화는 사교 담화에 해당한다. ……( )

9 말하는 이와 듣는 이의 친소 관계에 따라서도 담화의 표현이 달라질 수 있다. ……( )

[10~12] 말하는 이와 듣는 이의 거리에 따라 지시어를 나눌 때, 적절한 것끼리 연결하시오.

10 이것 •　　　• ㉠ 듣는 이에게 좀 더 가까운 대상

11 그것 •　　　• ㉡ 말하는 이에게 좀 더 가까운 대상

12 저것 •　　　• ㉢ 말하는 이와 듣는 이 모두에게서 멀리 떨어져 있는 대상

[13~15] 빈칸에 들어갈 내용을 〈보기〉에서 찾아 쓰시오. (단, 억양에 의한 의미 변화는 고려하지 않음.)

┌── 보기 ├──
• -구나　　• -니　　• -어　　• -자

13 '주원이가 지금 공부를 하고 있- + ( )'는 말하는 이가 사실을 전달하는 심리적 태도를 드러낸다.

14 '주원이가 지금 공부를 하고 있- + ( )'는 말하는 이가 물음을 나타내는 심리적 태도를 드러낸다.

15 '주원이가 지금 공부를 하고 있- + ( )'는 말하는 이가 감탄을 나타내는 심리적 태도를 드러낸다.

16 정보 제공 담화의 사례에 해당하는 것은?
① 강의　　② 광고　　③ 인사말
④ 잡담　　⑤ 주례사

17 호소 담화의 사례에 해당하는 것은?
① 개회 선언　② 보고서　③ 설교
④ 선서　　⑤ 환영사

18 접속 표현의 예가 아닌 것은?
① 게다가　　② 그러한　　③ 따라서
④ 예컨대　　⑤ 한편

[19~24] 초성을 참고하여 빈칸에 들어갈 적절한 말을 쓰시오.

19 ㅈㅅ어는 말하는 이와 듣는 이의 거리나 심리적 요인에 따라 달리 표현된다.

20 말하는 이와 듣는 이의 상하 관계에 따라 ㄴㅇ 표현과 낮춤 표현을 구별하여 쓴다.

21 말하는 이의 심리적 태도는 용언의 ㅇㅁ를 통해 드러나기도 한다.

22 담화의 ㅁㄹ, 또는 장면이란 말하는 이와 듣는 이가 처한 시간적·공간적 상황을 의미한다.

23 담화의 ㅌㅇㅅ이란 담화를 구성하는 요소들이 내용상 한 주제로 유기적 관계를 맺고 있는 것이다.

24 담화의 ㅇㅈㅅ이란 담화를 이루는 발화들이 형식상 특정한 장치에 의해 연결되는 것이다.

[25~30] 다음 대화에서 괄호 안에 들어갈 적절한 말을 각각 고르시오.

윤찬: (자신의 눈앞에 있는 책을 가리키며) 나는 **25** (이 / 그 / 저) 책을 재미있게 읽었어. (맞은편에 앉은 동한이가 읽고 있는 책을 바라보며) **26** (이 / 그 / 저) 책도 재미있어?

동한: (읽고 있던 책을 덮으며) **27** (이 / 그 / 저) 책은 별로 재미없어. (자신과 윤찬이에게 모두 멀리 떨어진 책장에 꽂혀 있는 책을 바라보며) 너 **28** (이 / 그 / 저) 책 읽어 봤어?

윤찬: **29** (이 / 그 / 저) 책이 혹시 **30** (이 / 그 / 저) 책 아니야? 우리가 지난번에 서점에 가서 같이 사 왔던 책?

31

〈보기〉를 통해 알 수 있는 담화의 구성 요소로 적절하지 <u>않</u>은 것은?

┤ 보기 ├

김미래: (큰 소리로 또박또박하게) 나는 서울에서 전학 온 김미래야. 앞으로 잘 지내면 좋겠어. (고개를 숙여 꾸벅 인사한다.)
학급 학생들: (박수를 친다.)

① 화자: 김미래
② 청자: 학급 학생들
③ 맥락: 전학 와서 자기소개를 하는 상황
④ 언어적 표현: "앞으로 잘 지내면 좋겠어."
⑤ 준언어적 표현: (고개를 숙여 꾸벅 인사한다.)

32

응집성에 대한 설명으로 적절하지 <u>않</u>은 것은?

① 담화의 통일성 형성에 기여한다.
② '이, 그, 저' 등의 표현을 활용하여 응집성을 높일 수 있다.
③ 담화 구성 요소들이 형식적 측면에서 결속되어 있는 성질이다.
④ 응집성을 높이기 위해서는 대용 표현을 최대한 많이 사용해야 한다.
⑤ 문장이나 문단의 연결이 긴밀하지 못하면 응집성이 떨어진다고 할 수 있다.

33

㉠~㉢에 들어갈 말이 모두 바르게 짝지어진 것은?

담화 유형	예
정보 제공 담화	강의, 뉴스, [㉠], 안내문
호소 담화	설교, 연설, [㉡]
약속 담화	맹세, 선서, 계약서
사교 담화	환영 인사, 문안 편지, 잡담
선언 담화	개회 선언, 임명장, [㉢]

	㉠	㉡	㉢
①	보고서	서약서	신문 기사
②	보고서	광고	판결문
③	주례사	광고	판결문
④	주례사	서약서	판결문
⑤	인사말	서약서	신문 기사

34

〈보기〉의 ㉠~㉣의 예로 적절하지 <u>않</u>은 것은?

┤ 보기 ├

용언의 어미를 통해 말하는 이는 ㉠단정, ㉡확인, ㉢감탄, ㉣사실의 전달, ㉤사실의 추정 등 다양한 심리적 태도를 드러낸다.

① ㉠: 지원이는 숙제를 하고 있어.
② ㉡: 지원이가 숙제를 하고 있네.
③ ㉢: 지원이가 숙제를 하고 있구나.
④ ㉣: 지원이는 숙제를 하고 있겠지.
⑤ ㉤: 지원이는 숙제를 하고 있을 거야.

35 고난도

〈보기〉의 ㉠의 예로 가장 적절한 것은?

┤ 보기 ├

말하는 이와 듣는 이의 상하 관계에 따라 높임 표현과 낮춤 표현을 구별하여 사용해야 한다. 그런데 우리말에는 ㉠말하는 이의 입장에서는 높이지 않아도 되는 대상임에도 불구하고, 듣는 이를 의식하여 대상을 높여 주는 표현도 있다.

① (할머니가 손녀에게) "이거 엄마 갖다 드려라."
② (아들이 아버지에게) "그거 어머니께 드렸어요."
③ (손자가 할아버지에게) "아버지가 오고 있습니다."
④ (어머니가 딸에게) "편식하지 말고 골고루 먹어라."
⑤ (후배가 선배에게) "이거 좀 도와주실 수 있으세요?"

36

〈보기〉의 밑줄 친 문장이 의미하는 바로 가장 적절한 것은?

┤ 보기 ├

선생님: 왜 이렇게 일찍 왔니?
학생: 죄송합니다. 다시는 지각하지 않을게요.

① 학생은 선생님보다 더 일찍 왔다.
② 선생님은 학생이 언제 왔는지 묻고 있다.
③ 선생님은 학생이 일찍 온 이유를 궁금해한다.
④ 선생님은 학생이 늦게 온 것을 책망하고 있다.
⑤ 선생님은 학생이 일찍 온 것을 기특하게 생각한다.

37

〈보기〉의 ㉠~㉣에 대한 설명으로 적절하지 않은 것은?

┤ 보기 ├

㉠ 형, 내 손에 있는 이거 좀 봐.

㉡ 미래야, 이거 말고 네 앞에 있는 그거 좀 집어 줘.

㉢ 등산객 1: 여기가 정상인가요?

등산객 2: 아니요. 정상은 산봉우리가 희미하게 보이는 저기예요.

㉣ 친구 1: 오늘 뭐 하지?

친구 2: 남산 갈까? 아냐, 거기는 시내가 가까워서 싫어.

① ㉠과 ㉡의 '이거'는 말하는 사람 가까이에 있는 사물을 가리킨다.

② ㉡의 '그거'는 말하는 사람보다 듣는 사람에 더 가까이 있는 사물을 가리킨다.

③ ㉢의 '여기'는 말하는 사람에게는 멀고 듣는 사람에게는 가까운 곳을 가리킨다.

④ ㉢의 '저기'는 말하는 사람과 듣는 사람 모두로부터 멀리 있는 곳을 가리킨다.

⑤ ㉣의 '거기'는 앞에서 이미 이야기한 곳을 가리킨다.

38 신유형

〈보기〉를 참고할 때, 다음 중 화자의 의도를 표현하는 방법이 나머지 넷과 다른 것은?

┤ 보기 ├

화자는 자신의 의도를 직접적으로 표현하기도 하고, 간접적으로 표현하기도 한다.

"날씨가 덥네."

⇩

	상황 맥락	해석
①	여름에 에어컨 옆의 동생에게 말하는 상황	에어컨을 켜는 행위를 요청하는 의미가 담겨 있다.
②	날씨가 더우면 아이스크림을 사겠다고 상대방이 약속을 한 상황	아이스크림을 사 줄 것을 요청하는 의미가 담겨 있다.
③	기상 상태를 물어보는 질문에 대답하는 상황	대기의 온도가 높다는 생각을 표현한 의미가 담겨 있다.
④	어제 일기 예보에서 날씨가 선선할 것이라는 예보를 상대방과 함께 본 상황	일기 예보가 틀렸다는 생각을 전달하려는 의미가 담겨 있다.
⑤	영하의 추위를 같이 느끼면서 말하는 상황	반어적 표현을 통해 날씨가 춥다는 생각을 드러낸 의미가 담겨 있다.

39

〈보기〉에서 가리키는 대상이 같은 것끼리 묶은 것은?

┤ 보기 ├

(옷가게에서 B가 옷을 고르고 있는 상황)

A: 지금 입은 ㉠그 옷 너에게 정말 잘 어울린다.

B: ㉡이 옷으로 살까? (마네킹을 가리키며) ㉢저 옷은 어때?

A: ㉣저 옷이랑 비슷한 옷 어제 입지 않았어?

B: ㉤그 옷이랑 ㉥저 옷은 완전히 달라.

① ㉠, ㉢　　　② ㉠, ㉤　　　③ ㉡, ㉤

④ ㉡, ㉣, ㉥　　　⑤ ㉢, ㉣, ㉥

40 신유형

〈보기 1〉을 바탕으로 〈보기 2〉의 담화에 대해 이해한 내용으로 적절하지 않은 것은?

┤ 보기 1 ├

말하는 이는 연령, 사회적 지위 등 상하 관계뿐 아니라 친소 관계, 즉 친밀함의 정도도 고려하여 높임 표현과 낮춤 표현을 구별하여 사용한다.

┤ 보기 2 ├

A와 B는 고등학교 친구이고, A는 B의 상사이기도 하다.

(1) 고등학교 동창회

A: 어머님은 건강하게 지내시지?

B: 그럼. 어머님께 내 안부도 전해 줘.

(2) 회사 회의

A: 이 안건은 담당자가 누구죠?

B: 접니다. 지금부터 보고 시작하겠습니다.

① A는 (1)과 (2)에서 모두 비격식체를 사용하고 있다.

② B는 (1)에서는 해체를, (2)에서는 하십시오체를 사용하고 있다.

③ A는 (1)에서는 '-시-'를, (2)에서는 '요'를 사용하여 B를 높이고 있다.

④ B는 (1)과 달리 (2)에서는 A를 높이는 표현과 자신을 낮추는 표현을 사용하고 있다.

⑤ (1)에서는 친소 관계를, (2)에서는 상하 관계를 우선하여 높임 표현과 낮춤 표현을 선택하고 있다.

41

〈보기〉의 ㉠의 예로 적절하지 <u>않은</u> 것은?

| 보기 |

　직접 발화란 발화된 내용과 발화자의 의도가 일치하는 것이고, ㉠간접 발화란 관련된 언어적 표현을 직접 쓰지 않으면서 발화자의 의도를 드러내는 것이다.

① (창문을 닫으라는 뜻으로) 좀 춥지 않니?

② (조용히 하라는 뜻으로) 왜 이렇게 시끄러워?

③ (방 정리를 하라는 뜻으로) 여기 너무 지저분하구나.

④ (운동을 같이 하자는 뜻으로) 점심시간인데 농구나 한 판 하자.

⑤ (새 옷을 사 달라는 뜻으로) 요즘 키가 커서 맞는 옷이 없어요.

42

〈보기〉의 ㉠, ㉡에 해당하는 담화의 유형을 바르게 묶은 것은?

| 보기 |

㉠ 법원 판결문

　가처분 채권자인 원고가 본안 사건에서 소유권 이전 등기나 소유권 이전 등기의 말소를 명하는 판결이 아닌 가액 배상을 명하는 판결을 받았음은 앞서 본 바와 같은 바, 그 판결로는 소유권 이전 등기나 소유권 이전 등기의 말소를 신청할 수 없어 가처분 등기 이후에 경료된 근저당권 설정 등기의 말소도 신청할 수 없으므로, 이에 반하는 원고의 주위적 주장은 이유 없다.

㉡ 신문 기사

　한국철도기술연구원은 철도 차량 휠과 레일이 접촉할 때 발생하는 미세 마모 입자 발생량을 줄이는 기술을 세계 최초로 개발했다. 미세 마모 입자 발생 원인인 마찰력과 마찰열을 줄이기 위해 접촉면에 물을 공급해 미세 마모 입자 발생량을 크게 줄인 것이 연구 핵심 내용이다.

	㉠	㉡
①	호소 담화	약속 담화
②	선언 담화	정보 제공 담화
③	호소 담화	정보 제공 담화
④	선언 담화	약속 담화
⑤	약속 담화	정보 제공 담화

43

〈보기〉의 ㉠~㉦에 대한 설명으로 적절하지 <u>않은</u> 것은?

| 보기 |

언니: ㉠그거 어디 갔지?

동생: ㉡그거?

언니: 지난주에 내가 산 옷 말이야. (앞에 있는 옷장을 가리키며) ㉢여기 걸어 뒀었는데.

동생: 아…… . ㉣그거 내가 어제 입고 세탁을 아직 못 했어.

언니: 뭐? 말을 했어야지. 오늘 ㉤그거 입으려고 했는데.

동생: (옷을 가져와서) ㉥이거 입을래? ㉦그거랑 색깔만 다른데.

① ㉠과 ㉦은 지난주에 언니가 산 옷을 가리킨다.

② ㉡을 말할 때 '동생'은 '언니'가 언급하고 있는 대상이 무엇인지 파악하지 못하고 있다.

③ ㉢과 ㉣은 동일한 대상이지만 '언니'와 '동생' 사이의 거리 변화에 따라 표현을 달리 사용한 것이다.

④ ㉤과 ㉥은 완전히 동일한 대상은 아니지만 동일한 종류의 것이다.

⑤ ㉢과 ㉥은 '언니'와 '동생'이 직접 눈으로 보고 있는 대상을 가리킨다.

44 고난도

〈보기 1〉을 바탕으로 〈보기 2〉의 ㉠~㉢의 밑줄 친 말을 바르게 분류한 것은?

| 보기 1 |

　'누구, 무엇, 어디' 등의 대명사는 ㉮모르는 대상을 묻기 위한 말로도 쓰일 수 있고 ㉯어떤 대상을 꼭 집어 가리키지 않으며 언급하는 말로도 쓰일 수 있다.

| 보기 2 |

㉠ <u>네가 어디에 있든지</u> 나는 너를 사랑할 것이다.

㉡ A: (초인종 소리를 듣고) <u>누구</u>세요?
　　B: 엄마, 저예요.

㉢ A: 배가 너무 고프니 <u>무엇</u>이라도 좀 먹어야겠다.
　　B: 빵이라도 좀 먹어.

㉣ A: 저 꽃의 이름이 <u>무엇</u>인지 알아?
　　B: 글쎄. 사진 찍어서 인터넷에서 검색해 보자.

	㉮	㉯		㉮	㉯
①	㉠, ㉡	㉢, ㉣	②	㉠, ㉢	㉡, ㉣
③	㉠, ㉣	㉡, ㉢	④	㉡, ㉣	㉠, ㉣
⑤	㉡, ㉣		㉠, ㉢		

45

〈보기〉의 담화를 통해 내릴 수 있는 결론으로 가장 적절한 것은?

┤ 보기 ├

[상황 1]
A: 배고프지 않아?
B: (배고픈지를 궁금해하는 뜻으로 이해함.) 배 안 고파.

[상황 2]
A: 배고프지 않아?
B: (같이 밥을 먹자는 뜻으로 이해함.) 밥 먹으러 가자.

[상황 3]
A: 배고프지 않아?
B: (A는 배고프다고 알리는 뜻으로 이해함.) 밥 안 먹었어?

① 대화가 이루어질 때는 화자와 청자 사이의 관계가 중요하다.
② 묻고자 하는 바가 명확하지 않으면 원하는 답변을 얻기 어렵다.
③ 효과적인 의사소통을 위해서는 비언어적 표현이 수반되어야 한다.
④ 동일한 표현이라도 그 의미는 상황에 따라 다르게 해석될 수 있다.
⑤ 질문을 할 때 부정 표현을 사용하면 의미에 혼동이 일어날 수 있다.

46

〈보기〉의 ㉠의 예로 가장 적절한 것은?

┤ 보기 ├

㉠직접 발화란 종결 표현의 형식이 발화 의도와 일치하는 표현을 말하고, 간접 발화란 종결 표현의 형식이 발화 의도와 일치하지 않는 표현을 말한다.

① (손님이 점원에게) 이 상품의 가격은 얼마예요?
② (관광객이 일행에게) 이 얼마나 멋진 경치입니까?
③ (선생님이 학생에게) 이 문제는 반장이 풀어 볼까?
④ (남편이 아내에게) 여보, 창문 좀 열어 줄 수 있어요?
⑤ (지하철을 타려는 사람이 행인에게) 저, 가까운 지하철 역이 어디인지 아세요?

47

〈보기〉를 참고할 때, 자연스러운 담화가 아닌 것은?

┤ 보기 ├

구어 담화에서는 상대방의 말에 대해 겉으로 드러난 말뜻 그대로 받아들이지 않고 그 의도를 헤아려 반응하는 것이 더 자연스러운 경우가 많다.

① (어른이 버릇없는 아이를 훈계하며)
A: 너 몇 살이니? / B: 죄송합니다.
② (약속 시간에 늦은 친구를 책망하며)
A: 지금 몇 시야? / B: 11시 30분이야.
③ (꽉 찬 강의실에서 빈자리를 찾으며)
A: 여기 자리 있나요? / B: 아, 앉으셔도 돼요.
④ (남자 친구와 여자 친구가 대화하며)
A: 오늘 저녁에 시간 있어? / B: 나 내일 시험 봐.
⑤ (어머니가 아들의 성적표를 보면서)
A: 다음에는 더 잘할 수 있지? / B: 네. 열심히 할게요.

48

〈보기〉의 ㉠에 들어갈 접속 표현으로 가장 적절한 것은?

┤ 보기 ├

고운 말을 쓰는 사람은 마음씨도 곱다. (㉠   ) 고운 말은 고운 마음씨에서 싹트기 때문이다.

① 그리고   ② 그러므로   ③ 예컨대
④ 왜냐하면   ⑤ 하지만

49
담화에 대한 설명으로 적절하지 <u>않은</u> 것은?

① 담화는 발화(문장)보다 큰 의사소통의 단위이다.
② 화자의 의도에 따라 담화의 유형을 나눌 수 있다.
③ 통일성이란 담화 내용상의 주제적 일관성을 가리킨다.
④ 문장의 연결이 긴밀하지 않으면 응집성이 떨어진다고 평가할 수 있다.
⑤ 지시 표현은 말하는 이와 듣는 이의 상하 관계에 따라 다르게 선택된다.

50
밑줄 친 말이 〈보기〉의 ㉠에 해당하지 <u>않는</u> 것은?

┤ 보기 ├
화자의 심리적 태도는 부사로도 나타낼 수 있는데, ㉠이런 역할을 하는 부사는 대부분 문장 부사이다.

① 이번 일은 결코 우연이 아니야.
② 과연 그녀가 그의 청혼을 받아들일까?
③ 사람이라면 모름지기 부끄러움을 알아야지.
④ 설마 너까지 나를 의심하는 것은 아니겠지?
⑤ 내일은 아주 귀한 손님이 오시기로 되어 있어.

51
담화 유형과 그 사례가 바르게 연결되지 <u>않은</u> 것은?

	담화 유형		사례
①	정보 제공 담화	—	강의
②	호소 담화	—	합의서
③	약속 담화	—	계약서
④	사교 담화	—	안부 인사
⑤	선언 담화	—	선전 포고

52
〈보기〉의 ㉠의 예로 가장 적절한 것은?

┤ 보기 ├
'이, 그, 저'와 같은 지시 표현은 발화 현장에서 그 대상을 찾을 수는 없지만 ㉠화자와 청자가 공유하는 경험이나 지식을 바탕으로 추론을 통해 대상을 알 수 있는 경우가 있다.

① A: 지금 <u>이</u> 노래 누가 부른 거지? / B: 나도 몰라.
② A: 배고픈데 먹을 거 좀 없어? / B: <u>이</u> 빵 먹을래?
③ A: 내 국어 교과서 어디 갔지? / B: <u>그거</u> 저기 있네.
④ A: <u>저기</u>는 네 청소 구역이잖아. / B: 미안해. 지금 할게.
⑤ A: 나 <u>거기</u>서 기다릴게. / B: 지난번 만난 곳? 알았어.

서술형 🖎
[53 ~ 56] 다음 말을 사용할 수 있는 맥락을 고려하여 발화의 의도를 추측하시오.

"밖에 비 와."

53
우산 없이 외출하려는 딸에게 집에 있는 어머니가 하는 말:
→ _____

54
마당에 걸린 빨래를 보며 남편이 아내에게 하는 말:
→ _____

55
같이 축구하자는 형에게 동생이 하는 말:
→ _____

56
비가 오면 부침개를 같이 먹기로 약속한 친구에게 하는 말:
→ _____

57 2016학년도 11월 고1 전국연합학력평가 14번

〈보기〉의 ㉠∼㉧에 대한 설명으로 적절하지 않은 것은?

┤ 보기 ├

학생: 안녕하세요? 인터뷰 때문에 원장님을 ㉠뵈러 왔습니다.

직원: 지금 ㉡계시긴 한데 혹시 미리 약속은 하셨나요?

학생: ㉢이틀 전에 제가 원장님과 통화를 했는데, 오늘 오라고 ㉣말씀하셨어요.

직원: 아, 그러세요? ㉤저쪽으로 들어가시면 됩니다.

학생: (방 안으로 들어서며) 안녕하세요? 김○○입니다.

원장: 아, ㉥김 선생님 따님이군요. ㉦지난번에 전화로 약속을 잡았었죠? 이쪽에 앉으세요.

학생: 고맙습니다. 그럼 그때 ㉧말씀을 드렸던 주제로 인터뷰를 시작하겠습니다.

① ㉠과 ㉡은 동일한 인물을 높이기 위해 사용한 표현이다.

② ㉢과 ㉦은 동일한 날을 지칭하는 표현이다.

③ ㉣과 ㉧은 화자가 자신의 행위를 낮추기 위해 사용한 표현이다.

④ ㉤은 화자와 청자로부터 멀리 떨어진 곳을 지시하는 표현이다.

⑤ ㉥은 현재의 담화 상황에 참여하지 않는 인물을 지칭하는 표현이다.

58 2015학년도 11월 고1 전국연합학력평가 14번

〈보기〉의 ㉠∼㉤에 대한 설명으로 적절하지 않은 것은?

┤ 보기 ├

효준: 여기 운동화 정말 많다. 뭘 사야 할지 모르겠어.

유로: 그래? 그럼 내가 하나 골라 줄까? ㉠저건 어때?

효준: ㉡저기 진열되어 있는 거 말이야?

유로: 그래. 가서 한번 신어 봐.

효준: (진열대 앞으로 가서) ㉢이거 말하는 거지?

유로: (뒤따라오며) 응, ㉣그거.

효준: 디자인은 괜찮네. 근데 조금 비싼 것 같지 않아?

유로: 그러면 전에 우리 같이 갔었던 □□ 매장에서 할인 행사 중이던데 ㉤거기 한번 가 보자.

① ㉠은 '효준'과 '유로' 모두에게 멀리 있는 사물을 가리키는 표현이다.

② ㉡을 사용하여 '효준'이 지시한 장소는 ㉠이 나타내는 장소와 동일하다.

③ ㉢은 '유로'보다 '효준'에게 가까이 있는 사물을 가리키는 표현이다.

④ ㉣을 사용하여 '유로'가 가리킨 사물은 ㉢이 나타내는 사물과 동일하다.

⑤ ㉤은 '효준'과 '유로'의 눈에 현재 보이지 않는 장소를 가리키는 표현이다.

59 2014학년도 11월 고1 전국연합학력평가 14번

㉠~㉤에 대한 설명으로 적절하지 <u>않은</u> 것은?

┤ 보기 ├

지완: (밖에서 들어오며) 어휴, 춥다! (무릎 담요를 가리키며) ㉠그것 좀 줘 봐.

원세: (담요를 건네주며) 많이 추워? 그럼 ㉡저 난로 옆으로 가서 몸 좀 녹여. 일기 예보에서는 날이 풀린다고 하던데.

지완: 나도 ㉢그렇게 뉴스에서 들었거든. 그런데도 좀 춥네.

원세: ㉣그나저나 너, 다음 주에 제출할 작품은 다 완성했니?

지완: ㉤그거? 천천히 하면 되지 뭐.

① ㉠은 '지완'이 지시하는 대상이 '원세'에게 가까이 있음을 나타낸다.

② ㉡은 '원세'가 지시하는 대상을 '지완'이도 볼 수 있음을 전제로 한다.

③ ㉢은 '원세'가 직전에 한 말을 대신 표현하여 담화의 중복을 피한다.

④ ㉣은 지금까지 둘이 나눈 대화의 화제를 다른 데로 돌리는 기능을 한다.

⑤ ㉤은 '지완'이 지시하는 대상이 자신이 이미 언급했던 대상임을 나타낸다.

60 2014학년도 3월 고2 전국연합학력평가 A형 14번

〈보기〉의 밑줄 친 부분의 예로 가장 적절한 것은?

┤ 보기 ├

담화 상황에 따라 발화자가 요구하는 바를 평서문을 통해 상대방에게 간접적으로 표현할 수도 있다.

• 모임에서 만나 둘이 이야기를 하는 상황

남자 A: ①저는 ○○고등학교에 다닙니다.

남자 B: 그 학교는 어디에 있나요?

• 병원에서 의사가 환자를 진료하는 상황

의사: ②예전보다 많이 좋아지셨네요.

환자: 전부 의사 선생님 덕분입니다.

• 개학 후 교사가 학생들을 처음 대면한 상황

교사: ③여러분, 많이 보고 싶었어요.

학생: 선생님, 저희도 그래요.

• 귀가한 아들이 어머니에게 말하는 상황

아들: ④엄마, 배가 너무 고파요.

엄마: 그래, 금방 차려 줄게.

• 여행객이 아름다운 경치를 보고 있는 상황

여행객 A: ⑤이곳은 정말 아름답습니다.

여행객 B: 그래요. 정말 아름답네요.

61 2016학년도 9월 고2 전국연합학력평가 15번

밑줄 친 부분이 ㉠에 해당하는 예로 적절하지 <u>않은</u> 것은?

┤ 보기 ├

담화 상황에 따라 의문문과 청유문 모두 ㉠화자가 청자에게 행동을 요청할 때 쓰이기도 한다.

① ┌ A: <u>애들아, 영화 좀 보자.</u>
  └ B: 알았어. 떠들어서 미안해.

② ┌ A: 환기가 필요하구나. <u>창문 좀 열자.</u>
  └ B: 네. 알겠습니다.

③ ┌ A: <u>잠깐, 내가 안경을 어디다 뒀더라?</u>
  └ B: 너 혼자 거기서 뭐하니? 빨리 나와.

④ ┌ A: 방 청소를 해야 하는데, <u>좀 비켜 줄래?</u>
  └ B: 네, 엄마. 바로 나갈게요.

⑤ ┌ A: <u>기사님! 저 신호등 앞에서 세워 주시겠어요?</u>
  └ B: 네, 저기에 세우겠습니다.

62 2018학년도 9월 고3 모의평가 13번

〈보기〉의 담화 상황에서 ⓐ~ⓔ가 가리키는 대상이 같은 것끼리 바르게 짝지은 것은?

┤ 보기 ├

수빈: 나경아, 머리핀 못 보던 거네. 예쁘다.

나경: 고마워. ⓐ우리 엄마가 선물 가게에서 사 주셨어.

세은: 나도 그런 핀 사고 싶은데 ⓑ우리 셋이 지금 사러 갈까?

수빈: 미안해. 나도 같이 가고 싶은데 ⓒ우리 집에 일이 있어 못 갈 것 같아.

세은: 그래? 그럼 할 수 없네. ⓓ우리끼리 가지, 뭐.

나경: 그래, 수빈아. 다음엔 꼭 ⓔ우리 다 같이 가자.

① ⓐ - ⓑ   ② ⓐ - ⓓ   ③ ⓑ - ⓔ

④ ⓒ - ⓓ   ⑤ ⓒ - ⓔ

63 2022학년도 3월 고1 전국연합학력평가 15번

㉠~◎에 대한 설명으로 적절하지 않은 것은?

┤ 보기 ├

지현: 저기 ㉠버스 온다. 얼른 타자.

경준: ㉡차에 사람이 많아 보여. 차라리 택시를 타자.

지현: 좋아. 그런데 ㉢이곳이 원래 사람이 이렇게 많았나?

경준: ㉣여기가 혼잡한 데는 아닌데 주말이라 그런 것 같아. 물병 좀 꺼내 줄래? 배낭을 열면 물병이 두 개 있어.

지현: 잠시만. ㉤이 중에서 더 작은 ㉥것을 주면 돼?

경준: 응, 고마워. 그런데 ㉦우리가 오늘 보기로 한 영화는 누가 추천한 거야?

지현: ◎자기가 봤다면서 민재가 추천해 줬어.

① ㉡은 '버스'의 상위어로서 ㉠을 가리킨다.

② ㉢과 ㉣은 다른 단어이지만, 같은 곳을 가리킨다.

③ ㉤은 '배낭'을, ㉥은 '물병'을 가리킨다.

④ ㉦은 화자와 청자를 모두 포함한다.

⑤ ◎은 '민재'를 가리킨다.

64 2016학년도 대학수학능력시험 B형 13번

〈보기〉의 ㉠~◎에 대한 설명으로 적절하지 않은 것은?

┤ 보기 ├

아들: 엄마, 올해 마지막 날 엄마와 쇼핑 나와서 참 좋아요.

엄마: ㉠엄마도 영수랑 같이 나오니까 참 좋다.

아들: 어, 저거 뭐지? 엄마, 저 옷 가게 광고판 좀 보세요.

엄마: 뭐? ㉡저거?

아들: 네, ㉢저거요. '2015년 12월 30일, ㉣오늘 하루만 50% 할인'이라고 쓰여 있는데요.

엄마: 그래? 그러면 ㉤어제였네. ㉥누나 옷 사야 되는데.

아들: 엄마, 그 옆 가게는 오늘까지 할인하는데요. 그런데 제 옷도 사 주시면 안 돼요?

엄마: 그래, 알았어, ㉦우리 아들. ◎영수도 옷 사 줘야지.

① ㉠과 ㉥은 청자의 관점에서 사용한 지칭어이다.

② ㉠과 ㉦은 현재의 담화 상황에 참여하고 있는 사람을 가리킨다.

③ ㉡과 ㉢은 동일한 대상을 가리킨다.

④ ㉣과 ㉤은 동일한 날을 가리킨다.

⑤ ㉥과 ◎은 화자와 청자를 제외한 제삼자를 가리킨다.

65 2015학년도 11월 고2 전국연합학력평가 12번

〈보기〉의 ㉠~◎에 대한 설명으로 적절하지 않은 것은?

┤ 보기 ├

아버지: (아이 방으로 들어오며) 은주야, ㉠이거 받아.

은 주: (선물을 보며) 어? 그게 뭐예요?

아버지: 응. 스웨터야. 고모가 곧 네 생일이라고 주시더라. ㉡저 옷이랑 같이 입으면 잘 어울릴 것 같은데.

은 주: 와! ㉢그러면 정말 예쁘겠네요. 내일 당장 입어야겠어요.

아버지: 그래. 고모한테 고맙다고 전화 한 통 드려.

은 주: 네, 저도 ㉣그렇게 하려고 했어요.

아버지: ㉤그런데 내일 아빠랑 영화나 보러 갈까?

① ㉠은 지시하는 대상이 청자인 은주에 비해 화자인 아버지에게 가까이 있음을 나타낸다.

② ㉡은 지시하는 대상을 청자인 은주도 볼 수 있음을 전제로 한다.

③ ㉢은 아버지가 앞에서 한 말과 관련된 세부 사항이 뒤에 추가될 것임을 나타낸다.

④ ㉣은 고모한테 고맙다고 전화 한 통 드리라는 말을 대신 표현하여 담화의 중복을 피한다.

⑤ ㉤은 아버지가 지금까지 은주와 나눈 대화의 화제를 다른 데로 돌리는 기능을 한다.

21일 한글의 창제 원리

📖 함께 보기 | 필독 중학 국어 문법 167쪽으로!

개념 확인

■ 한글의 창제

• '훈민정음': 백성을 가르치는 바른 소리 (가르칠 訓, 백성 民, 바를 正 소리 音)
  → 1443년 세종 대왕이 한글을 창제하고, 1446년 반포했을 당시 우리나라 글자를 이르는 말
  → 이렇게 만든 글자의 창제 원리와 사용법 등을 해설한 책의 제목도 '훈민정음'임.

• 자음 17자와 모음 11자를 합하여 28자를 창제함.

■ 한글의 창제 원리

• 자음

상형의 원리	기본자(ㄱ, ㄴ, ㅁ, ㅅ, ㅇ)는 발음 기관의 모양을 본떠서 만듦.			
가획의 원리	기본자에 획을 더하여 소리의 세기를 표현함.			
	기본자	창제 원리(상형)	가획자	이체자
	ㄱ(아음)	혀뿌리가 목구멍을 막는 모양을 본뜸.	ㅋ	ㆁ
	ㄴ(설음)	혀끝이 윗잇몸에 닿는 모양을 본뜸.	ㄷ → ㅌ	ㄹ
	ㅁ(순음)	입 모양을 본뜸.	ㅂ → ㅍ	
	ㅅ(치음)	이 모양을 본뜸.	ㅈ → ㅊ	ㅿ
	ㅇ(후음)	목구멍 모양을 본뜸.	ㆆ → ㅎ	

• 모음

상형의 원리	기본자(·, ㅡ, ㅣ)는 하늘, 땅, 사람의 모양을 본떠서 만듦.			
합성의 원리	기본자를 합하여 초출자, 재출자를 만듦.			
	기본자	창제 원리	초출자	재출자
	·	하늘(天)의 둥근 모양을 본뜸.	⇨ ㅗ, ㅏ	ㅛ, ㅑ
	ㅡ	땅(地)의 평평한 모양을 본뜸.	ㅜ, ㅓ	ㅠ, ㅕ
	ㅣ	사람(人)이 서 있는 모양을 본뜸.		

※ 'ㅘ, ㅝ, ㅖ' 등은 이미 만들어진 모음을 합하여 합용자를 만든 것임.

■ 한글의 우수성과 가치

• 독창적으로 새롭게 글자를 만들어 냄.
• 우리 말소리에 맞게 과학적, 체계적으로 글자를 제작함.
• 경제적이고 실용적인 문자임.

이체자

기본자의 모양을 본떴지만 소리 세기와 관련이 없기 때문에 모양이 다른 글자(다를 異, 모양 體, 글자 字)라고 하여 '이체자'라고 함.

병서와 연서

• 병서: 초성자 두 글자 또는 세 글자를 나란히 붙여 쓰는 것 (아우를 竝, 쓸 書)
  예 ㄲ, ㅃ, ㅅㄱ, ㅄ 등
• 연서: 순음(ㅁ, ㅂ, ㅍ, ㅃ) 밑에 'ㅇ'을 이어 쓰는 것 (잇닿을 連, 쓸 書)
  예 ㅱ, ㅸ, ㅹ, ㅱ

모아쓰기

• 한글 자모를 가로세로로 묶어서 쓰는 방식 (↔ 풀어쓰기)
• 한글은 음절 단위로 모아쓰기를 하고 있음.

아하~ 함·정·넘·기

❶ '·, ㆆ, ㅿ, ㆁ'이 글자들은 어디로 갔을까?

훈민정음 28자 중 '·(아래아), ㆆ(여린히읗), ㅿ(반치음), ㆁ(옛이응)'은 현대 국어에 쓰이지 않습니다. 다만 '·, ㆆ, ㅿ'은 글자와 소릿값(음가)이 모두 사라진 반면, 'ㆁ'은 글자는 사라졌지만 소릿값은 현대 국어의 받침 'ㅇ'으로 남아 있다고 볼 수 있습니다.

개념 확인 문제

정답과 해설 39쪽

[1~10] 다음 설명이 맞으면 ○표, 틀리면 ×표 하시오.

1 훈민정음은 백성을 가르치는 바른 소리라는 뜻이다.
 …… ( )

2 창제 당시 훈민정음에는 오늘날에 사용되지 않는 글자들도 포함되어 있었다. …… ( )

3 훈민정음의 창제 원리 중 상형의 원리는 자음 기본자의 창제 원리에만 해당한다. …… ( )

4 자음 이체자는 훈민정음 28자에는 포함되지 않는다.
 …… ( )

5 모음 기본자는 직접 쓰이지 않고 초출자와 재출자를 만드는 데에만 사용되었다. …… ( )

6 모음 재출자는 초출자와 초출자를 합하여 만들었다.
 …… ( )

7 한글은 한자를 모방하지 않고 새롭게 글자를 만들었다는 점에서 독창적인 문자이다. …… ( )

8 한글은 적은 수의 글자로 많은 소리를 표현할 수 있다는 점에서 경제적인 문자이다. …… ( )

9 한글은 음성적으로 발음이 유사한 글자는 모양도 유사하다는 점에서 체계적인 문자이다. …… ( )

10 한글은 한 음절과 한 글자가 대응한다는 점에서 정보화 시대에도 활용 가치가 높은 실용적인 문자이다.
 …… ( )

[11~20] 다음은 훈민정음 창제 당시의 자음과 모음을 정리한 것이다. 훈민정음의 창제 원리에 맞게 빈칸을 채우시오.

[자음 체계]	기본자	가획자	이체자
어금닛소리(아음)	ㄱ	11 ( )	ㆁ
혓소리(설음)	12 ( )	ㄷ → ㅌ	13 ( )
입술소리(순음)	14 ( )	ㅂ → ㅍ	
잇소리(치음)	ㅅ	15 ( ) → ㅊ	16 ( )
목구멍소리(후음)	ㅇ	ㆆ → 17 ( )	

[모음 체계]	기본자	초출자	재출자
하늘(천)	·		ㅛ
땅(지)	18 ( )	19 ( ), ㅏ ( ), ㅓ	20 ( ), ( ), ㅕ
사람(인)	ㅣ		

[21~26] 초성을 참고하여 빈칸에 들어갈 적절한 말을 쓰시오.

21 ㅎㅁㅈㅇ은 1443년에 세종 대왕이 창제한 우리나라 글자를 이르는 말이다.

22 자음 기본자에 획을 더하여 소리의 세기를 표현한 것을 ㄱㅎ의 원리라고 한다.

23 모음 기본자를 합하여 초출자와 재출자를 만든 것을 ㅎㅅ의 원리라고 한다.

24 자음을 옆으로 나란히 써서 추가로 글자('ㄲ', 'ㅃ' 등)를 만든 것을 ㅂㅅ라고 한다.

25 순음 밑에 'ㅇ'을 이어 써서 'ㅱ, ㅸ' 등 ㅅㄱㅇ을 만든 것을 연서라고 한다.

26 기본자의 모양을 본떴지만 소리의 세기와 상관이 없는 글자('ㆁ', 'ㄹ', 'ㅿ')를 ㅇㅊㅈ라고 한다.

[27~30] 다음은 훈민정음으로 쓰인 구절이다. 아래 물음에 답하시오.

나랏말ᄊᆞ미

27 현대 국어에 쓰이지 않는 모음자를 찾아 쓰시오.

28 병서의 방법으로 만들어진 자음자를 찾아 쓰시오.

29 순음에 해당하는 자음자를 찾아 쓰시오.

30 이체자를 찾아 쓰시오.

31

한글의 창제 원리에 대한 설명으로 적절하지 <u>않은</u> 것은?

① 자음은 상형과 가획의 원리에 따라 만들었다.

② 한글 자모는 상형, 가획, 합성의 원리로 만들었다.

③ 'ㅏ'는 'ㅣ' 모음과 'ㅡ' 모음을 합성하여 만들었다.

④ 한글의 기본자는 어떤 대상의 모양을 본떠서 만들었다.

⑤ 'ㆁ, ㄹ, ㅿ'은 기본자의 모양을 본떴지만 소리 세기와는 관련이 없다.

32

'훈민정음'에 대한 설명으로 적절하지 <u>않은</u> 것은?

① 모음의 기본자는 'ㆍ, ㅡ, ㅣ'의 세 글자이다.

② 'ㅇ'은 목구멍 모양을 상형하여 만든 글자이다.

③ 사물의 모양을 본뜨는 상형의 원리가 반영되었다.

④ 문자라는 의미와 책이라는 의미를 동시에 가진다.

⑤ 'ㄲ, ㄸ' 등의 병서한 글자는 창제자 28자에 포함된다.

33

한글의 특징으로 적절하지 <u>않은</u> 것은?

① 28자의 자모를 가지고 많은 소리를 표현할 수 있다.

② 자음자는 그 모양을 통해 발음되는 위치를 가늠할 수 있다.

③ 'ㄴ'과 'ㄹ'은 발음되는 위치가 같고 계열이 같은 글자에 속한다.

④ 모음자는 발음 위치와 발음 방법을 반영한 글자이므로 소리의 변화를 시각적으로 확인할 수 있다.

⑤ 'ㄱ, ㄷ, ㅂ'에 가획하여 만든 글자는 'ㅋ, ㅌ, ㅍ'인데 이들은 글자 모양으로 소리의 차이를 반영하고 있다.

34

〈보기〉의 ㉠~㉤ 중 적절하지 <u>않은</u> 것은?

┤ 보기 ├

학생: 선생님, 한글이 어떤 점에서 우수한지 알려 주세요.
교사: 우선 한글은 ㉠음소 문자로, ㉡글자와 소리가 일대일로 대응되어 배우기가 쉽다는 장점이 있어. ㉢자모의 수가 적기 때문에 배우고 쓰기가 쉬운데, 적은 수의 한글 자모만으로도 ㉣어떤 외국어의 음운이라도 변별하여 표기하는 것이 가능해서 효율적이야. 또 ㉤음절 단위의 모아쓰기를 하기 때문에 독해에도 큰 도움이 돼.

① ㉠   ② ㉡   ③ ㉢   ④ ㉣   ⑤ ㉤

35 고난도

〈보기〉에 대한 이해로 적절하지 <u>않은</u> 것은?

┤ 보기 ├

㉠과 ㉡은 휴대 전화의 대표적인 한글 자판이다. 이 같은 입력 방식은 철자 하나를 입력하는 데 필요한 타수(打數)에서 영어보다 35% 정도 빠르다.

① 모음을 입력하기 위한 자판은 ㉡이 ㉠보다 많다.

② ㉠은 합성의 원리에 따라 'ㆍ, ㅡ, ㅣ'의 세 가지 요소를 조합하여 여러 가지 모음을 만든다.

③ ㉡의 '획 추가'는 가획의 원리를, '쌍자음'은 병서의 원리를 통해 자판에 없는 자음도 입력할 수 있다.

④ ㉠의 자음 자판은 가획의 원리에 따라 배열하였고, ㉡의 자음 자판은 훈민정음 기본자로 구성하였다.

⑤ '한글'을 입력하기 위해 ㉠은 'ㅎ—ㅣ—ㆍ—ㄴ—ㄱ—ㅡ—ㄹ' 순서로, ㉡은 'ㅇ—획 추가—ㅏ—ㄴ—ㄱ—ㅡ—ㄹ' 순서로 자판을 누른다.

36

〈보기〉는 세종 대왕의 한글 창제 정신을 알 수 있는 글이다. 〈보기〉를 이해한 내용으로 적절하지 <u>않은</u> 것은?

┤ 보기 ├

나랏말이 중국과 달라 한자와 서로 통하지 않으므로 어리석은 백성이 말하고자 하는 바가 있어도 끝내 그 뜻을 펴지 못하는 사람이 많다. 내가 이를 불쌍히 여겨 새로 스물여덟 글자를 만드니 사람마다 쉽게 익혀 날로 씀에 편하게 하고자 할 따름이다.

① 한글은 과학적이어서 쉽게 익혀 편하게 쓸 수 있다.

② 한글은 전에 없던 글자를 새로 만든 창조 정신의 산물이다.

③ 한글은 28글자만으로 우리말을 적을 수 있으므로 실용적이다.

④ 한글에는 중국을 바로 이해하고자 하는 정치 철학이 담겨 있다.

⑤ 한글을 제작한 목적에는 백성을 사랑하는 통치 철학이 담겨 있다.

37

〈보기〉를 통해 알 수 있는 한글의 창제 원리로 가장 적절한 것은?

┤ 보기 ├

　기본 글자 'ㄱ'에 획을 더하여 만든 'ㅋ'은 획이 더해지면서 'ㄱ'보다 소리가 좀 더 거세진다.

① 상형의 원리　　　　② 가획의 원리
③ 합성의 원리　　　　④ 철학적 원리
⑤ 이체의 원리

38

한글 창제 당시 모음에 대한 설명으로 적절하지 <u>않은</u> 것은?

① 기본자 'ㆍ, ㅡ, ㅣ'를 활용하여 모든 모음을 만들 수 있다.
② 기본자 'ㆍ, ㅡ, ㅣ'의 형태는 각각 하늘, 땅, 사람을 상징한다.
③ 초출자 'ㅏ, ㅓ, ㅗ, ㅜ'는 기본자 3개를 활용하여 만든 것이다.
④ 재출자 'ㅑ, ㅕ, ㅛ, ㅠ'는 초출자에 'ㅣ'를 합하여 만든 것이다.
⑤ 합용자 'ㅘ, ㅝ, ㅖ' 등은 이미 만들어진 모음을 활용하여 만든 것이다.

39

〈보기〉를 자음의 창제 원리와 관련하여 이해한 내용으로 적절하지 <u>않은</u> 것은?

┤ 보기 ├

'ㅅ, ㅈ, ㅊ'은 조음의 위치가 같다.

① 'ㅈ, ㅊ'의 기본 글자는 'ㅅ'이다.
② 'ㅅ'은 발음 기관을 본떠서 만든 것이다.
③ 'ㅈ, ㅊ'은 'ㅅ'과 형태적 유사성을 갖는다.
④ 'ㅈ, ㅊ'은 'ㅅ'에 비해 더 약한 소리로 발음된다.
⑤ 'ㅈ, ㅊ'을 조성할 때 가획의 원리가 적용되었다.

40

다음 문장에 쓰인 중성을 종류별로 바르게 분류한 것은?

> 홍식이 거록ㅎ야 붉은 긔운이 하늘을 쒸노더니

① ㆍ, ㅡ, ㅣ / ㅓ, ㅗ, ㅜ, ㅏ / ㅑ / ㅓ, ㅢ, ㅟ
② ㆍ, ㅡ, ㅣ / ㅏ, ㅑ, ㅗ, ㅜ, ㅓ / ㅣ, ㅢ, ㅟ
③ ㆍ, ㅓ / ㅡ, ㅣ, ㅢ / ㅏ, ㅑ, ㅗ, ㅜ, ㅟ / ㅓ
④ ㆍ, ㅓ / ㅓ, ㅗ, ㅜ, ㅏ / ㅑ / ㅡ, ㅣ, ㅢ / ㅟ
⑤ ㆍ, ㅡ, ㅣ / ㅓ, ㅓ, ㅗ, ㅜ, ㅏ / ㅑ / ㅢ / ㅟ

41

〈보기〉는 자음의 창제 원리를 정리한 것이다. ㉠~㉤에 들어갈 내용으로 적절하지 <u>않은</u> 것은?

┤ 보기 ├

기본자	제자 원리	가획자	이체자
ㄱ	혀뿌리가 목구멍을 막는 모양을 본뜸.	ㅋ	ㆁ
ㄴ	혀끝이 안쪽 윗잇몸에 닿은 모양	ㄷ	㉡
ㅁ	입모양을 본뜸.	㉢ ㅍ	
ㅅ	㉠	ㅈ ㅊ	㉣
ㅇ	목구멍 모양을 본뜸.	㉤ ㅎ	

① ㉠: 이 모양을 본뜸.　　② ㉡: ㅌ
③ ㉢: ㅂ　　　　　　　④ ㉣: ㅿ
⑤ ㉤: ㆆ

42

〈보기〉의 ㉠, ㉡에 해당하는 글자를 바르게 묶은 것은?

┤ 보기 ├

㉠ 초출자: 기본자에 'ㆍ'를 한 번 써서 만든 글자
㉡ 재출자: 기본자에 'ㆍ'를 두 번 써서 만든 글자

	㉠	㉡
①	ㆍ, ㅡ, ㅣ	ㅗ, ㅜ, ㅓ
②	ㅗ, ㅓ, ㅕ	ㅗ, ㅠ, ㅡ
③	ㅏ, ㅕ, ㅗ	ㅑ, ㅛ, ㅠ
④	ㅗ, ㅏ, ㅜ	ㅛ, ㅑ, ㅠ
⑤	ㅛ, ㅑ, ㅓ	ㅜ, ㅓ, ㅣ

43

〈보기〉는 훈민정음 창제 원리에 대한 기록이다. 〈보기〉의 ㉠에 들어갈 말로 가장 적절한 것은?

┤ 보기 ├

'ㅋ'은 'ㄱ'에 비해서 (　㉠　). 'ㄴ'과 'ㄷ', 'ㄷ'과 'ㅌ', 'ㅁ'과 'ㅂ', 'ㅂ'과 'ㅍ', 'ㅅ'과 'ㅈ', 'ㅈ'과 'ㅊ', 'ㅇ'과 'ㆆ', 'ㆆ'과 'ㅎ' 들은 그 소리에 따라 획을 더한 뜻이 모두 같다.

① 기존의 글자를 합성하여 쓰는 형태이다.
② 소리가 좀 세게 나기 때문에 획을 더한다.
③ 문자 형태가 발음의 특성을 나타내고 있다.
④ 더 앞쪽에서 나는 소리이기 때문에 획을 더한다.
⑤ 혀뿌리가 목구멍을 막는 모양이므로 이를 상형한다.

44 고난도

〈보기〉를 바탕으로 한글에 대해 설명한 내용으로 적절하지 <u>않은</u> 것은?

┤ 보기 ├

〈한글의 창제 원리〉

상형		가획		합용	
ㄱ	혀뿌리가 목구멍을 막는 모양		기본자	가획자	기본자	‥, ─, ㅣ
ㄴ	혀끝이 윗잇몸에 닿은 모양	어금닛소리	ㄱ → ㅋ		
ㅁ	입 모양	혓소리	ㄴ → ㄷ, ㅌ	초출자	ㅗ, ㅏ, ㅜ, ㅓ
ㅅ	이 모양	입술소리	ㅁ → ㅂ, ㅍ		
ㅇ	목구멍 모양	잇소리	ㅅ → ㅈ, ㅊ	재출자	ㅛ, ㅑ, ㅠ, ㅕ
‥	하늘 모양	목구멍소리	ㅇ → ㆆ, ㅎ		
─	땅 모양				
ㅣ	사람 모양				

① 자음의 기본자는 발음 기관의 모양을 본뜬 상형의 원리를 바탕으로 만들어졌다.

② 모음의 기본자는 하늘, 땅, 사람의 모양을 본뜬 상형의 원리를 바탕으로 만들어졌다.

③ 거센소리를 나타내는 글자는 가획의 원리를 활용하여 만들어졌다.

④ 합성의 원리를 고려할 때, 재출자는 초출자에 '‥'를 합성하여 만들어졌다.

⑤ 가획과 합성의 원리를 고려할 때, 가획자와 초출자는 기본자 간의 결합을 통해 만들어졌다.

45

〈보기〉는 한글의 창제 원리에 대한 설명이다. 〈보기〉의 ㉠~㉤에 해당하는 예로 적절하지 <u>않은</u> 것은?

┤ 보기 ├

자음					
기본자	ㄱ	ㄴ	ㅁ	ㅅ	ㅇ
가획자	ㅋ	㉠	㉡	ㅈ, ㅊ	㉢
이체자	ㆁ	ㄹ		ㅿ	

모음	
기본자	‥, ─, ㅣ
초출자	㉣
재출자	㉤

① ㉠: ㄷ, ㅌ　　② ㉡: ㅂ, ㅍ　　③ ㉢: ㆆ, ㅎ

④ ㉣: ㅑ　　⑤ ㉤: ㅘ

46

자음의 제자 원리와 관련한 설명으로 적절하지 <u>않은</u> 것은?

① 상형: 초성의 기본 글자는 발음 기관의 형상을 본떠 만들었다.

② 가획: 상형으로 만든 기본 글자에 획을 더하여 다른 글자들을 만들었다.

③ 이체: 가획자에 획을 더하는 방식으로 글자 모양에 소리의 세기를 반영하였다.

④ 병서: 이미 만든 글자들을 가로로 나란히 쓰는 방법이다.

⑤ 연서: 이미 만든 글자들을 세로로 나란히 쓰는 방법이다.

47

〈보기〉는 자음의 제자 원리에 대한 기록 및 설명이다. 〈보기〉의 ㉠에 들어갈 말로 가장 적절한 것은?

┤ 보기 ├

"(　㉠　)인 'ㄱ'은 혀뿌리가 목구멍을 막는 모양을 본떴다."

→ 'ㄱ' 소리를 발음할 때 혀의 모양을 옆에서 본다면 혀의 뒷부분, 즉 뿌리 부분이 입천장에 살짝 닿으면서 'ㄱ' 자 모양이 되는 것을 확인할 수 있다.

① 어금닛소리　　　② 혓소리

③ 입술소리　　　④ 잇소리

⑤ 목구멍소리

48

모음의 제자 원리 중 '상형의 원리'에 해당하는 설명으로 적절한 것은?

① 모음의 기본 글자 '‥'는 하늘의 둥근 모양을, '─'는 땅의 평평한 모양을, 'ㅣ'는 사람이 서 있는 모양을 본떴다.

② 모음 '─, ㅗ, ㅜ, ㅛ, ㅠ'는 초성의 아래에 붙여 쓰고 'ㅣ, ㅏ, ㅓ, ㅑ, ㅕ'는 초성의 오른 편에 붙여 쓰도록 만들었다.

③ 모음 'ㅗ'와 'ㅏ', 'ㅜ'와 'ㅓ'를 함께 사용하여 'ㅘ, ㅝ'를 만들고 'ㅘ, ㅝ'와 'ㅣ'를 함께 사용하여 'ㅙ, ㅞ'를 만들었다.

④ 모음 'ㅗ, ㅏ, ㅜ, ㅓ'는 '‥'를 '─'와 'ㅣ'에 결합하여 먼저 만들고 여기에 '‥'를 다시 결합하여 'ㅛ, ㅑ, ㅠ, ㅕ'를 만들었다.

⑤ 모음 'ㅑ, ㅕ, ㅛ, ㅠ'는 반모음 'ㅣ'가 앞서는 이중 모음으로 'ㅣ'나 '─'를 중심으로 각각 점이 두 개씩 찍혀 있는 모양이다.

49
한글의 제자 원리에 대한 설명으로 적절하지 않은 것은?

① 자음의 기본자 'ㄱ, ㄴ, ㅂ, ㅅ, ㅇ'은 발음 기관의 모양을 본떴다.
② 'ㅋ, ㅌ, ㅍ, ㅊ, ㅎ'은 기본자에 획을 더해 만든 글자이다.
③ 'ㄲ, ㄸ, ㅃ, ㅉ, ㅆ, ㄸ'과 같은 자는 자음자를 나란히 쓰는 방식을 취했다.
④ 모음의 기본자 'ㆍ, ㅡ, ㅣ'는 '하늘, 땅, 사람'의 모양을 본떴다.
⑤ 'ㅏ, ㅓ, ㅗ, ㅜ'는 기본자 'ㅣ', 'ㅡ'에 기본자 'ㆍ'를 결합하여 만든 글자이다.

50
〈보기〉의 ㉠~㉤ 중 'ㄱ'이 들어갈 위치로 가장 적절한 것은?

┤ 보기 ├
"ㄱ은 어금닛소리이니 군(君) 자의 처음 펼쳐 나는 소리와 같다."

기본자	㉠	㉡	㉢	㉣	㉤
가획자	ㅋ	ㄷ, ㅌ	ㅂ, ㅍ	ㅈ, ㅊ	ㅎ, ㅎ

① ㉠　　② ㉡　　③ ㉢　　④ ㉣　　⑤ ㉤

51 `신유형`
〈보기〉의 ㉠~㉢으로 만들어진 자음이 사용된 예를 올바르게 짝지은 것은?

┤ 보기 ├
　한글이 처음 만들어졌을 때 초성자를 합쳐서 적는 방법에는 병서와 연서의 두 가지가 있었다. 병서는 동일한 초성자를 나란히 붙여서 적는 ㉠각자 병서와 서로 다른 초성자를 나란히 붙여서 적는 ㉡합용 병서로 구분된다. ㉢연서는 두 개의 초성자를 세로로 붙여서 적는 방식이다.

	㉠	㉡	㉢		㉠	㉡	㉢
①	쓰	뿔	바	②	쓰	뿔	쑴
③	쑴	쓰	바	④	뿔	쑴	바
⑤	바	쓰	뿔				

52
다음 중 자음의 제자 원리가 다른 것은?

① ㄷ　　② ㄹ　　③ ㅂ　　④ ㅈ　　⑤ ㅋ

53
다음 중 모음의 제자 원리가 다른 것은?

① ㅑ　　② ㅐ　　③ ㅘ　　④ ㅝ　　⑤ ㅖ

54 `고난도`
〈보기〉를 바탕으로 한글에 대해 이해한 내용으로 적절하지 않은 것은?

┤ 보기 ├

[기본자]

초성자	조음 기관 상형 예 ㄱ, ㄴ, ㅁ, ㅅ, ㅇ
중성자	하늘, 땅, 사람 상형 예 ㆍ, ㅡ, ㅣ

[기본자 이외의 초성자와 중성자]

초성자	가획자	예 ㅋ, ㄷ, ㅌ, ㅂ, ㅍ, ㅈ, ㅊ, ㆆ, ㅎ
	이체자	예 ㆁ, ㄹ, ㅿ
중성자	초출자	예 ㅗ, ㅏ, ㅜ, ㅓ
	재출자	예 ㅛ, ㅑ, ㅠ, ㅕ

※종성의 경우 따로 문자를 만들지 않고 초성자를 다시 사용함.

① 자음과 모음의 기본자를 만들 때 모두 모양을 본뜨는 방식이 사용되었군.
② 'ㅌ'은 가획자이므로 'ㄴ'보다 소리의 세기가 강하겠군.
③ 'ㅿ'은 이체자이므로 'ㅅ'보다 소리의 세기가 강하겠군.
④ 재출자는 초출자 'ㅗ, ㅏ, ㅜ, ㅓ'와 'ㆍ'의 조합으로 만들어졌군.
⑤ 종성에 초성자를 다시 사용하도록 한 것은 초성과 종성이 공통적으로 자음의 성격을 지녔기에 가능했겠군.

55 `서술형` ✎
다음 표의 ㉠, ㉡에 해당하는 자음의 제자 원리를 서술하시오.

자음	제자 원리
ㄱ, ㄴ, ㅁ, ㅅ, ㅇ	㉠
ㄱ→ㅋ, ㄴ→ㄷ→ㅌ, ㅁ→ㅂ→ㅍ ㅅ→ㅈ→ㅊ, ㅇ→ㆆ →ㅎ	㉡

56 `서술형` ✎
다음의 휴대 전화 자판으로 '바다'를 입력할 때, 자음에 적용되는 한글 창제의 원리를 설명하시오.

57 2021학년도 3월 고1 전국연합학력평가 15번

〈보기〉는 수업의 일부이다. 선생님의 설명을 참고할 때 ㉠에 해당하는 것은?

┤ 보기 ├

선생님: 훈민정음의 초성 중 기본자는 발음 기관의 모양을 본뜨는 '상형'의 원리로 만들어졌어요. 'ㄱ'은 혀뿌리가 목구멍을 막는 모양을, 'ㄴ'은 혀가 윗잇몸에 닿는 모양을, 'ㅁ'은 입 모양을, 'ㅅ'은 이[齒] 모양을, 'ㅇ'은 목구멍 모양을 본뜬 것이에요. 기본자에 소리의 세기에 따라 획을 더하는 '가획'의 원리를 적용하여 가획자 'ㅋ, ㄷ, ㅌ, ㅂ, ㅍ, ㅈ, ㅊ, ㆆ, ㅎ'을 만들었고, 상형이나 가획의 원리를 적용하지 않고 별도로 이체자 'ㆁ, ㄹ, ㅿ'을 만들었지요. 중성은 하늘, 땅, 사람의 모양을 본떠서 기본자 'ㆍ, ㅡ, ㅣ'를 만들고, '합성'의 원리를 적용하여 초출자 'ㅗ, ㅏ, ㅜ, ㅓ'와 재출자 'ㅛ, ㅑ, ㅠ, ㅕ'를 만들었어요. 종성은 초성의 글자를 다시 사용했답니다. ㉠아래의 카드 중 [조건]을 모두 만족하는 글자 카드를 찾아볼까요?

┤ 조건 ├

• 초성: 이[齒] 모양을 본뜬 기본자에 가획하여 만든 글자
• 중성: 초출자 'ㅗ'에 기본자 'ㆍ'를 결합하여 만든 글자
• 종성: 상형이나 가획의 원리를 적용하지 않고 별도로 만든 글자

① 별 ② 좔 ③ 심 ④ 창 ⑤ 돌

58

〈보기〉를 바탕으로 '설음'과 '순음'에서 소리의 세기가 센 순서대로 올바르게 제시한 것은?

┤ 보기 ├

'ㅋ'은 'ㄱ'에 비해서 소리 나는 것이 조금 센 까닭으로 획을 더하였다. 'ㄴ'과 'ㄷ', 'ㄷ'과 'ㅌ', 'ㅁ'과 'ㅂ', 'ㅂ'과 'ㅍ', 'ㅅ'과 'ㅈ', 'ㅈ'과 'ㅊ', 'ㅇ'과 'ㆆ', 'ㆆ'과 'ㅎ' 들은 그 소리(소리가 더 세어지는 것)를 바탕으로 획을 더한 뜻은 모두 동일하다.

	아음	설음	순음	치음	후음	반설음	반치음
전청	ㄱ	ㄷ	ㅂ	ㅅ, ㅈ	ㆆ		
차청	ㅋ	ㅌ	ㅍ	ㅊ	ㅎ		
불청불탁	ㆁ	ㄴ	ㅁ		ㅇ	ㄹ	ㅿ

① 전청 > 차청 > 불청불탁 ② 전청 > 불청불탁 > 차청
③ 차청 > 전청 > 불청불탁 ④ 차청 > 불청불탁 > 전청
⑤ 불청불탁 > 차청 > 전청

59 2015학년도 대학수학능력시험 B형 14번

〈보기 1〉의 학생 의견과 관련된 한글의 제자 원리를 〈보기 2〉에서 찾아 바르게 짝지은 것은?

┤ 보기 1 ├

• 학생 1: 'ㄱ'의 글자 모양이 그 소리를 낼 때 혀뿌리가 목구멍을 막는 모양과 관련된다니 한글은 정말 대단해요.
• 학생 2: 휴대 전화 자판 중에는 'ㆍ, ㅡ, ㅣ'를 나타내는 3개의 자판만으로 모든 모음자를 입력하는 것도 있어서 참 편리해요.
• 학생 3: 〈예사소리〉 – 〈거센소리〉 – 〈된소리〉의 관계가 〈A〉 – 〈A에 획 추가〉 – 〈AA〉로 글자 모양에 나타나 있어서 참 체계적인 문자인 것 같아요.
• 학생 4: 'ㅁ'과 'ㅁ'에 획을 추가해서 만든 자음자들은 'ㅁ' 모양을 공통으로 포함하고 있는데, 이때 포함된 'ㅁ' 모양은 이들 자음자들의 공통된 소리 특징을 반영한 것이에요.
• 학생 5: 한글은 음절 단위로 모아쓰기를 하면서도 받침 글자를 따로 만들지 않았어요. 만약 그렇지 않았다면 지금보다 글자 수가 훨씬 많아졌을 거예요.

┤ 보기 2 ├

한글의 제자 원리

가. 초성자와 중성자의 기본자는 상형의 원리로 만들었다.
나. 기본자에 가획하여 새로운 초성자를 만들었다.
다. 초성자를 나란히 써서 또 다른 초성자로 사용하였다.
라. 기본자 외의 8개 중성자는 기본자를 합하여 만들었다.

① 학생 1 – 가, 나   ② 학생 2 – 다, 라
③ 학생 3 – 나, 다   ④ 학생 4 – 나, 라
⑤ 학생 5 – 가, 라

60

〈보기〉의 (가), (나)에 따른 표기의 사례를 모두 바르게 제시한 것은?

┤ 보기 ├

(가) ㅇ을 순음 아래 이어 쓰면 순경음이 된다.
(나) 초성 글자를 합하여 사용할 때에는 나란히 써라.

	(가)	(나)
①	ᄆᆞᆺ촘내	밍ᄀᆞ노니
②	ᄆᆞᆺ촘내	수비
③	밍ᄀᆞ노니	ᄯᆞ르미니라
④	수비	밍ᄀᆞ노니
⑤	수비	ᄯᆞ르미니라

22일 남북한의 언어

📖 함께 보기 | 필독 중학 국어 문법 175쪽으로!

개념 확인

남북한의 공통어

남한 - 표준 어	• 교양 있는 사람들이 두루 쓰는 현대 서울말 • 전 국민이 공통적으로 쓸 수 있는 자격을 부여받은 단어
북한 - 문화 어	• 근로 인민 대중이 사용하는 현대 평양말 • 언어생활의 기준으로 삼기 위해 규범화한 언어

두음 법칙

• 단어의 첫머리에 특정한 소리가 출현하지 못하는(머리 頭, 소리 흡) 현상
• 'ㅣ, ㅑ, ㅕ, ㅛ, ㅠ' 앞에서 'ㄹ'과 'ㄴ'이 나타나지 않거나, 'ㅏ, ㅗ, ㅜ, ㅡ, ㅐ, ㅚ' 앞에서 'ㄹ'이 'ㄴ'으로 변함.

■ 남북한 언어 차이의 원인

• 분단 이후 오랫동안 교류가 단절됨.
• 서로 다른 언어 정책에 따라 각각 말다듬기를 시행함.
• 지역적인 차이로 인한 방언이 각각의 표준말로 정착됨.
• 서로 다른 제도와 이념, 생활상 등이 반영된 어휘가 만들어짐.

■ 남북한 언어의 차이

구분	남한(표준어)	북한(문화어)
발음	두음 법칙을 인정함. 예 노인(老人), 여성(女性)	두음 법칙을 인정하지 않음. 예 로인, 녀성
억양 · 어조	• 대체로 낮은 억양으로 말함. • 부드럽게 흘러가는 자연스러운 느낌을 줌.	• 부정어를 높게 발음함. • 명확하고 또박또박하면서 강한 느낌을 줌.
어휘	• 한자어를 많이 사용함. 　예 어근 • 외래어를 그대로 사용하는 경우가 많음. 　예 터널, 시럽	• 고유어를 많이 사용함. 　예 말뿌리 • 외래어를 고유어로 바꾸어 사용하는 편임. 　예 차굴, 단물
표기	• 사이시옷 적음. 　예 시냇물 • 의존 명사를 앞말과 띄어 씀.	• 사이시옷 적지 않음. 　예 시내물 • 의존 명사를 앞말과 붙여 씀.
담화	완곡한 표현을 사용하기도 함. 예 언제 밥 한번 먹어요. 　→ 인사말로 이해함.	표면적 의미로 해석하려는 경향 예 언제 밥 한번 먹어요. 　→ 식사 약속을 잡자는 말로 이해함.

아하~ 함·정·넘·기

❶ '일없어요.'는 남북한에서 같은 뜻으로 쓰일까?
'일없다'라는 말은 남한에서는 '소용이나 필요가 없다.'라는 뜻으로 쓰이지만, 북한에서는 '괜찮다'라는 의미로 쓰입니다. 같은 형태와 발음의 단어이지만 뜻이 굉장히 다르다는 것을 알 수 있죠? 이러한 어휘의 차이는 남북한 사람들 사이의 원활한 의사소통에 장애가 될 수 있습니다. 발음이나 억양은 차이가 있다 하더라도 대화 상황에서 큰 어려움 없이 이해할 수 있어요. 하지만 어휘의 의미가 다르면 상대방이 무슨 말을 하고자 하는지 이해하는 데 어려움을 겪거나 오해를 할 수도 있답니다.

❷ '로동', '련락' 등 북한의 발음은 왜 그런 걸까?
남한에서는 두음 법칙을 인정하지만, 북한에서는 두음 법칙을 인정하지 않고 원래 음대로 발음합니다. 두음 법칙은 단어의 첫소리에 오는 음운과 관련이 있는 법칙인데, 크게 ① 'ㅏ, ㅗ, ㅜ, ㅡ, ㅐ, ㅚ' 앞에서 ㄹ이 ㄴ으로 바뀌는 것, ② 모음 'ㅣ' 또는 반모음 'ㅣ' 앞에서 'ㄹ'과 'ㄴ'이 나타나지 않는 것으로 나누어 볼 수 있습니다. 단어의 첫머리가 아닌 경우에는 두음 법칙이 적용되지 않으므로 '남녀(男女)', '은닉(隱匿)'과 같이 원래 음대로 적어야 합니다.

[1~4] 다음 설명이 맞으면 ○표, 틀리면 ×표 하시오.

1 북한에서는 남한과 달리 두음 법칙을 인정하지 않는다.
...... (   )

2 북한에서는 남한에 비해 강하고 드센 느낌의 어조를 사용한다.
...... (   )

3 북한에서는 남한과 달리 외래어를 가급적 한자어로 바꾸어 사용하는 편이다.
...... (   )

4 북한에서는 남한에 비해 완곡하고 우회적인 표현을 많이 활용하는 편이다.
...... (   )

[5~10] 다음 예문을 보고, 밑줄 친 부분이 남북한의 언어 중 어디에 해당하는지 바르게 표시하시오.

	예문	남한	북한
5	<u>먹을만큼만</u> 가져다 먹어라.		
6	양심에 따라 행동해야 한다.		
7	지금 가는 <u>데</u>가 어디인데?		
8	그와 <u>련락</u>이 간신히 닿았다.		
9	나는 <u>나룻배</u>를 타고 강을 건넜다.		
10	그녀는 <u>낙천적</u>인 성품을 타고났다.		

11 두음 법칙이 적용된 단어가 아닌 것은?

① 내일(來日)   ② 노동(勞動)   ③ 역사(歷史)
④ 연세(年歲)   ⑤ 쾌락(快樂)

12 북한에서 외래어를 순우리말로 순화하여 사용하는 말로 볼 수 없는 것은?

① (소시지 →) 고기순대   ② (시럽 →) 단물
③ (볼펜 →) 원주필   ④ (노크 →) 손기척
⑤ (터널 →) 차굴

13 북한에서 한자어를 순우리말로 순화한 결과 나타난 말로 볼 수 없는 것은?

① (어근 →) 말뿌리   ② (인물화 →) 사람그림
③ (주택 →) 살림집   ④ (마찰음 →) 스침소리
⑤ (화장실 →) 위생실

14 남북한의 의사소통에 가장 큰 장애물이라고 할 수 있는 것은?

① 발음   ② 어순   ③ 어조   ④ 어휘   ⑤ 표기

[15~19] 빈칸에 들어갈 내용을 〈보기〉에서 찾아 쓰시오.

┤ 보기 ├
• ㄴ   • ㄹ   • ㅇ
• 고유어   • 외래어   • 한자어

15 북한에서는 단어의 첫머리일 때 'ㅏ, ㅗ, ㅜ, ㅡ, ㅐ, ㅚ' 앞에서도 'ㄹ'이 '(   )'으로 바뀌지 않는다.

16 남한에서는 단어의 첫머리일 때 'ㅏ, ㅗ, ㅜ, ㅡ, ㅐ, ㅚ' 앞에서 '(   )'이 'ㄴ'으로 바뀐다.

17 남한에서는 단어의 첫머리일 때 'ㅣ, ㅕ, ㅛ, ㅠ' 앞에서 '(   ), ㄹ'이 나타나지 않는다.

18 남한에서는 북한에 비해 (   )와 한자어를 많이 사용하는 편이다.

19 북한에서는 남한에 비해 (   )를 많이 사용하는 편이다.

[20~23] 초성을 참고하여 빈칸에 들어갈 적절한 말을 쓰시오.

20 '교양 있는 사람들이 두루 쓰는 현대 서울말'로, 남한의 공통어를 ㅍ ㅈ ㅇ 라고 한다.

21 문화어는 '근로 인민 대중이 사용하는 현대 평양말'로, ㅂ ㅎ 의 공통어이다.

22 북한에서는 합성어를 표기할 때 '장마비', '시내물'과 같이 ㅅ ㅇ ㅅ ㅇ 을 거의 적지 않는다.

23 북한에서는 '할수 없다'와 같이 ㅇ ㅈ 명사를 앞말과 붙여 쓴다.

[24~30] 다음 글을 읽고 괄호 안에 들어갈 적절한 말을 각각 고르시오.

남북은 24 (분단 / 통일) 이전까지 한 민족으로서 오랫동안 25 (같은 / 다른) 말과 글을 사용해 왔다. 지금도 다소 차이는 있지만 서로 의사소통이 가능하다. 남북의 언어 차이의 원인으로는 분단 이후 오랫동안 26 (교류 / 합류)가 없었고, 서로 다른 언어 정책으로 27 (말 고치기 / 말다듬기)를 하고, 남한의 서울말, 북한의 평양말처럼 28 (사회적 / 지역적)인 차이로 인한 방언이 각각의 표준말로 정착되었으며, 서로 다른 정치 체제 및 29 (이념 / 이상), 생활상 등이 반영된 30 (문법 / 어휘)가 만들어졌다는 점 등을 들 수 있다.

31
남북한 언어에 대한 설명으로 적절하지 <u>않은</u> 것은?

① 뿌리가 같다고 할 수 있다.
② 사회적 요인에 의해 분화했다.
③ 문장 구조에서 가장 큰 차이를 보인다.
④ 이념과 제도에 의한 어휘 차이를 보인다.
⑤ 맞춤법의 경우 모두 형태주의 원칙을 바탕으로 한다.

32
남북한 언어에 차이가 생긴 이유로 가장 적절한 것은?

① 남북한이 다른 나라이기 때문에
② 남북한의 경제적 격차가 커졌기 때문에
③ 언어는 시간이 지나면 저절로 변하기 때문에
④ 분단으로 인해 자유롭게 왕래를 하지 못했기 때문에
⑤ 남한 말은 그대로인데 북한 말이 생소하게 변했기 때문에

33
남북한의 말다듬기에 대한 설명으로 적절하지 <u>않은</u> 것은?

① 남북한은 모두 말다듬기를 했다.
② 남한은 다듬은 말을 거의 쓰지 않는다.
③ 북한은 1960년대 이래 말다듬기를 하였다.
④ 북한은 한자어와 외래어를 고유어로 다듬어 사용한다.
⑤ 북한은 다듬은 말의 사용을 국가 차원에서 강제하고 있다.

34
다음 북한어 중에서 외래어, 한자어 등을 대상으로 다듬은 말이 <u>아닌</u> 것은?

① 살림집   ② 무더기비   ③ 나뉜옷
④ 젖먹임칸   ⑤ 천리마운동

35
남북한 말소리에 대한 설명으로 적절하지 <u>않은</u> 것은?

① 남북한의 표준 발음은 기본 원칙에 차이가 있다.
② 남북한의 표준 발음은 서로 다른 지역의 말을 바탕으로 한다.
③ 남한은 두음 법칙을 인정하지만, 북한은 인정하지 않는다.
④ 남북한은 모두 자음 동화가 일어난 발음을 표준 발음으로 인정하지 않는다.
⑤ 남한은 합성어에서 된소리되기 현상이 일어난 경우 된소리만 발음하는 것을 원칙으로 한다.

36
북한의 표준 발음이 <u>아닌</u> 것은?

① [량심](良心)   ② [심리](心理)   ③ [독닙](獨立)
④ [례외](例外)   ⑤ [가위빱](가위 + 밥)

37
남북한의 문장과 문법의 차이에 대한 설명으로 적절하지 <u>않은</u> 것은?

① 남북한의 문장 구조는 비슷하다.
② 남북한의 문체와 문법에는 차이가 드러난다.
③ 남한에서는 '되다' 앞의 보어에 조사 '이'를 사용한다.
④ 북한에서는 '되다' 앞의 보어에 조사 '으로'가 호응된다.
⑤ 남한에서는 일부 형용사의 연결형에 '나다'가 이어지기도 한다.

38
남북한 표기의 규범에 대한 설명으로 적절하지 <u>않은</u> 것은?

① 남한은 북한에 비해 띄어쓰기를 더 많이 한다.
② 북한은 합성어에서 사이시옷을 표기하지 않는다.
③ 남한은 두음 법칙을 적용한 표기를 하고, 북한은 그렇지 않다.
④ 남북한의 표기 규범은 모두 표음주의가 표의주의에 항상 우선한다.
⑤ 남북한의 표기 규범은 모두 조선어학회의 '한글 맞춤법 통일안'을 바탕으로 한다.

39
남북한의 언어 동질화를 위해 기울여야 할 노력으로 적절하지 <u>않은</u> 것은?

① 언어 이질화를 막아야 한다는 의식을 가진다.
② 남북한 공동으로 남북 통합 사전을 편찬한다.
③ 남북한 언어 차이의 실태와 원인을 파악한다.
④ 남북한 모두 동질화를 위한 언어 정책을 펴야 한다.
⑤ 이질적인 언어를 줄이기 위해 말다듬기 사업은 중지해야 한다.

40
북한의 말다듬기 사업의 결과로 만들어진 말이 <u>아닌</u> 것은?

① 손기척 (← 노크)   ② 문지기 (← 골키퍼)
③ 전기여닫개 (← 스위치)   ④ 날래 (← 빨리)
⑤ 튀어나오기 (← 팝업)

41 고난도
〈보기〉는 북한의 언어를 보여 주는 글이다. 〈보기〉를 이해한 내용으로 적절하지 않은 것은?

| 보기 |

　아흐레갈이의 어제와 오늘, 래일을 상징하는 듯싶은 세 사람은 깊은 감회에 젖어 벌을 둘러본다. 오늘따라 밭은 무연히 넓기도 하다. 되살아난 땅, 넓어진 땅… 용팔이가 다가왔다.
　"할아버지, 이젠 밭이 이렇게 더 넓어지구 또 지금은 뜨락또르*로 씽씽 갈아엎는 세월인데 아흐레갈이의 이름을 좀 새 맛이 나게 고쳐야 하지 않을까요?"
　박달신은 단호히 고개를 젓는다.
　"아니다. 이름은 그대로 둬야 한다. 우리 어버이께서 임명하신 세포위원장이랑 그때 사람들이 지어 놓은 이름이 아니냐."
　　　　　　　　　　　　　　　　　　　　　　－ 강철, 「아흐레갈이」(2012)

＊뜨락또르: 트랙터.

① '아흐레갈이'는 외래어를 한자어로 고치는 북한의 말다듬기 사업의 결과로 새로 쓰이는 어휘이다.
② 남한에서는 두음 법칙을 인정하므로 '래일'이 아니라 '내일'이라고 발음한다.
③ '뜨락또르'처럼 북한에서는 러시아어의 발음에 따라 외래어를 수용한 경우가 많다.
④ 북한의 이념과 제도가 반영된 '어버이'라는 단어는 남한에서 사용하는 '어버이'라는 단어와 의미에서 차이가 있다.
⑤ '세포위원장'의 '세포'는 남한에서 생물학적 용어로 사용하는데 북한에서는 '어떤 집단에서 기층 단위가 되는 조직'이라는 뜻으로 쓰인다.

42
〈보기〉의 밑줄 친 부분의 예로 가장 적절한 것은?

| 보기 |

　남북한의 언어 사이에는 형태나 발음이 같은 단어라도 서로 다른 의미로 사용되는 경우도 있고, 같은 의미를 뜻하지만 형태가 서로 다른 경우도 있다.

① 남한의 '화장실'을 북한에서는 '위생실'이라 한다.
② 남한의 '노크(knock)'를 북한에서는 '손기척'이라 한다.
③ '노인(老人)'을 남한에서는 '노인', 북한에서는 '로인'이라고 발음한다.
④ '소행(所行)'은 남한에서는 부정적 의미로, 북한에서는 긍정적 의미로 사용된다.
⑤ 북한어에서는 남한어에 비해 강하고 드센 느낌의 어조를 사용하는 편이다.

43
남북한의 맞춤법에 대한 설명으로 적절하지 않은 것은?

① 남북한의 맞춤법은 모두 분단 전에 조선어학회가 제정한 '한글 맞춤법 통일안'을 바탕으로 하였다.
② '먹을 만큼 가져가라.'의 '먹을 만큼'을 북한에서는 '먹을만큼'으로 표기한다.
③ 남한에서 '여자', '소녀'라고 표기하는 것을 북한에서는 '녀자', '소여'라고 표기한다.
④ '밥을 다 먹어 버렸다.'의 '먹어 버렸다'를 남한에서는 '먹어버렸다' 또는 '먹어 버렸다'로, 북한에서는 '먹어버렸다'로 표기한다.
⑤ 남북한의 맞춤법은 모두 단어가 서로 다르게 발음되는 경우가 있더라도 그것이 같은 단어일 경우에는 언제나 같은 형태로 표기해야 한다는 원칙을 따른다.

44 신유형
〈보기〉를 통해 알 수 있는 남북한의 언어 차이로 가장 적절한 것은?

| 보기 |

[북한] 일남이는 고기를 잡느라고 물참봉이 된 바지를 억이 막혀 내려다 보았다.
　"야, 너 물고기구 뭐구 어서 바지나 짜 입어라."
　"일 없어. 난 오늘 물고기를 꼭 잡아야 해. 못 잡으면 꽝포쟁이가 되거던."

[남한] 일남이는 고기를 잡느라고 물에 흠뻑 젖은 바지를 기가 막힌다는 표정으로 내려다보았다.
　"야, 너 물고기고 뭐고 어서 바지나 짜 입어라."
　"괜찮아. 난 오늘 물고기를 꼭 잡아야 해. 못 잡으면 허풍쟁이가 되거든."

① 외래어의 수용 여부가 다르다.
② 한자어의 사용 빈도가 다르다.
③ 의존 명사의 띄어쓰기가 다르다.
④ 두음 법칙의 적용 여부가 다르다.
⑤ 유사한 의미에 대한 어휘가 다르다.

45
다음 중 사회 제도의 차이로 인한 북한의 독특한 어휘로 볼 수 없는 것은?

① 강냉이(옥수수)　　　　② 일군(정치 활동가)
③ 교양(정치사상 교육)　 ④ 사업(정치적인 활동)
⑤ 원수(최고 지도자에 대한 존칭)

46

〈보기〉를 참고할 때, 남북한 언어의 담화에서 나타나는 특징으로 적절하지 **않은** 것은?

┤ 보기 ├

북한 이탈 주민들은 남한에서 하는 의례적인 인사말을 진심으로 알고 기다리는 경우가 많다. 또 거절 표현을 할 때 상대가 기분 나빠지지 않게 배려하기보다는 자신의 생각을 직접적으로 나타내며 거절해 오해를 사는 경우도 있다. 사과 표현의 경우 북한에서는 거리감이 느껴져 '미안하다'라는 말을 잘 하지 않는 편이다. 하지만 남한에서는 잘못을 했을 때 상대가 사과를 원하는 경우가 많아 북한 이탈 주민이 정착 초기에 어려움을 느꼈다고 한다. 감사 표현의 경우도 감사 표현에 서툰 북한 이탈 주민들은 남한 사람들이 감사 표현을 너무 자주 한다고 느끼며, 칭찬받고 칭찬하는 경험이 많지 않아 칭찬하는 것 자체를 어색하게 생각하는 사람들이 많다.

	남한	북한
인사	의례적인 인사를 주고받음. ……… ①	의례적인 인사말을 진심으로 알고 기다림.
거절	상대가 기분 나빠지지 않게 배려하면서 거절하는 것을 중시함.	자신의 생각을 직접적으로 표현해 오해를 사기도 함. ………… ②
사과	직접적인 사과가 예의에 어긋난다고 생각하는 편임. ………… ③	거리감이 느껴져 '미안하다'는 말을 잘 하지 않음. ……… ④
감사 /칭찬	감사 표현과 칭찬을 잘함.	감사 표현과 칭찬을 어색해하는 경향이 있음. ………………… ⑤

47

북한어의 특징에 대한 설명으로 적절하지 **않은** 것은?

① '노동(勞動)'을 '로동'으로 발음하는 것에서 알 수 있듯이, 두음 법칙을 인정하지 않는다.
② '나룻배'를 '나루배'로 표기하는 것에서 알 수 있듯이, 합성어에서 사이시옷을 적지 않는다.
③ 보조 용언을 본용언에 붙여 쓰는 것에서 알 수 있듯이, 남한에 비해 띄어쓰기를 많이 하지 않는다.
④ '일 없습니다.'(=괜찮습니다.)에서 알 수 있듯이, 남한에 비해 직설적인 표현을 피하고 우회적으로 말한다.
⑤ '차굴'(터널), '내굴찜'(훈제) 등에서 알 수 있듯이, 외래어, 한자어를 순우리말로 순화하여 사용하는 경우가 많다.

48 고난도

〈보기〉는 남한에서 인정하고 있는 두음 법칙의 내용을 정리한 것이다. ㉠~㉤에 대한 설명으로 적절하지 **않은** 것은?

┤ 보기 ├

㉠ 원래 한자가 '녀, 뇨, 뉴, 니'로 소리 나야 하는 것이 낱말의 첫소리에서 '여, 요, 유, 이'로 소리가 나면 바뀐 대로 적는다.
㉡ 의존 명사로 쓰이는 '냐, 녀'는 본음대로 적는다.
㉢ 접두사처럼 쓰이는 한자가 붙어서 된 말이나 합성어에서, 뒷말의 첫소리가 'ㄴ' 소리로 나더라도 두음 법칙에 따라 적는다.
㉣ 모음이나 'ㄴ' 받침 뒤에 이어지는 '렬, 률'은 '열, 율'로 적는다.
㉤ 준말에서 본음으로 소리 나는 것은 본음대로 적는다.

① ㉠은 'ㄴ'이 어두에서 'ㅇ'으로 변하므로 음운의 교체 현상이라고 할 수 있다.
② ㉡에 따라 '년(年)'은 '백 년(年) 동안 기다렸다.'라고 적어야 한다.
③ ㉢의 예로는 '신여성, 공염불' 등이 있다.
④ ㉣에 따라 '비율(比率)', '선율(旋律)', '사분오열(四分五裂)' 등으로 적어야 한다.
⑤ ㉤에 따라 '국제연합'을 '국련', '환경운동연합'을 '환경련'으로 적는다.

49

〈보기〉를 통해 알 수 있는 남북한 언어의 차이점으로 가장 적절한 것은?

┤ 보기 ├

남한에서 '동무'는 '늘 친하게 어울리는 사람'이라는 뜻인데 북한에서는 '이념이나 사상을 같이하는 사람으로, 자기와 동등하거나 낮은 사람을 부를 때 쓰는 말'로 '당신', '동지'의 뜻으로 쓰이고 있다.

① 말은 같지만 의미가 다른 경우가 있다.
② 의미는 같지만 말이 다른 경우가 있다.
③ 발음은 같지만 표기가 다른 경우가 있다.
④ 표기는 같지만 발음이 다른 경우가 있다.
⑤ 남한에서는 사라진 말이 북한에서는 쓰이는 경우가 있다.

50

남북한 언어의 차이를 극복하기 위한 방안으로 적절하지 않은 것은?

① 남북 언어 차이의 실상을 정확하게 파악한다.
② 남북한의 어휘를 담은 통합 사전을 편찬한다.
③ 남북한 언어와 관련하여 학술 교류를 자주 한다.
④ 민간 교류 대신에 정부 차원의 교류만 진행한다.
⑤ 남북한의 어문 규정을 조화시킨 통일안을 준비한다.

51 고난도

〈보기〉는 남북한의 말을 대조한 것이다. ㉠~㉤을 탐구한 결과로 적절하지 않은 것은?

보기		
	남한	북한
㉠	'女子'를 '여자'로 적고 [여자]로 발음함.	'女子'를 '녀자'로 적고 [녀자]로 발음함.
㉡	'스커트(skirt)', '냉수욕' 등의 어휘를 사용함.	'양복치마', '찬물미역' 등의 어휘를 사용함.
㉢	[초뿔]로 발음되는 '초+불'의 합성 명사를 '촛불'로 적음.	[초뿔]로 발음되는 '초+불'의 합성 명사를 '초불'로 적음.
㉣	'되-+-어'를 '되어'로 적고 [되어/되여]의 발음을 모두 인정함.	'되-+-어'를 '되여'로 적고 [되여]의 발음만 인정함.
㉤	한글 맞춤법에서 'ㅃ'의 이름을 '쌍비읍'이라고 규정함.	조선말 규범집에서 'ㅃ'의 이름을 '된비읍'이라고 규정함.

① ㉠: 남한에서는 두음 법칙을 적용하여 표기에도 반영하는데 북한에서는 두음 법칙이 발음과 표기에 적용되지 않는군.
② ㉡: 남한에서는 외래어와 한자어를 그대로 사용하는데 북한에서는 고유어를 더 많이 사용하는군.
③ ㉢: 남한에서는 합성 명사에서 일어나는 사잇소리 현상을 표기에 반영하는데 북한에서는 사잇소리 현상이 발음과 표기에 적용되지 않는군.
④ ㉣: 어미 '-어' 앞에 반모음 'ㅣ'가 첨가되어 발음되는 현상을 남한에서는 표기에 반영하지 않는데 북한에서는 표기에 반영하는군.
⑤ ㉤: 한글 자모의 명칭이 남북한 언어 규정에서 차이를 보이기도 하는군.

52

두음 법칙을 고려할 때, 단어의 표기가 적절하지 않은 것은?

① 나는 양심(良心)에 따라 행동했다.
② 그는 농사 방법의 개량(改良)에 힘썼다.
③ 범인 은닉(隱匿)은 결코 작은 죄가 아니다.
④ 그녀는 워낙 낙천적(樂天的)인 성품을 타고 났다.
⑤ 우리 학교의 남여(男女) 혼성 합창단은 아주 유명하다.

53

남북한의 공통어에 대한 설명으로 적절한 것만을 〈보기〉에서 모두 고른 것은?

| 보기 |
㉠ 표준어는 전 국민이 공통적으로 쓸 수 있는 자격을 부여받은 단어이다.
㉡ 문화어는 북한에서, 언어생활의 기준으로 삼기 위해 규범화한 언어이다.
㉢ 표준어와 문화어는 각각 서울말과 평양말을 중심으로 이루어졌다.

① ㉠　　　　② ㉡　　　　③ ㉠, ㉢
④ ㉡, ㉢　　　⑤ ㉠, ㉡, ㉢

54 서술형

'졸업 년도'가 아니라 '졸업 연도'라고 적는 이유를 두음 법칙을 고려하여 서술하시오.

55 서술형

남북한 언어의 이질화에도 불구하고 남북한 사람들 사이에 서로 의사소통이 가능한 이유를 30자 이내로 쓰시오.

56 서술형

〈보기〉를 통해 알 수 있는 북한어의 특징을 30자 이내로 쓰시오.

| 보기 |
스포츠 경기에서도 남북한의 용어에는 차이가 크다.			
남한	패스	슛	드리블	리바운드
북한	련락	투사	곱침	판공 잡기

57 서술형

남북한 언어의 차이는 어휘에서 가장 심하게 드러난다. 그 이유를 두 가지 이상 서술하시오.

58

〈보기〉는 남한과 북한의 어문 규정 일부이다. 이를 탐구한 내용으로 적절하지 <u>않은</u> 것은?

┤ 보기 ├

● 남한의 [표준 발음법]

제10항 겹받침 'ㄳ', 'ㄵ', 'ㄼ, ㄽ, ㄾ', 'ㅄ'은 어말 또는 자음 앞에서 각각 [ㄱ, ㄴ, ㄹ, ㅂ]으로 발음한다.

   예 넋[넉] 앉다[안따] 넓다[널따] 핥다[할따] 값[갑]

   다만, '넓-'은 다음과 같은 경우에 [넙]으로 발음한다.

   (2) 넓-죽하다[넙쭈카다] 넓-둥글다[넙뚱글다]

● 북한의 [문화어 발음법]

제8항 받침자모와 받침소리의 호상관계는 다음과 같다.

   1) 받침 《ㄳ, ㄺ, ㅋ, ㄲ》의 받침소리는 무성자음 앞에서와 발음이 끝날 때에는 [ㄱ]으로 발음한다.

   례: ― 넋살[넉쌀] 늙다[늑따], 부엌[부억], 낚시[낙시]

   3) 받침 《ㄼ, ㅍ, ㅄ, ㅍ》의 받침소리는 무성자음 앞에서와 발음이 끝날 때에는 [ㅂ]으로 발음한다.

   례: 넓지[넙찌], 읊다[읍따], 없다[업따], 값[갑]

   그러나 형용사말줄기끝의 받침 《ㄼ》은 《ㄱ》 앞에서 [ㄹ]로 발음하며 《여덟》은 [여덜]로 발음한다.

   례: 넓게[널께], 짧고[짤꼬]

① '넋'은 남한과 북한에서 모두 [넉]으로 발음하겠군.

② '값도'는 남한과 북한에서 모두 [갑또]로 발음하겠군.

③ '넓지'는 남한과 북한에서 모두 [넙찌]로 발음하겠군.

④ 겹받침은 남한과 북한에서 모두 특정한 자음으로 바꾸어 발음하는군.

⑤ 남북한의 어문 규정에는 모두 특정 단어의 겹받침 발음에 대한 예외가 제시되어 있군.

59

〈보기〉는 북한의 말을 정리한 것이다. ㉠~㉤에 대한 설명으로 적절하지 <u>않은</u> 것은?

┤ 보기 ├

㉠ '老人'을 '로인'으로 적고 [로인]으로 발음한다.

㉡ '아는것이 힘이다.'처럼 불완전명사(의존 명사)는 앞말에 붙여 쓴다고 규정하였다.

㉢ '소나무', '다달이'처럼 합성어를 이룰 때 빠진 소리가 있으면 빠진 대로 적는다.

㉣ '소시지' 대신 '고기순대'라는 어휘를, '인물화' 대신 '사람그림'이라는 어휘를 사용한다.

㉤ 조선글(한글)을 쓸 때는 왼쪽으로부터 오른쪽으로 가로쓰는 것을 기본으로 한다고 규정하였다.

① 북한에서는 두음 법칙이 발음과 표기에 적용되지 않는다.

② 북한에서는 의존 명사를 적을 때 띄어쓰기를 하지 않는다.

③ 북한에서는 합성어를 적을 때 음운의 탈락 현상을 표기에 반영하지 않는다.

④ 북한에서는 외래어, 한자어보다는 고유어를 더 선호하여 사용하는 경향이 있다.

⑤ 북한에서도 남한과 마찬가지로 문자를 써 나가는 방식으로 가로쓰기를 채택하고 있다.

60

〈자료〉를 참고하여 〈보기〉의 밑줄 친 부분의 이유를 추론한 내용으로 가장 적절한 것은?

┤ 보기 ├

'동무'라는 말은 원래는 우리나라 전체에서 썼었지만, 북한에서 러시아어 "tovarishch"(친구, 동지)의 번역으로 쓰이게 된 다음부터 <u>남한에서는 잘 쓰지 않게 되었다.</u>

┤ 자료 ├

동무 「명사」

① '친구'의 옛말.

   ¶ 그는 어려서부터 동무들을 좋아했다.

② ['일/놀이/소꿉… 동무'의 꼴로 쓰이어] 어떤 일을 같이 하면서 친하게 잘 어울리는 사람.

   ¶ 그의 소꿉동무 하나가 결혼했다는 소식을 들었다.

③ (북한에서) 노동 계급의 혁명을 이룩하기 위해 함께 싸우는 사람을 친근하게 이르는 말.

   ¶ 김 동무! 동무는 어떠한 곤란이라도 극복하여 나갈 수 있다는 것을 나는 믿고 동무를 당 중앙 상임 위원으로 발탁하는 것이오.

① 북한에서 '동무'라는 말을 '친구'의 의미로 사용하여 이에 따른 혼란을 방지하기 위해서

② 북한에서 '동무'라는 말을 부정적인 의미로 사용하지만 남한에서는 긍정적으로 사용해서

③ 북한에서 '동무'라는 말을 사용하지 않게 되자 남한에서도 덩달아 사용하지 않게 되어서

④ 북한에서 '동무'라는 단어를 예전과 다른 의미로 사용하여 남한 사람들에게 거부감을 주어서

⑤ 북한에서는 '동무'를 언어 정책에 따라 적극적으로 보급하였지만 남한에서는 이런 정책을 시행하지 않아서

1

담화에 관한 설명으로 적절하지 않은 것은?

① 담화의 구성 요소는 화자, 청자, 맥락, 발화이다.

② 맥락은 담화의 흐름이나 의미 해석에 중요한 영향을 미친다.

③ 담화가 완결된 구조를 이루려면 내용적 측면의 통일성, 형식적 측면의 응집성을 갖추어야 한다.

④ 접속 표현은 구절과 구절, 문장과 문장을 이어 주는 기능을 하는 것으로, 응집성을 높일 수 있다.

⑤ 지시 표현은 이미 언급한 내용의 반복을 피해 다른 표현으로 대신하는 것으로, 응집성을 높일 수 있다.

2

담화의 유형에 대한 설명으로 적절하지 않은 것은?

① 정보 제공 담화는 대상에 대한 정보나 지식을 전달하는 것으로, 강의, 뉴스, 보고서 등이 속한다.

② 호소 담화는 상대방의 마음을 움직여 무엇인가를 하도록 유도하는 것으로, 광고, 연설 등이 속한다.

③ 약속 담화는 어떠한 행위를 하겠다고 약속하는 것으로, 맹세, 선서, 계약서 등이 속한다.

④ 사교 담화는 주로 심리적 정서를 전달하여 관계를 원활히 하려는 것으로, 잡담, 문안 편지 등이 속한다.

⑤ 선언 담화는 새로운 사태에 대한 자기 집단의 방침을 내부적으로 다짐하는 것으로, 환영 인사, 설교 등이 속한다.

3

밑줄 친 말이 〈보기〉의 ㉠에 해당하지 않는 것은?

┤ 보기 ├

　보조사는 체언, 부사, 용언의 어미 등에 붙어서 어떤 특별한 뜻을 더해 준다. 국어에서는 ㉠보조사를 통해 화자의 심리적 태도를 나타낼 수도 있다.

① 그 남자는 키는 큰데, 사람이 좀 싱거워.

② 고기만 골라 먹지 말고 야채도 같이 먹어라.

③ 그는 적지 않은 나이임에도 아이처럼 순진하다.

④ 너는 선생님께 허락을 받아야만 조퇴할 수 있다.

⑤ 며느리가 빚은 송편이 맛뿐 아니라 모양까지 좋구나.

4

〈보기〉의 ㉠의 예로 적절하지 않은 것은?

┤ 보기 ├

　직접 발화란 발화의 형식과 화자의 의도가 일치하는 것이고, ㉠간접 발화란 발화 의도와 관련된 언어 형식을 쓰지 않고 화자의 의도를 드러내는 것이다.

① (에어컨 앞에 앉은 친구에게)

　학생 1: 좀 춥지 않아?

　학생 2: 에어컨 온도를 좀 올려 줄게.

② (데이트에 늦은 여자 친구에게)

　남자 친구: 지금 몇 시야?

　여자 친구: 화 많이 났구나. 미안해.

③ (숙제를 하지 않고 게임만 하는 아들에게)

　엄마: 너 숙제 있지 않니?

　아들: 딱 이번 판까지만 깨고 할게요.

④ (수업 종이 친 다음에도 떠드는 학생에게)

　선생님: 수업 좀 시작해도 될까?

　학생: 죄송합니다. 조용히 하겠습니다.

⑤ (식당에서 메뉴를 고민하며)

　손님: 여기는 뭐가 제일 잘 나가요?

　점원: 저희 가게는 로제 떡볶이가 유명해요.

5

〈보기〉의 밑줄 친 발화가 의미하는 바로 가장 적절한 것은?

┤ 보기 ├

　(무거운 짐을 혼자 옮기다가 우연히 만난 친구에게)

　"너 혹시 지금 많이 바빠?"

① 자기가 친구보다 바쁘다는 의미이다.

② 친구가 바쁘다는 것을 부정하는 의미이다.

③ 친구가 지금 바쁜 이유가 궁금하다는 의미이다.

④ 바쁘지 않으면 짐을 같이 들어 달라는 의미이다.

⑤ 많이 바쁜 친구를 만나게 되어 반갑다는 의미이다.

6 서술형

〈보기〉에서 통일성을 해치고 있는 발화를 찾아서, 첫 어절과 마지막 어절을 옮겨 적으시오.

보기

(요리 교실에서 오징어 손질법을 알려 주는 상황)

강사: 지금부터 생물 오징어 손질법을 알려 드리겠습니다. 먼저 내장부터 분리해 볼게요. 오징어 몸통에 손가락을 넣어 내장을 분리한 후 다리를 잡아당겨 내장을 꺼내면 됩니다. 그리고 칼끝을 이용해서 오징어 눈과 오징어 입을 제거하세요. 남한의 오징어를 북한에서는 낙지라고 한답니다. 그 다음에는 원하는 길이로 다리를 잘라 주시면 됩니다. 마지막으로 머리 부분에 칼집을 넣고 껍질을 벗겨 주시면 오징어 손질이 전부 끝납니다.

7

〈보기〉를 바탕으로 훈민정음의 자음에 대해 탐구한 내용으로 적절하지 않은 것은?

보기

훈민정음의 자음은 발음 기관을 상형하여 기본자를 만들고, 기본자에 획을 더하여 기본자보다 소리가 더 세게 나는 가획자를 만들었다. 각각의 기본자와 가획자는 같은 위치에서 나는 소리를 나타낸다. 그런데 'ㆁ, ㄹ, ㅿ'은 각각 'ㄱ, ㄴ, ㅅ'과 소리 나는 위치는 같지만, 가획의 방법에 따라 만든 글자가 아니기 때문에 이체자라고 한다.

	어금닛소리	혓소리	입술소리	잇소리	목청소리
기본자	ㄱ	ㄴ	ㅁ	ㅅ	ㅇ
가획자	ㅋ	ㄷ, ㅌ	ㅂ, ㅍ	ㅈ, ㅊ	ㆆ, ㅎ
이체자	ㆁ	ㄹ		ㅿ	

① 'ㅋ'은 기본자 'ㄱ'에 가획을 한 것이군.
② 'ㅿ'은 기본자 'ㅅ'에 가획을 한 것이군.
③ 'ㆆ'은 'ㅇ'보다 소리가 더 세게 나겠군.
④ 'ㄴ'과 'ㄹ'은 같은 위치에서 소리가 나겠군.
⑤ 'ㄱ, ㄴ, ㅁ, ㅅ, ㅇ'는 모두 모양을 본뜨는 방식으로 만들어진 것이군.

8

〈보기〉를 통해 알 수 있는 훈민정음 모음에 대한 설명으로 적절하지 않은 것은?

보기

"가운뎃소리는 모두 열한 자(字)다. [ㆍ]는 혀를 오그라지게 해서 조음하고 소리는 깊으니, … 모양이 둥근 것은 하늘을 본뜬 것이다. [ㅡ]는 혀를 조금 오그라지게 해서 조음하고 소리는 깊지도 얕지도 않으니, … 모양이 평평함은 땅을 본뜬 것이다. [ㅣ]는 혀를 오그라들지 않게 조음하고 소리가 얕으니, … 그 모양이 서 있는 꼴은 사람을 본뜬 것이다."

– 『훈민정음 제자해』

① 'ㅡ'는 'ㆍ'와 달리 글자 모양이 평평하다.
② 'ㆍ'는 'ㅣ'와 달리 발음할 때 얕은 소리가 난다.
③ 'ㅣ'는 'ㆍ'와 달리 발음할 때 혀가 오그라들지 않는다.
④ 'ㆍ, ㅡ, ㅣ'는 가운뎃소리 열한 자에 속하는 글자이다.
⑤ 'ㆍ, ㅡ, ㅣ'는 모두 모양을 본뜨는 방식으로 만들어졌다.

9

〈보기 1〉의 ㉠~㉤을 〈보기 2〉의 ⓐ, ⓑ에 해당하는 예시가 포함된 것으로 올바르게 분류한 것은?

보기 1

㉠나랏말ᄊᆞ미 中듕國귁에 달아 (…)
제 ㉡ᄠᅳ들 시러 펴디 ㉢몯ᄒᆞᇙ 노미 하니라 (…)
날로 ㉣ᄡᅮ메 便뼌安안킈 ㉤ᄒᆞ고져

– 『세종어제훈민정음』

보기 2

창제 당시 훈민정음은 28자로, 이 중 'ㅿ', 'ㆁ', 'ㆆ', 'ㆍ'는 ⓐ현대 국어에서 사용되지 않는 글자이다. 초성자를 가로로 나란히 붙여 써서 추가로 글자를 만든 것을 병서라고 하는데, ⓑ서로 다른 자음자를 나란히 적은 것도 있고 서로 같은 자음자를 나란히 적은 것도 있다.

	ⓐ의 예시	ⓑ의 예시
①	㉠, ㉤	㉡, ㉢, ㉣
②	㉡, ㉣	㉠, ㉢, ㉤
③	㉢, ㉤	㉠, ㉡, ㉣
④	㉠, ㉡, ㉣	㉢, ㉤
⑤	㉠, ㉢, ㉤	㉡, ㉣

10

한글의 제자 원리에 대한 설명으로 적절하지 <u>않은</u> 것은?

① 자음의 기본자는 상형의 원리를 바탕으로 만들어졌다.

② 모음의 재출자는 초출자에 'ㆍ'를 합성하여 만들어졌다.

③ 거센소리를 나타내는 글자는 가획의 원리를 활용하여 만들어졌다.

④ 이체자는 가획자에 획을 더해 만들었으며 획을 더한 의도도 가획자와 같다.

⑤ 종성자의 경우 글자를 따로 만들지 않고 초성자를 다시 사용하도록 하였다.

11

〈보기〉의 ㉠에 들어갈 내용으로 가장 적절한 것은?

┤ 보기 ├

　한글은 정보화 사회에 유용하게 사용될 수 있는 문자이다. 왜냐하면 한글은 　　㉠　　, 컴퓨터와 스마트폰과 같은 디지털 기기에서 정보를 빠르게 검색할 수 있게 한다. 이는 정보의 검색과 전송 속도가 개인뿐 아니라 국가의 경쟁력과도 직결되는 정보화 사회에서 큰 의미를 지닌다.

① 배우고 사용하기 쉽기 때문에

② 자음과 모음을 모아쓰기 때문에

③ 발음 기관의 모양을 본떠 만들었기 때문에

④ 글자의 모양이 소리의 차이를 반영하기 때문에

⑤ 천(天)·지(地)·인(人)의 원리가 담겨 있기 때문에

12

〈보기〉를 통해 알 수 있는 한글의 우수성으로 가장 적절한 것은?

┤ 보기 ├

　"비록 바람 소리, 학의 울음, 닭의 홰치는 것, 개가 짖는 것일지라도 모두 이 글자를 가지고 쓸 수 있다."
　　　　　　　　　　　　　　　　　－『훈민정음 해례본』

① 한글은 발음 기관의 모양을 본떠서 만든 과학적인 문자이다.

② 한글은 전에 없던 글자를 독창적으로 새롭게 만들어 낸 창의적인 문자이다.

③ 한글은 자음자와 모음자 28자만으로 다양한 소리를 표기할 수 있는 효과적인 문자이다.

④ 한글은 백성들이 문자 생활을 누릴 수 있게 하려는 위정자의 애민 정신이 반영된 문자이다.

⑤ 한글은 하늘, 땅, 사람이 우주의 만물을 구성한다는 성리학적 이념을 담고 있는 철학적인 문자이다.

13 〔서술형 ✎〕

〈보기〉를 통해 알 수 있는, 모음에 나타나는 한글 창제의 원리를 설명하시오.

┤ 보기 ├

왼쪽의 휴대 전화 자판으로 '아우'를 입력할 때는 'ㅇ→ㅣ →ㆍ→ㅇ→ㅡ→ㆍ'순으로, '여유'를 입력할 때는 'ㅇ→ㆍ→ㆍ→ㅣ →ㅇ→ㅡ→ㆍ→ㆍ' 순으로 자판을 누른다.

14

〈보기〉의 ㉠을 드러내는 사례로 적절하지 <u>않은</u> 것은?

┤ 보기 ├

　남북한의 언어 차이에는 지역 방언의 성격과 ㉠사회 방언의 성격이 모두 드러난다. 북한의 공통어는 평양말을 중심으로 한다는 점에서 서울말을 중심으로 하는 남한의 공통어와 지역적인 차이가 있다. 남과 북의 사회적인 체제 차이로 일부 단어의 의미가 달라진 점이나 북한에서는 문화어 운동 등을 지속적으로 전개하여 외래어나 한자어를 고유어로 순화한 점 등에서 남북한 언어의 사회적인 차이가 나타난다.

① 남한에서는 '채소'라고 하고, 북한에서는 '남새'라고 한다.

② 남한에서는 '노크(knock)'라고 하고, 북한에서는 '손기척'이라고 한다.

③ 남한에서는 '골키퍼(goalkeeper)'라고 하고, 북한에서는 '문지기'라고 한다.

④ 남한에서는 '동무'가 '늘 친하게 어울리는 사람'을 의미하지만, 북한에서는 '동무'가 '동등하거나 낮은 계급에 속하는 혁명 동지'를 부를 때 쓰인다.

⑤ 남한에서는 '반동'이 '어떤 작용에 대하여 그 반대로 작용함'을 의미하지만, 북한에서는 '반동'이 '공산주의 사회로의 발전을 방해하는 각종 요소들'을 비판하기 위해 쓰인다.

15

〈보기〉의 ㉠, ㉡의 예로 적절하지 <u>않은</u> 것은?

┤ 보기 ├

남북한의 언어 사이에는 ㉠형태나 발음이 같은 단어라
도 서로 다른 의미로 사용되는 경우도 있고, ㉡같은 의미
를 뜻하지만 형태가 서로 다른 경우도 있다.

① ㉠: '동무'는 남한에서는 '친구'의 뜻으로, 북한에서는
'혁명 동지'의 뜻으로 사용된다.
② ㉠: '소행'은 남한에서는 부정적 의미로, 북한에서는 긍
정적 의미로 사용된다.
③ ㉠: '女子'는 남한에서는 '여자'로, 북한에서는 '녀자'로
발음된다.
④ ㉡: 남한의 '화장실'을 북한에서는 '위생실'이라고 한다.
⑤ ㉡: 남한의 '주택'을 북한에서는 '살림집'이라고 한다.

16

〈보기〉에서 알 수 있는 북한어의 특징으로 가장 적절한 것
은?

┤ 보기 ├

북한의 〈조선말규범집〉에서는 '모르면서 아는체 하는
것은 나쁜 버릇이다.'와 같이 의존 명사를 앞말에 붙여 쓰
도록 규정하고 있다. 또 '먹고싶다', '가르쳐주다'처럼 보
조 용언도 붙여 쓴다.

① 남한에 비해 직설적인 표현을 많이 한다.
② 남한에 비해 띄어쓰기를 많이 하지 않는다.
③ 남한에 비해 외래어와 한자어를 많이 쓰지 않는다.
④ 남한과 달리 합성어에서 사이시옷을 표기하지 않는다.
⑤ 남한과 달리 두음 법칙을 적용하지 않고 원음대로 표기
한다.

17

남북한의 공통어에 대한 설명으로 적절하지 <u>않은</u> 것은?

① 남한의 공통어는 '표준어', 북한의 공통어는 '문화어'라
고 한다.
② 남한의 공통어는 서울말을, 북한의 공통어는 평양말을
중심으로 한다.
③ 남북한의 공통어에서 가장 차이가 심하게 나는 것은 문
장 구조이다.
④ 남북한의 공통어에서 사용하고 있는 한글 자모의 수와
종류는 동일하다.
⑤ 남북한의 공통어에서 표기는 모두 조선어학회의 '한글
맞춤법 통일안'을 바탕으로 한다.

18

다음 중 북한어의 특징에 대한 설명으로 적절하지 <u>않은</u> 것
은?

① 발음: 두음 법칙을 인정하지 않는다.
② 억양: 대체로 명확하고 강한 느낌을 준다.
③ 표기: 합성어에서 사이시옷을 표기하지 않는다.
④ 어휘: 외래어를 고유어로 바꾸어 사용하는 편이다.
⑤ 담화: 직접 발화보다는 간접 발화를 선호하는 편이다.

19

〈보기〉를 통해 알 수 있는 남북한 언어의 차이점으로 가장
적절한 것은?

┤ 보기 ├

남한에서는 '세포'가 생물체를 이루는 기본 단위를 의
미하는 것이 일반적이다. 그런데 북한에서는 정당이나
단체의 기반이 되는 조직, 특히 공산당의 말단 조직을 '세
포'라고 하여 '당 세포', '세포 위원장'과 같이 사용한다.

① 남한과 북한에서 발음은 같지만 표기가 다른 경우가 있다.
② 남한과 북한에서 표기는 같지만 발음이 다른 경우가 있다.
③ 단어는 같지만 남한과 북한에서 쓰이는 의미가 다른 경
우가 있다.
④ 남한과 북한에서 쓰이는 의미는 같지만 단어가 다른 경
우가 있다.
⑤ 남한에서는 정치적 의미로 쓰이는 말이 북한에서는 일
상적 의미로 쓰이는 경우가 있다.

20 〔서술형〕

〈보기〉의 ㉠, ㉡에 들어갈 말을 쓰시오.

┤ 보기 ├

표준어	문화어
노동, 내일	로동, 래일
여성, 연세	녀성, 년세

표준어 '노동, 내일'과 문화어 '로동, 래일'을 비교해 보
면, 표준어에서는 (㉠)이/가 낱말의 첫소리에
나타나지 않는다는 것을 알 수 있다. 또한 표준어에서는
'녀, 뇨, 뉴, 니'가 낱말의 첫소리에 나타나지 않지만, 문
화어에서는 이러한 소리가 첫소리에 나타난다. 즉 문화
어에서는 표준어와 달리 (㉡)을/를 인정하지 않
는다.

㉠: _____, ㉡: _____

23일 음운의 변동 1 - 교체

📖 함께 보기 | 필독 중학 국어 문법 181쪽으로!

개념 확인

음운의 변동이 일어나는 이유
발음을 좀 더 쉽고 편하게 하기 위해 일어나는 경우가 많음.

음운 변동의 종류

교체	한 음운이 다른 음운으로 바뀜. 예 국민[궁민]
탈락	원래 있던 음운이 없어짐. 예 놓아[노아]
첨가	없던 음운이 추가됨. 예 맨입[맨닙]
축약	두 음운이 합쳐져 하나로 됨. 예 축해[추카]

음절의 끝소리 7개 자음을 쉽게 외우는 방법
'가느다란 물방울'의 첫소리를 기억하자.

■ 교체
어떤 음운이 환경에 따라 다른 음운으로 바뀌는 것

음절의 끝소리 규칙	음절의 끝소리에 'ㄱ, ㄴ, ㄷ, ㄹ, ㅁ, ㅂ, ㅇ'의 일곱 소리 이외의 자음이 오면 이 일곱 자음 가운데 하나의 소리로 바뀜. 예 낮[낟], 숲[숩], 히읗[히읃]
비음화	비음(ㄴ, ㅁ, ㅇ)이 아닌 소리가 비음의 영향으로 비음으로 바뀜. (코 鼻, 소리 音, 될 化) 예 국물[궁물]: ㄱ + ㅁ → ㅇ + ㅁ
유음화	'ㄴ'이 'ㄹ'의 앞이나 뒤에서 'ㄹ'로 바뀜. (흐를 流, 소리 音, 될 化) 예 실눈[실룬]: ㄹ + ㄴ → ㄹ + ㄹ
구개음화	• 끝소리가 'ㄷ', 'ㅌ'인 형태소가 모음 'ㅣ'나 반모음 'ㅣ'로 시작되는 형식 형태소와 만나면 'ㄷ', 'ㅌ'이 구개음 'ㅈ', 'ㅊ'으로 바뀜. 　예 굳이[구지]: ㄷ + ㅣ → ㅈ + ㅣ • 'ㄷ' 뒤에 접미사 '-히-', '-하-'가 붙어 '티'를 이루는 경우 '치'로 바뀜. 　예 갇히다[가치다]: ㄷ + ㅎ + ㅣ → ㅌ + ㅣ → ㅊ + ㅣ
된소리되기	예사소리였던 것이 특정한 환경에서 된소리로 바뀜. 예 국밥[국빱]: ㄱ + ㅂ → ㄱ + ㅃ
반모음화	모음으로 끝나는 어간이 모음으로 시작하는 어미와 만나면 어간의 모음이 반모음으로 바뀜. 예 그리- + -어 → 그려, 보- + -아 → 봐

■ 자음 동화
비음화와 유음화를 묶어서 '자음 동화'라고도 함. (같을 同, 될 化)
- **동화의 방향에 따라**
  - 순행 동화: 앞 자음의 영향을 받아 뒤 자음이 바뀜. 예 종로[종노]
  - 역행 동화: 뒤 자음의 영향을 받아 앞 자음이 바뀜. 예 진로[질로]
- **동화의 정도에 따라**
  - 완전 동화: 두 자음이 서로 같게 바뀜. 예 진로[질로]
  - 불완전 동화: 두 자음이 비슷하게 바뀜. 예 종로[종노]

아하~ 함·정·넘·기

❶ '굳이[구디 → 구지]'는 구개음화가 일어나는데, '잔디'는 왜 구개음화가 일어나지 않을까?
구개음화는 'ㄷ'이나 'ㅌ'으로 끝나는 말 뒤에 'ㅣ'로 시작하는 형식 형태소가 결합할 때 일어납니다. '잔디'나 '마디', '티'는 하나의 형태소이기 때문에 구개음화가 일어나지 않습니다.

❷ '밭이랑'의 올바른 발음은 [바치랑]? [반니랑]?
앞의 설명처럼 구개음화는 뒤에 형식 형태소가 결합할 경우에 일어납니다. 따라서 '이랑'이 형식 형태소인 조사로 쓰였다면 구개음화가 일어난 [바치랑]이 올바른 발음이고, '이랑'이 실질 형태소인 명사로 쓰였다면 음절의 끝소리 규칙과 'ㄴ' 첨가, 비음화가 일어난 [반니랑]이 올바른 발음입니다.

[1~5] 다음 설명이 맞으면 ○표, 틀리면 ×표 하시오.

1 한 음운이 다른 음운으로 바뀌는 것을 '교체'라고 한다.
...... (   )

2 비음화와 유음화, 구개음화는 모두 교체에 해당한다.
...... (   )

3 음운 변동은 표기를 쉽게 하기 위해 일어난다.
...... (   )

4 '끝을[끄틀]'에서는 음운 변동이 일어나지 않았다.
...... (   )

5 음절의 끝소리에 올 수 있는 자음은 'ㄱ, ㄴ, ㄷ, ㄹ, ㅁ, ㅂ, ㅅ' 일곱 개뿐이다.   ...... (   )

[6~15] 다음 단어의 올바른 발음을 쓰시오. (단, 장음 표시는 생략함.)

6 부엌   .... (   )

7 숲길   .... (   )

8 굳이   .... (   )

9 협조   .... (   )

10 학문   .... (   )

11 침략   .... (   )

12 국수   .... (   )

13 연락처   .... (   )

14 실내화   .... (   )

15 쇠붙이   .... (   )

[16~20] 초성을 참고하여 빈칸에 들어갈 적절한 말을 쓰시오.

16 발음할 수 있는 최소의 언어 단위를 ㅇㅈ 이라고 한다. '곰'에서 ㅇㅈ 의 끝소리는 'ㅁ'이다.

17 입 안의 통로를 막고 코로 공기를 내보내면서 내는 소리인 ㅂㅇ 에는 'ㄴ', 'ㅁ', 'ㅇ'이 있다.

18 국어에서 ㅇㅇ 은 'ㄹ' 하나뿐이다.

19 (경)구개음은 ㅎㅂㄷ 과 센입천장 사이에서 나는 소리로 'ㅈ', 'ㅉ', 'ㅊ'이 여기에 해당한다.

20 국어의 자음 중 ㄷㅅㄹ 에는 'ㄲ', 'ㄸ', 'ㅃ', 'ㅆ', 'ㅉ'이 있다.

[21~25] 다음 단어를 발음할 때 일어나는 음운의 변동을 찾아 바르게 연결하시오.

21 한낮[한낟]   •   • ㉠ 비음화

22 국밥[국빱]   •   • ㉡ 유음화

23 국물[궁물]   •   • ㉢ 구개음화

24 난로[날:로]   •   • ㉣ 음절의 끝소리 규칙

25 볕이[벼치]   •   • ㉤ 된소리되기

[26~30] 밑줄 친 단어의 발음으로 적절한 것을 고르시오.

26 나는 밤마다 마당에 나가서 줄넘기[줄럼기 / 줄럼끼]를 한다.

27 새벽에 바닷가에 가서 해돋이[해도디 / 해도지]를 보았다.

28 나는 아직 한라산[할라산 / 한:나산]에 가 본 적이 없다.

29 앞날[압날 / 암날]을 걱정만 하지 말고 지금 최선을 다하자.

30 두 정상은 양국의 협력[혐녁 / 혐력] 방안을 모색했다.

31

다음을 참고할 때, 음운의 변동이 일어나지 <u>않는</u> 것은?

> 음운이 놓인 환경에 따라 발음이 달라지는 현상을 음운의 변동이라고 한다.

① 무지개   ② 소낙비
③ 먹구름   ④ 함박눈
⑤ 봄바람

32

〈보기〉를 고려할 때, 음운 변동이 일어나는 이유로 가장 적절한 것은?

> ┤ 보기 ├
> • '광한루'의 발음
>   [광:할루] (○)   [광:한루] (×)
>
> • '백록담'의 발음
>   [뱅녹땀] (○)   [백록담] (×)

① 우리말을 순화시키기 위해
② 표기를 편리하게 하기 위해
③ 다양한 의미를 창조하기 위해
④ 발음을 쉽고 편하게 하기 위해
⑤ 음절을 정확하게 전달하기 위해

33 고난도

〈보기〉의 예로 적절하지 <u>않은</u> 것은?

> ┤ 보기 ├
> 음운의 변동 중에서 어떤 음운이 환경에 따라 다른 음운으로 바뀌는 것을 '교체'라고 한다.

① 섭리[섬니]   ② 장점[장쩜]
③ 논리[놀리]   ④ 한낮[한낟]
⑤ 맨입[맨닙]

34

〈보기〉의 음운 변동이 나타나지 <u>않은</u> 것은?

> ┤ 보기 ├
> 국어에서 음절의 끝소리 자리에는 'ㄱ, ㄴ, ㄷ, ㄹ, ㅁ, ㅂ, ㅇ'의 일곱 소리만 올 수 있다. 이외의 자음이 오면 이 일곱 자음 가운데 하나의 소리로 바뀐다.

① 대낮   ② 짚신   ③ 들녘
④ 법학   ⑤ 꽃다발

35

음절의 끝소리 규칙이 일어나지 <u>않는</u> 것은?

① 텃밭   ② 부엌   ③ 읍내
④ 빛깔   ⑤ 낱개

36

다음 지명의 발음으로 적절하지 <u>않은</u> 것은?

① 청라[청나]   ② 왕십리[왕:심리]
③ 전라도[절라도]   ④ 속리산[송니산]
⑤ 독립문[동님문]

37 신유형

㉠~㉲ 중 음운 변동이 일어난 것만 있는 대로 고른 것은?

> 〈오늘의 식단〉
> ㉠ 현미밥   ㉡ 소불고기
> ㉢ 톳무침   ㉣ 두부전
> ㉤ 깍두기   ㉥ 된장국

① ㉠, ㉢, ㉤   ② ㉡, ㉢, ㉣
③ ㉢, ㉤, ㉥   ④ ㉠, ㉡, ㉢, ㉥
⑤ ㉠, ㉣, ㉤, ㉥

38 고난도
〈보기〉의 ㉠, ㉡의 예를 모두 바르게 짝지은 것은?

┤ 보기 ├

두 개의 자음이 이어서 소리가 날 때, 소리 내기 쉽도록 어느 한쪽이 다른 쪽의 소리를 닮거나, 서로 닮는 방향으로 변동하는 것을 '자음 동화'라고 한다. 자음 동화에는 ㉠비음화와 ㉡유음화가 있다.

	㉠	㉡
①	먹물[멍물]	중력[중:녁]
②	비빔밥[비빔빱]	실내[실래]
③	입는[임는]	막내[망내]
④	묻는[문는]	순리[술:리]
⑤	난리[날:리]	국민[궁민]

39
〈보기〉의 빈칸에 들어갈 단어로 적절한 것은?

┤ 보기 ├

순행 동화란 [   ]와/과 같이 뒤의 음운이 앞의 음운의 영향을 받아 그와 비슷하거나 같게 소리 나는 현상을 뜻한다.

① 곡물   ② 편리   ③ 작년
④ 설날   ⑤ 햇나물

40 고난도
밑줄 친 낱말 중 동화의 방향이 나머지와 다른 것은?

① 이번 경기는 너만 믿는다.
② 실내에서는 조용히 해 주세요.
③ 네 속마음은 어떤지 알고 싶어.
④ 그는 평생을 진리 탐구에 매달렸다.
⑤ 급하게 먹는 바람에 체하고 말았어.

[41~42] 다음 글을 읽고 물음에 답하시오.

음운이 서로 이어질 때, 어느 한쪽이 다른 쪽의 영향을 받아 그와 같은 소리로 바뀌는 음운 현상을 ㉠'완전 동화'라고 한다. 예를 들어 '실내'는 'ㄹ'과 'ㄴ'이 만나면서 'ㄴ'이 'ㄹ'의 영향을 받아 'ㄹ'로 바뀌어 [실래]로 발음된다.

이와 달리 어떤 음운이 주위에 있는 다른 음운의 영향을 받아서 그 소리와 비슷하게 바뀌는 음운 현상을 '불완전 동화'라고 한다. 예를 들어 ㉡'국물'은 'ㄱ'과 'ㅁ'이 만나 'ㄱ'이 콧소리(비음)인 'ㅁ'의 영향을 받아 콧소리(비음)인 'ㅇ'으로 바뀌어 [궁물]로 발음된다.

41
㉠의 예로 적절한 것은?

① 백로   ② 진리   ③ 속물
④ 물론   ⑤ 국화

42
㉡과 같이 비음화가 일어나는 것은?

① 종로   ② 밀양   ③ 선릉
④ 문래   ⑤ 익산

43 신유형
〈보기〉는 수업의 일부이다. 빈칸에 들어갈 단어로 적절한 것은?

┤ 보기 ├

선생님: 음운 변동 중 교체가 일어날 때 앞 음절의 종성과 뒤 음절의 초성 자리에 놓인 두 음운이 만나서 그중 하나가 바뀌는 경우가 있습니다. 먼저 뒤 음절의 초성 자리에 놓인 음운이 바뀌는 단어부터 말해 볼까요?
학생: (   )이/가 그 경우에 해당합니다.

① 먹물   ② 중력   ③ 집념
④ 진리   ⑤ 전염

44

다음 설명에 해당하는 음운의 변동이 일어나는 낱말이 들어 있는 문장은?

> 끝소리가 'ㄷ', 'ㅌ'인 형태소가 모음 'ㅣ'나 반모음 'j'로 시작되는 형식 형태소와 만나면 그것이 구개음 'ㅈ', 'ㅊ'이 되거나, 'ㄷ' 뒤에 형식 형태소 '히'가 올 때 'ㅎ'과 결합하여 이루어진 'ㅌ'이 'ㅊ'이 된다.

① 티끌만큼의 오차도 있어서는 안 된다.
② 집집마다 화단에 꽃이 활짝 피어 있었다.
③ 삼촌은 배추씨를 심기 위해 밭에 나가셨다.
④ 신문을 샅샅이 읽었지만 그런 기사는 없었다.
⑤ 발표할 때마다 혀가 굳어서 제대로 말하지 못해.

45

밑줄 친 부분에서 일어나는 음운의 변동이 나머지와 다른 것은?

① 늦잠을 자서 지각을 했다.
② 솥이나 냄비를 준비하면 돼.
③ 들판에는 가을걷이가 한창이다.
④ 이 사진을 게시판에 붙이면 어떨까?
⑤ 모처럼 보인 햇볕이 너무도 반가웠다.

46

〈보기〉의 밑줄 친 단어와 같이 비음화가 일어나는 것은?

> ┤ 보기 ├
> 많은 애국지사의 희생으로 우리나라는 마침내 독립을 이루어 낼 수 있었다.

① 같이   ② 급류   ③ 국가
④ 신랑   ⑤ 앞뜰

47

〈보기〉에서 설명하는 음운 변동의 예로 적절하지 않은 것은?

> ┤ 보기 ├
> 된소리되기는 'ㄱ, ㄷ, ㅂ, ㅅ, ㅈ'과 같은 예사소리가 'ㄲ, ㄸ, ㅃ, ㅆ, ㅉ'과 같은 된소리로 바뀌어 소리 나는 음운 현상이다.

① 신다[신따]   ② 밟고[밥꼬]
③ 발전[발쩐]   ④ 담지[담찌]
⑤ 볶음[보끔]

48 고난도

〈보기〉의 음운 변동이 일어난 것은?

> ┤ 보기 ├
> 음절의 종성에 마찰음, 파찰음이 오거나 파열음 중 거센소리나 된소리가 올 경우, 모두 파열음의 예사소리로 교체된다. 이는 종성에서 발음될 수 있는 자음의 종류가 제한됨을 알려 준다.

① 값이[갑씨]   ② 추억[추억]
③ 꽂힌[꼬친]   ④ 눈빛[눈삗]
⑤ 많고[만코]

49

다음 단어를 발음할 때 일어나는 음운 변동만으로 묶인 것은?

> 개울녘[개울력]

① 비음화, 유음화
② 유음화, 된소리되기
③ 유음화, 구개음화
④ 비음화, 음절의 끝소리 규칙
⑤ 유음화, 음절의 끝소리 규칙

50
㉠에서와 같은 음운의 변동이 일어나는 것은?

> 무를 다 ㉠뽑느라 고생이 많았구나.

① 민다   ② 듣는   ③ 맡지
④ 숨네   ⑤ 짓게

51 신유형
〈보기〉를 탐구한 내용으로 적절하지 않은 것은?

> ┤ 보기 ├
> ㉮ 옷이[오시], 옷을[오슬]
> ㉯ 옷+안[오단], 옷+아래[오다래]

① ㉮에는 음운 변동이 일어나지 않았다.
② ㉯에는 음절의 끝소리 규칙이 적용되었다.
③ ㉮와 같은 이유로 '옷에'는 [오세]로 발음한다.
④ ㉯와 같은 이유로 '옷 위'는 [오뒤]로 발음한다.
⑤ ㉯에서는 ㉮에서와 달리 음운의 개수가 늘어났다.

52 고난도
〈보기〉의 예로 들기에 적절하지 않은 것은?

> ┤ 보기 ├
> 모음으로 끝나는 어간에 모음으로 시작하는 어미가 연결되면 모음 충돌이 일어나는데, 그 결과로 어간의 모음이 반모음 'ǰ'나 'w'로 바뀌어 뒤에 오는 어미와 결합하여 한 음절로 줄어든다. 이를 '반모음화'라고 한다. '피어'가 '펴'로 바뀌는 것이 이에 해당한다.

① 견디- + -어 → 견뎌
② 담그- + -아 → 담가
③ 오- + -아서 → 와서
④ 맞추- + -어 → 맞춰
⑤ 그리- + -어 → 그려

53
㉠과 ㉡에 공통으로 일어난 음운의 변동은?

> • 이것은 콩이고, 저것은 ㉠팥이다.
> • ㉡여닫이문이 고장 나서 출입하기 힘들다.

① 비음화   ② 유음화
③ 구개음화   ④ 된소리되기
⑤ 음절의 끝소리 규칙

54 서술형
다음과 같이 발음 과정을 구조화했을 때, ㉠과 ㉡에서 발생한 음운 변동에 대하여 서술하시오.

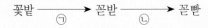

꽃밭 ──㉠──→ 꼳밭 ──㉡──→ 꼳빹

55 서술형
〈보기 1〉을 바탕으로, 〈보기 2〉의 질문에 대한 적절한 답을 20자 내외의 한 문장으로 서술하시오.

> ┤ 보기 1 ├
> 명사와 명사가 결합하여 합성 명사가 될 때 된소리되기가 일어나는 경우도 있다. 이러한 된소리되기는 두 단어가 대등한 관계일 때는 잘 일어나지 않지만, 앞말이 뒷말의 '시간, 장소, 용도' 등을 나타낼 때는 잘 일어난다.

> ┤ 보기 2 ├
> 질문: 같은 합성어인데 '손바닥[손빠닥]'과 달리 '손발[손발]'은 왜 된소리되기가 일어나지 않나요?

56
밑줄 친 말 중 음운 변동이 일어나지 않는 것은?

① 너는 이쪽 끝만 잡고 있어.
② 시작과 끝이 모두 좋아야 해.
③ 그는 끝내 입을 열지 않았다.
④ 화장실은 복도 끝에 있습니다.
⑤ 이제 불행 끝, 행복 시작이야.

57
〈보기〉와 같은 과정의 음운 변동이 일어나는 것은?

┤ 보기 ├
꽃말 ──음절의 끝소리 규칙──→ [꼳말] ──비음화──→ [꼰말]

① 촛불   ② 앞날   ③ 벚꽃
④ 풀잎   ⑤ 밥상

58
2020학년도 11월 고2 전국연합학력평가 13번

다음은 수업 장면의 일부이다. ㉠과 ㉡에 해당하는 예로 적절한 것은?

┤ 보기 ├
선생님: 음운의 변동에는 인접한 두 음운 중 어느 한쪽이 다른 쪽 음운의 영향을 받아 이와 비슷하거나 같은 소리로 바뀌는 현상이 있습니다. 이때 바뀌게 되는 음운을 'A', 바뀌어 나타난 음운을 'B', 영향을 준 음운을 'C'라고 생각해 본다면 다음과 같이 도식화해 볼 수 있습니다.

	도식	설명
㉠	A → B/_C	A가 C의 영향을 받아 C 앞에서 B로 바뀌는 경우
㉡	A → B/C_	A가 C의 영향을 받아 C 뒤에서 B로 바뀌는 경우

	㉠	㉡
①	겹눈	맨입
②	실내	국물
③	작년	칼날
④	백마	잡히다
⑤	끊이다	물놀이

59
〈보기〉의 ㉠, ㉡에 대한 설명으로 적절한 것은?

┤ 보기 ├
㉠ 팥+죽 → [팓쭉]   ㉡ 꽃+말 → [꼰말]

① ㉠: '밭이[바치]'처럼 모음으로 인해 동화되는 음운 변동이 일어났다.
② ㉠: '신라[실라]'처럼 음운 변동의 결과 인접한 두 자음의 소리 나는 위치가 같아졌다.
③ ㉡: '국밥[국빱]'과 같은 음운 변동이 일어났다.
④ ㉡: '맨입[맨닙]'처럼 두 단어가 결합하는 과정에서 새로운 음운이 첨가되었다.
⑤ ㉠, ㉡: '숲[숩]'처럼 받침소리에 제약을 받는 음운 변동이 일어났다.

60
〈보기〉의 ㉠, ㉡에 대해 탐구한 것으로 적절하지 않은 것은?

┤ 보기 ├
㉠ 진리[질리]   ㉡ 굳이[구지]

① ㉠은 앞의 음운이 뒤의 음운의 성질을 닮아 변동된 것이군.
② ㉡은 두 형태소가 결합할 때 음운 변동이 일어났군.
③ ㉠과 달리 ㉡은 두 번의 음운 변동이 일어났군.
④ ㉠, ㉡은 모두 교체에 해당하는 음운의 변동이 일어났군.
⑤ ㉠, ㉡은 모두 음운의 변동이 일어나기 전과 후의 음운의 개수에 변화가 없군.

61
구개음화가 일어나는 말이 쓰이지 않은 것은?

① 미닫이문을 잘 닫아 두도록 해라.
② 따뜻한 볕이 창문을 통해 들어왔다.
③ 누가 여기에다 광고지를 붙여 놓았을까?
④ 새해 첫날, 정동진에서 해돋이를 보았다.
⑤ 이제부터는 가치 있는 일을 하며 살아야겠어.

62

〈보기〉의 사례로 적절한 것은?

┤ 보기 ├

　용언의 활용에서 단모음과 단모음이 만날 때, 앞의 단모음이 반모음 'j(ㅣ)'나 'w(ㅗ/ㅜ)'로 교체되는 현상이 일어나기도 한다. 이럴 경우 뒤의 오는 단모음이 앞에 있는 반모음과 결합하여 하나의 이중 모음으로 바뀐다.

① 주ー + ー어 → 줘[줘:]
② 쉬ー + ー어 → 쉬어[쉬여]
③ 피ー + ー어 → 피어[피여]
④ 잠그ー + ー아 → 잠가[잠가]
⑤ 가ー + ー아서 → 가서[가서]

63 2018학년도 9월 고2 전국연합학력평가 14번

〈보기〉의 ㉠~㉤을 활용하여 현대의 '구개음화'를 탐구한 것으로 적절하지 않은 것은?

┤ 보기 ├

㉠ 맏이[마지], 같이[가치]
㉡ 밭이[바치], 밭을[바틀]
㉢ 굳히다[구치다], 닫히다[다치다]
㉣ 밑[미치], 끝인사[끄딘사]
㉤ 해돋이[해도지], 견디다[견디다]

① ㉠을 보니, 'ㄷ'이나 'ㅌ'이 끝소리일 때 구개음화가 일어나는군.
② ㉡을 보니, 'ㅌ'이 특정한 모음과 만날 때 구개음화가 일어나는군.
③ ㉢을 보니, 'ㄷ' 뒤에서 'ㅎ'이 탈락할 때 구개음화가 일어나는군.
④ ㉣을 보니, 'ㅌ' 뒤에 실질 형태소가 올 때는 구개음화가 일어나지 않는군.
⑤ ㉤을 보니, 하나의 형태소 내부에서는 구개음화가 일어나지 않는군.

64 2018학년도 11월 고1 전국연합학력평가 11번

〈보기〉를 바탕으로 사례들을 분석한 내용 중 적절하지 않은 것은?

┤ 보기 ├

　음운의 교체는 특정한 음운 환경에서 한 음운이 다른 음운으로 바뀌는 음운 변동 현상이다. 두 음절이 인접한 경우 ㉠앞말의 끝소리와 뒷말의 첫소리가 만나는 상황이나 ㉡앞말의 끝소리가 연음되어 뒷말의 가운뎃소리와 만나는 상황에서 음운이 교체될 때, 발음의 결과 ⓐ앞의 음운만 변한 경우나 ⓑ뒤의 음운만 변한 경우도 있지만 ⓒ두 음운이 모두 변한 경우도 있다.

① '마천루[마철루]'는 ㉠이면서 ⓐ에 해당한다.
② '목덜미[목떨미]'는 ㉠이면서 ⓑ에 해당한다.
③ '박람회[방남회]'는 ㉠이면서 ⓒ에 해당한다.
④ '쇠붙이[쇠부치]'는 ㉡이면서 ⓐ에 해당한다.
⑤ '땀받이[땀바지]'는 ㉡이면서 ⓒ에 해당한다.

65 2021학년도 9월 고3 모의평가 11번

〈보기〉의 ㉮에 들어갈 말로 적절한 것은?

┤ 보기 ├

선생님: 용언 어간 뒤에 'ー아/어'로 시작하는 어미가 결합할 때, 단모음이 반모음으로 교체되는 음운 변동이 일어날 수 있어요. 가령, 어간 '오ー'와 어미 'ー아'가 결합해 [와]로 발음될 때, 단모음 'ㅗ'가 반모음 'w'로 교체되는 것이지요. 우리말의 반모음은 'j'도 있으니까 반모음 'j'로 교체되는 예도 있겠죠? 그럼 용언 어간의 단모음이 'ー아/어'로 시작하는 어미와 결합할 때 반모음 'j'로 교체되는 예를 들어 볼까요?
학생: 네, (　㉮　)로 발음되는 예를 들 수 있어요.

① 어간 '뛰ー'와 어미 'ー어'가 결합해 [뛰여]
② 어간 '차ー'와 어미 'ー아도'가 결합해 [차도]
③ 어간 '잠그ー'와 어미 'ー아'가 결합해 [잠가]
④ 어간 '견디ー'와 어미 'ー어서'가 결합해 [견뎌서]
⑤ 어간 '키우ー'와 어미 'ー어라'가 결합해 [키워라]

24일 음운의 변동 2 - 축약, 탈락, 첨가

개념 확인

📖 함께 보기 | 필독 중학 국어 문법 187쪽으로!

음운 변동의 횟수

한 단어 안에서 음운 변동은 한 번만 일어날 수도 있고, 두 번 이상 일어날 수도 있음.
⑩ '물약[물냑 → 물략]'은 'ㄴ' 첨가와 유음화가 일어남.
⑩ '물난리[물란리 → 물랄리]'는 유음화가 두 번 일어남.

■ 축약

두 개의 음운이 하나의 음운으로 합쳐짐. (음운의 개수가 하나 줄어듦.)

자음 축약	'ㅎ'이 예사소리인 'ㅂ, ㄷ, ㄱ, ㅈ'과 결합하여 거센소리인 'ㅍ, ㅌ, ㅋ, ㅊ'으로 바뀌어 발음됨. = 거센소리되기 ⑩ 축해[추카]: ㄱ + ㅎ → ㅋ

■ 탈락

원래 있던 음운이 없어짐. (음운의 개수가 하나 줄어듦.)

자음 탈락		실질 형태소의 받침에 쓰인 한 자음이 일정 환경에서 탈락하여 발음되지 않음.
	'ㄹ' 탈락	'ㄹ'이 'ㄴ, ㄷ, ㅅ, ㅈ' 등의 자음 앞에서 탈락 ⑩ 알-+-는 → 아는
	'ㅎ' 탈락	'ㅎ'이 모음으로 시작하는 형식 형태소 앞에서 탈락 ⑩ 좋-+-아 → 좋아[조:아]
	자음군 단순화	음절 끝에서 겹받침의 자음 중 하나가 탈락 ⑩ 넋[넉], 읽다[익따]
모음 탈락		어간과 어미가 결합하는 과정에서 모음이 탈락하여 발음되지 않음.
	'ㅡ' 탈락	어미 '-아/-어' 앞에서 어간의 'ㅡ'가 탈락 ⑩ 쓰-+-어 → 써
	동음 탈락	동일한 모음이 연속될 때 그중 하나가 탈락 ⑩ 가-+-아서 → 가서

자음군(자음 + 무리 群)

체언이나 용언 어간의 받침에 서로 다른 자음 두 개가 겹쳐 쓰인 것

■ 첨가

원래 없던 음운이 새로 덧붙음. (음운의 개수가 하나 늘어남.)

'ㄴ' 첨가	복합어에서 앞말이 자음으로 끝나고 뒷말이 'ㅣ'나 반모음 'j'로 시작할 때, 'ㄴ'이 그 사이에 덧붙어 발음됨. ⑩ 솜 + 이불 → 솜이불[솜:니불]

복합어의 종류

• 합성어: 둘 이상의 어근(실질 형태소)이 결합하여 하나의 단어가 된 말
⑩ 풀잎(풀 + 잎)
• 파생어: 어근(실질 형태소)에 접사가 결합하여 하나의 단어가 된 말
⑩ 맨입(맨- + 입)

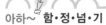

아하~ 함·정·넘·기

❶ 자음 축약은 있고, 모음 축약은 없다?

'보- + -아 → 봐'에서처럼 'ㅗ'와 'ㅏ'가 결합하여 'ㅘ'로 축약된 것이라고 생각할 수 있으나, 이 경우 모음 축약이라고 하지 않고, 앞의 모음 'ㅗ'가 반모음 'w'로 바뀌어 뒤의 모음 'ㅏ'와 합쳐져 이중 모음이 된 것입니다. 이를 반모음화라고 하며, '축약'이 아니라 '교체'에 해당합니다.

❷ 겹받침 'ㄶ, ㄼ'이 사용될 때 축약과 탈락, 이렇게 구분한다!

'않고[안코], 잃지[일치]'와 같이, 'ㄶ, ㄼ' 뒤에 'ㄱ, ㄷ, ㅈ'이 결합되어 뒤 음절 첫소리가 [ㅋ, ㅌ, ㅊ]으로 발음되면 '축약'입니다. 반면에 '않으면[아느면], 잃아[아라]'와 같이, 'ㄶ, ㄼ' 뒤에 모음이 연결되어 'ㅎ'이 발음되지 않으면 '탈락'입니다.

[1~5] 다음 설명이 맞으면 ○표, 틀리면 ×표 하시오.

1 축약이 일어나면 음운의 개수가 처음보다 하나 줄어
   든다. ······ (   )

2 'ㅎ'이 예사소리와 만나면 된소리로 바뀐다.
   ······ (   )

3 음절의 끝에서는 하나의 자음만 발음된다.
   ······ (   )

4 '좋고[조:코]'에서는 축약이, '좋아[조:아]'에서는 탈락
   이 일어났다. ······ (   )

5 'ㄴ' 첨가는 단일어에서는 일어나지 않는다.
   ······ (   )

18 어간의 'ㅡ'는 어미 '-아/-어' 앞에서 ㅌㄹ 한다.

19 'ㄴ' 첨가는 합성어 또는 ㅍㅅㅇ 를 구성하는 두
   요소 사이에서 'ㄴ'이 삽입되는 음운 현상이다.

20 국어의 자음 중 ㄱㅅㅅㄹ 에는 'ㅋ', 'ㅌ', 'ㅍ',
   'ㅊ'이 있다.

**[6~15] 다음 단어의 올바른 발음을 쓰시오. (단, 장음 표시
는 생략함.)**

6 국화 ·· (   )

7 놓지 ·· (   )

8 놀- + -는 ·································· (   )

9 잠그- + -아 ······························ (   )

10 서- + -어라 ······························ (   )

11 여덟 ·· (   )

12 값 ·· (   )

13 굽히다 ·· (   )

14 풀잎 ·· (   )

15 식용유 ·· (   )

**[16~20] 초성을 참고하여 빈칸에 들어갈 적절한 말을 쓰시
오.**

16 두 개의 음운이 하나의 음운으로 합쳐지는 음운 현상
   을 ㅊㅇ 이라고 한다.

17 음절 끝에서 겹받침의 자음 중 하나가 탈락하는 것을
   'ㅈㅇㄱ 단순화'라고 한다.

**[21~26] 다음 단어를 발음할 때 일어나는 음운의 변동을
찾아 바르게 연결하시오.**

21 삶[삼] •   • ㉠ 자음 축약

22 맨입[맨닙] •   • ㉡ 'ㄹ' 탈락

23 급히[그피] •   • ㉢ 'ㅎ' 탈락

24 놓아[노아] •   • ㉣ 자음군 단순화

25 날- + -는 → 나는 • • ㉤ 'ㅡ' 탈락

26 예쁘- + -어 → 예뻐 • • ㉥ 'ㄴ' 첨가

**[27~30] 음운 변동의 결과 음운의 개수가 늘어났으면 '+',
줄어들었으면 '-'에 ○표 하시오.**

27 낳고[나코] ···················· (+ , -)

28 앉다[안따] ···················· (+ , -)

29 놀- + -니 → 노니 ··········· (+ , -)

30 나뭇잎[나문닙] ················ (+ , -)

31
다음의 설명에 해당하는 단어는?

> 두 음운이 만날 때 그중 한 음운이 아예 발음되지 않기도 한다.

① 왕릉   ② 밭에   ③ 좋아
④ 붙이다   ⑤ 불꽃놀이

32
밑줄 친 단어에서 일어나는 음운의 변동이 나머지와 다른 것은?

① 선생님의 둘째 <u>따님</u>
② 남산 위에 저 <u>소나무</u>
③ 겨우내 움츠렸던 <u>나무들</u>
④ 바느질에 여념이 없으신 어머니
⑤ <u>소나기</u>가 내리니 더위가 조금 가셨다.

33
〈보기〉의 예로 들기에 적절하지 <u>않은</u> 것은?

┤ 보기 ├
> 어간과 어미가 결합할 때에 어간의 특정 음운이 탈락하기도 한다.

① 푸- + -어   ② 낫- + -아
③ 치솟- + -아   ④ 담그- + -아
⑤ 둥글- + -니

34
㉠과 ㉡에서 공통으로 일어난 음운 변동은?

> 바람이 ㉠<u>부니</u> 나뭇잎이 ㉡<u>우짖고</u> 있다.

① 비음화   ② 'ㄹ' 탈락
③ 된소리되기   ④ 구개음화
⑤ 음절의 끝소리 규칙

35
〈보기〉의 빈칸에 들어갈 발음으로 적절한 것은?

┤ 보기 ├
> 예사소리 'ㄱ, ㄷ, ㅂ, ㅈ'이 'ㅎ'과 만나면 각각 거센소리 'ㅋ, ㅌ, ㅍ, ㅊ'이 되는데, 이를 자음 축약이라고 한다. 예를 들면 '끊기지'는 [   ]로 발음한다.

① 끈키지   ② 끈이지
③ 끈끼지   ④ 끈기지
⑤ 끈히지

36
㉠~㉤ 중, 음운의 변동이 두 번 이상 일어난 것만 있는 대로 고른 것은?

> ㉠<u>올해는</u> ㉡<u>작년보다</u> ㉢<u>은행잎이</u> 더 ㉣<u>샛노랗게</u> ㉤<u>물</u>들었다.

① ㉠, ㉡   ② ㉡, ㉣
③ ㉢, ㉤   ④ ㉡, ㉢, ㉣
⑤ ㉢, ㉣, ㉤

37 고난도
〈보기〉의 음운 변동이 모두 일어나는 것은?

┤ 보기 ├
> • 두 형태소가 만날 때, 인접한 두 자음이 하나의 음운으로 줄어들어 소리 난다.
> • 'ㄷ', 'ㅌ'이 모음 'ㅣ' 앞에서 구개음인 'ㅈ, ㅊ'으로 바뀐다.

① 닫히다   ② 파랗다
③ 피붙이   ④ 먹히다
⑤ 놓치다

[38 ~ 39] 〈보기〉를 읽고 물음에 답하시오.

┤ 보기 ├

    음운 변동은 크게 네 가지로 나눌 수 있다. 어떤 음운이 다른 음운으로 바뀌는 ㉠교체, 있던 음운이 없어지는 ㉡탈락, 없던 음운이 새로 더해지는 ㉢첨가, 두 음운이 합쳐져 하나의 음운으로 줄어드는 ㉣축약이 있다.

38

〈보기〉를 적용한 것으로 적절하지 <u>않은</u> 것은?

① '맨입[맨닙]'은 ㉢에 해당한다.
② '놓아[노아]'는 ㉡에 해당한다.
③ '법학[버팍]'은 ㉣에 해당한다.
④ '싫다[실타]'는 ㉡에 해당한다.
⑤ '산양유[사냥뉴]'는 ㉢에 해당한다.

39 고난도

㉠과 ㉣이 모두 일어나는 것은?

① 값지다   ② 탓하다
③ 막히다   ④ 낮추다
⑤ 끝없다

40

㉠과 같은 음의 변동이 일어나는 것은?

         누나는 화분에 ㉠국화를 심었다.

① 가을 하늘이 참 맑구나.
② 그는 거짓말을 가장 싫어한다.
③ 배가 고프니까 잠이 오지 않아.
④ 누구나 행복하게 살기를 바라지.
⑤ 어머니는 앉으나 서나 자식 걱정뿐이다.

41 고난도

〈보기〉에 대한 이해로 적절하지 <u>않은</u> 것은?

┤ 보기 ├

    ㉠ 풀잎[풀립]   ㉡ 읽는[잉는]

① ㉠에서는 음운 변동 후에 음운의 개수가 늘어났군.
② ㉡에서는 인접한 자음과 조음 방법이 같아지는 음운 변동이 일어났군.
③ ㉠, ㉡에서는 모두 음운 변동이 세 번씩 일어났군.
④ ㉠, ㉡에는 모두 교체에 해당하는 음운 변동이 일어났군.
⑤ ㉠에서 첨가된 음운과 ㉡에서 탈락된 음운은 서로 다르군.

42

밑줄 친 말 중, 축약이 일어나지 <u>않은</u> 것은?

① 우리는 길을 잃고 한참을 헤맸다.
② 지금은 아무것도 먹고 싶지 않다.
③ 오늘은 실내 공기가 무척 탁하구나.
④ 위험하니까 손을 놓지 말고 꼭 잡아.
⑤ 나는 부엌에 들어가 설거지를 하였다.

43

〈보기〉의 ㉠~㉢의 음운 변동을 분류한 것으로 적절한 것은?

┤ 보기 ├

㉠ 한여름[한녀름]   ㉡ 쌓다[싸타]
㉢ 낳아[나아]

	축약	탈락	첨가
①	㉠	㉡	㉢
②	㉠	㉢	㉡
③	㉡	㉠	㉢
④	㉡	㉢	㉠
⑤	㉢	㉠	㉡

44

〈보기〉의 ㉠~㉢에서 설명한 음운 변동이 일어난 예로 적절하지 <u>않은</u> 것은?

┤ 보기 ├

㉠ 원래 없던 음운이 새로 생긴다.
㉡ 두 개의 음운 중 한 음운이 없어진다.
㉢ 두 음운이 합쳐져 하나의 음운으로 바뀐다.

① ㉠: 담요[담:뇨]
② ㉠: 한여름[한녀름]
③ ㉡: 놓아[노아]
④ ㉡: 없을[업:쓸]
⑤ ㉢: 앉히다[안치다]

45

〈보기〉의 ㉠의 예로 적절한 것은?

┤ 보기 ├

어떤 말을 발음할 때 표기에는 없던 음운이 덧붙기도 한다. 가령 합성어나 파생어에서 앞말의 끝이 자음이고 뒷말이 '이, 야, 여, 요, 유'로 시작하는 경우에는 뒷말의 첫소리에 'ㄴ'이 새로 덧붙는데, 이를 ㉠'ㄴ' 첨가라고 한다.

① 공룡
② 절약
③ 급류
④ 색연필
⑤ 맏며느리

46

〈보기〉를 고려할 때, 음운 변동의 유형이 나머지와 <u>다른</u> 것은?

┤ 보기 ├

환경에 따라 발음이 달라지는 현상을 음운의 변동이라고 한다. 음운의 변동에는 '교체', '탈락', '첨가', '축약'이 있는데, 이들 중 '탈락'은 두 음운 중에서 어느 하나가 없어지는 것을 말하며, '축약'은 두 음운이 하나의 음운으로 줄어드는 것을 말한다.

① 옳거니
② 터놓고
③ 수놓은
④ 독하다
⑤ 똑똑히

47

㉠을 발음할 때 일어나는 현상으로 적절한 것은?

논 + 일 → ㉠논일

① 두 자음이 하나로 합쳐진다.
② 두 자음 중 하나가 사라진다.
③ 인접하는 두 자음이 같아진다.
④ 원래 없던 음운이 하나 덧붙는다.
⑤ 한 음운이 다른 음운으로 바뀐다.

48

〈보기〉의 ㉠~㉢에 공통으로 나타난 음운의 변동으로 적절한 것은?

┤ 보기 ├

㉠ 닳다[다:타]
㉡ 법학[버팍]
㉢ 벗하다[버:타다]

① 예사소리가 된소리로 바뀌었다.
② 원래 있던 자음이 하나 사라졌다.
③ 두 자음이 한 자음으로 합쳐졌다.
④ 한 음운이 다른 음운으로 바뀌었다.
⑤ 파열음이 비음(콧소리)으로 바뀌었다.

49 (서술형 ✏)

다음은 받침에 쓰인 'ㅎ'의 발음에 대해 탐구한 내용의 일부이다. ㉠에 들어갈 내용을 서술하시오.

탐구 주제	받침 'ㅎ'은 어떻게 발음할까?
탐구 자료	놓고[노코]　　닳다[다:타] 쌓지[싸치]
탐구 결과	받침 'ㅎ' 뒤에 예사소리가 오면 (　　　　　　㉠　　　　　　)

50

〈보기〉를 참고할 때, 음운의 변동 과정에서 음운의 개수가 줄어드는 것은?

┤ 보기 ├

　음운의 변동이란 어떤 음운이 그 놓이는 음성 환경에 따라 다른 음운으로 바뀌는 현상을 뜻한다. 음운의 변동이 일어날 때, 경우에 따라서는 음운의 개수에 변화가 생기기도 한다. 예를 들어 '맨입[맨닙]'의 경우 표기에서는 'ㅁ, ㅐ, ㄴ, ㅣ, ㅂ' 5개의 음운이 쓰였지만, 발음하면 'ㅁ, ㅐ, ㄴ, ㄴ, ㅣ, ㅂ' 6개의 음운으로 하나의 음운이 늘어난다.

① 줍다 　　　② 닳다 　　　③ 축제
④ 쇠붙이 　　⑤ 휘발유

51

다음 단어를 발음할 때 일어나는 음운 변동을 설명한 것으로 적절한 것은?

급행열차[그팽녈차]

① 교체와 탈락이 일어난다.
② 교체와 축약이 일어난다.
③ 탈락과 첨가가 일어난다.
④ 축약과 첨가가 일어난다.
⑤ 탈락과 축약이 일어난다.

52

㉠~㉤ 중 축약이 일어난 것만을 있는 대로 고른 것은?

　㉠급히 ㉡먹는 밥이 체한다고 했어. 마음이 ㉢답답하면 커튼을 걷어 ㉣젖히고 창밖을 바라봐. 숨을 깊이 들이쉬면 마음도 금방 ㉤가라앉게 돼.

① ㉠, ㉡, ㉣ 　　　　② ㉠, ㉢, ㉣
③ ㉡, ㉢, ㉤ 　　　　④ ㉢, ㉣, ㉤
⑤ ㉠, ㉡, ㉢, ㉤

53 고난도

음운 변동을 설명한 것으로 적절한 것은?

① '읽히고[일키고]'는 탈락 및 축약이 일어나 음운의 개수가 한 개 줄었군.
② '물약[물략]'은 첨가 및 교체가 일어나 음운의 개수가 한 개 늘었군.
③ '깎는[깡는]'은 탈락 및 교체가 일어나 음운의 개수가 한 개 줄었군.
④ '늙고[늘꼬]'는 탈락 및 축약이 일어나 음운의 개수가 두 개 줄었군.
⑤ '밟는[밤ː는]'은 탈락 및 교체가 일어나 음운의 개수가 두 개 줄었군.

54 서술형 ✏

〈보기〉에서 일어난 음운 변동 현상을 모두 쓰고, 음운의 개수에 어떤 변화가 있는지 〈조건〉에 맞게 서술하시오.

┤ 보기 ├

흙화덕 → 흑화덕 → 흐콰덕

┤ 조건 ├

• '음운 변동 현상'은 '교체, 축약, 탈락, 첨가' 중에서 골라 쓸 것.
• '음운의 개수 변화'가 있을 경우 개수를 밝혀 쓸 것.

55 서술형 ✏

〈보기〉의 ㉮와 ㉯에 공통적으로 일어난 음운의 변동이 무엇인지 서술하시오.

┤ 보기 ├

㉮ 눈요기[눈뇨기] 　　　㉯ 백분율[백뿐뉼]

56 2021학년도 6월 고1 전국연합학력평가 11번

〈보기〉의 ㉠과 ㉡이 모두 일어나는 단어로 적절한 것은?

┤ 보기 ├

　음운의 변동에는 한 음운이 다른 음운으로 바뀌는 ㉠'교체', 원래 있던 음운이 없어지는 '탈락', 두 개의 음운이 하나로 합쳐지는 ㉡'축약', 없던 음운이 새로 생기는 '첨가'가 있다.

① 굳히다[구치다]　　② 미닫이[미:다지]
③ 빨갛다[빨:가타]　　④ 솜이불[솜:니불]
⑤ 잡히다[자피다]

57

㉠에 해당하는 예로 적절한 것은?

　음운 변동 결과는 대개의 경우 표기에 반영되지 않지만, ㉠표기에 반영되는 경우도 있다.

① 잠깐 손 좀 씻고 올게.
② 방과 후에 나랑 같이 갈래?
③ 물엿이 많이 들어가 무척 달아.
④ 들고 있는 책은 여기에 놓아라.
⑤ 배가 고파서 밥을 많이 먹었다.

58 2018학년도 대학수학능력시험 14번

〈보기〉의 음운 변동을 분석한 것으로 적절하지 <u>않은</u> 것은?

┤ 보기 ├

㉠ 흙일 → [흥닐]
㉡ 닳는 → [달른]
㉢ 발야구 → [발랴구]

① ㉠~㉢은 각각 2회 이상의 음운 변동이 일어났다.
② ㉠~㉢에 공통적으로 일어난 음운 변동은 첨가이다.
③ 음운 변동의 결과 음운의 개수에 변화가 없는 것은 ㉠이다.
④ ㉡과 ㉢에서 일어난 음운 변동의 횟수는 같다.
⑤ ㉢에서 첨가된 음운은 ㉠에서 첨가된 음운과 같다.

59 2021학년도 11월 고2 전국연합학력평가 15번

〈보기〉의 선생님의 설명을 바탕으로 ㉠~㉢에 대해 학생이 발표한 내용으로 적절한 것은?

┤ 보기 ├

선생님: 음운의 변동은 한 음운이 다른 음운으로 바뀌는 교체, 한 음운이 없어지는 탈락, 새로운 음운이 생기는 첨가, 두 음운이 하나의 음운으로 합쳐지는 축약으로 구분됩니다. 음운의 변동이 일어날 때 음운의 개수가 늘어나기도 하고 줄어들기도 합니다. 다음 예시에 나타난 음운의 변동에 대해 발표해 봅시다.

㉠ 꽃잎 → [꼰닙]
㉡ 맑지 → [막찌]
㉢ 막힘없다 → [마키멉따]

① ㉠과 ㉡은 첨가 현상이 일어났습니다.
② ㉠과 ㉢은 탈락 현상이 일어났습니다.
③ ㉡과 ㉢은 축약 현상이 일어났습니다.
④ ㉠과 ㉡은 음운의 개수가 늘었습니다.
⑤ ㉡과 ㉢은 음운의 개수가 줄었습니다.

60

다음 단어에서 일어난 음운 변동으로만 묶인 것은?

서른여덟[서른녀덜]

① 교체, 축약　　　　② 교체, 탈락
③ 첨가, 축약　　　　④ 첨가, 탈락
⑤ 축약, 탈락

61 2021학년도 6월 고2 전국연합학력평가 13번

〈보기〉의 ⓐ와 ⓑ에 해당하는 음운 변동이 모두 일어나는 것은?

┤ 보기 ├

　'팥빵'은 (　ⓐ　)이/가 일어나서 [판빵]으로 발음되고, '많던'은 (　ⓑ　)이/가 일어나서 [만턴]으로 발음된다.

① 낯설고　　　② 놓더라　　　③ 맞는지
④ 먹히는　　　⑤ 애틋한

62

〈보기〉의 ㉠과 ㉡을 발음할 때 공통으로 일어나는 음운 변동을 탐구한 내용으로 적절한 것은?

┤ 보기 ├

그는 잠시 넋을 ㉠놓고 하늘을 ㉡나는 철새들을 바라보았다.

① 음운 변동의 결과 전체 음운의 개수가 줄어든다.
② 인접한 두 자음이 같아지는 동화 현상이 일어난다.
③ 거센소리되기가 먼저 일어난 후 구개음화가 일어난다.
④ 어떤 음운이 다른 음운으로 바뀌는 교체 현상이 일어난다.
⑤ 음절 끝에 올 수 있는 자음의 제약을 받은 후, 된소리되기가 일어난다.

63

〈보기〉를 바탕으로 음운의 변동을 이해한 것으로 적절한 것은?

음운의 변동은 크게 네 가지로 나눌 수 있다. 어떤 음운이 다른 음운으로 바뀌는 ㉠교체, 어떤 음운이 없어지는 ㉡탈락, 새로운 음운이 생기는 ㉢첨가, 두 음운이 하나의 음운으로 합쳐지는 ㉣축약이 그것이다.

① '떡국[떡꾹]'에서는 ㉢의 음운 변동이 일어난다.
② '축하[추카]'에서는 ㉠과 ㉡의 음운 변동이 일어난다.
③ '국민[궁민]'에서는 ㉠과 ㉡의 음운 변동이 일어난다.
④ '솔잎[솔립]'에서는 ㉠과 ㉢의 음운 변동이 일어난다.
⑤ '수북하다[수부카다]'에서는 ㉡과 ㉣의 음운 변동이 일어난다.

64
2022학년도 3월 고2 전국연합학력평가 13번

〈보기〉의 ㉮, ㉯에 들어갈 예로 적절한 것은?

┤ 보기 ├

'ㅎ'은 다양한 음운 변동이 일어나기 때문에 표준 발음법에 별도의 규정을 두고 있다. 'ㅎ'의 음운 변동에는 'ㅎ'이 다른 음운으로 바뀌는 교체, 'ㅎ'이 다른 음운과 합쳐져 새로운 음운이 되는 축약, 'ㅎ'이 없어져 발음되지 않는 탈락이 있다. 가령 '놓친[녿친]'은 'ㅎ'이 'ㄷ'으로 바뀌어 발음되므로 교체의 예에 해당한다.

	'ㅎ'의 음운 변동		
유형	교체	축약	탈락
예	놓친[녿친]	㉮	㉯

	㉮	㉯
①	좋고[조:코]	닿아[다아]
②	좋고[조:코]	쌓네[싼네]
③	넣는[넌:는]	닿아[다아]
④	넣는[넌:는]	쌓네[싼네]
⑤	좁힌[조핀]	닳지[달치]

65
2016학년도 6월 고2 전국연합학력평가 14번

〈보기〉의 ㉠~㉣에 대한 이해로 적절한 것은?

┤ 보기 ├

음운의 변동 중 ㉠축약은 두 음운이 합쳐서서 하나의 음운으로 줄어드는 현상을 말한다. 반면 ㉡탈락은 두 음운이 만나면서 한 음운이 사라져 소리가 나지 않는 현상을 말한다. 이러한 축약과 탈락은 ㉢자음에서 일어나는 경우와 ㉣모음에서 일어나는 경우가 있다.

① '싫다[실타]'는 ㉠과 ㉣에 해당된다.
② '좋아요[조아요]'는 ㉡과 ㉣에 해당한다.
③ '울-+-는 → 우는'은 ㉠과 ㉢에 해당된다.
④ '크-+-어서 → 커서'는 ㉡과 ㉣에 해당한다.
⑤ '나누-+-었다 → 나눴다'는 ㉠과 ㉢에 해당한다.

1

음운의 변동에 대한 설명으로 적절한 것은?

① 국어에서만 일어나는 무척 특별한 현상이다.

② 형태소와 형태소가 결합할 때에만 일어난다.

③ 음운의 변동이 일어난 것은 그대로 표기에 반영한다.

④ 음운의 변동이 일어나도 음운의 개수에는 변화가 없다.

⑤ 발음을 보다 쉽고 편하게 하기 위해 변동이 일어나기도 한다.

2

〈보기〉의 ㉠~㉣의 예가 모두 바르게 묶인 것은?

┤ 보기 ├

음운 변동에는 한 음운이 다른 음운으로 바뀌는 현상인 ㉠'교체', 있던 음운이 없어지는 현상인 ㉡'탈락', 없던 음운이 새로 생기는 현상인 ㉢'첨가', 두 음운이 하나의 음운으로 합쳐지는 현상인 ㉣'축약'이 있다.

	㉠	㉡	㉢	㉣
①	먹는	싫어	솜이불	착하다
②	먹는	싫어	착하다	솜이불
③	착하다	솜이불	먹는	싫어
④	착하다	먹는	싫어	솜이불
⑤	싫어	솜이불	먹는	착하다

3

다음 단어의 발음과 음운 변동의 유형이 모두 바르게 연결된 것은?

① 쇠붙이 … [쇠부치] … 비음화

② 꽃망울 … [꼰망울] … 유음화

③ 씹히면 … [씨피면] … 구개음화

④ 급하게 … [그파게] … 자음 축약

⑤ 노랗다 … [노랃따] … 된소리되기

4

〈보기〉의 ㉠과 ㉡에 대한 설명으로 적절한 것은?

┤ 보기 ├

• 네가 ㉠굳이 가겠다면 말리지 않겠다.

• 나는 친구와 ㉡같이 학교에 갔다.

① ㉠은 ㉡과 달리 실질 형태소끼리 결합하여 교체가 일어난다.

② ㉡은 ㉠과 달리 음운 변동의 결과가 표기에 반영된다.

③ ㉠에서는 탈락이, ㉡에서는 축약이 일어난다.

④ ㉠과 ㉡ 모두 모음의 영향을 받아 자음이 바뀐다.

⑤ ㉠과 ㉡ 모두 음운의 변동 이후 음운의 개수가 늘어난다.

5

〈보기〉의 빈칸에 들어갈 내용으로 가장 적절한 것은?

┤ 보기 ├

(	)
예	아니요
낳는[난ː는] 읽어[일거]	좋아[조ː아] 싫어[시러]

① 음운 변동 전후 음운의 수가 동일한가?

② 자음과 모음의 변동이 모두 일어났는가?

③ 음운 변동의 결과가 표기에 반영되었는가?

④ 음운 변동이 앞 음절에서만 발생하였는가?

⑤ 조음 방법이 같아지는 음운 변동이 일어났는가?

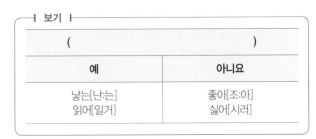

6

〈보기〉의 음운 변동이 일어나는 단어는?

> ┤ 보기 ├
>
> • 끝소리가 'ㄷ, ㅌ'인 형태소가 모음 'ㅣ'나 반모음 'j'로
> 시작되는 형식 형태소와 만나 각각 'ㅈ, ㅊ'으로 바뀌어
> 소리 난다.
> • 소리 나는 위치가 다른 두 음 사이의 거리를 좁혀 좀 더
> 편하고 쉽게 발음한다.

① 티끌   ② 잔디   ③ 갖바치
④ 해돋이   ⑤ 달맞이

7

〈보기〉를 참고할 때, 완전 동화에 해당하는 단어는?

> ┤ 보기 ├
>
> 자음 동화는 동화의 정도에 따라 다음과 같이 나눌 수
> 있다.
>
> | 완전 동화 | 두 자음이 서로 같아짐. |
> |---|---|
> | 불완전 동화 | 두 자음이 서로 비슷해짐. |

① 상류   ② 학문   ③ 밥물
④ 낱말   ⑤ 공룡

8

〈보기〉와 동일한 음운 변동 과정이 일어나는 단어로 적절한
것은?

> ┤ 보기 ├
>
>
> 물약 ──첨가──→ [물냑] ──교체──→ [물략]

① 문리[물리]   ② 눈요기[눈뇨기]
③ 속리산[송니산]   ④ 꽃망울[꼰망울]
⑤ 서울역[서울력]

9

㉠~㉤의 표준 발음과 음운 변동의 유형이 모두 바르게 묶
인 것은?

> ㉠한여름, ㉡대관령에 올라 ㉢좋은 것만 가지려는
> ㉣욕망을 버리고 나니, ㉤그렇게 마음이 편할 수 없었다.

	표준 발음	음운 변동의 유형
① ㉠:	[한녀름]	교체
② ㉡:	[대:관녕]	축약
③ ㉢:	[조:흔]	탈락
④ ㉣:	[용망]	교체
⑤ ㉤:	[그러케]	첨가

10

〈보기〉에 해당하는 음운 변동이 일어나는 단어가 모두 포함
되어 있는 것은?

> ┤ 보기 ├
>
> ㉮ 두 형태소가 만날 때, 인접한 두 자음이 하나의 음운
> 으로 줄어들어 소리 나는 현상
> ㉯ 두 형태소가 만날 때, 하나의 음운이 탈락하여 소리가
> 나지 않는 현상

① 나는 가을을 가장 좋아한다.
② 준수는 시조를 읊기 시작했다.
③ 내가 없는 동안 다 끝내 놓아라.
④ 나는 음악 시간에 단소를 불었다.
⑤ 광장으로 사람들이 까맣게 모였다.

11
〈보기〉와 같은 음운 변동이 나타나지 않은 것은?

┤ 보기 ├
가리- + -어 → 가려

① 친구에게 인형을 선물로 줬다.
② 화단에 꽃들이 흐드러지게 폈다.
③ 시험이 끝나면 놀이공원에 같이 가자.
④ 동생에게 맛있는 걸 먹여 주고 싶었다.
⑤ 이 시는 이별의 정서를 잘 그려 내었다.

12
〈보기〉의 밑줄 친 말과 같은 음운의 변동이 일어나는 것은?

┤ 보기 ├
신선로는 상 위에 놓고 음식을 끓이는 그릇이나 그것에 끓인 음식을 뜻한다.

① 설날   ② 법학   ③ 종로
④ 살붙이   ⑤ 따님

13
㉠~㉤에 대한 설명으로 적절하지 않은 것은?

이 ㉠소나무는 거북이등과 ㉡같이 갈라져서 ㉢연륜을 ㉣똑똑히 ㉤보여 준다.

① ㉠: '솔'과 '나무'가 결합하면서 'ㄹ'이 탈락했다.
② ㉡: 구개음화가 일어나 [가치]로 발음된다.
③ ㉢: 유음화가 일어나 [열륜]으로 발음된다.
④ ㉣: 된소리되기가 일어나 [똑또키]로 발음된다.
⑤ ㉤: '보이- + -어'의 과정에서 'ㅣ'가 반모음으로 바뀌었다.

14
〈보기〉를 이해한 것으로 적절하지 않은 것은?

┤ 보기 ├
음운의 변동에는 어떤 음운이 다른 음운으로 바뀌는 ㉠교체, 두 음운 중에서 어느 하나가 없어지는 ㉡탈락, 두 개의 음운이 하나의 음운으로 합쳐지는 ㉢축약, 형태소가 결합될 때 그 사이에 음운이 덧붙는 ㉣첨가 등이 있다.

① ㉠의 예로 '숲[숩]', '국물[궁물]'을 들 수 있다.
② '나뭇잎[나문닙]'은 ㉠과 ㉣이 모두 일어난 말이다.
③ '닮아[달마]'는 ㉠~㉣ 중 어디에도 해당하지 않는다.
④ ㉠과 ㉢이 모두 일어난 예로 '낱낱이[난:나치]'를 들 수 있다.
⑤ '좋아[조:아]'는 ㉡의 예에 해당하고, '좋다[조:타]'는 ㉢의 예에 해당한다.

15
다음 단어를 발음할 때 일어나는 음운의 변동을 설명한 것으로 적절하지 않은 것은?

낯익다[난닉따]

① 파열음 'ㄱ' 뒤에서 예사소리가 된소리로 바뀐다.
② '낯'과 '익다'가 결합하는 과정에서 'ㄴ'이 첨가된다.
③ 음운의 변동 이후에도 음운의 개수에는 변화가 없다.
④ 뒤에 오는 비음의 영향으로 앞의 자음이 비음으로 바뀐다.
⑤ 음절의 끝소리 규칙이 적용되어 받침 'ㅊ'이 발음되지 않는다.

16
밑줄 친 말의 발음이 적절하지 <u>않은</u> 것은?

① 아직 시간이 넉넉하게[넝너카게] 남았다.
② 사건의 진상을 샅샅이[삳싸치] 파헤쳤다.
③ 책을 머리맡에[머리마체] 펴 둔 채 잠들었다.
④ 도시가 커지면서 삼림[삼님]이 줄어들고 있다.
⑤ 뒷일[뒨:닐]을 어떻게 감당해야 할지 모르겠어.

17
〈보기〉의 ⊙과 ⓒ에 들어갈 내용이 모두 적절한 것은?

┤ 보기 ├
'설익다'는 [설릭따]로 발음된다. 발음 과정에서 모두 (⊙)번의 음운 변동이 일어났다. 그중 새로 덧붙은 'ㄴ'이 'ㄹ'로 발음되는 것은 (ⓒ) 때문이다.

	⊙	ⓒ		⊙	ⓒ
①	2	비음화	②	2	유음화
③	3	비음화	④	3	유음화
⑤	4	비음화			

18
〈보기〉를 참고할 때, 발음이 적절하지 <u>않은</u> 것은?

┤ 보기 ├
〈표준 발음법〉
제10항 겹받침 'ㄳ', 'ㄵ', 'ㄼ, ㄽ, ㄾ', 'ㅄ'은 어말 또는 자음 앞에서 각각 [ㄱ, ㄴ, ㄹ, ㅂ]으로 발음한다.
제11항 겹받침 'ㄺ, ㄻ, ㄿ'은 어말 또는 자음 앞에서 각각 [ㄱ, ㅁ, ㅂ]으로 발음한다.
다만, 용언의 어간 말음 'ㄺ'은 'ㄱ' 앞에서 [ㄹ]로 발음한다.

① 진흙[진흑]　　② 짧지[짤찌]
③ 옮기고[옴기고]　　④ 맑고[막꼬]
⑤ 읊기도[읍끼도]

19
음운 변동을 그림으로 나타낸 아래 자료를 활용하여 음운 변동을 이해한 내용으로 적절하지 <u>않은</u> 것은?

① '콩엿'을 발음하면 ⓐ와 ⓑ가 일어나는군.
② '막일'을 발음하면 ⓐ와 ⓒ가 일어나는군.
③ '잡는'을 발음하면 ⓑ와 ⓒ가 일어나는군.
④ '꽃망울'을 발음하면 ⓑ와 ⓒ가 일어나는군.
⑤ '밭일'을 발음하면 ⓐ, ⓑ, ⓒ가 모두 일어나는군.

20
〈보기〉를 바탕으로 음운의 변동을 설명한 것으로 적절하지 <u>않은</u> 것은?

┤ 보기 ├
• 낯[낟]
  활용: 낯이[나치], 낯만[난만]
• 밭[받]
  활용: 밭이[바치], 밭을[바틀], 밭만[반만]
• 흙[흑]
  활용: 흙이[흘기], 흙만[흥만]

① '낯[낟]'과 '밭[받]'은 모두 음절의 끝소리 규칙이 일어났다.
② '흙[흑]'은 자음군 단순화가 일어났다.
③ '밭을'과 '흙이'는 모두 음운의 변동이 일어나지 않았다.
④ '낯'과 '밭', '흙'은 모두 뒤에 조사 '만'이 결합할 때 비음화가 일어났다.
⑤ '낯이[나치]', '밭이[바치]'는 모두 구개음화가 일어났다.

25일 문장의 호응 1 – 높임, 시간 표현

📖 함께 보기 | 필독 중학 국어 문법 193쪽으로!

개념 확인

간접 높임
높임 대상의 신체 일부분이나 소유물, 가족 등을 간접적으로 높이는 표현
📌 선생님, 우산 있으세요?
아버지는 키가 크시다.
따님이 아주 예쁘시네요.

격식체와 비격식체
• 격식체: 의례적 용법으로 주로 공적인 상황에 사용함.
• 비격식체: 격식을 덜 차리면서 편안하고 자연스럽게 말하는 표현임.

'–았었–/–었었–'
아주 오래전에 일어난 일이나 현재는 그렇지 않은 상태임을 표현할 때 사용함.
📌 그 책을 예전에 읽었었는데, 지금은 기억이 안 나.

'–겠–'의 다양한 의미
'추측'이나 '의지'와 같은 태도를 나타낼 수도 있음.
📌 내일은 쉴 수 있겠지.
그 일은 내가 해결하겠다.

■ 높임 표현

주체 높임	• 문장의 주체, 곧 주어의 지시 대상을 높이는 것 • 선어말 어미 '–(으)시–'가 쓰임. • 주격 조사로 '께서'를 사용하고, '계시다, 잡수시다, 주무시다' 등 특수 어휘를 통해서도 나타낼 수 있음.				
객체 높임	• 문장의 객체, 곧 목적어나 부사어의 지시 대상을 높이는 것 • 주로 '드리다, 모시다, 뵙다, 여쭈다' 등 특수 어휘에 의해 표현되며, 부사격 조사로 '께'를 사용함.				

상대 높임
• 말을 듣는 상대, 곧 청자를 높이거나 낮추는 것
• 주로 종결 어미로 실현되며, 격식체와 비격식체가 있음.

		평서문	의문문	청유문	감탄문
격식체	하십시오체	하십니다	하십니까?	(*대체: 하시지요)	–
	하오체	해(시)오	해(시)오?	합시다	하는구려
	하게체	하네, 함세	하는가?, 하나?	하세	–
	해라체	한다	하느냐?, 하니?	하자	하는구나
비격식체	해요체	해요, 하지요	해요?, 하지요?	해요, 하지요	해요, 하지요
	해체	해, 하지	해?	해	해, 하지

■ 시간 표현
• **시제**: 말하는 시점(발화시)을 기준으로 하여 사건이 언제 일어났는지를 나타내는 것

과거 시제 (사건시<발화시)	• 말하고자 하는 사건이 말하는 시점(발화시) 이전에 일어난 것 • 주로 선어말 어미 '–았–/–었–'에 의해 실현됨.
현재 시제 (사건시=발화시)	• 말하고자 하는 사건이 일어난 시점(사건시)이 말하는 시점(발화시)과 같은 것 • 동사의 경우 선어말 어미 '–는–/–ㄴ–'에 의해, 형용사나 서술격 조사 '이다'의 경우 특정 어미가 결합되지 않은 상태로 실현됨.
미래 시제 (발화시<사건시)	• 말하고자 하는 사건이 일어난 시점(사건시)이 말하는 시점(발화시)보다 뒤에 오는 것 • 주로 선어말 어미 '–겠–'에 의해 실현됨.

• **동작상**: 발화시를 기준으로 동작이 일어나는 모습을 표현하는 것
┌ 진행상: 시간의 흐름 속에서 그 동작이 진행되고 있음을 표현
└ 완료상: 시간의 흐름 속에서 그 동작이 이미 완결되었음을 표현

아하~ 함·정·넘·기

❶ '객체 높임'의 '객체'가 늘 헷갈려요.
'객체'는 문장의 목적어나 부사어가 가리키는 대상입니다. '아버지께서 할머니를 모시고 집에 오셨다.'에서 객체는 누구일까요? 문장의 목적어를 확인해 보면, '할머니'가 객체에 해당함을 알 수 있어요.

❷ '나 내일 소풍 간다.'는 미래 시제? 현재 시제?
미래에 일어날 일이라도 확정적인 일이라고 판단하면 현재 시제의 선어말 어미 '–는–/–ㄴ–'을 사용하기도 합니다. 또 '지구는 태양을 돈다.'처럼 보편적인 사실을 말할 때도 현재 시제가 쓰여요.

[1~9] 다음 설명이 맞으면 ○표, 틀리면 ×표 하시오.

1 높임 표현은 화자가 높이려는 대상에 따라 주체 높임, 객체 높임, 상대 높임으로 나뉜다. ······ (   )

2 주체 높임은 객체 높임과 달리 특수 어휘를 통해서도 나타낼 수 있다. ······ (   )

3 부사격 조사로 '에게' 대신 '께'를 사용하여 객체 높임을 나타낼 수도 있다. ······ (   )

4 상대 높임의 격식체는 종결 어미로 실현된다. ······ (   )

5 과거 시제는 사건시가 발화시 이후인 시제이다. ······ (   )

6 현재 시제는 특정 어미가 결합되지 않은 상태로 실현되기도 한다. ······ (   )

7 미래 시제는 선어말 어미 '–겠–'에 의해 실현될 수 있다. ······ (   )

8 아주 오래전에 일어난 일이나 현재는 그렇지 않은 상태임을 표현하는 '–았었–/–었었–'은 하나의 형태소이다. ······ (   )

9 보편적인 사실을 말할 때는 과거 시제를 사용한다. ······ (   )

[10~12] 다음은 관형사형 어미 체계를 정리한 것이다. 빈칸에 들어갈 내용을 〈보기〉에서 찾아 쓰시오.

	동사	형용사
현재	10 ( )	–(으)ㄴ
과거	–(으)ㄴ	11 ( )
	–던	
미래	12 ( )	–(으)ㄹ

┤ 보기 ├
• –(으)ㄴ   • –(으)ㄹ   • –는   • –던

13 주체 높임을 위한 특수 어휘가 아닌 것은?

① 계시다   ② 돌아가시다   ③ 뵙다
④ 잡수시다   ⑤ 편찮으시다

14 격식체에 쓰이는 종결 어미가 아닌 것은?

① –냐   ② –다   ③ –습니다
④ –아요   ⑤ –오

15 시간 표현에 쓰이는 선어말 어미가 아닌 것은?

① –겠–   ② –는–   ③ –시–
④ –았–   ⑤ –었었–

[16~20] 다음 예문의 밑줄 친 부분에서 실현된 높임 표현의 종류를 바르게 연결하시오.

16 나는 어머니께 꽃을 드렸다.   •   • 주체 높임

17 언니는 노래를 잘 불렀습니다.   •

18 할머니께서는 항상 낮잠을 주무신다.   •   • 객체 높임

19 아버지께서 할아버지를 모시러 갔다.   •

20 선생님, 제가 꼭 드릴 말씀이 있어요.   •   • 상대 높임

[21~23] 다음 예문의 밑줄 친 부분이 나타내는 시제를 바르게 연결하시오.

21 내일은 오전에 비가 내리겠습니다. •   • 과거

22 어제 본 영화는 무척 감동적이었어. •   • 현재

23 달리기가 제일 빠른 학생이 누구니? •   • 미래

[24~30] 초성을 참고하여 빈칸에 들어갈 적절한 말을 쓰시오.

24 높임 대상의 신체 일부분이나 소유물, 가족, 생각 등을 간접적으로 높이는 표현을 ㄱㅈ 높임이라고 한다.

25 주체 높임에는 ㅅㅇㅁ 어미 '–시–'가 쓰인다.

26 주격 ㅈㅅ로 '께서'를 사용함으로써 주체 높임을 나타낼 수도 있다.

27 문장의 목적어나 부사어가 가리키는 대상을 ㄱㅊ 라 한다.

28 비격식체는 종결 어미와 높임의 ㅂㅈㅅ '요'에 의해 실현된다.

29 ㄷㅅ의 경우 선어말 어미 '–는–/–ㄴ–'에 의해 현재 시제가 실현된다.

30 '–겠–'은 시제와는 별도로 '추측'이나 '의지'와 같은 화자의 ㅌㄷ를 나타낼 수도 있다.

31
㉠~㉢에 들어갈 말을 바르게 짝지은 것은?

> 사건시와 발화시가 일치하는 시제는 (㉠)이고,
> 사건시가 발화시보다 앞서는 시제는 (㉡)이며,
> 사건시가 발화시보다 나중인 시제는 (㉢)이다.

	㉠	㉡	㉢
①	과거 시제	현재 시제	미래 시제
②	현재 시제	과거 시제	미래 시제
③	현재 시제	미래 시제	과거 시제
④	미래 시제	과거 시제	현재 시제
⑤	미래 시제	현재 시제	과거 시제

32
〈보기〉의 ㉠~㉤에 대한 설명으로 적절하지 않은 것은?

> ┤ 보기 ├
> ㉠ 나도 그를 좋아했었다.
> ㉡ 비 온 후 하늘이 더 맑다.
> ㉢ 주원이는 눈이 참 예쁘다.
> ㉣ 학생들이 운동장에서 축구를 한다.
> ㉤ 지금 떠나면 새벽에 도착하겠구나.

① ㉠: 현재는 그렇지 않은 상태임이 표현되었다.
② ㉡: 선어말 어미에 의해 현재 시제가 표현되었다.
③ ㉢: 형용사의 기본형으로 현재 시제가 표현되었다.
④ ㉣: '한다'의 '-ㄴ-'에 의해 현재 시제가 표현되었다.
⑤ ㉤: '도착하겠구나'의 '-겠-'에 의해 미래 시제가 표현되었다.

33
밑줄 친 부분이 〈보기〉의 ㉠의 예에 해당하는 것은?

> ┤ 보기 ├
> 높임 표현은 조사나 어미와 같은 문법 형태소에 의해 실현되는 것이 보통이지만, ㉠어휘에 의해 높임 표현이 실현되기도 한다.

① 아버지께서 오셨네요.
② 어머니께서는 손이 크시다.
③ 저희 집은 여기서 꽤 멀어요.
④ 이 손수건을 할아버지께 전해 드리렴.
⑤ 선생님께 그 문제에 관해 여쭈어보았다.

34
〈보기〉에서 객체를 높인 표현끼리만 골라 묶은 것은?

> ┤ 보기 ├
> • 선생님, 이것 좀 ㉠보세요.
> • 이걸 ㉡어머니께 가져다드려야겠지?
> • ㉢할머니께서는 진지를 천천히 잡수셨다.
> • 어머니, 우선 제 ㉣말씀부터 좀 들어 보세요.
> • 할아버지께 어떤 음식이 맛있으신지 ㉤여쭤보렴.

① ㉠, ㉡ ② ㉠, ㉣ ③ ㉡, ㉣ ④ ㉡, ㉤ ⑤ ㉢, ㉤

35
〈보기〉의 ㉠~㉤에 대한 예로 적절한 것은?

> ┤ 보기 ├
> 시제는 ㉠과거, ㉡현재, ㉢미래로 나뉜다. 동작상은 사건이 일어나는 양상을 나타내는 것으로, ㉣진행상과 ㉤완료상으로 나눌 수 있다.

① ㉠: 아이들이 어두워진 후에도 축구를 계속하고 있다.
② ㉡: 나는 내일 2시 비행기로 출발한다.
③ ㉢: 지구는 항상 돈다.
④ ㉣: 동한이가 학교에 가는 중이다.
⑤ ㉤: 누나는 웃으면서 전화를 받고 있었다.

36
㉠~㉢의 시제와 동작상을 순서대로 바르게 연결한 것은?

> • 저녁 준비가 거의 다 ㉠되어 간다.
> • 나는 국물까지 단숨에 ㉡마셔 버렸다.
> • 그녀는 아무 말 없이 밥만 ㉢먹고 있다.

	㉠	㉡	㉢
①	현재–완료상	과거–완료상	과거–완료상
②	현재–진행상	과거–완료상	과거–완료상
③	현재–진행상	과거–완료상	현재–진행상
④	과거–완료상	과거–진행상	과거–진행상
⑤	과거–진행상	현재–완료상	현재–진행상

37
〈보기〉의 ㉠~㉤ 중, 객체에 해당하는 것은?

> ┤ 보기 ├
> • ㉠아버지께서 병원에 가셨다.
> • ㉡수연아, 이 책을 ㉢어머니께 가져다드려.
> • ㉣선생님은 ㉤키가 크시다.

① ㉠ ② ㉡ ③ ㉢ ④ ㉣ ⑤ ㉤

38
시간 표현에 대한 설명으로 적절하지 <u>않은</u> 것은?

① 시제는 발화시를 기준으로 사건시와 선후 관계를 따져서 구분한다.
② 시제를 표현할 때 용언의 품사에 따라 사용하는 어미가 달라지기도 한다.
③ 과거 시제와 현재 시제는 미래 시제와는 달리 시간 부사어를 사용하기도 한다.
④ 현재 시제를 표현할 때는 선어말 어미가 쓰이지 않고 어말 어미만 쓰이기도 한다.
⑤ 미래 시제는 사건시가 발화시보다 나중인 시제로, 주로 선어말 어미 '-겠-'을 사용한다.

39
〈보기〉에 해당하는 높임 표현을 <u>잘못</u> 사용한 것은?

┤ 보기 ├
　간접 높임에는 직접 높임의 표현을 그대로 사용하지 못하는 경우가 있다.

① 할아버지께서 졸고 계신다.
② 형님, 저기 소금 좀 집어 주세요.
③ 엄마, 할머니께서 용돈을 주셨어요.
④ 주원아, 아빠께 물 좀 드시라고 해라.
⑤ 곧 주례 선생님의 말씀이 계시겠습니다.

40 고난도
〈보기〉의 ㉠~㉢에 대한 예로 적절하지 <u>않은</u> 것은?

┤ 보기 ├
　관형사형 어미는 ㉠과거, ㉡현재, ㉢미래 시제를 표현하기 위해 달리 선택된다.

① ㉠: 당시에 학생이던 그녀는 매우 귀여웠다.
② ㉠: 그렇게 예쁘던 네가 이렇게 변할 줄이야.
③ ㉡: 아기가 곤히 자고 있는 모습이 사랑스럽다.
④ ㉡: 아까 네가 먹은 음료는 유통 기한이 지난 거야.
⑤ ㉢: 계획대로 하면 그 일은 내일 마무리될 거야.

41
〈보기〉에서 주체를 높인 표현끼리만 골라 묶은 것은?

┤ 보기 ├
• 이 책을 ㉠아버지께 ㉡드리십시오.
• 할아버지께서는 천천히 ㉢진지를 잡수셨다.
• ㉣어머니께서는 할머니를 ㉤모시고 병원에 가셨다.

① ㉠, ㉡　② ㉠, ㉣　③ ㉡, ㉢　④ ㉢, ㉣　⑤ ㉣, ㉤

42
〈보기〉의 밑줄 친 부분의 의미를 나타내는 예문으로 가장 적절한 것은?

┤ 보기 ├
　'-겠-'과 '-(으)ㄹ 것'은 미래 시제 이외에 추측이나 <u>의지</u> 등 화자의 태도를 표현하기도 한다.

① 쥐구멍에도 볕 들 날이 있겠지요?
② 지금은 벚꽃 축제가 다 끝났겠죠?
③ 나한테 주어진 길을 걸어가야겠다.
④ 이 정도 돈이면 차비로 충분하겠습니다.
⑤ 내일이면 그 사람을 볼 수 있을 것입니다.

43
㉠~㉢을 높임의 정도에 따라 알맞게 배열한 것은?

㉠ 결혼하기에 앞서 양가 부모에게 인사를 했다.
㉡ 결혼하기에 앞서 양가 부모님께 인사를 했다.
㉢ 결혼하기에 앞서 양가 부모님께 인사를 드렸다.

① ㉠ < ㉡ < ㉢　　② ㉠ < ㉢ < ㉡
③ ㉠ < ㉡ = ㉢　　④ ㉠ ≤ ㉢ < ㉡
⑤ ㉠ = ㉢ < ㉡

44 신유형
밑줄 친 부분이 ㉠의 예에 해당하는 문장은?

	과거	► 현재	► 미래
㉠		발화시 <	사건시

① 여우야, 여우야, 뭐 <u>하니</u>?
② 어제 그 사람이랑 밥을 같이 <u>먹었어</u>?
③ 언젠가는 <u>떠날</u> 사람이라는 걸 잊지 마.
④ 나 지금 <u>공부하니까</u> 제발 말 좀 걸지 말아 줘.
⑤ 저 학생은 현재 우리 학교 대표로 <u>활동하고 있다</u>.

45
상대를 높이는 정도가 밑줄 친 부분과 같은 것은?

윤찬이는 어떤 과일을 <u>좋아해</u>?

① 자리에 앉게.　　　② 자리에 앉아.
③ 자리에 앉으오.　　④ 자리에 앉아요.
⑤ 자리에 앉으십시오.

46 신유형

〈보기〉의 예문에서 높임 표현의 적용 양상을 판단한 내용으로 적절한 것은?

┤ 보기 ├

주체, 객체, 상대(청자)를 높이는 경우를 '+'로 표시하고 높이지 않는 경우를 '−'로 표시한다.

[예문] 얘들아, 선생님께서 교장 선생님께 중요한 보고를 드리고 오시느라 수업에 늦으실 것 같아.

	주체 높임	객체 높임	상대 높임
①	+	+	−
②	+	−	+
③	+	−	−
④	−	+	+
⑤	−	+	+

47

㉠~㉣에 대한 설명으로 적절하지 않은 것은?

┤ 보기 ├

㉠ 손녀가 할머니께 장갑을 사 드렸다.
㉡ 선생님께서 밖으로 나가시는 모습이 보였다.
㉢ 엄마, 이모께서 외할머니를 뵙겠다고 하시네요.
㉣ 할아버지, 제 말씀을 좀 들어 보십시오.

① ㉠의 '드렸다'는 주체를 높이기 위해 사용되었다.
② ㉡과 ㉢의 '께서'와 '−시−'는 주체를 높이기 위해 사용되었다.
③ ㉢의 '뵙겠다고'는 객체를 높이기 위해 사용되었다.
④ ㉢의 '요'와 ㉣의 '−십시오'는 상대방을 높이기 위해 사용되었다.
⑤ ㉣의 '말씀'은 상대방을 높이기 위해 자신의 말을 낮춘 것이다.

48

〈보기〉의 밑줄 친 부분의 예로 가장 적절한 것은?

┤ 보기 ├

'−았−/−었−'은 미래에 일어날 일을 화자가 미리 확신하여 단정적으로 말하는 경우에도 사용된다.

① 오늘이 동생 생일이었네.
② 나는 어제 영화를 보았다.
③ 그는 지금 막 의자에 앉았다.
④ 너희는 이제 아버지께 혼났다.
⑤ 언니는 마침내 숙제를 다 마쳤다.

49 고난도

〈보기〉의 ㉠~㉤에 대해 설명한 내용으로 적절하지 않은 것은?

┤ 보기 ├

연경: 요즘 단풍이 정말 예쁘게 ㉠들었어.
유정: 나는 내일 소풍 ㉡간다. 부럽지?
연경: (창밖을 바라보며) 비 오는데? 저렇게 비가 많이 오는 걸 보니 내일 소풍은 다 ㉢갔네.
유정: 작년에도 소풍 전날에 비가 많이 ㉣왔지만 소풍날에는 비가 안 왔어.
연경: 맞아. ㉤그랬었지. 행운을 빌어 줄게.

① ㉠: 단풍이 예쁘게 든 상태가 발화시에도 지속되고 있음을 나타낸다.
② ㉡: 내일 소풍을 가는 것이 확정적인 일이라고 화자가 판단하고 있음을 나타낸다.
③ ㉢: 내일 소풍을 못 가게 될 것이 이미 정해진 사실인 것처럼 표현하고 있다.
④ ㉣: 소풍 전날에 비가 온 것이 발화시 이전에 일어난 일임을 나타낸다.
⑤ ㉤: 대화 상대방이 말한 내용이 발화시에 와서 완료되었음을 나타낸다.

50

〈보기〉에서 진행상을 나타내는 문장만을 모두 고른 것은?

┤ 보기 ├

㉠ 어느새 선선한 가을이 왔다.
㉡ 교실 창문이 활짝 열려 있네.
㉢ 동생이 이제 밥을 다 먹어 간다.
㉣ 아이들이 신나게 춤을 추고 있다.

① ㉠, ㉡   ② ㉠, ㉢   ③ ㉡, ㉢
④ ㉡, ㉣   ⑤ ㉢, ㉣

51

다음의 〈조건〉을 모두 충족하는 문장으로 가장 적절한 것은?

┤ 조건 ├

• 사건시가 발화시보다 앞선 시제를 사용할 것.
• 시간을 나타내는 부사어를 사용할 것.

① 언니는 지금 저녁을 먹고 있어.
② 어머니께서는 집에서 일을 하고 계셨다.
③ 내가 내일 저 케이크를 다 먹어 버릴 거야.
④ 동생은 어제 도서관에서 숙제를 하고 있었어.
⑤ 그는 완전히 성공이 인생이 전부인 사람이었어.

52

〈보기〉의 ㉠~㉢에서 높임을 받고 있는 인물이 올바르게 짝 지어진 것은?

┤ 보기 ├

㉠ 엄마, 윤우가 지금 오고 있대요.
㉡ 할머니께서 나한테 새해 용돈을 주셨다.
㉢ 승아는 수학 선생님께 문제를 여쭈어보았다.

	㉠	㉡	㉢
①	객체	청자	주체
②	객체	주체	청자
③	주체	청자	객체, 청자
④	청자	주체	객체
⑤	청자	객체	객체, 청자

53 고난도

〈보기〉를 바탕으로 ㉠~㉤을 이해한 내용으로 적절하지 않은 것은?

┤ 보기 ├

　시간의 흐름 속에서 그 동작이 진행되고 있는지, 완료된 것인지를 나타내는 것을 동작상이라고 한다. 발화시를 기준으로 동작이 계속 이어져 가는 모습, 동작이 막 끝난 모습 등이 그것이다. 이를 각각 진행, 완료라 한다. 동작상은 '-어'나 '-고' 등의 어미에 보조 용언이 이어져 실현되는데, 시제와 결합하여 다양한 형태로 나타난다.

㉠ 유나가 지금 팔을 움직이고 있다.
㉡ 유나가 지금 식탁에 앉아 있다.
㉢ 유나가 우유를 다 마셔 버렸다.
㉣ 유나가 과자를 먹고 있었다.
㉤ 유나가 놀이공원에 가고 싶겠다.

① ㉠: 동작이 현재 진행되고 있음을 나타내고 있다.
② ㉡: 완료된 동작이 현재까지 유지되고 있음을 나타내고 있다.
③ ㉢: 보조 용언을 통해 동작이 과거에 완료되었음을 나타내고 있다.
④ ㉣: 진행을 나타내는 동작상이 과거 시제와 결합하여 동작의 과거 진행을 나타내고 있다.
⑤ ㉤: 보조 용언이 미래 시제와 결합하여 동작이 진행될 예정임을 나타내고 있다.

54

〈보기〉를 이해한 내용으로 적절하지 않은 것은?

┤ 보기 ├

• 어머니가 집에 간다. ⇒ 어머니께서 집에 가신다.
• 어머니가 밥을 먹었다. ⇒ 어머니께서 진지를 드셨다.
• 할아버지께서는 거짓말을 진지 드시듯 하십니다. (×)
　⇒ 할아버지께시는 거짓말을 밥 먹듯 하십니다. (○)

① 선어말 어미 '-시-'를 사용하여 서술의 주체를 높일 수 있다.
② 주격 조사로 '가' 대신 '께서'를 사용하여 주체를 높일 수 있다.
③ 특수 어휘 '진지', '드시다'를 사용하여 서술의 객체를 높일 수 있다.
④ 종결 어미 '-ㅂ니다'를 사용하여 대화 상대를 높일 수 있다.
⑤ 관용 표현은 주체가 높임의 대상이라도 높임법을 사용하지 않는다.

55

높임법에서 대상을 존대하는 표현을 [+]로, 존대하지 않는 표현을 [-]로 표시할 때, 다음 문장을 바르게 나타낸 것은?

고모, 현주가 할머니를 모시고 목욕탕에 갔어요.

① [주체+][객체+][상대+]　② [주체-][객체-][상대-]
③ [주체-][객체+][상대+]　④ [주체+][객체+][상대-]
⑤ [주체-][객체-][상대+]

56 서술형

〈보기〉의 예문을 〈조건〉에 맞게 고쳐 쓰시오.

┤ 보기 ├

[예문] 수호야, 동생 데리고 공원에 좀 다녀와.
〈조건〉
• '수호'를 '삼촌'으로, '동생'을 '할머니'로 바꿀 것.
• 비격식체를 사용할 것.

57 서술형

〈보기〉의 ㉠, ㉡에서 주체 높임이나 객체 높임이 어떻게 실현되고 있는지 설명하시오.

┤ 보기 ├

㉠ 할아버지께서는 아침마다 신문을 보신다.
㉡ 나는 선생님께 국어 문제를 여쭤보았다.

[58~59] 다음 글을 읽고 물음에 답하시오.

과거 시제는 사건시가 발화시보다 앞서는 시제로, 주로 선어말 어미 '-았-/-었-'을 통해 실현된다. 또 동사 어간에 붙는 관형사형 어미 '-(으)ㄴ'과 용언의 어간이나 서술격 조사에 붙는 '-던'을 통해 실현된다. 현재 시제는 사건시와 발화시가 일치하는 시제로, 동사에서는 선어말 어미 '-ㄴ-/-는-' 및 관형사형 어미 '-는'을 통해서 실현되고, 형용사나 서술격 조사에서는 관형사형 어미 '-(으)ㄴ'을 통해 실현되거나 선어말 어미 없이 기본형을 사용하여 현재의 의미를 나타낸다. 미래 시제는 사건시가 발화시보다 나중인 시제로, 선어말 어미 '-겠-'을 통해 실현되는 것이 일반적이나 관형사형 어미 '-(으)ㄹ', 관형사형 어미 '-(으)ㄹ'과 의존 명사 '것'이 결합된 '-(으)ㄹ 것'을 통해서도 실현된다. 이러한 방법 외에도 '어제, 지금, 내일' 등과 같은 부사어를 사용하여 시제를 드러내기도 한다.

그런데 시간을 표현하는 데 사용되는 문법 요소가 언제나 특정한 시제를 나타내는 것은 아니다. 예를 들어 선어말 어미 '-ㄴ-/-는-'은 주로 현재 시제를 나타내는 데 사용되지만 ⓐ미래를 나타내는 경우에 쓰이기도 하고, 선어말 어미 '-겠-'은 주로 미래 시제를 표현하는 데 사용되지만 ⓑ추측을 나타내는 경우에 쓰이기도 한다.

58 2021학년도 9월 고1 전국연합학력평가 12번

윗글을 바탕으로 〈보기〉의 ㉠~㉢을 이해한 내용으로 적절하지 <u>않은</u> 것은?

┤ 보기 ├
㉠ 비가 지금 내린다.
㉡ 비가 내일 내릴 것이다.
㉢ 내가 찾아간 곳에 비가 많이 내렸다.

① ㉠에는 사건시와 발화시가 일치하는 시제가 나타난다.
② ㉡에는 선어말 어미를 활용한 시간 표현이 나타난다.
③ ㉢에는 관형사형 어미를 활용한 시간 표현이 나타난다.
④ ㉠과 ㉡에는 부사어를 활용한 시간 표현이 나타난다.
⑤ ㉡에는 사건시가 발화시보다 나중인, ㉢에는 사건시가 발화시보다 앞서는 시제가 나타난다.

59 2021학년도 9월 고1 전국연합학력평가 13번

윗글을 참고할 때 ⓐ, ⓑ에 해당하는 예끼리 묶인 것으로 적절한 것은?

① ┌ ⓐ: 잠시 후 결과가 발표된다.
　└ ⓑ: 일찍 출발하느라 고생했겠다.
② ┌ ⓐ: 삼촌은 곧 여기를 떠난다.
　└ ⓑ: 잠시만 비켜 주시겠습니까?
③ ┌ ⓐ: 사람은 누구나 꿈을 꾼다.
　└ ⓑ: 제가 먼저 발표하겠습니다.
④ ┌ ⓐ: 지구는 태양의 주위를 돈다.
　└ ⓑ: 이제 늦지 않도록 하겠습니다.
⑤ ┌ ⓐ: 그가 내 의도를 알아채고 웃는다.
　└ ⓑ: 우리 고향은 이미 추수가 다 끝났겠다.

60 2020학년도 6월 고1 전국연합학력평가 15번

〈보기〉의 '학습 활동'을 수행한 결과로 적절한 것은?

┤ 보기 ├

[학습 활동]
다음 담화 상황에 등장하는 ㉠, ㉡이 달라질 때, 언어 예절에 적합한 높임 표현을 사용해 보자.

[담화 상황]
(내가 철수에게)
"어제 ㉠영희가 ㉡경희에게 선물을 주는 것을 보았어."
※ 말하는 사람인 '나'와 철수, 영희, 경희는 서로 대등한 관계임.

① ㉠이 높임의 대상인 '선생님'으로 바뀌면 조사 '가'를 '께서'로 고쳐 말해야 한다.
② ㉠이 높임의 대상인 '선생님'으로 바뀌면 조사 '에게'를 '께'로 고쳐 말해야 한다.
③ ㉡이 높임의 대상인 '선생님'으로 바뀌면 '주는'을 '주시는'으로 고쳐 말해야 한다.
④ ㉡이 높임의 대상인 '선생님'으로 바뀌면 '보았어'를 '보셨어'로 고쳐 말해야 한다.
⑤ ㉡이 높임의 대상인 '선생님'으로 바뀌면 '보았어'를 '보았습니다'로 고쳐 말해야 한다.

61

〈보기〉의 밑줄 친 부분의 예로 가장 적절한 것은?

┤ 보기 ├

'-았-/-었-'은 주로 과거 시제를 표현하지만, <u>미래의 상황을 표현하는 경우에 쓰이기도 한다.</u>

① 그는 여행을 떠나기로 결심했다.
② 1919년 3월 1일, 만세 운동이 일어났다.
③ 봄날 거리에 개나리가 흐드러지게 피었다.
④ 학생들이 운동장에서 축구공을 차고 있었다.
⑤ 어린 동생과 싸웠으니 난 이제 어머니께 혼났다.

62 2018학년도 9월 고3 모의평가 15번

〈보기〉를 탐구한 결과로 적절하지 <u>않은</u> 것은?

┤ 보기 ├

㉠ 거기에는 눈이 <u>왔겠다.</u> / 지금 거기에는 눈이 <u>오겠지.</u>
㉡ 그가 집에 <u>갔다.</u> / 막차를 놓쳤으니 나는 집에 다 <u>갔다.</u>
㉢ 내가 떠날 때 비가 올 것이다. / 내가 떠날 때 비가 왔다.
㉣ 그는 지금 학교에 <u>간다.</u> / 그는 내년에 <u>진학한다고 한다.</u>
㉤ 오늘 보니 그는 키가 <u>작다.</u> / 작년에 그는 키가 <u>작았다.</u>

① ㉠: 선어말 어미 '-겠-'이 미래의 사건을 추측하는 데에 쓰이고 있군.
② ㉡: 선어말 어미 '-았-'이 과거 시제를 나타내지 않는 경우도 있군.
③ ㉢: 관형사형 어미 '-ㄹ'이 붙을 때 미래의 사건을 나타내지 않는 경우도 있군.
④ ㉣: 현재 시제 선어말 어미 '-ㄴ-'이 미래의 사건을 나타낼 때도 쓰이고 있군.
⑤ ㉤: 형용사에서 현재 시제를 나타낼 때 시제 선어말 어미가 나타나지 않고 있군.

63 2021학년도 10월 고3 전국연합학력평가 언어와 매체 39번

〈보기〉의 ㉠과 ㉡이 모두 사용된 문장으로 적절한 것은?

┤ 보기 ├

높임 표현은 ㉠그 자체에 높임의 의미가 담긴 특수 어휘를 통해 실현되기도 한다. 또 대상을 높이는 것이 아니라 자신을 낮추는 겸양의 표현은 ㉡그 자체에 낮춤의 의미가 있는 특수 어휘를 통해 실현되기도 한다.

① 저희가 어머니께 드렸던 선물이 여기 있네요.
② 연세가 지긋하신 할아버지께서 걸어가신다.
③ 제 말씀은 그런 의도가 아니었어요.
④ 이 문제는 아버지께 여쭈어보자.
⑤ 지나야, 가서 할머니 모시고 와.

64 2020학년도 9월 고1 전국연합학력평가 14번

밑줄 친 말에 주목하여 〈보기〉의 ㄱ~ㅁ을 탐구한 내용으로 적절하지 <u>않은</u> 것은?

┤ 보기 ├

ㄱ. 그는 <u>어제</u> 고향을 떠났다.
ㄴ. 지난겨울에는 정말 <u>춥더라.</u>
ㄷ. 친구와 함께 <u>본</u> 영화는 재미있었다.
ㄹ. 작년만 해도 이곳에는 나무가 <u>적었었다.</u>
ㅁ. 축제 준비를 하려면 오늘 밤 잠은 다 <u>잤네.</u>

① ㄱ을 보니, 시간 부사어를 사용하여 과거를 나타내고 있군.
② ㄴ을 보니, 선어말 어미 '-더-'를 사용하여 과거의 경험을 회상하고 있군.
③ ㄷ을 보니, 동사는 관형사형 어미 '-(으)ㄴ'을 사용하여 과거에 일어난 일을 나타내는군.
④ ㄹ을 보니, 선어말 어미 '-었었-'을 사용하여 현재까지 지속되는 과거의 상황을 나타내는군.
⑤ ㅁ을 보니, 선어말 어미 '-았-'이 과거에 일어난 일을 나타내지 않기도 하는군.

65 2019학년도 3월 고1 전국연합학력평가 15번

〈보기〉의 [A]~[C]에 들어갈 예를 바르게 짝지은 것은?

┤ 보기 ├

• 아래의 순서도에 따라 ㄱ~ㄷ을 분류해 보자.

ㄱ. 나는 할아버지께 선물을 드렸다.
ㄴ. 할아버지께서 지금 우리 집에 계신다.
ㄷ. 어머니께서는 할아버지를 모시고 집에 가셨다.

⇩

주어가 나타내는 대상인 주체를 높이는가?	아니요 ⇨	[A]

⇩ 예

문장의 목적어나 부사어가 나타내는 대상인 객체를 높이는가?	아니요 ⇨	[B]

⇩ 예

[C]

	[A]	[B]	[C]
①	ㄱ	ㄴ	ㄷ
②	ㄱ	ㄷ	ㄴ
③	ㄴ	ㄱ	ㄷ
④	ㄴ	ㄷ	ㄱ
⑤	ㄷ	ㄴ	ㄱ

26일 문장의 호응 2 - 피동·사동, 부정 표현

함께 보기 | **필독 중학 국어 문법 199쪽으로!**

개념 확인

직접 사동과 간접 사동
주체가 사동사가 나타내는 행위에 직접 참여하는 것은 '직접 사동', 참여하지 않고 말 등으로만 시키는 것은 '간접 사동'임.
◎
• 엄마가 아기에게 젖을 먹였다. (직접 사동)
• 선생님이 학생들에게 책을 읽혔다. (간접 사동)

■ 피동·사동 표현

피동 표현	사동 표현
• 경찰이 도둑을 잡았다. 　(주어)　　　(능동사) ⇒ 주체가 동작을 제힘으로 하는 것: 능동	• 아이가 밥을 먹었다. 　(주어)　　(주동사) ⇒ 주체 스스로 어떤 행위를 하는 것: 주동
• 도둑이 경찰에게 잡혔다. 　(주어)　　　　(피동사) ⇒ 주체가 다른 주체에 의해서 어떤 동작을 당하게 되는 것: 피동(입을, 당할 被 움직임 動) ┌ 단형 피동: 어간 + '-이/히/리/기-' └ 장형 피동: 어간 + '-어지다'	• 엄마가 아이에게 밥을 먹였다. 　(주어)　(부사어)　　(사동사) ⇒ 주체가 남에게 어떤 동작을 하도록 시키는 것: 사동 (시킬 使 움직임 動) ┌ 단형 사동: 어간 + '-이/히/리/기/우/구/추-' └ 장형 사동: 어간 + '-게/도록 하다'

'말다' 부정
주로 명령문과 청유문의 긴 부정문에서 쓰임.
◎ • 걱정하지 마라. (명령문)
• 거기 가지 말자. (청유문)

■ 부정 표현

'안' 부정	• 단순 부정 또는 주체의 의지에 의한 부정 ┌ 단순 부정: 오늘은 하늘이 파랗지 않다. └ 의지 부정: 동생은 아침에 밥을 안 먹었다. • 짧은 부정문은 부정 부사 '안'이 서술어 앞에 쓰이고, 긴 부정문은 '-지 않다/아니하다'가 본용언 뒤에 쓰임. ◎ ┌ 아무 소리도 안 들렸다. (짧은 부정문) └ 아무 소리도 들리지 않았다. (긴 부정문)
'못' 부정	• 주체의 능력 부족 또는 외부의 원인에 의한 부정 ┌ 능력 부족: 열심히 공부했지만 100점을 받지는 못했다. └ 외부 원인: 비가 너무 많이 와서 밖에 나가지를 못했다. • 짧은 부정문은 부정 부사 '못'이 서술어 앞에 쓰이고, 긴 부정문은 '-지 못하다'가 본용언 뒤에 쓰임. ◎ ┌ 아파서 학교에 못 갔다. (짧은 부정문) └ 아파서 학교에 가지 못했다. (긴 부정문)

아하~ 함·정·넘·기

❶ '엄마가 아기에게 인형을 안겼다.'는 피동문? 사동문?
용언 어간 뒤에 '-게 하다', '-도록 만들다' 등을 넣어 보세요. '-게 하다', '-도록 만들다' 등으로 바꿀 수 있으면 사동문입니다. '엄마가 아기에게 인형을 안게 하다.'가 가능한 것을 보니 '엄마가 아기에게 인형을 안겼다.'의 '안기다'는 사동사인 것을 알 수 있죠? 참고로, '아기가 엄마에게 안겼다.'에 쓰인 '안기다'는 형태가 사동사 '안기다'와 동일하지만, 문장이 목적어가 없고 '아기가 엄마에게 안김을 당하다.'라는 뜻인 것으로 보아 '아기가 엄마에게 안겼다.'는 피동문임을 알 수 있어요.

❷ '칠판에 쓰여진 글씨'는 맞는 표현일까?
'쓰여지다'는 '쓰다'의 피동사 '쓰이다'에 다시 '-어지다'가 결합된 것으로, 이를 이중 피동이라고 합니다. '보여지다', '덮여지다', '깔려지다' 등 이중 피동은 의미에 변화가 생기지 않는 한 쓸데없이 중복된 표현이므로 사용하지 않는 것이 바람직합니다.

[1~6] 다음 설명이 맞으면 ○표, 틀리면 ×표 하시오.

1 '엄마는 아이에게 우비까지 입혔다.'는 단형 피동이다. ...... ( )

2 '엎어진 물은 다시 담을 수 없다.'는 장형 피동이다. ...... ( )

3 '정원에는 잔디가 곱게 깔려 있었다.'는 단형 사동이다. ...... ( )

4 '우울한 날에도 그는 나를 웃게 한다.'는 장형 사동이다. ...... ( )

5 '아직 새싹이 안 났다.'는 단순 부정이다. ...... ( )

6 '동생은 밀린 공부를 하겠다며 점심도 안 먹었다.'는 의지 부정이다. ...... ( )

[7~18] 다음 예문의 밑줄 친 부분이 피동 표현과 사동 표현 중 무엇에 해당하는지 바르게 표시하시오.

	예문	피동	사동
7	그는 나에게 사진첩을 보였다.		
8	멀리 건물 사이로 하늘이 보인다.		
9	감자는 푹 익혀야 제 맛이 난다.		
10	낯을 익히고 나니 마음이 한결 편안했다.		
11	그에게 멱살을 잡힌 것이 너무 화가 난다.		
12	아이에게 겨우 연필을 잡혔지만 아이는 아무것도 쓰지 않았다.		
13	할머니에게 아이를 업혀 보냈다.		
14	아이가 할머니 등에 업혀 잠이 들었다.		
15	양손에 짐이 들려 혼자 문을 열 수가 없었다.		
16	어머니는 아들에게 음식을 잔뜩 들려 보냈다.		
17	이순신 장군은 부하 장수들에게 병서를 읽혔다.		
18	이 책은 수많은 사람에게 읽혀 온 불후의 명작이다.		

19 피동사에 해당하는 것은?

① 녹이다　　② 늦추다　　③ 돋우다
④ 뽑히다　　⑤ 울리다

20 사동사에 해당하는 것은?

① 나뉘다　　② 놓이다　　③ 닫히다
④ 먹이다　　⑤ 믿기다

[21~26] 초성을 참고하여 빈칸에 들어갈 적절한 말을 쓰시오.

21 피동이란 주체가 다른 주체에 의해서 어떤 동작을 당하게 됨을 나타내는 것으로, 주체가 동작을 제힘으로 하는 ㄴㄷ 에 대응한다.

22 사동이란 주체가 남에게 어떤 동작을 하도록 시키는 것으로, 주체 스스로 어떤 행위를 하는 ㅈㄷ 에 대응한다.

23 주체의 능력 부족 또는 외부의 원인에 의한 부정을 표현할 때는 'ㅁ' 부정문이 쓰인다.

24 짧은 부정문에서는 부정 ㅂㅅ '안, 못'이 서술어 앞에 쓰인다.

25 긴 부정문에서는 부정 ㅂㅈ 용언 '-지 않다, 못하다'가 본용언 뒤에 쓰인다.

26 '말다' 부정은 주로 명령문과 ㅊㅇㅁ 의 긴 부정문에서 쓰인다.

[27~30] 다음 대화에서 괄호 안에 들어갈 적절한 말을 각각 고르시오.

> 보람: '눈으로 덮여진 산봉우리'에서 '덮여진'은 '덮다'에 접미사 '-이-'가 결합하여 이루어진 **27** (피동사 / 사동사) '덮이다'에 다시 '-어지다'가 결합된 것으로, **28** (이중 피동 / 이중 사동)이야. 이런 표현은 가급적 사용하지 않는 것이 바람직해.
> 혁준: '엄마가 아기에게 옷을 입혔다.'는 **29** (주체 / 객체)인 '엄마'가 직접 아기에게 옷을 입혀 주는 행위를 하는 경우를 나타낼 때는 **30** (직접 사동 / 간접 사동)에 해당해.

31

피동·사동 표현에 대한 설명으로 적절하지 않은 것은?

① 피동문과 사동문을 만들 때 접미사를 사용할 수 있다.
② 피동문을 만들 때 능동문의 주어는 피동문의 부사어가 된다.
③ 사동문은 주어가 남에게 동작을 하도록 시키는 의미를 드러내는 문장이다.
④ 피동문은 주어가 다른 주체에 의해 동작을 당하는 의미를 드러내는 문장이다.
⑤ 사동문을 만들 때 주동사가 타동사이면 주동문의 주어가 사동문의 목적어가 된다.

32

피동 표현이 쓰이지 않은 것은?

① 다시마를 살짝 익혔다.
② 도둑이 경찰에게 잡혔다.
③ 토끼가 호랑이에게 잡아먹혔다.
④ 찢어진 사진을 보니 마음이 아팠다.
⑤ 나는 이제 그녀에게 잊힌 사람이다.

33

사동문에 해당하지 않는 것은?

① 오빠가 동생을 울렸다.
② 피에로가 사람들을 웃겼다.
③ 어머니가 아들의 옷을 입혔다.
④ 선생님께서 우리에게 책을 읽혔다.
⑤ 나는 친구와의 약속 시간에 늦었다.

34

〈보기〉의 ㉠, ㉡에 대한 설명으로 적절하지 않은 것은?

┤ 보기 ├
㉠ 어머니가 아이에게 옷을 빨리 입혔다.
㉡ 어머니가 아이에게 옷을 빨리 입게 했다.

① ㉠은 사동사에 의한 사동문이다.
② ㉡은 '-게 하다'에 의한 사동문이다.
③ ㉠의 '빨리'는 의미상 '어머니'의 행위를 수식한다.
④ ㉡의 '빨리'는 의미상 '아이'의 행위를 수식한다.
⑤ ㉠과 ㉡은 모두 '어머니'가 '옷'을 입는 행위를 나타낸다.

35 서술형 ✏
다음 문장을 '해체'의 부정 명령문으로 바꾸시오.

식탁 위에 책을 올려놓아라.

36

다음 부정문의 밑줄 친 부분에 대한 설명이 적절하지 않은 것은?

① 남의 험담을 함부로 하지 마라.
→ 명령문의 부정 표현에는 '말다'를 사용한다.
② 이번만은 자신과의 약속을 어기지 말자.
→ 청유문의 부정 표현에는 '말다'를 사용한다.
③ 하루 종일 기다렸지만 아무도 오지 않았어.
→ 짧은 부정문과 다른 의미일 때 긴 부정문을 사용한다.
④ 나는 기초가 부족해서 수학 시험을 잘 못 봤다.
→ 능력 부족으로 인한 부정 표현에는 '못'을 사용한다.
⑤ 나는 그와 더 말하기 싫어서 전화를 안 받았다.
→ 주체의 의지에 의한 부정 표현에는 '안'을 사용한다.

37

〈보기〉의 밑줄 친 부분에 해당하는 예로 가장 적절한 것은?

┤ 보기 ├
'-시키다'는 사동 표현을 만드는 접미사이다. 예컨대 '안심시키다'는 '다른 누구를 안심하게 하다.'라는 뜻으로 해석된다. 그런데 사동의 의미가 없는데도 '-시키다'를 잘못 사용하는 경우가 있다.

① 나는 두 친구를 화해시키기 위해 노력했다.
② 시장의 명연설은 많은 시민들을 감동시켰다.
③ 어머니는 시험을 앞둔 아들을 늦게까지 공부시켰다.
④ 그녀는 아들을 취직시켜 달라는 친구의 부탁에 난색을 표했다.
⑤ 그는 학생들에게 사상을 주입시키는 교사가 될 수는 없다고 말했다.

38 고난도
〈보기〉를 참고할 때, '파생적 피동문'으로 바꿀 수 없는 문장은?

┤ 보기 ├
능동사 어간에 접미사 '-이/히/리/기-'가 붙어서 만들어지는 피동사에 의한 피동 표현은 '파생적 피동문'이라고 한다. 그런데 모든 능동사가 다 피동사로 변할 수 있는 것은 아니다.

① 아이가 꽃을 꺾었다.
② 개구리가 파리를 먹었다.
③ 어머니가 아기를 안았다.
④ 배가 태풍을 만나 좌초했다.
⑤ 바람이 나뭇가지를 흔들었다.

39

〈보기〉의 ㉠~㉤에 대한 설명으로 적절하지 않은 것은?

┤ 보기 ├

㉠ 점심을 안 먹은 거니, 못 먹은 거니?
㉡ 휴지를 함부로 버리지 마라.
㉢ 이 옷은 생각보다 예쁘지 않네.
㉣ ┌ A: 저 영화 같이 볼래?
　 └ B: 우리 전에 저 영화 보지 않았어?
㉤ 누나가 책을 안 샀다.

① ㉠: 상황을 구체적으로 묻기 위해 의지 부정과 능력 부정을 사용하고 있다.
② ㉡: 명령문에는 부정 표현으로 '말다'가 사용된다.
③ ㉢: 능력 부정이나 의지 부정이 아닌, 상태 부정 표현에 해당한다.
④ ㉣: '안' 부정문을 통해 A와 영화를 보았다는 사실을 부정하고 있다.
⑤ ㉤: 부정하는 대상에 따라 문장의 의미가 달라질 수 있다.

40

밑줄 친 부분이 피동사인 것은?

① 그는 남들을 잘 웃겼다.
② 햇살이 고드름을 녹이고 있다.
③ 아무도 방 안으로 들이지 마라.
④ 나는 눈으로 덮인 산을 바라봤다.
⑤ 두 귀를 쫑긋 세우고 수업을 들었다.

41

접미사 '-이-'의 용법이 나머지와 다른 것은?

① 이 글은 두 문단으로 나뉜다.
② 만년필이 책상 위에 놓여 있다.
③ 그는 나에게 오래된 사진첩을 보였다.
④ 모자가 작아서 머리에 잘 쓰이지 않는다.
⑤ 깨끗이 닦인 유리창 밖으로 하늘이 푸르다.

42 고난도

〈보기〉의 예로 적절하지 않은 것은?

┤ 보기 ├

사동사에 의한 사동문은 중의적으로 해석되기도 한다.

① 엄마가 아이의 머리를 감겼다.
② 엄마가 아이를 거실에서 재웠다.
③ 엄마가 곤히 잠든 아이의 안경을 벗겼다.
④ 아빠가 앉아 있는 아이의 신발을 신겼다.
⑤ 아빠는 졸려 하는 아이를 침대에 눕혔다.

43 신유형

〈자료〉를 참고할 때, 〈보기〉의 ㉠~㉤에 대한 설명으로 적절하지 않은 것은?

┤ 자료 ├

달다
① 물건을 일정한 곳에 걸거나 매어 놓다.
② 물건을 일정한 곳에 붙이다.
③ 어떤 기기를 설치하다.
④ 글이나 말에 설명 따위를 덧붙이거나 보태다.
⑤ 이름이나 제목 따위를 정하여 붙이다.

┤ 보기 ├

㉠ 벽에 결혼사진 액자가 달렸다.
㉡ 교복 상의에는 명찰이 달려 있어야 한다.
㉢ 우리 집 현관에도 드디어 인터폰이 달렸다.
㉣ 그 논문에는 각주가 많이 달려 있었다.
㉤ 광복절인데도 대문에 태극기가 달린 집이 적었다.

① ㉠에는 달다 ①의 피동사가 쓰였다.
② ㉡에는 달다 ②의 피동사가 쓰였다.
③ ㉢에는 달다 ③의 피동사가 쓰였다.
④ ㉣에는 달다 ④의 피동사가 쓰였다.
⑤ ㉤에는 달다 ⑤의 피동사가 쓰였다.

44

〈보기〉의 예로 적절하지 않은 것은?

┤ 보기 ├

피동 표현 중에는 피동사에 의한 피동과 '-아/어지다'에 의한 피동이 중복되어 나타나는 경우가 있다.

① 그 편지에는 흐릿한 글씨가 갈겨져 있었다.
② 행사의 수익금은 어려운 이웃을 위해 쓰여집니다.
③ 지수가 학생들의 지지를 받아 반장으로 뽑혀졌다.
④ 그가 그런 일을 저질렀다는 것이 믿겨지지 않습니다.
⑤ 반장은 교실 문이 잘 닫혀졌는지 다시 한번 살펴보세요.

45

〈보기〉의 ㉠ : ㉡의 관계에 해당하지 않는 것은?

┤ 보기 ├

㉠: 명사 + 접사(-하다) ⇒ 능동 표현
㉡: 명사 + 접사(-되다) ⇒ 피동 표현

① 걱정하다 : 걱정되다　　② 결정하다 : 결정되다
③ 부족하다 : 부족되다　　④ 생략하다 : 생략되다
⑤ 진행하다 : 진행되다

46

〈보기〉의 ㉠~㉣에 대한 설명으로 적절하지 <u>않은</u> 것은?

─┤ 보기 ├─

㉠ 나는 하루 종일 밥도 못 먹었다.
㉡ 나는 하루 종일 밥도 안 먹었다.
㉢ 그는 길을 걷다가 넘어지더니 일어나지 못했다.
㉣ 그는 길을 잘 걸어가다가 넘어지더니 일부러 일어나지 않았다.

① ㉠은 몸이 아프거나 하여 밥을 먹을 수 없었다는 의미이다.
② ㉠은 '나는 하루 종일 밥도 먹지 않았다.'와 같이 긴 부정문으로 바꿀 수 있다.
③ ㉡의 '안'과 ㉣의 '않-'은 의지 부정을 나타낸다.
④ ㉡의 '안'은 '아니'의 준말이고, ㉣의 '않-'은 '아니하-'의 준말이다.
⑤ ㉢은 '그는 길을 걷다가 넘어지더니 못 일어났다.'처럼 짧은 부정문으로 고칠 수 있다.

47

〈보기〉를 참고하여 피동 표현의 유형이 같은 것끼리 골라 묶은 것은?

─┤ 보기 ├─

• 파생적 피동: 능동사에 접미사 '-이-, -히-, -리-, -기-'를 붙이는 경우
• 통사적 피동: 서술어에 '-아/어지다'를 붙이는 경우
• 어휘적 피동: 단어 자체가 피동의 의미를 갖는 경우

㉠ 나는 그와 소식이 끊어진 지 오래되었다.
㉡ 그 책은 많은 사람들에게 읽힌 베스트셀러다.
㉢ 졸업생들 손에 저마다 꽃다발이 들려 있었다.
㉣ 그가 옛 친구에게 사기를 당했다는 것이 사실이야?

① ㉠, ㉡   ② ㉠, ㉢   ③ ㉡, ㉢   ④ ㉡, ㉣   ⑤ ㉢, ㉣

48

피동 표현에 대한 설명으로 적절하지 <u>않은</u> 것은?

① '그녀의 간드러진 웃음소리'에는 '-어지다'를 사용한 피동 표현이 쓰였다.
② '어젯밤 모기에게 코를 물렸다.'에는 접미사 '-리-'를 사용한 피동 표현이 쓰였다.
③ '그는 얼굴을 고양이에게 긁혔다.'에는 접미사 '-히-'를 사용한 피동 표현이 쓰였다.
④ '옥수수가 광주리에 담겨 있었다.'에는 접미사 '-기-'를 사용한 피동 표현이 쓰였다.
⑤ '어느새 내 순서가 그와 뒤바뀌어 있었다.'에는 접미사 '-이-'를 사용한 피동 표현이 쓰였다.

49 고난도

〈보기〉의 ㉠, ㉡에 해당하는 예를 순서대로 묶은 것으로 적절하지 <u>않은</u> 것은?

─┤ 보기 ├─

접미사 '-이-, -히-, -리-, -기-'는 피동 접미사로도 쓰이고 사동 접미사로도 쓰인다. 따라서 ㉠피동문인지 ㉡사동문인지는 문장의 의미를 통해서 파악할 수 있다.

① ㉠: 아카시아꽃이 눈처럼 날린다.
   ㉡: 아이는 종이비행기를 공중에 날렸다.
② ㉠: 그의 눈에 갑자기 벽에 걸려 있는 시계가 보였다.
   ㉡: 그녀는 자랑삼아 보석 반지를 나에게 보여 주었다.
③ ㉠: 그 일이 있은 후에 나는 그녀가 매우 가련하게 보였다.
   ㉡: 나 때문에 식구들에게 이런 욕을 보이고 싶지 않다.
④ ㉠: 니체는 특히 철학과 학생에게 많이 읽히는 편이지요.
   ㉡: 학교에서는 논술에 대비하여 학생들에게 주로 신문 사설을 읽혔다.
⑤ ㉠: 어머니는 며칠 굶은 아들을 위해 소갈비를 뜯기고 있었다.
   ㉡: 소년은 한가할 때 소에게 풀을 뜯기면서 버들피리를 불었다.

50

〈보기〉의 ㉠~㉤에 대한 설명으로 가장 적절한 것은?

─┤ 보기 ├─

㉠ 지금 내 실력으로는 이 문제를 도저히 못 풀겠다.
㉡ 아무리 떠올려 보려고 해도 생각이 안 난다.
㉢ 오늘따라 날이 흐려서 달을 보지 못했다.
㉣ 서점에 갔는데 아직 그 책은 안 나왔더라.
㉤ 내일은 춥다고 하니까 밖에 나가지 말자.

① ㉠: 외부의 원인에 의한 부정임을 나타내기 위해 '못' 부정문이 쓰였다.
② ㉡: 어떤 상태를 부정하는 것으로, '나지 않는다'로 바꾸어 쓸 수 있다.
③ ㉢: 주체의 능력 부족에 의한 부정임을 나타내기 위해 '못' 부정문이 쓰였다.
④ ㉣: 주체의 의지를 나타내는 것으로, '나오지 않았더라'로 바꾸어 쓸 수 있다.
⑤ ㉤: 평서문을 부정하기 위해 '말다' 부정문이 쓰였다.

51

〈보기〉를 이해한 내용으로 적절하지 <u>않은</u> 것은?

┤ 보기 ├

　주동 표현을 사동 표현으로 바꿀 때는 사동 접미사 '-이-, -히-, -리-, -기-, -우-, -구-, -추-' 등을 사용한다. 또 주동 표현에 '-게 하다'를 결합하여 사동 표현을 만들 수도 있다.

(주동 표현) 동생이 운다.
　→ (사동 표현) 언니가 동생을 울린다.
　→ (사동 표현) 언니가 동생을 울게 한다.
(주동 표현) 동생이 책을 읽는다.
　→ (사동 표현) 언니가 동생에게 책을 읽힌다.
　→ (사동 표현) 언니가 동생에게 책을 읽게 한다.

① 사동 표현은 동작을 당하는 대상을 필요로 한다.
② 주동 표현의 목적어는 사동 표현에서도 목적어가 된다.
③ 주동 표현이 목적어를 포함하고 있어야 사동 표현으로 바꿀 수 있다.
④ 주동 표현을 사동 표현으로 바꿀 때는 새로운 동작 주체를 필요로 한다.
⑤ 주동 표현의 동작 주체가 사동 표현에서는 목적어나 부사어로 나타난다.

52

〈보기〉의 밑줄 친 부분을 설명할 수 있는 예로 적절한 것은?

┤ 보기 ├

　능동문과 피동문은 짝을 이루는 경우가 많지만 <u>대응하는 능동문이 없는 피동문이나 대응하는 피동문이 없는 능동문도 있다.</u>

① 어느새 안개가 말끔히 걷혔다.
② 그가 그린 그림이 벽에 걸렸다.
③ 이 일기장에는 내 꿈이 적혀 있다.
④ 공장이 채권자들에게 일시적으로 점거되었다.
⑤ 역사가들에게 의해 그 일의 진실이 밝혀질 것이다.

53

〈보기〉의 ㉠~㉤ 중 피동으로 쓰인 것은?

┤ 보기 ├

　서울대공원에서 반달곰이 ㉠<u>탈출</u>했다. 대공원 측은 먹이를 ㉡<u>이용</u>한 유인으로 포획 방법을 ㉢<u>바꿨</u>다. 오늘 오후에 4개의 포획 틀 중 하나에 곰이 ㉣<u>잡혔</u>다. 수색대는 곧바로 곰을 대공원으로 ㉤<u>옮겼</u>다.

① ㉠　　② ㉡　　③ ㉢　　④ ㉣　　⑤ ㉤

54 （서술형 ✎）

〈보기〉의 ㉠, ㉡을 피동문으로 바꾸어 쓰시오.

┤ 보기 ├

㉠ 요즘 간판 이름으로 외래어를 많이 쓴다.
㉡ 사람들은 그를 불운한 천재라고 부른다.

55 （서술형 ✎）

〈보기〉의 ㉠, ㉡에 들어갈 말을 쓰시오.

┤ 보기 ├

　"설날 아침, 어머니께서 딸에게 색동옷을 입히셨다."라는 문장은 (　㉠　)(으)로 보면 어머니가 직접 색동옷을 입혀 주었다는 뜻으로 해석이 되고, (　㉡　)(으)로 보면 어머니는 색동옷을 입으라고 시키기만 했다는 뜻으로 해석이 된다.

56 （서술형 ✎）

〈자료〉를 참고하여, 〈보기〉의 ㉠, ㉡에 들어갈 적절한 표현을 쓰시오. (단, 괄호 안의 단어를 활용할 것.)

┤ 자료 ├

　말하는 이(글쓴이)는 피동 표현의 사용을 통해 동작을 당하는 주체나 동작이 일어난 상황을 강조할 수 있다. 가령, 텔레비전 뉴스나 신문 사설, 법조문, 경고문, 안내문, 연설문 등에서 의도적으로 행위의 주체를 감추려고 하거나, 발언에 대한 책임을 회피하고 객관성을 유지하고자 피동 표현을 사용하기도 한다. 또한 피동 표현은 행위의 주체가 명확하지 않아 주어를 설정하기 힘든 경우에도 많이 사용한다.

┤ 보기 ├

(1) (뉴스 일기 예보) 장마 전선의 영향으로, 현재 수도권에는 시간당 10mm 안팎의 강한 비가 내리고 있습니다. 당분간 장마가 계속될 것으로 ㉠ _____ (보다)
(2) 성준: 오늘은 정말 따뜻하다.
　미래: 비가 오고 나서 날씨가 완전히 ㉡ _____ (풀다)

57 2020학년도 11월 고1 전국연합학력평가 13번

〈보기〉의 학습 과제를 수행한 결과로 적절하지 <u>않은</u> 것은?

┤ 보기 ├

[학습 내용] 주어가 자기 힘으로 동작하는 것을 능동, 주어가 다른 주체에 의해 동작을 당하는 것을 피동이라고 한다. 피동 표현은 주로 어근에 접사 '-이-', '-히-', '-리-', '-기-', '-되다' 등이 결합하여 실현된다.

[학습 과제]
다음의 어근 목록을 활용하여 피동문을 만드시오.

풀-	읽-	안-	깎-	이용

① 이번 시험 문제는 지난번보다 잘 풀렸다.
② 그의 글은 오직 나에게만 아름답게 읽혔다.
③ 친구는 버스에서 자기 짐까지 나에게 안겼다.
④ 날카로운 칼날에 무성하던 잔디가 모두 깎였다.
⑤ 우리 학교 운동장은 가끔 주차장으로도 이용되었다.

58 2020학년도 3월 고1 전국연합학력평가 12번

〈보기〉의 ⊙과 ⓒ이 모두 적용된 예로 적절한 것은?

┤ 보기 ├

부정 표현은 부사인 '안'과 '못'을 사용해서 짧게 표현할 수도 있고, ⊙'-지 아니하다'와 '-지 못하다' 등을 사용해서 길게 표현할 수도 있다. 부정 표현은 능력을 부정하거나 의지를 부정하는 것 이외에 ⓒ단순히 사실이나 상태를 부정하는 의미로도 해석된다.

① 우리가 묵은 방은 두 평이 채 못 된다.
② 나는 저녁을 먹으려고 간식을 안 먹었다.
③ 그는 용기가 없어서 발표를 잘하지 못했다.
④ 다행히 소풍을 가는 날 비가 내리지 않았다.
⑤ 동생은 숙제를 한다며 놀이터에 나가지 않았다.

59 2014학년도 3월 고1 전국연합학력평가 14번

피동 표현의 예로 적절한 것은?

① 동생에게 사탕을 <u>빼앗기다</u>.
② 운동장에서 친구를 <u>만나다</u>.
③ 친구가 기쁜 소식을 <u>전하다</u>.
④ 교장 선생님께 고개를 <u>숙이다</u>.
⑤ 할머님께 공손하게 허리를 <u>굽히다</u>.

60 2020학년도 6월 고3 모의평가 15번

〈보기〉의 ⊙, ⓒ에 해당하는 예끼리 묶인 것으로 적절한 것은?

┤ 보기 ├

[선생님의 설명]
여러분, '쓰이다'라는 단어를 어떻게 해석해야 할까요? 우선 '쓰이다'는 피동사이기도 하고 사동사이기도 하므로 이를 구별해야겠죠? 또한 '쓰다'는 동음이의어나 다의어이므로 그 의미에도 유의해야 합니다. 단어를 이해할 때, 이러한 점들을 모두 고려해야 해요. 그럼 이와 관련된 학습 활동을 해 볼까요?

[학습 활동]
다음은 국어사전의 일부이다. 제시된 단어의 의미에 유의하여 각각의 피동사와 사동사가 포함된 예를 들어 보자.

갈다¹ 동【…을 …으로】② 어떤 직책에 있는 사람을 다른 사람으로 바꾸다.
깎다 동 ① 【…을】③ 값이나 금액을 낮추어서 줄이다.
묻다¹ 동【…에】① 가루, 풀, 물 따위가 그보다 큰 다른 물체에 들러붙거나 흔적이 남게 되다.
물다² 동 ① 【…을】② 윗니와 아랫니 사이에 끼운 상태로 상처가 날 만큼 세게 누르다.
쓸다² 동【…을】① 비로 쓰레기 따위를 밀어 내거나 한데 모아서 버리다.

피동문	사동문
⊙	ⓒ

① ⊙: 학생회 임원이 새 친구로 갈렸다.
  ⓒ: 삼촌이 형에게 그 텃밭을 갈렸다.
② ⊙: 용돈이 이달에 만 원이나 깎였다.
  ⓒ: 나는 저번 실수로 점수를 깎였다.
③ ⊙: 내 친구는 가래떡에 꿀만 묻혔다.
  ⓒ: 누나는 붓에 먹물을 듬뿍 묻혔다.
④ ⊙: 아빠가 아이 입에 사탕을 물렸다.
  ⓒ: 큰형이 동네 개에게 발을 물렸다.
⑤ ⊙: 큰 마당의 눈이 빗자루에 쓸렸다.
  ⓒ: 내 동생에게 거실 바닥만 쓸렸다.

61 2017학년도 10월 고3 전국연합학력평가 14번

〈보기〉의 ⑦~② 탐구한 내용으로 적절하지 않은 것은?

┤ 보기 ├

⑦ 얼음 위에서 팽이가 돈다.
ⓒ 지원이가 그 일을 맡았다.
ⓒ 엄마가 아이에게 우유를 먹었다.
ⓔ 엄마가 아이에게 우유를 먹게 하였다.

① ⑦을 '아이들이'를 주어로 삼는 단형 사동문으로 바꿀 때, ⑦의 주어는 목적어로 바뀔 것이다.

② ⑦을 '아이들이'를 주어로 삼는 단형 사동문으로 바꿀 때, 서술어의 자릿수가 한 자리에서 두 자리로 바뀔 것이다.

③ ⓒ을 '선생님께서'를 주어로 삼는 단형 사동문으로 바꿀 때, ⓒ의 주어는 부사어로 바뀔 것이다.

④ ⓒ을 '선생님께서'를 주어로 삼는 단형 사동문으로 바꿀 때, 서술어의 자릿수가 두 자리에서 세 자리로 바뀔 것이다.

⑤ ⓔ은 ⓒ과 달리 직접 사동과 간접 사동의 의미 모두로 해석될 수 있을 것이다.

62 2015학년도 3월 고1 전국연합학력평가 13번

〈보기〉의 ㄱ~ㄷ을 통해 부정 표현에 대해 탐구한 내용으로 적절하지 않은 것은?

┤ 보기 ├

ㄱ. 나팔꽃이 **안** 예쁘다.
ㄴ. 그는 다리를 다쳐 축구를 **못 한다**.
ㄷ. 고래는 어류가 **아니다**.

① ㄱ: '안'을 '못'으로 바꾸면 어색한 문장이 된다.

② ㄱ: '안'은 '예쁘다'라는 상태를 부정하기 위해 사용되었다.

③ ㄴ: '못'은 축구를 하고자 하는 '그'의 의지를 부정하고 있다.

④ ㄴ: '못 한다'는 '하지 못한다'로 바꾸어도 어법상 문제가 없다.

⑤ ㄷ: '아니다'는 '고래'가 '어류'라는 것을 부정하기 위해 사용되었다.

63 2019학년도 11월 고1 전국연합학력평가 14번

〈보기〉의 ⑦에 해당하는 예로 적절한 것은?

┤ 보기 ├

선생님: 피동문을 만들 때는 능동사의 어근에 피동 접미사 '-이-, -히-, -리-, -기-'를 붙여서 짧은 피동을 만들거나, '-아/-어지다'와 같은 표현을 사용하

여 긴 피동을 만듭니다. 그런데 ⑦일부 능동사의 어근에는 피동 접미사가 결합하지 못하여 짧은 피동을 만들 수 없는 경우도 있습니다.

① 물고기가 낚싯줄을 끊었다.
② 경민이가 아기의 볼을 만졌다.
③ 민수가 동생의 이름을 불렀다.
④ 다람쥐가 도토리를 땅에 묻었다.
⑤ 요리사가 음식을 접시에 담았다.

64 2008학년도 10월 고3 전국연합학력평가 11번

〈보기〉의 ⑦~⑩에 대한 설명으로 적절하지 않은 것은?

┤ 보기 ├

⑦ 장빈은 배가 고팠지만 입맛이 없어서 식사를 안 했다.
ⓒ 논바닥이 갈라지고 있는데도, 비는 여전히 오지 않았다.
ⓒ 다시는 실패하지 않겠다는 각오로 많은 준비를 했다.
ⓔ 우종은 100m 기록을 14초 이내로 당기고 싶지만, 아직은 달성하지 못했다.
⑩ 12시까지 고향집에 꼭 가야 하는데, 폭설이 내려 도저히 못 갈 것 같다.

① ⑦: 동작 주체의 의지가 반영될 때, '안' 부정문이 쓰일 수 있다.

② ⓒ: 부정하는 대상이 객관적인 사실일 때, '안' 부정문이 쓰일 수 있다.

③ ⓒ: 말하는 이의 기대에 미치지 못할 때, '안' 부정문이 쓰일 수 있다.

④ ⓔ: 동작 주체의 능력이 부족할 때, '못' 부정문이 쓰일 수 있다.

⑤ ⑩: 외부의 상황이 원인일 때, '못' 부정문이 쓰일 수 있다.

65 2013학년도 9월 고1 전국연합학력평가 11번

〈보기〉의 ⑦~⑩에 해당하는 예로 적절하지 않은 것은?

┤ 보기 ├

사동문은 ⑦'남으로 하여금 어떤 동작을 하도록 한다.'의 의미를 지닌다. 이때 ⓒ용언에 사동 접미사가 두 개 붙는 경우도 있다. 또한 ⓒ용언에 '-게 하다'를 붙여 사동문을 만들 수도 있다. 사동문은 ⓔ의미가 중의적으로 나타나기도 한다. 한편, ⑩사동사의 형태를 띠지만 사동의 의미에서 다소 멀어진 경우도 있다.

① ⑦: 선생님께서 윤호에게 책을 읽히셨다.
② ⓒ: 어머니께서 아기를 재우고 계신다.
③ ⓒ: 영희가 태호에게 사과를 깎게 했다.
④ ⓔ: 할머니께서 손자에게 색동옷을 스스로 입게 하셨다.
⑤ ⑩: 삼촌께서 올해는 농장에서 돼지를 먹인다고 하셨다.

1

밑줄 친 부분이 〈보기〉의 ㉠에 해당하지 <u>않는</u> 것은?

┤ 보기 ├

　높임 표현은 높임의 대상에 따라 청자를 높이거나 낮추는 상대 높임법, 서술의 주체를 높이는 주체 높임법, 서술의 객체를 높이는 ㉠객체 높임법으로 나뉜다.

① 아버지는 할아버지를 <u>모시러</u> 갔다.
② 언니는 어머니께 <u>드릴</u> 선물을 사 왔다.
③ 모르는 것이 있으면 선생님께 <u>여쭈어야지</u>.
④ 할머니께서는 아침으로 보통 죽을 <u>드신다</u>.
⑤ 나는 큰 실수를 해서 부모님 <u>뵐</u> 낯이 없었다.

2

〈보기 1〉의 [A]~[C]에 들어갈 예를 〈보기 2〉에서 찾아 바르게 짝지은 것은?

┤ 보기 1 ├

| 서술의 주체를 높이는가? | 아니요 ⇨ | [A] |

⇩ 예

| 서술의 객체를 높이는가? | 아니요 ⇨ | [B] |

⇩ 예

| [C] |

┤ 보기 2 ├

㉠ 동생이 할아버지께 과일을 드렸다.
㉡ 할아버지께서는 지금 앞마당에 계십니다.
㉢ 삼촌께서 할아버지를 모시고 공원에 가셨어요.

	[A]	[B]	[C]
①	㉠	㉡	㉢
②	㉠	㉢	㉡
③	㉡	㉠	㉢
④	㉡	㉢	㉠
⑤	㉢	㉡	㉠

3

〈보기〉의 ㉠~㉤에 대한 설명으로 적절하지 <u>않은</u> 것은?

┤ 보기 ├

(주원이가 엄마에게 전화를 건 상황)

주원: ㉠엄마, 오늘 언제 퇴근하세요?
엄마: 지금 가는 중인데 무슨 일이니?
주원: ㉡아빠께서 엄마께 집에서 저녁 식사를 드실지 여쭤보라고 하셨어요.
엄마: 그랬구나. ㉢아빠께서는 저녁 드셨니?
주원: ㉣아직 안 드셨을 거예요. ㉤왜냐하면 조금 전에 할머니 모시고 마트에 가셨거든요.

① ㉠: 주체 높임의 대상과 상대 높임의 대상이 같다.
② ㉡: 주체 높임의 대상과 객체 높임의 대상이 다르다.
③ ㉢: 주체 높임의 대상과 상대 높임의 대상이 같다.
④ ㉣: 주체 높임의 대상과 상대 높임의 대상이 다르다.
⑤ ㉤: 객체 높임의 대상과 상대 높임의 대상이 다르다.

4

〈보기〉의 ㉠, ㉡에 대한 설명으로 적절하지 <u>않은</u> 것은?

┤ 보기 ├

(아내가 남편에게)
㉠ 여보, 어머님께 과일 좀 갖다드려요.

(손자가 할머니에게)
㉡ 할머니, 어머니께서 할머니를 모시고 여행을 가자고 말씀을 하셨습니다.

① ㉠은 보조사 '요'를 사용하여 청자인 '남편'을 높이고 있다.
② ㉠은 부사격 조사 '께'를 사용하여 서술의 객체인 '어머님'을 높이고 있다.
③ ㉡은 종결 어미로 '-습니다'를 사용하여 청자인 '할머니'를 높이고 있다.
④ ㉡은 주격 조사 '께서'와 선어말 어미 '-시-'를 사용하여 서술의 주체인 '어머니'를 높이고 있다.
⑤ ㉡은 특수 어휘로 '말씀'을 사용하여 서술의 객체인 '할머니'를 높이고 있다.

5

〈보기〉의 ㉠~㉤에 대한 설명으로 적절하지 않은 것은?

┤ 보기 ├

㉠ 여러분, 지금부터 학급 회의를 시작하겠습니다.
㉡ 선배, 선생님께서 교무실로 오라고 하셨어요.
㉢ 나는 추석 연휴에 할머니를 뵙고 왔다.
㉣ 사장님, 그동안 잘 지내셨습니까?
㉤ 수학 선생님은 키가 크시다.

① ㉠: 공적인 상황에 맞는 격식체의 높임 표현을 사용하고 있다.
② ㉡: 주체를 높이기 위해 주격 조사 '께서'와 보조사 '요'를 사용하고 있다.
③ ㉢: 객체를 높이기 위해 특수 어휘 '뵙고'를 사용하고 있다.
④ ㉣: 청자를 높이기 위해 종결 어미 '-습니까'를 사용하고 있다.
⑤ ㉤: 주체를 간접적으로 높이기 위해 선어말 어미 '-시-'를 사용하고 있다.

6

밑줄 친 부분에 주목하여 〈보기〉의 ㉠~㉤을 탐구한 내용으로 적절하지 않은 것은?

┤ 보기 ├

㉠ 나는 어제 숙제를 끝냈다.
㉡ 오늘 아침은 꽤 쌀쌀하더라.
㉢ 아까 본 영화 말이야, 재미있었지?
㉣ 시험공부를 하려면 오늘 밤 잠은 다 잤다.
㉤ 이번에 금메달을 딴 저 선수는 지난 대회에서는 동메달을 땄었다.

① ㉠을 보니, 시간 부사어를 사용하여 과거를 표현할 수 있군.
② ㉡을 보니, 선어말 어미 '-더-'를 사용하여 경험한 일에 대한 회상을 나타낼 수 있군.
③ ㉢을 보니, 동사의 경우 관형사형 어미 '-(으)ㄴ'을 사용하여 과거를 나타낼 수 있군.
④ ㉣을 보니, 선어말 어미 '-았-'을 사용하여 과거에 일어난 일을 나타낼 수 있군.
⑤ ㉤을 보니, 선어말 어미 '-았었-'을 사용하여 현재와 단절된 과거의 사건을 표현할 수 있군.

7

〈보기〉의 ㉠~㉢에 대한 설명으로 적절하지 않은 것은?

┤ 보기 ├

㉠ 나는 어제 소설책을 읽었다.
㉡ 내가 지금 읽는 소설책은 재미있다.
㉢ 내일은 전국적으로 비가 내리겠습니다.

① ㉠: 사건시가 발화시보다 앞서는 시제에 해당한다.
② ㉠: 시간 부사와 선어말 어미를 사용하여 시제를 표현하고 있다.
③ ㉡: 사건시와 발화시가 일치하는 시제에 해당한다.
④ ㉡: 관형사형 어미와 선어말 어미를 사용하여 시제를 표현하고 있다.
⑤ ㉢: 사건시가 발화시보다 나중인 시제에 해당한다.

8

완료상을 나타내는 문장으로 가장 적절한 것은?

① 빨래가 다 말라 간다.
② 바람이 세게 불고 있다.
③ 그 빵은 내가 먹어 버렸다.
④ 이제 집 정리가 좀 끝나 간다.
⑤ 이모께서 우리 집에 오고 계신다.

9

〈보기〉의 ㉠~㉤을 탐구한 내용으로 적절하지 않은 것은?

┤ 보기 ├

㉠ 동생은 지금 국수를 먹고 있다.
㉡ 정원의 국화꽃이 활짝 피어 있다.
㉢ 나는 노래를 부르면서 길을 걸었다.
㉣ 형은 푸른 색깔의 넥타이를 매고 있다.
㉤ 그는 나에게 눈짓을 하고서 밖으로 나갔다.

① ㉠은 현재 시제의 진행상을 표현하고 있다.
② ㉡은 '-어 있다'를 통해 어떤 사건이 끝난 후의 결과가 지속되고 있음을 표현하고 있다.
③ ㉢은 '-면서'를 통해 시간의 흐름 속에서 동작이 완료되었음을 표현하고 있다.
④ ㉣은 진행상으로 해석할 수도 있지만, 완료상으로 해석할 수도 있다.
⑤ ㉤은 과거 시제가 나타나며, '-고서'를 통해 사건이 끝났음을 표현하고 있다.

10

〈보기〉의 ⊙에 해당하는 예로 가장 적절한 것은?

┤ 보기 ├

미래 시제를 나타내는 선어말 어미 '-겠-'은 가능성, ⊙의지, 추측 등 화자의 심리적 태도를 나타내기 위해 쓰이는 경우도 있다.

① 이번에야말로 국어 시험에서 100점을 받고 말겠다.
② 잠시 후 신랑 신부가 식장으로 입장하겠습니다.
③ 실례가 아니라면 잠시 들어가도 되겠습니까?
④ 주말이라 아무래도 길이 많이 막히겠구나.
⑤ 그렇게 쉬운 것은 삼척동자도 알겠다.

11

〈보기〉의 ⊙에 해당하는 예로 적절하지 않은 것은?

┤ 보기 ├

문장은 주어가 제 힘으로 동작이나 행위를 하는 능동문과, 주어가 다른 주체에 의해 동작이나 행위를 당하게 되는 ⊙피동문으로 나뉜다.

[예문] 고양이가 쥐를 물었다. ·················· 능동문
　　　쥐가 고양이에게 물렸다. ·················· 피동문

① 어디서 음악 소리가 들린다.
② 전화벨은 몇 번 울리다 끊겼다.
③ 소풍 날짜는 시월 말로 잡혔다.
④ 아기는 엄마 품에 안겨 있었다.
⑤ 엄마가 나에게 찌개 맛을 보이셨다.

12

〈보기〉의 [A]에 들어갈 말로 적절하지 않은 것은?

┤ 보기 ├

학생: '잊혀진 계절'이라는 말이 왜 틀린 건가요?
선생님: '잊혀진'은 피동 표현을 두 번 겹쳐 쓴 이중 피동 표현이야. '잊-'에 피동 접미사 '-히-'만 결합해도 피동의 의미를 드러낼 수 있는데, '-어지다'까지 불필요하게 붙여 쓴 거지.
학생: 그러면 "＿＿＿＿＿[A]＿＿＿＿＿"의 밑줄 친 말도 이중 피동 표현에 해당하겠네요.

① 겉으로 보여지는 것이 전부가 아니다.
② 예쁜 그릇에 담겨진 음식이 먹음직스러웠다.
③ 나무로 가려진 저 집이 그녀가 사는 곳이다.
④ 열려진 창문 사이로 날벌레가 자꾸 들어왔다.
⑤ 칠판에 쓰여진 글씨가 너무 작아서 잘 안 보인다.

13

〈보기 1〉의 [A]~[C]에 들어갈 예를 〈보기 2〉에서 찾아 바르게 짝지은 것은?

┤ 보기 1 ├

| 사동문으로 바꿀 수 있는가? | 아니요 ⇨ | [A] |

⇩ 예

| 사동사에 의한 사동문으로 만들 수 있는가? | 아니요 ⇨ | [B] |

⇩ 예

| [C] |

┤ 보기 2 ├

⊙ 얼음이 녹았다.
ⓛ 나는 더위를 먹었다.
ⓒ 아이는 용돈을 모았다.

	[A]	[B]	[C]
①	⊙	ⓒ	ⓛ
②	ⓛ	ⓒ	⊙
③	ⓛ	⊙	ⓒ
④	ⓒ	ⓛ	⊙
⑤	ⓒ	⊙	ⓛ

14

⊙~ⓒ에 대한 설명으로 적절하지 않은 것은?

	주동문	사동문
⊙	미래가 집에 갔다.	내가 미래를 집에 가게 했다.
ⓛ	아이가 밥을 먹었다.	엄마가 아이에게 밥을 먹였다.
ⓒ	*이삿짐이 방으로 옮았다. (*는 비문법적 표현임.)	가족들이 이삿짐을 방으로 옮겼다.

① ⊙의 주동문은 사동사에 의한 사동문을 만들 수 없다.
② ⓒ의 사동문은 '-게 하다'에 의한 사동문으로 바꿀 수 없다.
③ ⊙과 ⓛ은 모두 주동문의 주어가 사동문의 목적어로 바뀌었다.
④ ⊙과 ⓛ은 주동문이 사동문이 될 때, 사동문에 새로운 주어가 도입되었다.
⑤ ⊙, ⓛ과 달리 ⓒ은 사동문에 대응하는 주동문을 상정할 수 없다.

15

〈보기〉의 밑줄 친 부분의 예로 가장 적절한 것은?

┤ 보기 ├

파생적 피동문이란 능동사 어근을 어근으로 하여 파생 접사 '-이-, -히-, -리-, -기-'가 붙어 만들어진 피동사를 서술어로 하는 문장이다. 그런데 <u>능동문의 서술어로 쓰인 동사의 피동사가 존재함에도 불구하고 파생적 피동문으로 바꿀 수 없는 문장도 있다.</u>

① 동생이 꽃병을 깼다.
② 경찰이 범인을 잡았다.
③ 모기가 아기를 물었다.
④ 나는 선생님께 칭찬을 들었다.
⑤ 많은 사람들이 이 책을 읽었다.

16 〔서술형〕

〈보기〉의 ㉠을 피동문으로, ㉡을 주동문으로 바꾸어 쓰시오.

┤ 보기 ├

㉠ 버스 안의 사람들이 나를 자꾸 밀었다.
　→ 예 나는 _____
㉡ 엄마는 아이에게 고운 한복을 입혔다.
　→ 예 아이가 _____

17

〈보기〉를 참고하여 부정 표현에 대해 탐구한 내용으로 적절하지 <u>않은</u> 것은?

┤ 보기 ├

㉠ 꽃이 예쁘지 않다.
㉡ A: 너 왜 밥 안 먹니?
　B: 안 먹는 게 아니고, 이를 다쳐서 못 먹어요.
㉢ 추우니까 밖에 나가지 마라. / 말자.

① ㉠을 보니, '꽃이 예쁘다.'라는 상태를 부정하기 위해 '안' 부정문이 사용되었군.
② ㉠을 보니, '예쁘지 않다.'를 '안 예쁘다.'로 바꾸어 써도 부정문의 의미는 동일하군.
③ ㉡을 보니, '아니고'는 '안 먹는 것'을 부정하기 위해 사용되었군.
④ ㉡을 보니, '못'은 주체의 의지를 부정하기 위해 사용되었군.
⑤ ㉢을 보니, 명령문과 청유문의 부정 표현에는 '말다'의 활용형이 사용되었군.

18

〈보기〉의 ㉠과 ㉡이 모두 나타나는 문장으로 가장 적절한 것은?

┤ 보기 ├

부정 표현은 부정 부사 '안', '못'과 부정 용언 '아니하다', '못하다'를 사용하여 나타낼 수 있다. 앞의 방식으로 만들어진 부정문을 짧은 부정문, 뒤의 방식으로 만들어진 부정문을 ㉠긴 부정문이라고 한다. 흔히 '안' 부정문은 의지 부정을, '못' 부정문은 능력 부정을 의미한다. 그러나 형용사나 '이다'의 경우 능력이나 의지라는 표현 자체를 사용할 수 없어서, '하늘이 파랗지 않다.', '나는 학생이 아니다.'처럼 ㉡단순히 사실이나 상태를 부정하는 의미로도 사용된다.

① 나는 배탈이 나서 저녁을 먹지도 못했다.
② 아까부터 하늘은 흐리지만 비는 안 온다.
③ 여기서 서울까지는 10km가 좀 못 되었다.
④ 이제 다시는 그 사람을 안 만나겠다고 결심했다.
⑤ 이 산은 가파르지 않아서 아이들도 오를 수 있다.

19

부정 표현에 대해 예를 들어 설명한 내용으로 적절하지 <u>않</u>은 것은?

① '나는 그를 못 만났다.'는 '나는 그를 만나지 못했다.'로 바꾸어 써도 의미가 동일하다.
② '저 책을 읽어라.'와 같은 명령문의 부정문은 '저 책을 읽지 마라.'처럼 '말다'를 사용한다.
③ '그녀는 오늘 기분이 좋지 않다.'는 형용사 '좋다'를 부정하고 있으므로 상태 부정을 의미한다.
④ '나는 점심을 안 먹었다.'는 '나'의 능력 부족으로 인해 점심 식사를 거르게 되었음을 뜻한다.
⑤ '나는 그의 말을 믿지 않았다.'는 그의 말에 대한 불신이 '나'의 의도나 의지에 의한 것임을 뜻한다.

20 〔서술형〕

〈보기〉의 문장을 〈조건〉에 맞는 부정문으로 바꾸어 쓰시오.

┤ 보기 ├

㉠ 나는 물도 삼키지 않았다.
　〈조건〉 능력 부정, 긴 부정문
㉡ 나는 이번 주 주번이다.
　〈조건〉 상태 부정

개념 확인

📖 함께 보기 | 필독 중학 국어 문법 205쪽으로!

이형태

하나의 형태소가 실제로 쓰일 때는 그 앞뒤에 어떤 말이 있느냐에 따라 여러 모습으로 나타나기도 하는데, 그 모습들을 이형태(다를 異, 모양 形, 모양 態)라고 함.
예 이/가, 은/는, 와/과, …

■ 형태소

• **뜻**: 뜻을 가진 가장 작은 말의 단위
• **종류**

① 자립성 유무에 따라

자립 형태소	문장에서 혼자 쓰일 수 있는 형태소 예 바다, 하늘, 땅, 빛, 매우, 빨리, ……
의존 형태소	문장에서 혼자 쓰일 수 없는 형태소 예 먹-, 예쁘-, -다, -시-, 이/가, 을/를, 헛-, -꾼, ……

② 실질적 의미의 유무에 따라

실질 형태소	의미가 실질적인 개념을 나타내는 형태소. 어휘 형태소 예 바다, 하늘, 땅, 빛, 매우, 빨리, 먹-, 예쁘-, ……
형식 형태소	형식적 의미나 문법적인 관계를 나타내는 형태소. 문법 형태소 예 -다, -시-, 이/가, 을/를, 헛-, -꾼, ……

어근과 어간

어근(말씀 語, 뿌리 根)
• 단어가 어떻게 만들어졌는지에 초점 • '접사'와 대응되어 같이 쓰임.

어간(말씀 語, 줄기 幹)
• 용언 활용 시 어미와의 결합 여부에 초점 • '어미'와 대응되어 같이 쓰임.

■ 어근과 접사

• **어근**: 형태소가 결합할 때 실질적인 의미를 나타내며 의미상 중심이 되는 부분
• **접사**

접두사	어근의 앞에 붙어 특정한 의미를 더하는 형태소 예 '맨발'의 '맨-', '새하얗다'의 '새-', '날고기'의 '날-' 등
접미사	어근의 뒤에 붙어 특정한 의미를 더하거나 품사를 바꾸는 형태소 예 '사냥꾼'의 '-꾼', '향기롭다'의 '-롭다', '공부하다'의 '-하다'

아하~ 함·정·넘·기

❶ 용언의 어간은 의존 형태소
'먹다'와 같은 동사나 '예쁘다'와 같은 형용사는 어간 '먹-', '예쁘-'가 어미 '-다', '-고' 등과 결합해야만 문장에서 자립할 수 있으므로, 어간과 어미 각각이 의존 형태소입니다. 자립 형태소와 의존 형태소를 구분하는 기준은 자립성 유무라는 점에 주의하세요.

❷ '나는 풋사과를 먹었다.'에 형태소는 몇 개?
'는', '를'과 같은 조사, '풋-'과 같은 접사, '-었-', '-다'와 같은 어미는 실질적 뜻이 없지만, 일정한 문법적인 역할을 갖고 있으므로 형태소로 인정합니다. 따라서 '나는 풋사과를 먹었다.'에 형태소는 '나', '는', '풋-', '사과', '를', '먹-', '-었-', '-다'의 모두 8개라고 할 수 있습니다.

❸ '잠을 푹 잠.'에서 앞의 '잠'과 뒤의 '잠'은 같은 품사일까?
앞의 '잠'은 '자다'의 어간 '자-'에 명사 파생 접미사 '-ㅁ'이 결합하여 만들어진 단어로, 명사입니다. 그러나 뒤의 '잠'은 '자다'의 활용형이므로, 여전히 동사입니다. '잠을 잠.', '꿈을 꿈.', '그림을 그림.' 등 형태가 같은 두 단어의 품사를 어떻게 구별해야 할까요? '잠을 푹 잠.'에서 뒤의 '잠'을 '자다'로 바꾸어 본 '잠을 푹 자다.'처럼, 해당 어휘가 서술성을 유지하고 있는지 확인해 봄으로써 서술성을 유지하고 있으면 동사, 그렇지 않으면 명사라는 것을 알 수 있습니다.

[1~6] 다음 설명이 맞으면 ○표, 틀리면 ×표 하시오.

1 형태소는 뜻을 가진 가장 작은 말의 단위이다.
…… (   )

2 형태소는 주위 환경에 따라 다른 모습으로 나타나기도 한다. …… (   )

3 실질 형태소는 모두 자립 형태소이다. …… (   )

4 형식 형태소는 모두 의존 형태소이다. …… (   )

5 용언의 경우 어근과 어간이 일치한다. …… (   )

6 용언의 어간은 자립 형태소이다. …… (   )

[7~9] 형태소와 그 종류를 바르게 연결하시오.

7 자립 형태소 •　　　　• ㉠ 꽃, 아주, 헌, 피-

8 실질 형태소 •　　　　• ㉡ 이/가, -았/었-, -스럽다

9 형식 형태소 •　　　　• ㉢ 여름, 겨울, 가장, 그리고

[10~15] 빈칸에 들어갈 내용을 〈보기〉에서 찾아 쓰시오.

> ┤ 보기 ├
> • 어근　　　• 어간　　　• 형태소
> • 접두사　　• 접미사　　• 동사
> • 형용사　　• 명사

10 '살구나무'의 (　　　　)은 '살구'와 '나무' 2개이다.

11 '덧붙이다'의 '덧-'은 접두사이고 '-이-'는 (　　　　)이다.

12 '맨땅'은 명사인 어근 '땅'에 (　　　　) '맨-'이 결합하여 형성된 단어이다.

13 형용사인 어근 '하얗-'에 접두사 '새-'가 결합하여 형성된 단어 '새하얗다'의 품사는 (　　　　)이다.

14 동사인 어근 '지우-'에 접미사 '-개'가 결합하여 형성된 단어 '지우개'의 품사는 (　　　　)이다.

15 '치솟다'의 '치솟-'은 (　　　　)이다.

16 접두사가 쓰인 말은?
① 귀염둥이　　② 꿈　　③ 바느질
④ 선생님　　⑤ 짓밟다

17 접미사가 쓰인 말이 아닌 것은?
① 깨뜨리다　　② 꽃답다　　③ 나무꾼
④ 민소매　　⑤ 잠꾸러기

[18~22] 초성을 참고하여 빈칸에 들어갈 적절한 말을 쓰시오.

18 동사와 형용사는 어간과 어미가 결합해야만 자립할 수 있으므로, 하나의 형태소로 된 동사와 형용사는 어간과 어미 각각이 [ㅇ][ㅈ] 형태소이다.

19 하나의 형태소로 된 명사나 동사, 형용사의 어간은 모두 [ㅅ][ㅈ] 형태소에 속한다.

20 형식적인 의미나 문법적인 관계만을 나타내는 조사나 [ㅇ][ㅁ], 접사는 형식 형태소에 속한다.

21 [ㅈ][ㅅ]는 어근에 결합하여 특정한 의미를 더하거나 기능을 부여하는 형태소이다.

22 접미사가 어근과 결합하여 새로운 단어를 만들 때 어근의 [ㅍ][ㅅ]를 바꾸기도 하고 바꾸지 않기도 한다.

[23~26] 다음 문장을 보고, 아래 물음에 답하시오.

> 그는 시골에 큰 기와집을 지었다.

23 총 몇 개의 형태소로 이루어져 있는지 쓰시오.

24 자립 형태소를 찾아서 모두 쓰시오.

25 형식 형태소를 찾아서 모두 쓰시오.

26 실질 형태소이면서 의존 형태소인 형태소를 찾아서 모두 쓰시오.

[27~30] 다음 대화에서 괄호 안에 들어갈 적절한 말을 각각 고르시오.

> 윤찬: '먹다'의 어근은 '먹다'의 어간과 **27** (일치하고 / 일치하지 않고), '공부하다'의 어근은 '공부하다'의 어간과 **28** (일치해 / 일치하지 않아).
> 동한: '허황된 꿈을 꾼은 어리석은 일이다.'에서 앞의 '꿈'은 접미사 '-ㅁ'이 결합하여 만들어진 단어이므로 **29** (명사 / 동사)이고, 뒤의 '꿈'은 '꾸다'의 활용형이므로 **30** (명사 / 동사)야.

문제로 정복하기

31
형태소에 대한 설명으로 적절하지 <u>않은</u> 것은?

① 소리의 단위이다.
② 일정한 뜻을 가지고 있다.
③ 자립성 유무를 기준으로 나눌 수 있다.
④ 의미의 실질성 유무를 기준으로 나눌 수 있다.
⑤ 주위 환경에 따라 여러 모습으로 나타나기도 한다.

32
〈보기〉의 ㉠~㉺에 대한 설명으로 적절하지 <u>않은</u> 것은?

┤ 보기 ├
누나+가+종이+비행기+를+날−+−리−+−었−+−다
　㉠　㉡　　　　　　㉢　　 ㉣　　　 ㉤

① ㉠: 자립 형태소면서 실질 형태소이다.
② ㉡: 의존 형태소면서 형식 형태소이다.
③ ㉢: 문장에서 홀로 쓰일 수 있다.
④ ㉣: 반드시 다른 말에 기대어 쓰인다.
⑤ ㉤: 문법적인 의미를 나타낸다.

33
밑줄 친 말이 자립 형태소의 예가 <u>아닌</u> 것은?

① 너한테는 잘못이 하나도 없다.
② 삼촌은 나무로 가구를 만들었다.
③ 나중에 학교를 세우는 것이 내 꿈이다.
④ 솔솔 부는 봄바람이 쌓인 눈을 녹인다.
⑤ 할머니가 들려주시는 이야기는 정말 재미있다.

34
〈보기〉에 대한 설명으로 적절하지 <u>않은</u> 것은?

┤ 보기 ├
㉠ 아기는 오늘도 과일을 먹었다.
㉡ 가을에는 하늘이 높다.

① ㉠의 형태소는 '아기', '는', '오늘', '도', '과일', '을', '먹−', '−었−', '−다'이다.
② ㉠의 '아기', '오늘', '과일'은 자립 형태소이면서 실질 형태소이다.
③ ㉡은 자립 형태소의 개수와 실질 형태소의 개수가 동일하다.
④ ㉠의 '먹−'과 ㉡의 '높−'은 의존 형태소이면서 실질 형태소이다.
⑤ ㉠의 '는', '도', '을'과 ㉡의 '에', '는', '이'는 의존 형태소이면서 형식 형태소이다.

35
㉠~㉺에 들어갈 내용이 올바르게 짝지어진 것은?

[형태소] 집, 에서, 빚−, −은, 떡
[형태소의 분류]

자립할 수 있는가?	예 ⋯⋯⋯⋯⋯⋯⋯⋯⋯⋯⋯⋯⋯⋯⋯ ㉠		
	아니요	실질적 의미를 가지는가?	예 ⋯⋯⋯ ㉡
			아니요 ⋯ ㉢

	㉠	㉡	㉢
①	집	빚−, 떡	에서, −은
②	집	에서, 빚−	−은, 떡
③	집, 떡	에서, 빚−	−은
④	집, 떡	빚−	에서, −은
⑤	에서, 빚−	집, 떡	−은

36
㉠, ㉡에 들어갈 내용으로 적절한 것은?

[예문] 꽃이 참 예쁘다.
(1단계) 문장을 구성하는 형태소 분석하기
　　: 꽃, 이, 참, 예쁘−, −다
(2단계) 분석된 형태소를 자립 형태소와 의존 형태소로 분류하기
　┌ 자립 형태소: (　㉠　)
　└ 의존 형태소: (　　　)
(3단계) 분석된 형태소를 실질 형태소와 형식 형태소로 분류하기
　┌ 실질 형태소: (　㉡　)
　└ 형식 형태소: (　　　)

	㉠	㉡
①	꽃, 참	꽃, 참, 예쁘−
②	이, −다	꽃, 예쁘−
③	꽃, 예쁘−	이, 참, −다
④	꽃, 이, 참	예쁘−, −다
⑤	꽃, 참, 예쁘−	꽃, 참

37

⊙~⑩을 바르게 구분한 것이 **아닌** 것은?

불빛에 눈이 부셔 얼굴을 찡그렸다.
⊙   ⓒ   ⓒ   ⓔ   ⑩

		형태소	단어
①	⊙	불, 빛, 에	불빛, 에
②	ⓒ	눈, 이	눈, 이
③	ⓒ	부시-, -어	부셔
④	ⓔ	얼굴, 을	얼굴, 을
⑤	⑩	찡그리-, -었-, -다	찡그리-, -었다

38 고난도

〈보기〉의 ⊙에 들어갈 기호로 적절한 것은?

┤ 보기 ├

다음은 용언을 구성하는 형태소들을 그 특성에 따라 기호(○, ◇, □)로 나타낸 것이다.

• 나는 머리끝까지 치닫는 분노를 참았다.
◇+○+□
• 일단 경찰의 포위망에 잡히면 도망치기 어렵다.
○+◇+□
• 교민들이 태극기를 휘날리며 선수들을 환영했다.
(⊙   )

① ○+◇+□   ② ◇+○+□
③ ○+○+□   ④ ○+◇+○+□
⑤ ◇+○+◇+□

39

〈보기〉에서 형태소에 대한 이해로 적절한 것만을 모두 고른 것은?

┤ 보기 ├

⊙ 실질 형태소는 모두 자립성을 지닌다.
ⓒ 자립 형태소는 단독으로 단어가 될 수 있다.
ⓒ 사전에 실린 표제어는 모두 한 개의 형태소이다.

① ⊙   ② ⓒ   ③ ⊙, ⓒ
④ ⓒ, ⓒ   ⑤ ⊙, ⓒ, ⓒ

40 서술형 ✍

〈보기〉의 문장을 형태소로 분석하시오.

┤ 보기 ├

나는솔잎을씹어보았다. (띄어쓰기 생략됨.)

41 고난도

〈보기〉의 문장에 있는 형태소를 분류하는 활동을 하였다. ⊙~ⓒ에 들어갈 말을 짝지은 것으로 적절한 것은?

┤ 보기 ├

[예문] 마당에는 봄꽃이 가득 피었다.

	자립 형태소	의존 형태소
실질 형태소	⊙	ⓒ
형식 형태소		ⓒ

	⊙	ⓒ	ⓒ
①	마당, 봄꽃, 가득	에는, 이	피었다
②	마당, 봄꽃, 가득	에, 는, 이, -었-, -다	피-
③	마당, 봄, 꽃, 가득	피-	에, 는, 이, -었-, -다
④	마당, 봄, 꽃, 가득	피-, -었-, -다	에, 는, 이
⑤	마당, 봄, 꽃, 가득, 피-	에, 는, 이	-었-, -다

42

〈보기〉의 문장에 있는 형태소에 대한 설명으로 적절하지 **않은** 것은?

┤ 보기 ├

봄이 오면 새싹이 돋고 꽃들도 피기 마련이다.

① '이'는 의존 형태소이자 형식 형태소이다.
② '오-'는 의존 형태소이자 실질 형태소이다.
③ '싹'은 자립 형태소이자 실질 형태소이다.
④ '-들'은 의존 형태소이자 실질 형태소이다.
⑤ '-기'는 의존 형태소이자 형식 형태소이다.

43
어근에 대한 설명으로 적절하지 <u>않은</u> 것은?

① 어근은 실질 형태소에 해당한다.
② '하늘'은 어근이면서 동시에 단어이다.
③ 단일어와 합성어 모두 어근을 반드시 포함한다.
④ 어근과 어근이 결합할 때는 형태가 변하지 않는다.
⑤ 어근의 상대적 개념은 접사이고, 어간의 상대적 개념은 어미이다.

44
〈보기〉에서 적절한 설명만을 모두 고른 것은?

┤ 보기 ├
㉠ 접미사는 의미가 일정하지만 어미는 의미가 일정하지 않다.
㉡ 접미사는 품사를 바꾸기도 하지만 어미는 품사를 새롭게 바꾸지 못한다.
㉢ 접미사와 결합한 말은 사전에 등재되지만 어미와 결합된 말은 사전에 등재되지 않는다.

① ㉠   ② ㉡   ③ ㉠, ㉢
④ ㉡, ㉢   ⑤ ㉠, ㉡, ㉢

45
접사에 대한 설명으로 적절하지 <u>않은</u> 것은?

① 접두사는 어근과 붙여 쓴다.
② 접미사는 의존 형태소와만 결합한다.
③ 접미사는 어근의 품사를 바꾸기도 한다.
④ 접두사와 접미사 모두 형식 형태소에 속한다.
⑤ 접두사는 어근 앞에서 특정한 뜻을 더하거나 강조한다.

46
〈보기〉를 이해한 내용으로 적절하지 <u>않은</u> 것은?

┤ 보기 ├
-개「접사」
① ((일부 동사 어간 뒤에 붙어)) '그러한 행위를 하는 간단한 도구'의 뜻을 더하고 명사를 만드는 접미사.
  에 날개, 덮개.
② ((일부 동사 어간 뒤에 붙어)) '그러한 행위를 특성으로 지닌 사람'의 뜻을 더하고 명사를 만드는 접미사.
  에 오줌싸개

① '-개'는 품사를 바꾸는 형태소이다.
② '코흘리개'는 '사람'의 뜻이 더해진 말이다.
③ '지우개'는 '간단한 도구'의 뜻이 더해진 말이다.
④ '사탕 한 개'의 '개'는 '덮개'의 '-개'와 다른 뜻이다.
⑤ '개살구'의 '개-'는 '오줌싸개'의 '-개'와 같은 뜻이다.

47
접미사가 붙은 말에 대한 설명으로 적절하지 <u>않은</u> 것은?

① '놓치다'에서 접미사 '-치-'는 어근의 품사를 바꾸지 않았다.
② '굵다랗다'에서 접미사 '-다랗다'는 어근의 품사를 바꾸지 않았다.
③ '웃음'에서 접미사 '-음'은 어근의 품사를 동사에서 명사로 바꾸었다.
④ '놀이'에서 접미사 '-이'는 어근의 품사를 동사에서 명사로 바꾸었다.
⑤ '새롭다'에서 접미사 '-롭다'는 어근의 품사를 형용사에서 관형사로 바꾸었다.

48
〈보기〉에 대한 설명으로 적절하지 <u>않은</u> 것은?

┤ 보기 ├
㉠ 나는 바다를 산보다 더 좋아한다.
㉡ 아침부터 서둘러 왔는데 헛소리만 들었다.
㉢ 늑대가 먹이를 찾아 마을까지 내려왔다.
㉣ 조카에게 입학 선물로 책가방을 사 주었다.

① ㉠의 '바다'는 어근으로만 이루어진 단어이다.
② ㉡의 '헛소리'의 '헛-'은 '헛수고'의 '헛-'과 같은 의미로 쓰였다.
③ ㉢의 '먹이'의 '-이'는 '녹이다'의 '-이-'와 다른 의미로 쓰였다.
④ ㉡의 '헛소리'와 ㉣의 '책가방'은 동일한 방식으로 형성된 복합어이다.
⑤ ㉢의 '먹이'의 '-이'는 ㉡의 '헛걸음'의 '헛-'과 달리 어근의 품사를 바꾸었다.

49
다음 단어를 분석한 결과로 적절하지 <u>않은</u> 것은?

① 짓밟다: 어근은 '밟-'이고 어간은 '짓밟-'이다.
② 들리다: 어근은 '들-'이고 어간은 '들리-'이다.
③ 설익다: 어근은 '설-'이고 어간은 '설익-'이다.
④ 오가다: 어근은 '오-', '가-'이고 어간은 '오가-'이다.
⑤ 뛰어놀다: 어근은 '뛰-', '놀-'이고 어간은 '뛰어놀-'이다.

50
밑줄 친 '-되다'의 성격이 나머지와 다른 것은?

① 거짓<u>되다</u>   ② 발견<u>되다</u>   ③ 사용<u>되다</u>
④ 처리<u>되다</u>   ⑤ 형성<u>되다</u>

51 고난도

㉠에 들어갈 내용으로 가장 적절한 것은?

[예문] 깊은 ⓐ잠을 푹 ⓑ잠은 피로 회복에 중요하다.

(1단계) ⓐ와 ⓑ의 형태소 분석하기

- ⓐ 잠 = 자 - + - ㅁ
- ⓑ 잠 = 자 - + - ㅁ

(2단계) ⓐ와 ⓑ를 수식하는 말 확인하기

- ⓐ는 '깊은'이라는 관형어의 수식을 받음.
- ⓑ는 '푹'이라는 부사어의 수식을 받음.

(3단계) ⓐ와 ⓑ에서 ' - ㅁ'의 역할 추론하기

㉠

① ⓐ의 ' - ㅁ'은 특정한 뜻을 더하고, ⓑ의 ' - ㅁ'은 의미를 강조한다.

② ⓐ의 ' - ㅁ'은 과거 시제를 나타내고, ⓑ의 ' - ㅁ'은 현재 시제를 나타낸다.

③ ⓐ의 ' - ㅁ'은 목적어를 필수적으로 요구하고, ⓑ의 ' - ㅁ'은 목적어를 요구하지 않는다.

④ ⓐ의 ' - ㅁ'은 자립하여 쓰일 수 없는 말을 만들고, ⓑ의 ' - ㅁ'은 자립할 수 있는 말을 만든다.

⑤ ⓐ의 ' - ㅁ'은 어근에 붙어 명사를 만들고, ⓑ의 ' - ㅁ'은 어간에 붙어 동사의 활용형을 만든다.

52

㉠~㉤의 예로 적절하지 않은 것은?

	접두사	접두사의 뜻
㉠	군-	쓸데없는
㉡	날-	말리거나 익히거나 가공하지 않은
㉢	시-	매우 짙고 선명하게
㉣	외-	홀로
㉤	휘-	마구, 매우 심하게

① ㉠: 군살 ② ㉡: 날고기 ③ ㉢: 시아버지
④ ㉣: 외따로 ⑤ ㉤: 휘젓다

53 신유형

다음 자료를 통해 접두사 '새-, 샛-, 시-, 싯-'에 대해 탐구한 내용으로 적절한 것만을 모두 고른 것은?

	새-	샛-	시-	싯-	
빨갛다	새빨갛다		시뻘겋다		뻘겋다
노랗다		샛노랗다		싯누렇다	누렇다
파랗다	새파랗다		시퍼렇다		퍼렇다
말갛다		샛말갛다		싯멀겋다	멀겋다
까맣다	새까맣다		시꺼멓다		꺼멓다
하얗다	새하얗다		시허옇다		허옇다

┤ 보기 ├

㉠ 음성 모음 앞에는 '시-'/'싯-'이 붙는다.
㉡ 된소리나 거센소리 앞에는 '새-'/'시-'가 붙는다.
㉢ 'ㄴ, ㅁ' 앞이나 'ㅎ' 앞에는 '샛-'/'싯-'이 붙는다.

① ㉠ ② ㉢ ③ ㉠, ㉡
④ ㉡, ㉢ ⑤ ㉠, ㉡, ㉢

54 서술형

다음 문장에 포함된 형식 형태소를 모두 쓰시오.

우리는 너를 보러 여기까지 왔어.

55 서술형

다음 문장에 포함된 실질 형태소를 모두 쓰시오.

하늘에 먹구름이 끼면서 소나기가 쏟아졌다.

56 서술형

'사랑하다'를 어근과 접사, 어간과 어미로 나누시오.

- 어근: _____
- 접사: _____
- 어간: _____
- 어미: _____

57 2020학년도 6월 고1 전국연합학력평가 13번

〈보기〉에서 선생님의 질문에 대한 학생의 대답으로 가장 적절한 것은?

┤ 보기 ├

선생님: 형태소는 다음의 두 기준에 따라 자립 형태소와 의존 형태소, 실질 형태소와 형식 형태소로 나눌 수 있습니다.

다음은 아래 '예문'을 형태소 단위로 나누고, 위 기준에 따라 분석한 결과입니다.

• 예문: 형이 도둑을 잡았다.
• 형태소 분석 결과:

형태소 구분 기준	형	이	도둑	을	잡-	-았-	-다
홀로 쓰일 수 있는가?	예	아니요	예	㉡	아니요	아니요	아니요
실질적 의미가 있는가?	㉠	아니요	예	아니요	㉢	아니요	아니요

㉠~㉢에 들어갈 대답을 모두 바르게 짝지어 볼까요?

	㉠	㉡	㉢
①	예	예	예
②	예	아니요	예
③	예	아니요	아니요
④	아니요	예	예
⑤	아니요	아니요	아니요

58

〈보기〉의 밑줄 친 말들이 가진 공통점은?

┤ 보기 ├

• 하늘<u>은</u> 맑고 바다<u>는</u> 푸르다.
• 그의 말<u>은</u> 듣지 말고 내 말을 들어라.
• 나는 물고기를 잡<u>았</u>지만 놓아주<u>었</u>다.

① 문법적 의미를 나타내고 반드시 다른 말과 결합하여 쓰인다.
② 음운 환경에 따라 형태가 바뀌고 문법적 의미를 나타낸다.
③ 반드시 다른 말과 결합하여 쓰이고 음운 환경에 따라 그 형태가 바뀐다.
④ 단어의 자격을 가지고 문법적 의미를 나타낸다.
⑤ 단어의 자격을 가지고 반드시 다른 말과 결합하여 쓰인다.

59 2016학년도 3월 고1 전국연합학력평가 15번

〈보기〉의 설명에 따라 '달리기'를 도식화한 것으로 적절한 것은?

┤ 보기 ├

선생님: 어근과 접사의 결합 관계를 쉽게 구별해 보기 위해 어근을 ☐로, 접사를 ☐로 나타내 보겠습니다. 예를 들어 '하늘'은 하나의 어근으로 이루어져 있고, '먹이'는 어근 '먹-'과 접사 '-이'로 이루어져 있으므로 다음과 같이 도식화할 수 있습니다.

• 하늘: 하늘   • 먹이: 먹- -이

① 달리기
② 달- -리기
③ 달리- -기
④ 달리- -기
⑤ 달- -리- -기

60

〈보기〉는 접사가 쓰인 파생어의 목록이다. ㉠~㉤을 통해 알 수 있는 접사의 특징으로 적절하지 않은 것은?

┤ 보기 ├

㉠ 넓이, 믿음, 크기, 지우개
㉡ 끄덕이다, 출렁대다, 반짝거리다
㉢ 울보, 낚시꾼, 멋쟁이, 장난꾸러기
㉣ 밀치다, 살리다, 입히다, 깨뜨리다
㉤ 부채질, 풋나물, 휘감다, 빼앗기다

① ㉠: 용언 어근에 결합하여 명사를 만든다.
② ㉡: 부사 어근과 결합하여 동사를 만든다.
③ ㉢: 사람을 가리키는 의미의 단어를 만든다.
④ ㉣: 주동사에 결합하여 사동사를 만든다.
⑤ ㉤: 어근과 품사가 동일한 단어를 만든다.

61 2007학년도 6월 고2 전국연합학력평가 39번

'한여름'의 '한-'과 그 쓰임이 같은 것은?

	뜻	사례
①	바깥	**한**데 앉아서 음지 걱정한다.
②	한창이다	시험 기간이라 **한**밤중까지 공부했다.
③	같다	하숙생들과 **한**집안처럼 친하게 지낸다.
④	크다	캄캄한 골목길을 벗어나 **한**길로 나왔다.
⑤	일시에	산에 오르니 시내가 **한**눈에 들어왔다.

[62~63] 다음 글을 읽고 물음에 답하시오.

어간은 용언 등이 활용될 때 사용하는 개념이다. 용언은 문장에서 다양한 형태로 바뀌면서 활용되는데, 형태가 변하지 않는 부분을 어간이라 하고 형태가 변하는 부분을 어미라고 한다. 예를 들어 '높다'가 '높고', '높지'와 같이 활용될 때, '높-'은 어간이고, '-고'나 '-지'는 어미이다.

이와 달리 어근은 단어를 구성할 때, 실질적 의미를 나타내는 부분을 가리키는 개념이다. 그리고 어근의 앞이나 뒤에 결합하여 특정한 의미나 기능을 더해 주는 부분을 접사라고 한다. 용언을 어근과 접사로 분석할 때 형태가 변하지 않는 어간만을 대상으로 한다. 가령, '드높다'의 경우 어간인 '드높-'에서 실질적 의미를 나타내는 '높-'은 어근이고, 그 앞에 붙어 '심하게'라는 의미를 덧붙여 주는 '드-'는 접사이다. 접사는 어근 뒤에 결합하기도 하는데, 어근 '높-'에 접사 '-이-'가 결합한 '높이다'가 이에 해당한다. 이를 정리하면 아래와 같다.

	어간			어미
	접사	어근	접사	
높다	•	높-	•	-다
드높다	드-	높-	•	-다
높이다	•	높-	-이-	-다

한편 단어는 '높다'와 같이 하나의 어근으로 구성된 경우나 '드높다'나 '높이다'와 같이 어근에 접사가 결합한 경우 이외에 두 개 이상의 어근이 결합하여 만들어지기도 한다. 예컨대 '높푸르다'의 경우 어근 '높-'과 어근 '푸르-'가 결합하여 만들어진 단어이다.

62 2020학년도 3월 고1 전국연합학력평가 13번

윗글을 바탕으로 할 때, 〈보기〉의 ㉠과 ㉡에 들어갈 내용으로 적절한 것은?

┤ 보기 ├

'높다'에서 '높-'은, 단어가 활용될 때 ____㉠____ 는 점에서 '어간', 단어를 구성할 때 ____㉡____ 는 점에서 '어근'이라고 할 수 있다.

	㉠	㉡
①	형태가 변한다	실질적 의미를 나타낸다
②	형태가 변하지 않는다	실질적 의미를 나타낸다
③	형태가 변하지 않는다	의미를 덧붙여 준다
④	의미를 덧붙여 준다	형태가 변한다
⑤	실질적 의미를 나타낸다	형태가 변하지 않는다

63 2020학년도 3월 고1 전국연합학력평가 14번

〈보기〉의 '자료'에서 '활동'의 a~c에 들어갈 단어로 적절하지 **않은** 것은?

┤ 보기 ├

[자료] 용언: 검붉다, 먹히다, 자라다, 치솟다, 휘감다

[활동]
• 어간과 어근이 일치하는 단어를 모아 봅시다.
　－ ____a____
• 어간과 어근이 일치하지 않는 단어를 모아 봅시다.
　－어근의 앞이나 뒤에 접사가 결합한 단어: ____b____
　－둘 이상의 어근이 결합한 단어: ____c____

① a: 휘감다　② a: 자라다　③ b: 먹히다
④ b: 치솟다　⑤ c: 검붉다

64

접사가 어근에 붙어 만들어진 말에 해당하는 예는?

① '큰'은 '형' 앞에 붙어 '첫째'의 뜻을 더하면서 '큰형'을 만든다.
② '뛰'는 '놀다'의 앞에 붙어 '뛰다'의 뜻을 더하면서 '뛰놀다'를 만든다.
③ '오르'는 '내리다'의 앞에 붙어 '오르다'의 뜻을 더하면서 '오르내리다'를 만든다.
④ '돌'은 '다리'의 앞에 붙어 '돌로 만든'이란 뜻을 더하면서 '돌다리'를 만든다.
⑤ '날'은 '고기' 앞에 붙어 '말리거나 익히지 않은'이라는 뜻을 더하면서 '날고기'를 만든다.

65 2008학년도 7월 고3 전국연합학력평가 11번

〈보기〉를 통해 '접사'의 특징에 대해 학습한 것으로 적절하지 않은 것은?

┤ 보기 ├

• 군-: 군말, 군살, 군손질, 군침
• 헛-: 헛고생, 헛걸음, 헛돌다, 헛디디다
• -거리다: 꿈틀거리다, 머뭇거리다, 글썽거리다
• -롭다: 평화롭다, 자유롭다, 새롭다

① 접미사를 붙여 동사나 형용사를 만들 수 있다.
② 접두사 중에는 명사와 동사에 다 붙을 수 있는 것도 있다.
③ 접두사는 어근의 앞에 붙어 특정한 뜻을 더하거나 강조한다.
④ 접두사는 자립성을 갖는 형태소에, 접미사는 자립성이 없는 형태소에 붙는다.
⑤ 접두사는 어근의 품사를 바꿀 수 없지만, 접미사는 어근의 품사를 바꾸기도 한다.

개념 확인

합성어의 유형

• 합성어는 구성 요소들 간의 관계에 따라 대등 합성어와 종속 합성어로 나누기도 함. 대등 합성어는 앞뒤 어근이 대등한 관계를 이루고 있고, 종속 합성어는 어근이 다른 어근을 수식함.

• 어근들이 완전히 하나로 융합하여 새로운 의미를 나타내는 합성어를 융합 합성어라고 함.
  - 대등 합성어: ⓔ 팔다리
  - 종속 합성어: ⓔ 돌다리
  - 융합 합성어: ⓔ 춘추
    (→ '춘추(春秋)'는 '어른의 나이에 대한 존칭'으로 쓰임.)

■ 단일어와 복합어

단일어		하나의 어근만으로 이루어진 단어 ⓔ 나무, 바다, 땅, 가다, 춥다
복합어	합성어	둘 이상의 어근이 결합하여 만들어진 단어 ⓔ 국밥, 밤나무
	파생어	어근과 접사가 결합하여 형성된 단어 ⓔ 햇밤, 생각하다

■ 합성어의 종류

통사적 합성어	어근과 어근의 결합 방식이 국어의 일반적인 어순이나 단어 배열법과 일치하는 합성어 ⓔ 밤낮(명사+명사), 작은아버지(용언의 관형사형+명사), 잡아먹다(용언의 어간+어미+용언)
비통사적 합성어	어근과 어근의 결합 방식이 국어의 일반적인 어순이나 단어 배열법에 어긋나는 합성어 ⓔ 접칼(용언의 어간+명사), 굳세다(용언의 어간+용언), 척척박사(부사+명사)

■ 파생어의 종류

접두 파생어	접두사와 어근이 결합하여 만들어진 단어 ⓔ 풋−사과, 군−말, 되−묻다, 치−솟다
접미 파생어	어근과 접미사가 결합하여 만들어진 단어 - 파생 명사: ⓔ 꿈(꾸−+−ㅁ), 달리기(달리−+−기), 겁쟁이(겁+−쟁이) - 파생 동사: ⓔ 공부하다(공부+−하다), 출렁거리다(출렁+−거리다) - 파생 형용사: ⓔ 새롭다(새+−롭다), 사랑스럽다(사랑+−스럽다) - 파생 부사: ⓔ 자연히(자연+−히), 깨끗이(깨끗−+−이)

아하~ 함·정·넘·기

❶ '먹다', '예쁘다'는 복합어? 단일어?

단일어는 하나의 '어근'으로 이루어진 단어이지, 하나의 '형태소'로 이루어진 단어가 아닙니다. '먹다'나 '예쁘다'는 어간 '먹−', '예쁘−'와 어미 '−다'의 결합이므로 형태소는 2개이지만, 어간 '먹−', '예쁘−'가 하나의 어근으로 이루어져 있으므로 단일어에 해당합니다. 이처럼 용언의 경우에는 어미를 제외한 어간이 하나의 형태소로 이루어져 있으면 단일어로 취급합니다.

❷ '덮밥'은 비통사적 합성어

꾸며 주는 말이 꾸밈을 받는 말 앞에 온다든지, 어간이 어미와 결합한다든지, 명사와 명사가 나란히 쓰일 수 있다든지 하는 국어의 일반적인 문장 구성 방식이 있습니다. 이에 어긋나는 방식으로 만들어진 합성어를 '비통사적 합성어'라고 합니다. '덮밥'은 '덮다'의 어간 '덮−'이 어미와의 결합 없이 명사인 '밥'과 바로 결합하였으므로 비통사적 합성어에 해당합니다. '검붉다', '높푸르다' 등의 단어도 두 어간을 연결해 주는 어미 없이 '용언 어간+용언 어간'의 구성 방식으로 만들어진 비통사적 합성어입니다.

[1~8] 다음 설명이 맞으면 ○표, 틀리면 ×표 하시오.

1 파생어의 품사는 어근의 품사에 의해 결정된다.
...... (   )

2 단일어는 하나의 어근만으로 이루어진 단어이다.
...... (   )

3 '오가다'는 두 성분이 대등한 관계를 이루므로 대등 합성어이다.
...... (   )

4 '손가락'은 앞의 성분이 뒤의 성분을 수식하므로 종속 합성어이다.
...... (   )

5 '건널목'은 용언이 명사를 꾸미고 있으므로 비통사적 합성어이다.
...... (   )

6 '되묻다'는 연결 어미 없이 용언의 어간끼리만 결합했으므로 비통사적 합성어이다.
...... (   )

7 '햇과일'은 어근 앞에 접두사가 결합하여 형성된 단어이다.
...... (   )

8 '장난꾸러기'는 어근 뒤에 어근의 품사를 바꾸는 접미사가 결합하여 형성된 단어이다.
...... (   )

[9~10] 초성을 참고하여 빈칸에 들어갈 적절한 말을 쓰시오.

9 '춘추(나이)', '피땀(노력과 정성)' 등 어근들이 완전히 하나로 융합하여 본래의 뜻과는 다른 새로운 뜻을 지니게 된 합성어를 ㅇㅎ 합성어라고 한다.

10 어근과 어근이 결합할 때 국어의 일반적인 문장 구성 방식에 맞게 만들어진 합성어를 ㅌㅅㅈ 합성어라고 한다.

[11~14] 다음 대화에서 괄호 안에 들어갈 적절한 말을 각각 고르시오.

지연: '큰어머니'는 형용사 '크다'의 11 (관형사형 / 명사형)이 '어머니'를 꾸미는 방식으로 어근과 어근이 결합하였으므로, 12 (통사적 / 비통사적) 합성어에 해당해.

현지: '산들바람'은 13 (관형사 / 부사) '산들'이 명사 '바람'을 꾸미는 방식으로 어근과 어근이 결합하였으므로, 14 (통사적 / 비통사적) 합성어에 해당해.

[15~30] 제시된 파생어의 품사를 〈보기〉에서 찾아 쓰시오.

┤ 보기 ├
• 명사   • 동사   • 형용사   • 부사

15 '참뜻'은 명사 어근 '뜻'에 접두사 '참 –'이 결합하여 만들어진 (   )이다.

16 '먹보'는 동사 어근 '먹 –'에 접미사 ' – 보'가 결합하여 만들어진 (   )이다.

17 '일찍이'는 부사 어근 '일찍'에 접미사 ' – 이'가 결합하여 만들어진 (   )이다.

18 '크기'는 형용사 어근 '크 –'에 접미사 ' – 기'가 결합하여 만들어진 (   )이다.

19 '많이'는 형용사 어근 '많 –'에 접미사 ' – 이'가 결합하여 만들어진 (   )이다.

20 '영원히'는 명사 어근 '영원'에 접미사 ' – 히'가 결합하여 만들어진 (   )이다.

21 '꽃답다'는 명사 어근 '꽃'에 접미사 ' – 답다'가 결합하여 만들어진 (   )이다.

22 '기쁨'은 형용사 어근 '기쁘 –'에 접미사 ' – ㅁ'이 결합하여 만들어진 (   )이다.

23 '드세다'는 형용사 어근 '세 –'에 접두사 '드 –'가 결합하여 만들어진 (   )이다.

24 '출렁대다'는 부사 어근 '출렁'에 접미사 ' – 대다'가 결합하여 만들어진 (   )이다.

25 '생각하다'는 명사 어근 '생각'에 접미사 ' – 하다'가 결합하여 만들어진 (   )이다.

26 '새빨갛다'는 형용사 어근 '빨갛 –'에 접두사 '새 –'가 결합하여 만들어진 (   )이다.

27 '명예롭다'는 명사 어근 '명예'에 접미사 ' – 롭다'가 결합하여 만들어진 (   )이다.

28 '반짝거리다'는 부사 어근 '반짝'에 접미사 ' – 거리다'가 결합하여 만들어진 (   )이다.

29 '자랑스럽다'는 명사 어근 '자랑'에 접미사 ' – 스럽다'가 결합하여 만들어진 (   )이다.

30 '높다랗다'는 형용사 어근 '높 –'에 접미사 ' – 다랗다'가 결합하여 만들어진 (   )이다.

31
복합어에 대한 설명으로 적절하지 <u>않은</u> 것은?

① 구성 요소에 따라 합성어와 파생어로 구분된다.
② 용언의 구조를 파악할 때 어미는 고려하지 않는다.
③ 체언의 구조를 파악할 때 조사는 어근으로 간주한다.
④ 복합어를 둘로 쪼개었을 때 둘 다 어근이면 합성어이다.
⑤ 복합어가 형성되는 과정에서 구성 요소의 형태나 본래의 의미가 바뀌는 경우도 있다.

32
'어근+접미사'의 방법으로 형성된 단어는?

① 검붉다　　② 되감다　　③ 말하다
④ 치솟다　　⑤ 힘들다

33
밑줄 친 말이 '융합 합성어'에 해당하지 <u>않는</u> 것은?

① 그는 가족이라면 물불을 가리지 않았다.
② 전쟁이 휩쓸고 간 동네는 쑥밭이 되었다.
③ 그녀는 흡사 바늘방석에 앉은 기분이었다.
④ 군인들이 손발을 착착 맞춰 행진하고 있었다.
⑤ 평생 피땀을 흘려 모은 재산을 대학에 기부했다.

34
〈보기〉의 밑줄 친 부분의 예로 적절하지 <u>않은</u> 것은?

┤ 보기 ├
　파생어는 단어 본래의 품사가 <u>변화되는 경우</u>와 변화되지 않는 경우로 나뉜다.

① 꽃답다　　② 덧신　　③ 울음
④ 지우개　　⑤ 행복하다

35
제시된 단어의 구조를 분석한 내용으로 적절하지 <u>않은</u> 것은?

① 구경꾼: 하나의 접사가 들어 있는 파생어이다.
② 짓밟히다: 두 개의 접사가 들어 있는 파생어이다.
③ 구름: 하나의 형태소로 이루어졌으므로 단일어이다.
④ 웃음꽃: 접사가 포함되어 이루어졌으므로 파생어이다.
⑤ 소나무: 어근끼리 결합하여 이루어졌으므로 합성어이다.

36
다음은 단어의 분류 과정을 나타낸 것이다. ㉠에 적용된 분류 기준으로 적절한 것은?

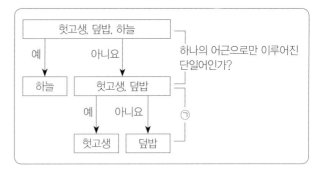

① 자립해서 쓰일 수 있는 단어인가?
② 어근 없이 접사로만 이루어진 단어인가?
③ 어근에 접사가 붙어서 만들어진 단어인가?
④ 어근과 어근이 합쳐져서 만들어진 단어인가?
⑤ 어근의 결합 방식이 일반적인 통사적 구성 방법에 부합하는가?

37　고난도
〈보기〉의 ㉠~㉤에 해당하는 예로 적절하지 <u>않은</u> 것은?

┤ 보기 ├
　합성어가 만들어질 때 ㉠명사와 명사가 결합하는 경우, ㉡체언 앞에 관형사가 오는 경우, ㉢용언 앞에 부사가 오는 경우, ㉣연결 어미로 이어지는 경우, ㉤조사가 생략되는 경우 등은 우리말의 일반적인 문장 구성 방식에 맞기 때문에 이를 통사적 합성어라고 한다.

① ㉠: 꽃밭　　② ㉡: 온종일　　③ ㉢: 반짝거리다
④ ㉣: 날아가다　　⑤ ㉤: 손대다

38　고난도
다음의 〈조건〉을 모두 만족하는 단어로 적절한 것은?

┤ 조건 ├
• 합성어일 것.
• 어근 중 하나 이상이 용언일 것.
• 어간과 어미가 결합된 활용형이 포함될 것.

① 녹는점　　② 오리발　　③ 접칼
④ 참되다　　⑤ 향기롭다

39
다음 중 단어의 구성 요소와 그 결합 방식이 '믿음'과 가장 유사한 것은?

① 높이　　② 기쁨　　③ 꾀보
④ 오뚝이　　⑤ 달리기

40

〈보기〉에 대한 설명으로 적절하지 <u>않은</u> 것은?

┤ 보기 ├
ㄱ 작은형　　　ㄴ 덮밥　　　ㄷ 스며들다
ㄹ 잘생기다　　ㅁ 호두과자

① ㄱ: 용언의 관형사형과 명사가 결합한 통사적 합성어이다.
② ㄴ: 용언 어간에 명사가 직접 결합한 비통사적 합성어이다.
③ ㄷ: 두 용언의 어간과 어간이 결합한 비통사적 합성어이다.
④ ㄹ: 부사와 용언이 결합한 통사적 합성어이다.
⑤ ㅁ: 명사와 명사가 결합한 통사적 합성어이다.

41

〈보기〉의 ㄱ~ㄷ에 해당하는 예가 모두 올바르게 짝지어진 것은?

┤ 보기 ├
비통사적 합성어는 다음과 같이 분류할 수 있다.
• 용언의 어간과 체언이 연결될 때 관형사형 어미가 생략된 경우 ·································· ㄱ
• 용언과 용언이 연결될 때, 연결 어미가 생략된 경우 ·································· ㄴ
• 부사가 체언을 수식하는 경우 ··························· ㄷ

	ㄱ	ㄴ	ㄷ
①	꺾쇠	높푸르다	산들바람
②	큰형	잡아먹다	밤낮
③	꺾쇠	잡아먹다	부슬비
④	부슬비	높푸르다	밤낮
⑤	큰형	오르내리다	산들바람

42

〈보기〉에 따라 단어의 구조를 분석할 때, 파생어인 것은?

┤ 보기 ├
복합어를 둘로 쪼개었을 때, 두 가지가 모두 어근이면 합성어이고 둘 중 하나가 접사이면 파생어이다.

① 놀이터　　　② 뜨개질　　　③ 새신랑
④ 첫사랑　　　⑤ 회덮밥

43

〈보기〉의 ㄱ, ㄴ에 대한 이해로 적절하지 <u>않은</u> 것은?

┤ 보기 ├
합성어를 구성하고 있는 어근이 본래의 의미를 가지고 대등한 자격으로 결합된 합성어를 ㄱ대등 합성어라고 하고, 두 어근 중 하나의 어근이 다른 어근에 종속되는 관계를 지닌 채 결합된 합성어를 ㄴ종속 합성어라고 한다.

① '아들딸 많이 낳고 잘 살아라.'의 '아들딸'은 ㄱ에 해당한다.
② '어제 무리했더니 팔다리가 쑤시다.'의 '팔다리'는 ㄱ에 해당한다.
③ '그때는 쌀밥을 실컷 먹는 것이 소원이었다.'의 '쌀밥'은 ㄱ에 해당한다.
④ '고향에는 아직 작은 돌다리가 놓여 있다.'의 '돌다리'는 ㄴ에 해당한다.
⑤ '그녀는 손가락에 보석 반지를 끼고 있었다.'의 '손가락'은 ㄴ에 해당한다.

44 고난도

〈보기〉의 밑줄 친 부분의 예로 가장 적절한 것은?

┤ 보기 ├
'찜질'을 분석해 보면, '찜'과 '-질'로 나눌 수 있다. 그런데 '찜'은 다시 '찌-'와 '-ㅁ'으로 나눌 수 있으므로, 결국 '찜질'은 세 개의 형태소가 [동사 어간+접미사]+접미사 구성으로 결합한 파생어라고 볼 수 있다.

① 손바느질　　② 잠꾸러기　　③ 오르막길
④ 볶음밥　　　⑤ 욕심쟁이

45

합성어의 의미 구조가 〈보기〉의 밑줄 친 부분과 <u>다른</u> 것은?

┤ 보기 ├
'유리창'은 '유리로 만든 창'이라는 뜻으로, '재료+대상'의 의미 구조를 지닌다.

① 보리밥　　　② 벽돌집　　　③ 비단옷
④ 산나물　　　⑤ 밀짚모자

46

〈보기〉를 참고하여 파생어의 형성에 대해 탐구한 내용으로 적절하지 않은 것은?

┤ 보기 ├

• -꾼: ① '어떤 일을 전문적으로 하는 사람' 또는 '어떤 일을 잘하는 사람'의 뜻을 더하는 접사.
　　　② '어떤 일을 습관적으로 하는 사람' 또는 '어떤 일을 즐겨 하는 사람'의 뜻을 더하는 접사.
• -쟁이: '그것이 나타내는 속성을 많이 가진 사람'의 뜻을 더하는 접사.
• -장이: '그것과 관련된 기술을 가진 사람'의 뜻을 더하는 접사.

① 고집이 센 사람이라는 뜻으로 '고집장이'라는 말을 만들 수 있다.
② 살림을 잘하는 사람이라는 뜻으로 '살림꾼'이라는 말을 만들 수 있다.
③ 멋있거나 멋을 잘 부리는 사람이라는 뜻으로 '멋쟁이'라는 말을 만들 수 있다.
④ 옹기를 만드는 기술을 가진 사람이라는 뜻으로 '옹기장이'라는 말을 만들 수 있다.
⑤ 잔소리를 습관적으로 하는 사람이라는 뜻으로 '잔소리꾼'이라는 말을 만들 수 있다.

47

〈보기〉의 ㉠~㉤에 대한 설명으로 적절하지 않은 것은?

┤ 보기 ├

㉠ 맨발, 한여름　　　㉡ 지우개, 날개
㉢ 막히다, 밟히다　　　㉣ 밀치다, 부딪치다
㉤ 참되다, 거짓되다

① ㉠: 접사가 어근 앞에 붙은 말로, '맏딸'을 예로 추가할 수 있다.
② ㉡: 접사가 어근 뒤에 붙은 말로, '덮개'를 예로 추가할 수 있다.
③ ㉢: 접사가 의미의 차이를 가져온 말로, '엎히다'를 예로 추가할 수 있다.
④ ㉣: 접사가 붙어 단어의 품사를 동사로 바꾼 말로, '치뜨다'를 예로 추가할 수 있다.
⑤ ㉤: 접사가 붙어 단어의 품사를 형용사로 바꾼 말로, '못되다'를 예로 추가할 수 있다.

48 고난도

단어를 구성하는 부분이 ㉠과 ㉡으로 쓰인 것을 순서대로 묶은 것은?

┤ 보기 ├

단어를 구성하는 부분의 형태가 같을 경우에는 그 말이 각각의 단어에서 ㉠어근으로 쓰였는지 ㉡접사로 쓰였는지를 잘 구별하여야 한다.

① ┌ ㉠: 사과가 새빨갛다.
　└ ㉡: 새로운 소식이 있다.
② ┌ ㉠: 길이 많이 막힌다.
　└ ㉡: 그는 막말을 일삼았다.
③ ┌ ㉠: 실수로 발을 헛디뎠다.
　└ ㉡: 노력했지만 헛수고였다.
④ ┌ ㉠: 돌배도 맛 들일 탓이다.
　└ ㉡: 누가 돌멩이를 던졌니?
⑤ ┌ ㉠: 칡뿌리를 짓이겨 즙을 냈다.
　└ ㉡: 마음을 짓누르는 걱정이 끝이 없다.

49

〈보기〉의 밑줄 친 부분의 예로 적절한 것은?

┤ 보기 ├

어근들끼리 만나 새말을 만들기도 하고, 특정한 뜻을 더하는 접사가 어근 앞에 붙어 새말을 만들기도 한다.

① 군밤　　　② 새색시　　　③ 사랑스럽다
④ 선생님　　　⑤ 풋사과

50

〈보기〉의 밑줄 친 부분을 뒷받침할 수 있는 예로 적절하지 않은 것은?

┤ 보기 ├

파생어를 형성하는 접사는 특정한 품사의 어근과만 결합하는 경우가 대부분이나, 그렇지 않기도 하다.

① '겁보, 울보, 뚱뚱보'의 '-보'
② '벼슬아치, 동냥아치'의 '-아치'
③ '맏아들, 맏딸, 맏며느리'의 '맏-'
④ '풋고추, 풋과일, 풋사랑'의 '풋-'
⑤ '말썽꾸러기, 욕심꾸러기'의 '-꾸러기'

51

파생어에 대해 예를 들어 설명한 내용으로 적절하지 **않은** 것은?

① '밥을 너무 많이 먹었다.'에서 '많이'는 접미사가 형용사 어근에 결합하여 부사를 만든 것이다.

② '그는 멋쟁이로 소문이 났다.'에서 '멋쟁이'는 접미사가 명사 어근에 결합하여 명사를 만든 것이다.

③ '파도가 일어 배가 출렁거렸다.'에서 '출렁거렸다'는 접미사가 부사 어근에 결합하여 형용사를 만든 것이다.

④ '그 일은 끝내 무혐의로 처리되었다.'에서 '처리되었다'는 접미사가 명사 어근에 결합하여 동사를 만든 것이다.

⑤ '요즘은 낮의 길이가 한결 짧게 느껴진다.'에서 '길이'는 접미사가 형용사 어근에 결합하여 명사를 만든 것이다.

52

〈보기〉의 단어 중 접두사가 포함된 단어들만 모두 고른 것은?

> ┤ 보기 ├
> ㉠ 군침   ㉡ 되감다   ㉢ 엿보다
> ㉣ 반짝대다   ㉤ 척척박사

① ㉠, ㉡

② ㉡, ㉤

③ ㉢, ㉣

④ ㉠, ㉡, ㉢

⑤ ㉡, ㉢, ㉣

53 (서술형 ✐)

㉠~㉣의 파생어들을 〈보기〉와 같은 방식으로 설명하시오.

> ┤ 보기 ├
> 기쁨: 형용사의 어간인 어근에 접미사 '-ㅁ'을 붙여 명사를 파생함.

㉠ 놀이: _____

_____

㉡ 높이다: _____

_____

㉢ 딸꾹질: _____

_____

㉣ 자유롭다: _____

_____

54 (서술형 ✐)

㉠, ㉡의 합성어들이 통사적 합성어인지 비통사적 합성어인지 구분하고, 그 이유를 쓰시오.

㉠ 젊은이: _____

_____

_____

_____

㉡ 높푸르다: _____

_____

_____

_____

55 (신유형)

다음의 〈조건〉을 모두 만족하는 '새말 만들기'의 결과로 가장 적절한 것은?

> ┤ 조건 ├
> • 접사 없이 어근과 어근이 직접 결합할 것.
> • 국어의 일반적인 문장 구성 방식을 따를 것.

① '스마트폰'을 순화한 말로 '척척'과 '전화'를 결합한 '척척전화'라는 말을 만들었다.

② '베스트프렌드'를 순화한 말로 '으뜸'과 '벗'을 결합한 '으뜸벗'이라는 말을 만들었다.

③ '팝업스토어'를 순화한 말로 '반짝'과 '매장'을 결합한 '반짝매장'이라는 말을 만들었다.

④ 산 물건을 도로 팔아서 이득을 보려는 사람을 가리키는 말로 '되팔다'와 '-꾼'을 결합한 '되팔이꾼'이라는 말을 만들었다.

⑤ 모르는 것을 음성으로 검색해 보는 애플리케이션을 가리키는 말로 '소리'와 '알리다'를 결합한 '소리알리미'라는 말을 만들었다.

56 2021학년도 3월 고3 전국연합학력평가 35번

[학습 활동]을 수행한 결과로 적절하지 않은 것은?

선생님: 일반적으로 접두사에 의한 파생법은 ㉠형용사 어근 앞에 뜻을 더하는 접사가 붙은 것이고, 접미사에 의한 파생법은 대체로 ㉡명사 어근 뒤에 어근의 품사를 형용사로 바꾸는 접사가 붙은 것입니다.

[접두사] 새-, 시-
[접미사] -롭다, -되다, -답다, -스럽다

[학습 활동] 다음에서 ㉠, ㉡에 해당하는 예를 찾아보자.

나는 바닷가 산책로를 따라 걸었다. 바로 코끝에서 **시퍼런** 바닷물이 철썩거리고 있었다. 늘 걷던 길이 오늘따라 **새롭게** 느껴지는 것은 곧 이곳을 떠나야 한다는 사실 때문일 것이다. 여기 머문 지도 어느새 삼 년이 되어 간다. 돌이켜 보면 **복된** 나날이었다. 이웃들과 매일 **정답게** 인사를 주고받았으며, 어디서든 아이들의 **사랑스러운** 웃음소리를 들을 수 있었다.

① '시퍼런'은 접두사 '시-'가 형용사 어근 앞에 붙어 형성된 말의 활용형으로, ㉠에 해당하는 예이다.
② '새롭게'는 접두사 '새-'가 형용사 어근 앞에 붙어 형성된 말의 활용형으로, ㉠에 해당하는 예이다.
③ '복된'은 접미사 '-되다'가 명사 어근 뒤에 붙어 형성된 말의 활용형으로, ㉡에 해당하는 예이다.
④ '정답게'는 접미사 '-답다'가 명사 어근 뒤에 붙어 형성된 말의 활용형으로, ㉡에 해당하는 예이다.
⑤ '사랑스러운'은 접미사 '-스럽다'가 명사 어근 뒤에 붙어 형성된 말의 활용형으로, ㉡에 해당하는 예이다.

57 2020학년도 3월 고2 전국연합학력평가 13번

㉠~㉤에 대한 설명으로 적절하지 않은 것은?

㉠새해를 맞이하여 할머니 댁에 갔다. 할머니께서 점심으로 ㉡굵은소금 위에 새우를 올려놓고 구워 주셨고, 저녁에는 ㉢산나물을 넣은 비빔밥을 해 주셨다. 내가 할머니께 스마트폰의 여러 기능을 알려 드리자 "㉣척척박사로구나."라며 ㉤어린아이처럼 좋아하셨다.

① ㉠: 관형사와 명사가 결합한 합성 명사이다.
② ㉡: 동사의 활용형과 명사가 결합한 합성 명사이다.
③ ㉢: 명사와 명사가 결합한 합성 명사이다.
④ ㉣: 부사와 명사가 결합한 합성 명사이다.
⑤ ㉤: 형용사의 활용형과 명사가 결합한 합성 명사이다.

58 2020학년도 9월 고3 모의평가 14번

〈보기〉의 ㉠과 ㉡을 모두 충족한 예로 적절한 것은?

┤ 보기 ├

'붙잡다'의 어간 '붙잡-'은 어근 '붙-'과 어근 '잡-'으로 나뉘고, '잡히다'의 어간 '잡히-'는 어근 '잡-'과 접사 '-히-'로 나뉜다. 이렇듯 어떤 말을 둘로 나누었을 때 나누어진 두 요소 각각을 직접 구성 요소라 하는데, 어근과 어근으로 분석되는 말을 합성어라 하고 어근과 접사로 분석되는 말을 파생어라 한다. 그런데 ㉠어간이 3개 이상의 구성 요소로 이루어진 경우가 있다. 이때 ㉡직접 구성 요소가 먼저 어근과 어근으로 분석되면 합성어이고 어근과 접사로 분석되면 파생어이다.

① 밤새 거센 비바람이 내리쳤다.
② 책임을 남에게 떠넘기면 안 된다.
③ 차바퀴가 진흙 바닥에서 헛돌았다.
④ 거리에는 매일 많은 사람이 오간다.
⑤ 그들은 끊임없이 짓밟혀도 굴하지 않았다.

59 2017학년도 6월 고3 모의평가 15번

밑줄 친 말이 '비통사적 합성어'에 해당하는 것은?

① 아이들이 뛰노는 소리가 밖에서 들렸다.
② 서로 몰라볼 정도로 세월이 많이 흘렀다.
③ 저마다의 타고난 소질을 계발하는 것이 중요하다.
④ 지난달부터 공부를 열심히 했더니 자신감이 생겼다.
⑤ 망치질을 자주 하다 보니 손바닥에 굳은살이 박였다.

60 2015학년도 3월 고1 전국연합학력평가 12번

〈보기〉를 참고할 때, '본받다'와 같은 유형에 해당하는 단어로 적절한 것은?

┤ 보기 ├

'본받다'는 '본'과 '받다'가 결합하여 만들어진 말로, 다음과 같이 목적어와 서술어의 관계를 나타내고 있다.

본(을)		받다
목적어	+	서술어

① 동생이 형에게 혼나다.
② 조명이 환하게 빛나다.
③ 오래 걸었더니 힘들다.
④ 말보다 행동이 앞서다.
⑤ 사자의 출현에 겁먹다.

61 2014학년도 3월 고1 전국연합학력평가 12번

〈보기〉의 ㉠~㉣ 중 합성어만을 모두 고른 것은?

┤ 보기 ├

㉠물고기가 그려진 ㉡지우개가 어디로 갔을까? ㉢심술쟁이 동생이 또 ㉣책가방에 숨겼을 거야. 그래 보았자 이 누나는 금방 찾는데.

① ㉠, ㉡　② ㉠, ㉣　③ ㉡, ㉢　④ ㉡, ㉣　⑤ ㉢, ㉣

62 2018학년도 9월 고3 모의평가 12번

밑줄 친 단어 중 〈보기〉의 ㉠의 예로 적절한 것은?

┤ 보기 ├

우리말에서 합성어의 품사는 뒤에 오는 말의 품사와 같은 것이 원칙이나, ㉠명사가 아닌 품사들로만 이루어진 합성 명사도 있다.

① 자기 잘못은 자기가 책임져야 한다.
② 언니는 가구를 전부 새것으로 바꿨다.
③ 아이가 요사이에 몰라보게 훌쩍 컸다.
④ 오늘날에는 교육에서 창의성이 중시된다.
⑤ 나는 갈림길에서 어디로 가야 할지 몰랐다.

63 2018학년도 3월 고3 전국연합학력평가 13번

〈보기〉는 새말 만들기 활동을 한 것이다. ㉠~㉤에 대한 설명으로 적절하지 않은 것은?

┤ 보기 ├

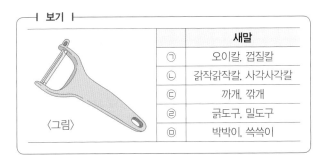

		새말
	㉠	오이칼, 껍질칼
	㉡	갉작갉작칼, 사각사각칼
	㉢	까개, 깎개
〈그림〉	㉣	굵도구, 밀도구
	㉤	박박이, 쓱쓱이

① ㉠: 명사 어근들을 결합하여 만든 통사적 합성어
② ㉡: 부사 어근과 명사 어근을 결합하여 만든 비통사적 합성어
③ ㉢: 동사 어근에 접사를 결합하여 만든 파생어
④ ㉣: 명사 어근에 접사를 결합하여 만든 파생어
⑤ ㉤: 부사 어근에 접사를 결합하여 만든 파생어

64 2019학년도 3월 고1 전국연합학력평가 11번

다음은 학생들이 '-쟁이'와 '-장이'에 대해 탐구한 내용이다. ㄱ~ㅁ에 제시된 탐구 결과 중 적절하지 않은 것은?

탐구 목표	어근의 뒤에 붙어 새로운 단어를 만드는 접미사 중 '-쟁이'와 '-장이'의 의미와 쓰임을 구분해 사용할 수 있다.

⇩

탐구 자료	(1) 고집쟁이: 고집이 센 사람. 　　거짓말쟁이: 거짓말을 잘하는 사람. (2) 노래쟁이: '가수(歌手)'를 낮잡아 이르는 말. 　　그림쟁이: '화가(畵家)'를 낮잡아 이르는 말. (3) 땜장이: 땜질을 직업으로 하는 사람. 　　옹기장이: 옹기 만드는 일을 직업으로 하는 사람.

⇩

탐구 결과	• (1)의 '-쟁이'의 의미는 '어떤 속성을 많이 가진 사람'으로 볼 수 있다. ·············· ㄱ • (2)와 (3)은 둘 다 직업과 관련된 말이지만, '기술자'를 의미할 때는 '-장이'를 쓴다. ·············· ㄴ • (1)~(3)을 볼 때, '-쟁이'와 '-장이'는 모두 명사와 결합하여 새로운 단어를 만든다. ·············· ㄷ • (1)~(3)을 볼 때, '-쟁이'와 '-장이'는 모두 어근의 품사를 변화시키지 않는 접미사이다. ·············· ㄹ • (1), (2), (3)의 예로 '욕심쟁이', '대장쟁이', '중매장이'를 각각 추가할 수 있다. ·············· ㅁ

① ㄱ　② ㄴ　③ ㄷ　④ ㄹ　⑤ ㅁ

65 2007학년도 9월 고1 전국연합학력평가 11번

〈보기〉의 ㉠~㉤의 합성 과정을 바르게 이해한 것은?

┤ 보기 ├

낱말은 합성어로 형성되는 과정에서 그 형태나 본래의 의미가 바뀌는 경우도 있다.
• 농부들이 ㉠논밭(논＋밭)에서 열심히 일한다.
• 해와 달이 된 ㉡오누이(오빠＋누이) 이야기를 읽었다.
• 교실 ㉢안팎(안＋밖)을 가리지 않고 깨끗이 청소했다.
• 내 동생은 공부는 안 하고 ㉣밤낮(밤＋낮) 놀기만 한다.
• 어머니께서 ㉤반짇고리(바느질＋고리)에 실을 넣으셨다.

		형태	의미
①	㉠	바뀜	바뀌지 않음
②	㉡	바뀌지 않음	바뀌지 않음
③	㉢	바뀌지 않음	바뀜
④	㉣	바뀌지 않음	바뀜
⑤	㉤	바뀜	바뀜

27~28일 종합 평가

1

〈보기〉를 바탕으로 형태소를 분석한 내용으로 적절하지 <u>않</u>은 것은?

┤ 보기 ├

　일정한 뜻을 가진 가장 작은 말의 단위를 형태소라 한다. 형태소가 가장 작은 말의 단위라는 것은 형태소는 더 이상 나눌 수 없으며, 더 나눌 경우 원래의 뜻이 사라진다는 것을 의미한다.

[예문] 아침이 되자 꽃잎에 이슬이 맺혔다.

① '아침'은 '아'와 '침'으로 나누면 뜻이 사라지므로 하나의 형태소이다.
② '되자'는 '되-'와 '-자'로 나눌 수 있으므로 두 개의 형태소이다.
③ '꽃잎'은 '꽃'과 '잎'으로 나눌 수 있으므로 두 개의 형태소이다.
④ '이슬이'는 '이슬'과 '이'로 나눌 수 있으므로 두 개의 형태소이다.
⑤ '맺혔다'는 '맺히-', '-었-', '-다'로 나눌 수 있으므로 세 개의 형태소이다.

2

〈보기〉의 문장에 있는 형태소에 대한 설명으로 적절하지 <u>않</u>은 것은?

┤ 보기 ├

바다가 매우 넓고 푸르다.

① 자립 형태소는 모두 2개이다.
② 형식 형태소는 모두 3개이다.
③ 의존 형태소는 모두 4개이다.
④ 실질 형태소이면서 의존 형태소는 모두 2개이다.
⑤ 실질 형태소이면서 자립 형태소는 모두 2개이다.

3

형태소에 대한 설명으로 적절한 것만을 〈보기〉에서 모두 고른 것은?

┤ 보기 ├

㉠ 일정한 소리를 내는 가장 작은 말의 단위이다.
㉡ 우리말의 조사, 어미, 접사는 형식 형태소이다.
㉢ 부사는 자립 형태소나 실질 형태소는 아니다.
㉣ 용언 어간은 실질 형태소이면서 의존 형태소이다.

① ㉠, ㉡　　　② ㉠, ㉢　　　③ ㉡, ㉢
④ ㉡, ㉣　　　⑤ ㉢, ㉣

4

〈보기〉의 ㉠~㉢에 들어갈 기호를 바르게 짝지은 것은?

┤ 보기 ├

[예문] 시루에 떡을 쪘다.

[형태소 분석 결과]

	시루	에	떡	을	찌-	-었-	-다
홀로 쓰일수 있는가?	○	×	○	×	㉠	×	×
실질적 의미가 있는가?	○	㉡	○	×	○	㉢	×

	㉠	㉡	㉢
①	○	○	○
②	○	×	○
③	○	×	×
④	×	○	○
⑤	×	×	×

5

〈보기〉의 문장을 단어와 형태소로 바르게 분석한 것은?

┤ 보기 ├

나는 그 사람의 손을 가만히 잡았다.

① 단어: 나, 그, 사람, 손, 가만히, 잡았다
② 자립 형태소: 나, 그 사람, 손, 가만히
③ 의존 형태소: 는, 의, 을, 잡-, -았-, -다
④ 실질 형태소: 나, 그, 사람, 손, 가만
⑤ 형식 형태소: 는, 의, 을, -히, -았-, -다

6 서술형 ✏

〈보기〉의 문장에 있는 형태소를 분류하는 활동을 하였다. ㉠에 들어갈 형태소를 모두 쓰시오.

┤ 보기 ├

밝은 달이 강물 위로 둥실 떴다.

	자립 형태소	의존 형태소
실질 형태소	달, 강, 물, 위, 둥실	㉠
형식 형태소		-은, 이, 로, -었-, -다

7

형태소에 대한 설명으로 적절하지 않은 것은?

① 형태소를 더 작게 쪼개면 뜻이 사라진다.
② 의존 형태소 중에서 조사는 단어로 인정한다.
③ 형태소 하나가 단어 하나를 형성하는 경우도 있다.
④ 형태소 중에는 문법적인 기능만 수행하는 것도 있다.
⑤ 실질적인 뜻을 지닌 형태소는 모두 자립적인 성격을 지닌다.

8

〈보기〉의 문장에 있는 형태소에 대한 설명으로 적절하지 않은 것은?

┤ 보기 ├
그는 한겨울에도 겉옷 없이 잘도 다닌다.

① '한겨울'의 '한-'은 '겨울'과 결합하여 뜻을 더하는 기능을 하므로 하나의 형태소로 볼 수 있다.
② '겉옷'에서 '겉' 대신 '속'을 넣거나 '옷' 대신 '치레'를 넣으면 단어의 뜻이 바뀌므로 '겉'과 '옷'을 각각 별개의 형태소로 볼 수 있다.
③ '없이'의 '-이'는 '없-'과 결합하여 부사로 쓰이게 하는 기능을 하므로 하나의 형태소로 볼 수 있다.
④ '다닌다'의 '-ㄴ-' 대신에 '-었-'을 넣으면 시제가 바뀌므로 '-ㄴ-'을 하나의 형태소로 볼 수 있다.
⑤ '한겨울에도', '잘도'의 '도'는 앞말에 붙어 단어의 성질을 바꾸는 기능을 하므로 하나의 형태소로 볼 수 있다.

9

〈보기〉의 문장에 있는 단어에 대한 설명으로 적절하지 않은 것은?

┤ 보기 ├
우리는 꽃길 한가운데에서 기념사진을 찍었다.

① '우리'는 하나의 어근으로 이루어진 단일어이다.
② '꽃길'은 두 개의 어근으로 이루어진 합성어이다.
③ '한가운데'는 어근과 접사가 결합하여 이루어진 파생어이다.
④ '기념사진'은 두 개의 어근으로 이루어진 합성어이다.
⑤ '찍었다'는 어근과 접사가 결합하여 이루어진 파생어이다.

10

〈보기 1〉을 바탕으로 〈보기 2〉의 ㉠~㉤에 대해 판단한 내용으로 가장 적절한 것은?

┤ 보기 1 ├
단어는 의미를 가진 최소의 자립 형식이다. 그런데 조사는 자립성이 없는 형태소임에도 불구하고 홀로 쓰일 수 있는 말에 붙어 쉽게 분리되는 특성이 있기 때문에 단어로 인정하고 있다. 그리고 의존 명사도 꾸미는 말의 꾸밈을 받을 수 있고, 꾸미는 말과 늘 띄어 쓰며 조사와 결합하여 문장에서 주어, 목적어 등으로 쓰이기 때문에 단어로 인정하고 있다.

┤ 보기 2 ├
• 남편은 나㉠보다 네 살 위이다.
• 그 ㉡책을 다 읽는 ㉢데 삼 일이나 걸렸다.
• 고래가 물고기가 아니란 ㉣것은 분명한 사실이다.
• 얘야, 자고로 노력한 ㉤만큼 대가를 얻는 법이란다.

① ㉠과 ㉢은 꾸미는 말의 꾸밈을 받을 수 있다.
② ㉠과 ㉣은 자립하여 쓰일 수 없으므로 단어로 인정하지 않는다.
③ ㉡과 ㉣은 조사와 결합하여 문장에서 주어, 목적어 등으로 쓰인다.
④ ㉡과 ㉤은 문장에서 홀로 사용될 수 있기 때문에 단어로 인정된다.
⑤ ㉢과 ㉤은 홀로 쓰일 수 있는 말에 붙어 쉽게 분리되는 특징이 있다.

11

〈보기〉의 ㉠, ㉡에 해당하는 예로 적절하지 않은 것은?

┤ 보기 ├
합성어가 만들어질 때 결합하는 어근은 형태가 바뀌기도 하고 원래의 의미가 변하기도 한다.

형태 변화	의미 변화	
있음	없음	·················· ㉠
없음	있음	·················· ㉡

① ㉠: 화살이 과녁에 명중했다.
② ㉠: 나는 잡지를 다달이 구독한다.
③ ㉠: 우리 집은 예전에 마소를 길렀다.
④ ㉡: 그는 대장의 팔다리 노릇을 했다.
⑤ ㉡: 똑똑한 따님을 두셔서 좋으시겠습니다.

12

〈보기〉의 ㉠∼㉣에 대한 설명으로 적절하지 않은 것은?

┤ 보기 ├

• 이곳은 우리 백성들이 ㉠피땀으로 일궈 놓은 땅이다.
• 이태준의 소설 '㉡돌다리'에서 아들은 ㉢논밭을 팔도록 아버지를 설득한다.
• 포도가 ㉣송이송이 알차게 영글어 간다.

① ㉠은 두 어근의 본래 의미에서 벗어나 새로운 의미로 사용되었으므로 융합 합성어에 해당한다.

② ㉡은 선행 어근이 후행 어근을 수식하는 구조이므로 종속 합성어에 해당한다.

③ ㉠과 ㉣은 모두 명사 어근과 명사 어근이 결합하였고, 두 합성어의 품사는 동일하다.

④ ㉡과 ㉢은 결합한 어근들의 의미 관계는 서로 다르지만, 두 합성어의 품사는 동일하다.

⑤ ㉢과 ㉣은 모두 결합한 어근들의 의미가 대등한 관계를 이루지만, 두 합성어의 품사는 다르다.

13

〈보기〉의 ㉠∼㉤의 예로 적절하지 않은 것은?

┤ 보기 ├

어근의 배열이 우리말의 일반적인 문장 구성 방식과 일치하는 것을 통사적 합성어라 하고, 그렇지 않은 것을 비통사적 합성어라 한다.

[통사적 합성어의 유형과 예]
• 체언+체언: 예 밤낮
• 체언+용언: .... ㉠
• 관형사+체언: .... ㉡
• 용언의 관형사형+체언: .... ㉢

[비통사적 합성어의 유형과 예]
• 부사+체언: 예 보슬비
• 용언의 어간+체언: .... ㉣
• 용언의 어간+용언의 어간: .... ㉤

① ㉠: 낯설다　② ㉡: 새해　③ ㉢: 큰형
④ ㉣: 꺾쇠　⑤ ㉤: 앞서다

14

〈보기〉를 참고할 때, 단어의 형성 방식이 ㉠과 다른 것은?

┤ 보기 ├

우리말의 일반적인 단어 배열 방식과 일치하는 합성어를 통사적 합성어, 일치하지 않는 합성어를 비통사적 합성어라고 한다. 예를 들어, ㉠'넘어서다'는 어간과 어간이 연결 어미로 연결되어 형성된 통사적 합성어이다.

① 갈아입다　② 알아듣다　③ 오르내리다
④ 주고받다　⑤ 타고나다

15

〈보기〉는 외래어나 외국어를 순화한, 다듬은 말의 사례이다. 다듬은 말이 비통사적 합성어에 해당하는 것만을 모두 고른 것은?

┤ 보기 ├

순화 대상어		다듬은 말
㉠ 피팅(fitting)	→	'입어보기'
㉡ 캐노피(canopy)	→	'덮지붕'
㉢ 핫 플레이스(hot place)	→	'뜨는곳'
㉣ 패셔니스타(fashionista)	→	'맵시꾼'
㉤ 치팅 데이(cheating day)	→	'먹요일'

① ㉠, ㉡　② ㉠, ㉣　③ ㉡, ㉢
④ ㉡, ㉤　⑤ ㉢, ㉣, ㉤

16

〈보기〉의 ㉠의 예로 적절하지 않은 것은?

┤ 보기 ├

일반적으로 접두사는 어근과 결합하여 단어의 품사를 바꾸지 않지만, ㉠접미사는 단어의 품사를 바꾸기도 한다. 예를 들어 '놀이'의 '-이'는 동사 어근 '놀-'에 결합하여 명사를 만든 것이다.

① 우리 가족은 행복한 나날을 보냈다.
② 그녀는 머리를 찰랑거리며 걸어갔다.
③ 나는 신비로운 우주의 세계에 매료되었다.
④ 밖에서 높다랗고 고운 목소리가 들려왔다.
⑤ 경찰은 범인과의 거리를 좁히며 바짝 다가갔다.

17

〈보기〉의 [A]에 들어갈 말로 가장 적절한 것은?

┤ 보기 ├

학생: 둘 다 '-음'으로 끝나는 말인데, '젊음'은 사전에 실려 있지만 '늙음'은 사전에 실려 있지 않아요.

선생님: '젊음'은 어근 '젊-'에 명사를 만드는 접미사 '-음'이 결합하여 만들어진 말이야. 하지만 '늙음'은 파생 명사가 아니라 동사 '늙다'의 활용형이기 때문에 사전에 등재되지 않아.

학생: 그러면 "_____ [A] _____"의 밑줄 친 말은 사전의 표제어에 해당하겠네요.

선생님: 네. 잘 했어요.

① 내가 늘 빨리 걸음은 일종의 습관이다.
② 몸무게가 계속 늘음은 건강의 적신호이다.
③ 그녀는 재산이 아주 많음을 늘 자랑스러워했다.
④ 재회의 기쁨을 느끼기도 전에 또다시 이별이라니.
⑤ 나는 그에 대해 아는 것이 별로 없음을 깨달았다.

18 （서술형 ✎）

〈보기 1〉의 기준에 따라 〈보기 2〉의 단어를 ㉠과 ㉡으로 분류하시오.

┤ 보기 1 ├

어근과 접사가 결합하여 만들어진 파생어 중에서 접사가 어근 앞에 붙어서 이루어진 단어를 ㉠접두 파생어라고 하고, 접사가 어근 뒤에 붙어서 이루어진 단어를 ㉡접미 파생어라고 한다.

┤ 보기 2 ├

달리기, 맨손, 먹이, 바느질, 지우개, 헛기침

㉠: _____

㉡: _____

19

〈보기 1〉을 바탕으로 〈보기 2〉의 ㉠~㉤에 대해 설명한 내용으로 적절하지 않은 것은?

┤ 보기 1 ├

파생 접사와 어미는 어근이나 어간에 결합하여 특정한 의미나 문법적인 기능을 부여하며, 문장에서 단독으로 쓰이지 않는다. 파생 접사는 새로운 단어를 만들어 내지만, 어미는 그렇지 않다. 예를 들면 '구경꾼'은 파생 접사 '-꾼'이 어근 '구경'과 결합하여 만들어진 새로운 단어이고, 이렇게 만들어진 단어는 '구경'과는 별개의 단어로 사전에 표제어로 등재된다. 이에 비해 어간 '먹-'에 어미가 결합한 '먹지, 먹자, 먹어서' 등은 사전에 표제어로 등재되지 않는다.

┤ 보기 2 ├

• 그는 평소에는 ㉠장난꾸러기 ㉡같지만 중요한 순간에는 행동이 ㉢어른스럽다.
• 상대를 ㉣깊이 ㉤알기 전에는 속단하지 마라.

① ㉠: '-꾸러기'는 파생 접사이며, '장난꾸러기'는 '장난'과는 별개의 단어이다.
② ㉡: '-지만'은 어미이며, 어간 '같-'에 결합하여 문법적인 기능을 표시한다.
③ ㉢: '-스럽다'는 파생 접사이며, '어른스럽다'는 사전에 표제어로 등재된다.
④ ㉣: '-이'는 어미이며, 어간 '깊-'에 결합하여 특정한 의미를 더한다.
⑤ ㉤: '-기'는 어미이며, '알기'는 사전에 표제어로 등재되지 않는다.

20

단어 형성에 대해 예를 들어 설명한 내용으로 적절하지 않은 것은?

① '민들레'는 하나의 어근으로 이루어져 있으므로, 단일어이다.
② '부채질'은 명사 어근과 접사가 결합하여 이루어졌으므로, 파생어이다.
③ '새롭다'는 관형사 어근과 접사가 결합하여 이루어졌으므로, 파생어이다.
④ '이슬비'는 명사 어근과 명사 어근이 결합하여 이루어졌으므로, 합성어이다.
⑤ '공부하다'는 명사 어근과 동사 어근이 결합하여 이루어졌으므로, 합성어이다.

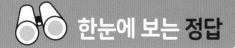

1일 언어의 본질
본문 7~13쪽

1 ○ 2 × 3 ○ 4 × 5 ○ 6 × 7 ○ 8 형식
9 규칙 10 약속 11 기호 12 필연성 13 내용 14 인간 15 ② 16 ① 17 ㉢ 18 ○ 19 ㉠ 20 ㉣
21 역사 22 사회 23 창조 24 기호 25 자의 26 ㉢
27 ㉢ 28 ㉠ 29 ㉢ 30 ㉠ 31 ② 32 ① 33 ③
34 ③ 35 ④ 36 〈예〉 '셈틀'이 사람들 사이에서 널리 인정을
받지 못했기 때문이다. / '셈틀'이라는 말이 사회적 약속을 얻지
못했기 때문이다. 37 ① 38 ⑤ 39 ④ 40 ③ 41 ②
42 ④ 43 ③ 44 ① 45 ④ 46 ② 47 ④ 48 ⑤
49 ① 50 〈예〉 ㉮는 일정한 어순을 따라야 하는 언어의 규칙성
을 어겼기 때문에 원활한 소통을 위해서는 ㉯와 같이 고쳐 써야
한다. 51 ⑤ 52 〈예〉 의사소통 수단으로서 언어가 제 기능을
하지 못하기 때문이다. / 사람들 사이에 대화가 제대로 이루어지
기 힘들기 때문이다. 53 ④ 54 ② 55 〈예〉 인간은 말을 할
때에 배웠거나 들어 본 적이 있는 문장을 기억해서 그대로 사용
하는 것이 아니라, 새로운 문장을 만들어 쓴다. 56 ① 57 ②
58 ⑤ 59 ④ 60 ① 61 ② 62 ② 63 ⑤ 64 ⑤
65 ①

2일 음운의 체계와 특성 1 - 모음
본문 15~21쪽

1 ○ 2 × 3 × 4 ○ 5 ㅏ,ㅜ 6 ㅊ,ㅅ 7 ㅂ,ㅎ
8 ㅁ,ㅇ 9 ㄴ,ㅏ 10 ㅡ,ㅏ 11 성대 12 ㉠ 입술, ㉢ 혀
13 10 14 11 15 ② 16 ④ 17 ㉢ 18 ㉢ 19 ㉠
20 전설 21 후설 22 원순 23 평순 24 8개 25 ㅓ,
ㅕ, ㅘ 26 ㅗ 27 올라가고 28 앞으로 29 높아지고
30 둥글게 31 ② 32 ⑤ 33 ⑤ 34 ⑤ 35 ④
36 ⑤ 37 ② 38 ④ 39 ② 40 ④ 41 ④ 42 ②
43 ④ 44 ② 45 ④ 46 ⑤ 47 ② 48 ㉠ 커지고,
㉢ 낮아진다 49 ② 50 ② 51 ③ 52 ① 53 ①
54 〈예〉 승미가 'ㅔ'와 'ㅐ'를 구별하여 발음하지 않아 의사소통이
제대로 되지 않고 있다. 55 〈예〉 모음은 단독으로 음절을 형성할
수 있지만, 자음은 단독으로 음절을 형성할 수 없다. 56 ②
57 ② 58 ① 59 ① 60 ① 61 ② 62 ⑤ 63 ②
64 ④ 65 ④

3일 음운의 체계와 특성 2 - 자음
본문 23~29쪽

1 ○ 2 × 3 ○ 4 ○ 5 ㅁ,ㅂ 6 ㅁ,ㄹ 7 ㅅ,ㅈ
8 ㄱ,ㅁ 9 19 10 분절 11 받는다 12 코 13 유음
14 파열음 15 마찰음 16 파찰음 17 ③ 18 ①
19 ㉣ 20 ㉢ 21 ㉠ 22 ㉢ 23 ㉢ 24 4 25 ㅎ
26 ㅁ 27 ㅅ 28 ③ 29 ② 30 ⑤ 31 ③ 32 ⑤
33 ④ 34 ① 35 ⑤ 36 ② 37 ⑤ 38 ③ 39 ⑤
40 ② 41 ③ 42 ④ 43 ③ 44 ⑤ 45 ① 46 ⑤
47 ④ 48 ④ 49 〈예〉 발음할 때 목청이 울리는 울림소리이다.
코로 공기를 내보내면서 내는 비음이다. 50 ③ 51 ②
52 ⑤ 53 ㉠: ㅂ, ㉢: ㅅ, ㉢: ㅇ 54 〈예〉 비음(콧소리)인 'ㄴ,
ㅁ, ㅇ'의 발음을 하기 어려워서 그래. 55 〈예〉 (영어와 다르게)
자음의 예사소리와 된소리, 거센소리가 명확하게 다른 소리로 구
별된다. 56 ④ 57 ② 58 ④ 59 ③ 60 ② 61 ④
62 ② 63 ⑤ 64 ④ 65 ①

1~3일 종합 평가
본문 30~33쪽

1 ③ 2 ④ 3 ① 4 ④ 5 ③ 6 ④ 7 ⑤ 8 ⑤
9 ③ 10 ③ 11 ⑤ 12 ① 13 ② 14 ① 15 ④
16 ④ 17 ④ 18 ① 19 ⑤ 20 ④

4일 정확한 발음과 표기 1 - 표기와 발음의 원리
본문 35~41쪽

1 소 2 소 3 어 4 소 5 소 6 어 7 소 8 어
9 어 10 소 11 × 12 ○ 13 ○ 14 × 15 ×
16 ○ 17 ○ 18 ○ 19 ○ 20 ㉢ 21 ㉠ 22 ㉢
23 표준어 24 전통성 25 합리성 26 [의문] 27 [저히]
28 [하비], [하비] 29 [예의], [예이] 30 [의ː리의], [의ː리에]
31 ④ 32 ③ 33 ② 34 ① 35 ④ 36 ② 37 천 원
으로 마땅히 살 것이 없었다. 38 ③ 39 ③ 40 ⑤
41 ② 42 ③ 43 ② 44 ② 45 ④ 46 ① 47 ②
48 ④ 49 민주주의에 의ː이 50 ④ 51 ② 52 ③
53 ⑤ 54 〈예〉 모음의 장단에 따라 말의 뜻이 달라지기 때문이다.
55 〈예〉 단어의 첫음절에서만 긴소리가 나타나는 것을 원칙으로
한다 56 ③ 57 ① 58 ④ 59 ② 60 ⑤ 61 ①
62 ④ 63 ③ 64 ③ 65 ①

5일 정확한 발음과 표기 2 - 받침의 발음
본문 43~49쪽

1 기억 2 한ː복 3 응ː답 4 국쑤 5 올 6 숨
7 복따 8 찬꼬 9 낟 10 동녁 11 읻따 12 갑찌
13 집씬 14 받낄 15 끋따발 16 달기 17 부어케
18 시러도 19 여덜블 20 널따 21 ○ 22 ○ 23 ×
24 × 25 ○ 26 ㉢ 27 ㉢ 28 ㉢ 29 ㉢ 30 ④
31 ⑤ 32 ⑤ 33 ② 34 ① 35 ④ 36 ③ 37 ⑤
38 ① 39 ③ 40 ① 41 ⑤ 42 〈예〉 'ㅎ'을 발음하지 않고
그 대신 'ㅅ'을 [ㅆ]으로 발음한다. 43 꼬탕기 44 ① 45 ⑤
46 ③ 47 ④ 48 ③ 49 〈예〉 'ㅅ' 받침 뒤에 모음으로 시작
되는 실질 형태소 '없ㅡ'이 왔기 때문에 'ㅅ'의 대표음인 [ㄷ]으로
바꾸어 발음해야 한다. 50 ⑤ 51 ② 52 ② 53 ①

54 (예) 겹받침을 이루는 두 자음 중 하나가 탈락하고 하나만 발음된다. 55 ㉠ 익따, ㉡ 일거, ㉢ 일꼬, ㉣ 익찌 56 ①
57 ③ 58 ② 59 ③ 60 ⑤ 61 ② 62 ⑤ 63 ③
64 ② 65 ①

6일 정확한 발음과 표기 3 - 기타 발음과 표기　본문 51~57쪽

1 × 2 ○ 3 × 4 × 5 ○ 6 × 7 ○ 8 격렬
9 병렬 10 분열 11 규율 12 확률 13 백분율 14 ③
15 ① 16 ② 17 두음 18 된소리 19 접미사 20 파생어 21 [구지] 22 [무치다] 23 [단는] 24 [꼰망울]
25 [실라] 26 [혐녁] 27 [잉는다] 28 [날ː리] 29 [풀립]
30 [솜ː니불] 31 ① 32 ④ 33 ② 34 ② 35 ④
36 ④ 37 ② 38 ③ 39 ④ 40 ④ 41 ② 42 ⑤
43 ① 44 ⑤ 45 ④ 46 (예) 'ㄴ'은 'ㄹ'의 앞이나 뒤에서 [ㄹ]로 발음한다. 47 ⑤ 48 ② 49 (예) 제26항에 따르면 한자어에서 'ㄹ' 받침 뒤의 'ㄷ'은 된소리로 발음하지만, 'ㅂ'은 된소리로 발음하지 않기 때문이다. 50 ② 51 ③ 52 ⑤
53 ③ 54 ⓐ 제29항, ⓑ 제18항, ⓒ 제20항 55 (가) 왕능, (나) 설릉 56 ③ 57 ① 58 ② 59 ⑤ 60 ② 61 ③
62 ⑤ 63 ① 64 ① 65 ⑤

4~6일 종합 평가　본문 58~61쪽

1 ④ 2 ② 3 ② 4 ④ 5 ⑤ 6 ① 7 ⑤ 8 ④
9 ② 10 ④ 11 ⑤ 12 ④ 13 ④ 14 ③ 15 ②
16 ① 17 ③ 18 ⑤ 19 ④ 20 ④

7일 품사의 종류와 특성 1 - 체언　본문 63~69쪽

1 ○ 2 × 3 × 4 ○ 5 × 6 체언 7 명사 8 대명사 9 수사 10 비(명사) 11 셋(수사) 12 아버지(명사)
13 거기(대명사) 14 햄버거(명사) 15 하나(수사) 16 그녀(대명사) 17 정상(명사) 18 보, 고 19 보, 고 20 고, 보, 보 21 자, 의 22 자, 의 23 의, 자 24 ㉡ 25 ㉣
26 ㉠ 27 ㉡ 28 ㉢ 29 ㉢ 30 ㉢ 31 ④ 32 ④
33 ⑤ 34 형태, 기능, 의미 35 ④ 36 ④ 37 ②
38 ② 39 ① 40 ④ 41 ④ 42 ⑤ 43 ④ 44 ①
45 ④ 46 ③ 47 ① 48 ⑤ 49 ② 50 ① 51 ④
52 ⑤ 53 ④ 54 ㉠ 몽룡, 방자, ㉡ 광한루 55 (예) ㉠은 할아버지를 가리키는 삼인칭 대명사이고, ㉡은 상대방인 남편을 가리키는 이인칭 대명사이다. 56 ④ 57 ① 58 ⑤ 59 ④
60 ① 61 ② 62 ⑤ 63 ③ 64 ④ 65 ③

8일 품사의 종류와 특성 2 - 용언　본문 71~77쪽

1 ○ 2 × 3 ○ 4 × 5 × 6 활용 7 동사 8 형용사 9 보조 10 살- 11 던지- 12 흔들- 13 크-
14 착하- 15 예쁘- 16 동 17 형 18 동 19 형
20 형 21 동 22 형 23 ㉡ 24 ㉢ 25 ㉣ 26 ㉠
27 ㉡ 28 ㉣ 29 ㉠ 30 ㉢ 31 ④ 32 ④ 33 ①
34 ③ 35 ④ 36 ④ 37 ① 38 ④ 39 ③ 40 ③
41 ㉠ 동사, ㉡ 형용사 42 ② 43 ③ 44 ④ 45 ⑤
46 ④ 47 ② 48 ⑤ 49 ㉠ 형용사, ㉡ 동사, ㉢ -고 있다 (-는 중이다) 50 ① 51 ② 52 ③ 53 ④ 54 ③
55 (예) '치뤘다고'를 '치렀다고'로 고쳐 써야 한다. 56 ②
57 ③ 58 ② 59 ② 60 ④ 61 ③ 62 ② 63 ②
64 ⑤ 65 ②

9일 품사의 종류와 특성 3 - 수식언　본문 79~85쪽

1 ○ 2 ○ 3 ○ 4 × 5 × 6 두 7 어느 8 새
9 그 10 한 11 저 12 온갖 13 수 14 관 15 수, 관 16 ㉡ 17 ㉠ 18 ㉠ 19 ㉢ 20 ㉠ 21 ㉤
22 ㉣ 23 ㉢ 24 ㉡ 25 ㉠ 26 이리 27 못 28 빨리 29 설마 30 그러나 31 ② 32 ③ 33 ⑤ 34 ⑤
35 ② 36 ③ 37 ③ 38 ① 39 ④ 40 ③ 41 ④
42 ⑤ 43 ④ 44 ⑤ 45 ④ 46 ⑤ 47 ④ 48 ⑤
49 ① 50 ② 51 ④ 52 ⑤ 53 ② 54 (예) 문장에서 용언과 부사, 문장 전체를 꾸며 주는 기능을 한다. 55 (예) '새'는 관형사, '새로운'은 형용사이다. '새'는 형태가 바뀌지 않지만, '새로운'은 형태가 바뀐다. 56 ⑤ 57 ① 58 ④ 59 ③
60 ④ 61 ① 62 ② 63 ④ 64 ④ 65 ②

10일 품사의 종류와 특성 4 - 관계언, 독립언　본문 87~93쪽

1 ○ 2 ○ 3 × 4 × 5 ○ 6 ○ 7 ○ 8 가, 의, 이다 9 은, 가, 이다 10 가, 에게, 을 11 가, 과, 를, 에 12 는, 부터, 까지 13 격 14 접속 15 보 16 감탄사
17 ㉧ 18 ㉢ 19 ㉨ 20 Ⓐ 21 ㉠ 22 ㉡ 23 ㉣
24 아차 25 없음 26 네 27 여보세요 28 저 29 없음 30 천만에 31 ③ 32 ② 33 ① 34 ② 35 ③
36 ④ 37 ④ 38 ④ 39 ④ 40 ① 41 ④ 42 ④
43 ④ 44 ① 45 ④ 46 ③ 47 ② 48 ④ 49 ⑤
50 ② 51 ④ 52 ③ 53 ④ 54 감탄사, 관형사, 명사, 조사, 대명사, 조사, 부사, 형용사 55 ㉠, (예) ㉠에서 '만큼'은 앞에 있는 '노력한'의 수식을 받는 의존 명사이기 때문에 띄어 써야 한다. 56 ⑤ 57 ④ 58 ② 59 ③ 60 ④ 61 ③
62 ④ 63 ① 64 ⑤ 65 ③

7~10일 종합 평가 본문 94~97쪽

1 ③ 2 ⑤ 3 ⑤ 4 ① 5 ① 6 ⑤ 7 ② 8 ④
9 ① 10 ② 11 ④ 12 ⑤ 13 ④ 14 ③ 15 ④
16 ⑤ 17 ④ 18 ② 19 ① 20 ⑤

11일 어휘의 체계와 양상 본문 99~105쪽

1 ○ 2 × 3 ○ 4 ○ 5 ○ 6 고 7 한 8 외
9 외 10 고 11 한 12 외 13 한 14 고 15 고
16 외 17 ③ 18 ④ 19 ② 20 ㉡ 21 ㉢ 22 ㉠
23 사회 24 은어 25 유행어 26 전문어 27 은어
28 고유어 29 유행어 30 표준어 31 ② 32 ④
33 ④ 34 ② 35 ⑤ 36 ④ 37 ③ 38 ② 39 ③
40 ② 41 ③ 42 ③ 43 ⑤ 44 ⑤ 45 ① 46 외래
어, 예 우리말 어휘를 보충하여 우리말을 풍부하게 한다.
47 ② 48 ① 49 예 유행어는 당시 사회의 모습을 반영하기
도 한다. 50 ⑤ 51 ① 52 ⑤ 53 예 사람에게 피해를
준 동물의 이름을 금기어로 하여, 완곡하게 표현하였다. 54 ①
55 예 청소년들 사이에서 많이 쓰는 유행어(은어)들로, 세대 간
의 의사소통을 어렵게 할 수도 있다. 56 ③ 57 ④ 58 ②
59 ④ 60 ④ 61 ⑤ 62 ④ 63 ② 64 ④ 65 ④

12일 어휘의 의미 관계 본문 107~113쪽

1 ㉢ 2 ㉣ 3 ㉡ 4 ㉥ 5 ㉠ 6 ㉤ 7 × 8 ○
9 ○ 10 × 11 ○ 12 ① 13 ③ 14 ③ 15 ②
16 ③ 17 ① 18 밤 19 왼쪽 20 도착 21 제자
22 낮다 23 뜨다 24 받다 25 내리다 26 동물
27 악기 28 꽃 29 문학 30 신발 31 ① 32 ④
33 ④ 34 ⑤ 35 ③ 36 바람(꿈) 37 ② 38 ⑤ 39 ④
40 ① 41 ⑤ 42 ② 43 ④ 44 ③ 45 있으므로, 다
의어, 하나의 46 ② 47 ③ 48 ③ 49 ⑤ 50 ②
51 ③ 52 ③ 53 ④ 54 ④ 55 다르지, 다르잖아 / 예
'같다'의 반의어는 '다르다'인데, 현우는 '틀리다'라는 말로 잘못 사
용하였다. 56 ④ 57 ⑤ 58 ③ 59 ① 60 ③ 61 ①
62 ⑤ 63 ④ 64 ④ 65 ⑤

11~12일 종합 평가 본문 114~115쪽

1 ④ 2 ① 3 ④ 4 ⑤ 5 ④ 6 ② 7 ③ 8 ⑤
9 ③ 10 ③

13일 문장과 문장 구성의 단위 본문 117~123쪽

1 ○ 2 × 3 ○ 4 ○ 5 × 6 ㉤ 7 ㉣ 8 ㉢
9 ㉠ 10 ㉡ 11 이다 12 동사 13 형용사 14 동사
15 구, 절 16 ④ 17 ① 18 7개 19 도착했다, 동사
20 절 21 구 22 무엇이 어떠하다 23 무엇이 어찌하다
24 평서문 25 감탄 26 청유 27 판정 28 구 29 절
30 무엇이다 31 ⑤ 32 ② 33 도끼를 잃어버린, 눈이 큰
34 ① 35 ② 36 ③ 37 ④ 38 ⑤ 39 ④ 40 ④
41 ② 42 ① 43 ⑤ 44 ④ 45 ③ 46 ④ 47 ③
48 ⑤ 49 ② 50 ③ 51 ④ 52 ⑤ 53 예 의미: 완결
된 내용을 갖추어야 한다. 형식: 문장이 끝났음을 나타내는 표지가
있어야 한다. 54 ㉠: 의문문, ㉡: 평서문, ㉢: 명령문 55 예
㉠: 너 어디 가니? ㉡: 너 밥 먹었어? ㉢: 얼마나 좋을까? 56 ㉠:
긍정, ㉡: 부정 57 ④ 58 ③ 59 ② 60 ④ 61 ④
62 ① 63 ⑤ 64 ① 65 ⑤

14일 문장 성분 1 - 주성분 본문 125~131쪽

1 ○ 2 × 3 × 4 ○ 5 부사어 6 서술어 7 관형어
8 보어 9 주어 10 목적어 11 주어 12 서술어
13 주어 14 서술어 15 목적어 16 이다 17 형용사
18 타동사 19 한 자리 20 세 자리 21 두 자리 22 세
자리 23 두 자리 24 3개 25 무슨, 제일 26 기선아
27 보어 28 필수 29 자동사 30 문제로 31 ④
32 ② 33 ③ 34 ② 35 두 자리 36 ① 37 ③
38 ① 39 ⑤ 40 ① 41 ③ 42 ⑤ 43 ② 44 ④
45 ③ 46 ② 47 ③ 48 ④ 49 ① 50 ③ 51 ⑤
52 ② 53 ④ 54 ㉠: 언니는(주어), 책을(목적어), 좋아해(서
술어), ㉡: 여기는(주어), 환하구나(서술어), ㉢: 나는(주어), 공부해
서(서술어), 과학자가(보어), 되었다(서술어) 55 그는, 우리말을,
구사하여, 우리에게, 걸작을, 남겼다 56 ㉠: 한 자리 서술어
㉡: 세 자리 서술어, ㉢: 두 자리 서술어 57 ③ 58 ⑤
59 ① 60 ① 61 ② 62 ④ 63 ⑤ 64 ③ 65 ②

15일 문장 성분 2 - 부속 성분, 독립 성분 본문 133~139쪽

1 ○ 2 × 3 ○ 4 × 5 × 6 ○ 7 의존 8 접속
9 서술어 10 감탄사 11 관형사 12 부사어 13 어미
14 조사 15 ③ 16 ① 17 부사어 18 관형어 19 독
립어 20 부사어 21 관형어 22 우아, 주원아, 응 23 정
말, 그런데 24 예쁜, 초등학교 25 관형어 26 형용사
27 부사어 28 형용사 29 부사어 30 필수 31 ④
32 ③ 33 ④ 34 ③ 35 ⑤ 36 ⑤ 37 ② 38 ①
39 ① 40 ① 41 ② 42 ③ 43 ④ 44 ⑤ 45 ③
46 ① 47 ① 48 ④ 49 ② 50 ⑤ 51 ④ 52 ④

53 조그만, 팔랑팔랑 54 예 ⊙: '많이'는 '먹었더니'를 수식한다. ⓛ: '과연'은 문장 '이 사람은 훌륭한 예술가로구나.' 전체를 수식한다. ⓒ: '방금'은 '지나갔어요'를, '매우'는 '빨리'를, '빨리'는 '지나갔어요'를 수식한다. 55 ⊙: '엄마와', ⓛ: '신조로', ⓒ: '차에' 56 ② 57 ⑤ 58 ① 59 ⑤ 60 ② 61 ④
62 ④ 63 ② 64 ④ 65 ①

29 목적어 30 보어 31 ③ 32 ③ 33 ② 34 ④
35 ③ 36 ④ 37 ③ 38 ① 39 ④ 40 ① 41 ④
42 ④ 43 ③ 44 ④ 45 ② 46 ① 47 ④ 48 ③
49 ③ 50 ⑤ 51 ① 52 ② 53 ⑤ 54 겹문장, 예 주어와 서술어의 관계가 두 번 나타난다. 55 홑문장, 예 주어와 서술어의 관계가 한 번만 나타난다. 56 홑문장, 예 주어와 서술어의 관계가 한 번만 나타난다. 57 ④ 58 ① 59 ③
60 ② 61 ① 62 ① 63 ① 64 ④ 65 ④

16일 문장 성분의 올바른 사용 본문 141~147쪽

1 ○ 2 ○ 3 × 4 × 5 ○ 6 × 7 × 8 ×
9 ○ 10 ○ 11 부사어 12 주어 13 목적어 14 목적어 15 부사어 16 주어 17 서술어 18 부사어 19 조사 20 ③ 21 ② 22 목적어 23 서술어 24 주어
25 노력했다는 점이다. 26 부사어 27 에 28 서술어
29 중복 30 부사어 31 ② 32 ② 33 ⑤ 34 ②
35 ① 36 ③ 37 ⑤ 38 ④ 39 ⑤ 40 ④ 41 ③
42 ③ 43 ④ 44 ④ 45 ⑤ 46 ④ 47 ③ 48 ④
49 ① 50 ③ 51 예 내가 그곳에 가기 싫어한 이유는 그곳에는 자유가 없기 때문이다. 52 예 신은 인간을 사랑하지만 인간에게 시련을 주기도 한다. 53 예 비록 그가 우리를 떠나더라도 우리는 잘 해낼 수 있을 것이다. 54 예 저번에 관리 당국에 항의한 게 효과가 있었다. 55 예 그녀는 벽에 못을 직접 박기 위해 이웃에게 망치를 빌렸다. 56 예 이 장면은 연출된 것이니 절대로 따라 하지 마세요. 57 예 예의가 바른 사람은 누구에게나 오만하게 대하지 않는다. 58 ② 59 ① 60 ④
61 ② 62 ① 63 ② 64 ③ 65 ⑤

13~16일 종합 평가 본문 148~151쪽

1 ⑤ 2 ④ 3 ② 4 ④ 5 ④ 6 ④ 7 ④ 8 ③ 9 ②
10 ③ 11 ② 12 ⊙: 관형어, 동사, ⓛ: 부사어, 형용사 13 ②
14 ④ 15 ④ 16 ⊙: 감탄문, ⓛ: 형용사 17 ④ 18 ②
19 ② 20 ④

17일 문장 구조의 짜임과 표현 효과 본문 153~159쪽

1 ○ 2 × 3 ○ 4 ○ 5 × 6 내가 좋아하던 친구가 / 전학을 갔다. 7 한 무리의 철새가 / 북쪽으로 날아갔다. 8 아까 밖으로 도망간 사람이 / 분명 범인이야. 9 덩굴장미의 붉은 꽃잎들이 / 흐드러지게 피었더라. 10 이 책은 / 중학생인 내가 이해하기에 너무 어려웠다. 11 입학 원서를 쓰는 아이들의 심정은 / 매우 착잡했다. 12 내가 태어난 2002년은 / 우리나라에서 월드컵이 열렸던 해이다. 13 대등하게 14 한 15 종속적으로 16 두 17 수식 18 주어부 19 단문 20 복문 21 이어진 22 절 23 무엇이 어찌하다 24 윤찬이가 그린 풍경화가 / 미술 대회에서 최우수작으로 뽑혔다. 25 윤찬이가 그린 26 최우수작으로 27 부사격 조사 28 홑문장

18일 문장의 짜임 1 - 이어진문장 본문 161~167쪽

1 ○ 2 ○ 3 ○ 4 ○ 5 × 6 ○ 7 대등 8 대등
9 대등 10 종속 11 대등 12 종속 13 종속 14 종속
15 종속 16 ④ 17 ① 18 앞 19 주절 20 종속절
21 생략 22 나열 23 조건 24 대조 25 대조 26 원인
27 양보 28 의도 29 배경 30 나열 31 ④ 32 ①
33 ⑤ 34 ③ 35 ③ 36 ② 37 ③ 38 ② 39 ③
40 ⑤ 41 ④ 42 ④ 43 ⑤ 44 ⑤ 45 ① 46 ④
47 ② 48 ② 49 ⑤ 50 ② 51 ⑤ 52 ② 53 대등하게 이어진 문장, 예 〈보기〉의 문장은 앞 절과 뒤 절이 대조의 의미 관계를 가지고 있으므로 대등하게 이어진 문장이다. 54 예 언니는 다이어트를 해서 간식을 잘 안 먹는다. / 언니는 다이어트를 하느라고 간식을 잘 안 먹는다. 등 55 -면, 조건 56 -ㄹ지라도, 양보 57 -다가, 원인 58 ② 59 ⑤ 60 ④ 61 ⑤
62 ② 63 ⑤ 64 ① 65 ⑤

19일 문장의 짜임 2 - 안은문장 본문 169~175쪽

1 ○ 2 ○ 3 × 4 × 5 ○ 6 ○ 7 서술절 8 관형사절 9 부사절 10 서술절 11 부사절 12 관형사절
13 명사절 14 명사절 15 관형사절 16 인용절 17 부사절 18 관형사절 19 인용절 20 안은 21 안긴
22 주어 23 어미 24 서술절 25 직접 26 무엇이 어찌하다 27 대학을 졸업한 동주는 / 유학을 가기로 결심했다.
28 대학을 졸업한, 유학을 가기 29 부사어 30 관형어
31 ① 32 ① 33 ⑤ 34 ③ 35 ② 36 ③ 37 ③
38 ⑤ 39 ③ 40 ④ 41 ② 42 ④ 43 ⑤ 44 ③
45 ① 46 ② 47 ⑤ 48 ⑤ 49 ④ 50 ⑤ 51 ④
52 아침이 오기, 명사절 53 내가 좋아하는, 관형사절 54 재주가 많으시다, 서술절 55 (1) 누나가 나에게 "날씨가 좋다."라고 말했다. (2) 누나가 나에게 날씨가 좋다고 말했다. 56 ④
57 ② 58 ① 59 ② 60 ④ 61 ④ 62 ② 63 ④
64 ③ 65 ③

17~19일 종합 평가 본문 176~179쪽

1 ③ 2 ④ 3 겹문장 4 예 주어와 서술어의 관계가 두 번 나타난다. 4 ㉠: 우리 어머니께서는 / 다방면에 재주가 많으시다. ㉡ 추운 겨울은 / 여행을 가기에 적합한 때가 아니다. 5 ④
6 ⑤ 7 ⑤ 8 ① 9 ⑩ 10 ⑤ 11 ⑤ 12 ⑤
13 ① 14 ⑤ 15 ① 16 ⑤ 17 ⑤ 18 ④ 19 ④
20 ㉠: 우리, ㉡: 오늘, ㉢: 있자고

20일 담화의 개념과 특징 본문 181~189쪽

1 ○ 2 ○ 3 × 4 × 5 ○ 6 ○ 7 ○ 8 ×
9 ○ 10 ㉡ 11 ㉠ 12 ㉢ 13 -어 14 -니 15 -구나 16 ① 17 ③ 18 ② 19 지시 20 높임 21 어미
22 맥락 23 통일성 24 응집성 25 이 26 그 27 이
28 저 29 저 30 그 31 ⑤ 32 ④ 33 ② 34 ④
35 ① 36 ④ 37 ③ 38 ③ 39 ⑤ 40 ③ 41 ④
42 ② 43 ③ 44 ⑤ 45 ④ 46 ① 47 ② 48 ④
49 ⑤ 50 ⑤ 51 ② 52 ⑤ 53 예 우산을 가지고 나가라는 의미 54 예 빨래를 걷어야겠다는 의미 55 예 지금 축구를 하지 못하겠다는 의미 56 예 부침개를 같이 먹으러 가자는 의미 57 ③ 58 ⑤ 59 ⑤ 60 ④ 61 ③ 62 ③
63 ③ 64 ⑤ 65 ⑤

21일 한글의 창제 원리 본문 191~196쪽

1 ○ 2 ○ 3 × 4 × 5 × 6 × 7 ○ 8 ○
9 ○ 10 × 11 ㅋ 12 ㄴ 13 ㄹ 14 ㅁ 15 ㅈ
16 ㅿ 17 ㅎ 18 ㅡ 19 ㅗ 20 ㅑ 21 훈민정음
22 가획 23 합성 24 병서 25 순경음 26 이체자
27 · 28 ㅆ 29 ㅁ 30 ㄹ 31 ② 32 ⑤ 33 ④
34 ④ 35 ④ 36 ④ 37 ② 38 ③ 39 ④ 40 ①
41 ② 42 ④ 43 ⑤ 44 ⑤ 45 ⑤ 46 ③ 47 ①
48 ① 49 ⑤ 50 ① 51 ③ 52 ② 53 ① 54 ③
55 예 ㉠: 발음 기관의 모양을 본뜬 상형의 원리. ㉡: 소리의 세기가 강해지면 획을 더한 가획의 원리 56 예 'ㅂ'과 'ㄷ'은 자판에 없는 자음이지만, 각각 'ㅁ'과 'ㄴ'에 획을 더하는 가획의 원리에 의해 입력할 수 있다. 57 ② 58 ③ 59 ③ 60 ⑤

22일 남북한의 언어 본문 198~203쪽

1 ○ 2 ○ 3 × 4 × 5 북한 6 남한 7 남한
8 북한 9 남한 10 남한 11 ⑤ 12 ③ 13 ⑤ 14 ④
15 ㄴ 16 ㄹ 17 ㄴ 18 외래어 19 고유어 20 표준어 21 북한 22 사이시옷 23 의존 24 분단 25 같은
26 교류 27 말다듬기 28 지역적 29 이념 30 어휘
31 ① 32 ④ 33 ② 34 ⑤ 35 ④ 36 ③ 37 ⑤
38 ④ 39 ⑤ 40 ④ 41 ① 42 ④ 43 ③ 44 ⑤
45 ① 46 ③ 47 ④ 48 ① 49 ④ 50 ④ 51 ③

52 ⑤ 53 ⑤ 54 예 '연도'의 '연'은 단어의 첫머리에 오므로 두음 법칙을 적용해야 한다. 55 예 다소 차이는 있지만 사용하는 언어가 같기 때문이다. 56 예 북한에서는 외래어를 순우리말로 고쳐서 사용하려는 경향이 있다. 57 예 지역적인 차이로 인한 방언이 각각의 표준말로 정착되었으며, 서로 다른 정책으로 말다듬기를 하고, 서로 다른 이념과 생활상이 반영된 어휘가 만들어졌기 때문이다. 58 ③ 59 ③ 60 ④

20~22일 종합 평가 본문 204~207쪽

1 ⑤ 2 ⑤ 3 ③ 4 ⑤ 5 ④ 6 남한의, 한답니다 7 ②
8 ② 9 ⑤ 10 ④ 11 ① 12 ③ 13 예 합성의 원리에 따라 'ㆍ, ㅡ, ㅣ'의 세 가지 요소를 조합하여 여러 가지 모음을 만들었다. 14 ① 15 ③ 16 ② 17 ③ 18 ⑤ 19 ③
20 ㉠: ㄹ, ㉡: 두음 법칙

23일 음운의 변동 1 - 교체 본문 209~215쪽

1 ○ 2 ○ 3 × 4 ○ 5 × 6 부엌 7 숲낄 8 구지 9 협쪼 10 항문 11 침냑 12 국쑤 13 열략처
14 실래화 15 쇠부치 16 음절, 음절 17 비음 18 유음
19 혓바닥 20 된소리 21 ㉢ 22 ㉣ 23 ㉠ 24 ㉡
25 ㉢ 26 줄럼끼 27 해도지 28 할·라산 29 암날
30 혐녁 31 ① 32 ④ 33 ④ 34 ④ 35 ④ 36 ②
37 ③ 38 ④ 39 ④ 40 ② 41 ② 42 ① 43 ④
44 ④ 45 ① 46 ② 47 ⑤ 48 ④ 49 ⑤ 50 ②
51 ⑤ 52 ② 53 ③ 54 예 ㉠에서는 음절의 끝소리 규칙에 따라서 음절의 끝소리 'ㅊ'과 'ㅌ'이 모두 'ㄷ'으로 바뀌었다. ㉡에서는 된소리되기에 따라서 'ㅂ'이 'ㅃ'으로 바뀌었다. 55 예 결합하는 두 단어인 '손'과 '발'이 대등한 관계이기 때문이다.
56 ④ 57 ② 58 ⑤ 59 ⑤ 60 ⑤ 61 ⑤ 62 ①
63 ③ 64 ⑤ 65 ④

24일 음운의 변동 2 - 축약, 탈락, 첨가 본문 217~223쪽

1 ○ 2 × 3 ○ 4 ○ 5 ○ 6 구꽈 7 노치
8 노는 9 잠가 10 서라 11 여덜 12 갑 13 구피다
14 풀립 15 시공뉴 16 축약 17 자음군 18 탈락
19 파생어 20 거센소리 21 ㉣ 22 ㉤ 23 ㉠
24 ㉢ 25 ㉡ 26 ㉤ 27 - 28 - 29 - 30 +
31 ③ 32 ④ 33 ④ 34 ② 35 ① 36 ⑤ 37 ①
38 ④ 39 ② 40 ④ 41 ③ 42 ⑤ 43 ④ 44 ④
45 ④ 46 ③ 47 ④ 48 ③ 49 예 그 예사소리(자음)와 결합하여 거센소리로 발음된다. 50 ② 51 ④ 52 ④
53 ② 54 예 탈락과 축약이 일어났으며, 두 개의 음운이 줄어들었다. 55 예 ㉮와 ㉯에는 공통적으로 'ㄴ' 첨가가 일어났다.
56 ① 57 ⑤ 58 ② 59 ⑤ 60 ④ 61 ⑤ 62 ①
63 ④ 64 ① 65 ④

1 ⑤ 2 ① 3 ④ 4 ④ 5 ① 6 ④ 7 ③ 8 ⑤
9 ④ 10 ② 11 ② 12 ① 13 ④ 14 ④ 15 ⑤
16 ③ 17 ④ 18 ④ 19 ③ 20 ⑤

25일 문장의 호응 1 - 높임, 시간 표현 본문 229~235쪽

1 ○ 2 × 3 ○ 4 ○ 5 × 6 ○ 7 ○ 8 ○
9 × 10 –는 11 –던 12 –(으)ㄹ 13 ③ 14 ④
15 ③ 16 객체 높임 17 상대 높임 18 주체 높임
19 객체 높임 20 상대 높임 21 미래 22 과거 23 현재
24 간접 25 선어말 26 조사 27 객체 28 보조사
29 동사 30 태도 31 ② 32 ② 33 ⑤ 34 ④
35 ④ 36 ③ 37 ③ 38 ③ 39 ⑤ 40 ④ 41 ④
42 ③ 43 ① 44 ③ 45 ② 46 ① 47 ① 48 ④
49 ⑤ 50 ⑤ 51 ④ 52 ④ 53 ④ 54 ③ 55 ③
56 **예** 삼촌, 할머니 모시고 공원에 좀 다녀오세요. 57 **예** ㉠: 주체 높임이 조사 '께서'와 선어말 어미 '–시–'를 통해 실현되었다. ㉡: 객체 높임이 조사 '께'와 특수 어휘인 '여쭤보다'를 통해 실현되었다. 58 ② 59 ① 60 ① 61 ⑤ 62 ①
63 ① 64 ④ 65 ①

26일 문장의 호응 2 - 피동·사동, 부정 표현 본문 237~243쪽

1 × 2 ○ 3 × 4 ○ 5 ○ 6 ○ 7 사동 8 피동
9 사동 10 사동 11 피동 12 사동 13 사동 14 피동
15 피동 16 사동 17 사동 18 피동 19 ④ 20 ④
21 능동 22 주동 23 못 24 부사 25 보조 26 청유문 27 피동사 28 이중 피동 29 주체 30 직접 사동
31 ⑤ 32 ① 33 ⑤ 34 ⑤ 35 식탁 위에 책을 올려놓지 마. 36 ③ 37 ④ 38 ④ 39 ④ 40 ④ 41 ④
42 ⑤ 43 ① 44 ① 45 ④ 46 ② 47 ③ 48 ①
49 ⑤ 50 ② 51 ④ 52 ④ 53 ③ 54 **예** ㉠: 요즘 간판 이름으로 외래어가 많이 쓰인다. ㉡: 그는 사람들에게 불운한 천재라고 불린다. 55 ㉠ 직접 사동, ㉡ 간접 사동 56 **예** ㉠ 보입니다. ㉡ 풀렸어. 57 ③ 58 ④ 59 ① 60 ⑤
61 ⑤ 62 ③ 63 ② 64 ③ 65 ④

1 ④ 2 ① 3 ③ 4 ⑤ 5 ② 6 ④ 7 ④ 8 ③
9 ④ 10 ① 11 ⑤ 12 ③ 13 ④ 14 ④ 15 ④
16 **예** ㉠: 나는 버스 안의 사람들에게 자꾸 밀렸다. ㉡: 아이가 고운 한복을 입었다. 17 ④ 18 ⑤ 19 ④ 20 **예** ㉠: 나는 물도 삼키지 못했다. ㉡: 나는 이번 주 주번이 아니다.

27일 형태소, 어근과 접사 본문 249~255쪽

1 ○ 2 ○ 3 × 4 ○ 5 × 6 × 7 ㉢ 8 ㉠
9 ㉡ 10 어근 11 접미사 12 접두사 13 형용사
14 명사 15 어간 16 ⑤ 17 ④ 18 의존 19 실질
20 어미 21 접사 22 품사 23 12개 24 그, 시골, 기와, 집 25 는, 에, –ㄴ, 을, –었–, –다 26 크–, 지– 27 일치하고 28 일치하지 않아 29 명사 30 동사 31 ①
32 ③ 33 ③ 34 ③ 35 ④ 36 ① 37 ⑤ 38 ⑤
39 ② 40 나, 는, 솔, 잎, 을, 씹–, –어, 보–, –았–, –다
41 ⑤ 42 ④ 43 ② 44 ④ 45 ② 46 ⑤ 47 ⑤
48 ④ 49 ③ 50 ② 51 ① 52 ③ 53 ② 54 는, 를, –러, 까지, –았–, –어 55 하늘, 구름, 끼–, 소나기, 쏟–, 지– 56 어근: 사랑, 접사: –하다 / 어간: 사랑하–, 어미: –다
57 ② 58 ③ 59 ③ 60 ④ 61 ② 62 ② 63 ③
64 ⑤ 65 ④

28일 합성어와 파생어 본문 257~263쪽

1 × 2 ○ 3 ○ 4 ○ 5 × 6 × 7 ○ 8 ×
9 융합 10 통사적 11 관형사형 12 통사적 13 부사
14 비통사적 15 명사 16 명사 17 부사 18 명사
19 부사 20 부사 21 형용사 22 명사 23 형용사
24 동사 25 동사 26 형용사 27 형용사 28 동사
29 형용사 30 형용사 31 ③ 32 ③ 33 ④ 34 ②
35 ④ 36 ② 37 ③ 38 ① 39 ⑤ 40 ④ 41 ①
42 ④ 43 ④ 44 ② 45 ④ 46 ① 47 ④ 48 ②
49 ⑤ 50 ① 51 ④ 52 ④ 53 **예** ㉠: 동사의 어간인 어근에 접사 '–이'를 붙여 명사를 파생함. ㉡: 형용사의 어간인 어근에 접사 '–이–'를 붙여 동사를 파생함. ㉢: 부사인 어근에 접사 '–질'을 붙여 명사를 파생함. ㉣: 명사인 어근에 접사 '–롭다'를 붙여 형용사를 파생함. 54 **예** ㉠ 젊은이: 통사적 합성어. 어근이자 용언의 어간 '젊–'이 '이'를 수식할 때 관형사형 어미 '–은'과 결합한 다음 연결되었는데, 용언의 관형사형이 명사를 수식하는 방식은 국어의 일반적인 문장 구성 방식에 부합한다. ㉡ 높푸르다: 비통사적 합성어. 어근이자 용언의 어간 '높–'이 어미를 취하지 않고 뒤에 오는 '푸르–'와 바로 연결되었는데, 이는 국어의 일반적인 문장 구성 방식에 부합하지 않는다.
55 ② 56 ② 57 ② 58 ② 59 ① 60 ⑤ 61 ②
62 ① 63 ④ 64 ⑤ 65 ④

1 ⑤ 2 ① 3 ④ 4 ⑤ 5 ⑤ 6 밝–, 뜨– 7 ⑤
8 ⑤ 9 ① 10 ③ 11 ⑤ 12 ③ 13 ⑤ 14 ④
15 ④ 16 ① 17 ④ 18 ㉠: 맨손, 헛기침, ㉡: 달리기, 먹이, 바느질, 지우개 19 ④ 20 ⑤

효과가 상상 이상입니다.

예전에는 아이들의 어휘 학습을 위해 학습지를 만들어 주기도 했는데,
이제는 이 교재가 있으니 어휘 학습 고민은 해결되었습니다.
아이들에게 아침 자율 활동으로 할 것을 제안하였는데,
"선생님, 더 풀어도 되나요?"라는 모습을 보면,
아이들의 기초 학습 습관 형성에도 큰 도움이 되고 있다고 생각합니다.

ㄷ초등학교 안OO 선생님

어휘 공부의 힘을 느꼈습니다.

학습에 자신감이 없던 학생도 이미 배운 어휘가 수업에 나왔을 때 반가워합니다.
어휘를 먼저 학습하면서 흥미도가 높아지고
동기 부여가 되는 것을 보면서 어휘 공부의 힘을 느꼈습니다.

ㅂ학교 김OO 선생님

학생들 스스로 뿌듯해해요.

처음에는 어휘 학습을 따로 한다는 것 자체가 부담스러워했지만,
공부하는 내용에 대해 이해도가 높아지는 경험을 하면서
스스로 뿌듯해하는 모습을 볼 수 있었습니다.

ㅅ초등학교 손OO 선생님

앞으로도 활용할 계획입니다.

학생들에게 확인 문제의 수준이 너무 어렵지 않으면서도
교과서에 나오는 낱말의 뜻을 확실하게 배울 수 있었고,
주요 학습 내용과 관련 있는 낱말의 뜻과 용례를
정확하게 공부할 수 있어서 효과적이었습니다.

ㅅ초등학교 지OO 선생님

학교 선생님들이 확인한
어휘가 문해력이다의 학습 효과!
직접 경험해 보세요

학기별 교과서 어휘 완전 학습
<어휘가 문해력이다>
—— 예비 초등 ~ 중학 3학년 ——

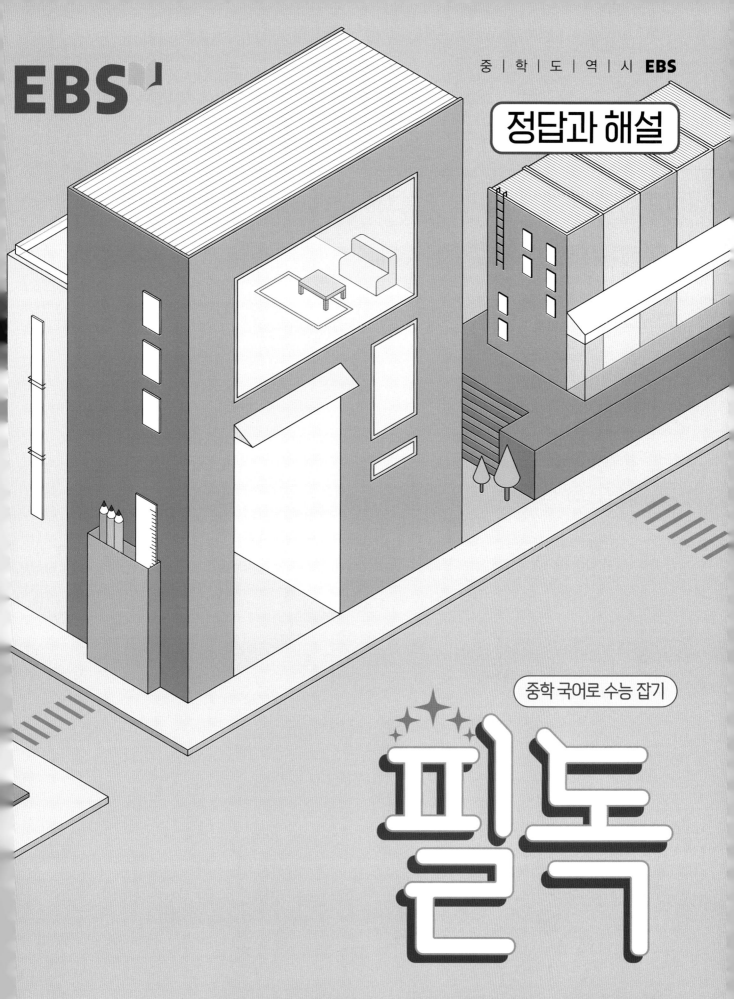

EBS

중 | 학 | 도 | 역 | 시 **EBS**

정답과 해설

중학 국어로 수능 잡기

필톡

중학 국어 ㅣ 문법 완성 2000제

1일 언어의 본질

1 ○ 2 × 3 ○ 4 × 5 ○ 6 × 7 ○ 8 형식
9 규칙 10 약속 11 기호 12 필연성 13 내용 14 인
간 15 ② 16 ① 17 ⓒ 18 ⑤ 19 ⓛ 20 ⓔ
21 역사 22 사회 23 창조 24 기호 25 자의 26 ⓛ
27 ⓒ 28 ⑤ 29 ⓛ 30 ⑤ 31 ② 32 ③ 33 ③
34 ③ 35 ④ 36 ⓔ '셈틀'이 사람들 사이에서 널리 인정을
받지 못했기 때문이다. / '셈틀'이라는 말이 사회적 약속을 얻지
못했기 때문이다. 37 ① 38 ② 39 ④ 40 ③ 41 ②
42 ④ 43 ③ 44 ① 45 ④ 46 ② 47 ④ 48 ⑤
49 ① 50 ⓔ ㉮는 일정한 어순을 따라야 하는 언어의 규칙성
을 어겼기 때문에 원활한 소통을 위해서는 ㉯와 같이 고쳐 써야
한다. 51 ⑤ 52 ⓔ 의사소통 수단으로서 언어가 제 기능을
하지 못하기 때문이다. / 사람들 사이에 대화가 제대로 이루어지
기 힘들기 때문이다. 53 ④ 54 ② 55 ⓔ 인간은 말을 할
때에 배웠거나 들어 본 적이 있는 문장을 기억해서 그대로 사용
하는 것이 아니라, 새로운 문장을 만들어 쓴다. 56 ① 57 ②
58 ⑤ 59 ④ 60 ① 61 ② 62 ② 63 ⑤ 64 ⑤
65 ①

개념 확인 문제
본문 7쪽

16
정답 풀이 '결코'는 '아니다', '없다', '못하다' 등의 부정어와 함
께 쓰이는 말이다.

20
정답 풀이 '미르'는 예전에 '용'을 뜻하던 우리말인데, 한자어
'용(龍)'에 밀려서 사라진 말이 되었다.

문제로 정복하기
본문 8~11쪽

31
정답 풀이 언어의 규칙성은 언어에 문법과 같이 지켜야 할 법
칙이 있다는 특성을 뜻한다.

32
정답 풀이 언어가 사회적 약속이라는 것은 언어의 사회성을
나타낸 것이다.

33
정답 풀이 어느 한 개인이 언어를 마음대로 바꾸어 사용하면
다른 사람들과 의사소통이 어려워질 수 있다.

34
정답 풀이 새로운 말을 만들 때, 사회적 약속을 얻지 못하면
그 말이 쓰이지 않는다는 것을 설명한 것이므로 언어의 사회
성과 관련이 있다.

35
정답 풀이 뜻에 해당하는 언어의 내용과 음성이나 문자에 해
당하는 언어의 형식 사이에는 필연적인 관계가 없으므로 같은

대상을 가리키는 형식이 나라나 언어권마다 다를 수 있다.

36
정답 풀이 '셈틀'이라는 말이 널리 쓰이기 위해서는 그 언어를
사용하는 사람들 사이에 약속이 이루어져야 한다. 사회적 약
속이 이루어지지 않은 말은 널리 쓰이기 어렵다.

37
정답 풀이 언어의 형식과 내용 사이에 필연적인 관계가 없다
는 것은 언어의 자의성에 해당한다.

38
정답 풀이 같은 대상(내용)을 가리키는데 언어마다 단어(형
식)가 다른 것은 내용과 형식이 필연성 없이 결합되는 언어의
자의성과 관련이 있다.

39
정답 풀이 '고뿔'은 '감기'를 일상적으로 이르는 말로, '감기'보
다 더 오래전부터 쓰인 말이었기 때문에 새롭게 등장한 말이
라고 볼 수 없다.

40
정답 풀이 언어는 사회적 약속이기 때문에 개인이 마음대로
바꿀 수 없다는 것은 언어의 사회성에 해당한다.

41
정답 풀이 새로운 말이 생기기도 하고 쓰이던 말이 없어지기
도 하는 것은 언어의 역사성과 관련이 있다.

42
정답 풀이 어떤 사람이 말의 뜻을 마음대로 바꾸어 사용하면
그 사람과는 의사소통이 어려워질 수 있다. 이는 언어의 사회
성과 관련이 있다.

43
정답 풀이 새로운 사물이 만들어지고 이에 따라 새롭게 생긴
말의 예로는 '우주선', '핸드폰', '인터넷'이 해당한다. 새로운
말의 등장과 관련이 있는 언어의 본질은 언어의 역사성이다.

44
정답 풀이 ㉮는 새로운 사물이나 개념이 생기면 이를 나타낼
새말이 생긴다는 것과 과거에 있던 대상이나 개념이 사라지면
그것을 나타내는 말도 사라진다는 것을 보여 준다. ㉯는 고유어
와 한자어가 같이 쓰이다가 점차 고유어가 쓰이지 않게 된 것을
보여 준다. ㉮, ㉯와 관련 있는 언어의 본질은 언어의 역사성이다.

45
정답 풀이 인간이 이미 알고 있는 단어나 문장 구조로 새로운
문장을 만들어 사용할 수 있다는 것은 언어의 창조성과 관련
이 있다.

46
정답 풀이 '드론', '자전거', '아바타', '인공위성'은 새롭게 등장
한 말이지만, '생원'은 사라진 말이다.

47
정답 풀이 같은 말만 되풀이하는 앵무새와 달리 사람은 다양
한 문장을 만들어 사용할 수 있는데, 이와 관련 있는 언어의
본질은 언어의 창조성이다.

48

정답 풀이 〈보기〉의 '뫼(메)'처럼 단어의 뜻이 변한 것은 언어의 역사성과 관련이 있다.

49

정답 풀이 언어에 지켜야 할 법칙이 있다는 것은 언어의 규칙성과 관련이 있다.

50

정답 풀이 문장 성분의 어순도 언어의 법칙에 해당한다. 언어의 법칙을 따르지 않으면 의사소통이 어려워질 수 있다.

51

정답 풀이 언어의 자의성에 따르면 언어의 형식과 내용 사이에는 필연성이 없다.

52

정답 풀이 개인이 언어를 마음대로 바꾸어 사용하면 정상적인 의사소통이 어려워진다.

53

정답 풀이 ㉣과 같이 언어의 내용(뜻)이 변화한 것은 ④이다. ①과 ②는 형태와 소리가 변한 예, ③은 소멸의 예, ⑤는 생성의 예에 해당한다.

54

정답 풀이 '슬카지'가 '실컷'으로 바뀐 것은 언어의 형식(소리)이 바뀐 예에 해당한다.

55

정답 풀이 인간의 언어는 동물의 언어와 달리 다양한 표현을 얼마든지 만들어 사용할 수 있다.

수능 도전   본문 12~13쪽

56

정답 풀이 제시된 글은 언어는 특정인이 마음대로 바꿀 수 없다는 언어의 사회성을 설명한 글이다.

57

정답 풀이 사람들 사이에 약속이 이루어지지 않은 말을 사용하면 정상적인 의사소통이 어려워진다.

58

정답 풀이 '끝의 구슬이 돌돌 굴러가며 잉크가 나오는 것'은 의미(내용)에 해당하고, '돌돌붓'은 음성이나 문자(형식)에 해당한다. 언어의 의미와 음성은 임의적으로 결합하는데, 이를 언어의 자의성이라고 한다.

59

정답 풀이 시간의 흐름에 따라 언어가 변한다는 것은 언어의 역사성과 관련이 있다.

60

정답 풀이 소리가 변화한 것은 언어의 역사성에 해당한다.
오답 풀이 ②는 언어의 규칙성, ③은 언어의 자의성, ④는 언어의 사회성, ⑤는 언어의 자의성과 관련이 있다.

61

정답 풀이 '지갑'과 '바가지'는 의미가 확대되어 지금도 쓰이고 있다.

62

정답 풀이 〈보기〉는 언어의 역사성과 관련이 있다. ②는 언어의 자의성과 관련이 있다.

63

정답 풀이 〈보기〉는 언어의 사회성과 관련이 있다.
오답 풀이 ①은 언어의 역사성, ②는 언어의 자의성, ③은 언어의 창조성, ④는 언어의 규칙성과 관련이 있다.

64

정답 풀이 외래어를 고유어로 바꿀 수 있다는 것은 언어의 자의성과 관련이 있으며, 새말이 잘 쓰이지 않는다는 것은 언어의 사회성과 관련이 있다.

65

정답 풀이 '무궁화'를 '하늬꽃', '바람꽃'이라고 부르는 것은 내용과 형식 사이에 필연성이 없다는 언어의 자의성과 관련이 있다.

2일 음운의 체계와 특성 1 - 모음

1 ○   2 ×   3 ×   4 ○   5 ㅏ, ㅜ   6 ㅊ, ㅅ   7 ㅂ, ㅎ
8 ㅁ, ㅇ   9 ㅗ, ㅏ   10 ㅡ, ㅏ   11 성대   12 ㉠ 입술, ㉡ 혀
13 10   14 11   15 ②   16 ④   17 ㉡   18 ㉢   19 ㉠
20 전설   21 후설   22 원순   23 평순   24 8개   25 ㅢ,
ㅟ, ㅚ   26 ㅗ   27 올라가고   28 앞으로   29 높아지고
30 둥글게   31 ②   32 ⑤   33 ⑤   34 ⑤   35 ④
36 ⑤   37 ②   38 ④   39 ②   40 ⑤   41 ④   42 ②
43 ④   44 ②   45 ②   46 ⑤   47 ②   48 ㉠ 커지고,
㉡ 낮아진다   49 ②   50 ②   51 ③   52 ①   53 ①
54 ㉮ 승미가 'ㅔ'와 'ㅐ'를 구별하여 발음하지 않아 의사소통이
제대로 되지 않고 있다.   55 ㉮ 모음은 단독으로 음절을 형성할
수 있지만, 자음은 단독으로 음절을 형성할 수 없다.   56 ②
57 ②   58 ①   59 ①   60 ①   61 ③   62 ⑤   63 ②
64 ④   65 ④

개념 확인 문제   본문 15쪽

27~28

정답 풀이 'ㅗ'는 '후설 모음, 원순 모음, 중모음'에 해당하고, 'ㅣ'는 '전설 모음, 평순 모음, 고모음'에 해당한다.

29~30

정답 풀이 'ㅏ'는 '후설 모음, 평순 모음, 저모음'에 해당하고, 'ㅜ'는 '후설 모음, 원순 모음, 고모음'에 해당한다.

문제로 정복하기   본문 16~19쪽

31

정답 풀이 뜻을 가진 가장 작은 단위는 형태소이다.

오답 풀이 ⑤ '이', '위'와 같이 모음 하나만으로도 하나의 단어를 만들 수 있다.

32
정답 풀이 '물'과 '불'은 첫소리에 쓰인 자음 'ㅁ'과 'ㅂ'의 차이로 인해 의미의 차이가 생긴다.

33
정답 풀이 단모음과 달리 이중 모음은 입술 모양이나 혀의 위치가 처음과 끝이 서로 달라지면서 소리가 나오는 모음이다.

34
정답 풀이 길게 발음하더라도 입술 모양이나 혀의 위치가 변하지 않는 모음을 단모음이라고 한다. 'ㅟ'는 발음하는 도중 입술 모양이나 혀의 위치가 달라지는 이중 모음에 해당한다.

35
정답 풀이 '공'과 '강'의 뜻을 구별해 주는 것은 'ㅗ'와 'ㅏ'이다. '알'을 이루고 있는 음운은 'ㅏ'와 'ㄹ'이다. '눈'은 소리의 길이에 따라 각각 다른 의미로 쓰인다.

36
정답 풀이 'ㅐ, ㅔ, ㅚ, ㅟ, ㅣ'는 혀의 최고점이 입 안의 앞쪽에 위치하여 발음되는 전설 모음이다. 'ㅏ, ㅓ, ㅗ, ㅜ, ㅡ'는 혀의 최고점이 입 안의 뒤쪽에 위치하여 발음되는 후설 모음이다.

37
정답 풀이 '조회'에 쓰인 모음 'ㅗ'와 'ㅚ'는 모두 원순 모음에 해당한다.

38
정답 풀이 혀가 가장 낮은 곳에 위치하는 모음을 저모음이라고 하며 'ㅐ'와 'ㅏ'가 여기에 해당한다.

39
정답 풀이 'ㅏ, ㅐ, ㅓ, ㅔ, ㅡ, ㅣ'는 입술을 둥글게 오므리지 않고 발음하는 평순 모음이며, 'ㅗ, ㅚ, ㅜ, ㅟ'는 입술을 둥글게 오므려 발음하는 원순 모음이다.

40
정답 풀이 전설 모음 중 평순 모음과 고모음에 해당하는 모음은 'ㅣ'이다. 전설 모음 중 원순 모음과 중모음에 해당하는 모음은 'ㅚ'이다. 후설 모음 중 평순 모음과 저모음에 해당하는 모음은 'ㅏ'이다.

41
정답 풀이 선택지에 제시된 모음 중, 후설 모음에 해당하는 모음은 'ㅓ', 'ㅗ', 'ㅡ'이다. 평순 모음에 해당하는 모음은 'ㅣ', 'ㅓ', 'ㅡ'이다. 고모음에 해당하는 모음은 'ㅣ', 'ㅡ'이다. 따라서 〈보기〉의 모든 조건을 충족하는 모음은 'ㅡ'이다.

42
정답 풀이 '외골수'에 쓰인 모음인 'ㅚ, ㅗ, ㅜ'는 모두 원순 모음에 해당한다.

43
정답 풀이 '길게 발음해도 입 모양이나 혀의 위치에 변화가 없'는 모음은 단모음이다. 발음할 때 '입술 모양은 둥글지 않은' 모음은 평순 모음이다. '혀의 최고점의 위치가 앞쪽'인 모음은 전설 모음이다. 이 조건을 모두 만족시키는 모음은 'ㅣ, ㅔ, ㅐ'이다.

44
정답 풀이 '사과'의 'ㅘ', '석류'의 'ㅠ'는 이중 모음에 해당한다.

45
정답 풀이 혀의 정점이 입 안의 앞쪽에 위치하여 발음되는 모음을 전설 모음이라고 한다. 발음할 때 입술을 둥글게 오므리지 않는 모음을 평순 모음이라고 한다. '치타'의 'ㅣ'는 전설 모음이며, 'ㅏ'는 평순 모음이다.

46
정답 풀이 'ㅐ, ㅔ, ㅚ, ㅟ, ㅣ'는 혀의 정점이 입 안의 앞쪽에 위치하여 발음되는 전설 모음에 해당한다. 이와 달리 'ㅏ, ㅓ, ㅗ, ㅜ, ㅡ'는 혀의 정점이 입 안의 뒤쪽에 위치하여 발음되는 후설 모음에 해당한다.

47
정답 풀이 '가을'의 'ㅏ'와 'ㅡ', '봄비'의 'ㅗ'와 'ㅣ', '태풍'의 'ㅐ'와 'ㅜ'는 모두 단모음에 해당한다.

48
정답 풀이 'ㅣ'는 고모음, 'ㅔ'는 중모음, 'ㅐ'는 저모음에 해당한다. 따라서 이들 모음을 순서대로 발음하면 입의 벌어지는 정도가 커지면서 혀의 높이는 점점 낮아진다.

49
정답 풀이 'ㅡ'는 고모음, 'ㅓ'는 중모음, 'ㅏ'는 저모음이다. 따라서 이들 모음을 순서대로 발음하면 혀의 높이가 점점 낮아진다.

50
정답 풀이 'ㅒ'는 반모음 'j'와 단모음 'ㅐ'가 결합한 이중 모음이다. 따라서 'ㅒ'를 길게 발음하면 끝이 'ㅐ'에 가깝게 바뀐다.

51
정답 풀이 〈보기〉에서 ㉮는 단모음, ㉯는 원순 모음, ㉰는 후설 모음에 대한 설명이다. 세 조건을 모두 만족하는 모음은 'ㅗ'와 'ㅜ'이다. '고추'에 쓰인 모음 'ㅗ'와 'ㅜ'가 여기에 해당한다.

52
정답 풀이 발음할 때, 입술 모양을 동그랗게 한 상태에서 발음하는 모음은 원순 모음이며, 'ㅗ, ㅚ, ㅜ, ㅟ'가 여기에 해당한다. '설상가상'에 쓰인 모음인 'ㅓ'와 'ㅏ'는 모두 평순 모음이다.

53
정답 풀이 발음할 때 혀의 높이가 가장 낮은 저모음에 해당하는 모음은 'ㅐ, ㅏ'이다. ㉠의 'ㅏ'가 저모음에 해당한다.

54
정답 풀이 'ㅔ'는 중모음이고, 'ㅐ'는 저모음이다. 그렇기 때문에 'ㅔ'는 'ㅐ'보다 혀의 높이가 높고 입도 더 작게 벌린다. 모음을 제대로 발음하지 않으면 전혀 다른 뜻의 단어가 되어 의사소통에 문제가 생길 수 있기 때문에 정확하게 발음해야 한다.

55
정답 풀이 모음은 자음과 달리 그 자체로 하나의 음절을 이룰 수 있다. 모든 음절에는 반드시 하나의 모음이 포함되어야 한다.

수능 도전
본문 20~21쪽

56
정답 풀이 음운은 말의 뜻을 구별해 주는 소리의 가장 작은 단위이다. 국어에서는 자음과 모음, 소리의 길이가 음운에 해당한다.

57
정답 풀이 단어의 의미(뜻)를 구별해 주는 소리의 가장 작은 단위를 음운이라고 한다.

58
정답 풀이 제시된 학습 활동지에서 자음이나 모음의 교체에 의해 단어의 의미가 달라지는 것을 확인할 수 있다. 이를 통해 음운은 단어의 뜻을 구별해 준다는 사실을 알 수 있다.

59
정답 풀이 〈보기〉를 통해 '눈'을 짧게 발음할 때와 길게 발음할 때 의미가 다르다는 것을 알 수 있다.

60
정답 풀이 'ㅏ'는 단모음, 'ㅑ'는 이중 모음이다. 이중 모음은 입술 모양이나 혀의 위치를 처음과 나중이 서로 달라지게 하여 내는 모음이다. 'ㅑ'는 반모음 'j'와 단모음 'ㅏ'가 결합된 모음으로 처음에는 'ㅣ'에 가깝게 발음되다 점차 'ㅏ'에 가까운 소리로 바뀐다. 즉 발음하는 도중 혀의 위치가 달라진다.

61
정답 풀이 선생님이 제시한 단어들에서 최소 대립쌍은 '쉬리-소리', '구실-구슬'이다. 그리고 여기에서 추출할 수 있는 음운은 'ㅟ, ㅗ, ㅣ, ㅡ'이다. '모래'는 최소 대립쌍이 없기 때문에 '모래'에 쓰인 'ㅐ'는 추출할 수 없다.

62
정답 풀이 '우애'에서 'ㅜ'는 후설 모음이자 원순 모음, 고모음이고, 'ㅐ'는 전설 모음이자 평순 모음, 저모음이다. 따라서 '우애'를 차례대로 발음하면 입술의 모양이 바뀔 뿐만 아니라 혀의 높이가 낮아지고, 혀의 최고점의 위치가 앞쪽으로 이동한다.

63
정답 풀이 'ㅗ'는 원순 모음, 'ㅔ'는 평순 모음이기 때문에 'ㅗ'를 발음하면 'ㅔ'를 발음할 때와 다르게 입술이 둥근 모양이 된다. 'ㅏ'는 입을 크게 벌리고 혀의 높이가 낮아지는 저모음이고, 'ㅓ'는 입을 중간 정도로 벌리고 혀의 높이 또한 중간 정도인 중모음이다. 따라서 'ㅏ'를 발음하면 'ㅓ'를 발음할 때보다 혀의 높이가 더 낮아진다.

64
정답 풀이 '개구리'에 쓰인 모음 중 'ㅐ'와 'ㅣ'는 전설 모음이지만, 'ㅜ'는 후설 모음에 해당한다.

65
정답 풀이 제시된 설명에 따르면, 'ㅘ'는 반모음 'w'와 단모음 'ㅏ'가 결합한 소리이다.

3일 음운의 체계와 특성 2 - 자음

1 ○ 2 × 3 ○ 4 ○ 5 ㅁ, ㅂ 6 ㅁ, ㄹ 7 ㅅ, ㅈ
8 ㄱ, ㅁ 9 19 10 분절 11 받는다 12 코 13 유음
14 파열음 15 마찰음 16 파찰음 17 ③ 18 ⑤
19 ② 20 ㉡ 21 ㉠ 22 ㉢ 23 ㉣ 24 4 25 ㅎ
26 ㅁ 27 ㅅ 28 ③ 29 ② 30 ③ 31 ③ 32 ③
33 ④ 34 ① 35 ⑤ 36 ② 37 ⑤ 38 ③ 39 ⑤
40 ② 41 ③ 42 ④ 43 ③ 44 ⑤ 45 ① 46 ⑤
47 ④ 48 ④ 49 ⑩ 발음할 때 목청이 울리는 울림소리이다. 코로 공기를 내보내면서 내는 비음이다. 50 ③ 51 ⑤
52 ⑤ 53 ㉠: ㅂ, ㉡: ㅅ, ㉢: ㅇ 54 ⑩ 비음(콧소리)인 'ㄴ, ㅁ, ㅇ'의 발음을 하기 어려워서 그래. 55 ⑩ (영어와 다르게) 자음의 예사소리와 된소리, 거센소리가 명확하게 다른 소리로 구별된다. 56 ④ 57 ② 58 ④ 59 ③ 60 ② 61 ④
62 ② 63 ⑤ 64 ④ 65 ①

개념 확인 문제
본문 23쪽

17
정답 풀이 자음 'ㅇ'은 음절의 첫소리(초성)에 오지 못하고, 음절의 끝소리(종성)에만 올 수 있다. 첫소리에 쓰인 'ㅇ'은 음가가 없다. 따라서 '오'는 모음 'ㅗ' 하나로 이루어진 음절이라고 해야 한다.

문제로 정복하기
본문 24~27쪽

31
정답 풀이 말할 때 공기의 흐름이 장애를 받고 나는 소리는 '자음', 장애를 받지 않고 나는 소리는 '모음'이다.

32
정답 풀이 소리 나는 위치에 따라 구분하면 'ㄱ'은 여린입천장소리, 'ㅈ'은 센입천장소리이다. 소리 내는 방법에 따라 구분하면 'ㄱ'은 파열음, 'ㅈ'은 파찰음이다.

33
정답 풀이 'ㄱ', 'ㄷ', 'ㅍ', 'ㄲ'은 파열음이지만, 'ㅊ'은 파찰음이다.

34
정답 풀이 '콧소리'에 해당하는 자음은 'ㄴ', 'ㅁ', 'ㅇ'이다.

35
정답 풀이 'ㅎ'은 성대를 막거나 마찰하여 내는 목청소리이다. 혀끝을 잇몸에 댄 채 공기를 그 양옆으로 흘려 보내면서 내는 소리는 유음 'ㄹ'이다.

36
정답 풀이 'ㄴ, ㄹ, ㅁ, ㅇ'은 발음할 때 목청이 떨려 울리는 울림소리에 해당하며, 나머지 자음은 모두 안울림소리에 해당한다.

37
정답 풀이 'ㄱ, ㄲ, ㅋ, ㅇ'은 모두 여린입천장소리에 해당한다.

38

정답 풀이 '기호'에서 'ㄱ'은 여린입천장소리, 'ㅎ'은 목청소리이다.

39

정답 풀이 여린입천장소리에 해당하는 자음은 'ㄱ, ㄲ, ㅋ, ㅇ'이다. '양궁'에는 3개의 여린입천장소리가 쓰였다.

40

정답 풀이 입술소리이면서 울림소리에 해당하는 자음은 'ㅁ'이다.

41

정답 풀이 〈보기〉는 잇몸소리, 파열음, 거센소리, 안울림소리에 대한 설명이다. 이 네 조건을 모두 만족하는 자음은 'ㅌ'이다.

42

정답 풀이 된소리는 예사소리나 거센소리에 비해 강하고 단단한 느낌을 준다. '딸깍딸깍'에는 된소리 'ㄸ', 'ㄲ'이 쓰였다.

43

정답 풀이 된소리는 예사소리에 비해 단단하고 강한 느낌을 준다. 따라서 '깜깜하다'가 '감감하다'에 비해 단단하고 강한 느낌을 준다.

44

정답 풀이 'ㄱ, ㄷ, ㅂ'은 모두 공기의 흐름을 막았다가 터뜨리면서 소리를 내는 파열음이다.

45

정답 풀이 목청에서 소리가 나는 자음은 'ㅎ' 하나뿐이다.

46

정답 풀이 〈보기〉는 마찰음을 설명한 것이다. 마찰음에 해당하는 자음은 'ㅅ, ㅆ, ㅎ'이다.

47

정답 풀이 '질문 1'을 통해 안울림소리, '질문 2'를 통해 입술소리, '질문 3'을 통해 거센소리라는 것을 알 수 있다. 이 조건을 모두 만족하는 자음은 'ㅍ'이다.

48

정답 풀이 숨을 거세게 내보내면서 내는 소리는 거센소리이다.

49

정답 풀이 'ㄴ, ㅁ, ㅇ'은 발음할 때 목청이 떨리는 울림소리에 해당한다. 그리고 발음할 때 입 안의 통로를 막고 코로 공기를 내보내면서 내는 콧소리(비음)이다.

50

정답 풀이 자음은 소리의 세기에 따라 예사소리, 된소리, 거센소리로 나눌 수 있다.

51

정답 풀이 〈보기〉의 ㉮는 울림소리, ㉯는 잇몸소리와 흐름소리(유음)에 해당한다. 두 조건을 모두 만족하는 자음은 'ㄹ'이다.

52

정답 풀이 '고추 – 부추'는 하나의 음운이 아니라 음절 '고'와 '부'의 차이로 뜻이 구별된다.

53

정답 풀이 입술소리이면서 파열음에 해당하는 자음은 'ㅂ, ㅃ, ㅍ'이며, 이 중 예사소리는 'ㅂ'이다. 잇몸소리이면서 마찰음에 해당하는 자음은 'ㅅ, ㅆ'이며, 이 중 예사소리는 'ㅅ'이다. 여린입천장소리이면서 비음에 해당하는 자음은 'ㅇ'이다.

54

정답 풀이 코가 막히면 콧소리인 'ㄴ, ㅁ, ㅇ'을 발음하기 어렵다.

55

정답 풀이 우리나라 사람들은 영어 사용자들과 다르게 예사소리와 된소리, 거센소리를 각각 다른 소리로 인식한다.

수능 도전 본문 28~29쪽

56

정답 풀이 파열음은 'ㅂ, ㅃ, ㅍ, ㄷ, ㄸ, ㅌ, ㄱ, ㄲ, ㅋ'이며 모두 '예사소리 – 된소리 – 거센소리'의 짝을 이루고 있다.

57

정답 풀이 〈보기〉의 초성은 'ㄷ, ㅅ', 중성은 'ㅏ', 종성은 'ㅁ'이 해당한다.

58

정답 풀이 〈보기〉는 흐름소리에 대한 설명이며, 흐름소리에 해당하는 자음은 'ㄹ'뿐이다.

59

정답 풀이 'ㄷ'과 'ㅂ'은 모두 공기의 흐름을 막았다가 터뜨리면서 소리를 내는 파열음에 해당한다.

60

정답 풀이 입술소리이면서, 콧소리(비음), 울림소리에 해당하는 자음은 'ㅁ'이다.

61

정답 풀이 코가 막히면 콧소리인 'ㄴ, ㅁ, ㅇ'을 제대로 발음하기 어렵다.

62

정답 풀이 〈보기〉에서 콧소리(비음)에 해당하는 것은 'ㄴ, ㅁ'이다. 'ㄹ'은 흐름소리(유음)이다.

63

정답 풀이 ㉴를 통해 영어 사용자는 한국어 사용자와 다르게 'ㅈ'과 'ㅊ'을 잘 구별하지 못한다는 것을 알 수 있다.

64

정답 풀이 유음을 반복적으로 사용하면 리듬감을 살릴 수 있으며, 경쾌한 느낌을 들게 할 수 있다.

65

정답 풀이 제시된 자료에서 'ㅁ'은 비음이자 울림소리로, 'ㅃ'은 파열음이자 안울림소리로 설명하였다. 따라서 비음인 'ㅁ'이 파열음인 'ㅃ'보다 강하게 파열되며 나는 소리라는 이해는 적절하지 않다.

1~3일 종합 평가

본문 30~33쪽

1 ③	2 ④	3 ①	4 ④	5 ③	6 ④	7 ⑤	8 ⑤
9 ③	10 ③	11 ⑤	12 ①	13 ②	14 ①	15 ④
16 ④	17 ④	18 ①	19 ⑤	20 ④

1
정답 풀이 언어는 사회적 약속이므로 개인이 마음대로 바꾸어 쓸 수는 없지만, 오랜 세월이 흐르면 변하기도 한다.

2
정답 풀이 〈보기〉의 설명 내용은 언어의 본질 중 언어의 창조성과 관련이 있다.

3
정답 풀이 언어가 시간의 흐름에 따라 변화를 겪게 되는 것을 언어의 역사성이라고 한다.

4
정답 풀이 언어는 그 언어를 사용하는 사람들 사이의 사회적 약속이다. 따라서 이를 제대로 지키지 않으면 의사소통에 문제가 발생한다. 언어의 이러한 본질을 언어의 사회성이라고 한다.

5
정답 풀이 고유어 '뫼'와 한자어 '산(山)'이 함께 쓰이다가 '뫼'가 경쟁에서 밀려 지금은 '산(山)'이 쓰이고 있는 것을 예로 들 수 있다.

6
정답 풀이 모든 모음은 울림소리이며, 자음 중에서 'ㄴ, ㄹ, ㅁ, ㅇ'도 울림소리에 해당한다.

7
정답 풀이 발음할 때 입 안에서 장애를 받는 것은 자음이다. 모음은 아무런 장애도 받지 않고 나는 소리이다.
오답 풀이 ② 우리말에서 모음의 수는 21개, 자음의 수는 19개이다.

8
정답 풀이 (가)는 단모음, (나)는 이중 모음이다. 모든 모음은 발음할 때, 목청이 울리는 울림소리에 해당한다.

9
정답 풀이 ㉡의 'ㅗ'와 'ㅚ'는 단모음이고, ㉢의 'ㅛ'와 'ㅠ'는 이중 모음이다. 길게 발음하면 입술의 모양이나 혀의 위치가 달라지는 것은 ㉢에만 해당한다.

10
정답 풀이 입술을 둥글게 오므려 발음하는 단모음은 ㉠의 'ㅜ'뿐이다. ㉱의 'ㅟ'는 이중 모음이다.

11
정답 풀이 'ㅣ'는 고모음, 'ㅔ'는 중모음, 'ㅐ'는 저모음이다. 따라서 순서대로 발음하면 입이 점점 크게 벌어지면서 혀의 높이가 낮아진다.

12
정답 풀이 'ㄱ'과 'ㄷ'은 모두 파열음이기 때문에 소리 내는 방법이 같다.

13
정답 풀이 입술소리이면서 파열음에 해당하는 자음은 'ㅂ, ㅃ, ㅍ'이다. 잇몸소리이면서 마찰음에 해당하는 자음은 'ㅅ, ㅆ'이다.

14
정답 풀이 국어의 모든 모음은 울림소리이며, 자음 중에서는 'ㄴ, ㄹ, ㅁ, ㅇ'이 울림소리이다. 따라서 울림소리로만 이루어진 단어는 '머위나물'이다.

15
정답 풀이 'ㄴ, ㄷ, ㄹ, ㅅ'은 모두 잇몸소리로 소리 나는 위치가 같다.

16
정답 풀이 〈보기〉는 잇몸소리이면서 흐름소리에 해당하는 자음을 가리키고 있다. 이 조건을 모두 만족하는 자음은 'ㄹ'이다.

17
정답 풀이 〈보기〉는 파열음을 발음하는 방법이다. 파열음에 해당하는 자음은 'ㅂ, ㅃ, ㅍ, ㄷ, ㄸ, ㅌ, ㄱ, ㄲ, ㅋ'이다.

18
정답 풀이 두 입술 사이에서 소리 나는 자음은 'ㅁ, ㅂ, ㅃ, ㅍ'이며, 후설 모음이면서 원순 모음에 해당하는 모음은 'ㅗ, ㅜ'이다.

19
정답 풀이 성대의 근육이 긴장된 상태에서 발음되는 것은 된소리이다.

20
정답 풀이 ㉮는 센입천장소리 중에서 거센소리를 설명한 것이며, 여기에 해당하는 자음은 'ㅊ'이다. ㉯는 평순 모음을 설명한 것으로, 여기에 해당하는 단모음은 'ㅏ, ㅐ, ㅓ, ㅔ, ㅡ, ㅣ'이다. ㉰는 비음을 설명한 것이며, 여기에 해당하는 자음은 'ㄴ, ㅁ, ㅇ'이다.

4일 정확한 발음과 표기 1 - 표기와 발음의 원리

1 소	2 소	3 어	4 소	5 소	6 어	7 소	8 어
9 어	10 소	11 ×	12 ○	13 ○	14 ×	15 ×
16 ○	17 ○	18 ○	19 ○	20 ㉢	21 ㉠	22 ㉡
23 표준어	24 전통성	25 합리성	26 [의문]	27 [저히]
28 [하븨], [하비]	29 [예의], [예이]	30 [의ː리의], [의ː리에]
31 ④	32 ③	33 ②	34 ⑤	35 ④	36 ②	37 천 원
으로 마땅히 살 것이 없었다.			38 ③	39 ③	40 ⑤
41 ②	42 ④	43 ②	44 ②	45 ④	46 ①	47 ②
48 ④	49 민주주의에 의ː이	50 ④	51 ②	52 ③
53 ⑤	54 예 모음의 장단에 따라 말의 뜻이 달라지기 때문이다.
55 예 단어의 첫음절에서만 긴소리가 나타나는 것을 원칙으로
한다	56 ③	57 ①	58 ④	59 ②	60 ⑤	61 ①
62 ④	63 ③	64 ③	65 ⑤

11
정답 풀이 단위를 나타내는 명사는 띄어 써야 하기 때문에 '옷 한 벌을'이라고 해야 한다.

19
정답 풀이 이 문장에서 '밖에'는 조사이다.

31
정답 풀이 소리대로 적은 것은 '기름', '사랑', '손목', '얼굴'이고, 어법에 맞도록 적은 것은 '얼음', '풀잎', '국화', '먹이', '씨앗', '꽃말'이다.

32
정답 풀이 형태소가 지닌 뜻을 분명하게 파악하도록 하기 위해 어법에 맞도록 적게 한 것이다.

33
정답 풀이 '꽃이'의 올바른 발음은 [꼬치]이다.

34
정답 풀이 '달리다', '던지다', '남기다', '뛰놀다'는 모두 소리대로 적었지만, '묻히다[무치다]'는 어법에 맞도록 적었다.

35
정답 풀이 '것'은 의존 명사이기 때문에 '비가 올 것 같구나'와 같이 띄어 써야 한다.

36
정답 풀이 제44항에 따르면 수를 적을 적에는 '만' 단위로 띄어 써야 하기 때문에 '삼십일만 오천육백칠십팔'과 같이 띄어 써야 한다.

37
정답 풀이 '원'은 단위를 나타내는 명사, '것'은 의존 명사이기 때문에 앞말과 띄어 써야 한다. '으로', '이'는 모두 조사로 앞말에 붙여 써야 한다.

38
정답 풀이 한글 맞춤법의 표기 원칙에서 고유어는 대부분 소리대로 적는다는 것을 추론할 수 있는 내용은 찾아볼 수 없다.

39
정답 풀이 ㉮, ㉰, ㉷는 어법에 맞도록 적은 것이고, ㉯, ㉱, ㉸는 소리대로 적은 것이다.

40
정답 풀이 '지붕', '거름', '마개', '너무'는 소리대로 적은 것이고, '놀이'는 어법에 맞도록 적은 것이다.

41
정답 풀이 '산봉우리'는 [산뽕우리]로 소리 난다.

42
정답 풀이 '얽히다'는 본래 뜻이 있어 본 모양대로 적어야 한다. 그러나 '섥히다'는 없는 단어이기 때문에 본래 뜻이 있다

43
정답 풀이 ㉠은 '떡볶이', ㉣은 '달걀말이', ㉤은 '김치찌개'가 올바른 표기이다.

44
정답 풀이 '회의'를 [회의]뿐만 아니라 [회이]나 [훼이] 등으로 발음하는 것도 허용하는 것을 고려할 때, 하나의 단어에 하나의 표준 발음만 인정하고 있다는 것은 적절하지 않다.

45
정답 풀이 파열음과 파찰음, 마찰음, 비음, 유음은 소리 내는 방법에 따라 자음을 분류한 것이다.

46
정답 풀이 단모음 중 이중 모음으로 발음할 수 있도록 허용한 모음은 'ㅟ'와 'ㅚ'뿐이다.

47
정답 풀이 '제5항 – 다만 2'에 따르면 '례'의 'ㅖ'는 [ㅔ]로 발음해야 한다. 따라서 '사례'의 바른 발음은 [사:례]이다.

48
정답 풀이 ㉠의 예에 해당하는 것은 '무늬', '희곡', '닐리리'이며, ㉡의 예에 해당하는 것은 '정의', '부주의', '주치의'이며, ㉢의 예에 해당하는 것은 '그의', '학교의', '나의'이다.

49
정답 풀이 '민주주의의'에서 넷째 음절 '의'는 [이]로 발음할 수 있고, 조사 '의'는 [에]로 발음할 수 있다. '의의'에서 둘째 음절 '의'는 [이]로 발음할 수 있다.

50
정답 풀이 단어의 첫음절에서는 긴소리가 유지되기 때문에 '눈보라'는 [눈:보라]로 발음해야 한다.

51
정답 풀이 '제6항 – 다만'에 따르면 '찌어 → 쪄'는 긴소리로 발음하지 않는다고 하였다.

52
정답 풀이 '제7항 – 1'에 따르면 긴소리를 가진 용언의 단음절 어간을 짧게 발음하려면 뒤에 모음으로 시작된 어미가 결합되어야 한다. '감고'는 여기에 해당하지 않기 때문에 [감:꼬]와 같이 길게 발음해야 한다.

53
정답 풀이 '제7항 – 1'에 따르면 긴소리를 가진 용언의 단음절 어간을 짧게 발음하려면 뒤에 모음으로 시작된 어미가 결합되어야 한다. '도니'는 여기에 해당하지 않기 때문에 [도:니]와 같이 길게 발음해야 한다.

54
정답 풀이 모음의 장단에 따라 단어의 뜻이 구별되기 때문에 〈표준 발음법〉에서 모음의 장단에 관한 규정도 두고 있다.

55
정답 풀이 '제6항'에 따르면 모음이 길게 발음되는 단어라 하더라도 둘째 음절 이하에 위치하면 짧게 발음해야 한다.

56
정답 풀이   '그릇[그른]'은 소리대로 적지 않기 때문에 표음주의 방식을 따랐다고 볼 수 없다.

57
정답 풀이   어법에 맞도록 적게 한 것은 단어의 본래 형태를 밝혀 적게 함으로써 뜻을 쉽게 파악할 수 있도록 하기 위해서이다.

58
정답 풀이   '드러나다'는 '들다'와 '나다'의 뜻이 유지되지 않기 때문에 '드러나다'와 같이 소리대로 적는다.

59
정답 풀이   ㉠의 예에 해당하는 것은 '한복', '양복', '반지', '설레다', '아름다운'이고, ㉡의 예에 해당하는 것은 '목걸이', '그립다', '늦도록', '늦었다', '아름답지'이다.

60
정답 풀이   '보다', '밖에', '만큼'은 각각 ㉠, ㉢, ㉣에서 조사로 쓰였기 때문에 앞말에 붙여 써야 하고, '뿐'은 ㉡에서 의존 명사로 쓰였기 때문에 앞말과 띄어 써야 한다.

61
정답 풀이   'ㅚ'를 이중 모음으로 발음할 경우에는 반모음 'w'와 'ㅔ' 소리를 연속하여 발음하며 이 소리는 'ㅞ'의 발음에 해당한다. 따라서 ㉠에 들어갈 발음으로 적절한 것은 [차뭬]이다. 'ㅟ'를 이중 모음으로 발음할 경우에는 반모음 'w'와 'ㅣ' 소리를 연속하여 발음하며 이 소리는 'ㅑ, ㅒ, ㅕ, ㅖ, ㅘ, ㅙ, ㅛ, ㅝ, ㅞ, ㅠ, ㅢ'의 발음 중에 없으므로 ㉡은 '포함되어 있지 않아'가 적절하다.

62
정답 풀이   '다만 2'에 따르면 '례'의 'ㅖ'는 [ㅖ]로 발음해야 한다. 따라서 '무례'의 바른 발음은 [무례]이다.

63
정답 풀이   '귀띔'의 '띔'은 '다만 3'에 따라 [띰]으로 발음해야 한다.

64
정답 풀이   'ㅢ'를 [ㅣ]로 발음할 수 있는 경우는, '다만 3'에 의거 자음을 첫소리로 가지고 있는 음절이거나, '다만 4'에 의거 첫음절 이외의 '의'일 경우이다. '희열', '강의실', '검역의'가 여기에 해당한다.

65
정답 풀이   나-2의 '반드시'는 '반듯-'을 어근으로 볼 경우, 여기에 '-이'가 붙어서 '꼭, 기필코' 등의 의미를 지닌 말을 만들어 낸다고 설명하기 어렵다. 따라서 '반드시'는 어휘화된 산물로 판단하여 소리 나는 대로 표기하도록 하고 있다.

5일   정확한 발음과 표기 2 - 받침의 발음

1 기억   2 한:복   3 응:답   4 국쑤   5 옫   6 숩
7 복따   8 찬꼬   9 낟   10 동녁   11 읻따   12 갇찌
13 집씬   14 받낄   15 꼳따발   16 달기   17 부어케
18 시러도   19 여덜블   20 널따   21 ○   22 ○   23 ×
24 ×   25 ○   26 ㉢   27 ㉠   28 ㉡   29 ③   30 ④
31 ⑤   32 ⑤   33 ②   34 ④   35 ④   36 ③   37 ②
38 ①   39 ③   40 ①   41 ⑤   42 ❹ 'ㅎ'을 발음하지 않고 그 대신 'ㅅ'을 [ㅆ]으로 발음한다.   43 꼬탕기   44 ①   45 ⑤
46 ③   47 ④   48 ③   49 ❹ 'ㅅ' 받침 뒤에 모음으로 시작되는 실질 형태소 '없-'이 왔기 때문에 'ㅅ'의 대표음인 [ㄷ]으로 바꾸어 발음해야 한다.   50 ③   51 ②   52 ③   53 ①
54 ❹ 겹받침을 이루는 두 자음 중 하나가 탈락하고 하나만 발음된다.   55 ㉠ 익따, ㉡ 일거, ㉢ 일꼬, ㉣ 익찌   56 ①
57 ③   58 ②   59 ③   60 ⑤   61 ②   62 ⑤   63 ①
64 ②   65 ①

21
정답 풀이   받침 'ㅅ'은 [ㄷ]으로 발음한다.

23
정답 풀이   '히읗'의 바른 발음은 [히은]이다.

29
정답 풀이   '외곬'의 바른 발음은 [외골]이다.

30
정답 풀이   '밟지'의 바른 발음은 [밥:찌]이다.

31
정답 풀이   받침소리로 발음되는 자음은 'ㄱ, ㄴ, ㄷ, ㄹ, ㅁ, ㅂ, ㅇ' 7개뿐이다. 받침 'ㅅ'은 [ㄷ]으로 발음한다.

32
정답 풀이   '솟지'의 '솟'은 '제9항'에 따라 [솓]으로, '지'는 '제23항'에 따라 [찌]로 발음한다. 따라서 [솓찌]가 바른 발음이다.

33
정답 풀이   '벚꽃이'의 바른 발음은 [벋꼬치]이다.

34
정답 풀이   '낚지'의 바른 발음은 [낙찌]이다.

35
정답 풀이   '끝을'의 바른 발음은 [끄틀]이다.

36
정답 풀이   '값이'의 바른 발음은 [갑씨]이다.

37
정답 풀이   '낱알'에서 '알'은 실질 형태소이기 때문에 [나:달]

로 발음해야 한다.

38

정답 풀이 '제12항-1'에 의거할 때 '놓다'의 바른 발음은 [노타]이다.

39

정답 풀이 '제12항-1'에 의거할 때 '닳지'의 바른 발음은 [달치]이다.

40

정답 풀이 '제12항-3'에 의거할 때 '닿네'의 바른 발음은 [단:네]이다.

41

정답 풀이 '제12항-4'에 의거할 때 '싫어도'의 바른 발음은 [시러도]이다.

42

정답 풀이 'ㅎ(ㄶ, ㅀ)' 받침 뒤에 'ㅅ'으로 시작하는 말이 오면 'ㅎ'을 발음하지 않고 그 대신 'ㅅ'을 [ㅆ]으로 발음한다.

43

정답 풀이 '꽃향기'는 '제12항-1-붙임 1'과 '제12항-1-붙임 2'에 따라 [꼬턍기]로 발음해야 한다.

44

정답 풀이 '닦아'의 바른 발음은 [다까]이다.

45

정답 풀이 '땡볕 아래'에서 '아래'는 실질 형태소이기 때문에 '땡볕'의 '볕'은 [볃]으로 발음해야 한다.

오답 풀이 ④ '땡볕만'은 [땡변만]으로 발음한다.

46

정답 풀이 '없어'는 '없'의 겹받침 중 'ㅅ'을 연음하고, 이때 'ㅅ' 대신 [ㅆ]으로 발음된다고 하였다. 그러므로 [업써]가 바른 발음이다.

47

정답 풀이 '같이[가치]'는 발음하는 과정에서 'ㅌ'이 'ㅊ'으로 바뀌었기 때문에 연음이라고 볼 수 없다.

48

정답 풀이 '홑옷'의 바른 발음은 [호돋]이다.

49

정답 풀이 '맛' 뒤에 이어지는 '없다'가 실질 형태소이기 때문에 받침을 그대로 연음하지 않고 대표음으로 바꾸어서 뒤 음절 첫소리로 옮겨 발음해야 한다.

50

정답 풀이 'ㅎ' 뒤에 모음으로 시작된 어미가 결합되는 경우 'ㅎ'을 발음하지 않기 때문에 '쌓은'의 바른 발음은 [싸은]이다.

51

정답 풀이 '디귿이'의 바른 발음은 [디그시]이다.

오답 풀이 한글 자모의 이름은 그 받침소리를 연음하되, 'ㄷ, ㅈ, ㅊ, ㅋ, ㅌ, ㅍ, ㅎ'에 '이'가 결합하는 경우에는 특별히 [디그시], [지으시], [치으시], [키으기], [티으시], [피으비], [히으시] 등과 같이 발음한다.

52

정답 풀이 용언의 어간 말음 'ㄺ'은 'ㄱ' 앞에서 [ㄹ]로 발음하기 때문에 '낡고'의 바른 발음은 [날꼬]이다.

53

정답 풀이 '외곬', '훑지', '넓게', '맑게'의 겹받침의 대표음은 모두 [ㄹ]이지만, '젊고'의 겹받침 'ㄻ'의 대표음은 [ㅁ]이다.

54

정답 풀이 '탐구 내용'을 고려할 때, 겹받침이 단어의 끝에 오거나 다른 자음 앞에 오면 겹받침을 이루는 두 자음 중 하나가 탈락하고 하나만 발음된다.

55

정답 풀이 겹받침 'ㄺ'의 대표음은 [ㄱ]이다. 하지만 '읽고'와 같이 'ㄱ' 앞에서는 [ㄹ]로 발음하고, '읽어'와 같이 'ㄺ' 뒤에 모음으로 시작하는 형식 형태소가 오면 뒤에 있는 자음 'ㄱ'을 연음한다.

수능 도전 본문 48~49쪽

56

정답 풀이 겹받침 'ㄺ'의 대표음은 [ㄱ]이기 때문에 '읽지'의 바른 발음은 [익찌]이다.

57

정답 풀이 'ㅅ'은 받침소리에 해당하지 않는다. '쫓다'의 바른 발음은 [쫃따]이다.

58

정답 풀이 '탐구 자료'의 내용을 고려할 때, 'ㄶ, ㅀ' 뒤에 'ㄴ'이 결합되는 경우에는, 'ㅎ'을 발음하지 않는다는 것을 알 수 있다.

59

정답 풀이 '닭' 뒤에 이어지는 '앞'은 실질 형태소이기 때문에 겹받침 'ㄺ'은 '제15항'에 의거하여 대표음인 [ㄱ]으로 바꾼 후 뒤 음절 첫소리로 옮겨 발음해야 한다. 따라서 '닭 앞으로'의 바른 발음은 [다가프로]이다.

60

정답 풀이 겹받침 'ㄼ' 뒤에 결합된 '아홉'은 실질 형태소이기 때문에 겹받침 'ㄼ'은 '제15항'에 의거하여 대표음인 [ㄹ]로 바꾼 후 뒤 음절 첫소리로 옮겨 발음해야 한다. 따라서 '여덟아홉'의 바른 발음은 [여더라홉]이다.

61

정답 풀이 '값어치[가버치]'는 '제10항'과 '제15항'에 의거하여 겹받침 'ㅄ'을 대표음인 [ㅂ]으로 바꾼 후, 뒤 음절 첫소리로 옮겨 발음한 것이다.

62

정답 풀이 '값을'은 '제14항'에 의거하여 [갑쓸]로 발음해야 한다.

63

정답 풀이 '넓은'은 '제14항'에 의거하여 [널븐]으로 발음해야 한다.

64

정답 풀이 '값진'에서 '값'의 'ㅄ'은 '제10항'에 의거하여 대표음인 [ㅂ]으로 발음하고, '진'의 'ㅈ'은 '제23항'에 의거하여 된소리로 발음한다. 따라서 '값진'의 바른 발음은 [갑찐]이다.

65

정답 풀이 '옷고름'은 '옷[옫]'의 ㄷ(ㅅ) 받침 뒤에 연결되는 '고름'의 1음절 첫소리 'ㄱ'을 된소리로 발음해야 하므로 ㉠의 사례로 볼 수 있다. '젊고'는 어간 '젊–'의 받침 'ㅁ(ㄲ)' 뒤에 결합되는 어미 '–고'의 첫소리 'ㄱ'이 된소리로 발음되는 경우이므로 ㉡의 사례로 볼 수 있다.

6일 정확한 발음과 표기 3 - 기타 발음과 표기

1 × 　2 ○ 　3 × 　4 × 　5 ○ 　6 × 　7 ○ 　8 격렬
9 병렬 　10 분열 　11 규율 　12 확률 　13 백분율 　14 ③
15 ① 　16 ② 　17 두음 　18 된소리 　19 접미사 　20 파생어 　21 [구지] 　22 [무치다] 　23 [단는] 　24 [꼰망울]
25 [실라] 　26 [혐녁] 　27 [잉는다] 　28 [날ː리] 　29 [풀립]
30 [솜ː니불] 　31 ① 　32 ④ 　33 ② 　34 ② 　35 ④
36 ④ 　37 ② 　38 ③ 　39 ④ 　40 ② 　41 ② 　42 ⑤
43 ① 　44 ⑤ 　45 ④ 　46 **예시** 'ㄴ'은 'ㄹ'의 앞이나 뒤에서 [ㄹ]로 발음한다. 　47 ⑤ 　48 ② 　49 **예시** 제26항에 따르면 한자어에서 'ㄹ' 받침 뒤의 'ㄷ'은 된소리로 발음하지만, 'ㅂ'은 된소리로 발음하지 않기 때문이다. 　50 ① 　51 ③ 　52 ①
53 ③ 　54 ⓐ 제29항, ⓑ 제18항, ⓒ 제20항 　55 (가) 왕능, (나) 설릉 　56 ③ 　57 ① 　58 ② 　59 ⑤ 　60 ② 　61 ③
62 ⑤ 　63 ① 　64 ① 　65 ⑤

개념 **확인 문제**
본문 51쪽

1~7
정답 풀이 '잔뜩', '납작', '깍두기', '쓸쓸한'이 바른 표기이다.

문제로 **정복하기**
본문 52~55쪽

31
정답 풀이 'ㄱ' 받침 뒤에서 나는 된소리는 된소리로 적지 않는다고 하였으므로 '싹둑'이 바른 표기이다.

32
정답 풀이 [뚝딱]은 비슷한 음절이 겹쳐 나는 경우이기 때문에 '뚝딱'으로 적어야 한다.

33
정답 풀이 '무덤'은 동사의 어간 '묻–'에 접미사 '–엄'이 결합된 파생어이다. 〈보기〉에서는 명사 뒤에 '–이' 이외의 모음으로 시작된 접미사가 붙어서 된 말을 설명한 것이기 때문에 빈칸에 들어갈 단어로 적절하지 않다.

34
정답 풀이 '제39항'에 따르면 '그렇지 않은'이 줄어든 말은 '그렇잖은'이 적절하다.

35
정답 풀이 '넉넉하지'에서 어간 '넉넉하–'의 끝음절 '하'가 아주 준 경우이기 때문에 '넉넉지'로 적어야 한다.

36
정답 풀이 '역(役)'은 첫소리에 'ㄴ'이나 'ㄹ'이 들어 있는 말이 아니기 때문에 단어의 첫머리에 쓰일 때와 뒤에 쓰일 때 형태의 변화가 없다. 즉 두음 법칙과 관련이 없다.

37
정답 풀이 '결열'의 바른 표기는 '결렬'이다. '렬'은 모음이나 'ㄴ' 받침 뒤에 이어질 때에만 '열'로 적는다.

38
정답 풀이 '바다+물'을 '바닷물'로 적는 것은 ㉺가 아니라 ㉻가 적용된 것이다.

39
정답 풀이 '빨래+방'은 순우리말과 한자어로 된 합성어이지만 [빨래방]으로 발음되어 ㉠~㉺ 어디에도 해당하지 않기 때문에 사이시옷을 적지 않는다.

40
정답 풀이 한자어의 경우 두 음절로 된 '곳간, 셋방, 숫자, 찻간, 툇간, 횟수'를 제외하고는 사이시옷을 표기하지 않는다고 하였다. 따라서 '촛점'은 적절하지 않은 표기이다.

41
정답 풀이 사이시옷 뒤에 'ㄴ'이 결합되는 경우에는 [ㄴ]으로 발음한다고 하였으므로 '콧날'은 [콘날]로 발음해야 한다.

42
정답 풀이 '솔직'은 '–하다'가 붙는 어근에 해당하기 때문에 '솔직히'로 적어야 한다.

43
정답 풀이 '곰곰', '더욱', '생긋', '일찍', '히죽', '오뚝'은 모두 부사에 해당한다. 〈보기〉를 바탕으로 부사 뒤에는 '–이'로 적는다는 것을 알 수 있다.

44
정답 풀이 '묻힌'은 받침 'ㄷ'이 접미사 '–히–'와 결합하여 '티'를 이루는 것에 해당하기 때문에 [치]로 발음한다.

45
정답 풀이 '광한루'는 'ㄴ'을 'ㄹ' 앞에서 [ㄹ]로 발음하는 경우이기 때문에 〈보기〉와 관련이 없다.
오답 풀이 ①, ②, ⑤는 '제18항', ③은 '제19항'의 적용을 받는다.

46
정답 풀이 ㉺는 'ㄹ' 앞의 'ㄴ'이 [ㄹ]로 바뀌어 발음되고, ㉻는 'ㄹ' 뒤의 'ㄴ'이 [ㄹ]로 바뀌어 발음되는 경우에 해당한다.

47
정답 풀이 '굵기다'의 '–기–'는 사동의 접미사이다. 따라서

'제24항'에 의거할 때, '굵기다'의 '-기-'는 된소리로 발음하지 말아야 한다. '굵기다'의 바른 발음은 [굵기다]이다.

48

정답 풀이 'ㄱ' 받침 뒤에서 나는 된소리는 된소리로 적지 않기 때문에 '딱지'는 바른 표기이다.

49

정답 풀이 한자어에서 'ㄹ' 받침 뒤에 연결되는 'ㄷ, ㅅ, ㅈ'만 된소리로 발음하고 이외의 자음은 된소리로 발음하지 않는다.

50

정답 풀이 '끝을'에서 '을'은 'ㅣ'로 시작하는 조사가 아니기 때문에 '제17항'의 적용을 받지 않는다.

51

정답 풀이 'ㄴ'이 'ㅁ'에 동화된다는 내용은 제시된 규정에서 찾아볼 수 없다. '신문'은 [신문]으로 발음해야 한다.

52

정답 풀이 파열음에 해당하는 'ㄱ, ㄲ, ㅋ, ㄷ, ㅌ, ㅂ, ㅍ'은 '제18항'에 따라 'ㄴ, ㅁ' 앞에서 각각 소리 나는 위치가 같은 비음으로 바뀐다.

53

정답 풀이 '난로'는 '제20항'의 적용을 받아 [날:로]라고 발음해야 한다.

54

정답 풀이 ⓐ에서는 'ㄴ'이 첨가되었고, ⓑ에서는 'ㄱ'이 'ㄴ' 앞에서 [ㅇ]으로 바뀌었고, ⓒ에서는 'ㄹ' 뒤에 있는 'ㄴ'이 [ㄹ]로 바뀌었다.

55

정답 풀이 '왕릉'은 '제19항', '선릉'은 '제20항'의 적용을 받는다.

수능 도전   본문 56~57쪽

56

정답 풀이 '돌아오다'는 '제15항-붙임 1'에 의거하여 앞말의 본뜻이 유지되고 있으므로 그 원형을 밝혀 적어야 한다.

57

정답 풀이 '노름'은 어간 '놀-'과 접미사 '-음'이 붙어서 된 명사이지만 어간의 뜻과 멀어진 것이므로 원형을 밝혀 적지 않는다.

58

정답 풀이 '망설였다', '뵀다', '널따란', '얼루기'가 바른 표기이다.

59

정답 풀이 ⓔ는 체언 '그것'과 조사 '이'가 어울려 줄어진 경우로 ㄴ(제33항)의 규정을 적용한 적절한 사례이다.

60

정답 풀이 '마개'는 어근 '막-'에 접미사 '-애'가 붙은 파생어로 어근의 원형을 밝혀 적지 않았다.

61

정답 풀이 '여덟이'의 바른 발음은 [여덜비]이다.

62

정답 풀이 '무엇이든지 주저하지 말고 시작해 봐.'에서의 '-든지'는 물건이나 일의 내용을 가리지 아니하다의 뜻으로 쓰였기 때문에 '제56항-2'에 따라 '무엇이든지'로 쓴다.

63

정답 풀이 ㉠에 해당하는 예는 '낮게', '짚신', '갔고', '복사', '낡다'이고, ㉡에 해당하는 예는 '앉다', '안다', '얹다', '품다'이다.

64

정답 풀이 '색연필'의 바른 발음은 [생년필]이다.

65

정답 풀이 '제37항'에 따르면 '(오줌을) 누-'에 '-이-'가 붙으면 '뉘-'로 적을 수 있으며, '뉘' 뒤에 '-어'가 붙은 경우이기 때문에 ㉣의 적용을 받지 않고, '뉘어'로 적어야 한다.

4~6일	종합 평가					본문 58~61쪽

1 ④	2 ②	3 ②	4 ④	5 ⑤	6 ①	7 ⑤	8 ④
9 ②	10 ④	11 ⑤	12 ④	13 ④	14 ③	15 ②
16 ①	17 ③	18 ⑤	19 ④	20 ②

1

정답 풀이 '개나리[개:나리]'는 소리대로 적은 것이다.

2

정답 풀이 ㉠은 소리 나는 대로 적은 것으로 발음과 표기가 일치한다. '하늘, 바람, 구름, 무지개'는 모두 ㉠에 따라 적은 것이다.

3

정답 풀이 표의주의에 따라 형태소의 본 모양을 밝혀 적으면 뜻을 파악하기 쉬워지는 장점이 있다.

4

정답 풀이 '찻집'은 순우리말 '차'와 순우리말 '집'이 결합하여 만들어진 합성어로 뒷말의 첫소리 'ㅈ'이 된소리 'ㅉ'으로 난다. 따라서 사이시옷을 받치어 적는다. '나뭇잎'은 순우리말 '나무'와 '잎'이 결합하여 만들어진 합성어로 [나문닙]과 같이 뒷말의 첫소리 모음 앞에서 'ㄴㄴ' 소리가 덧나기 때문에 사이시옷을 받치어 적는다.

5

정답 풀이 '부르-+-어'는 ㉢에 따라 'ㅡ'가 줄고, 그 뒤에 오는 어미 '-어'가 '-러'로 바뀌기 때문에 '불러'로 적어야 한다.

6

정답 풀이 '-ㄹ게'는 어떤 행동에 대한 약속이나 의지를 나타내는 어미이다. 따라서 '할게'로 적는 것이 맞다.

7

정답 풀이 '굳이'는 어간 '굳-'에 '-이'가 붙어서 부사로 된 것이기 때문에 ㉠에 따라 어간의 원형을 밝히어 적은 것이다. '마개'는 동사의 어간 '막-'에 '-애'가 붙어서 명사로 된 것이기 때문에 ㉡에 따라 그 원형을 밝히어 적지 않은 것이다.

8

정답 풀이 '집', '한', '채'는 각각 별개의 단어이기 때문에 '집한 채'와 같이 띄어 써야 한다.

오답 풀이 ① 아는 것이 힘이다.
② 닭 한 마리가 사라졌다.
③ 이사 온 지 얼마나 됐지?
⑤ 이 문제는 내 동생도 풀 수 있어.

9

정답 풀이 두 모음 사이에서 나는 된소리는 된소리로 적는다고 하였으므로 '듬뿍'이 올바른 표기이다.

10

정답 풀이 '되-+-면'은 'ㅚ' 뒤에 '-어, -었-'이 어울린 것이 아니기 때문에 '되면'으로 적어야 한다.

11

정답 풀이 '넓고'는 '제10항'과 '제23항'에 따라 [널꼬]로 발음해야 한다.

12

정답 풀이 '읽지'는 '제11항'과 '제23항'에 따라 [익찌]로 발음해야 한다.

13

정답 풀이 '예, 례' 이외의 'ㅖ'는 [ㅔ]로도 발음한다고 하였으므로 '지혜'는 [지혜]와 [지혜] 모두 표준 발음에 해당한다.

14

정답 풀이 자음을 첫소리로 가지고 있는 음절의 'ㅢ'는 [ㅣ]로 발음한다고 했으므로 '유희'는 [유히]로 발음해야 한다. 그리고 조사 '의'는 [ㅔ]로, 단어의 첫음절 이외의 '의'는 [ㅣ]로 발음함도 허용한다고 했으므로 [유히에 의:이]라고 발음할 수 있다.

15

정답 풀이 '늪 앞'에서 '앞'은 실질 형태소이기 때문에 '늪'의 'ㅍ'을 대표음인 'ㅂ'으로 바꾸어 뒤 음절 첫소리로 옮겨 [느밥]으로 발음해야 한다.

16

정답 풀이 '않다'는 ㉮에 따라 [안타]로 발음해야 한다.

17

정답 풀이 '좋소'는 ㉯를 적용하여 'ㅎ'을 발음하지 않고 'ㅅ'을 [ㅆ]으로 발음해야 하므로, [조:쏘]가 올바른 발음이다.

18

정답 풀이 '공룡'은 '제19항'에 따라 [공:뇽]으로 발음해야 한다.

19

정답 풀이 '한류'는 '제20항'에 따라 [할류]로 발음된다. '영리'와 '심란', '섭리', '속리산'은 모두 '제19항'의 적용을 받아 각각 [영니], [심난], [섬니], [송니산]으로 발음된다.

20

정답 풀이 '큰옷'은 뒤 단어의 첫음절이 '오'로 '제29항'에 언급된 '이, 야, 여, 요, 유'에 해당하지 않기 때문에 'ㄴ' 음이 첨가되지 않는다. 따라서 '큰옷'은 [크녿]으로 발음해야 한다.

7일 **품사의 종류와 특성 1 - 체언**

1 ○   2 ×   3 ×   4 ○   5 ×   6 체언   7 명사   8 대명사   9 수사   10 비(명사)   11 셋(수사)   12 아버지(명사)   13 거기(대명사)   14 햄버거(명사)   15 하나(수사)   16 그녀(대명사)   17 정상(명사)   18 보, 고   19 보, 고   20 고, 보, 보   21 자, 의   22 자, 의   23 의, 자   24 ㉢   25 ㉣   26 ㉠   27 ㉡   28 ㉠   29 ㉢   30 ㉢   31 ④   32 ②   33 ⑤   34 형태, 기능, 의미   35 ④   36 ④   37 ②   38 ②   39 ①   40 ④   41 ④   42 ⑤   43 ⑤   44 ①   45 ④   46 ③   47 ①   48 ⑤   49 ②   50 ①   51 ④   52 ⑤   53 ④   54 ㉠ 몽룡, 방자, ㉡ 광한루   55 📝 ㉠은 할아버지를 가리키는 삼인칭 대명사이고, ㉡은 상대방인 남편을 가리키는 이인칭 대명사이다.   56 ①   57 ③   58 ⑤   59 ④   60 ①   61 ②   62 ⑤   63 ③   64 ⑤   65 ③

개념 확인 문제   본문 63쪽

13

정답 풀이 '거기'는 대명사로 체언에 해당한다. '이따가'는 '조금 지난 뒤에.'를 뜻하는 부사이다.

24~30

정답 풀이 '이것, 저것'은 사물을 가리키는 지시 대명사, '여기, 거기'는 장소를 가리키는 지시 대명사이다.

문제로 정복하기   본문 64~67쪽

31

정답 풀이 품사는 단어를 공통된 성질(형태, 기능, 의미)에 따라 나눈 갈래를 뜻한다.

오답 풀이 ①은 형태소, ②는 음운, ③은 접사, ⑤는 어근에 해당한다.

32

정답 풀이 '많다, 차다, 오르다'는 형태가 바뀌는 가변어이고, '공, 신발, 나무'는 형태가 바뀌지 않는 불변어이다.

33

정답 풀이 '서울, 도시, 광장, 경복궁'은 모두 명사에 해당하며 문장에서 쓰일 때 형태가 변하지 않는 불변어에 해당한다.

34

정답 풀이 품사를 분류하는 기준은 '형태, 기능, 의미'이며, 이 기준들 순서대로 적용하여 모두 9개의 품사로 나눌 수 있다.

35

정답 풀이 문장에서 형태가 변하는 가변어에 해당하는 단어는 '정든, 헤어지려니, 슬펐다'이다.

36

정답 풀이 '나', '그녀', '거기'는 대명사에 해당하며, '먼저'는 부사, '도착하다'는 동사에 해당한다.

37

정답 풀이 〈보기〉의 조건들을 모두 만족하는 품사는 명사이다. 명사에 해당하는 단어는 '소나기'이다.

38

정답 풀이 '윤희'는 명사이고, '나'는 대명사이다.

39

정답 풀이 '너'는 대명사, '다섯'은 수사, '때'는 명사, '답'은 명사이다. '말해야'는 동사이다.

40

정답 풀이 〈보기〉의 품사는 대명사이다. '자기'는 앞에 있는 '진우'를 가리키는 대명사이다.

41

정답 풀이 〈보기〉에서 '꽃, 풀'은 명사, '이것, 거기'는 대명사, '다섯, 열둘'은 수사이다. 이들은 모두 불변어이며 체언에 해당한다.

42

정답 풀이 '세'는 뒤에 오는 명사 '명'을 꾸며 주는 관형사이다. '셋'은 수사이고, '세'는 관형사.

43

정답 풀이 문장의 목적어로 쓰일 수 있는 품사는 체언이다. 체언에 해당하는 품사는 명사, 대명사, 수사이다.

44

정답 풀이 〈보기〉의 조건을 모두 만족하는 품사는 수사이다. '하나'는 수사에 해당한다.

오답 풀이 ④ '둘째'는 뒤에 오는 명사 '주'를 꾸며 주는 관형사로 쓰였다.

45

정답 풀이 ㉠, ㉢, ㉲은 명사, ㉡은 대명사로 모두 체언에 해당한다. ㉣은 부사로 수식언에 해당한다.

46

정답 풀이 '나, 우리, 저, 저희'는 일인칭 대명사, '자네, 너희, 너, 그대, 당신'은 이인칭 대명사, '그, 저이, 그분'은 삼인칭 대명사에 해당한다.

47

정답 풀이 사람이나 사물의 이름을 나타내는 품사는 명사이다.

48

정답 풀이 '바'는 '공헌한'과 같이 앞에 꾸며 주는 말이 필요한 의존 명사이다.

49

정답 풀이 ㉠은 대명사, ㉡은 관형사이다. 둘 다 형태가 변하지 않는 불변어에 해당한다.

50

정답 풀이 '수'는 의존 명사이다. 의존 명사 뒤에는 조사가 결합할 수 있다.

51

정답 풀이 '판'은 앞에 꾸며 주는 말을 필요로 하는 의존 명사이다.

52

정답 풀이 순서를 나타내는 서수사에 해당하는 것은 '첫째'이다.

오답 풀이 ①의 '한'과 ③의 '열'은 관형사이고, ②의 '둘'과 ④의 '셋'은 수량을 나타내는 양수사이다.

53

정답 풀이 '대로'는 명사 '원칙' 뒤에 있으므로 조사에 해당한다. 따라서 '원칙대로'와 같이 붙여 써야 한다.

54

정답 풀이 '그들'은 복수의 사람을 가리키는 인칭 대명사, '그곳'은 장소를 가리키는 지시 대명사이다.

55

정답 풀이 '당신'은 삼인칭 대명사로도 쓰이고, 이인칭 대명사로도 쓰인다.

수능 도전 본문 68~69쪽

56

정답 풀이 제시된 조건을 모두 만족하는 품사는 명사이고, '시계'가 명사에 해당한다.

오답 풀이 '저곳'은 대명사, '온갖'은 관형사, '설마'는 부사, '셋'은 수사이다.

57

정답 풀이 〈보기〉는 수사에 대한 설명이다. ③의 '한'은 뒤에 오는 명사 '개'를 꾸며 주는 관형사이다.

58

정답 풀이 ㉤은 앞에 언급한 '할아버지'를 가리킨다.

59

정답 풀이 '아홉'은 수사이고, '학생'은 명사이므로 서로 다른 품사이다.

60

정답 풀이 '묶음'은 명사이다. 명사는 불변어이고, 사물의 이름을 나타낸다.

61

정답 풀이 ㉠은 관형사, ㉡은 대명사, ㉢은 명사이다. '이, 그, 저'와 같이 관형사와 대명사로 쓰이는 단어의 경우, 뒤에 조사가 붙을 수 있는지 여부로 품사를 구분할 수 있다. 조사가 붙을 수 없다면 관형사, 붙을 수 있다면 대명사이다.

62

정답 풀이 ㉤은 형태가 바뀌지 않는 대명사이며, 앞에 나온 '서점'을 가리킨다.

63

정답 풀이 '모르다'는 용언, '강, 깊이, 누구'는 체언, '의, 는, 도'는 관계언에 해당한다.

64

정답 풀이 ㉤은 명사에 해당하며 문장에서 쓰일 때 형태가 바뀌지 않는다.

65
정답 풀이 '두'는 관형사로 문장 안에서 수식의 기능을 하는 단어이지만, '하나'는 수사로 문장 안에서 수식의 기능을 하지 않으므로 적절하지 않다.

8일 품사의 종류와 특성 2 - 용언

1 ○ 2 × 3 ○ 4 × 5 × 6 활용 7 동사 8 형용사 9 보조 10 살- 11 던지- 12 흔들- 13 크- 14 착하- 15 예쁘- 16 동 17 형 18 동 19 형 20 형 21 동 22 형 23 ㉡ 24 ㉢ 25 ㉣ 26 ㉠ 27 ㉡ 28 ㉣ 29 ㉠ 30 ㉢ 31 ③ 32 ④ 33 ① 34 ③ 35 ④ 36 ④ 37 ① 38 ④ 39 ③ 40 ③ 41 ㉠ 동사, ㉡ 형용사 42 ② 43 ③ 44 ④ 45 ⑤ 46 ④ 47 ⑤ 48 ⑤ 49 ㉠ 형용사, ㉡ 동사, ㉢ -고 있다 (-는 중이다) 50 ① 51 ③ 52 ③ 53 ④ 54 ③ 55 예 '치뤘다고'를 '치렀다고'로 고쳐 써야 한다. 56 ② 57 ⑤ 58 ② 59 ② 60 ④ 61 ③ 62 ② 63 ② 64 ⑤ 65 ②

개념 확인 문제
본문 **71**쪽

5
정답 풀이 용언의 형태가 바뀔 때 변하지 않는 부분을 어간, 변하는 부분을 어미라고 한다.

문제로 정복하기
본문 **72~75**쪽

31
정답 풀이 용언은 문장에서 주로 서술어의 기능을 하는 단어들을 뜻한다. 용언에는 사물의 동작이나 작용을 나타내는 동사와 사물의 성질이나 상태를 나타내는 형용사가 있다.

32
정답 풀이 형용사인 '성실한'은 '성실하다', '성실하고', '성실하며' 등과 같이 형태가 바뀌는 단어이다.

33
정답 풀이 '올랐다'는 동사, '시원하다', '환하게', '좋은', '그립구나'는 형용사이다.

34
정답 풀이 사물의 동작이나 작용을 나타내는 단어는 동사이며, '좋아하다'가 동사에 해당한다. '지혜롭다', '느긋하다', '잔잔하다', '나지막하다'는 모두 형용사이다.

35
정답 풀이 '뛰었다', '뛰는', '뛰자'를 볼 때, 동사 '뛰다'는 문장에서 쓰일 때 형태가 변한다는 것을 확인할 수 있다.

36
정답 풀이 문장에서 주로 서술어의 기능을 하는 단어를 용언이라고 하며, 용언에 해당하는 동사와 형용사는 문장에서 쓰일 때 형태가 변하는 가변어에 해당한다.

37
정답 풀이 '높다', '기쁘다', '상쾌하다', '따분하다'는 모두 형용사이다. 형용사는 사물의 성질이나 상태를 나타내는 품사이다.

38
정답 풀이 '춘다'는 동사이다. ④의 '내린다'도 동사이다.

39
정답 풀이 '쫓던'은 사물의 움직임을 나타내는 동사이다.

40
정답 풀이 ㉢의 기본형은 '부르다'이다. '부르다'는 '부르고, 부르며, 부르니, 불러, …' 등과 같이 활용한다.

41
정답 풀이 '있다'는 동사로도 쓰이고, 형용사로도 쓰이는 단어이다. 의미를 고려할 때, ㉠은 동작을 나타내므로 동사, ㉡은 상태를 나타내므로 형용사이다.

42
정답 풀이 〈보기〉의 내용을 모두 충족하는 품사는 동사이다. ②의 '바란다'는 동사이다.

43
정답 풀이 '아름답지'에서 어간은 '아름답-', 어미는 '-지'이다.

44
정답 풀이 〈보기〉의 밑줄 친 말인 '-자'와 '-아라', '-는 중이다'와 자연스럽게 결합할 수 있는 품사는 동사이다. ④의 '달아나다'는 동사이다.

45
정답 풀이 과거를 나타내는 선어말 어미가 결합한 '-았다'는 동사뿐만 아니라 형용사와도 자연스럽게 결합한다.

46
정답 풀이 ㉠에 들어갈 품사는 형용사이며, '반갑다'가 형용사에 해당한다.

47
정답 풀이 〈보기〉의 특성을 모두 지닌 품사는 형용사이다. ②의 '그립다'는 형용사이다.

48
정답 풀이 보조 용언은 본용언과 연결되어 그것의 뜻을 보충하는 역할을 하는 용언이다. ⑤의 '싶어'가 보조 용언에 해당한다.
오답 풀이 ④ '먹어'는 본용언, '버렸다'는 보조 용언이다.

49
정답 풀이 '젊다'는 상태를 나타내는 형용사이고, '늙다'는 작용을 나타내는 동사이다. 동사와 형용사를 구분할 때는 어간의 뒤에 진행을 나타내는 말인 '-는 중이다(-고 있다)'가 결합할 수 있는지를 살펴보면 된다.

50
정답 풀이 '빠르게'의 품사는 형용사이다.

51
정답 풀이 ㉢은 명사이다.
오답 풀이 '어려운'과 '있다'는 형용사, '도우며'와 '찾는'은 동사이며, 모두 용언에 해당한다.

52
정답 풀이 '낳다'는 '낳고, 낳아, 낳지, 낳는, …' 등과 같이 활용할 때 어간의 형태가 변하지 않는다.
오답 풀이 ① '놀다'는 '노는'과 같이 어간의 'ㄹ'이 탈락하기도 하지만, 〈보기〉에서 'ㄹ' 탈락은 규칙 활용에 포함된다고 하였다.

53
정답 풀이 '반가워'의 기본형은 '반갑다'이다. 따라서 '반가워'는 '반갑 - + - 어'로 구분해야 한다.

54
정답 풀이 어간 '날 -'과 어미 ' - 는'이 결합하면 어간의 'ㄹ'이 탈락하여 '나는'이 된다.

55
정답 풀이 '치르다'의 어간 '치르 -'에 과거를 나타내는 어미 ' - 었 -'을 결합하면 '치렀 -'이 된다. 따라서 '치뤘다'는 부적절한 표현이다.

수능 도전 본문 76~77쪽

56
정답 풀이 '늦는다'는 동사, '빠르다', '고요하고', '푸른', '지겹다'는 형용사에 해당한다.

57
정답 풀이 〈보기〉의 조건을 모두 만족하는 품사는 형용사이다. '어렵다'가 형용사이다.

58
정답 풀이 '거르다'의 어간 '거르 -'와 '어미 ' - 어서'가 결합하면 '걸러서'가 된다. 어간 '르'가 'ㄹㄹ'로 바뀐 것을 확인할 수 있다. '푸르 - + - 어 → 푸르러'에서는 어미가 바뀌었다.

59
정답 풀이 ㉡의 '산'에 쓰인 어미 ' - ㄴ'은 과거 시제를 나타낸다. 현재 시제를 나타내는 어미는 ' - 는'이다.

60
정답 풀이 '솟다'는 '솟고, 솟지, 솟아, 솟으니, …'와 같이 규칙적으로 활용하지만, '짓다'는 '짓고, 짓지, 지어, 지으니, …'와 같이 불규칙적으로 활용한다.

61
정답 풀이 '춥 - + - 어 → 추워'는 어간의 받침 'ㅂ'이 'ㅜ'로 바뀌었다. '뒤집 - + - 어 → 뒤집어'는 어간의 형태가 바뀌지 않는다.

62
정답 풀이 '밝다'는 동사와 형용사로 모두 쓸 수 있다. 그런데

㉡에서는 현재 시제 선어말 어미 ' - 는 -'이 결합하였으므로 이때 '밝다'는 동사이다. ㉡의 '밝는다'는 시간의 변화에 따라 환해진다는 '작용(어떤 현상을 일으키거나 영향을 미침)'을 나타내므로 동사이다.

63
정답 풀이 〈보기〉의 '밝아'는 '밤이 지나고 환해지며 새날이 오다'라는 뜻으로, 동사에 해당한다. ②의 '말랐다'가 동사에 해당한다.

64
정답 풀이 어미 결합을 고려할 때 ㉠에는 동사, ㉡에는 형용사에 해당하는 단어가 들어가야 한다. '마시다'는 동사, '마렵다'는 형용사이다.

65
정답 풀이 ②의 '묻다'는 '일을 드러내지 아니하고 속 깊이 숨기어 감추다'의 뜻으로 사용된 단어로 '묻고, 묻어, 묻게, 묻으며' 등으로 규칙적으로 활용된다.

9일 품사의 종류와 특성 3 - 수식언

1 ○ 2 ○ 3 ○ 4 × 5 × 6 두 7 어느 8 새
9 그 10 한 11 저 12 온갖 13 수 14 관 15 수, 관 16 ㉡ 17 ㉡ 18 ㉠ 19 ㉢ 20 ㉠ 21 ㉣
22 ㉣ 23 ㉢ 24 ㉡ 25 ㉠ 26 이리 27 못 28 빨리 29 설마 30 그러나 31 ② 32 ③ 33 ⑤ 34 ⑤
35 ② 36 ③ 37 ④ 38 ① 39 ③ 40 ③ 41 ④
42 ⑤ 43 ④ 44 ② 45 ④ 46 ④ 47 ④ 48 ⑤
49 ① 50 ② 51 ④ 52 ② 53 ② 54 **에시** 문장에서 용언과 부사, 문장 전체를 꾸며 주는 기능을 한다. 55 **에시** '새'는 관형사, '새로운'은 형용사이다. '새'는 형태가 바뀌지 않지만, '새로운'은 형태가 바뀐다. 56 ③ 57 ① 58 ④ 59 ④
60 ② 61 ① 62 ② 63 ② 64 ④ 65 ②

개념 확인 문제 본문 79쪽

13~15
정답 풀이 뒤에 조사가 결합할 수 있는 것은 수사, 조사가 결합할 수 없는 것은 관형사이다.

문제로 정복하기 본문 80~83쪽

31
정답 풀이 다른 말을 꾸며 주는 기능을 하는 수식언에 포함되는 품사는 관형사와 부사이다.

32
정답 풀이 관형사는 뒤에 조사가 결합할 수 없다.

33
정답 풀이 '모든'은 뒤에 오는 체언 '사람'을 꾸며 주는 관형사

이다.

34
정답 풀이 '위대한'은 '위대하고, 위대하니, 위대하며, …'와 같이 문장에서 쓰일 때 형태가 바뀌기 때문에 수식언에 해당하지 않는다. '위대한'은 형용사이다.

35
정답 풀이 수식언 중에서 주로 체언 앞에 쓰이는 것은 관형사, 그렇지 않은 것은 부사이다. ㉠에는 부사인 '홀로'가 들어갈 수 있다.
오답 풀이 ① 관형사, ③ 조사, ④ 관형사, ⑤ 조사

36
정답 풀이 '어느'는 관형사, 나머지는 모두 부사에 해당한다.

37
정답 풀이 '영원히'는 뒤에 오는 용언 '기록될'을 꾸며 주는 부사이다.
오답 풀이 ① 조사, ② 명사, ③ 조사, ⑤ 동사

38
정답 풀이 '새'는 관형사, '일찍'과 '무척'은 부사이다. 모두 뒤에 오는 단어를 꾸며 주는 기능을 한다.

39
정답 풀이 '비로소'는 부사에 해당한다. ③의 '재빨리'도 부사에 해당한다.

40
정답 풀이 '한, 두, 세'와 '하나, 둘, 셋'은 사물의 수량을 나타낸다는 점에서 유사하지만, 기능으로 볼 때 '한, 두, 세'는 수식언, '하나, 둘, 셋'은 체언에 해당한다.

41
정답 풀이 〈보기〉의 조건을 모두 만족하는 품사는 관형사이다. ④의 '여러'가 관형사에 해당한다.
오답 풀이 ① 부사, ② 형용사, ③ 형용사, ⑤ 부사

42
정답 풀이 ㉠과 ㉡은 모두 부사이며, 뒤에 오는 단어의 의미를 보다 섬세하게 꾸며 주는 기능을 한다.

43
정답 풀이 용언을 꾸며 주는 기능을 하는 품사는 부사이다. ④의 '어떤'은 체언을 꾸며 주는 관형사에 해당한다.

44
정답 풀이 부사는 홀로 독립적으로 쓸 수 있다. 품사 중에서 홀로 독립적으로 쓸 수 없는 것은 조사이다.

45
정답 풀이 '산들산들'은 뒤에 오는 용언인 '흔들리기'를 꾸며 주는 부사이다.

46
정답 풀이 '절대'는 뒤에 오는 말 '안 돼'를 꾸며 주고 있다.

47
정답 풀이 '깨끗이'는 부사이다. ④의 '일찍'도 부사에 해당한다.

48
정답 풀이 뒤에 오는 문장 전체를 꾸며 주는 문장 부사는 ⑤의 '모쪼록'이다.

49
정답 풀이 '불지'는 사물의 동작과 작용을 나타내는 동사에 해당한다.

50
정답 풀이 관형사와 부사는 다른 말을 꾸며 주는 수식언에 해당하며, 문장에서 쓰일 때 형태가 변하지 않는 불변어에 해당한다.

51
정답 풀이 ④에서 '그'는 관형사, '벌써'는 부사이다.

52
정답 풀이 ②에는 '아주', '높이', '멀리' 3개의 부사가 쓰였다.
오답 풀이 ① 2개('모처럼', '푹'), ③ 1개('직접'), ④ 1개('일찍'), ⑤ 1개('절대')

53
정답 풀이 '감사히'는 명사 '감사' 뒤에 '-히'가 결합하여 부사가 된 경우이고, '밝히'는 형용사 '밝다'의 어근 '밝-' 뒤에 '-히'가 결합하여 부사가 된 경우이다.

54
정답 풀이 ㉮에서 부사 '가장'은 동사 '좋아한다'를, ㉯에서 부사 '매우'는 부사 '자주'를, ㉰에서 부사 '설마'는 '너까지 나를 의심하는 거야?'라는 문장을 꾸며 주고 있다.

55
정답 풀이 ㉠은 형태가 바뀌지 않는 불변어에 해당하는 관형사이고, ㉡은 형태가 바뀌는 가변어에 해당하는 형용사이다.

수능 도전
본문 84~85쪽

56
정답 풀이 '새'와 '옛'은 모두 체언을 꾸며 주는 관형사이다.

57
정답 풀이 〈보기〉에서 설명하는 품사는 관형사와 부사이다. ①에서 '저'는 관형사, '무척'은 부사이다.

58
정답 풀이 ④에서 '바로'는 뒤에 오는 동사 '말해라'를 꾸며 주는 부사이다.

59
정답 풀이 '아직'은 '문제'가 아니라 '못 풀었는데'를 꾸며 준다.

60
정답 풀이 ②에서 '활짝'과 '당당히'는 모두 부사이다.

61
정답 풀이 ㉠은 관형사, ㉡은 부사이다. 부사는 용언과 부사, 체언, 문장 등을 꾸며 주지만, 관형사는 체언만 꾸며 준다.

62

정답 풀이 〈보기 2〉에 제시된 단어 중 '둘째', '여섯'은 수 관형사로 쓰이지만, 수사로도 쓰일 수 있는 단어이다. '하나'는 관형사로 쓰이지 않는다. 따라서 수 관형사로만 쓰이는 단어에 해당하는 것은 '세'이다.

63

정답 풀이 ⓐ '이'는 명사 '사과'를, ⓑ '그'는 명사 '책'을 수식하는 관형사이다. ⓒ '여기'는 장소를 나타내는 대명사이다. ⓓ '이리'는 용언 '오게'를, ⓔ '그리'는 용언 '보내겠습니다'를 수식하는 부사이다.

64

정답 풀이 '아주'는 뒤에 이어지는 관형사 '새'를 수식하고 있으므로 적절하다.

65

정답 풀이 ㉠과 ㉢은 활용을 할 수 있기 때문에 형용사에 해당하며, ㉡은 명사를 수식하기 때문에 관형사, ㉣은 동사를 수식하기 때문에 부사에 해당한다.

10일 품사의 종류와 특성 4 - 관계언, 독립언

1 ○   2 ○   3 ×   4 ×   5 ○   6 ○   7 ○   8 가, 의, 이다   9 은, 가, 이다   10 가, 에게, 을   11 가, 과, 를, 에   12 는, 부터, 까지   13 격   14 접속   15 보   16 감탄사   17 ㉥   18 ㉢   19 ㉣   20 ㉦   21 ㉠   22 ㉡   23 ㉣   24 아차   25 없음   26 네   27 여보세요   28 저   29 없음   30 천만에   31 ③   32 ②   33 ①   34 ④   35 ③   36 ④   37 ④   38 ④   39 ④   40 ①   41 ④   42 ④   43 ⑤   44 ③   45 ⑤   46 ③   47 ②   48 ③   49 ⑤   50 ②   51 ③   52 ③   53 ④   54 감탄사, 관형사, 명사, 조사, 대명사, 조사, 부사, 형용사   55 ㉠, **예** 〈예〉에서 '만큼'은 앞에 있는 '노력한'의 수식을 받는 의존 명사이기 때문에 띄어 써야 한다.   56 ⑤   57 ④   58 ②   59 ②   60 ④   61 ③   62 ④   63 ①   64 ⑤   65 ③

개념 확인 문제　　　　　본문 87쪽

4

정답 풀이 조사 중에서 서술격 조사 '이다'는 '이고, 이며, 이지, …'와 같이 형태가 바뀐다.

25

정답 풀이 '지원아'에서 '지원'은 명사, '아'는 조사에 해당한다.

문제로 정복하기　　　　　본문 88~91쪽

31

정답 풀이 조사는 체언이나 부사, 어미 따위에 붙어 그 말과

다른 말과의 문법적 관계를 표시하거나 그 말의 뜻을 도와주는 품사이다.

32

정답 풀이 ②는 감탄사, 관형사, 명사, 부사, 동사로 이루어진 문장이다.

33

정답 풀이 조사는 실질적인 의미를 가진 단어에 해당하지 않는다. '가'는 주격 조사이다.

34

정답 풀이 '쉽게'는 형용사이며, 조사가 결합하지 않았다.
오답 풀이 ㉠의 '가', ㉡의 '처럼', ㉢의 '도', ㉣의 '만'이 조사에 해당한다.

35

정답 풀이 〈보기〉를 통해 보조사 '도'가 이미 어떤 것이 포함되고 그 위에 더함의 뜻을 나타낸다는 것을 알 수 있다.

36

정답 풀이 〈보기〉에서 보격 조사 '이/가'는 '되다', '아니다' 앞에 쓰인다고 하였다. 따라서 ④에서 '되었다' 앞에 쓰인 '이'가 보격 조사에 해당한다.

37

정답 풀이 조사 중에서 유일하게 문장에서 쓰일 때 형태가 바뀌는 조사는 서술격 조사 '이다'이다.

38

정답 풀이 관형사 '두' 뒤에 조사 '의'를 붙일 경우 비문이 되는 것처럼 관형사 뒤에는 조사가 결합할 수 없다.

39

정답 풀이 '그것 좋아요.'에서는 조사가 생략된 것을, '그것만으로도 좋아요.'에서는 세 개의 조사가 겹쳐 쓰인 것을 확인할 수 있다.

40

정답 풀이 ㉠과 ㉡은 모두 둘 이상의 단어나 구 따위를 같은 자격으로 이어 주는 구실을 하는 접속 조사이다.

41

정답 풀이 '조용히'는 부사이다.

42

정답 풀이 '속도가'의 '가'는 '아니라' 앞에 쓰였으므로 보격 조사에 해당한다.

43

정답 풀이 ㉢의 '과'와 ㉣의 '와'는 접속 조사이기 때문에 두 개의 문장으로 나눌 수 있지만, ㉠의 '와'와 ㉡의 '과'는 부사격 조사이기 때문에 두 개의 문장으로 나눌 수 없다.

44

정답 풀이 '으로'와 '에'는 모두 체언 뒤에 붙어서 그 체언을 부사어로 만들어 주는 부사격 조사이다.

45

정답 풀이 〈보기〉의 설명에 해당하는 품사는 조사이다. '에서'가 조사에 해당한다.

오답 풀이 ㉠은 감탄사, ㉡은 동사, ㉢은 관형사, ㉣은 명사이다.

46
정답 풀이 ㉡의 '와'는 다른 것과 비교하거나 기준으로 삼는 대상임을 나타내는 부사격 조사로 쓰였다. 둘 이상의 대상을 같은 자격으로 이어 주는 조사는 접속 조사이다.

47
정답 풀이 감탄사는 조사와 결합할 수 없다.

48
정답 풀이 '이봐'는 듣는 이를 부를 때 쓰는 감탄사이다.

49
정답 풀이 형태가 바뀌지 않는 불변어이면서, 놀람이나 부름, 응답 등을 나타내는 품사는 감탄사이다.

50
정답 풀이 '과연'은 뒤에 오는 문장 전체를 꾸며 주는 부사이다.

51
정답 풀이 ④에서 쉼표 앞에 쓰인 '사랑'은 명사이다.

52
정답 풀이 '부를 때 쓰는 말'을 고려할 때, '여보시오'는 감탄사라는 것을 알 수 있다.

53
정답 풀이 ④의 '이런'은 뜻밖에 놀라운 일이나 딱한 일을 보거나 들었을 때 하는 말로 쓰였으므로 감탄사이다.

54
정답 풀이 '저런'은 감탄사, '그'는 관형사, '일'은 명사, '은'은 조사, '나'는 대명사, '도'는 조사, '정말'은 부사, '슬프구나'는 형용사이다.

55
정답 풀이 ㉠의 '만큼'은 '노력한'의 꾸밈을 받고 있기 때문에 의존 명사이다. 따라서 '노력한 만큼'과 같이 띄어 써야 한다.

수능 도전
본문 92~93쪽

56
정답 풀이 ⑤의 '그런'은 뒤에 오는 명사 '일'을 꾸며 주는 관형사이다.

57
정답 풀이 조사 중에서 형태가 바뀌는 가변어에 해당하는 것은 서술격 조사 '이다'뿐이다.

58
정답 풀이 조사의 기능 중에서 앞의 체언을 다른 품사로 만드는 기능은 없다.

59
정답 풀이 '얘'는 어른이 아이를 부르거나 같은 또래끼리 서로 부르는 말이다.

60
정답 풀이 ㄴ의 '과'와 ㄷ의 '와'는 앞말이 받침이 있는지, 없는지에 따라 선택된다.

61
정답 풀이 보조사는 앞말에 특별한 뜻을 더해 주는 조사이다. 하지만 '나는 개와 고양이를 좋아한다.'에서 '와'는 '개'와 '고양이'가 같은 자격으로 서술어의 목적어가 되도록 이어서 하나의 명사구를 형성하는 기능을 하고 있다. 따라서 '와'는 보조사가 아니라 접속 조사이다.

62
정답 풀이 ㉣에 쓰인 조사 '에게'와 '로'는 모두 부사격 조사이다.

63
정답 풀이 '교실이'의 '이'는 주격 조사, '사실이'의 '이'는 보격 조사이다. '되다'나 '아니다' 앞에 쓰인 '이/가'는 보격 조사이다.

64
정답 풀이 밑줄 친 단어는 모두 격 조사에 해당하며, 격 조사는 실질적인 뜻이 없고 체언과 결합하여 쓰인다.

65
정답 풀이 빈칸에 공통으로 들어갈 품사는 감탄사이다. 감탄사는 다른 단어와 관련 없이 독립적으로 쓰이는 독립언에 해당한다. 다른 말을 꾸며 주는 기능을 하는 것은 수식언(관형사, 부사)이다.

7~10일 종합 평가
본문 94~97쪽

1 ③	2 ⑤	3 ⑤	4 ①	5 ①	6 ⑤	7 ②	8 ④
9 ③	10 ②	11 ④	12 ⑤	13 ④	14 ③	15 ④	
16 ⑤	17 ③	18 ②	19 ①	20 ⑤			

1
정답 풀이 단어에 따라서는 두 개 이상의 품사로 쓰이기도 한다. 예를 들어 '밝다'는 '밤이 지나고 환해지며 새날이 오다.'를 뜻하면 동사, '불빛 따위가 환하다.'를 뜻하면 형용사이다.

2
정답 풀이 '두'는 뒤에 오는 체언인 '학생'을 꾸며 주는 기능을 하므로 관형사에 해당한다.

3
정답 풀이 '즐거운'의 기본형은 '즐겁다'이다. '즐겁고, 즐거워, 즐거우니, …' 등과 같이 문장에서 쓰일 때 형태가 바뀌는 가변어에 해당한다.

4
정답 풀이 '미소'는 명사로 체언에 해당한다.

5
정답 풀이 ㉠은 순서를 나타내기 때문에 수사, ㉡은 뒤에 오는 체언을 꾸며 주기 때문에 관형사, ㉢은 조사와 결합하여 사물의 이름을 나타내기 때문에 명사이다.

6

정답 풀이 대명사를 설명한 것으로, ⑤에는 대명사가 쓰이지 않았다. '이'는 관형사, '것'은 의존 명사이다.

7

정답 풀이 ㉠은 감탄사, ㉡은 대명사, ㉢은 대명사, ㉣은 대명사, ㉤은 관형사, ㉥은 명사이다.

8

정답 풀이 '못'은 부사로 문장에서 쓰일 때 형태가 바뀌지 않는 불변어에 해당한다.

9

정답 풀이 '둘째'는 뒤에 오는 체언 '형'을 꾸며 주는 기능을 하고 있으므로 관형사에 해당한다.

10

정답 풀이 '마르다'는 동사이다. 어간 '마르-' 뒤에 현재 진행을 나타내는 말인 '-는 중이다'가 자연스럽게 연결된다는 점에서 형용사와 구별된다.

11

정답 풀이 '무슨'은 뒤에 오는 체언인 '영문'을 꾸며 주는 기능을 하기 때문에 관형사에 해당한다.

12

정답 풀이 '한'은 뒤에 오는 체언 '그루'를 꾸며 주는 기능을 하기 때문에 관형사에 해당한다.

13

정답 풀이 관형사는 체언만 수식하지만, 부사는 용언뿐만 아니라 다른 부사, 문장 전체, 체언 등을 수식하기도 한다.

14

정답 풀이 ③에서 '모든'은 관형사, '꼭'은 부사이다.

15

정답 풀이 ④에서 '퍽'은 용언인 '궁금하구나'를 꾸며 주고 있다.

16

정답 풀이 '온갖'은 뒤에 오는 체언을 꾸며 주는 기능을 하는 관형사이다. '쾅쾅', '휘영청', '절대로', '조용히'는 모두 부사에 해당한다.

17

정답 풀이 조사 중에서 서술격 조사 '이다'는 '이고, 이며, 이니, 이므로, …' 등과 같이 형태가 바뀐다.

18

정답 풀이 감탄사는 조사와 결합할 수 없다. 감탄사는 독립적으로 사용되는 독립언이기 때문에 생략해도 문장이 성립한다.

19

정답 풀이 ①의 '와'는 부사격 조사이기 때문에 '개는 비슷하게 생겼다.'와 '늑대는 비슷하게 생겼다.'와 같이 두 개의 문장으로 나눌 수 없다.

20

정답 풀이 '는'은 보조사이기 때문에 문장 성분을 나타내지 못한다. 예를 들어, ㄴ에서 '승미는'은 주어이지만, ㄷ에서 '문제는'은 목적어이다.

---

1 ○	2 ×	3 ○	4 ○	5 ○	6 고	7 한	8 외
9 외	10 고	11 한	12 외	13 한	14 고	15 고	
16 외	17 ③	18 ④	19 ②	20 ㉡	21 ㉢	22 ㉠	
23 사회	24 은어	25 유행어	26 전문어	27 은어			
28 고유어	29 유행어	30 표준어	31 ②	32 ④			
33 ④	34 ②	35 ⑤	36 ④	37 ②	38 ②	39 ③	
40 ②	41 ③	42 ③	43 ⑤	44 ⑤	45 ①	46 외래	

어, 📝 우리말 어휘를 보충하여 우리말을 풍부하게 한다. **47** ② **48** ① **49** 📝 유행어는 당시 사회의 모습을 반영하기도 한다. **50** ⑤ **51** ① **52** ⑤ **53** 📝 사람에게 피해를 준 동물의 이름을 금기어로 하여, 완곡하게 표현하였다. **54** ① **55** 📝 청소년들 사이에서 많이 쓰는 유행어(은어)들로, 세대 간의 의사소통을 어렵게 할 수도 있다. **56** ③ **57** ④ **58** ④ **59** ④ **60** ④ **61** ⑤ **62** ④ **63** ② **64** ④ **65** ④

개념 확인 문제 본문 99쪽

15

정답 풀이 '시나브로'는 '모르는 사이에 조금씩 조금씩.'을 뜻하는 고유어이다.

17~18

정답 풀이 '형(兄)'과 '반찬(飯饌)'은 한자어이다.

문제로 정복하기 본문 100~103쪽

31

정답 풀이 고유어는 본디부터 있던 말이기 때문에 한자어가 고유어보다 더 오래전부터 쓰였다는 것은 적절하지 않다.

32

정답 풀이 〈보기〉에 제시된 단어들은 모두 외래어로, 외래어는 국어의 어휘 체계 중 하나에 해당한다.

33

정답 풀이 여러 가지 채소와 고기붙이를 잘게 썰어 볶은 것에 삶은 당면을 넣고 버무린 음식인 '잡채(雜菜)'는 한자어에 해당한다.

34

정답 풀이 〈보기〉에 제시된 단어들은 모두 고유어에 해당한다.

35

정답 풀이 한자어 '집착하다'는 '어떤 것에 늘 마음이 쏠려 잊지 못하고 매달리다.'를 뜻한다.

36

정답 풀이 ㉮는 한자어, ㉯는 외래어에 해당한다. 외래어뿐만 아니라 한자어도 새로운 말이 계속 만들어지고 있다.

37

정답 풀이 〈보기〉는 외래어를 고유어로 바꾸려는 노력의 결과를 보여 주는 자료라고 할 수 있다.

38
정답 풀이 외래어를 고유어로 바꾸어 쓰려고 노력하고, 그 노력이 어느 정도 결실을 이룬 사례로는 ②가 적절하다.

39
정답 풀이 ③의 '생각'은 문맥을 고려할 때, 한자어 '기대(期待)'로 바꾸어 쓰는 게 자연스럽다.

40
정답 풀이 '실현하다'는 '꿈, 기대 따위를 실제로 이루다.'를 뜻한다. 따라서 '실현할'은 '이룰'로 바꿔 쓰는 것이 가장 적절하다.

41
정답 풀이 〈보기〉의 밑줄 친 한자어들은 모두 고유어 '고치다'와 바꾸어 쓸 수 있다.

42
정답 풀이 원활한 의사소통을 위해서는 표준어를 사용하기 위해 노력해야 한다. 그리고 지역 방언이 지닌 다양한 가치를 알고 이를 살려 나가는 태도도 필요하다.

43
정답 풀이 공식적인 자리에서 필요에 따라 유행어를 사용할 수는 있지만, 유행어를 사용하였다고 해서 전문적 지식이 높다는 인상을 줄 수는 없다.

44
정답 풀이 1문단에서는 국어 생활에서 반성할 점으로 은어를 지적하고 있으며, 2문단에서는 외국어의 지나친 사용을 지적하고 있다.

45
정답 풀이 은어와 지역 방언은 공통으로 그것을 사용하는 집단 밖의 사람들에게 위화감과 소외감을 줄 수 있다.

46
정답 풀이 외국에서 들어온 말로 국어에서 널리 쓰이는 단어를 외래어라고 한다. 외래어는 우리말의 어휘를 풍부하게 해 준다.

47
정답 풀이 외래어와 외국어는 둘 다 외국에서 들어온 말이지만, 외국어와 달리 외래어는 국어의 어휘 체계에 속한다. 외래어와 외국어는 쓰이는 상황에 따라 우리말 어휘를 보충해 준다.

48
정답 풀이 〈보기〉는 시장에 따라 숫자를 세는 말이 다르다는 것을 보여 준다. 이처럼 다른 사람들이 알아듣지 못하도록 자기네 구성원들끼리만 빈번하게 사용하는 말을 은어라고 한다.

49
정답 풀이 유행어는 그 말이 만들어지고 널리 사용되던 시기의 사회 모습을 반영하는 역할도 한다.

50
정답 풀이 은어는 자기 집단 구성원들끼리만 알아들을 수 있도록 쓰는 말이지, 장난기 어린 표현이나 반항적인 표현을 하고 싶을 때 쓰는 말이 아니다.

51
정답 풀이 '큰집'은 죄수들 사이에서 '교도소'를 이르는 은어로 사용되었다.

52
정답 풀이 '대가리'는 동물의 머리를 뜻하는 말이다. 따라서 직접적으로 표현하기를 꺼리는 단어인 금기어라고 볼 수 없다.

53
정답 풀이 〈보기〉를 통해 우리 조상들은 사람에게 막대한 피해를 주는 호랑이를 직접적으로 일컫는 것을 꺼리고 그 대신 완곡어를 사용하여 불렀음을 알 수 있다.

54
정답 풀이 고유어와 한자어, 외래어 중에서 어느 하나를 일부러 많이 쓰려고 하기보다는 어종별 특성을 고려하여 상황에 맞게 사용하는 것이 바람직하다.

55
정답 풀이 특정 세대에서 주로 쓰이는 유행어나 은어를 사용하면 세대가 다른 사람들과 원활하게 의사소통을 할 수 없게 된다.

수능 도전
본문 104~105쪽

56
정답 풀이 (다)의 각 어휘들은 그 세분화된 의미가 모두 다르므로 문장 속에서 서로 바꿔 쓸 수 없다.

57
정답 풀이 외국어가 사람들 사이에서 널리 쓰이게 되면 외래어의 지위를 얻게 된다.

58
정답 풀이 ㉯는 지역 방언의 부정적인 측면을 말한 것이다.

59
정답 풀이 〈보기〉에 제시된 한자어들은 그것에 해당하는 고유어에 비해 상대방을 높이는 말로 쓰인다.

60
정답 풀이 특정 지역 사람들이 아닌 일반 국민을 대상으로 하는 공적인 상황에서는 원활한 소통을 위해 표준어를 사용해야 한다.

61
정답 풀이 '낚다'는 기자들 사이에서 은어로 쓰이는 말이기 때문에 사회 방언에 해당한다.
오답 풀이 ①~④는 모두 지역 방언에 해당한다.

62
정답 풀이 어느 한 시기에 사람들에 의해 널리 쓰이는 말을 '유행어'라고 한다.

63
정답 풀이 폐쇄적이고 비밀스러운 성격이 강해서 암호처럼 쓰이는 말을 '은어'라고 한다.

64

정답 풀이 (가)에서 (나)로의 변화는 직업의 전문성에 대한 의식이 강화되면서 직업의 명칭이 변한 사례이다.

65

정답 풀이 (가)의 밑줄 친 단어들은 전문어이고, (나)의 밑줄 친 단어는 은어이다. 전문어와 은어의 공통점은 그것을 쓰지 않는 집단의 구성원들은 이해하기 어렵다는 점이다.

12일 어휘의 의미 관계

1 ㉢ 2 ㉣ 3 ㉡ 4 ㉻ 5 ㉠ 6 ㉤ 7 × 8 ○
9 ○ 10 × 11 ○ 12 ① 13 ③ 14 ③ 15 ②
16 ③ 17 ① 18 밤 19 왼쪽 20 도착 21 제자
22 낮다 23 뜨다 24 받다 25 내리다 26 동물
27 악기 28 꽃 29 문학 30 신발 31 ① 32 ⑤
33 ④ 34 ⑤ 35 ③ 36 바람(꿈) 37 ② 38 ⑤ 39 ④
40 ① 41 ⑤ 42 ② 43 ④ 44 ③ 45 있으므로, 다
의어, 하나의 46 ② 47 ③ 48 ③ 49 ⑤ 50 ②
51 ③ 52 ③ 53 ③ 54 ④ 55 다르지, 다르잖아 / 예)
'같다'의 반의어는 '다르다'인데, 현우는 '틀리다'라는 말로 잘못 사
용하였다. 56 ④ 57 ⑤ 58 ③ 59 ① 60 ③ 61 ①
62 ⑤ 63 ④ 64 ③ 65 ⑤

개념 확인 문제
본문 107쪽

7

정답 풀이 유의어라 하더라도 의미가 똑같은 것은 아니기 때문에 어떤 상황에서든 서로 바꿔 쓸 수 있는 것은 아니다.

문제로 정복하기
본문 108~111쪽

31

정답 풀이 '해로운'과 '이로운'은 반의 관계에 있는 단어들이다.

32

정답 풀이 문맥을 고려할 때 '잠갔다'와 유사한 의미를 지닌 단어는 '채웠다'이다.

33

정답 풀이 '눈'과 '비'는 다양한 기상 현상 중의 일부이지, 반의 관계를 맺고 있는 단어라고 볼 수 없다.

34

정답 풀이 '가늘다'의 반의어는 '굵다'이다. '두껍다'는 '얇다'의 반의어이다.

35

정답 풀이 ③의 '열다'는 '다른 사람에게 어떤 일에 대하여 터놓거나 이야기를 시작하다.'라는 의미로 쓰였으며, 반의어로는 '닫다'나 '다물다'가 적절하다.

36

정답 풀이 '희망'과 유의 관계에 있는 고유어는 '바람'과 '꿈'이다. '바람'은 어근 '바라-'와 접미사 '-ㅁ'이, '꿈'은 어근 '꾸-'와 접미사 '-ㅁ'이 결합하여 만들어진 단어이다.

37

정답 풀이 〈보기〉에서 '뽑다'라는 단어가 쓰인 문맥을 고려할 때, 반의어에 해당하는 단어는 각각 '심다', '박다', '먹다'로 다르게 나타난다.

38

정답 풀이 동음이의어가 쓰인 문장은 문맥이나 상황을 고려하면 문장의 정확한 의미를 파악할 수 있다.

39

정답 풀이 ④의 '쓸'과 '쓰지'는 그 의미가 서로 연관성이 있기 때문에 다의어에 해당한다.

40

정답 풀이 ①의 '풀'은 '쌀이나 밀가루 따위의 전분질에서 빼낸 끈끈한 물질.'을 뜻할 수도 있고, '초본 식물을 통틀어 이르는 말.'을 뜻할 수도 있다. 또한 '수영하면서 놀거나 수영 경기 따위를 할 수 있는 시설을 갖춘 곳.'을 뜻할 수도 있다.

41

정답 풀이 〈보기〉의 ㉠~㉢은 소리만 같을 뿐, 의미는 전혀 연관성이 없으므로 동음이의어라고 할 수 있다.

42

정답 풀이 ㉠은 '사람이나 동물의 다리 맨 끝부분.'을 의미하지만, ㉡의 '발'은 '총알, 포탄, 화살 따위를 세는 단위.'를 의미한다. 의미 사이에 연관성이 없으므로 동음이의 관계에 해당한다.

43

정답 풀이 '흉내'와 '시늉'은 유의 관계를 맺고 있다. ④의 '밝다'와 '환하다'도 유의 관계를 맺고 있다. ①, ②, ⑤는 모두 반의 관계를 맺고 있고, ③은 상하 관계를 맺고 있다.

44

정답 풀이 '번지다'와 '퍼지다'는 유의 관계를 맺고 있다.

45

정답 풀이 ㉠의 '머리'는 '사람이나 동물의 목 위의 부분.'을 의미하며, ㉡의 '머리'는 '단체의 우두머리.'를 의미한다. 두 의미가 서로 관련이 있다고 볼 수 있으므로 다의어이고, 국어사전에서 하나의 단어로 취급한다.

46

정답 풀이 '눈'의 중심 의미는 '빛의 자극을 받아 물체를 볼 수 있는 감각 기관.'이다. ②의 '눈'의 의미가 여기에 해당하며, 나머지는 모두 주변 의미로 쓰였다.

47

정답 풀이 '먹다'의 중심 의미는 '음식 따위를 입을 통하여 배 속에 들여보내다.'이다. ③의 '먹기로'의 의미가 여기에 해당하며, 나머지는 모두 주변 의미로 쓰였다.

48
정답 풀이 〈보기〉의 ㉠과 ㉡은 다의어이며, 다의어가 쓰인 것은 ③이다. 나머지는 모두 동음이의어이다.

49
정답 풀이 중심 의미인 '① 길이, 넓이, 부피 따위가 비교 대상이나 보통보다 덜하다.'라는 의미로 쓰인 것은 ⑤의 '작고'이다.
오답 풀이 ①은 ②, ②는 ⑤, ③은 ④, ④는 ③의 의미로 각각 쓰였다.

50
정답 풀이 다의어는 동음이의어와 달리 의미들 사이에 관련성이 있다.

51
정답 풀이 ㉠은 '어디를 거치어 가거나 오거나 하다.'라는 의미로 쓰였으며, 이와 유사하게 쓰인 것은 ③의 '지나고'이다.

52
정답 풀이 〈보기〉에서 '타악기'는 상의어, '드럼'은 하의어이다. '부장'과 '과장'은 직급의 높고 낮음을 나타낼 뿐 상의어와 하의어 관계라고 볼 수 없다.

53
정답 풀이 ㉠은 '성미가 사납고 독하다.'라는 의미로 쓰였으며, 이와 유사한 의미로 쓰인 것은 ③이다.

54
정답 풀이 상의어가 하의어에 비해 포괄적인 의미를 지니고 있으므로 '현악기'가 '첼로'에 비해 포괄적인 의미를 지닌다.

55
정답 풀이 '같다'의 반의어는 '다르다'이다. '틀리다'는 '맞다'의 반의어이다.

수능 도전
본문 112~113쪽

56
정답 풀이 ④에는 반의어가 쓰이지 않았다.

57
정답 풀이 '파랗다'는 '맑은 가을 하늘이나 깊은 바다, 새싹과 같이 밝고 선명하게 푸르다.'라는 의미를 지니고 있으며 '푸르다'와 유의 관계에 있다.

58
정답 풀이 ㉴의 '틈'은 '어떤 행동을 할 만한 기회.'라는 의미로 쓰였다. '사이'와 '겨를'에는 이러한 의미가 없으므로 바꾸어 쓸 수 없다.

59
정답 풀이 ㉠과 ①의 '세우다'는 '나라나 기관 따위를 처음으로 생기게 하다.'라는 의미이다.

60
정답 풀이 '의지하다'의 유의어는 '기대다'이다.

61
정답 풀이 '누명을 벗다.'에서 '벗다'는 '누명이나 치욕 따위를 씻다.'라는 뜻이다. 이때 '벗다'의 반의어는 '사람이 죄나 누명 따위를 가지거나 입게 되다.'라는 뜻의 '쓰다'가 될 수 있다. '배낭을 벗다.'에서 '벗다'는 '메거나 진 배낭이나 가방 따위를 몸에서 내려놓다.'라는 뜻이다. 이때 '벗다'의 반의어는 '어깨에 걸치거나 올려놓다.'라는 뜻의 '메다'가 될 수 있다.

62
정답 풀이 '묻다³'의 의미를 고려할 때 용례에서 '물었다'는 '질문했다'로 바꾸어 쓸 수 있다.

63
정답 풀이 '일을 드러내지 아니하고 속 깊이 숨기어 감추다.'의 의미와 반대의 의미로 쓰인 단어는 ④의 '밝혔다'이다.
오답 풀이 ③의 '밝히다'는 '드러나게 좋아하다.'라는 의미로 쓰였다.

64
정답 풀이 ㉠은 '영향, 해, 은혜 따위를 당하거나 입게 하다.'라는 의미로 쓰였다. 따라서 '맡기는'은 ㉠과 바꿔 쓸 수 없다.

65
정답 풀이 '차다¹'의 【…에】, 【…으로】를 보면 '차다¹'은 주어 이외에 부사어가 반드시 필요하다는 점을 알 수 있다. 하지만 '차다²'는 주어만 필요로 한다.

11~12일 종합 평가
본문 114~115쪽

| 1 ④ | 2 ① | 3 ④ | 4 ⑤ | 5 ④ | 6 ② | 7 ③ | 8 ① |
| 9 ③ | 10 ③ | | | | | | |

1
정답 풀이 외래어도 국어의 어휘 체계에 포함되며, 우리말 어휘를 풍부하게 하는 역할을 한다. 따라서 무조건 외래어 사용을 자제할 것이 아니라 상황에 맞게 적절하게 가려 쓰는 태도가 필요하다.

2
정답 풀이 문맥을 고려할 때 '가리키는'과 유사한 의미로 쓰인 한자어는 '의미(意味)하는'이다.

3
정답 풀이 유행어는 여러 사람의 입에 오르내리는 말이기 때문에, 유행어를 지나치게 자주 사용하면 개성 없는 사람으로 비칠 수 있다.

4
정답 풀이 〈보기〉에 제시된 단어들은 모두 외래어이다. 유사한 뜻을 지닌 고유어에 비해 좀 더 분화된 의미를 가지고 있는 것은 한자어이다.

5
정답 풀이 〈보기〉의 대화에서는 전문어가 쓰이고 있다. 전문어는 특정 직업군에서 사용되는 말이긴 하지만 다른 집단의 사람들이 이해하지 못하도록 암호처럼 만든 말은 아니다.

6
정답 풀이 고유어 '좋다' 하나에 다섯 개의 한자어가 유사한 의미로 연결되는 것을 볼 때, 한자어가 고유어에 비해 더 분화된 의미를 지니고 있음을 알 수 있다.

7
정답 풀이 ㉠은 '사람에게 어떤 일을 하게 하다.'라는 의미로 쓰였다. ③의 '쓴다'는 '어떤 일을 하는 데에 재료나 도구, 수단을 이용하다.'라는 의미로 쓰였으며, ㉠과 의미상 관련이 있기 때문에 다의어 관계에 해당한다.

8
정답 풀이 하나의 단어는 의미에 따라 여러 개의 반의어를 가질 수 있다. ㉠의 반의어로는 '닫다'나 '잠그다', ㉡의 반의어로는 '끝내다'나 '마치다'가 적절하다.

9
정답 풀이 ㉠은 '어떤 범위나 기준, 또는 일정한 기간 안에 속하거나 포함되다.'라는 의미로 쓰였다. 이와 유사한 의미로 쓰인 것은 ③이다.

10
정답 풀이 '괴다'는 '기울어지거나 쓰러지지 않도록 아래를 받쳐 안정시키다.'를 의미하는 단어이므로 ㉡-1과 유사한 의미를 가진 유의어로 볼 수 있다.

13일 문장과 문장 구성의 단위

1 ○ 2 × 3 ○ 4 ○ 5 × 6 ㉤ 7 ㉣ 8 ㉢
9 ㉠ 10 ㉡ 11 이다 12 동사 13 형용사 14 동사
15 구, 절 16 ④ 17 ① 18 7개 19 도착했다, 동사
20 절 21 구 22 무엇이 어떠하다 23 무엇이 어찌하다
24 평서문 25 감탄 26 청유 27 판정 28 구 29 절
30 무엇이다 31 ⑤ 32 ④ 33 도끼를 잃어버린, 눈이 큰
34 ① 35 ② 36 ③ 37 ④ 38 ⑤ 39 ④ 40 ④
41 ② 42 ① 43 ⑤ 44 ④ 45 ③ 46 ④ 47 ③
48 ⑤ 49 ② 50 ③ 51 ④ 52 ⑤ 53 예 의미: 완결된 내용을 갖추어야 한다, 형식: 문장이 끝났음을 나타내는 표지가 있어야 한다. 54 ㉠: 의문문, ㉡: 평서문, ㉢: 명령문 55 예 ㉠: 너 어디 가니? ㉡: 너 밥 먹었어? ㉢: 얼마나 좋을까? 56 ㉠: 긍정, ㉡: 부정 57 ④ 58 ③ 59 ② 60 ④ 61 ④
62 ① 63 ⑤ 64 ① 65 ⑤

문제로 정복하기　　　본문 118~121쪽

31
정답 풀이 문장은 생각이나 감정을 완결된 내용으로 표현하는 최소의 언어 형식이다.

32
정답 풀이 문장을 구성하는 각각의 마디로 띄어쓰기의 단위인 것은 어절이다.

33
정답 풀이 '도끼를 잃어버린'은 '주어(나무꾼이) – 서술어(잃어버린)' 관계를 가지고 있으면서 전체 문장 안에서 '나무꾼'을 꾸미는 역할을 하고 있고, '눈이 큰'은 '주어(눈이) – 서술어(큰)' 관계를 가지고 있으면서 전체 문장에서 '사슴'을 꾸미는 역할을 하고 있으므로 둘 다 절에 해당한다.

34
정답 풀이 '도둑이야!'는 주어가 없는 문장이 예외적으로 존재하는 예에 해당한다. '무주어문'이라고도 하며, 서술어가 '체언 + 이다'일 경우 성립하는 것으로서 절로 이루어지지 않은 특수한 종류의 문장이다.

35
정답 풀이 명령문의 주어는 일반적으로 듣는 이가 되어야 한다.

36
정답 풀이 ㉠은 문장에, ㉡은 구(주어 – 서술어 관계가 성립하지 않음.)에, ㉢은 어절(문법적 기능을 하는 요소들은 앞말에 붙어 하나의 어절을 이룸.)에 해당한다.

37
정답 풀이 '먹었니'는 한 단어이다.

38
정답 풀이 명령문은 말하는 이가 듣는 이에게 어떤 행동을 하도록 요구하는 문장이고, 청유문은 말하는 이가 듣는 이에게 어떤 행동을 함께 하자고 요청하는 문장이므로 적절하다. ㉠은 평서문, ㉡은 의문문, ㉢은 명령문과 청유문이 해당된다.

39
정답 풀이 구나 절은 문장의 일부분을 이루는 토막이지만, 문장이 성립하기 위해 구와 절이 모두 있어야 하는 것은 아니다.

40
정답 풀이 ㉣은 듣는 이에게 답변을 요구하기보다는 강조, 확인의 목적에서 사용된 수사 의문문에 해당한다.

41
정답 풀이 ②는 구체적인 설명을 요구하는 의문문이다.

42
정답 풀이 '오늘은 교회에 좀 일찍 가요.'는 자기의 이야기를 하는 것이라면 평서문, 남에게 시키는 것이라면 명령문, 남과 함께 하자고 하는 것이라면 청유문으로 해석될 수 있다.

43
정답 풀이 ㉢과 ㉤은 둘 다 수사 의문문으로, 듣는 이에게 특정한 대답을 요구하지 않는다.

44
정답 풀이 ㉣을 보면 어머니의 말을 간접 인용할 때도 명령문이 쓰이고 있음을 알 수 있다.

45
정답 풀이 '아니다'는 형용사이므로, '누가/무엇이 어떠하다'의 구조로 이루어진 문장에 해당한다.

46
정답 풀이 '추워지다'는 동사이므로, ㉠의 예에 해당한다.

오답 풀이 ⑤ '적극적이야'는 '적극적(명사)+이다'의 활용형이다.

47
정답 풀이 관형어 '약속을 꼭 지키는'은 절에 해당하고, 서술어가 '사람이다'이므로 '누가/무엇이 무엇이다'의 구조로 이루어진 문장에 해당한다.

48
정답 풀이 '오늘내일 중으로'는 주어-서술어 관계가 성립하지 않고 둘 이상의 단어만 모여 있으므로 구에 해당한다.

49
정답 풀이 ㉠ '무엇'을 상대에게 묻고 상대는 그에 대해 설명하는 대답을 했으므로 설명 의문문이다. ㉡ 대답의 내용으로 보아, '누구'의 정체를 물어본 것이 아니라 누구하고 만나고 있는지 여부를 물어본 것으로 해석되므로 판정 의문문이다. ㉢ '뭐'를 상대에게 묻고 상대는 그에 대해 정보를 제공하는 대답을 했으므로 설명 의문문이다. ㉣ '어디'를 상대에게 묻고 상대는 그에 대해 정보를 제공하는 대답을 했으므로 설명 의문문이다. ㉤ 대답의 내용으로 보아, '언제'의 시점을 물어본 것이 아니라 볼지 여부를 물어본 것으로 해석되므로 판정 의문문이다.

50
정답 풀이 서술어 '주었다'가 동사이므로 '누가/무엇이 어찌하다'에 해당하는 문장이다.

51
정답 풀이 명령문보다는 청유문이 화자가 자신의 생각을 청자에게 더 완곡하게 표현하고자 할 때 사용되므로, 적절하지 않다.

52
정답 풀이 '어렵다'는 형용사이므로 '누가/무엇이 어찌하다' 구조로 이루어진 문장에 해당하지 않는다.

53
정답 풀이 문장은 의미적으로는 완결된 내용을 갖추어야 하고, 형식적으로는 하나의 문장이 끝남을 나타내는 문장 부호를 사용해야 한다.

54
정답 풀이 문장 종류는 억양에 따라 구별될 수도 있는데, 낮은 내림조는 평서문에 많이 쓰이고 올림조는 의문문에 많이 쓰이며 수평조는 명령문에 많이 쓰인다.

55
정답 풀이 구체적인 설명을 요구하는 설명 의문문은 '너 어디 가니?'와 같이, 긍정이나 부정의 대답을 요구하는 판정 의문문은 '너 밥 먹었어?'와 같이 만들 수 있다. 굳이 대답을 요구하는 것은 아니면서 서술의 효과를 나타내는 수사 의문문은 '(그렇게만 된다면) 얼마나 좋을까?'와 같이 만들 수 있다.

56
정답 풀이 수사 의문문은 강한 긍정 또는 강한 부정의 수사적 효과를 거두게 된다. 이러한 점에서 수사 의문문을 반어 의문문이라고도 한다.

57
정답 풀이 청유문은 '화자'가 '청자'에게 함께 행동할 것을 요청하는 문장이지만, ④의 '먹읍시다'에서 '먹다'라는 행위에 참여할 사람은 '화자'만이라는 것을 알 수 있다.

58
정답 풀이 ㉢은 종결 어미를 통해 문장의 시제를 표시하고 있지 않다. 참고로, 국어 문장의 시제는 주로 선어말 어미를 통해 표시된다.

59
정답 풀이 ②는 '어떻게'의 의미를 나타내기보다는 '네가 나한테 그렇게 하다니, 어이가 없다.'라는 화자의 감정을 드러내기 위해 의문사가 쓰인 것으로 볼 수 있다.
오답 풀이 ①, ③, ④, ⑤는 의문사 고유의 의미, 즉 '어디에, 왜, 누가, 무슨'의 의미로 쓰이고 있다.

60
정답 풀이 ㄱ. '먹어 봐라'의 '-아라'는 청자('영희')의 '먹는' 행동을 요구하고 있다. ㄴ. '찾으라'의 '-으라'는 일방적인 발화 상황에서 청자('청년들')의 행동을 요구하고 있다. ㄷ. '넘어질라'의 '-ㄹ라'는 청자('철수')가 '넘어지'는 것을 경계하는 의미로 쓰이고 있다.

61
정답 풀이 형용사는 사람이나 사물의 성질·상태 등을 나타내는 단어로 명령법의 문장에서는 쓸 수 없다. 따라서 '예쁘다, 영원하다, 편안하다, 건강하다'는 형용사로서 명령법의 서술어로 쓸 수 없다.

62
정답 풀이 ㉮에는 '언제, 어디'의 물음말이 포함되어 있어 설명 의문문에 해당한다. 또한 ㉰는 '일어나지 못하겠니?'라는 의문문의 형식을 띠지만, 실제로는 '일어나라.'라는 명령의 의미를 담은 수사 의문문에 해당한다.
오답 풀이 ㉯는 듣는 이로 하여금 긍정이나 부정의 대답을 요구하는 판정 의문문에 해당하며, ㉱는 억울한 일을 겪은 상황에서 자신의 느낌을 표현한 수사 의문문에 해당한다.

63
정답 풀이 ㉤은 화자가 청자에게 대답을 요구하지 않고 자신의 바람을 나타낸 수사 의문문이다.

64
정답 풀이 지금 시각에 대한 일정한 설명을 요구하고 있다기보다는, 상황으로 보아 지각한 것을 책망하고 있다.

65
정답 풀이 ⑤의 '어디 보자.'는 청유형 어미를 취하고는 있지만, 특정 청자를 염두에 둔 발화라기보다는 혼잣말에 가까우므로 요청의 의미를 담고 있다고 보기 어렵다.

1 ○ 2 × 3 × 4 ○ 5 부사어 6 서술어 7 관형어
8 보어 9 주어 10 목적어 11 주어 12 서술어
13 주어 14 서술어 15 목적어 16 이다 17 형용사
18 타동사 19 한 자리 20 세 자리 21 두 자리 22 세
자리 23 두 자리 24 3개 25 무슨, 제일 26 기선아
27 보어 28 필수 29 자동사 30 문제로 31 ④
32 ② 33 ③ 34 ② 35 두 자리 36 ① 37 ③
38 ① 39 ⑤ 40 ① 41 ③ 42 ⑤ 43 ② 44 ④
45 ③ 46 ② 47 ③ 48 ④ 49 ① 50 ③ 51 ⑤
52 ② 53 ④ 54 ㉠: 언니는(주어), 책을(목적어), 좋아해(서
술어), ㉡: 여기는(주어), 환하구나(서술어), ㉢: 나는(주어), 공부해
서(서술어), 과학자가(보어), 되었다(서술어) 55 그는, 우리말을,
구사하여, 우리에게, 걸작을, 남겼다 56 ㉠: 한 자리 서술어,
㉡: 세 자리 서술어, ㉢: 두 자리 서술어 57 ③ 58 ⑤
59 ① 60 ① 61 ② 62 ④ 63 ⑤ 64 ③ 65 ②

문제로 정복하기

본문 126~129쪽

31
정답 풀이 ㄱ. 관형어와 부사어는 부속 성분이다. ㄴ. 주어,
목적어, 보어, 서술어는 주성분이다. ㄷ. 독립어는 독립 성분
으로, 문장 내에서 다른 성분들과 직접적인 관계를 맺지 않는다.

32
정답 풀이 보어는 주어, 서술어, 목적어와 함께 문장을 구성
하는 필수 성분이다.

33
정답 풀이 ㉢은 보어이다.

34
정답 풀이 ㉡의 '군인이'는 보어, ㉢의 '독서를'은 목적어에 해
당한다.

35
정답 풀이 '얻었다'는 주어, 목적어를 요구하는 두 자리 서술
어이다.

36
정답 풀이 '아름다웠다'는 형용사로 한 자리 서술어이다. '뛰었
다'는 자동사로 한 자리 서술어이다.

37
정답 풀이 '되었다'는 주어, 보어를 요구하는 두 자리 서술어
이고, '주었다'는 주어, 목적어, 필수적 부사어를 요구하는 세
자리 서술어이다.

38
정답 풀이 '같다'는 두 자리 서술어이다. '분다', '잔다', '피었
다'는 자동사로 한 자리 서술어, '예뻤다'는 형용사로 한 자리
서술어이다.

39
정답 풀이 '받았다'는 세 자리 서술어이고, '퍼진다'는 한 자리

서술어, '아니다', '됐다', '먹었다'는 두 자리 서술어이다.

40
정답 풀이 ㉠의 '할아버지와'는 필수적 부사어로 수의 성분이
아니라 필수 성분이다. 따라서 ㉠에는 수의 성분이 '많이'의
1개뿐이다.

41
정답 풀이 '빵도'는 '빵' 뒤에 '을' 대신 보조사 '도'가 붙어 목적
어로 쓰인 것이다.

42
정답 풀이 '책'은 목적어이다. ㉢('버스')는 목적어이고, 그 외
에 '너'는 주어, '친구들과'는 부사어, '응'은 독립어, '같이'는
부사어이다.

43
정답 풀이 '솟는다'는 '…이 솟다'의 구조이므로 한 자리 서술
어이다. '높이'는 부속 성분인 부사어로, 서술어가 반드시 필
요로 하는 문장 성분이 아니다.

44
정답 풀이 '그녀는'은 서술어 '부르고', '춘다'의 동작 및 행위
주체이므로 주어에 해당한다.

45
정답 풀이 ㉢은 주성분에 해당하는 문장 성분이 주어('눈'), 서
술어('오는구나')의 두 개이고, ㉣은 주성분에 해당하는 문장
성분이 주어('내 동생은'), 목적어('그림책을'), 서술어('읽고 있
다')의 세 개이다.

46
정답 풀이 '떨리다'는 주어만을 필수적으로 요구하는 한 자리
서술어로, '추위에'나 '흥분으로'를 빼도 문장이 성립한다.
오답 풀이 ⑤ '주어야 할 돈을 내주다.'라는 뜻의 '치르다'는 주
어, 목적어, 필수적 부사어가 필요한 세 자리 서술어이다. 그
러나 '무슨 일을 겪어 내다.'라는 뜻의 '치르다'는 주어, 목적어
가 필요한 두 자리 서술어이다.

47
정답 풀이 '출석했다'는 주어, 부사어가 필요한 서술어이다.

48
정답 풀이 '되다'는 주어와 보어를 필수적으로 필요로 하는 반
면, '돌다②'는 주어와 부사어를 필수적으로 필요로 한다.

49
정답 풀이 '적합하다'는 주어와 필수적 부사어를 요구하는 서
술어이다.

50
정답 풀이 ㉠에는 '회의에', '투표에' 따위의 부사어가 들어가
야 한다. ㉡에는 '반장이' 따위의 보어가 들어가야 한다.

51
정답 풀이 ㉢의 '보냈다'와 ㉣의 '보냈다'는 모두 주어, 목적어,
부사어를 요구하는 세 자리 서술어이다.

52
정답 풀이 '아내에게'는 부사어이므로 주성분이 아닌 부속 성

분이지만, '주었다'의 필수적 부사어이므로 수의 성분이 아닌 필수 성분이다.

53

정답 풀이 '물고기가'는 보어이다. 나머지는 주어이다.

54

정답 풀이 ㉠: '정말'은 부사어이다. ㉡: '우아'는 독립어, '무척'은 부사어이다. ㉢: '열심히'는 부사어이다.

55

정답 풀이 '구사하여'는 주어, 목적어를 요구하며 '남겼다'는 주어, 목적어, 필수적 부사어를 요구한다. '순수'는 관형어, '자유자재로'는 부사어이고, '많은'은 관형어이다.

56

정답 풀이 ㉠의 '피었다'는 주어만을 필요로 하는 서술어이다. '활짝'은 부사어로 서술어가 요구하는 필수 성분이 아니다. ㉡의 '선물했다'는 주어와 목적어, 필수적 부사어를 필요로 하는 서술어이다. ㉢의 '잡았다'는 주어와 목적어만을 필요로 하는 서술어이다. '새로 들어온 며느리의'는 관형어, '꼭'은 부사어로 서술어가 요구하는 필수 성분이 아니다.

수능 도전

본문 130~131쪽

57

정답 풀이 ㉠의 목적어 '빵을'과 ㉤의 목적어 '우유나'를 생략하면 불완전한 문장이 된다. 따라서 ㉠과 ㉤의 비교를 통해 목적어가 생략될 수 있다고 탐구한 것은 적절하지 않다.
오답 풀이 ④ ㉦은 목적어 없이 주어와 서술어만으로 구성되어 있으며 문장의 의미가 명확하다.

58

정답 풀이 한 문장 안에 목적어가 겹쳐 나타나는 경우 목적격 조사 중 하나를 생략할 수 있다. 예 선생님께서 책을 열 권을 주셨다. / 선생님께서 책 열 권을(/책을 열 권) 주셨다.
오답 풀이 ④ '나는 영수와 만났다.'에서 '와'는 부사격 조사이지만, 부사격 조사 대신 목적격 조사인 '를'이 사용되기도 한다.

59

정답 풀이 '화단도 아닌 곳에 진달래꽃이 피었다.'에서 서술어 '피었다'는 한 자리 서술어이다. 또한 관형사절인 '화단도 아닌' 속에 보어 '화단도'가 포함되어 있다. 보어는 일반적으로 조사 '이/가'와 결합하지만 보조사와 결합하거나 아예 조사와 결합하지 않기도 한다.

60

정답 풀이 '산책을'은 체언 '산책'에, 목적격 조사 '을'이 결합된 경우로, '체언＋목적격 조사 '을/를'의 경우에 해당한다.

61

정답 풀이 ⓑ에서는 부사 '아주'가 관형사 '옛'을 수식하는 부사어로 쓰였다. 부사는 주로 용언을 수식하는 기능을 하지만, 때에 따라 관형사나 다른 부사 등도 수식할 수 있다.

오답 풀이 ⑤ ⓔ에서는 수 관형사 '세'가 의존 명사 '마리'를 수식하는 관형어로 쓰였다. '세'는 관형사이며, '셋'이 수사이다

62

정답 풀이 '다르다'는 주어 외에 비교 대상과 관련되는 필수적 부사어를 요구하므로 세 자리 서술어가 아니라 두 자리 서술어이다. ④에서 '영국의'는 주어인 '날씨는'을 꾸며 주는 관형어로서 서술어의 자릿수와 관련이 없고, '한국과'는 '다르다'를 꾸며 주는 성분으로서 주어('날씨는')와 함께 '다르다'가 꼭 필요로 하는 필수적 부사어이므로, 서술어의 자릿수에 포함된다.

63

정답 풀이 ㄱ의 '먹었다'는 주어 '희선이는'과 목적어 '빵을'이 반드시 필요하므로 두 자리 서술어이며, ㄴ의 '피었다'는 주어 '장미꽃이'가 반드시 필요하므로 한 자리 서술어이다.

64

정답 풀이 ㉢의 '듣는다'는 주어 '그들은' 이외에 목적어 '농담을'과 부사어 '진담으로'를 더 필요로 하므로 '주어 외에 두 개의 문장 성분을 필요로 한다.'는 올바른 이해이다.

65

정답 풀이 ㉡은 관형어 '이', '한'과 부사어 '구절로'를 생략해도 '글이 살았다'와 같이 온전한 문장이 성립되므로 주어 '글이'만 필수적으로 요구하는 한 자리 서술어이다
오답 풀이 ① ㉠은 부사어 '바람 때문에'와 '다시'를 생략해도 온전한 문장이 성립되므로 주어 '불씨가'만 필수적으로 요구하는 한 자리 서술어이다.
⑤ ㉤은 목적어 '책을'이나 부사어 '책상 위에'를 생략하면 온전한 문장이 성립하지 않는다. 따라서 주어, 목적어, 부사어를 필수적으로 요구하는 세 자리 서술어이다.

15일 문장 성분 2 - 부속 성분, 독립 성분

1 ○ 2 × 3 ○ 4 × 5 × 6 ○ 7 의존 8 접속
9 서술어 10 감탄사 11 관형사 12 부사어 13 어미
14 조사 15 ③ 16 ① 17 부사어 18 관형어 19 독립어 20 부사어 21 관형어 22 우아, 주원아, 응 23 정말, 그런데 24 예쁜, 초등학교 25 관형어 26 형용사 27 부사어 28 형용사 29 부사어 30 필수 31 ④
32 ③ 33 ② 34 ③ 35 ⑤ 36 ⑤ 37 ② 38 ①
39 ① 40 ① 41 ② 42 ③ 43 ④ 44 ⑤ 45 ③
46 ① 47 ① 48 ④ 49 ② 50 ③ 51 ④ 52 ④
53 조그만, 팔랑팔랑 54 예 ㉠: '많이'는 '먹었더니'를 수식한다. ㉡: '과연'은 문장 '이 사람은 훌륭한 예술가로구나.' 전체를 수식한다. ㉢: '방금'은 '지나갔어요'를, '매우'는 '빨리'를, '빨리'는 '지나갔어요'를 수식한다. 55 ㉠: '엄마와', ㉡: '신조로', ㉢: '차에' 56 ② 57 ① 58 ① 59 ⑤ 60 ② 61 ④
62 ④ 63 ② 64 ④ 65 ①

31

정답 풀이 '정말'은 부사어이다.

32

정답 풀이 '그녀의'는 관형어이다.

33

정답 풀이 '어디로'는 부사어이다.

34

정답 풀이 관형어는 뒤에 있는 말을 수식하는 형태로만 문장에서 나타날 수 있으므로, 자립해서 쓰일 수 있다는 것은 적절한 설명이 아니다.

35

정답 풀이 관형사는 그대로 관형어가 되고, 부사도 그대로 부사어가 된다.

36

정답 풀이 '나에게'는 서술어 '주셨다'가 필수적으로 요구하는 부사어이다.

37

정답 풀이 ㉠: 관형사, ㉡: 관형사, ㉣: 관형사가 그대로 관형어가 된 것이다.

38

정답 풀이 '너'는 주어이다. 나머지는 독립어이다.

39

정답 풀이 성분 부사어는 특정한 문장 성분을 수식하며, 문장 전체를 수식하는 부사어는 문장 부사어이다.

40

정답 풀이 '덥다'는 용언인데 관형어는 용언을 꾸밀 수 없다. ①의 빈칸에는 부사어가 들어갈 수 있다.

41

정답 풀이 ㄱ. 관형어와 부사어는 부속 성분이다. ㄷ. 관형어는 주로 체언을 수식하나, 부사어는 주로 용언을 수식하지만 다른 부사, 관형사 등을 수식할 수 있고 간혹 체언을 수식하기도 한다.

42

정답 풀이 '오직'은 서술어 '열중했다'를 꾸미는 것이 아니라, '공부'라는 체언을 꾸미고 있으므로 적절하지 않다.

오답 풀이 ⑤ '및'은 '그리고', '그밖에', '또'의 뜻으로, 문장에서 같은 종류의 성분을 연결할 때 쓰는 말이다.

43

정답 풀이 ㉣은 관형어이다. 나머지는 부사어이다.

44

정답 풀이 ㉣과 ㉤을 통해 관형격 조사 '의'가 쓰이지 않고도 체언만으로 관형어가 될 수도 있음을 알 수 있다.

45

정답 풀이 '바로'는 뒤에 있는 체언 '오늘'을 꾸민다.

46

정답 풀이 ㉮는 체언에 부사격 조사가 붙은 부사어이고, ㉯는 주어와 서술어가 갖추어진 관형사절로서의 관형어이다. 부사어와 관형어는 공통적으로 다른 말을 꾸며 주는 문장 성분이며 부속 성분에 해당한다. 또 주어만 필요로 하는 한 자리 서술어가 쓰인 문장에서는 필요하지 않다.

47

정답 풀이 관형어와 부사어 모두 체언에 관형격 조사, 부사격 조사가 붙어 만들어질 수 있다.

48

정답 풀이 '비록'은 뒤에 오는 문장 전체를 꾸며 주는 문장 부사어에, '다시'는 서술어 '도전하자'를 꾸며 주는 성분 부사어에 해당한다.

49

정답 풀이 ㉡의 '다른'은 형용사 '다르다'의 관형사형으로, 용언에 해당하므로 서술 기능을 가지고 있다.

50

정답 풀이 '무슨'은 관형사가 그대로 관형어가 된 것이다.

51

정답 풀이 ④는 주어에 대한 설명이다.

52

정답 풀이 '나에게'는 필수적 부사어에, '선생님께서 나에게 건네주신'은 의존 명사 '것'을 꾸미는 관형어에, '한'은 의존 명사 '권'을 꾸미는 관형어에 해당한다.

53

정답 풀이 '조그만'(관형어)과 '팔랑팔랑'(부사어)은 부속 성분이다.

54

정답 풀이 ㉠: '많이'는 동사 '먹었더니'를 수식한다. ㉡: '과연'은 문장 '이 사람은 훌륭한 예술가로구나.' 전체를 수식한다. ㉢: '방금'은 동사 '지나갔어요'를, '매우'는 부사 '빨리'를, '빨리'는 동사 '지나갔어요'를 수식한다.

55

정답 풀이 ㉠의 '닮다'는 두 자리 서술어로서 주어 외에 '엄마와'라는 필수적 부사어를 필요로 한다. ㉡의 '삼다'는 세 자리 서술어로서 주어, 목적어 외에 '신조로'라는 필수적 부사어를 필요로 한다. '늘'은 문장에서 필수적으로 요구되는 부사어가 아니다. ㉢의 '넣다'는 세 자리 서술어로서 주어, 목적어 외에 '차에'라는 필수적 부사어를 필요로 한다. '항상'은 문장에서 필수적으로 요구되는 부사어가 아니다.

수능 도전   본문 138~139쪽

56

정답 풀이 ㄴ에서 필수적인 문장 성분은 세 개다. '먹다'는 '누가'에 해당하는 주어와 '무엇을'에 해당하는 목적어를 요구한다. 따라서 주어, 목적어, 서술어 세 개의 문장 성분이 필요하다.

오답 풀이 ④ 일반적으로 관형어는 필수적인 성분이 아니다. 하지만 '것'과 같은 의존 명사는 관형어를 필수적으로 요구한다.

57

정답 풀이 '주다'는 '~에/에게 ~을 주다'라는 구조로 나타난다. 이때 '지혜에게'의 성분은 부사어이지만 필수적으로 요구된다 하여 '필수적 부사어'라고 한다. '빌리다' 역시 '~에서/에게서 ~을 빌리다'의 문장 구조로 나타나므로 '친구에게'는 필수적 부사어이다.

오답 풀이 ④ '적합하다'는 '~에/에게 적합하다'의 문장 구조로 나타나므로 '벼농사에'는 필수적 부사어이다. 하지만 '방문하다'는 '(어떤 사람이나 장소)에/~을 방문하다'의 문장 구조를 이루므로 '오후에'는 필수적 부사어가 아니다.

58

정답 풀이 '고등학생이'는 보어이다.

59

정답 풀이 〈보기〉에는 체언 간의 의미가 동격일 때 생략되는 '의'를 보여 준 용례가 없다.

오답 풀이 ③ '의'는 인칭 대명사 '나, 저, 너'와 결합하면 '내, 제, 네'로 축약하여 쓰는 것이 일반적이다.

60

정답 풀이 '나의 짝'에서 '나'는 속성이 될 수 없다. 여기에서 사용된 '의'는 '관계를 나타내는 뒤의 체언이 앞 체언과 사회적·친족적 관계에 있음'을 나타낸다.

61

정답 풀이 '부디'는 문장 전체를 꾸며 주는 부사인데, 문장에 놓이는 위치는 고정되어 있지 않아 다른 곳에 놓일 수 있다.

62

정답 풀이 ㄱ의 '확실히'와 ㄷ의 '아주'는 모두 '수의적 부사어'에 해당한다.

63

정답 풀이 ①, ③, ④, ⑤에서 밑줄 친 단어의 경우 생략하였을 때 의미가 불완전한 문장이 되는 반면, ②의 '통나무로'의 경우 '만들었다'의 재료를 의미하는 부사어로서 생략하여도 문장이 성립하기 때문에 필수적 부사어라 할 수 없다.

64

정답 풀이 ㄷ에서 '남자의 친구'는 '성별이 남자인 이와 친구 관계에 있는 사람'을 가리키는 것으로 해석된다. 하지만 '의'를 생략하여 '남자 친구'가 되면, '성별이 남자인 친구'나 '이성 교제의 대상으로서의 남자'를 가리키는 것으로 해석되어 의미에 변화가 생긴다.

65

정답 풀이 '다행히'는 문장 전체를 수식하며 '다친 사람은 다행히 없었다.', '다친 사람은 없었다, 다행히.'와 같이 위치 이동이 가능하다.

16일 문장 성분의 올바른 사용

1 ○   2 ○   3 ×   4 ×   5 ○   6 ×   7 ×   8 ×
9 ○   10 ○   11 부사어   12 주어   13 목적어   14 목적어   15 부사어   16 주어   17 서술어   18 부사어   19 조사   20 ③   21 ②   22 목적어   23 서술어   24 주어   25 노력했다는 점이다.   26 부사어   27 에   28 서술어   29 중복   30 부사어   31 ②   32 ②   33 ⑤   34 ②   35 ①   36 ③   37 ⑤   38 ④   39 ⑤   40 ④   41 ③   42 ③   43 ④   44 ④   45 ⑤   46 ④   47 ③   48 ④   49 ①   50 ③   51 예 내가 그곳에 가기 싫어한 이유는 그곳에는 자유가 없기 때문이다.   52 예 신은 인간을 사랑하지만 인간에게 시련을 주기도 한다.   53 예 비록 그가 우리를 떠나더라도 우리는 잘 해낼 수 있을 것이다.   54 예 저번에 관리 당국에 항의한 게 효과가 있었다.   55 예 그녀는 벽에 못을 직접 박기 위해 이웃에게 망치를 빌렸다.   56 예 이 장면은 연출된 것이니 절대로 따라 하지 마세요.   57 예 예의가 바른 사람은 누구에게나 오만하게 대하지 않는다.   58 ②   59 ③   60 ④   61 ②   62 ①   63 ②   64 ③   65 ⑤

문제로 정복하기
본문 142~145쪽

31

정답 풀이 서술어를 다양하게 사용하는 것이 문법적으로 정확한 문장을 구성하기 위한 요건은 아니다.

32

정답 풀이 '여간'이라는 부사어와 서술어의 호응이 이루어지지 않은 문장이다.

33

정답 풀이 '문제는~문제다'와 같이 같은 단어를 반복하기보다는, '문제는 박물관에 전시된 유물이 낯선 장소로 이동되었다는 것이다.'와 같이 수정하는 것이 적절하다.

34

정답 풀이 '기간'과 '동안'은 불필요하게 의미가 중복된 표현에 해당한다. '환기'는 탁한 공기를 맑은 공기로 바꾼다는 뜻이므로, '공기를 환기'한다는 것은 불필요한 의미 중복에 해당한다.

35

정답 풀이 '모름지기'는 '~야 한다'처럼 당위를 나타내는 서술어와 호응한다.

36

정답 풀이 ㉡'난관'은 '어려운 고비'의 뜻이므로 '어려운'과 의미가 중복된다. ㉢'여생'은 '앞으로 남은 인생'의 뜻이므로 '남은'과 의미가 중복된다. ㉣'숙원'은 '오래전부터 품어 온 염원이나 소망'의 뜻이므로 '오랜'과 의미가 중복된다.

37

정답 풀이 '차라리 내가 하겠다.' 등에서 알 수 있듯이, '차라리'는 반드시 부정어와만 호응하는 부사어가 아니다.

38
정답 풀이 주어와 서술어의 호응에 문제가 있는 문장이 아니고 부사어와 서술어의 호응이 잘 이루어지지 않은 문장이므로, '절대로'를 '반드시' 따위로 교체해야 한다.

39
정답 풀이 '여간한'은 부정어 앞에 쓰이는 표현이므로, '여간한 기쁨이 아니었다.' 등으로 수정해야 한다.

40
정답 풀이 제시된 문장은 접속이 된 '취사나'와 '모닥불은' 중 '모닥불은'이 서술어 '해야 합니다'와 호응이 되지 않는 문제점을 지니고 있다. ㉠은 '눈과'가 '붉겠습니다'와 호응을 이루지 못하며 ㉢은 '유해 가스와'가 '높여 준다'와 호응을 이루지 못한다.

41
정답 풀이 '빵과'가 '마셨다'와 호응을 이루지 못하는, 즉 목적어에 해당하는 서술어가 부적절하게 누락된 문장이다.

42
정답 풀이 ㉠은 '서로'와 '상의', ㉡은 '새로'와 '신축'에서 의미가 중복되고 있다.

43
정답 풀이 부정 서술어에 호응하는 부사어 '결코'가 긍정문에 쓰여서 생긴 오류에 해당한다.

44
정답 풀이 부사어 '절대로'는 부정의 의미를 가진 서술어와 호응한다. 첫 번째 문장은 서술어의 호응을 고려하여 '절대로'를 '반드시'로 수정하였다. 따라서 고려한 사항은 ㉡이다. 형용사는 현재 시제 어미 '-는'과 결합하지 못한다. '알맞다'는 형용사로 '-는'이 아니라 '-은'과 결합해야 한다. 따라서 고려한 사항은 ㉢이다.

45
정답 풀이 ㉣은 의미를 고려하여 '돕는'을 수식하고 있는 '정성껏'의 위치를 수정한 경우에 해당한다. '정성껏'은 서술어 '돕는'이 반드시 필요로 하는 문장 성분은 아니다.

46
정답 풀이 '옥의 티'는 '옥에 티'의 잘못이다. ㄷ의 '개밥의 도토리'는 '개밥에 도토리'의 잘못이다.

47
정답 풀이 '과연'과 '반드시'는 모두 긍정적 서술어와 호응한다.

48
정답 풀이 '지배하다'는 목적어가 필요하므로 '인간은 자연에 복종하기도 하고 자연을 지배하기도 하면서 살아간다.'와 같이 수정해야 한다.

49
정답 풀이 ㉠ '우리나라는'과 '민족이었다'가 호응을 이루지 않으므로, '우리나라는'을 '우리는'으로 고친 것은 적절하다. ㉡ '떠나 버리고'의 주어가 생략되어서 의미가 불분명한 경우이므로, '그녀는' 등의 주어를 밝혀 준 것은 적절하다.

50
정답 풀이 '그리다'의 목적어로 '생각이나 느낌'이 쓰인, 어법에 맞고 자연스러운 문장이다.

51
정답 풀이 '이유는'이 주어로 올 경우 서술어 '때문이다'와 어울리는 것이 자연스럽다.

52
정답 풀이 '주다'는 세 자리 서술어로 주어 이외에 목적어와 부사어를 반드시 요구하므로, 부사어를 보충해야 한다.

53
정답 풀이 '비록'은 '-더라도', '-ㄹ지라도' 등의 양보 어미 혹은 '-지만', '-나'와 같은 역접 어미와 호응한다.

54
정답 풀이 '한테'는 사람이나 동물에게만 쓸 수 있는 조사이므로, 조사를 '에'로 수정해야 한다.

55
정답 풀이 '빌렸다'는 주어, 목적어, 부사어를 필요로 하는 세 자리 서술어이므로, 목적어를 보충해야 한다.

56
정답 풀이 부정 서술어와의 호응을 고려하여 부사어를 교체한다.

57
정답 풀이 '대하지'와 어울리는 문장 성분을 찾아 넣어야 하므로, 부사어를 보충해야 한다.

수능 도전 본문 146~147쪽

58
정답 풀이 ②의 문장에는 문법적으로 잘못된 부분이 확인되지 않는다.

오답 풀이 ① '그는 자기가 창안한 사회 이론을 더욱 발전해'라는 부분에서 '이론을'이라는 목적어에 자동사인 '발전해'가 연결되는 점이 어색하다.
③ '생산 기술의 발달'과 '큰 변화를 겪었다'가 상응하지 않는다.
④ '요점은'과 '알아야 한다'에 주목하면, 주어와 서술어가 호응되지 않는다.
⑤ '~ 혼동이나 ~ 줄거리를 잘 기억하지 못했다.'라는 부분에서 '기억하지 못했다'의 목적어로 '혼동'이 오는 것이 어색하다.

59
정답 풀이 '비록 초보자일수록'을 '비록 초보자일지라도'로 바꾼 것은 부사어 '비록'과 연결 어미 사이의 호응이 이루어지도록 고친 것이며, '작성할 수 있다'를 '문서를 작성할 수 있다'로 바꾼 것은 필수 성분 중 하나인 목적어가 누락되어 그것을 보충한 것이다.

60
정답 풀이 첫째, '참여하려는'이 '참여한'으로 바뀌었다. 이는 이 문장이 담고 있는 내용이 과거의 일이기 때문에 과거 시제를 나타내는 어미를 사용하도록 수정한 것이다. (㉢)

둘째, '각 지역에'가 '각 지역의'로 바뀌었다. '각 지역의'가 '청소년들'을 꾸며 주는 관형어로 쓰여야 하기 때문이다. (ⓒ) 셋째, '답사함으로써' 앞에 '유적지를'이 첨가되었다. '답사하다'라는 동사는 누가 어디를 답사하는지 밝혀 주어야 하는 두 자리 서술어인데 목적어가 부적절하게 생략되었기 때문이다. (㉠)

61
정답 풀이 주어와 서술어를 호응시킨 것이지, 서술어가 요구하는 필수 성분을 보충한 것은 아니다.

62
정답 풀이 ㉠의 수정 과정에서 추가된 '물에'는 목적어 '발을'을 수식하는 관형어가 아니라, '넣었다'를 수식하는 부사어이다.

63
정답 풀이 주어인 '특징은'과 호응하는 서술어가 없기 때문에 잘못된 문장이 된 경우이다.

64
정답 풀이 서술어 '기대기도 한다'에 호응하는 부사어 '사람에게'가 추가되어야 정확한 문장이 된다.

65
정답 풀이 '착한 너의 후배를 나한테 빨리 소개해 주었으면 좋겠다.'라는 문장에는 불필요하게 중복된 의미가 나타나지는 않으므로 ⓜ의 사례에 해당하지 않는다. 이는 '착한'이 수식하는 말이 '너'인지 '후배'인지가 명확하지 않은 중의적 표현이 쓰인 문장의 사례이다.

13~16일	종합 평가		본문 148~151쪽

1 ⑤ 2 ④ 3 ② 4 ④ 5 ④ 6 ③ 7 ④ 8 ③ 9 ②
10 ③ 11 ② 12 ㉠: 관형어, 동사, ㉡: 부사어, 형용사 13 ②
14 ④ 15 ④ 16 ㉠: 감탄문, ㉡: 형용사 17 ④ 18 ②
19 ② 20 ④

1
정답 풀이 '대학생이'는 보어이므로 주성분에 해당한다.

2
정답 풀이 서술어의 주체를 나타내는 문장 성분은 주어인 '그 애가'이다. '배우가'는 보어이다.

3
정답 풀이 ㉠의 '선물을'과 ㉡의 '오랜 친구의 딸을'은 각 문장의 목적어이므로 적절한 설명이다.

4
정답 풀이 제시된 문장에서 체언에 호격 조사가 결합한 형태인 '해원아'는 독립 성분에, 목적어인 '음식을', 서술어인 '먹어야', '되지', 보어인 '어른이'는 주성분에, 부사어인 '골고루', '나중에', '아빠처럼', 관형어인 '멋진'은 부속 성분에 해당한다.

5
정답 풀이 ㉣의 '찾는다'는 주어와 목적어를 필요로 하는 두 자리 서술어이다. '새 것'에서 '새'가 필수적으로 요구되는 이유는 '것'이 의존 명사이기 때문으로, '찾는다'가 관형어를 필요로 하는 것은 아니다.

6
정답 풀이 ③의 '고쳤다'는 주어, 목적어, 부사어를 필수적으로 요구한다.

7
정답 풀이 '꼭'은 부사어, '내'는 관형어로 둘 다 해당 문장에서는 생략할 수 있는 문장 성분이다.

8
정답 풀이 ㉠의 '맞는다'와 ㉣의 '녹았다'는 자동사이고, ㉡의 '밝다'는 형용사로 모두 주어만을 요구하는 한 자리 서술어이다. ㉢의 '간다'는 주어, 부사어(…에)를 요구하는 두 자리 서술어이고 ㉤의 '얻었다'는 주어와 목적어, 부사어를 요구하는 세 자리 서술어이다.

9
정답 풀이 ㉠, ㉡은 체언인 '소식'을 수식하고 있고, ㉢, ㉣은 용언인 '흐른다'를 수식하고 있다. 그러므로 문장 성분에 따라 분류할 때, '㉠, ㉡'(관형어)과 '㉢, ㉣'(부사어)로 나눌 수 있다. 또한 ㉠, ㉢은 형용사의 활용형이고, ㉡은 명사 '소식'을, ㉣은 동사 '흐른다'를 수식하고 있다. 그러므로 품사에 따라 분류할 때, '㉠, ㉢'(형용사), '㉡'(관형사), '㉣'(부사)로 나눌 수 있다.

10
정답 풀이 '설마'는 문장 부사어에 해당한다.

11
정답 풀이 문장의 구성에 관형어가 꼭 필요한 경우도 있고 '그는 어찌할 바를 몰랐다.'의 '어찌할'은 문장 구성에 필수적이다. 그러나 '어찌할'이 꼭 필요한 이유는 '바'가 의존 명사이기 때문이며, 서술어에 따른 것은 아니다.

12
정답 풀이 ㉠은 체언인 '얼굴'을 수식하고 있으므로 문장 성분은 관형어이고, '웃다'가 활용한 것이므로 품사는 동사이다. ㉡은 용언인 '아름다웠다'를 수식하고 있으므로 문장 성분은 부사어이고, '눈부시다'가 활용한 것이므로 품사는 형용사이다.

13
정답 풀이 '바로'는 서술어인 '생일이다'를 수식하는 것이 아니고, 뒤에 있는 체언 '오늘'을 수식하고 있다.

14
정답 풀이 서술어 '끓였다'는 주어, 목적어와 부사어(…에)를 필요로 한다.

15
정답 풀이 명령문은 주어는 일반적으로 듣는 이이며, 명령문과 달리 청유문의 주어에는 말하는 이와 듣는 이가 함께 포함된다.

16

정답 풀이 [예문]은 감탄형 종결 어미 '-어라'가 쓰인 감탄문이다. '가엾어라'는 형용사 어간 '가엾-'에 감탄형 종결 어미 '-어라'가 결합한 것이다.

17

정답 풀이 수정한 문장에서 '음악'에 대응하는 서술어 '듣거나'를 추가한 것은 주어와 서술어 간 호응이 이루어지지 않았기 때문이 아니라 목적어에 대응하는 서술어가 누락되어서이다.

18

정답 풀이 제시된 문장은 서술어가 필요로 하는 부사어가 누락된 문장으로, '이모는 얼굴이 정말 똑같이 닮았다.'에도 '닮았다'가 필요로 하는 부사어 '엄마와' 등이 누락되어 있다.

19

정답 풀이 주어와 서술어의 호응이 문제가 아니고, 불필요한 이중 피동 표현 '믿겨지지'를 '믿기지' 또는 '믿어지지'로 수정해야 한다.

20

정답 풀이 '거부하기'가 필요로 하는 목적어가 누락되어 있으므로, '거부하기도' 앞에 '운명을'을 넣어 주어야 한다.

17일 문장 구조의 짜임과 표현 효과

1 ○ 2 × 3 ○ 4 ○ 5 × 6 내가 좋아하던 친구가 / 전학을 갔다. 7 한 무리의 철새가 / 북쪽으로 날아갔다. 8 아까 밖으로 도망간 사람이 / 분명 범인이야. 9 덩굴장미의 붉은 꽃잎들이 / 흐드러지게 피었더라. 10 이 책은 / 중학생인 내가 이해하기에 너무 어려웠다. 11 입학 원서를 쓰는 아이들의 심정은 / 매우 착잡했다. 12 내가 태어난 2002년은 / 우리나라에서 월드컵이 열렸던 해이다. 13 대등하게 14 한 15 종속적으로 16 두 17 수식 18 주어부 19 단문 20 복문 21 이어진 22 절 23 무엇이 어찌하다 24 윤찬이가 그린 풍경화가 / 미술 대회에서 최우수작으로 뽑혔다. 25 윤찬이가 그린 26 최우수작으로 27 부사격 조사 28 홑문장 29 목적어 30 보어 31 ③ 32 ③ 33 ② 34 ③ 35 ③ 36 ④ 37 ③ 38 ① 39 ④ 40 ③ 41 ③ 42 ④ 43 ③ 44 ③ 45 ② 46 ① 47 ④ 48 ③ 49 ③ 50 ⑤ 51 ① 52 ② 53 ③ 54 겹문장, ⑩ 주어와 서술어의 관계가 두 번 나타난다. 55 홑문장, ⑩ 주어와 서술어의 관계가 한 번만 나타난다. 56 홑문장, ⑩ 주어와 서술어의 관계가 한 번만 나타난다. 57 ④ 58 ① 59 ③ 60 ② 61 ① 62 ① 63 ① 64 ④ 65 ④

문제로 정복하기
본문 154~157쪽

31

정답 풀이 주어와 서술어 관계가 한 번만 이루어지면 홑문장, 두 번 이상 이루어지면 겹문장이다.

32

정답 풀이 연결 어미 '-면'으로 이어진 문장, 즉 겹문장이다. 나머지는 모두 홑문장이다.

33

정답 풀이 주어('나는')와 서술어('갔다')의 관계가 한 번 나타나므로 홑문장이다. 나머지는 모두 겹문장이다.

34

정답 풀이 '시험 종료를 알리는'이 '종소리'를 수식하는 관형어로 안겨 있는 문장이다.

35

정답 풀이 주어('우리 학교의 역사는')와 서술어('오래되었다')의 관계가 한 번만 나타나므로 홑문장의 예에 해당한다. 주어와 서술어의 관계가 두 번('이 안개만'-'걷히면', '비행기가'-'출발한다') 나타나므로 겹문장의 예에 해당한다.

36

정답 풀이 주어('그는')와 서술어('밝혔다')의 관계가 한 번만 이루어지므로 홑문장에 해당한다.

37

정답 풀이 '그런'은 관형사로, 안긴문장에 해당하지 않는다.

38

정답 풀이 '앞발이 짧다'가 '토끼는'이라는 주어에 대한 서술어의 역할을 한다. 즉 하나의 문장이 다른 문장의 문장 성분으로 안겨 있는 안은문장(겹문장)에 해당한다.

39

정답 풀이 '봄과 같이'는 서술어 '포근했다'를 수식하는 부사어의 역할을 하고 있다.

오답 풀이 ③ '함께'를 '모여'로 고치면, '온 가족이(주어)-모여(서술어)'와 '온 가족이(주어)-한다(서술어)'와 같이 주어와 서술어의 관계가 두 번 나타나므로 겹문장이 된다.

40

정답 풀이 ㉣ 주어(나는)-서술어(먹었다), ㉤ 주어(개나리가)-서술어(터뜨리고 있었다) 관계가 한 번만 나타나므로, 홑문장에 해당한다. 참고로, '-고 있다'와 같은 보조 용언 구성은 하나의 서술어이다.

41

정답 풀이 의도의 연결 어미 '-려고'에 의해 종속적으로 이어진 문장이다.

42

정답 풀이 '내가 어릴 때부터 의지한'은 뒤에 오는 명사 '사람'을 꾸미는 관형어이다.

43

정답 풀이 ㉣ 주어(저 사람은)-서술어(아니다) 관계가 한 번만 나타나므로, 홑문장에 해당한다. ㉠ '웅변은 은이다'와 '침묵은 금이다'가 대등적 연결 어미 '-고'에 의해 이어진 문장이다. ㉡ '마당이 아주 넓다'가 서술절로 안겨 있는 문장, ㉢ '그 책을 빌려주겠다고'가 인용절로 안겨 있는 문장, ㉤ '올해는 우리 학교가 우승할'이 관형사절로 안겨 있는 문장이다.

44
정답 풀이 ⓒ의 서술어 '바랐다'의 목적어는 '그 친구가 학급 회장이 되기를'이다. ⓔ에는 '피아노를', '노래를'이 모두 목적어이다.

45
정답 풀이 주어부에 해당하는 부분은 '이 책은'이다.

46
정답 풀이 '저 학생은 / 우리 학교 학생이 아니다.'와 같이 나누어야 한다.

47
정답 풀이 앞 절이 뒤 절에 종속적인 의미 관계(조건)를 이루고 있다.

48
정답 풀이 주어('세 살 버릇이')와 서술어('간다')의 관계가 한 번만 나타나므로, 홑문장에 해당한다.

49
정답 풀이 조건의 연결 어미 '-으면'에 의해, 종속적으로 이어진 문장이다.

50
정답 풀이 ⓒ '여름에는 비가 내린다'와 '겨울에는 눈이 내린다'가 대등적 연결 어미 '-고'에 의해 연결된 이어진문장이다. ⓜ 앞 절인 '어머니께서 그 모습을 보셨다면'이 뒤 절에 종속적인 의미 관계(조건)를 이루고 있는 이어진문장이다. ㉠ '겨울이 오기'가 명사절로 안겨 있는 문장, ⓛ '하늘에 떠가는'이 관형사절로 안겨 있는 문장, ⓔ '낙엽 밟는 소리가 좋으냐고'가 인용절로 안겨 있는 문장이다.

51
정답 풀이 '국어를 잘하는'이 관형사절로 안겨 있는 문장이다.

52
정답 풀이 주어('학생들이')와 서술어('했다')의 관계가 한 번만 나타나므로, 겹문장의 예로 볼 수 없다.

53
정답 풀이 서술부에 해당하는 부분은 '신문 기자로 사회생활을 시작하였다.'로, 관형어는 포함되어 있지 않다.

54
정답 풀이 전체 문장에서는 주어 '나는'과 서술어 '좋아한다'가 한 번 나타나고, '따뜻한'은 관형사절이므로 여기에서 생략된 주어 '봄은'과 서술어 '따뜻하다'의 관계가 한 번 더 나타난다. 그러므로 주어와 서술어의 관계가 두 번 나타나는 겹문장에 해당한다.

55
정답 풀이 전체 문장에서 주어 '가족은'과 서술어 '좋아한다'가 한 번 나타나고, '우리', '사계절 중에', '가장'은 모두 절로 구성된 수식어들이 아니므로 주어와 서술어의 관계를 더 나타내지 않는다. 그러므로 주어와 서술어가 한 번 나타나는 홑문장에 해당한다.

56
정답 풀이 전체 문장에서 주어 '당번은'과 서술어 '돌아온다'가 한 번 나타나고, '화장실', '청소', '일주일에', '한 번씩'은 모두 절로 구성된 수식어들이 아니므로 주어와 서술어의 관계를 더 나타내지 않는다. 그러므로 주어와 서술어가 한 번만 나타나는 홑문장에 해당한다.

수능 도전   본문 158~159쪽

57
정답 풀이 '날이 추워지다.'와 '방한 용품이 필요하다.'가 연결 어미 '-면'을 통해 종속적으로 이어진 문장이다. 연결 어미 '-면'은 '날이 추워지다.'가 '방한 용품이 필요하다'의 조건임을 나타낸다.

58
정답 풀이 제시된 겹문장은 '날씨가 춥다.'가 관형사절로 안겨 '날씨'를 꾸며 주므로 '명사절을 안은 문장'이라는 조건을 만족하지 않는다. 이때 안긴절의 주어 '날씨가'는 생략된다.

59
정답 풀이 (나)의 ⓛ는 '첫차는 4시 30분에 출발한다.'는 홑문장이 '첫차'라는 명사를 꾸며 주는 관형어의 역할을 하므로 관형사절을 안고 있는 문장이다.

60
정답 풀이 ⓛ은 '나는'과 같은 주어가 생략된 문장이므로 '인용절+서술어'의 문장 구조로 볼 수 있다. 또 '소포가'는 전체 문장의 서술어인 '들었다'의 주어가 될 수 없으므로 ②와 같은 분석은 옳지 않다. ⓛ은 '소포가 도착했다고'와 '들었다'로 분석해야 한다.

61
정답 풀이 ㄱ에서 안은문장의 주어는 '누나는'이고, 안긴문장의 주어는 '마음이'이다.

62
정답 풀이 관형사절 '그가 여행을 간'과 이 관형사절이 안긴 '그녀는 사실을 몰랐다.'라는 문장에는 서로 중복된 단어가 없다. 따라서 생략된 문장 성분 없이 관형사절이 안은문장의 체언 '사실'을 수식하고 있으므로 ㉠의 예에 해당하지 않는다.

63
정답 풀이 '민수는 성격이 좋은 학생이다.'는 '성격이 좋은'이라는 관형사절(안긴문장)을 포함한 안은문장이다.

64
정답 풀이 (나)와 (다)에서 ⓒ과 ⓜ은 각각 전체 문장의 관형어와 목적어 기능을 하며 안겨 있다.

65
정답 풀이 '단풍잎이 바람이 불면 흔들린다.'는 'ㄹ. 단풍잎이 흔들린다.'에 'ㄱ. 바람이 분다.'가 관형사절로 안겨 있지 않으므로 적절하지 않다.

1 ○   2 ○   3 ○   4 ○   5 ×   6 ○   7 대등   8 대등
9 대등   10 종속   11 대등   12 종속   13 종속   14 종속
15 종속   16 ④   17 ①   18 앞   19 주절   20 종속절
21 생략   22 나열   23 조건   24 대조   25 대조   26 원인
27 양보   28 의도   29 배경   30 나열   31 ④   32 ①
33 ⑤   34 ③   35 ③   36 ②   37 ②   38 ②   39 ③
40 ⑤   41 ④   42 ④   43 ⑤   44 ⑤   45 ①   46 ④
47 ②   48 ②   49 ⑤   50 ②   51 ⑤   52 ②   53 대등
하게 이어진 문장. 예 〈보기〉의 문장은 앞 절과 뒤 절이 대조의 의미
관계를 가지고 있으므로 대등하게 이어진 문장이다.   54 예 언니
는 다이어트를 해서 간식을 잘 안 먹는다. / 언니는 다이어트를
하느라고 간식을 잘 안 먹는다. 등   55 −면, 조건   56 −ㄹ지라
도, 양보   57 −다가, 원인   58 ②   59 ⑤   60 ④   61 ⑤
62 ②   63 ⑤   64 ①   65 ⑤

문제로 정복하기

본문 162~165쪽

31
정답 풀이 '−지만'에 의해 대등하게 이어진 문장이다. 나머지
는 모두 종속적으로 이어진 문장이다.

32
정답 풀이 앞 절의 일이 뒤 절 일의 조건임을 나타내는 연결
어미 '−아야'에 의해 연결되어 있다.

33
정답 풀이 의도의 연결 어미 '−려고'에 의해 연결되어 있다.

34
정답 풀이 '−ㄹ수록'은 앞 절 일의 어떤 정도가 그렇게 더하
여 가는 것이, 뒤 절 일의 어떤 정도가 더하거나 덜하게 되는
조건이 됨을 나타내는 연결 어미이다.

35
정답 풀이 ㉠ 원인, ㉢ 배경, ㉣ 양보의 연결 어미에 의해 종
속적으로 이어진 문장이다.

36
정답 풀이 앞 절이 뒤 절의 안으로 이동하면 '예술은 인생은
짧고 길다.'라는 문장이 되어 의미 차이가 발생한다.

37
정답 풀이 '−자'는 한 동작이 막 끝남과 동시에 다른 동작이
나 사실이 잇따라 일어남을 나타내는 연결 어미이다. 대조의
의미 관계를 나타낼 때는 '−나', '−지만' 등을 쓴다.

38
정답 풀이 ㉠은 ㉡에 대한 배경 상황에 해당한다. '−는데'로
연결된 앞 절('밥을 먹고 있었다')이 뒤 절('손님이 찾아왔다')
에 대해 배경 상황의 의미를 지니므로 적절하다.

39
정답 풀이 대등하게 이어진 문장에서 앞 절과 뒤 절은 나열,
대조 등의 의미 관계를 가진다. 앞 절이 뒤 절의 조건, 의도,

배경, 양보 등의 의미 관계를 가지는 것은 종속적으로 이어진
문장에 대한 설명이다.

40
정답 풀이 '−면'은 가정의 의미로, '−더라도'는 양보의 의미
로 문장과 문장을 종속적으로 연결하고 있다. 용언의 어간에
붙어 다른 품사의 기능을 수행하게 하는 것은 전성 어미에 대
한 설명이다.

41
정답 풀이 나열의 연결 어미 '−고'에 의해 대등하게 이어진
문장이다.

42
정답 풀이 '−자'는 앞 절이 뒤 절보다 먼저 일어났음을 나타
내는 연결 어미로, '양보·인정'이 아니라 '선행 사건 표현'에
해당한다.

43
정답 풀이 '주원이는 자고 있다.'와 '윤우는 자고 있다.'의 두
문장이 '와'에 의해 결합된 문장이다. 나머지 문장은 문장을
나눌 수 없는 용례에 해당한다.

44
정답 풀이 앞 절에 반대되는 내용을 말할 때에 쓰는 연결 어
미인 '−지만'에 의해 종속적으로 이어진 문장이다.

45
정답 풀이 이유나 근거를 나타내는 연결 어미 '−어서'에 의해
종속적으로 이어진 문장이다.

46
정답 풀이 '고의라기보다는'의 '보다'는 연결 어미가 아니라
'~에 비해서'의 뜻을 나타내는 격 조사이다.

47
정답 풀이 '대조'가 아니라 '선택'의 의미를 지닌다.

48
정답 풀이 '−아야'는 앞 절의 일이 뒤 절 일의 조건임을 나타
내는 연결 어미로, 종속적으로 이어진 문장이다.

49
정답 풀이 ㉢ '−나'(대조), ㉣ '−고'(나열), ㉤ '−거나'(선택)
의 연결 어미에 의해 대등하게 이어진 문장이다.

50
정답 풀이 '나는 어제 밤을 샜다.'와 '나는 매우 졸렸다.'는 의
미상 인과 관계에 해당하기 때문에 '나는 어제 밤을 새서 매우
졸렸다.'와 같이 이어 써야 자연스럽다.

51
정답 풀이 '물이 너무 맑다', '고기가 없다', '사람이 너무 살피
다', '(이/사람이) 따르다', '(따르는) 이가 없다'와 같이 주어와
서술어 관계가 모두 다섯 번 나타나 있다.

52
정답 풀이 '이곳을'은 '나'가 찾은 장소를 의미하는 것이므로
앞 절의 '해돋이를'과 동일한 표현이 아니다. ㉡의 경우 앞 절
과 동일한 표현인 '나는'이 뒤 절에서 생략되었다.

53
정답 풀이 〈보기〉의 문장은 앞 절인 '아내는 여행을 좋아한다.'와 뒤 절인 '남편은 그렇지 않았다(여행을 좋아하지 않았다.).'가 연결 어미 '-지만'으로 이어진 문장이다. 이때 '-지만'은 뒤 절에 앞 절과 상반되는 내용이 이어짐을 나타낸다.

54
정답 풀이 연결 어미 '-어서', '-느라고' 등을 사용하여 원인의 의미를 갖는 이어진문장을 만들 수 있다. 또 앞 절과 뒤 절에 동일한 표현인 '언니는'이 중복되므로, '언니는'을 뒤 절에서 생략할 수 있다.

55
정답 풀이 '-면'은 뒤의 사실이 실현되기 위한 조건을 말할 때 쓰는 연결 어미로 쓰였으므로 '조건'의 의미로 볼 수 있다.

56
정답 풀이 '-ㄹ지라도'는 앞 절의 사실을 인정하면서 그에 구애받지 않는 사실을 이어 말할 때에 쓰는 연결 어미로 쓰였으므로 '양보'의 의미로 볼 수 있다.

57
정답 풀이 '-다가'는 어떤 일을 하는 과정이 다른 일이 이루어지는 원인이나 근거 등이 됨을 나타내는 연결 어미로 쓰였으므로 '원인'의 의미로 볼 수 있다.

수능 도전
본문 166~167쪽

58
정답 풀이 ㄱ, ㄷ은 '암벽 등반은 재미있고 힘들다.', '암벽 등반은 재미있지만 힘들다.'라고 앞 절과 뒤 절의 순서를 바꾸어도 의미에 변화가 생기지 않으므로 대등하게 이어진 문장이고, ㄴ은 '암벽 등반은 재미있어서 힘들다.'라고 앞 절과 뒤 절의 순서를 바꾸면 의미에 변화가 생기므로 종속적으로 이어진 문장이다. 따라서 ㄱ, ㄴ, ㄷ이 모두 앞 절과 뒤 절의 순서를 바꾸어도 의미에 변화가 생기지 않는다는 설명은 적절하지 않다.

59
정답 풀이 ⑤의 경우 '출근할 때, 일부는 버스를 이용하면서 일부는 지하철을 이용한다.'라는 문장이 어색하기 때문에 '-(으)며'를 '-(으)면서'로 교체할 수 없고, 앞뒤 문장의 주어 '일부는'이 서로 다른 집단을 가리키고 있으므로, 앞뒤 문장의 주어가 서로 같다고 보기도 어렵다. 따라서 ⑤의 '-(으)며'는 〈보기〉의 ㉠에 해당한다고 볼 수 없다. 이는 '남편은 친절하며 부인은 인정이 많다.'에서처럼 '두 가지 이상의 동작이나 상태를 나열'하는 의미를 지닌다.

60
정답 풀이 연결 어미 '-(으)려고'는 '어떤 행동을 할 의도나 욕망을 가지고 있음'을 나타내는 연결 어미이다. ㄹ에 제시된 사례를 통해, 연결 어미 '-(으)려고'가 선어말 어미 '-었/았-'이나 '-겠-'과는 결합할 수 없으나, 선어말 어미 '-(으)시-'와는 결합할 수 있음을 알 수 있다.

61
정답 풀이 '그 사람과 나는 오래전부터 서로 사귀어 왔다.'는 두 개의 홑문장, 즉 '그 사람은 오래전부터 서로 사귀어 왔다.'와 '나는 오래전부터 서로 사귀어 왔다.'로 분리되지 않는다. 이 문장에 쓰인 '과'는 행위의 상대임을 나타내는 부사격 조사로, 서술어가 '사귀어 왔다' 하나이므로 ⑤는 이어진문장이 아닌 홑문장이다.

62
정답 풀이 '-(으)면서'는 ㄱ처럼 평서문(불렀다)과도 어울리고, ㅁ처럼 명령문(공부해라), 청유문(공부하자), 의문문(공부할래?) 등과 같은 다양한 문장 유형과 어울린다.

63
정답 풀이 앞 절인 '갑자기 문이 열리다.'와 뒤 절인 '사람들이 놀랐다.'가 연결 어미 '-어서'로 이어지며, 앞 절이 뒤 절에 대해 '원인'의 종속적인 의미 관계로 해석된다.

64
정답 풀이 연결 어미 '-으면'은 앞의 절과 뒤의 절이 조건의 의미 관계임을 나타낸다.

65
정답 풀이 ㄷ의 경우 어미 앞의 '빌리다'의 주어도 '동수'이고, 어미 뒤의 '예약을 하다.'의 주어도 '동수'이다. ㄹ의 경우 어미 앞의 '만나다'의 주어도 '영희'이고, 어미 뒤의 '돌아가다'의 주어도 영희이다. 즉 ㄷ과 ㄹ의 두 문장은 어미 앞뒤의 주어가 모두 같은 문장들이다. ⑤에 따른다면, 어미 앞뒤의 주어가 같으면 '-러'를 선택할 수 없어야 할 것이다. 그러나 '-러'가 쓰인 ㄱ, ㄴ 두 문장 역시 어미 앞뒤의 주어가 같으므로 ⑤의 선택 기준은 타당하다고 볼 수 없다.

19일 문장의 짜임 2 - 안은문장

1 ○ 2 ○ 3 × 4 × 5 ○ 6 ○ 7 서술절 8 관형사절 9 부사절 10 서술절 11 부사절 12 관형사절 13 명사절 14 명사절 15 관형사절 16 인용절 17 부사절 18 관형사절 19 인용절 20 안은 21 안긴 22 주어 23 어미 24 서술절 25 직접 26 무엇이 어찌하다 27 대학을 졸업한 동주는 / 유학을 가기로 결심했다. 28 대학을 졸업한, 유학을 가기 29 부사어 30 관형어 31 ① 32 ① 33 ⑤ 34 ③ 35 ② 36 ③ 37 ③ 38 ⑤ 39 ③ 40 ④ 41 ② 42 ④ 43 ⑤ 44 ④ 45 ① 46 ② 47 ⑤ 48 ⑤ 49 ④ 50 ④ 51 ④ 52 아침이 오기, 명사절 53 내가 좋아하는, 관형사절 54 재주가 많으시다. 서술절 55 (1) 누나가 나에게 "날씨가 좋다."라고 말했다. (2) 누나가 나에게 날씨가 좋다고 말했다. 56 ④ 57 ② 58 ③ 59 ② 60 ④ 61 ④ 62 ② 63 ⑤ 64 ③ 65 ③

31
정답 풀이 안은문장은 다른 문장(안긴문장)을 하나의 문장 성분처럼 포함한 문장이다.

32
정답 풀이 연결 어미 '-면'에 의해 종속적으로 이어진 문장에 해당한다.

33
정답 풀이 명사 파생 접미사가 아니라 명사형 어미 '-(으)ㅁ', '-기'와의 결합에 의해 이루어진다.

34
정답 풀이 인용절을 안은 문장이다.

35
정답 풀이 '지나가는'은 '지나가-'에 관형사형 어미 '-는'이 결합한 관형사절로, '사람들'을 꾸미고 있다.

36
정답 풀이 '그는 "하늘이 정말 아름답다."라고 말했다.'(직접 인용) 또는 '그는 하늘이 정말 아름답다고 말했다.'(간접 인용)와 같이 이어 써야 자연스러운 문장이 된다.

37
정답 풀이 관형사절을 안은 문장이다. 나머지는 모두 부사절을 안고 있다.

38
정답 풀이 주어('저 사람의 아들이')에 대한 서술어 '성악가이다'는 서술절이 아니다.

39
정답 풀이 〈보기〉의 안긴문장 '밖에 나가기'는 명사절이다. ③의 '그가 착하다는'은 관형사절이고, 나머지는 모두 명사절이다.

40
정답 풀이 '매일'은 서술어 '기다린다'를 꾸미는 부사어이다.

41
정답 풀이 ㉠은 '기분 나쁘게', ㉡은 '그녀가 지나가도록'의 부사절을 안고 있는 문장이다.

42
정답 풀이 직접 인용이므로 '라고'가 붙어야 한다.

43
정답 풀이 인용절은 문장에서 부사어의 기능을 한다.

44
정답 풀이 ㉢을 간접 인용하면 '반장은 선생님께 질문이 있다고 했다.'가 된다. 이를 통해 직접 인용절을 간접 인용절로 바꾸면 결합하는 조사가 달라진다는 것을 확인할 수 있다.

45
정답 풀이 '아기가 울음을 터뜨렸다.'가 ㉢에서 '울음을 터뜨린'으로 안겨 있다. 즉 ㉠이 ㉡에 관형사절로 안긴 것이고 그 과정에서 ㉠의 주어인 '아기가'가 생략되었다.

46
정답 풀이 '우산도 없이'라는 부사절이 안겨 있다.

47
정답 풀이 '눈이 참 예쁘다' 뒤에 조사 '고'가 결합되어 형성되었다.

48
정답 풀이 문장의 주어('그 선행의 주인공이 수지였음이')에 대한 서술어는 '드러났다'이다. '그 선행의 주인공이 수지였음'이라는 명사절이 안겨 있는 문장이다.

49
정답 풀이 ㉡의 안긴문장은 '내가 어제 (영화를) 보았다.'로 '영화'를 수식한다. 따라서 안긴문장의 수식을 받는 명사인 '영화'는 안긴문장에 원래 있던 목적어에 해당한다. 그러나 ㉠의 안긴문장은 '내가 자기를 좋아한다.'로 '사실'을 수식하지만, '사실'이 안긴문장에 원래 있던 문장 성분에 해당하지 않는다.

50
정답 풀이 '친구가'는 전체 문장(인용절을 가진 안은문장)의 주어이고, '이 식당은'은 인용절 '이 식당은 불고기가 맛있다.'의 주어이다. 서술절('불고기가 맛있다.') 속의 주어는 '불고기가'이다.

51
정답 풀이 명사절('공부에 전념하기')이 조사 '로'와 결합하여 부사어의 기능을 하고 있는 문장이다.

52
정답 풀이 '아침이 오-'에 명사형 어미 '-기'가 결합하여 이루어진 명사절로, '를'과 결합하여 목적어로 기능한다.

53
정답 풀이 '내가 좋아하-'에 관형사형 어미 '-는'이 결합하여 이루어진 관형사절로, 뒤에 오는 명사 '음식'을 수식하는 관형어로 기능한다.

54
정답 풀이 '재주가 많으시다.' 전체가 주어 '아버지께서는'에 대한 서술어의 기능을 한다.

55
정답 풀이 다른 사람의 말을 직접 인용할 때는 '라고'를, 간접 인용할 때는 '고'를 붙인다.

56
정답 풀이 ⓐ의 안긴문장 '소리도 없이'는 용언 '나갔다'를 수식하는 부사절이고, ⓒ의 안긴문장 '어머니께서 시장에서 산'은 체언 '수박'을 수식하는 관형사절이다.

오답 풀이 ① ⓐ에서는 '소리도'가 주어이다.
⑤ ⓑ의 안긴문장에는 목적어가 없다. 반면 ⓒ는 목적어인 '수박'이 생략되어 있다.

57
정답 풀이 ⓛ은 명사절로 안긴문장으로, 절 전체가 명사처럼 쓰여 서술어 '알리며'의 목적어 역할을 한다.

58
정답 풀이 ㉠ '비가 오기'는 명사형 어미 '-기'가 붙어 만들어진 명사절로 목적격 조사와 결합하여 안은문장에서 목적어로 쓰인다. ㉡ '집에 가기'는 명사형 어미 '-기'가 붙어 만들어진 명사절로 부사격 조사 '에'와 결합하여 안은문장에서 부사어로 쓰인다. ㉢ '(그는) 1년 후에 돌아가기'는 명사형 어미 '-기'가 붙어 만들어진 명사절로 부사격 조사 '로'와 결합하여 안은문장에서 부사어로 쓰인다. ㉣ '(어린아이들은) 병원에 가기'는 명사형 어미 '-기'가 붙어 만들어진 명사절로 안은문장에서 목적어로 쓰인다. 이때 목적격 조사는 생략되기도 한다. 따라서 ㉠과 ㉣은 안은문장에서 목적어로, ㉡과 ㉢은 안은문장에서 부사어로 쓰이는 명사절이다.

59
정답 풀이 '이가 시리도록'은 원래 '이가 시리다.'라는 문장에 부사형 어미 '-도록'이 결합하여 서술어 '차가웠다'를 수식하기 때문에 부사절로 볼 수 있다.

60
정답 풀이 '나는 꽃이 활짝 핀 봄이 오기를 기다린다.'에서 관형사절 '꽃이 활짝 핀'이 '봄'을 수식하고 있고, 명사절 '봄이 오기'가 전체 문장에서 목적어로 쓰이고 있다. 관형사절이 수식하는 명사와 동일한 명사는 관형사절 속에서는 생략되어 나타나지 않는다.

61
정답 풀이 ㉣에는 '내가 늘 쉬-'가 전성 어미 '-던'을 통해 관형사절로 안겨 있으며, 안긴문장에 부사어 '공원에서'가 생략되어 있다.

62
정답 풀이 ㉢에는 '피곤해하던'이라는 관형사절과 '엄마가 모르게'라는 부사절이 안겨 있다. 또한 ㉣에는 '그가 시장에서 산'이라는 관형사절과 '값이 비싸다.'라는 서술절이 안겨 있다. ㉢에는 ㉣과 달리 서술어의 기능을 하는 안긴문장인 서술절이 안겨 있지 않다.
오답 풀이 ④ ㉠에 안겨 있는 문장인 '따뜻한'에는 '봄이'라는 주어가 생략되어 있고, ㉣에 안겨 있는 문장인 '그가 시장에서 산'에는 '배추를'이라는 목적어가 생략되어 있다.

63
정답 풀이 ㉰에서 '장애물 달리기'는 명사절이 아니기 때문에 목적어의 기능을 하는 안긴문장은 없다.
오답 풀이 ③ ㉰에서 '부상을 당한'은 '선수'를 수식하는 관형사절이고, '부상을 당한'에서 주어는 생략되어 있다.
④ ㉱에서 '성적이 많이 오르기'는 목적어의 기능을 하는 안긴문장이고, '많이'는 '오르기'를 수식하는 부사어이다. ㉮의 안긴문장 속에는 부사어가 없다.

64
정답 풀이 ㉢의 안은문장은 '동주는 별을 응시했다.'이고 안긴

문장은 '별이 반짝이다.'이다. 따라서 '별을'은 안은문장의 목적어이며, 안긴문장의 목적어는 아니다. ㉢의 안긴문장에는 목적어가 없다.

65
정답 풀이 안긴문장인 '말도 없이'는 안은문장의 서술어인 '가 버렸다'를 수식하고 있는 부사절이다. 따라서 부사어인 '학교에'를 수식한다는 것은 잘못된 설명이다.
오답 풀이 ④ 명사절인 '공원에 가기'의 주어는 '영수는'으로 안은문장과 동일하다.

17~19일	종합 평가				본문 176~179쪽

1 ③　2 ④　3 겹문장, 碣 주어와 서술어의 관계가 두 번 나타난다.　4 ㉠: 우리 어머니께서는 / 다방면에 재주가 많으시다. ㉡ 추운 겨울은 / 여행을 가기에 적합한 때가 아니다.　5 ④
6 ⑤　7 ③　8 ①　9 ⑤　10 ⑤　11 ⑤　12 ③
13 ①　14 ⑤　15 ①　16 ⑤　17 ⑤　18 ④　19 ④
20 ㉠: 우리, ㉡: 오늘, ㉢: 있자고

1
정답 풀이 '그가 내게 보낸 선물이'는 전체 문장의 서술어인 '들었다'의 주어가 될 수 없다. 〈보기〉의 문장은 '나는'과 같은 주어가 생략된 문장이다.

2
정답 풀이 '그를 만날'이 관형사절로 안겨 있는 문장이다.

3
정답 풀이 '윗물이 맑다.'와 '아랫물이 맑다.'라는 두 개의 홑문장이 연결되어 있다.

4
정답 풀이 ㉠: 주어부(주어가 되는 말과 그것을 꾸며 주는 부분)는 '우리 어머니께서는'이고, 서술부(주어부를 설명하는 부분)는 '다방면에 재주가 많으시다.'이다. ㉡: 주어부는 '추운 겨울은'이고, 보어와 서술어로 이루어진 서술부는 '여행을 가기에 적합한 때가 아니다.'이다.

5
정답 풀이 ㉢의 생략된 주어는 '꽃 피는 계절을 좋아하'는 주체, 즉 '나'이므로, ㉡의 주어인 '꽃'과 다르다.

6
정답 풀이 ㉠의 '먹었다'는 두 자리 서술어가 맞으나, ㉡의 '없다'는 한 자리 서술어이다.
오답 풀이 ② ㉠의 부사어는 '혼자'와 '다'이고, ㉡의 관형어는 '그가 좋은'과 '그가 좋은 사람임을 모르는'이다.

7
정답 풀이 ㉠ 홑문장, ㉡ '-는지'에 의해 종속적으로 이어진 문장, ㉢ 명사절을 안은 문장, ㉣ 인용절을 안은 문장, ㉤ 홑문장(본용언+보조 용언 구성인 '반해 버리고 말았다'는 하나의 서술어이다.)

8

정답 풀이 ㉠ 주어(말이) – 서술어(된다), ㉣ 주어(생략됨.) – 서술어(갚는다)

9

정답 풀이 '그는 어렵게 산다.'와 '그는 얼굴에 그늘이 없다.'는 의미상 대조 관계에 해당하기 때문에 '그는 어렵게 살지만 얼굴에 그늘이 없다.'와 같이 연결해야 자연스럽다.

10

정답 풀이 대조의 연결 어미 '–나'에 의해 대등하게 이어진 문장이다. 나머지는 종속적으로 이어진 문장이다.

11

정답 풀이 앞 절과 뒤 절의 주어가 '나는'으로 같아서 뒤 절에서 주어가 생략된 문장이다.

12

정답 풀이 ㉡과 ㉢의 '–나'와 '–지만'은 대조의 의미 관계를, ㉤의 '–고'는 나열의 의미 관계를 지니고 있다.

13

정답 풀이 나열의 연결 어미 '–고'에 의해 대등하게 이어진 문장이다. 참고로, 이 문장에서 '이나'는 조사이다.

14

정답 풀이 '나는 어제 피자를 먹다 남겼다.'를 통해 '피자'를 먹은 것이 과거의 일임을 알 수 있으므로, '이것은 내가 어제 먹던 피자이다.'와 같이 연결해야 자연스럽다.

15

정답 풀이 안은문장의 주어는 '선생님은'이고, 안긴문장의 주어는 '마음이'이다.

16

정답 풀이 〈보기〉의 안긴문장 '겨울이 오기'는 명사절이고, 문장 성분은 관형어이다. ⑤의 '대학에 가기'는 명사절이고, 문장 성분은 관형어이다.

17

정답 풀이 '도훈이와 아인이가 남매이다.'가 '나는 그 사실을 몰랐다.'에 관형사절로 안기는 과정에서 생략된 문장 성분은 없다.

18

정답 풀이 안은문장에는 부사어 '계속'이 있고, 안긴문장 '내가 노래를 부르기'에는 부사어가 없다.

19

정답 풀이 '구상할'의 '–ㄹ'은 미래 시제를 나타내기도 하나, 선어말 어미가 아니라 용언의 관형사형을 만드는 전성 어미이다.
오답 풀이 ⑤ '예정이–(어간)+–시–(주체 높임 선어말 어미)+–ㅂ니다(종결 어미)'로 분석된다.

20

정답 풀이 ㉠ 직접 인용에서 인용된 발화는 국어 선생님이 말한 것이므로 아랫사람을 가리키는 이인칭 대명사 '너희'가 쓰였지만, 간접 인용으로 바뀌면서 일인칭 대명사 '우리'가 되어야 한다. ㉡ 어제 시점에서의 내일, 즉 '오늘'이 되어야 한다.

㉢ 간접 인용으로 바뀌면서 인용 조사가 '고'가 되어야 한다.

20일 담화의 개념과 특징

1 ○ 2 ○ 3 × 4 × 5 ○ 6 ○ 7 ○ 8 ×
9 ○ 10 ㉡ 11 ㉠ 12 ㉢ 13 –어 14 –니 15 –구나 16 ① 17 ③ 18 ② 19 지시 20 높임 21 어미
22 맥락 23 통일성 24 응집성 25 이 26 그 27 이
28 저 29 저 30 그 31 ⑤ 32 ④ 33 ② 34 ④
35 ① 36 ④ 37 ③ 38 ③ 39 ⑤ 40 ③ 41 ④
42 ② 43 ④ 44 ⑤ 45 ④ 46 ① 47 ② 48 ④
49 ⑤ 50 ⑤ 51 ② 52 ⑤ 53 예 우산을 가지고 나가라는 의미 54 예 빨래를 걷어야겠다는 의미 55 예 지금 축구를 하지 못하겠다는 의미 56 예 부침개를 같이 먹으러 가자는 의미 57 ③ 58 ② 59 ⑤ 60 ④ 61 ③ 62 ①
63 ③ 64 ⑤ 65 ③

문제로 정복하기 본문 182~186쪽

31

정답 풀이 몸짓은 준언어적 표현이 아니라 비언어적 표현에 해당한다.

32

정답 풀이 응집성을 높이기 위해서는 대용 표현 등을 적절하게 사용해야 하지만 대용 표현을 최대한 많이 사용한다고 응집성을 높일 수 있는 것은 아니다.

33

정답 풀이 보고서는 정보 제공 담화에, 광고는 호소 담화에, 판결문은 선언 담화에 속한다.

34

정답 풀이 '있겠지'는 추측의 의미 또는 미래의 일을 예측하는 의미의 심리적 태도를 드러낸다.

35

정답 풀이 할머니에게 엄마는 높여야 할 대상이 아님에도, 손녀를 의식하여 할머니는 의도적으로 '드리다'라는 표현을 사용하고 있다.
오답 풀이 ③ 손자는 할아버지를 높이기 위해 '아버지'를 오히려 낮추고 있다.

36

정답 풀이 학생이 지각한 상황이므로, '왜 이렇게 일찍 왔니?'는 학생이 일찍 온 이유가 알고 싶어서 묻는 것이 아니라 학생이 늦게 온 것에 대한 책망을 반어적으로 강조하는 것이다.

37

정답 풀이 ㉢의 '여기'는 맥락상 말하는 사람에게 가까운 곳을 가리킨다.

38

정답 풀이 기상 상태를 물어보는 질문에 대해 '날씨가 덥네.'

라고 대답한 것에는 대기의 온도가 높다는 생각을 표현하고자 하는 의도가 직접적으로 드러나 있다고 볼 수 있다.

39

정답 풀이 ⓒ, ⓑ은 B가 가리킨, 마네킹이 입고 있는 옷을 의미하고, ⓔ은 A가 B가 가리킨 옷을 바라보며 한 말이므로 ⓒ, ⓑ과 같은 대상을 가리킨다.

오답 풀이 ⑤, ⓛ은 B가 입은 옷(=A가 칭찬한 옷)을 의미한다. ⓜ은 B가 어제 입은 옷(=A가 '저 옷이랑 비슷한 옷'이라고 표현한 옷)을 의미한다.

40

정답 풀이 A는 (1)에서 '−시−'를 사용하고 있으나 B가 아니라 '어머님'(=B의 어머니)을 높이기 위한 것이다. (2)에서는 '요'(=누구이−지−요)를 사용하여 B에 대해 두루높임 표현으로 말하고 있다.

오답 풀이 ④ B는 사석인 (1)에서는 '나', 해체를 사용하나 공식적인 자리인 (2)에서는 '저'를 사용하여 자신을 낮추고, 하십시오체를 사용하여 상사인 A를 높이고 있다.

41

정답 풀이 문장 종결 표현은 청유문에 해당하고, 실제 발화의 의도 역시 제안, 청유이므로 간접 발화가 아니라 직접 발화에 해당한다.

42

정답 풀이 ⑤의 법원 판결문은 선언 담화에, ⓛ의 신문 기사는 정보 제공 담화에 해당한다.

43

정답 풀이 ⓒ은 언니가 가리키고 있는 옷장의 위치를, ⓔ은 언니가 찾고 있는 옷을 의미하므로 동일한 대상이 아니다.

44

정답 풀이 ㉮를 미지칭(未知稱)이라고 하고, ㉯를 부정칭(不定稱)이라고 한다. ⑤, ⓒ은 부정칭에, ⓛ, ⓔ은 미지칭에 해당한다. ⑤의 '어디'는 어떤 장소를 꼭 집어 가리키지 않는 데 쓰였으므로, ⓒ의 '무엇'은 특정한 음식을 지정하여 가리키지 않는 데 쓰였으므로 부정칭에 해당한다. ⓛ의 '누구'는 초인종을 울린 인물이 누구인지를 묻기 위한 말이므로, ⓔ의 '무엇'은 꽃의 이름이 무엇인지를 묻기 위한 말이므로 미지칭에 해당한다.

45

정답 풀이 '배고프지 않아?'라는 동일한 발화라도 의미는 상황에 따라 다양하게 해석될 수 있다.

46

정답 풀이 종결 표현의 형식이 의문형이고, 발화 의도 역시 상품의 가격을 묻고 있는 것이므로 종결 표현의 형식과 발화 의도가 일치하는 직접 발화의 예에 해당한다.

47

정답 풀이 '지금 몇 시야?'는 약속 시간에 늦은 친구를 책망하려는 의도를 갖고 있는 것이나, 상대방의 의도를 헤아려 해석하지 않고 겉으로 드러난 말뜻 그대로 받아들여 반응하였다.

48

정답 풀이 '왜냐하면'은 '왜 그러냐 하면'의 뜻으로 쓰이는 접속 부사로 주로 '때문이다'와 호응한다.

49

정답 풀이 말하는 이와 듣는 이의 상하 관계에 따라 높임 표현과 낮춤 표현이 구별되어 사용된다. 그러나 지시 표현이 상하 관계에 따라 다르게 선택되지는 않는다.

50

정답 풀이 '아주'는 '귀한'을 꾸며 주는 성분 부사로, 문장 전체를 꾸며 주면서 화자의 심리적인 태도를 나타내기도 하는 문장 부사로 볼 수 없다.

51

정답 풀이 합의서는 약속 담화에 속한다.

52

정답 풀이 '거기'는 발화 내용에 직접 드러나 있지는 않지만 A와 B가 공유하는 경험 속에서 그 의미를 알 수 있다.

53~56

정답 풀이 "밖에 비 와."라는 동일한 발화의 의도는 상황에 따라 다양하게 추측될 수 있다.

수능 **도전** 본문 187~189쪽

57

정답 풀이 ⓔ은 '원장님'의 말을 높이기 위해 사용한 것이고 ⓞ은 '학생'이 자신의 말을 낮추기 위해 사용한 것이므로 적절하지 않다.

58

정답 풀이 ⓛ은 화자인 '효준'과 청자인 '유로'에게 모두 멀리 떨어져 있는 진열대를 지칭하는 표현이고, ⓜ은 화자인 '유로'와 청자인 '효준'이 있는 장소에서는 현재 보이지 않는 □□ 매장을 가리키는 표현이다.

59

정답 풀이 ⓜ은 지완에 앞서 원세의 말에 나온 '제출할 작품'을 지칭하는 지시어이므로 ⓜ은 지완이 이미 언급했던 것이 아니라 원세의 말을 받아서 사용한 것이다.

60

정답 풀이 아들은 '배가 너무 고파요.'라는 평서문을 사용해 상대방인 엄마에게 '제가 배가 고프니 먹을 것을 주세요.'라는 요구의 의미를 표현하고 있다.

61

정답 풀이 '잠깐, 내가 안경을 어디다 뒀더라?'는 의문문이지만 청자에게 요청하는 것이 아니다. B의 반응을 고려했을 때, A의 말은 혼자 있는 상황에서 화자가 안경을 찾으면서 하는 혼잣말이다.

62

정답 풀이 〈보기〉의 대화 중 ⑥는 대화 참여자 '수빈, 나경,

세은' 모두를 포함한다. 또한 ⓔ의 '우리' 역시 '수빈'을 포함한 대화 참여자 세 명을 모두 가리킨다.

63
정답 풀이 ⓜ은 물병 두 개를, ⓗ은 '물병'을 가리킨다.

64
정답 풀이 ⓗ은 화자와 청자를 제외한 제삼자를 가리키지만 ⓞ은 청자인 아들을 가리킨다.

65
정답 풀이 ⓒ은 딸의 발화 이전에 아버지가 이야기한 '저 옷이랑 같이 입으면'의 내용을 대신하여 표현하고 있는 대용 표현이다.

21일 한글의 창제 원리

1 ○ 2 ○ 3 × 4 × 5 × 6 × 7 ○ 8 ○
9 ○ 10 × 11 ㅋ 12 ㄴ 13 ㄹ 14 ㅁ 15 ㅈ
16 ㅿ 17 ㆆ 18 ㅡ 19 ㅗ 20 ㅑ 21 훈민정음
22 가획 23 합성 24 병서 25 순경음 26 이체자
27 · 28 ㅆ 29 ㅁ 30 ㄹ 31 ③ 32 ⑤ 33 ④
34 ④ 35 ④ 36 ④ 37 ② 38 ④ 39 ④ 40 ①
41 ② 42 ④ 43 ② 44 ⑤ 45 ⑤ 46 ③ 47 ①
48 ① 49 ① 50 ① 51 ① 52 ② 53 ① 54 ③
55 예: 발음 기관의 모양을 본뜬 상형의 원리, ㉡: 소리의 세기가 강해지면 획을 더한 가획의 원리 56 예: 'ㅂ'과 'ㄷ'은 자판에 없는 자음이지만, 각각 'ㅁ'과 'ㄴ'에 획을 더하는 가획의 원리에 의해 입력할 수 있다. 57 ② 58 ③ 59 ③ 60 ⑤

문제로 정복하기
본문 192~195쪽

31
정답 풀이 'ㅏ'는 'ㅣ'와 '·'를 합하여 만들었다.

32
정답 풀이 병서한 자음자는 자음 17자에 포함되지 않는다.
오답 풀이 ④ '훈민정음'은 세종 대왕이 창제한 문자의 명칭이자 훈민정음의 창제 원리와 사용법 등을 해설해 놓은 책의 제목이기도 하다.

33
정답 풀이 한글의 모음자가 소리의 변화를 시각적으로 확인할 수 있는 글자 모양을 갖춘 것은 아니다.

34
정답 풀이 한글이 적은 수의 자모로도 소리를 적을 수 있는 문자인 것은 맞지만 어떤 외국어의 음운이라도 다 변별하여 표기할 수 있는 것은 아니다. 예컨대, 영어의 무성음과 유성음의 대립은 한글로 표기하기 어렵다.

35
정답 풀이 ㉠의 자음 자판 중 'ㅅㅎ', 'ㅇㅁ'은 가획의 원리에

따라 배열되었다고 보기 어려우며, ㉡의 자음 자판에는 훈민정음 기본자가 아닌 'ㄹ'도 포함되어 있다.

36
정답 풀이 〈보기〉에서 중국을 바로 이해하기 위해 한글을 창제했다는 내용을 확인할 수는 없다.

37
정답 풀이 한글 자음은 소리가 더 세어지는 것을 바탕으로 기본자에 획을 더해서 만들었다.

38
정답 풀이 재출자 'ㅑ, ㅕ, ㅛ, ㅠ'는 초출자 'ㅏ, ㅓ, ㅗ, ㅜ'에 '·'를 합하여 만든 것이다.

39
정답 풀이 'ㅈ, ㅊ'은 기본자인 'ㅅ'보다 소리의 세기가 더 거세다.

40
정답 풀이 앞에서부터 순서대로 '기본자/초출자/재출자/합용자'에 해당한다.

41
정답 풀이 ㉡은 기본자 'ㄴ'의 이체자이므로 'ㄹ'이 들어가야 한다. 참고로, 'ㅌ'은 'ㄴ'의 가획자이기도 하므로 'ㄷ' 옆 칸에 들어가야 한다.

42
정답 풀이 'ㅗ, ㅏ, ㅜ'는 기본자 'ㅡ', 'ㅣ'에 '·'를 한 번 합하여 만든 자이고, 'ㅛ, ㅑ, ㅠ'는 거기에 '·'를 한 번 더 합하여 만든 자이다.

43
정답 풀이 〈보기〉는 훈민정음 제자해의 기록으로, 제자해는 한글 자음은 소리가 더 세어지는 것을 바탕으로 기본자에 획을 더해서 만들었음을 밝히고 있다.

44
정답 풀이 가획자는 기본자에 획을 더하여 만든 것이므로 기본자 간의 결합을 통해 만들어졌다는 설명은 적절하지 않다.

45
정답 풀이 ㉢은 모음 재출자이므로 'ㅛ, ㅑ, ㅠ, ㅕ'가 들어가야 한다. 'ㅘ'는 재출자에 해당하지 않는다.

46
정답 풀이 이체자는 획을 더함으로써 소리의 세기를 반영한 글자가 아니다. 기본자에 획을 더하여 소리의 세기를 반영한 것은 가획자이다.

47
정답 풀이 'ㄱ'은 어금닛소리(아음)의 기본자이다.

48
정답 풀이 상형이란 어떤 모양을 본떠서 만든다는 것인데, 모음 기본자 '·', 'ㅡ', 'ㅣ'는 각각 하늘, 땅, 사람의 모양을 본떠서 만든 것이다.

49
정답 풀이 자음의 기본자는 'ㄱ, ㄴ, ㅁ, ㅅ, ㅇ'이다.

50
정답 풀이 가획자 'ㅋ'의 위치를 통해 'ㄱ'이 들어갈 위치는 ㉠임을 알 수 있다.

51
정답 풀이 ㉠은 동일한 초성자를 나란히 붙여 쓰는 표기 방식이므로 'ㅆ'는 해당하고 'ㅺ'이나 'ㅹ'처럼 서로 다른 초성자를 나란히 붙여 쓴 것은 해당하지 않는다. ㉡은 서로 다른 초성자를 나란히 붙여 쓰는 표기 방식이므로 'ㅹ'과 'ㅺ'은 해당하고 'ㅆ'는 해당하지 않는다. ㉢은 두 개의 초성자를 세로로 붙여 적는 방식으므로 'ㅸ'처럼 'ㅂ' 아래에 'ㅇ'를 이어 적은 것이 해당한다.

52
정답 풀이 'ㄹ'만 이체자이고, 나머지는 가획자이다.

53
정답 풀이 'ㅑ'만 재출자이고, 나머지는 합용자이다.

54
정답 풀이 이체자는 기본자를 활용해서 만들었지만 다른 가획자처럼 소리의 세기에 따라 획을 더한 것이 아니므로, 이체자 'ㅿ'이 기본자 'ㅅ'보다 소리의 세기가 강하다고 할 수 없다.

55
정답 풀이 ㉠: 제시된 자음은 한글 기본자로, 기본자는 발음 기관의 모양을 본떠 만들었다. ㉡: 제시된 자음은 한글 가획자로, 기본자에 소리가 더 세어지는 것을 바탕으로 획을 더하여 만들었다.

56
정답 풀이 'ㅂ', 'ㄷ'은 자판에 없는 자음이지만 'ㅁ-획추가', 'ㄴ-획추가'를 통해 입력할 수 있다.

수능 도전
본문 196쪽

57
정답 풀이 훈민정음의 초성 중에서 이[齒]의 모양을 본뜬 기본자는 잇소리 'ㅅ'이며, 여기에 '가획'의 원리에 따라 획을 더하여 만든 글자는 가획자 'ㅈ, ㅊ'이다. 중성 중에서 초출자 'ㅗ'에 기본자 'ㆍ'를 결합하여 만든 글자는 재출자 'ㅛ'이다. '상형'이나 '가획'의 원리를 적용하지 않고 별도로 만든 이체자는 'ㆁ, ㄹ, ㅿ'이다. 이러한 조건을 모두 만족하는 글자는 '죻'이다.

58
정답 풀이 〈보기〉의 설명을 보면 불청불탁을 가리키는 문자에 획을 더하여 전청을 나타내는 문자를 만들고 여기에 다시 획을 더하여 차청을 나타내는 문자를 만든다. 획을 더할수록 그 문자가 나타내는 소리는 세기가 세어진다. 이를 통해 불청불탁에 속하는 소리가 제일 약하고 차청에 속하는 소리가 가장 강함을 알 수 있다.

59
정답 풀이 〈예사소리〉-〈거센소리〉의 관계를 〈A〉-〈A에 획 추가〉로 표현한 것을 통해 '나'에 제시된 '가획의 원리'를 확인할 수 있다. 또한, 〈예사소리〉-〈된소리〉의 관계를 〈A〉-〈AA〉로 표현한 것에서 '다. 초성자를 나란히 써서 또 다른 초성자로 사용하였다.'라는 '병서의 원리'를 확인할 수 있다.

60
정답 풀이 (가)는 순경음에 대한 설명으로, 입술소리(순음) 아래 'ㅇ'을 연서하여 표시한 음인 'ㅱ, ㅸ, ㅹ, ㆄ' 등이 이에 해당한다. 이는 '수ㅸㅣ'의 'ㅸ'에서 확인할 수 있다. (나)는 초성 글자를 나란히 쓰는 초성 합용 병서에 대한 설명으로, 'ᄧᅳ미니라'의 'ㅳ'에서 확인할 수 있다.

22일 남북한의 언어

1 ○　2 ○　3 ×　4 ×　5 북한　6 남한　7 남한　8 북한　9 남한　10 남한　11 ⑤　12 ③　13 ⑤　14 ④　15 ㄴ　16 ㄹ　17 ㄴ　18 외래어　19 고유어　20 표준어　21 북한　22 사이시옷　23 의존　24 분단　25 같은　26 교류　27 말다듬기　28 지역적　29 이념　30 어휘　31 ③　32 ④　33 ②　34 ⑤　35 ④　36 ③　37 ⑤　38 ④　39 ⑤　40 ④　41 ①　42 ④　43 ③　44 ⑤　45 ①　46 ③　47 ④　48 ①　49 ①　50 ④　51 ③　52 ⑤　53 ⑤　54 예 '연도'의 '연'은 단어의 첫머리에 오므로 두음 법칙을 적용해야 한다.　55 예 다소 차이는 있지만 사용하는 언어가 같기 때문이다.　56 예 북한에서는 외래어를 순우리말로 고쳐서 사용하려는 경향이 있다.　57 예 지역적인 차이로 인한 방언이 각각의 표준말로 정착되었으며, 서로 다른 정책으로 말다듬기를 하고, 서로 다른 이념과 생활상이 반영된 어휘가 만들어졌기 때문이다.　58 ③　59 ③　60 ④

문제로 정복하기
본문 199~202쪽

31
정답 풀이 문장 구조 등 문법은 남북한에 큰 차이가 없다. 남북한 언어는 어휘에서 가장 큰 차이를 보인다.

32
정답 풀이 남북한은 분단 이전까지 한 민족으로 같은 말과 글을 사용했으나, 분단 이후 교류가 한동안 없어 언어의 이질화가 가속되었다.

33
정답 풀이 남한은 말다듬기를 꾸준히 진행하며 말다듬기의 결과를 국민들에게 발표하고 사용을 장려하고 있어 말다듬기의 결과 널리 사용되는 말이 많다.

34
정답 풀이 천리마운동은 외래어나 한자어를 다듬은 말이 아니라 북한 사회의 특징이 드러난 말에 해당한다.

오답 풀이 '살림집'(주택), '무더기비'(호우), '나뉜옷'(투피스), '젖먹임칸'(수유실)

35

정답 풀이 남북한 모두 필수적인 자음 동화(비음화, 유음화 등)가 일어난 발음을 표준 발음으로 인정하고 있다.

오답 풀이 ⑤ 예컨대 '나뭇가지'의 표준 발음의 경우, [나무까지]가 원칙이고 [나묻까지]가 허용이다.

36

정답 풀이 '독립'의 북한 표준 발음은 [동닙]이다.

37

정답 풀이 일부 형용사의 연결형에 '나다'가 이어져 '짜릿해나다, 끈끈해나다' 등과 같이 쓰이는 것은 북한어의 특성이다.

오답 풀이 ③, ④ 북한어에서는 '물이 얼음으로 되었다.'와 같이 쓴다.

38

정답 풀이 남북한의 표기 규범은 모두 조선어학회의 '한글 맞춤법 통일안'을 바탕으로 하고 있는데, '한글 맞춤법 통일안'은 소리 나는 대로 적는 표음주의에 형태를 밝혀 적는 표의주의를 조화시킨 규범이다. 남북한 모두 '꽃+이'를 '꼬치'가 아니라 '꽃이'로 적는 것에서 알 수 있듯이, 남북한의 표기 규범에서 표음주의가 표의주의에 항상 우선하는 것은 아니다.

오답 풀이 ① 북한은 의존 명사, 보조 용언을 모두 앞말에 붙여 쓴다.

39

정답 풀이 말다듬기 사업은 외래어 남용이나 번역투 표현 등을 교정하기 위한 것으로, 남북한 언어 차이 문제와는 관계없이 적절한 방향으로 계속 진행되어야 한다.

40

정답 풀이 '날래'는 북한식 표현이기는 하지만, 외래어를 고유어로 순화한 말다듬기 사업의 결과라고 볼 수 없다.

41

정답 풀이 '아흐레갈이'는 외래어를 한자어로 고친 어휘가 아니며 고유어에 해당한다.

오답 풀이 ③ 영어 외래어가 많은 남한과 달리 북한은 러시아어 외래어가 많다.

④, ⑤ 북한의 '어버이', '세포'는 북한 사회의 정치 이념과 제도가 반영된 단어로, 남한에서 사용하는 뜻과 다르다.

42

정답 풀이 '소행'은 남한과 북한에서 형태나 발음이 같은 단어이지만, 남한에서는 부정적인 의미로 북한에서는 긍정적인 의미로 서로 달리 사용된다.

43

정답 풀이 남한은 두음 법칙을 인정하므로 예를 들어 '女'가 어두에 올 때 '여자'로 표기하고, 북한은 두음 법칙을 인정하지 않으므로 '녀자'로 표기한다. 그러나 어두가 아닌 둘째 음절부터는 두음 법칙이 적용되지 않으므로 남북한 모두 '소녀'로 표기한다.

44

정답 풀이 '일 없어' – '괜찮아', '꽝포쟁이' – '허풍쟁이', '억이 막히다' – '기가 막히다' 등에서 유사한 의미를 나타내나

사용하는 어휘가 다르기도 함을 알 수 있다.

45

정답 풀이 '강냉이'는 북한 지역에서 '옥수수'를 가리키는 말로 남한에서도 강원도 지역에서 사용하는 말이다. 사회 제도의 차이로 인한 북한의 독특한 어휘로는 볼 수 없다.

46

정답 풀이 남한에서는 잘못을 했을 때 상대가 사과를 원하는 경우가 많다는 〈보기〉의 서술을 통해 남한은 직접적인 사과 표현이 필요하다고 생각하는 편임을 알 수 있다.

47

정답 풀이 전반적으로 북한은 남한에 비해 직설적인 표현을 많이 하고 상대방의 말도 표면적 의미로 해석하려는 경향이 있는 편이다.

48

정답 풀이 '녀, 뇨, 뉴, 니'가 '여, 요, 유, 이'로 소리 나는 것은 'ㄴ'이 'ㅇ'으로 변한 것이 아니라 'ㄴ'이 탈락한 것이다.

49

정답 풀이 '동무'는 남북한에서 형태, 발음이 모두 같으나 서로 다른 의미로 사용되고 있는 단어의 예이다.

50

정답 풀이 정부 차원의 교류도 중요하지만 민간 차원의 교류도 계속 활성화되어야 남북한 언어의 차이를 극복해 나갈 수 있다.

51

정답 풀이 '초+불→[초뿔]'에서 알 수 있듯이, 남북한 모두 명사와 명사가 결합할 때 사잇소리 현상이 일어나면 그 발음을 인정한다. 다만, 남한에서는 사이시옷을 표기하는 반면 북한에서는 표기하지 않을 뿐이다.

오답 풀이 ④ 남한에서는 어미 '-어'에 대해 원칙적으로 [어]로 발음하되 앞 음절의 모음에 따라 반모음이 첨가된 [여] 발음도 허용한다. 그러나 이를 표기에 반영하지는 않는다. 그러나 북한에서는 반모음이 첨가된 [여]를 표준 발음으로 정하고 표기에도 반영하고 있다.

52

정답 풀이 '남녀'에서 '녀'는 어두가 아닌 둘째 음절에 오므로 두음 법칙을 적용하지 않는 것이 올바르다.

53

정답 풀이 ㉠ 표준어는 한 나라 안에서 공식적으로 쓰는 공용어의 자격을 부여받은 말이다. ㉡ 문화어는 북한의 공용어이다. ㉢ 표준어는 '교양 있는 사람들이 두루 쓰는 현대 서울말'로, 문화어는 '근로 인민 대중이 사용하는 현대 평양말'로 정함을 원칙으로 한다.

54

정답 풀이 '졸업 연도'는 붙여 쓰지 않고 띄어 쓴다. 이를 통해 '졸업 연도'는 하나의 단어가 아니고 '졸업'과 '연도'의 두 단어가 나란히 쓰인 것임을 알 수 있다. 이때 '연도(年度)'는 '앞말이 이루어진 특정한 해의 뜻을 나타내는 말로, 명사이다. 따라서 '연도'의 '연'이 단어의 첫머리에 오므로 두음 법칙을 적용해야 한다.

55

정답 풀이 남북한은 분단 이전까지 한 민족으로 오랫동안 같은 말과 글을 사용해 왔고, 지금도 다소 차이는 있지만 기본적으로 같은 한국어를 사용하므로 서로 의사소통이 가능하다.

56

정답 풀이 북한은 남한에 비해 외래어를 고유어로 고쳐서 사용하려는 경향이 있다.

57

정답 풀이 남한의 서울말, 북한의 평양말처럼 지역적으로 차이가 있는 말이 각각의 표준말로 정착되었으며, 서로 다른 정책으로 말다듬기를 하고, 서로 다른 정치 이념이나 사회 제도, 생활상이 반영된 어휘가 쓰이게 되었기 때문이다.

수능 도전
본문 203쪽

58

정답 풀이 표준 발음법 제10항을 보면 '넓지'는 남한에서는 [널찌]로 발음되고, 문화어 발음법 제8항의 3)을 보면 북한에서는 [넙찌]로 발음된다.

오답 풀이 ⑤ 예를 들어 남한은 어간 '넓ㅡ', 북한은 단어 '여덟'의 겹받침 발음에 대한 예외 규정을 제시하고 있다.

59

정답 풀이 ㉢의 '(솔+나무→)소나무', '(달+달+이→)다달이'를 통해 북한에서도 단어의 합성 과정에서 음운의 탈락이 있으면 탈락한 대로 적는다는 것을 알 수 있다.

60

정답 풀이 '동무'는 분단 전에는 우리나라 전체에서 '친하게 지내는 사람'의 의미로 썼지만, 분단 후 북한에서 '동무'를 특유의 정치 이념, 제도와 관련한 어휘로 사용하게 되면서 남한에서는 잘 사용하지 않게 되었다.

20~22일 종합 평가
본문 204~207쪽

1 ⑤ 2 ⑤ 3 ③ 4 ⑤ 5 ④ 6 남한의, 한답니다 7 ②
8 ② 9 ⑤ 10 ④ 11 ② 12 ③ 13 **예** 합성의 원리에
따라 'ㆍ, ㅡ, ㅣ'의 세 가지 요소를 조합하여 여러 가지 모음을 만들었다. 14 ① 15 ③ 16 ② 17 ③ 18 ⑤ 19 ③
20 ㉠: ㄹ, ㉡: 두음 법칙

1

정답 풀이 이미 언급한 내용의 반복을 피해 다른 표현으로 대신하는 것은 지시 표현이 아니라 대용 표현이다.

2

정답 풀이 선언 담화는 어떤 집단이 자기의 방침, 의견, 주장 따위를 외부에 정식으로 표명하여 새로운 사태를 불러일으키는 기능을 하는 담화로, 선전 포고, 유언장, 임명장, 판결문 등이 속한다. 환영 인사는 사교 담화에, 설교는 호소 담화에 속한다.

3

정답 풀이 '처럼'은 모양이 서로 비슷하거나 같음을 나타내는 격 조사이다.

4

정답 풀이 '여기는 뭐가 제일 잘 나가요?'는 상대방에게 이 식당에서 제일 잘 팔리는 음식이 무엇인지 묻는 발화이므로 의문문인 발화의 형식과 화자의 의도가 일치하는 직접 발화에 해당한다.

5

정답 풀이 발화자가 무거운 짐을 혼자 옮기는 상황 맥락을 고려하면, 친구에게 바쁘냐고 묻는 것은 바쁘지 않으면 짐을 같이 들어 달라는 요청을 담은 발화라고 할 수 있다.

6

정답 풀이 '남한의 오징어를 북한에서는 낙지라고 한답니다.'는 주제의 일관성에서 벗어난 발화로 담화의 통일성을 해친다.

7

정답 풀이 〈보기〉에서 이체자 'ㆁ, ㄹ, ㅿ'은 각각 'ㄱ, ㄴ, ㅅ'과 소리 나는 위치는 같지만 가획의 방법에 따라 만든 글자가 아니라고 하였으므로 이체자 'ㅿ'이 기본자에 가획을 한 것이라는 서술은 적절하지 않다.

8

정답 풀이 〈보기〉에서 'ㆍ'는 발음할 때 소리가 깊다고 하였고 'ㅣ'는 소리가 얕다고 하였으므로 적절하지 않다.

9

정답 풀이 ㉠ 'ㆍ', ㉢ 'ㆍ'와 'ㆆ', ㉤ 'ㆍ'와 같이 현대 국어에서 사용되지 않는 글자를 확인할 수 있다. ㉡ 'ㅳ', ㉣ 'ㅆ'와 같이 서로 다른 자음자를 나란히 적은 것을 확인할 수 있다.

10

정답 풀이 가획자가 획을 더한 의도는 소리가 더 세어지는 것을 표현한 것이다. 이체자는 기본자보다 소리가 더 센 글자가 아니므로, 획을 더한 의도가 가획자와 같다고 할 수 없다.

11

정답 풀이 적은 개수의 글자로 자음과 모음을 모아쓰는 한글의 특성상 검색 속도가 빠르기 때문에 정보화 사회에 유리하다.

12

정답 풀이 〈보기〉를 통해 한글은 '바람 소리, 학의 울음, 닭의 해치는 것, 개가 짖는 것'과 같은 의성어도 모두 표기할 수 있을 만큼 소리를 구현하는 데 효과적인 글자라는 것을 알 수 있다. 이와 관련된 한글의 우수성은 한글이 자음과 모음을 조합하여 다양한 소리를 표기할 수 있다는 것이다.

13

정답 풀이 〈보기〉에 제시된 휴대 전화 자판은 'ㆍ, ㅡ, ㅣ'를 나타내는 3개의 자판만으로 모든 모음자를 입력할 수 있다. 모음 기본자를 합하여 초출자, 재출자 등을 만든 것은 합성의

원리이다.

14
정답 풀이 남한의 '채소'를 북한에서는 '남새'라고 하는 것은 지역의 차이가 언어로 나타난 예이다.
오답 풀이 ②, ③ 문화어 운동을 통해 외래어를 고유어로 순화한 예이다.
④, ⑤ 사회 체제 차이가 단어의 의미에 영향을 미친 예이다.

15
정답 풀이 '女子'가 남한에서는 '여자'로, 북한에서는 '녀자'로 발음되는 것은 남북한 언어에서 형태와 발음이 모두 서로 다른 단어의 예이다.

16
정답 풀이 남한에서는 의존 명사와 보조 용언 모두 앞말과 띄어 쓰는 것이 원칙이다. 북한에서는 의존 명사, 보조 용언을 앞말에 붙여 쓴다는 것을 통해 띄어쓰기를 남한에 비해 많이 하지 않는 경향이 있다는 것을 알 수 있다.

17
정답 풀이 문장 구조는 남북한의 언어에서 별로 차이가 없는 부분이며, 남북한의 언어에서 가장 차이가 심한 것은 어휘이다.

18
정답 풀이 북한에서는 완곡한 표현보다는 직설적인 표현이 많은 편이고 발화를 표면적 의미로 해석하려는 경향이 있다. 따라서 간접 발화를 더 선호한다고 보기 어렵다.

19
정답 풀이 '세포'는 남북한에서 형태, 발음이 모두 같으나 서로 다른 의미로 사용되고 있는 단어의 예이다.

20
정답 풀이 남한의 표준어에서는 어두에서 'ㅏ, ㅗ, ㅜ, ㅡ, ㅐ, ㅔ, ㅚ' 앞의 'ㄹ'이 'ㄴ'으로 변하거나 'ㅣ, ㅑ, ㅕ, ㅛ, ㅠ' 앞에서의 'ㄹ'과 'ㄴ'이 없어지는 두음 법칙을 인정하고 있다. 그러나 북한의 문화어에서는 두음 법칙을 인정하지 않아 한자의 본음대로 발음, 표기한다.

중학 수능특강
차근차근 익숙해지는 수능형 문항 연습
미리 대비하는 중학생을 위한 수능특강

23일 음운의 변동 1 - 교체

1 ○   2 ○   3 ×   4 ○   5 ×   6 부엌   7 숩낄   8 구지   9 협쪼   10 항문   11 침낙   12 국쑤   13 열락처   14 실래화   15 쇠부치   16 음절, 음절   17 비음   18 유음   19 혓바닥   20 된소리   21 ㉣   22 ㉤   23 ㉠   24 ㉡   25 ㉢   26 줄럼끼   27 해도지   28 할ː라산   29 암날   30 혐녁   31 ①   32 ④   33 ⑤   34 ④   35 ③   36 ②   37 ③   38 ④   39 ④   40 ②   41 ②   42 ①   43 ②   44 ④   45 ①   46 ②   47 ⑤   48 ④   49 ⑤   50 ②   51 ⑤   52 ②   53 ③   54 **예시답안** ㉠에서는 음절의 끝소리 규칙에 따라서 음절의 끝소리 'ㅊ'과 'ㅌ'이 모두 'ㄷ'으로 바뀌었다. ㉡에서는 된소리되기에 따라서 'ㅂ'이 'ㅃ'으로 바뀌었다.   55 **예시답안** 결합하는 두 단어인 '손'과 '발'이 대등한 관계이기 때문이다.   56 ④   57 ②   58 ③   59 ⑤   60 ③   61 ⑤   62 ①   63 ③   64 ⑤   65 ④

개념 확인 문제   본문 209쪽

5
정답 풀이 음절의 끝소리에 올 수 있는 자음에는 'ㅅ'이 포함되지 않는다. 'ㅅ' 대신 'ㅇ'이 들어가야 맞는다.

26
정답 풀이 '줄넘기'는 유음화와 된소리되기가 함께 일어나 [줄럼끼]로 발음된다.

문제로 정복하기   본문 210~213쪽

31
정답 풀이 '무지개[무지개]'를 발음할 때는 음운의 변동이 일어나지 않는다.

32
정답 풀이 표기대로 발음할 경우 발음이 어려울 수 있다. 대개의 음운 변동은 발음을 좀 더 쉽고 편하게 하기 위해 일어난다.

33
정답 풀이 '맨입[맨닙]'의 표기와 발음을 비교할 때, 새로운 음운 'ㄴ'이 첨가된 것을 알 수 있다. 음절의 첫소리에 있는 'ㅇ'은 음가가 없으므로 자음이라고 볼 수 없다. 따라서 'ㅇ'이 'ㄴ'으로 교체된 것으로 보면 안 된다.

34
정답 풀이 '법학[버팍]'은 자음 축약(거센소리되기)이 일어난 것으로, 음절의 끝소리에서 교체가 일어난 것이 아니기 때문에 음절의 끝소리 규칙의 예로 볼 수 없다.

35
정답 풀이 '읍내[음내]'는 비음화가 일어난 것이다. '읍'의 끝소리 'ㅂ'도 음절의 끝소리에 올 수 있는 자음이기 때문에 'ㅂ'이 'ㅁ'으로 바뀌었다고 해서 음절의 끝소리 규칙으로 보면 안 된다.

36

정답 풀이 '왕십리'는 비음화가 일어나 [왕:심니]라고 발음된다.

37

정답 풀이 '톳무침[톤무침]'은 음절의 끝소리 규칙과 비음화가, '깍두기[깍뚜기]'는 된소리되기가, '된장국[된:장꾹]'은 된소리되기가 일어난다.

38

정답 풀이 '묻는[문는]'은 'ㄷ'이 'ㄴ'의 영향을 받아 비음인 'ㄴ'으로 바뀌는 비음화가, '순리[술:리]'는 'ㄴ'이 'ㄹ'의 영향을 받아 유음인 'ㄹ'로 바뀌는 유음화가 일어난다.

39

정답 풀이 '설날[설:랄]'은 'ㄴ'이 앞에 있는 'ㄹ'의 영향을 받아 'ㄹ'로 바뀌기 때문에 순행 동화에 해당한다.

40

정답 풀이 '실내[실래]'는 순행 동화, 나머지는 모두 역행 동화에 해당한다.

41

정답 풀이 '진리[질리]'는 음운 변동의 결과 인접한 두 자음이 같아지기 때문에 완전 동화에 해당한다.

42

정답 풀이 '국물[궁물]'은 비음화가 일어난다. '종로[종노]'도 'ㄹ'이 앞에 있는 비음 'ㅇ'의 영향을 받아 비음인 'ㄴ'으로 바뀌는 비음화가 일어난다.

43

정답 풀이 뒤 음절의 초성 자리에 놓인 음운이 바뀌는 것은 순행 동화이다. '중력[중:녁]'은 순행 동화에 해당한다.

44

정답 풀이 제시된 음운의 변동은 구개음화이다. ④에서 '샅샅이[삳싸치]'는 음절의 끝소리 규칙과 된소리되기, 구개음화가 일어난다.

45

정답 풀이 '늦잠[늗짬]'은 음절의 끝소리 'ㅈ'이 'ㄷ'으로 바뀌는 음절의 끝소리 규칙과 'ㅈ'이 된소리 'ㅉ'으로 바뀌는 된소리되기가 일어난다.

46

정답 풀이 '독립[동닙]'은 비음화가 일어난다. '급류[금뉴]'도 비음화가 일어난다.

47

정답 풀이 '볶음[보끔]'은 연음이 일어난 것으로 음운 변동이 일어나지 않았다.

48

정답 풀이 〈보기〉는 음절의 끝소리 규칙에 대한 설명이다. '눈빛[눈삗]'은 된소리되기와 음절의 끝소리 규칙이 일어난다.

49

정답 풀이 '개울녘[개울력]'은 유음화에 의해 'ㄴ'이 'ㄹ'로 바뀌고, 음절의 끝소리 규칙에 따라 'ㅋ'이 'ㄱ'으로 바뀐다.

50

정답 풀이 '뽑느라[뽐느라]'는 비음화가 일어난다. '듣는[든는]'도 'ㄷ'이 비음 'ㄴ'으로 바뀌는 비음화가 일어난다.

51

정답 풀이 ㉮와 ㉯ 모두 음운의 개수에는 변화가 없다.

52

정답 풀이 '담그- + -아 → 담가'는 어간의 'ㅡ'가 사라진 것이기 때문에 반모음화라고 볼 수 없다.

53

정답 풀이 '팥이다[파치다]'와 '여닫이문[여다지문]' 모두 구개음화가 일어난다.

54

정답 풀이 ㉠에서는 음절의 끝소리 규칙에 따라서 음절의 끝소리 'ㅊ'과 'ㅌ'이 모두 'ㄷ'으로 바뀐 것을 확인할 수 있다. ㉡에서는 된소리되기에 따라서 안울림 예사소리인 'ㄷ'에 이어지는 안울림 예사소리 'ㅂ'이 'ㅃ'으로 바뀐 것을 확인할 수 있다.

55

정답 풀이 두 단어가 대등한 관계일 때는 된소리되기가 일어나지 않는다고 하였다. 따라서 '손발'은 된소리되기가 일어나지 않는다.

<hr />

수능 도전 　　본문 214~215쪽

56

정답 풀이 '끝에[끄테]'는 바뀌는 음운이 없기 때문에 음운 변동이 일어난 것으로 볼 수 없다.

57

정답 풀이 '앞날'은 음절의 끝소리 규칙에 따라 'ㅍ'이 'ㅂ'으로 바뀌고, 다시 비음화에 의해 'ㅂ'이 'ㅁ'으로 바뀐다.

58

정답 풀이 ㉠은 역행 동화, ㉡은 순행 동화이다. '작년[장년]'은 음운 'ㄱ'이 비음 'ㄴ' 앞에서 비음 'ㅇ'으로 바뀌므로 ㉠의 예에 해당한다. 그리고 '칼날[칼랄]'은 음운 'ㄴ'이 유음 'ㄹ' 뒤에서 유음 'ㄹ'로 바뀌어 ㉡의 예에 해당한다.

59

정답 풀이 '팥죽[판쭉]'은 음절의 끝소리 규칙과 된소리되기가, '꽃말[꼰말]'은 음절의 끝소리 규칙과 비음화가 일어난다.

60

정답 풀이 ㉠과 ㉡ 모두 한 번의 음운 변동이 일어났다.

61

정답 풀이 ⑤에서는 구개음화가 일어난 말을 찾아볼 수 없다.

62

정답 풀이 '주- + -어 → 줘'에서는 단모음 'ㅜ'가 반모음 'w'로 바뀐 후 뒤에 오는 'ㅓ'와 결합하여 이중 모음 'ㅝ'가 되었다.

63

정답 풀이 ㉢을 통해 받침 'ㄷ'이 'ㅎ'과 결합할 때 'ㅌ'이 된 후

모음 'ㅣ' 앞에서 구개음인 'ㅊ'으로 바뀐 것을 알 수 있다. 'ㄷ' 뒤에서 'ㅎ'이 탈락할 때 일어난다고 한 것은 적절하지 않다.

64
정답 풀이 '땀받이[땀바지]'는 앞말의 끝소리 'ㄷ'이 연음되어 뒷말의 가운뎃소리 'ㅣ'와 만나 앞의 음운인 'ㄷ'이 'ㅈ'으로 바뀌는 교체 현상이 일어난다. 따라서 ⓒ이면서 ⓓ에 해당하므로 적절하지 않다.

65
정답 풀이 '견디 – + – 어서'에서 어간의 단모음 'ㅣ'가 반모음 'j'로 교체되어 뒤에 오는 'ㅓ'와 결합하여 이중 모음 'ㅕ'가 된다. 이에 따라 [견뎌서]가 되는 것이다.

24일 음운의 변동 2 - 축약, 탈락, 첨가

1 ○ 2 × 3 ○ 4 ○ 5 ○ 6 구과 7 노치
8 노는 9 잠가 10 서라 11 여덜 12 갑 13 구피다
14 풀립 15 시공뉴 16 축약 17 자음군 18 탈락
19 파생어 20 거센소리 21 ⓔ 22 ⓑ 23 ⓐ
24 ⓒ 25 ⓑ 26 ⓓ 27 - 28 - 29 - 30 +
31 ③ 32 ⑤ 33 ③ 34 ② 35 ① 36 ⑤ 37 ①
38 ④ 39 ② 40 ④ 41 ③ 42 ⑤ 43 ④ 44 ④
45 ④ 46 ③ 47 ④ 48 ③ 49 예 그 예사소리(자음)와 결합하여 거센소리로 발음된다. 50 ② 51 ④ 52 ②
53 ② 54 예 탈락과 축약이 일어났으며, 두 개의 음운이 줄어들었다. 55 예 ㉮와 ㉯에는 공통적으로 'ㄴ' 첨가가 일어났다.
56 ① 57 ⑤ 58 ② 59 ⑤ 60 ④ 61 ⑤ 62 ①
63 ④ 64 ① 65 ④

문제로 정복하기 본문 218~221쪽

31
정답 풀이 '좋아[조:아]'는 'ㅎ'이 모음 'ㅏ' 앞에서 발음되지 않는다.

32
정답 풀이 '따님', '소나무', '겨우내', '바느질'은 모두 'ㄹ' 탈락이 일어났지만, '소나기'에는 아무런 음운 변동도 일어나지 않았다.

33
정답 풀이 '치솟 – + – 아 → 치솟아[치소사]'에서는 음운 변동이 일어나지 않는다.

34
정답 풀이 ㉠은 '불 –'과 '– 니'가 결합한 것이고, ㉡은 '울 –'과 '짖 –', '– 고'가 결합한 것이다. 둘 모두 'ㄹ'이 탈락했음을 확인할 수 있다.

35
정답 풀이 '끊기지'는 'ㅎ'과 'ㄱ'이 만나 거센소리 'ㅋ'이 되어 [끈키지]로 발음된다.

36
정답 풀이 '올해[올해]'는 음운 변동이 일어나지 않으며, '작년[장년]'은 비음화, '은행잎[은행닙]'은 'ㄴ' 첨가와 음절의 끝소리 규칙, '샛노랗게[샌노라케]'는 음절의 끝소리 규칙과 비음화, 자음 축약, '물들었다[물드런따]'는 음절의 끝소리 규칙과 된소리되기가 일어난다.

37
정답 풀이 〈보기〉에서 설명한 자음 축약과 구개음화가 모두 일어나는 것은 '닫히다[다티다 → 다치다]'이다.

38
정답 풀이 '싫다[실타]'는 축약에 해당한다.

39
정답 풀이 '탓하다[탇하다 → 타타다]'는 음절의 끝소리 규칙(교체)과 거센소리되기(축약)가 일어난다.

40
정답 풀이 '국화[구콰]'는 거센소리되기가 일어나며, 이러한 거센소리되기는 '행복하게[행보카게]'에서도 일어난다.

41
정답 풀이 '풀잎[풀립]'은 'ㄴ' 첨가와 음절의 끝소리 규칙, 유음화가 일어났다. '읽는[잉는]'은 자음군 단순화와 비음화가 일어났다. 음운의 변동이 ㉠은 세 번, ㉡은 두 번 일어났다.

42
정답 풀이 '부엌에[부어케]'는 연음이 일어날 뿐 음운의 변동이 일어나지 않는다.

43
정답 풀이 '한여름[한녀름]'은 'ㄴ' 첨가, '쌓다[싸타]'는 자음 축약, '낳아[나아]'는 'ㅎ' 탈락이 일어난다.

44
정답 풀이 〈보기〉의 ㉠은 첨가, ㉡은 탈락, ㉢은 축약에 대한 설명이다. '없을[업:쓸]'은 된소리되기(교체)에 해당한다.

45
정답 풀이 '색연필'은 'ㄴ'이 첨가되고, 비음화가 일어나 [생년필]로 발음된다.

46
정답 풀이 '옳거니[올커니]', '터놓고[터노코]', '독하다[도카다]', '똑똑히[똑또키]'는 축약이 일어나지만, '수놓은[수:노은]'은 탈락이 일어난다.

47
정답 풀이 '논일'은 'ㄴ' 첨가가 일어나 [논닐]로 발음된다.

48
정답 풀이 ㉠~㉢에 모두 두 자음이 한 자음으로 합쳐지는 자음 축약(거센소리되기)이 일어났다.

49
정답 풀이 '놓고[노코]', '닿다[다:타]', '쌓지[싸치]'를 통해 'ㅎ' 뒤에 예사소리가 오면 합쳐져서 거센소리로 바뀌는 것을 확인할 수 있다.

50

정답 풀이 '닳다[달타]'는 축약이 일어나 음운의 개수가 하나 줄어든다.

51

정답 풀이 'ㅂ'과 'ㅎ'이 합쳐져 'ㅍ'이 되었으며(축약), 'ㄴ'이 첨가되었다.

52

정답 풀이 '급히[그피]', '답답하면[답따파면]', '젖히고[저치고]'에 축약이 일어난다.

53

정답 풀이 '물약[물냑 → 물략]'은 'ㄴ' 첨가로 음운의 개수가 하나 늘었으며, 유음화가 일어나 'ㄴ'이 'ㄹ'로 교체되었다.

54

정답 풀이 자음군 단순화와 자음 축약이 모두 일어나 음운의 개수가 2개 줄어든다.

55

정답 풀이 '눈요기[눈뇨기]'는 'ㄴ' 첨가가 일어나며, '백분율[백뿐뉼]'은 된소리되기와 'ㄴ' 첨가가 일어난다.

수능 도전
본문 222~223쪽

56

정답 풀이 '굳히다'는 'ㄷ'과 'ㅎ'이 'ㅌ'으로 축약(거센소리되기) 되어 [구티다]가 된 후, 'ㅌ'이 'ㅊ'으로 교체(구개음화)되어 [구치다]로 발음된다.

57

정답 풀이 '고프 – + – 아서 → 고파서'의 경우 'ㅡ' 탈락이 일어난 음운 변동의 결과가 표기에 그대로 반영되었다.

58

정답 풀이 ㉠은 자음군 단순화와 'ㄴ' 첨가, 비음화가 일어났다. ㉡은 자음군 단순화와 유음화가 일어났다. ㉢은 'ㄴ' 첨가와 유음화가 일어났다. 따라서 ㉠~㉢에 공통적으로 첨가가 일어났다는 것은 적절하지 않다.

59

정답 풀이 ㉠의 '꽃잎[꼰닙]'은 교체와 첨가가 일어났으며 음운의 개수는 늘었다. ㉡의 '맑지[막찌]'는 탈락과 교체가 일어났으며 음운의 개수는 줄었다. ㉢의 '막힘없다[마키멉따]'는 축약과 탈락과 교체가 일어났으며 음운의 개수는 줄었다.

60

정답 풀이 '서른'과 '여덟'이 결합하면서 'ㄴ'이 첨가되었고, 자음군 단순화(탈락)에 따라 '여덟'이 [여덜]로 발음된다.

61

정답 풀이 '팥빵[판빵]'은 받침 'ㅌ'이 'ㄷ'으로 바뀌는 음절의 끝소리 규칙(교체)이 일어나고, '많던[만:턴]'은 'ㅎ'과 뒤의 'ㄷ'이 'ㅌ'으로 합쳐지는 거센소리되기(축약)가 일어난다. '애틋한[애트탄]'은 받침 'ㅅ'이 'ㄷ'으로 바뀌는 음절의 끝소리 규칙(교체)이 일어나고, 앞의 'ㄷ'과 뒤의 'ㅎ'이 'ㅌ'으로 합쳐지는 거센소리되기(축약)가 일어난다.

62

정답 풀이 '놓고[노코]'는 축약이, '나는(날– + –는)'은 탈락이 일어났다. 축약과 탈락은 공통적으로 음운 변동의 결과 음운의 개수가 하나 줄어든다.

63

정답 풀이 '솔+잎[솔입 → 솔닙 → 솔립]'에서는 'ㅍ → ㅂ(음절의 끝소리 규칙)', 'ㄴ' 첨가, 'ㄴ → ㄹ(유음화)'의 교체를 확인할 수 있다.

64

정답 풀이 '좋고[조:코]'는 'ㅎ'이 인접한 'ㄱ'과 합쳐져 'ㅋ'으로 축약되므로 ㉮의 예로 적절하며, '닿아[다아]'는 음절 끝소리의 'ㅎ'이 모음으로 시작하는 형식 형태소 '–아' 앞에서 탈락하므로 ㉯의 예로 적절하다.

65

정답 풀이 '크– + –어서 → 커서'의 경우 어간의 모음 'ㅡ'가 탈락한 것이다(㉡, ㉣).

23~24일 종합 평가
본문 224~227쪽

1 ⑤	2 ①	3 ④	4 ④	5 ①	6 ④	7 ③	8 ⑤
9 ④	10 ②	11 ③	12 ①	13 ④	14 ④	15 ③	
16 ③	17 ④	18 ④	19 ③	20 ⑤			

1

정답 풀이 대부분의 음운 변동은 발음을 보다 쉽고 편하게 하기 위해 일어난다.

2

정답 풀이 '먹는[멍는]'은 교체, '싫어[시러]'는 탈락, '솜이불[솜:니불]'은 첨가, '착하다[차카다]'는 축약이 일어난다.

3

정답 풀이 '급하게'는 자음 축약이 일어나 [그파게]로 발음된다.

4

정답 풀이 '굳이[구지]'와 '같이[가치]'는 받침 'ㄷ'과 'ㅌ'이 모음 'ㅣ'의 영향을 받아 구개음인 'ㅈ'과 'ㅊ'으로 각각 바뀌었다.

5

정답 풀이 '낳는[난:는]'과 '읽어[일거]'는 음운 변동 전후 음운의 수가 같지만, '좋아[조:아]'와 '싫어[시러]'는 음운 변동 후에 음운의 수가 하나 줄어들었다.

6

정답 풀이 〈보기〉는 구개음화에 대한 설명이다. 구개음화가 일어나는 단어는 '해돋이[해도지]'이다.

7

정답 풀이 '밥물[밤물]'은 'ㅂ'이 뒤에 있는 'ㅁ'의 영향을 받아 'ㅁ'으로 바뀐다. 음운 변동의 결과 두 자음이 서로 같아지기 때문에 완전 동화에 해당한다.

8

정답 풀이 '서울역'은 'ㄴ' 첨가에 의해 [서울녁]이 된 후, 유음화가 일어나 [서울력]으로 발음된다.

9

정답 풀이 '욕망'은 비음화가 일어나 [용망]으로 발음되며, 'ㄱ'이 'ㅇ'으로 바뀌었으므로 교체에 해당한다.

10

정답 풀이 〈보기〉의 ㉮는 축약, ㉯는 탈락에 해당한다. ②에서 '읊기[읍끼]'는 탈락과 교체가 일어나며, '시작했다[시:자캗따]'는 축약과 교체가 일어난다.

11

정답 풀이 〈보기〉는 어간의 모음 'ㅣ'가 반모음 'j'로 바뀐 후, 어미의 모음 'ㅓ'와 결합하여 이중 모음 'ㅕ'가 된 것을 보여 준다. ③에는 〈보기〉와 같은 반모음화가 일어난 단어가 쓰이지 않았다.

12

정답 풀이 '신선로'는 유음화가 일어나 [신설로]로 발음된다. '설날'도 유음화가 일어나 [설:랄]로 발음된다.

오답 풀이 ② '법학[버팍]'은 자음 축약, ③ '종로[종노]'는 비음화, ④ '살붙이[살부치]'는 구개음화, ⑤ '따님'은 'ㄹ' 탈락이 일어난다.

13

정답 풀이 '똑똑히'는 자음 축약(거센소리되기)이 일어나 [똑또키]로 발음된다.

14

정답 풀이 '낱낱이[난:나치]'는 음절의 끝소리 규칙(교체), 비음화(교체), 구개음화(교체)가 일어난다. 모든 음운 변동이 교체에 해당한다.

15

정답 풀이 '낯익다'는 음절의 끝소리 규칙과 'ㄴ' 첨가, 비음화, 된소리되기가 일어나 [난닉따]로 발음되며, 음운의 변동 이후 음운의 개수가 한 개 늘어난다.

16

정답 풀이 '머리맡에'는 [머리마테]로 발음된다. 음운 변동이 일어나지 않고 받침에 쓰인 'ㅌ'을 다음 음절의 첫소리로 연음하여 발음한다. 'ㅌ'이 'ㅊ'으로 바뀌는 구개음화는 'ㅣ' 모음 계열 앞에서 일어난다.

17

정답 풀이 '설익다[설릭따]'는 'ㄴ' 첨가와 유음화, 된소리되기 등 세 번의 음운 변동이 일어났다. 'ㄴ'이 'ㄹ'로 발음되는 것은 유음화 때문이다.

18

정답 풀이 '맑고'는 '제11항 – 다만'의 적용을 받아 [말꼬]로 발음해야 한다.

19

정답 풀이 ⓐ는 'ㄴ' 첨가, ⓑ는 음절의 끝소리 규칙, ⓒ는 비음화에 해당한다. '잡는'을 발음하면 ⓒ만 일어나 [잠는]이 된다.

20

정답 풀이 '밭이[바치]'는 'ㅌ'이 모음 'ㅣ' 앞에서 구개음인 'ㅊ'으로 바뀌는 구개음화가 일어났다. 그러나 '낯이'는 받침 'ㅊ'이 뒤 음절의 첫소리로 연음되어 발음된 것으로 구개음화에 해당하지 않는다.

25일 문장의 호응 1 - 높임, 시간 표현

1 ○ 2 × 3 ○ 4 ○ 5 × 6 ○ 7 ○ 8 ○
9 × 10 –는 11 –던 12 –(으)ㄹ 13 ③ 14 ④
15 ③ 16 객체 높임 17 상대 높임 18 주체 높임
19 객체 높임 20 상대 높임 21 미래 22 과거 23 현재
24 간접 25 선어말 26 조사 27 객체 28 보조사
29 동사 30 태도 31 ② 32 ② 33 ⑤ 34 ④
35 ④ 36 ③ 37 ③ 38 ③ 39 ⑤ 40 ④ 41 ④
42 ③ 43 ① 44 ③ 45 ② 46 ① 47 ① 48 ④
49 ⑤ 50 ④ 51 ④ 52 ④ 53 ⑤ 54 ③ 55 ③
56 예 삼촌, 할머니 모시고 공원에 좀 다녀오세요. 57 예 ㉠: 주체 높임이 조사 '께서'와 선어말 어미 '–시–'를 통해 실현되었다. ㉡: 객체 높임이 조사 '께'와 특수 어휘인 '여쭤보다'를 통해 실현되었다. 58 ② 59 ① 60 ① 61 ⑤ 62 ①
63 ① 64 ④ 65 ①

문제로 정복하기   본문 230~233쪽

31

정답 풀이 사건시와 발화시가 일치하는 시제는 현재 시제, 사건시가 발화시보다 앞서는 시제는 과거 시제, 사건시가 발화시보다 나중인 시제는 미래 시제이다.

32

정답 풀이 '맑다'는 형용사로, 선어말 어미의 결합 없이 현재 시제를 실현하고 있다.

33

정답 풀이 '여쭈어보다'는 '물어보다'의 높임말로, 객체 높임의 특수 어휘이다.

34

정답 풀이 ㉡은 부사격 조사 '께'를 통해, ㉱은 특수 어휘 '여쭤보다'의 사용을 통해 객체를 높이고 있다.

35

정답 풀이 '동한이가 학교에 가는 중이다.'는 '–는 중이다'를 통해 진행상을 표시한다.

36

정답 풀이 ㉠의 '–어 간다'는 현재 시제와 진행상을, ㉡의 '–어 버렸다'는 과거 시제와 완료상을, ㉢의 '–고 있다'는 현재 시제와 진행상을 표시한다.

37

정답 풀이 객체는 목적어 또는 부사어가 지시하는 대상이므로, ㉢이 해당한다.

38
정답 풀이 미래 시제도 '나는 내일도 학교에 갈 것이다.'의 '내일' 등 시간 부사어를 사용하므로 적절하지 않은 설명이다.

39
정답 풀이 '계시다'는 직접 높임에만 사용한다. 이 문장은 '곧 주례 선생님의 말씀이 있으시겠습니다.' 등으로 수정되어야 한다.

40
정답 풀이 '먹은'의 '-은'은 동사 어간에 결합하여 과거 시제를 나타내는 관형사형 어미로, '아까 네가 먹은 음료'에서 '먹은'은 과거 시제를 표현하고 있다고 할 수 있다.

41
정답 풀이 ⓒ은 특수 어휘 '진지'의 사용을 통해, ⓔ은 높임의 주격 조사 '께서'를 통해 주체를 높이고 있다.

42
정답 풀이 '걸어가야겠다'에서 '-겠-'은 주체의 의지를 나타내는 어미로 사용된 예이다.

43
정답 풀이 ⓐ보다는 '부모'에 '-님'을 붙여 표현하고 있는 ⓑ이, ⓑ보다는 '드렸다'라는 특수 어휘를 사용하고 있는 ⓒ이 높임의 정도가 높다고 할 수 있다.

44
정답 풀이 ⓐ은 사건시가 발화시보다 나중인 시제이므로 미래 시제이고, '언젠가는 떠날 사람이라는 걸 잊지 마.'의 '떠날'은 미래 시제를 표현하므로 ⓐ의 예로 적절하다.

45
정답 풀이 '좋아해'는 해체가 사용된 문장이다. '자리에 앉아.'는 해체의 문장이므로 상대를 높이는 정도가 제시된 문장과 같다.

46
정답 풀이 '선생님께서', '오시느라', '늦으실'을 통해 주체 높임을, '교장 선생님께', '드리고'를 통해 객체 높임을 확인할 수 있다. 그리고 '얘들아'와 '같아'를 통해 상대(청자)를 높이고 있지 않음을 알 수 있다.

47
정답 풀이 '드렸다'는 객체인 '할머니'를 높이고 있다.

48
정답 풀이 '너희가 앞으로 아버지께 혼날 일'에 대해 화자가 확신하여 단정적으로 말하는 경우에 해당한다.

49
정답 풀이 대화 상대방인 '유정'이 말한 내용은 작년 소풍 전날에 이미 일어난 사건이므로, 발화시에 완료되었다고 볼 수 없다.

50
정답 풀이 ⓒ은 '-어 가다'를 통해, ⓔ은 '-고 있다'를 통해 진행상을 표현하고 있다.

51
정답 풀이 사건시가 발화시보다 앞서는 시제는 과거 시제이다. '있었어'에서 과거 시제를, '어제'에서 시간을 나타내는 부사어의 사용을 확인할 수 있다.

52
정답 풀이 ⓐ에서 높임을 받는 인물은 청자인 '엄마'이고, ⓑ은 주체인 '할머니', ⓒ은 객체인 '수학 선생님'이다.

53
정답 풀이 '싶겠다'는 보조 용언 '싶다'에 선어말 어미 '-겠-'이 결합한 것이지만 어떠한 동작이 진행될 예정임을 나타내는 것이 아니라 어떠한 심리적 상태를 추측한 것이다. 여기서 '-겠-'은 미래 시제를 나타내는 어미가 아니라 추측을 나타낸다.

54
정답 풀이 '진지'와 '드시다'는 모두 서술의 주체인 '어머니'를 높이고 있다.

55
정답 풀이 '현주가', '갔어요'를 통해 주체를 높이고 있지 않음을 알 수 있다. '모시고'를 통해 객체 높임을, '갔어요'를 통해 상대 높임을 확인할 수 있다.

56
정답 풀이 '수호'를 '삼촌'으로 바꾸면서 상대 높임을 실현해야 하며, '동생'을 '할머니'로 바꾸면서 객체 높임을 실현해야 한다. 또 비격식체의 상대 높임법을 사용해야 하므로 '해요체'를 써야 한다.

57
정답 풀이 ⓐ의 '할아버지께서는'에서 '께서'를, '보신다'에서 '-시-'를 찾을 수 있다. ⓑ의 '선생님께'에서 '께'를, '여쭤보았다'에서 특수 어휘 '여쭤보다'를 찾을 수 있다.

수능 도전 본문 234~235쪽

58
정답 풀이 ⓑ은 동사의 어간 '내리'에 관형사형 어미 '-ㄹ'과 의존 명사 '것'이 결합한 '내릴 것'과 부사어 '내일'을 통해 미래 시제임을 알 수 있다. 하지만 선어말 어미를 활용한 시간 표현은 나타나지 않는다.

59
정답 풀이 '잠시 후 결과가 발표된다.'에서 선어말 어미 '-ㄴ-'은 미래를 나타내는 경우에 해당하며, '일찍 출발하느라 고생했겠다.'에서 선어말 어미 '-겠-'은 추측을 나타내는 경우에 해당한다.

60
정답 풀이 문장의 주체가 높임의 대상이 될 때는 주격 조사 '가'를 '께서'로 고쳐 말하는 것이 바람직하다.

61
정답 풀이 '어머니께 혼나는 일'은 아직 실현되지 않은 미래에 벌어질 일인데, 과거 시제 선어말 어미 '-았-'을 사용하여 그것을 마치 이미 정해진 사실인 것처럼 확신을 가진 것으로 표현하고 있다.

62
정답 풀이 ㉠의 예문에 쓰인 '-겠-'은 미래의 사건이 아닌 과거나 현재의 사건을 추측하는 데에 쓰이고 있다. 이는 ㉠의 앞 문장에서 '-았-'과 '-겠-'이 함께 쓰였다는 점, ㉠의 뒤 문장에서 '지금'이라는 부사와 '-겠-'이 함께 쓰였다는 점에서 알 수 있다.

63
정답 풀이 '저희'는 그 자체에 낮춤의 의미가 있는 특수 어휘로, '드리다'는 그 자체에 높임의 의미가 담긴 특수 어휘로 볼 수 있다.

오답 풀이 ③ '말씀'은 겸양의 표현과 높임의 표현으로 모두 사용되는데, 여기에서는 낮춤의 의미가 담긴 특수 어휘로 사용되었다. 그 자체에 높임의 의미가 담긴 특수 어휘는 사용되지 않았다.

64
정답 풀이 ㄹ의 '적었었다'는 '적다'에 선어말 어미 '-었었-'이 결합된 말로, 현재와 다르거나 단절되어 있는 과거의 사건을 나타내고 있다.

65
정답 풀이 〈보기〉에 제시된 문장들에서 ㄱ은 부사격 조사 '께'와 서술어 '드리다'를 활용하여 객체인 '할아버지'를 높이고 있고, ㄴ은 주격 조사 '께서'와 서술어 '계시다'를 활용하여 주체인 '할아버지'를 높이고 있다. 그리고 ㄷ은 주격 조사 '께서'와 서술어 '가시다'를 활용해서는 주체인 '어머니'를 높이고, 서술어 '모시다'를 활용해서는 객체인 '할아버지'를 높이고 있다. 따라서 객체 높임법만 사용된 문장은 ㄱ, 주체 높임법만 사용된 문장은 ㄴ, 객체 높임법과 주체 높임법이 모두 사용된 문장은 ㄷ임을 알 수 있다.

26일 문장의 호응 2 - 피동·사동, 부정 표현

1 ×   2 ○   3 ×   4 ○   5 ○   6 ○   7 사동   8 피동
9 사동   10 사동   11 피동   12 사동   13 사동   14 피동
15 피동   16 사동   17 사동   18 피동   19 ④   20 ④
21 능동   22 주동   23 못   24 부사   25 보조   26 청유
문   27 피동사   28 이중 피동   29 주체   30 직접 사동
31 ⑤   32 ①   33 ⑤   34 ⑤   35 식탁 위에 책을 올려놓
지 마.   36 ③   37 ⑤   38 ④   39 ④   40 ④   41 ③
42 ③   43 ⑤   44 ①   45 ③   46 ②   47 ③   48 ①
49 ⑤   50 ②   51 ③   52 ①   53 ④   54 ㉒ ㉠: 요즘 간
판 이름으로 외래어가 많이 쓰인다. ㉡: 그는 사람들에게 불운한
천재라고 불린다.   55 ㉠ 직접 사동, ㉡ 간접 사동   56 ㉒ ㉠
보입니다. ㉡ 풀렸어.   57 ③   58 ④   59 ①   60 ⑤
61 ⑤   62 ③   63 ②   64 ②   65 ④

31
정답 풀이 사동문을 만들 때 주동사가 타동사이면 주동문의 주어가 사동문의 부사어가 된다.

32
정답 풀이 '익히다'는 피동사가 아니라 '익다'의 사동사이다.

33
정답 풀이 '늦었다'는 사동의 의미를 나타내는 것이 아니다.

34
정답 풀이 ㉠과 ㉡ 모두 옷을 입는 주체는 어머니가 아니라 아이이다.

35
정답 풀이 명령문의 부정 표현은 '말다'를 쓰며, '해체'를 사용할 경우에는 '마'로 쓴다.

36
정답 풀이 제시된 문장은 짧은 부정문(하루 종일 기다렸지만 아무도 안 왔어.)으로 바꾸어도 의미 차이가 없다.

37
정답 풀이 '그'가 주어이고 자신이 직접 하는 행위이기 때문에 사동을 나타내는 '주입시키는'이 아니라 '주입하는'이라고 쓰는 것이 옳은 표현이다.

38
정답 풀이 '만나다'는 피동사 형태를 갖지 않는다.

오답 풀이 ⑤ '나뭇가지가 바람에 흔들렸다.'라는 파생적 피동문을 만들 수 있다.

39
정답 풀이 '보지 않았어?'는 A와 영화를 보았다는 사실을 부정하기 위해 사용된 것이 아니라, 함께 보았다는 사실을 확인하거나 확실치 않은 사실을 확인하기 위해 사용된 것이다.

오답 풀이 ⑤ '누나', '책', '샀다' 중 어떤 것을 부정하는가에 따라 문장의 의미가 달라진다.

40
정답 풀이 '덮인'은 '덮다'의 피동사 '덮이다'의 관형사형이다.

41
정답 풀이 '보였다(=보이었다)'의 '-이-'는 사동 접미사이다.

42
정답 풀이 '벗겼다'는 엄마가 곤히 잠든 아이의 안경을 직접 자기의 손으로 벗긴다는 점에서 직접 사동의 의미로만 해석된다.

43
정답 풀이 ㉢의 '달린'은 '물건이 일정한 곳에 걸리거나 매여 있게 되다.'의 뜻이므로 달다 ①의 피동사가 쓰인 것이다.

44
정답 풀이 '갈겨져'는 '갈기+어지+어'의 구조로 어간에 '-어지-'가 결합한 것이므로, 이중 피동에 해당하지 않는다.

45

정답 풀이 '-되다'는 '-하다'가 붙을 수 있는 명사에 붙어, 그 것이 자동사가 되게 한다. 그런데 '부족하다'는 형용사이므로 '-되다'가 붙을 수 없다.

46

정답 풀이 ㉠은 '못' 부정문이므로 긴 부정문으로 바꿀 때는 '나는 하루 종일 밥도 먹지 못했다.' 등으로 바꾸어야 한다.

47

정답 풀이 ㉡의 '읽힌'에서 접미사 '-히-'가, ㉢의 '들려'에는 접미사 '-리-'가 결합되어 있는 것이므로 ㉡과 ㉢은 파생적 피동에 해당한다.

48

정답 풀이 '간드러지다'는 다른 주체에 의해서 동작을 당하게 되는 피동의 의미를 갖지 않는다.

49

정답 풀이 ㉠의 '뜯기다'는 '질긴 음식을 입에 물고 떼어서 먹 게 하다.'의 뜻이고, ㉡의 '뜯기다'는 '초식 동물에게 땅에 난 풀 따위를 떼어서 먹게 하다.'의 뜻으로 둘 다 '뜯다'의 사동사 에 해당한다.

50

정답 풀이 '안 난다'는 '생각이 나다'라는 상태를 부정하는 '안' 부정문에 해당한다. 이를 긴 부정문 형태인 '나지 않는다'로 바꾸어 써도 의미가 동일하다.

51

정답 풀이 주동 표현을 사동 표현으로 바꿀 때 주동 표현이 반드시 목적어를 포함하고 있어야 하는 것은 아니다. '동생이 운다.'와 같은 예문은 목적어가 없으나 '언니가 동생을 울린 다.'처럼 다른 새로운 동작 주체가 나타나 사동 표현으로 바뀔 수 있다.

52

정답 풀이 '어느새 (누군가가) 안개를 말끔히 걷었다.'라는 문 장을 떠올려 보면, 제시된 문장에 대응하는 능동문으로 적절 하지 않음을 알 수 있다.

53

정답 풀이 '잡혔다'는 '잡다'의 피동사가 쓰인 것이다.

54

정답 풀이 ㉠: 능동문의 목적어인 '외래어를'이 피동문의 주어 '외래어가'가 되고, 능동문의 서술어에 쓰인 '쓰다'가 피동사 '쓰이다'가 된다. ㉡: 능동문의 목적어인 '그를'이 피동문의 주 어 '그는'이 되고, 능동문의 서술어에 쓰인 '부르다'가 피동사 '불리다'가 된다.

55

정답 풀이 직접 사동으로 보면 딸이 색동옷을 스스로 입을 수 없어서 어머니가 직접 입혀 주었다는 뜻으로 해석이 되고, 간 접 사동으로 보면 딸이 자신의 힘으로 색동옷을 입었고 어머 니는 시키기만 했다는 뜻으로 해석이 된다.

56

정답 풀이 (1) 화제의 성격상 행위 주체가 명확하지 않아 주어 를 설정하기 어렵고, 장마가 계속될 것으로 예상되는 상황을 전달하는 것이 화제의 중심이므로 피동 표현을 사용하는 것이 자연스럽다. (2) 화제의 중심이 날씨이고, 화제의 성격상 행 위의 주체가 명확하지 않아 주어를 설정하기 어려우므로 피동 표현을 사용하는 것이 자연스럽다.

수능 도전
본문 242~243쪽

57

정답 풀이 '안겼다'는 '두 팔로 감싸게 하거나 그렇게 하여 품 안에 있게 하다.'의 의미로 주어가 다른 주체에 의해 동작을 당하는 피동 표현이 실현된 것이 아니므로 적절하지 않다.

58

정답 풀이 '비가 내리지 않았다.'에는 '-지 아니하다'라는 긴 부정 표현이 사용되었다. 또한 비가 내리지 않은 현상을 나타 낸 것이므로, 이는 의지나 능력이 아닌 단순히 사실이나 상태 를 부정하는 의미로 사용되었다고 할 수 있다.

59

정답 풀이 '빼앗기다'는 '가진 것을 억지로 남에게 잃게 되다.' 의 의미로 '빼앗다'의 피동사이다.

60

정답 풀이 ㉠의 '쓸리다'는 '쓸다² ①'의 피동사이고, ㉡의 '쓸 리다'는 '쓸다² ①'의 사동사이다. ㉡의 '쓸리다'는 '쓸게 하다' 와 의미가 상통한다는 점에서도 이를 확인할 수 있다.

61

정답 풀이 단형 사동, 즉 주동문의 동사나 형용사 어근에 사 동 접미사가 붙은 사동사에 의한 사동은 직접 사동과 간접 사 동의 두 가지 의미를 모두 표현할 수 있지만 장형 사동, 즉 '-게 하다'에 의한 사동은 간접 사동의 해석만을 허용한다. ㉢은 사동 접미사 '-이-'가 붙은 단형 사동이고 ㉣은 '-게 하다'에 의한 장형 사동이므로 ㉢은 ㉣과 달리 직접 사동과 간 접 사동의 의미 모두로 해석될 수 있는 반면, ㉣은 간접 사동 의 의미로만 해석될 수 있다.

62

정답 풀이 ㄴ에서 '못'은 축구를 하고 싶어도 할 수 없는 '그'의 능력을 부정하고 있다.

63

정답 풀이 '만지다'의 경우는 피동 접미사 '-이-/-히-/ -리-/-기-'를 붙여서 짧은 피동 표현을 만들지 못하는 동 사이므로 적절하다.

오답 풀이 ③ 동사의 어근에 피동 접미사 '-이-'를 붙여 '동 생의 이름이 민수에 의해 불렸다.'와 같이 짧은 피동을 만들 수 있으므로 적절하지 않다.

64

정답 풀이 ㉢은 말하는 이의 기대에 미치지 못할 때라기보다는, 동작 주체의 의지가 반영된 '안' 부정문에 해당한다.

65
정답 풀이 사동은 중의적 의미를 가질 수 있다. 그러나 ④의 '할머니께서 손자에게 색동옷을 스스로 입게 하셨다.'는 '할머니께서 손자로 하여금 스스로 색동옷을 입게 하셨다.'는 의미로만 쓰인다.
오답 풀이 ② '재우다'는 어간 '자-'에 사동 접미사 '-이-'와 '-우-' 두 개가 붙은 경우이다.
⑤ '먹이다'는 어간 '먹-'에 사동 접미사 '-이-'가 결합한 형태이지만 사동을 나타내지 않고 '사육하다'의 의미로 쓰인다.

25~26일 **종합 평가** 본문 244~247쪽

1 ④ 2 ① 3 ③ 4 ⑤ 5 ② 6 ④ 7 ④ 8 ③
9 ③ 10 ① 11 ⑤ 12 ③ 13 ② 14 ③ 15 ④
16 ⓔ ㉠: 나는 버스 안의 사람들에게 자꾸 밀렸다. ㉡: 아이가 고운 한복을 입었다. 17 ④ 18 ⑤ 19 ④ 20 ⓔ ㉠: 나는 물도 삼키지 못했다. ㉡: 나는 이번 주 주번이 아니다.

1
정답 풀이 '드신다'는 서술의 주체인 '할머니'를 높이는 표현이다.

2
정답 풀이 ㉠은 '께'와 '드리다'를 통해 객체인 '할아버지'를, ㉡은 '께서'와 '계시다'를 통해 주체인 '할아버지'를 높이고 있다. ㉢은 '께서'와 '가시다'를 통해 주체인 '삼촌'을 , '모시다'를 통해 객체인 '할아버지'를 높이고 있다.

3
정답 풀이 ㉢에서 주체 높임의 대상은 '아빠'이고, 상대 높임의 대상은 청자인 '주원'이다.

4
정답 풀이 '말씀'은 서술의 주체인 '어머니'를 높이는 표현이다.

5
정답 풀이 서술의 주체인 '선생님'을 높이기 위해 '께서'를 사용한 것은 맞지만, 보조사 '요'는 청자인 '선배'를 높이기 위한 것이다.

6
정답 풀이 선어말 어미 '-았-'이 과거 시제를 표현하지 않고 미래의 사건이나 일을 이미 정하여진 사실인 양 말할 때 쓰인 경우에 해당한다.

7
정답 풀이 ㉡은 시간 부사 '지금'과 관형사형 어미 '-는'을 통해 현재 시제를 표현하고 있다. ㉡의 서술어 '재미있다'는 형용사이므로 선어말 어미의 결합 없이 시제를 표현한다.

8
정답 풀이 '-어 버리다'를 통해 발화시를 기준으로 빵을 먹은 동작이 완료된 상태임을 표현하고 있다.

9
정답 풀이 연결 어미 '-면서'를 사용하여 노래를 부르는 동작이 시간의 흐름 속에서 계속 이어지고 있음을 나타내는 진행상을 표현하고 있다.

10
정답 풀이 '-겠-'이 주체의 의지를 나타낸 경우이다.

11
정답 풀이 '엄마가 나에게 찌개 맛을 보게 하셨다.'의 의미이므로, 피동문이 아니라 사동문에 해당한다.

12
정답 풀이 '가려진'은 '가리-+-어지-+-ㄴ'으로, '-어지다'만 결합한 피동 표현이므로 이중 피동 표현에 해당하지 않는다.

13
정답 풀이 ㉠은 '열이 얼음을 녹였다.'와 같이 사동문으로 바꿀 수 있고, 사동사에 의한 사동문으로 만들 수 있으므로 [C]에 해당한다. ㉡은 '?가 나에게 더위를 먹였다.'에서 알 수 있듯이 사동문으로 바꿀 수 없으므로 [A]에 해당한다. ㉢은 '엄마가 아이에게 용돈을 모으게 했다.'와 같이 통사적 사동문으로만 만들 수 있으므로 [B]에 해당한다. '모으다'는 사동사로 파생되지 않는다.

14
정답 풀이 ㉠의 주동문의 주어 '미래가'는 사동문에서 '미래를'이라는 목적어로 바뀌었지만, ㉡의 주동문의 주어 '아이가'는 사동문에서 '아이에게'라는 부사어로 바뀌었으므로 적절하지 않다.

15
정답 풀이 '나는 선생님께 칭찬을 들었다.'는 '들리었다(들-+-리-+-었-+-다)'와 같이 피동사가 존재함에도 불구하고 파생적 피동문으로 바꿀 수 없는 능동문이다. '칭찬이 선생님에 의해 나에게 들렸다.'는 어색한 문장이다.

16
정답 풀이 ㉠: 능동문이 피동문으로 바뀌면서 능동문의 목적어('나')는 피동문의 주어가, 능동문의 주어('버스 안의 사람들')가 피동문의 부사어가 되고, 능동문의 서술어 '밀었다'는 피동사 형태인 '밀렸다'로 바뀐다. ㉡: 사동문이 주동문으로 바뀌면서 사동문의 부사어('아이')는 주동문의 주어가 되고, 사동문의 서술어 '입혔다'는 주동사 형태인 '입었다'로 바뀐다.

17
정답 풀이 '못'은 주체의 의지가 아니라 능력을 부정하기 위해 사용되었다.

18
정답 풀이 '-지 아니하다'라는 긴 부정 표현이 사용되었고, 산이 가파르지 않다는 사실을 단순히 나타내고 있다.

19
정답 풀이 '안'을 사용한 의지 부정에 해당한다.

20

정답 풀이 ㉠ 능력 부정이고 긴 부정문을 만들어야 하므로 '-지 못하다'를 사용한다. ㉡ '이다'에 대한 부정은 '아니다'를 활용한다.

27일 형태소, 어근과 접사

1 ○ 2 ○ 3 × 4 ○ 5 × 6 × 7 ㉢ 8 ㉠
9 ㉡ 10 어근 11 접미사 12 접두사 13 형용사
14 명사 15 어간 16 ⑤ 17 ④ 18 의존 19 실질
20 어미 21 접사 22 품사 23 12개 24 그, 시골, 기와, 집 25 는, 에, -ㄴ, 을, -었-, -다 26 크-, 지- 27 일 치하고 28 일치하지 않아 29 명사 30 동사 31 ①
32 ③ 33 ③ 34 ③ 35 ④ 36 ① 37 ⑤ 38 ⑤
39 ② 40 나, 는, 솔, 잎, 을, 씹-, -어, 보-, -았-, -다
41 ③ 42 ④ 43 ④ 44 ④ 45 ② 46 ⑤ 47 ⑤
48 ④ 49 ⑤ 50 ① 51 ⑤ 52 ③ 53 ③ 54 는,
를, -러, 까지, -았-, -어 55 하늘, 구름, 끼-, 소나기, 쏟-, 지- 56 어근: 사랑, 접사: -하다 / 어간: 사랑하-, 어미: -다
57 ② 58 ① 59 ③ 60 ④ 61 ② 62 ② 63 ①
64 ⑤ 65 ④

개념 확인 문제
본문 249쪽

23~26

정답 풀이 '그는 시골에 큰 기와집을 지었다.'를 형태소 분석 하면 '그, 는, 시골, 에, 크-, -ㄴ, 기와, 집, 을, 지-, -었-, -다'가 된다.

문제로 정복하기
본문 250~253쪽

31

정답 풀이 형태소는 뜻을 가진 가장 작은 말의 단위이다.

32

정답 풀이 용언 어간은 문장에서 홀로 쓰일 수 없다.

33

정답 풀이 '이다'는 서술격 조사로 문장에서 홀로 쓰일 수 없다.

34

정답 풀이 ㉡의 자립 형태소는 '가을', '하늘'의 2개이고 실질 형태소는 '가을', '하늘', '높-'의 3개이다.

35

정답 풀이 '집', '떡'은 자립 형태소이므로 ㉠에 속한다. '에서, 빗-, -은' 중 실질적 의미를 가지는 것은 '빗-'이므로 ㉡에 속하고 '에서, -은'은 ㉢에 속한다.

36

정답 풀이 명사 '꽃'과 부사 '참'은 문장에서 홀로 쓰일 수 있 는 자립 형태소에 속한다. '꽃', '참', 그리고 형용사 어간인 '예 쁘-'는 실질적인 개념을 나타내는 실질 형태소에 속한다.

37

정답 풀이 '찡그렸다'를 형태소 분석하면 '찡그리-', '-었-', '-다'인 것은 맞지만, '찡그렸다' 전체가 하나의 단어이므로 단어를 '찡그리-'와 '-었다'로 나눈 것은 적절하지 않다.

38

정답 풀이 '치닫는'은 '치-+닫-+-는'으로 형태소 분석 을 할 수 있는데, '접사+어근+어미'의 결합이다. '잡히면'은 '잡-+-히-+-면'으로 형태소 분석을 할 수 있는데, '어 근+접사+어미'의 결합이다. 즉 ◇은 접사, ○은 어근, □ 은 어미를 가리킨다는 것을 알 수 있다. 따라서 '휘날리며'는 '휘-+날-+-리-+-며'로 형태소 분석을 할 수 있고, '접 사+어근+접사+어미'의 결합이므로 이를 주어진 기호로 나 타내면 '◇+○+◇+□'가 된다.

39

정답 풀이 문장에서 혼자 쓰일 수 있는 형태소인 자립 형태소 는 다른 형태소와 결합하지 않고도 단독으로 단어가 될 수 있다.

40

정답 풀이 '솔잎'은 '솔'과 '잎'의 의미를 지니고 있으므로 나누 어야 하며, '씹어'라는 말은 용언의 어간 '씹-'에 어미 '-어'가 결합된 형태이며, '보았다'는 '보다'의 어간 '보-'와 과거 시제 를 나타내는 '-았-', 어말 어미 '-다'로 구분된다. 이는 각각 실질 형태소 또는 형식 형태소의 의미를 지니고 있으므로 형 태소로 분석된다.

41

정답 풀이 실질적 개념을 나타내는 형태소이면서 자립성이 있 는 형태소인 '마당, 봄, 꽃, 가득'은 ㉠에 속한다. 실질적인 개념 을 나타내는 형태소이면서 자립성이 없는 형태소인 '피-'는 ㉡ 에 속한다. 형식적인 의미나 문법적인 관계를 나타내면서 자립 성이 없는 형태소인 '에, 는, 이, -었-, -다'는 ㉢에 속한다.

42

정답 풀이 '-들'은 복수를 표시하는 접미사이며, 의존 형태소 인 것은 맞지만 실질 형태소가 아니라 형식 형태소이다.

43

정답 풀이 '솔+나무→소나무', '불+나방→부나방' 등에서 알 수 있듯이 어근과 어근이 결합하여 새로운 단어를 형성할 때 어근의 형태가 변하기도 한다.

44

정답 풀이 ㉡ 접미사는 '기쁘-+-ㅁ'의 '-ㅁ'처럼 어근의 품 사를 바꾸기도 하지만 어미는 '기쁘-+-네'의 '-네'처럼 어 간에 붙어 활용형을 만들 뿐 품사를 바꾸지는 못한다. ㉢ 접미 사와 결합한 말은 새로운 단어이므로 사전에 오르지만 어미와 결합한 말은 단순 활용형이므로 사전에 등재되지 않는다. 사 전에는 용언의 기본형만이 등재된다.

45

정답 풀이 접미사는 주로 어근과 결합하는데, 어근에는 의존 형태소만 있는 것이 아니고 자립 형태소가 대부분이다.

46

정답 풀이 '개살구'의 '개-'는 접두사로 '야생 상태의' 또는 '질이 떨어지는' 등의 의미이므로 '오줌싸개'의 '-개'와 다른 뜻이다.

47

정답 풀이 '새롭다'에서 접미사 '-롭다'는 관형사 어근 '새'에 결합하여 품사를 형용사로 바꾸었다.

48

정답 풀이 '헛소리'는 어근의 앞에 접두사가 붙어서 형성된 파생어이고, '책가방'은 어근과 어근이 결합하여 형성된 합성어이다.

49

정답 풀이 '설익다'의 어근은 '익-'이고, 어간은 '설익-'이다. 참고로, '설-'은 접두사이다.

50

정답 풀이 '거짓되다'의 '-되다'는 일부 명사나 어근, 부사 뒤에 붙어 형용사를 만드는 기능을 하고, '발견되다, 사용되다, 처리되다, 형성되다'의 '-되다'는 명사 뒤에 붙어 피동의 뜻을 더하는 동사를 만든다.

51

정답 풀이 ⓐ는 관형어의 수식을 받고 있는 명사에 해당한다. '자-+-ㅁ'이 명사가 된 것이므로 여기서 '-ㅁ'은 어근에 붙어 명사를 만드는 기능을 한 것이다. ⓑ는 부사어의 수식을 받고 있으며, 대상의 동작이나 작용을 나타내므로 동사이다. 따라서 '잠'은 '자다'가 활용한 형태인 것이다. 그러므로 여기서 '-ㅁ'은 '자-'라는 어간에 붙은 어미에 해당한다.

52

정답 풀이 '시아버지'의 '시-'는 '남편의'의 뜻을 나타내는 접두사이다.

53

정답 풀이 ㉠ 첫음절의 모음이 음성 모음인 형용사 앞에는 '시-' 또는 '싯-'이 붙는다. ㉡ 'ㄲ, ㅍ, ㅃ'과 같은 된소리나 거센소리 앞에는 '새-/시-'가 붙는다. ㉢ 'ㄴ, ㅁ'과 같은 울림소리 앞에는 '샛-/싯-'이 붙으나, 'ㅎ' 앞에서는 '새-/시-'가 붙으므로 적절하지 않다.

54

정답 풀이 제시된 문장을 형태소 단위로 분석하면, '우리, 는, 너, 를, 보-, -러, 여기, 까지, 오-, -았-, -어'가 된다. 이 중에서 실질 형태소는 '우리, 너, 보-, 여기, 오-'이고, 형식 형태소는 '는, 를, -러, 까지, -았-, -어'이다.

55

정답 풀이 제시된 문장을 형태소 단위로 분석하면, '하늘, 에, 먹-, 구름, 이, 끼-, -면서, 소나기, 가, 쏟-, -아, 지-, -었-, -다'가 된다. 이 중에서 실질 형태소는 '하늘, 구름, 끼-, 소나기, 쏟-, 지-'이고, 형식 형태소는 '에, 먹-, 이, -면서, 가, -아, -었-, -다'이다.

56

정답 풀이 '사랑하다'에서 의미상 중심이 되는 부분인 '사랑'이 어근이고, '-하다'는 명사 어근에 붙어 동사를 만드는 기능을 하는 접사이다. 그러나 동사 '사랑하다'가 활용할 때 변하지 않는 부분은 '사랑'이 아니라 '사랑하-'이므로 어간은 '사랑하-'이고 어미는 '-다'이다.

57

정답 풀이 명사 '형'은 실질적 의미가 있는 실질 형태소이므로 ㉠에는 '예'라는 답이 적절하다. '을'은 조사로서 홀로 쓰일 수 없는 의존 형태소이므로 ㉡에는 '아니요'라는 답이 적절하다. 마지막으로 '잡-'은 용언의 어간인데, 홀로 쓰이지 못하지만 '달아나지 못하게 하다.'라는 실질적 의미를 지닌 실질 형태소이다. 따라서 ㉢에는 '예'라는 답이 적절하다.

58

정답 풀이 밑줄 친 '은/는', '들-/들-', '-았-/-었-'은 모두 반드시 다른 말과 결합하여 쓰여야 하는 의존 형태소들이다. 또한 이들은 각각 받침의 유무 및 결합하는 어간과 어미의 차이에 따라, 즉 음운 환경에 따라 그 모습을 달리하는 이형태의 관계가 있는 형태소들이다.

59

정답 풀이 '달리기'는 어근 '달리-'와 접사 '-기'로 이루어진 단어이다.

60

정답 풀이 '살리다', '입히다'에 쓰인 접사는 주동사에 결합하여 사동사를 파생하지만, '밀치다'와 '깨뜨리다'에 쓰인 접사는 강조의 뜻을 더할 뿐 사동사를 파생하지 않는다.

61

정답 풀이 '한여름'의 '한-'은 '한창이다'의 의미로 사용되었다.

62

정답 풀이 '높다'는 '높고', '높지'와 같이 활용하는데, 이때 형태가 변하지 않는 부분이 바로 '높-'이다. '어근'은 단어를 구성할 때, 실질적 의미를 나타내는 부분을 가리키는 개념이다. 또한 어근을 분석할 때에는 어간만을 대상으로 하는데, '높다'는 어간과 어근 모두 '높-'으로 동일하다.

63

정답 풀이 [자료]에서 a에 들어갈 수 있는 단어는 '자라다'이다. '자라다'의 어간과 어근 모두 '자라-'로 동일하다. b에 들어갈 수 있는 단어는 '먹히다', '치솟다', '휘감다'이다. '먹히다'의 어간은 '먹히-'이고, 어근은 '먹-'이다. '먹히-'는 어근 '먹-'에 접사 '-히-'가 결합된 단어이다. '치솟다'의 어간은 '치솟-'이고 어근은 '솟-'이다. '치솟-'은 어근 '솟-'에 접사 '치-'가 결합된 단어이다. '휘감다'의 어간은 '휘감-'이고 어근은 '감-'이다. '휘감-'은 어근 '감-'에 접사 '휘-'가 결합된 단어이다. c에 들어갈 수 있는 단어는 '검붉다'이다. '검붉다'는 어간은 '검붉-'이고 어근은 '검-', '붉-'이다. '검붉-'

은 어근 '검-'과 어근 '붉-'이 결합된 단어이다.

64

정답 풀이 '날-'은 실질적의 의미를 가지고 있다기보다는, 실질적인 뜻을 가지고 있는 형태소에 일정한 의미를 더하거나 그 뜻을 제한하는 접사의 기능을 한다. 따라서 '날고기'는 어근에 접사가 결합된 파생어에 해당한다.

65

정답 풀이 '꿈틀거리다', '평화롭다', '자유롭다' 등을 보면, 접미사도 자립성을 갖는 형태소에 붙을 수 있다.

28일 합성어와 파생어

1 × 2 ○ 3 ○ 4 ○ 5 × 6 × 7 ○ 8 ×
9 융합 10 통사적 11 관형사형 12 통사적 13 부사
14 비통사적 15 명사 16 명사 17 부사 18 명사
19 부사 20 부사 21 형용사 22 명사 23 형용사
24 동사 25 동사 26 형용사 27 형용사 28 동사
29 형용사 30 형용사 31 ③ 32 ③ 33 ④ 34 ②
35 ④ 36 ③ 37 ③ 38 ① 39 ⑤ 40 ③ 41 ①
42 ② 43 ③ 44 ② 45 ④ 46 ① 47 ④ 48 ②
49 ⑤ 50 ① 51 ③ 52 ④ 53 **예시** ㉠: 동사의 어간인 어근에 접미사 '-이'를 붙여 명사를 파생함. ㉡: 형용사의 어간인 어근에 접미사 '-이-'를 붙여 동사를 파생함. ㉢: 부사인 어근에 접미사 '-질'을 붙여 명사를 파생함. ㉣: 명사인 어근에 접미사 '-롭다'를 붙여 형용사를 파생함. 54 **예시** ㉠ 젊은이: 통사적 합성어, 어근이자 용언의 어간 '젊-'이 '이'를 수식할 때 관형사형 어미 '-은'과 결합한 다음 연결되었는데, 용언의 관형사형이 명사를 수식하는 방식은 국어의 일반적인 문장 구성 방식에 부합한다. ㉡ 높푸르다: 비통사적 합성어, 어근이자 용언의 어간 '높-'이 어미를 취하지 않고 뒤에 오는 '푸르-'와 바로 연결되었는데, 이는 국어의 일반적인 문장 구성 방식에 부합하지 않는다.
55 ② 56 ② 57 ② 58 ② 59 ① 60 ⑤ 61 ②
62 ① 63 ④ 64 ⑤ 65 ④

문제로 정복하기

본문 258~261쪽

31

정답 풀이 조사와 어미는 단어의 구조를 파악할 때 고려하지 않으며 어근은 그 단어에서 의미상 중심이 되는 부분이므로 체언의 구조를 파악할 때 조사를 어근으로 간주한다는 설명은 적절하지 않다.

32

정답 풀이 '말(어근)+-하다(접미사)'의 방법으로 형성되었다.

33

정답 풀이 '손발'이 '손과 발을 아울러 이르는 말'의 의미로 쓰일 때는 융합 합성어로 볼 수 없다.

34

정답 풀이 '덧-(접사)+신(어근)'은 본래 단어의 품사도 명사였고 파생어의 품사도 명사이다.

35

정답 풀이 '웃음꽃'의 '웃음'에 접사 '-음'이 포함되어 있기는 하지만, 접사가 포함되어 이루어졌다는 이유로 전체 단어의 품사가 파생어인 것은 아니다. '웃음꽃'은 둘로 쪼개었을 때 나오는 성분인 '웃음'과 '꽃'이 모두 어근이므로 합성어라고 보는 것이 합당하다.

36

정답 풀이 '헛고생'은 접두사 '헛-'과 어근 '고생'으로 구성된 파생어이고, 덮밥은 어근 '덮-'과 어근 '밥'으로 구성된 합성어이다. '덮밥'의 구성과는 달리, '헛고생'의 경우 어근에 접사가 붙어 만들어진 말임을 알 수 있다.

37

정답 풀이 '반짝거리다'는 어근 '반짝'에 접미사 '-거리다'가 결합한 파생어이다.
오답 풀이 ② '온'이라는 관형사와 '종일'이라는 체언이 결합한 단어이다.
⑤ '손을 대다'에서 조사 '을'이 생략된 단어이다.

38

정답 풀이 '녹는점'은 '녹는'과 '점'이 결합된 합성어이며, '녹는'은 용언 '녹다'의 활용형이다. 그러므로 〈보기〉의 조건을 모두 만족한다.

39

정답 풀이 '믿음'은 접미사 '-음'이 동사 어근 '믿-'에 붙은 말이고, '달리기'도 역시 접미사 '-기'가 동사 어근 '달리-'에 붙은 말이다.

40

정답 풀이 '스며들다'는 '스미다'의 어간인 '스미-'에 연결 어미 '-어'가 결합하고 그 다음에 '들다'라는 용언이 결합한 것이므로, 통사적 합성어에 해당한다.

41

정답 풀이 '꺾쇠'는 '용언의 어간(꺾-)+체언(쇠)' 구성을 보인다는 점에서 ㉠에 해당한다. '높푸르다'는 '용언의 어간(높-)+용언(푸르다)'의 구성을 보인다는 점에서 ㉡에 해당한다. '산들바람'은 '부사(산들)+체언(바람)'의 구성을 보인다는 점에서 ㉢에 해당한다.

42

정답 풀이 '뜨개질'을 둘로 쪼개면 '뜨개'와 '-질'로 나뉘는데, '-질'은 접사이므로 '뜨개질'은 파생어이다.

43

정답 풀이 '쌀밥'은 '쌀'이 의미 관계상 '밥'이라는 말에 종속되어 있으므로 종속 합성어에 해당한다.

44

정답 풀이 '잠꾸러기'는 동사 어간 '자-'에 명사를 만드는 접미사 '-ㅁ'이 더해져 '잠'이 만들어지고, 거기에 '그것이 심하

거나 많은 사람'의 뜻을 더하는 접미사인 '-꾸러기'가 더해져 만들어진 단어이다.

45

정답 풀이 '산나물'은 '산에서 나는 나물'이라는 뜻으로, '보리밥, 벽돌집, 비단옷, 밀짚모자'처럼 '재료＋대상'의 의미 구조를 지닌다고 보기는 어렵다.

46

정답 풀이 '그것이 나타내는 속성을 많이 가진 사람'의 뜻을 나타내는 접사는 '-쟁이'이므로 고집이 센 사람이라는 뜻을 나타내는 말은 '고집쟁이'가 적절하다.

47

정답 풀이 '밀다', '부딪다'는 원래 단어의 품사가 동사이므로, 접사가 붙어 단어의 품사를 동사로 바꾼 말이라는 설명은 적절하지 않다.

48

정답 풀이 '막힌다'의 '막-'은 어근이고, '막말'의 '막-'은 '주저 없이, 함부로'의 뜻을 더하는 접사이다.

49

정답 풀이 '풋사과'는 '처음 나온, 덜 익은'의 뜻을 더하는 접두사 '풋-'이 '사과' 앞에 붙어 만들어진 단어이다.

50

정답 풀이 '겁보'는 '겁'이라는 명사 어근에 접사 '-보'가 결합된 것이고, '울보'는 '울-'이라는 동사 어근에 접사 '-보'가 결합된 것이며, '뚱뚱보'는 부사 어근에 접사 '-보'가 결합된 것이다. 따라서 이는 접사와 결합된 어근이 특정 품사로 제한되지 않은 경우에 해당한다.

51

정답 풀이 '출렁거리다'는 접미사 '-거리다'가 부사 어근 '출렁'에 결합하여 동사를 만든 것이다.

52

정답 풀이 ㉠ 군-(접두사)＋침(어근), ㉡ 되-(접두사)＋감다(어근), ㉢ 엿-(접두사)＋보다(어근)

53

정답 풀이 ㉠: '놀이'는 동사 '놀다'의 어간인 어근 '놀-'에 접미사 '-이'를 붙여 명사를 파생한 것이다. ㉡: '높이다'는 형용사 '높다'의 어간인 어근 '높-'에 사동 접미사 '-이-'를 붙여 동사를 파생한 것이다. ㉢: '딸꾹질'은 부사인 어근 '딸꾹'에 접미사 '-질'을 붙여 명사를 파생한 것이다. ㉣: '자유롭다'는 명사인 어근 '자유'에 접미사 '-롭다'를 붙여 형용사를 파생한 것이다.

54

정답 풀이 ㉠은 어근이자 용언의 어간 '젊-'이 '이'를 수식할 때 관형사형 어미 '-은'과 결합한 다음 연결되었는데, 용언의 관형사형이 명사를 수식하는 방식은 국어의 일반적인 문장 구성 방식에 부합하므로 통사적 합성어이다. ㉡은 어근이자 용언의 어간 '높-'이 어미를 취하지 않고 뒤에 오는 '푸르-'와 바로 연결되었는데, 이는 국어의 일반적인 문장 구성 방식에 부합하지 않으므로 비통사적 합성어이다.

55

정답 풀이 '으뜸벗'은 '으뜸'이라는 명사와 '벗'이라는 명사의 결합으로 이루어진 말이다. 이는 우리말의 일반적인 문장 구성 방식에 따라 단어가 배열된 것에 해당한다.

56

정답 풀이 '새롭게'는 어근 '새' 뒤에 접미사 '-롭다'가 붙어 형성된 말 '새롭다'의 활용형이므로 ㉠에 해당하는 예로 볼 수 없다.

57

정답 풀이 '굵은'은 동사가 아니라 형용사의 활용형이다.

58

정답 풀이 '떠넘기면'의 어간은 '떠넘기-'이다. '떠넘기-'는 직접 구성 요소가 어근 '뜨-'와 어근 '넘기-'로 분석되기 때문에 ㉡을 충족한다. 또한 '넘기-'는 다시 어근 '넘-'과 접사 '-기-'로 분석되기 때문에 '떠넘기-'는 3개 이상의 구성 요소로 이루어져 있으므로 ㉠도 충족한다.

59

정답 풀이 '뛰노는'은 '뛰-＋놀-＋-는'으로 분석되는데, 우리말의 일반적인 문장 구성 방식과 다르게 연결 어미로 이어지지 않고 용언의 어간과 어간이 직접 결합하여 형성되었으므로 비통사적 합성어라고 할 수 있다.

60

정답 풀이 '겁먹다'는 '겁'과 '먹다'가 결합하여 만들어진 말로, 목적어 '겁(을)'과 서술어 '먹다'의 관계를 나타내고 있는 합성어이다.

61

정답 풀이 '물고기'는 '물(어근)＋고기(어근)'로 구성된 합성어이고, '책가방'은 '책(어근)＋가방(어근)'으로 구성된 합성어이다. 반면, '지우개'는 '지우-(어근)＋-개(접사)'로 구성된 파생어이며, '심술쟁이'는 '심술(어근)＋-쟁이(접사)'로 구성된 파생어이다.

62

정답 풀이 '잘못'의 앞말 '잘'과 '못'은 모두 부사인데, '잘못'은 합성 명사로 쓰이기도 하므로 ㉠의 예로 적절하다.

63

정답 풀이 ㉣은 '긁-(동사 '긁다'의 어근)＋도구(명사 어근)', '밀-(동사 '밀다'의 어근)＋도구(명사 어근)'로 분석할 수 있다. 모두 동사 어근과 명사 어근이 결합한 합성어로, 동사 어근이 어미와 결합하는 절차를 거치지 않고 명사 어근과 직접 결합하는 것은 일반적인 문장 형성 방식과 부합하지 않으므로 비통사적 합성어이다.

64

정답 풀이 제시된 자료를 통해 '-쟁이'는 어떤 일을 직업으로 하는 사람이나 그런 사람을 낮잡아 이를 때 쓰이는 말이고, '-장이'는 '관련된 기술을 가진 기술자'의 뜻일 때 붙는 말임을 알 수 있다. 따라서 ㅁ에서 '대장쟁이'는 수공업적인 방법으로 쇠를 달구어 연장 따위를 다루는 일인 '대장일'을 하는 '기술자'를 의미하므로 '−장이'가 붙어야 하고, '중매장이'는 결혼이 이루어지도록 중간에서 소개하는 일인 '중매'를 하는 사람을 의미하므로 '−쟁이'가 붙어야 한다. 따라서 (1), (2), (3)의 예로 '욕심쟁이, 중매쟁이, 대장장이'를 추가할 수 있다.

65
정답 풀이 ㄹ은 형태는 바뀌지 않았지만 의미는 바뀌었다. 이 경우에는 '밤낮'이 의미가 바뀌어 '늘'이라는 부사로 쓰이게 된다.

27~28일 **종합 평가**				본문 264~267쪽
1 ⑤	2 ③	3 ④	4 ⑤	5 ⑤	6 밝−, 뜨−	7 ⑤
8 ⑤	9 ⑤	10 ③	11 ⑤	12 ③	13 ⑤	14 ③
15 ④	16 ④	17 ④	18 ㉠: 맨손, 헛기침, ㉡: 달리기, 먹이, 바느질, 지우개	19 ④	20 ⑤

1
정답 풀이 '맺혔다'는 '맺−', '−히−', '−었−', '−다'의 네 개의 형태소로 분석된다.

2
정답 풀이 의존 형태소는 '가', '넓−', '−고', '푸르−', '−다'의 5개이다.

3
정답 풀이 ㄴ 조사, 어미, 접사는 문법적인 관계를 나타내는 뜻을 가진 가장 작은 말의 단위이다. ㄹ 용언 어간은 실질적인 개념을 나타내나, 문장에서 홀로 쓰일 수 없다.

4
정답 풀이 '찌−'(용언 어간)는 문장에서 홀로 쓰일 수 없고, '에'(조사)와 '−었−'(어미)은 실질적인 의미가 아니라 문법적인 의미만 가지고 있다.

5
정답 풀이 제시된 문장에서 단어는 '나, 그, 사람, 의, 손, 을, 가만히, 잡았다'이고, 자립 형태소는 '나, 그, 사람, 손, 가만', 의존 형태소는 '는, 의, 을, −히, 잡−, −았−, −다', 실질 형태소는 '나, 그, 사람, 손, 가만, 잡−', 형식 형태소는 '는, 의, 을, −히, −았−, −다'이다.

6
정답 풀이 실질 형태소이면서 의존 형태소인 용언 어간은 '밝−', '뜨−'이다.

7
정답 풀이 실질 형태소인 용언의 어간은 자립적인 성격을 지니지 않는다.

8
정답 풀이 '도'는 조사로, 앞말에 붙어 문법적인 관계를 표시하나 단어의 성질을 바꾸는 기능을 하지는 않는다.

9
정답 풀이 '찍었다'의 '−었−'이나 '−다'는 어미로, '찍었다'는

접사가 포함되어 있지 않은 단일어이다.

10
정답 풀이 ㄴ은 명사이고, ㄹ은 의존 명사이다. 명사와 의존 명사는 조사가 붙어 문장 안에서 주어, 목적어 등으로 쓰일 수 있으므로 적절하다.

11
정답 풀이 '따님(←딸+−님)'은 형태 변화는 있고 의미 변화는 없는 단어로, ㉠에 해당한다.
오답 풀이 ④ '팔다리'는 남이 의도하고 조종하는 대로 움직이는 앞잡이 노릇을 비유적으로 이르는 말로 사용되었다.

12
정답 풀이 ㄱ은 '피'라는 명사와 '땀'이라는 명사가 결합한 합성 명사이고, ㄹ은 '송이'라는 명사 두 개가 결합한 합성 부사이므로 적절하지 않다.

13
정답 풀이 '앞서다'는 '체언(앞)+용언(서다)'의 유형이다.

14
정답 풀이 '오르내리다'는 연결 어미 없이 용언의 어간과 어간이 결합된 비통사적 합성어이다.

15
정답 풀이 '덮지붕'과 '먹요일'은 둘 다 '용언 어간+체언' 구성의 비통사적 합성어에 해당한다.

16
정답 풀이 '높다랗다'는 형용사 어근 '높−'에 접미사 '−다랗다'가 붙어 이루어진 형용사로, '−다랗다'는 어근의 품사를 바꾸지 않았다.

17
정답 풀이 '기쁨'은 어근 '기쁘−'에 명사 파생 접미사 '−ㅁ'이 결합한 것으로, 관형어 '재회의'의 수식을 받는 것에서도 명사임을 알 수 있다.

18
정답 풀이 ㉠: 맨−+손, 헛−+기침, ㉡: 달리−+−기, 먹−+−이, 바늘+−질, 지우−+−개

19
정답 풀이 '깊이'의 '−이'는 어미가 아니라 부사 파생 접미사이다.

20
정답 풀이 '공부하다'는 명사 어근 '공부'에 동사 파생 접미사 '−하다'가 결합하여 형성된 파생어이다.

EBS

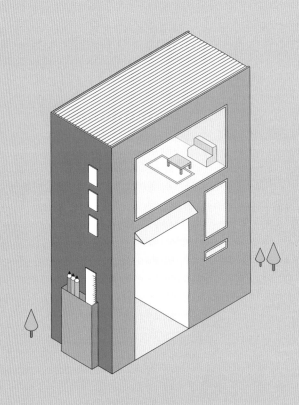

◆ 원리 학습을 기반으로 한
   중학 과학의 새로운 패러다임

◆ 학교 시험 족보 분석으로
   내신 시험도 완벽 대비

EBS No.1 과목 특화 브랜드

원 리 학 습 으 로 완 성 하 는 과 학

비욘드

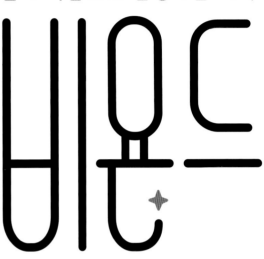

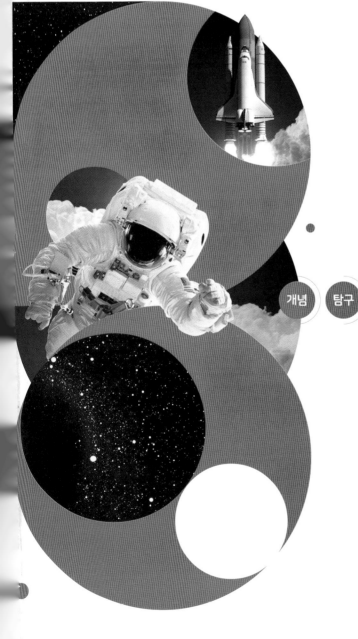

(개념) (탐구) (적용) (실전) **체계적인 실험 분석 + 모든 유형 적용**

◆ **시리즈 구성** ◆

중학 과학 1-1	중학 과학 1-2
중학 과학 2-1	중학 과학 2-2
중학 과학 3-1	중학 과학 3-2

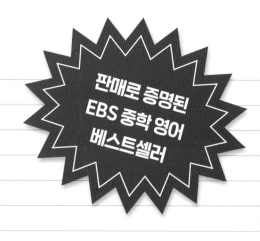

중학 내신 영어 해결사

문법, 독해부터 단어, 쓰기까지
내신 시험도 대비하는 **중학 영어 특화 시리즈**

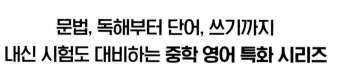

| GRAMMAR | GRAMMAR 내신기출 N제 | READING | WRITING 내신서술형 | VOCA |